Neue Fischer Weltgeschichte

Herausgegeben von
Jörg Fisch
Wilfried Nippel
Wolfgang Schwentker

Neue Fischer Weltgeschichte

Band 13

Dieter Kuhn

Ostasien bis 1800

S. Fischer

Die Kapitel V und VI wurden von Dieter Kuhn und Helga Stahl verfasst.

MIX
Papier aus verantwortungsvollen Quellen
FSC® C014496
FSC
www.fsc.org

Erschienen bei S. FISCHER

Karten: Peter Palm, Berlin
Satz: pagina GmbH, Tübingen
Druck und Bindung: GGP Media GmbH, Pößneck
Printed in Germany
ISBN 978-3-10-010843-2

Zur Neuen Fischer Weltgeschichte

Was ist Weltgeschichte? Die Rede von ihr führt die Idee einer Totalität mit sich, einer Totalität des Raumes und der Zeit, des Geschehens und der Erfahrung, des Handelns und des Erleidens. Doch so notwendig die Vorstellung eines Ganzen im Ablauf der Zeit als regulative Idee der Weltgeschichte ist, so wenig kann der Mensch eine solche Gesamtheit empirisch erfassen.

Im Bewusstsein dieser Begrenzung bildet für die *Neue Fischer Weltgeschichte* die Aufgliederung des Globus in überschaubare, geographisch vorgegebene und historisch gewachsene Regionen den Ausgangspunkt. Innerhalb dieses Rahmens versteht sie sich nicht als Geschichte von Ländern oder Staaten, sondern als eine solche von Räumen und der Wechselwirkungen zwischen ihnen. Sie setzt Akzente durch Verbindungen und Trennungen, indem sie manche Kontinente, so Afrika und Europa, als Einheiten behandelt, während sie Amerika und insbesondere Asien stärker gliedert. Gewichtung und Strukturierung erfolgen auch in der zeitlichen Dimension, wenn eine Weltregion in zwei chronologisch aufeinanderfolgenden Bänden behandelt wird – im Falle Europas sind es sogar mehrere Bände. In solchen Schwerpunktsetzungen liegt einerseits das Eingeständnis eines Eurozentrismus, in dessen Tradition diese Weltgeschichte steht, ob sie will oder nicht, und andererseits der Ansporn für seine Überwindung in einer konsequenten systematischen Gleichbehandlung der verschiedenen Räume.

Die einzelnen Bände beschreiben einleitend die Rahmenbedingungen des jeweiligen Raumes für eine auf den Menschen bezogene und zumindest teilweise auch von ihm gemachte Geschichte, während sie am Schluss nach dem weltgeschichtlichen Ertrag (im positiven wie im negativen Sinne) fragen. Innerhalb einer Weltregion wird die Geschichte in Epochen behandelt, und jede Epoche ist ihrerseits nach Sachgebieten gegliedert, wobei Politik, Gesellschaft, Wirtschaft und Kultur im Vordergrund stehen.

Das Vorgängerwerk, die weitverbreitete *Fischer Weltgeschichte* aus den 1960er Jahren, erhob den Anspruch, zu zeigen, »wie die Menschheit in ihrer Geschichte zum Selbstbewusstsein erwacht«. Die Geschichtswissenschaft ist seither zurückhaltender geworden. Die *Neue Fischer Weltgeschichte* betrachtet ihren Gegenstand nicht als einlinigen Fortschrittsprozess, sondern als polyphones Geschehen mit ständig wechselnden Haupt- und Nebenstimmen, die ihre Bedeutung behalten, selbst wenn sie längst verstummt sind.

Die Herausgeber

Inhaltsverzeichnis

II Die chinesischen Grundlagen der ostasiatischen Zivilisationen von 1600 v. Chr. bis 316 n. Chr.

III Regionale Eigenständigkeit und chinesischer Kulturtransfer von 317 bis 960

Einleitung

RUSSLAND
Baikalsee
Astana
Karaganda
KASACHSTAN
Altai
MONGOLEI
Balkaschsee
Urumqi
Bishkek
Xinjiang
KIRGISTAN
Tarim
Lop Nur
Dunhuang
Kashgar
Tarimbecken
Gansu
Xining
Kunlun
Qinghai
Karakorum
CHINA
Tibet
Himalaja
Chengdu
Lhasa
NEPAL
BHUTAN
Neu Delhi
Katmandu
Thimpu
Bramaputra
Ganges
INDIEN
BANGLADESCH
Dhaka
Irrawaddy
Salween
Mekong
Kalkutta
Mandalay
BIRMA
(MYANMAR)
Golf von
Bengalen
0 100 200 300km

RUSSLAND
Sachalin
Hokkaidō
Heilongjiang
Harbin
Wladiwostok
Jilin
Changchun
Japanisches Meer
Innere Mongolei
Shenyang
Honshū
Liaoning
NORDKOREA
Tōkyō
JAPAN
Hohhot
Beijing (Peking)
Pjöngjang
Kyōto
Seoul
Ōsaka
Gelber Fluss
Tianjin
Bohai
SÜDKOREA
Hebei
Pusan
Shikoku
Taiyuan
Shijiazhuang
Shandong
Jinan
Qingdao
Gelbes Meer
Nagasaki
Kyūshū
Shanxi
Jiangsu
Zhengzhou
Xi'an
Huai
Nanjing
Shaanxi
Henan
Shanghai
Hefei
Anhui
Hangzhou
Ost-chinesisches Meer
Hubei
Wuhan
Yangzi
Zhejiang
Ryūkyū-Inseln
Nanchang
Chongqing
Changsha
Jiangxi
Fuzhou
Hunan
Fujian
Taibei
Guizhou
TAIWAN
Guiyang
Guangdong
Guangxi
Westfluss
Guangzhou (Kanton)
Pazifischer Ozean
Macao
Hongkong
Nanning
ETNAM
Hanoi
Süd-chinesisches Meer
Haikou
Hainan
PHILIPPINEN

Einleitung

1. Ostasien als Weltregion

Dieses Buch erzählt die Geschichte der Region Ostasien, die von der chinesischen Kultur geprägt ist. Geographisch umfasst diese das Gebiet der heutigen Nationalstaaten der Volksrepublik China, der Republik China (Taiwan), der Demokratischen Volksrepublik Nordkorea, der Republik Korea (allgemein Südkorea genannt) und Japans. Seit dem Beginn des 19. Jahrhunderts muss vor allem die politische Geschichte Ostasiens in enger Wechselbeziehung zur Geschichte der westlichen Welt gesehen werden. Westliche Staaten, nicht mehr länger nur christliche Missionare und Handelsgesellschaften, traten als neue Akteure auf. Die westliche Fortschrittsideologie, die mit einem unverhohlenen Rassismus einherging, die westliche Diplomatie, die das chinesische Tributsystem ersetzte, Freihandelsimperialismus und militärische Auseinandersetzungen sowie die wirtschaftlichen Folgen der »ungleichen« Verträge zwischen den westlichen Kolonialmächten und der Qing-Dynastie führten zu einschneidenden Veränderungen. Der Band endet daher um 1800, als China seine größte territoriale Ausdehnung und wirtschaftliche Kraft – mit einem Drittel der weltweiten Warenproduktion – erreicht hatte.[1]

Bereits 1925 hat der Heidelberger Sinologe F. E. A. Krause in seiner *Geschichte Ostasiens* festgestellt: »Eine für ein größeres Publikum lesbare und doch wissenschaftliche brauchbare Geschichte Ostasiens erscheint seit langem als ein dringendes Bedürfnis.«[2] Diese Feststellung gilt nach wie vor. Ein Fünftel der Weltbevölkerung lebt heute in Ostasien. Im Mittelalter war es sogar ein Drittel. Hinzu kommen die beispiellosen wirtschaftlichen und gesellschaftlichen Transformationsprozesse, die gegenwärtig nicht nur die Weltwirtschaft verändern, sondern das Leben aller Menschen weltweit beeinflussen. Ohne Kenntnis des geschichtlichen Hintergrunds ist es nicht möglich, die zeitgenössischen nationalen Phänomene in Ostasien angemessen zu verstehen.[3]

Die historische Überlieferung freilich unterscheidet sich von der uns bekannten westlichen Form der Geschichtsschreibung. In Ostasien betrieben Kaiser, Könige und Hofbeamte das politische Geschäft, doch wie ihr Handeln der Nachwelt überliefert wurde, hing allein von den Beamten ab, die für die Historiographie zuständig waren. Sie waren die »Macher der Geschichte«. Sie berichteten und bewerteten die Ereignisse, die historischen Personen und ihre Taten nach den Kriterien eines überlieferten Geschichtsverständnisses und bestimmten, was und wer welchen Platz in den Geschichtsbüchern fand. Ihre mehrfach redigierte annalistische Geschichtsdarstellung wurde in offiziellen und (genehmigten) privaten Werken kompiliert, gedruckt und verbreitet. Geschichtsschreibung diente nicht einer wertfreien Darstellung der Vergangenheit. Was man aus der offiziellen Geschichte lernen und ableiten sollte, waren in einem erzieherischen Sinn Lehren und Belehrung für Gegenwart und Zukunft.[4] Historische Präzedenzfälle bildeten eine wesentliche Grundlage für die Staatsräson. Diese pädagogische und moralische Aufgabe kann nicht den Kern einer westlichen Darstellung der Geschichte Ostasiens bilden, doch als genuine und prägende Sichtweise auf die Vergangenheit ist sie auch für eine westliche Geschichte Ostasiens unverzichtbar.

Die Bezeichnung Ostasien

Schon Friedrich Hirth (1845–1927), Gründungsprofessor der Sinologie an der Columbia Universität in New York, stellte am Anfang des 20. Jahrhunderts fest, dass die alte Geschichte Chinas in Ostasien einen ähnlichen Rang besitzt wie die Griechenlands und Roms im Westen.[5] Der Historiker Charles Holcombe versteht unter Ostasien »den Teil der Welt, der einstmals die chinesische Schrift benutzte«.[6] Der berühmte Ostasienwissenschaftler und Harvard-

Professor John King Fairbank (1907–1991) definierte Ostasien als »den chinesischen Kulturraum«.[7] Der Japanologe und Historiker Reinhard Zöllner schließlich beschreibt die ostasiatische Geschichte »als die Geschichte desjenigen Teils von Asien, der vom außertropischen Monsun und von der historischen chinesischen Zivilisation geprägt wird«.[8]

Keine der drei ostasiatischen Zivilisationen – hier verstanden als Gesellschaften mit der Fähigkeit, komplexe soziale, politische und ökonomische Organisationsformen auszubilden – hatte traditionell einen Namen für die Region, die im westlichen Kulturkreis früher »Ferner Osten« hieß. Die Bezeichnungen Asien und Ostasien, ebenfalls europäische Erfindungen, waren und sind für die Menschen, die dort leben, ein nützliches Konstrukt.[9] Der Name Asien stammt wohl von der römischen Provinz Asia, deren Name auf die hethitische Landschaftsbezeichnung Assuwa im Nordwesten Kleinasiens zurückgehen könnte.[10]

Anders als seit einigen Jahrzehnten bei den Völkern in Europa gibt es bei den Völkern Ostasiens keine ostasiatische Identität, sondern lediglich eine chinesische, koreanische oder japanische. Diese nationale Identität definierte sich nicht über Rasse, sondern über Sprache und ethnisch-kulturelle Gemeinsamkeit. Der im Westen bis vor kurzem verbreitete Begriff »gelbe Rasse«, den weder Chinesen noch Japaner oder Koreaner vor dem 20. Jahrhundert für sich benutzten, ist ein Konstrukt. Er ist westlichen Ursprungs und stammt wahrscheinlich aus der Mitte des 18. Jahrhunderts, als der schwedische Naturforscher Carl von Linné (1707–1778) die Menschen nach einer Theorie von Eigenschaften in vier Farben (weiß, rot, schwarz und gelb) einteilte.

In China spielte der Begriff »gelbe Rasse« erst in der Ideologie nationalistischer Kreise des 20. Jahrhunderts eine Rolle, als es um »die gelbe Rasse« als »heilige Rasse«, um »das Überleben von Nation und Rasse« oder um »die Erhaltung der Rasse« ging. In Japan wurde schon früh zwischen dem Volk von Yamato, den historischen Japanern, und anderen, wie zum Beispiel den Ainu, der einzigen überlebenden nicht-japanischen Minderheit von Ureinwohnern, unterschieden. Rasse als ideologischer Begriff wurde aber erst in der Moderne verwendet, wie zum Beispiel von dem militärischen Reformer und Premierminister Yamagata Aritomo (1838–1922), der »China und Japan als kulturell und rassisch gleich« betrachtete,[11] oder bei der Propagierung der »harmonischen Zusammenarbeit zwischen den Fünf Rassen« (Japaner, Chinesen, Koreaner, Mongolen und Mandschuren), besonders seit 1931.[12]

Die Bezeichnungen China, Japan und Korea

Die Bezeichnungen China, Japan und Korea sind westliche, wenngleich von indigenen Benennungen hergeleitete Schöpfungen, die von den Menschen in der Region selbst nicht verwendet wurden. Die im Westen übliche Bezeichnung China ist von dem Sanskrit-Wort Cina hergeleitet, das sich wohl auf den Lehnsstaat Qin (777–221 v. Chr.) oder den Lehnsstaat Jin (780–369 v. Chr.) der Zhou-Dynastie (1045–221 v. Chr.) bezieht. Noch in der Zeit Marco Polos (1254–1324) und danach wurde China in Europa nicht als eine staatliche Einheit verstanden, sondern der Norden deutlich vom Süden Chinas unterschieden.[13] Nordchina wurde als Catai, Kitaia, Cathaia (Cathay), Kitai oder Khitai bezeichnet, was sich von der chinesischen Eigenbezeichnung Khitan der Liao-Dynastie (907–1125) herleitet. Südchina wurde Mangi genannt oder *Manzi* – ein abschätziger chinesischer Name für die südchinesischen Völker. Beide Namen tauchen in vielen Quellen auf: Perser und Araber bezeichneten den Süden Chinas als Chin oder Sin. Der Universalgelehrte Gregorius Bar-Hebraeus Abu al-Faraj (1226–1286) erwähnt Cathay als Bezeichnung für China.[14] Und Christoph Kolumbus (1451?–1506), der die Berichte Marco Polos kannte, meinte auf seiner dritten Reise, dass er in Mago (Mangi), einem Teil von Catayo (Cathay), gelandet sei. Der venezianische Seefahrer Giovanni Caboto (ca.1450 – ca.1499), auch John Cabot genannt, der 1497 im Auftrag des englischen Königs Heinrich VII. nach Westen segelte und in Nordamerika (Neufundland) ankam, wollte ursprünglich ebenfalls nach Cathay segeln. Der portugiesische Jesuit Bento de Góis (1562–1607) und andere stellten fest, dass Cathay das »eine Land«, nämlich China war.

Die im 1. Jahrtausend v. Chr. verwendete chinesische Bezeichnung *Zhongguo* (Reich der Mitte) meint ursprünglich das königliche Herrschaftsgebiet, das geographisch im Kerngebiet Chinas in der nordchinesischen Ebene liegt. Historisch betrachtet ist *Zhongguo* deswegen mit dem Begriff China nicht wirklich synonym, doch kommt es im heutigen Sprachgebrauch der territorialen Bedeutung des Wortes China am nächsten.[15]

Yamato ist die alte Bezeichnung für die Region um die heutige japanische Präfektur Nara. (Als Präfektur wird in Japan heute eine Region mit Verwaltungssitz bezeichnet. Für die vormoderne Zeit spricht man von Provinzen.) Yamato steht gleichzeitig für das japanische Gemeinwesen von ca. 300 bis 710. Yamato hat wohl einen Bezug zur Königin Himiko des Wa-Stammes von Yamatai im 3. Jahrhundert. Die Bezeichnung *Nippon* für Japan, die japanische Gelehrte 671 prägten, ist vom chinesischen *Ribenguo* (Land des Ursprungs der Sonne) abgeleitet. Marco Polo nannte Japan daher *Cipangu.*[16] Bereits die Weltkarte des Venezianers Albertin de Virga von 1411/1415 enthält eine Anspielung auf diesen Namen. Auf dem ältesten Globus des Nürnbergers Martin Behaim (1459–1507) von 1492 ist *Cipangu* ebenfalls eingezeichnet.[17] Der Name hielt sich bis in die Mitte des 16. Jahrhunderts. Die chinesische Aussprache wurde im Malaiischen zu *Japang*, das Portugiesen, die Japan *Japao* nannten, im 16. Jahrhundert nach Europa brachten. Der Name Korea schließlich geht auf die koreanische Dynastie *Koryŏ* (936–1392) zurück.

China und der historische Kulturraum Ostasien

Der Kulturraum Ostasien ist von einer Reihe gemeinsamer kultureller Elemente wie der chinesischen Schrift, dem Konfuzianismus und seinen Klassikern sowie dem Mahayana-Buddhismus geprägt. Die landwirtschaftliche Kultur, vor allem die arbeitsintensive Seiden-, Reis- und Teekultur, bildete in China, Korea und Japan eine wirtschaftliche Grundlage, die sie zum Teil schon seit den Anfängen ihrer Geschichte gemeinsam haben.

Aufgrund seines riesigen Territoriums, der Bevölkerungszahl sowie seiner langen Geschichte mit einer durchgehenden Schriftlichkeit dominierte China von 1200 v. Chr. an zunehmend den gesamten geographischen Raum. Die kulturellen Impulse gingen fast ausschließlich von China aus und waren nicht gegenseitig. Die Mehrheit der Bevölkerung in China bestand aus Chinesen, die seit der Han-Dynastie – nach dem Han-Fluss – Han-Chinesen genannt wurden. Sie schufen und pflegten die konfuzianischen Werte und philosophischen Vorstellungen und etablierten damit eine Familie und Gesellschaft prägende chinesische Identität ebenso wie die Vorstellung des historischen Chinesentums, das von den konfuzianischen Gelehrten als eine kulturelle und ethnische Einheit angesehen wurde.

Die chinesischen Schriftzeichen und die chinesische Sprache dienten den Eliten Ostasiens als *lingua franca*. In ihr waren die konfuzianischen, die historischen und auch die buddhistischen Texte verfasst, die in allen drei Ländern rezipiert und studiert wurden, und in ihr schrieben vornehmlich die Männer der Eliten Chinas, Koreas und Japans historische, wissenschaftliche, politische und literarische Texte. Vereinfachend kann man sagen, dass in chinesischer Sprache verfasste Texte (es gab auch in chinesischen Schriftzeichen notierte japanische und koreanische Texte, die allerdings für Chinesen unverständlich waren) Ideen über Regierung und Verwaltung, die Bedeutung der Familie, die Ordnung der Gesellschaft, über Riten und Moral verbreiteten. Durch den Mahayana-Buddhismus, der aus Nordindien nach China kam und sich von dort nach Korea und Japan verbreitete, gab es zudem eine gemeinsame religiöse Tradition.

Die Aneignung chinesischer kultureller Leistungen durch Koreaner und Japaner war freilich nie vollständig. Lokale Besonderheiten in Korea und Japan blieben bestehen oder verstärkten sich sogar in der Auseinandersetzung mit chinesischen Kulturimporten. In Japan und Korea entstanden Gesellschaftsordnungen und politische Strukturen, die sich erheblich vom chinesischen Muster unterschieden. So haben das Adelssystem Koreas und Japans, das System der Shōgune als Regenten für den Tennō und eine Reihe weiterer Phänomene in der Geschichte Chinas keine Parallelen.

Für die meisten chinesischen Dynastien vor der Qing-Dynastie (1644–1912) gilt, dass die Regionen Xinjiang, Tibet, Qinghai und die Innere Mongolei (Nei Menggu) weder kulturell noch sprachlich zum chinesischen Kernland Zhongguo gehörten. Dort lebten nomadisierende Stämme, vor allem verschiedene Turkvölker, Uighuren, Tungusen, Tibeter und Mongolen. Die sesshaften und Ackerbau betreibenden Han-Chinesen, die Bewohner des chinesischen Kernlandes, sahen die nicht-sesshaften Stämme, die nach chinesischem Verständnis am Rande des Reiches lebten und deswegen Fremde waren, meist als Bedrohung für ihre Kultur. So wurde die Chinesische Mauer (*changcheng*) als eine Form der zivilisatorischen Ausgrenzung und ideologischen Abgrenzung, aber auch zum Schutz vor den aggressiven Xiongnu-Nachbarn nach der ersten Reichseinigung durch die Qin-Dynastie (221–206 v. Chr.) entlang der Nordgrenze errichtet.

In China galten Koreaner und Japaner nicht als näher stehende oder womöglich bessere »Barbaren« als etwa Inder, Skythen, Mongolen oder Hunnen. Die koreanischen Bemühungen um ein konfuzianisches Staatswesen wurden in China zwar gelobt, und das Vereinte Silla (668–935) erhielt sogar den Ehrennamen »Land der Edlen« (*junzi zhi guo*), doch das bedeutete nicht, dass die Beziehungen zwischen Silla und dem Tang-Reich besonders eng gewesen wären. Japan dagegen war in China bis in die Moderne verrufen als »Land der Zwerge« (*Woguo*) und Land der Piraten und wurde als Staatswesen minderen Ranges angesehen.

Mit Ausnahme einiger Regierungszeiten in den Dynastien Han, Tang und Qing war das historische China wesentlich kleiner als das heutige Staatsgebiet der Volksrepublik China und umfasste eigentlich nur das Territorium, auf dem die Han-Chinesen (und einige ethnische Minderheiten) lebten. Deswegen wird hier die westliche und nordwestliche Grenze Ostasiens entlang der Grenze zu Tibet, Qinghai, Xinjiang und der Inneren Mongolei auf dem Territorium Chinas gezogen. Nur bis dahin reichten vor 1800 die auf konfuzianischen Vorstellungen basierenden und von Han-Chinesen besiedelten und verwalteten Territorien.

2. Naturräumliche Bedingungen

Raum

Wenn man eine kartographische Darstellung Ostasiens (ohne die Autonomen Regionen Xinjiang, Tibet und die Innere Mongolei einzurechnen) entsprechend den Breiten- und Längengraden auf Europa und Afrika projiziert, dann erstreckt sich das Gebiet von Portugal im Westen bis Anatolien und Syrien im Osten, von der Ostsee im Norden bis in die nördlichen Regionen des Niger.

Im Westen der Volksrepublik China, in Qinghai und Tibet, erheben sich die gewaltigsten horizontalen Landmassen der Erde mit einer mittleren Höhe von 4500 Metern über dem Meeresspiegel. Im Osten Tibets und im Westen Yunnans bilden die V-förmig Hunderte Meter tief eingeschnittenen Schluchten der Flüsse Salween (Nujiang) und Mekong (Lancangjiang) sowie des Jinshajiang, des Quellflusses des Yangzijiang, eine lange von Nord nach Süd verlaufende natürliche Grenze zwischen Tibet und den nach Osten abfallenden Hochplateaus in Yunnan und Guizhou im Süden. Im Norden folgen nach Osten die Lößberglandschaften in den Provinzen Shaanxi und Shanxi. Daran schließen sich die nordchinesische Zentralebene und die östlichen Küstenregionen am Gelben Meer an sowie die ausgedehnten Tieflandgebiete Zentralchinas entlang des Yangzi und seiner Nebenflüsse und schließlich im Süden die flachen Küstenebenen Guangdongs. Dieses Gefälle von West nach Ost bestimmt auch die Fließrichtung der Flüsse Chinas: Der 6380 Kilometer lange Yangzijiang, der Lange Fluss, mündet bei Shanghai ins Ostchinesische Meer, und der 5464 Kilometer lange Huanghe, der Gelbe Fluss, fließt in einem breiten Delta nördlich der Halbinsel Shandong in die Bohai-Bucht. Hinzu kommen der Huaihe, der südlich der Halbinsel Shandong in das Gelbe Meer mündet, sowie der Xijiang (Westfluss) oder Zhujiang (Perlfluss), der in einem weiten Delta südlich von Kanton ins Südchinesische Meer strömt. Das Einzugsgebiet des Yangzijiang allein ist mit 1,8 Millionen km^2 so groß wie Deutschland, Polen, Frankreich, Spanien, Dänemark und die Benelux-

Staaten zusammen. Das Einzugsgebiet des Gelben Flusses mit 750 000 km^2 umfasst ein Gebiet von der Größe Spaniens und des Vereinigten Königreichs.

Die Halbinsel Korea bildet eine natürliche Brücke zwischen China und Japan. Sie misst von Norden nach Süden 1000 Kilometer und von Ost nach West an ihrer breitesten Stelle 240 Kilometer. Über 200 Inseln sind ihr vorgelagert. Die äußerste westliche Landspitze von Korea liegt nur etwa 180 Kilometer von der chinesischen Halbinsel Shandong entfernt, und die Entfernung zwischen der koreanischen Stadt Pusan nach Kitakyūshū im Norden der japanischen Insel Kyūshū ist nur unwesentlich größer. Das sich nahe der Ostküste von Nord nach Süd über mehr als 300 Kilometer erstreckende T'aebaek-Gebirge trennt den schmalen östlichen Küstenrand von den sich erheblich weiter ausbreitenden westlichen Teilen der Halbinsel. Der mit 2744 Metern höchste Berg Paektu liegt an der koreanisch-mandschurischen Grenze im Changbai-Gebirge. Das Gebiet des nördlichen Korea ist fast völlig von großen Gebirgszügen bestimmt. Im Süden strukturieren viele vergleichsweise niedrige Gebirgskämme die Landschaft. Große Ebenen wie in China und Japan sind in Korea nicht vorhanden.

Japan besteht geographisch aus einer Inselkette mit vier großen Inseln (Honshū, Kyūshū, Shikoku und Hokkaidō) und 3000 zum Teil winzigen Inseln im äußersten Osten des asiatischen Kontinents. Die Kette verläuft bogenförmig von Sachalin im Nordosten Sibiriens bis nach Taiwan im Südosten am äußersten Rand des eurasischen Kontinents. Zwei Drittel der Landfläche Japans bestehen aus Gebirgen mit engen und steilen Tälern, nur 13 Prozent aus Tief- und weitere zwölf Prozent aus Hochebenen. Die Gebirge entlang des Pazifischen Ozeans sind bis zu 3000 Meter hoch. Östlich Japans verlaufen zusammenhängend der Kurilen-Kamchatka-, der Japan- und der Isu-Osagawara-Graben mit vertikalen Tiefen von über 9000 Metern. Japan zeichnet sich bis heute wegen seiner Lage am Kontinentalrand Asiens und direkt an der Erdkruste des Pazifischen Ozeans durch tektonische Mobilität und aktiven Vulkanismus mit mehr als 40 aktiven Vulkanen aus.

Klima

Klimatisch stehen die Kern- und Küstengebiete Ostasiens unter dem Einfluss des außertropischen Monsuns. Die regenreichen Monsunwinde treffen vom Pazifischen und Indischen Ozean auf die südlichen Küstenregionen Chinas und Japans und wandern landeinwärts. Von Süden nach Norden variieren die Klimazonen: Es gibt die sommerfeuchten Tropengebiete im Süden Chinas und eine feuchte, im Sommer heiße subtropische Zone im südlichen und südöstlichen China, dem südlichen Teil der japanischen Inseln Honshū, Kyūshū und Shikoku und den südlichsten Küstenregionen Koreas. Nach Norden schließen sich in China (von Shandong bis Sichuan), Korea und Japan Klimate an, die durch lange Sommerfeuchte und Wintertrockenheit gekennzeichnet sind. Wollte man in China eine Klimagrenze zwischen dem regenreichen Süden und dem regenarmen Norden festlegen, so verliefe sie entlang des Huai-Flusses im Osten und des Qinling-Gebirges im Westen, also ungefähr entlang des 33. Breitengrads.

Die Klimaregionen im Norden Koreas, Japans und im Nordosten Chinas unterscheiden sich mit ihren heftigen Schneefällen im Winter und gemäßigter Hitze im Sommer deutlich von den weiter südlich gelegenen Regionen. Es ist den klimatischen Bedingungen Ostasiens zuzuschreiben, dass die südlichen Küstenregionen Chinas, die Insel Taiwan und vor allem die Ostküste Japans im Spätsommer und Frühherbst häufig von Taifunen heimgesucht werden, während der Norden Chinas im Winter heftige Kälteeinbrüche aus Sibirien erlebt, die weit nach Süden wirken können.

3. Bevölkerungsentwicklung

Um die Veränderung von Bevölkerungszahlen über einen längeren Zeitraum nachvollziehen zu können, müssen Veränderungen des Klimas, die Entwicklung des Ackerbaus und der Landwirtschaft, des Anbaus neuer Feldfrüchte und die Verbreitung von fortschrittlichen landwirtschaftlichen Techniken berücksichtigt werden. Neben der Ernährung spielen auch Sexualverhalten, moralische und religiöse Vorschriften, Körperhygiene, Kindersterblichkeit und Krankheitsbekämpfung eine Rolle. Negative Auswirkungen auf die Bevölkerungszahlen und Einbrüche in den Haushaltsregistern zur Folge hatten vor allem Naturkatastrophen, Epidemien und Hungersnöte, die zumeist regional begrenzt waren und denen Männer wie Frauen zum Opfer fielen. Kriegsverluste dagegen betrafen vor allem die männliche Bevölkerung. In China registrierte man allein für den Zeitraum zwischen 108 v. Chr. und 1911 etwa 1800 mittelgroße bis große Hungerkatastrophen. In Japan belief sich die Zahl zwischen 567 n. Chr. und 1869 auf 281 zumeist regionale Hungersnöte, wobei die Zahlen allerdings erst seit dem 14. Jahrhundert als zuverlässig gelten können. Nicht zu unterschätzen ist auch die durch die Jahrhunderte bestehende freiwillige oder erzwungene Mobilität, die Flüchtlingsströme von China auf die koreanische Halbinsel lenkte oder von Korea nach Japan brachte.[18]

Die Bevölkerung der Shang-Zeit (ca. 1600 –1045 v. Chr.) in China wird auf etwa fünf bis zehn Millionen Menschen, die der mittleren Zhou-Zeit um 500 v. Chr. auf 20 Millionen Menschen geschätzt. Bis zum Ende des 1. Jahrhunderts v. Chr. könnte die Bevölkerung auf etwa 86 Millionen angewachsen sein. Schon in der Han-Zeit sind jedoch Pestepidemien in Nordchina verzeichnet. Die erste Pockenepidemie (*hudou*) ist 495 dokumentiert. Während des 7. Jahrhunderts wütete in Nordchina immer wieder die Pest. Im Jahr 754 waren etwa 53 Millionen Menschen in Haushaltsregistern erfasst. Infolge von Kriegswirren, Epidemien und großen Hungersnöten nahm die Bevölkerung zwischen 875 und 884 und 960 jedoch dramatisch ab. Erst im Jahr 1003, während der Song-Dynastie (960–1279), wurden wieder etwa 34 Millionen Menschen registriert.

Ein großer Unsicherheitsfaktor im Leben der Bevölkerung Chinas war im 11. und 12. Jahrhundert der Gelbe Fluss, der sein Flussbett achtzehnmal weiträumig veränderte. Dies hatte jeweils katastrophale langjährige Auswirkungen auf die betroffenen Siedlungsgebiete und deren landwirtschaftliche Produktion. Um 1110 belief sich die registrierte Bevölkerung der Song-Dynastie und der Liao-Dynastie zusammen auf ungefähr 110 Millionen Menschen. Damit lebte zu Beginn des 12. Jahrhunderts mindestens ein Drittel der Menschheit in Ostasien. Rein zahlenmäßig stellten die Han-Chinesen mit einem Anteil von etwa 90 Prozent an der Gesamtbevölkerung damals die größte Bevölkerungsgruppe Ostasiens.

Zwischen 1223 und 1264 kam es zu einem großen demographischen Einbruch in China, für den mehrere Faktoren verantwortlich waren, zum einen Konflikte wie die mongolische Eroberung der Jin-Dynastie 1234 und die Kriege gegen die Song bis 1279, zum anderen verschiedene Epidemien. 1233 starben in Kaifeng, der Hauptstadt der Jin-Dynastie, binnen zwei Monaten fast eine Million Menschen an der Pest.[19] Da die Gesamtbevölkerung um 1292 etwa 75 Millionen Menschen betragen hat, muss sich der Bevölkerungsverlust in den 60 vorangegangenen Jahren auf etwa 30 Millionen Menschen belaufen haben.[20]

Im Jahr 1403 wurden bei einer Volkszählung etwa 67 Millionen Einwohner erfasst. Bis 1500 wuchs die Bevölkerung auf 155 Millionen, eine Zahl, die auch für 1600 angenommen wird. Nach anderen Schätzungen kann die Einwohnerzahl um 1600 auch 231 Millionen betragen haben.[21] Die Syphilis, die 1505 nach China gelangte, hatte auf die Einwohnerzahl keine Auswirkungen. In den Wirren der späten Ming- und zu Beginn der Qing-Dynastie mag die Bevölkerungszahl stagniert haben. Bis 1766 stieg sie allerdings auf etwa 208 Millionen Menschen. Etwa zwei Prozent der Qing-Bevölkerung waren Mandschuren. Die in den nachfolgenden Jahrzehnten zu beobachtende Bevölkerungsexplosion ist nicht nur einer besseren Haushaltserfassung zuzuschreiben, sondern auch der verbesserten Ernährung, Hygiene und Kinderversorgung. Bis 1794 stieg die Bevölkerung Chinas auf 313 Millionen Menschen, 1812 lag sie bei 361 Millionen.

In Korea lebten im 3. Jahrhundert auf dem Territorium der Föderationen der Drei Han (Samhan) südlich von Seoul geschätzte 1,2 Millionen Menschen. Die Bevölkerung in Koguryŏ im Norden belief sich 668 auf etwa 3,5 Millionen Menschen, von denen 200 000 zur Migration ins Tang-Reich gezwungen wurden.[22] Von 1392 bis zum Ende des 16. Jahrhunderts wuchs die Bevölkerung von 5,5 auf etwa zehn Millionen Menschen an. Nach den Invasionen der Japaner und Mandschuren fiel die Zahl auf unter acht Millionen Einwohner. Erst 1693 erreichte Korea eine Einwohnerzahl von etwa zwölf Millionen Menschen. Um 1732 lebten etwa 13 Millionen Menschen in Korea. Andere Schätzungen gehen um 1750 von 18 Millionen Einwohnern aus.

Auf den japanischen Inseln mögen im Neolithikum zwischen 120 000 und 260 000 Menschen gelebt haben.[23] Bis zum Jahr 300, dem Ende der Yayoi-Periode, könnte die Einwohnerzahl auf bis zu 4,5 Millionen Menschen angestiegen sein. Auch in Japan wurde das Bevölkerungswachstum durch Epidemien wie die Pocken gehemmt. Um 750 lebten in Japan etwa fünf Millionen Menschen. Die Zeit zwischen 700 und etwa 1050 wird auch als das Zeitalter der Epidemien bezeichnet. Es ist bei den Epidemien oftmals unklar, ob es sich um Pocken, Masern, Mumps, Virusgrippe oder Ruhr handelte, auch die Pest wurde in der modernen Forschung oft in Erwägung gezogen. Epidemien und Hungersnöte trugen dazu bei, dass die Bevölkerungszahl kaum zunahm. Die durchschnittliche Lebenserwartung mag bei 30 Jahren gelegen haben. Um 950 belief sich die Zahl der Einwohner daher auf höchstens 5,6 Millionen Menschen. Bis etwa 1150 blieb die Zahl bei unter sieben Millionen Einwohnern.[24] Auch im 13. Jahrhundert kam es zu keiner Verbesserung der Lage. Verheerende Hungersnöte, ausgelöst durch schwere Regenfälle und Missernten, wurden in den Jahren 1229 bis 1232 und 1257 bis 1260 verzeichnet. Der Grund für die kalten und nassen Wetterbedingungen war, dass die durchschnittliche Jahrestemperatur in diesem Jahrhundert gegenüber früheren Jahrhunderten weltweit um ein Grad Celsius gefallen war. Als mögliche Ursache dafür werden eine geringere Sonnenaktivität und weltweite Vulkanaktivitäten angenommen, die um 1257 ihren Höhepunkt erreichten. Sie lösten durch Staubschleier einen anhaltenden Kälteeinbruch und damit die erste wahrhafte Existenzkrise in der Landwirtschaft Japans aus. Um 1280 wird die dortige Einwohnerzahl auf 5,7 bis 6,2 Millionen Menschen geschätzt. Auch die Jahrzehnte zwischen 1280 und 1370 waren von Epidemien, Hungersnöten und Kriegen gekennzeichnet. Um 1450 lebten gerade einmal etwa zehn Millionen Menschen auf den Inseln. Auch das 15. und das 16. Jahrhundert waren von Hungersnöten, Missernten und Epidemien geprägt. Zusätzlich verbreitete sich seit 1512 die Syphilis, »chinesische Pocken« (*tōgasa*) genannt, in Japan. Ein demographisches Wachstum setzte erst ein, als die großen Epidemien und Hungersnöte nicht mehr so häufig auftraten wie in den früheren Jahrhunderten. Um 1600 lebten zwischen 15 und 17 Millionen Menschen auf den japanischen Inseln. Ein Grund für die Zunahme war womöglich die gleichmäßigere Verteilung von Ressourcen zwischen der »parasitären« Elite und den Produzenten von Lebensmitteln und anderen Gütern. 1721 lebten ca. 31,3 Millionen Menschen auf den japanischen Inseln.

4. Kulturelle Gegebenheiten

Sprachen

In China gibt es große Unterschiede in Sprachen und Dialekten. Der Lebensraum der später auch »Han-Menschen« genannten Chinesen, die Chinesisch sprachen, war ursprünglich in Nordchina. In den heutigen Provinzen Süd- und Südwestchinas lebte eine Vielzahl von Völkern und Stämmen, die kein Chinesisch sprachen. Sie galten nicht als Han-Chinesen und werden heute als nationale ethnische Minderheiten (*shaoshu minzu*) bezeichnet.

Die tonale chinesische Sprache, die aus etwa 400 Silben besteht, bildet die größte und bedeutendste Gruppe innerhalb der Sino-Tibetisch-Burmesischen Sprachen. In China spricht die Mehrheitsnationalität der Han-Chinesen Chinesisch, wobei wiederum das Nordchinesische, in der Ming-Zeit als Beamtensprache (*guanhua*), seit dem 20. Jahrhundert auch als Nationalsprache (*guoyu*) bezeichnet, dominiert. Das Han-Chinesische lässt sich in acht Hauptdialekte mit vielen Unterdialekten einteilen. Die Schriftzeichen haben keine alphabetische Phonetik, sondern stellen jeweils monosyllabische Wörter dar. Im Lauf der chinesischen Geschichte entstanden etwa 87 000 Schriftzeichen. Heute sind in gedruckten Texten noch bis zu 12 000 Schriftzeichen in Gebrauch. Die Beziehung der Schriftzeichen, die ohne Beugung gebraucht werden, zueinander wird in der Regel durch ihre Stellung innerhalb des Satzes bestimmt. Die Reihenfolge der Satzteile ist vergleichsweise streng: Subjekt, Prädikat, Objekt.

Im Gegensatz zum Chinesischen gehört das Japanische zusammen mit dem Koreanischen zur Gruppe der polysyllabischen agglutinierenden nordostasiatischen Sprachen. Agglutinierend bedeutet, dass Wörter durch Hinzufügung (»Ankleben«) von entsprechenden Endungen an einen Wortstamm gebildet werden. Die Stellung der Satzteile ist Subjekt, Objekt, Prädikat. Beide Sprachen nahmen im Lauf der Zeit unzählige Wörter aus dem nicht verwandten Chinesischen in ihre Sprache auf, die dann dem koreanischen beziehungsweise japanischen Lautsystem angepasst wurden. In Japan gab es mindestens zwei Lesungen für jedes Schriftzeichen, die Kun-Lesung, eine der japanischen Lautstruktur angepasste Lesung, und die sino-japanische On-Lesung.

In Japan wurden die chinesischen Schriftzeichen vermutlich im Jahr 285 n. Chr. übernommen.[25] Da die chinesischen Wortschriftzeichen (*kanji*) keineswegs zu der vollkommen anders aufgebauten japanischen Sprache passten, wurde bis zum 9. Jahrhundert eine Silbenschrift (*kana*) für die 47 Grundsilben des Japanischen aus den chinesischen Schriftzeichen abgeleitet. Mit der Silbenschrift wurde ab dem 10. Jahrhundert auch Prosa geschrieben. Erst in der Edo-Zeit erhielt diese Schrift den heutigen Namen *hiragana*. Die zweite Silbenschrift, *katakana*, entstand etwa zur selben Zeit. Diese Schrift wurde aus Teilen chinesischer Zeichen gebildet und für die Transkription von buddhistischen Gebeten und für die japanische Lesung chinesischer Texte verwendet. Eine Besonderheit in Japan bilden die Ainu (wörtlich »Mensch« oder »Mann« in der Sprache der Ainu), die Ureinwohner der Insel Hokkaidō, der Kurilen und der Halbinsel Sachalin, die sich ursprünglich in ihrer Sprache und äußerlich durch ihre stärkere Körperbehaarung sowie vor allem in ihrer Lebensweise von den Japanern unterschieden.

In Korea wurden die chinesischen Schriftzeichen benutzt und Texte in chinesischer Schriftsprache (kor. *hanmun*) verfasst. *Hanmun* war vom 3. Jahrhundert n. Chr. bis zum Ende des 19. Jahrhunderts die Schrift- und Literatursprache Koreas. Wahrscheinlich besteht auch heute noch mehr als die Hälfte des koreanischen Vokabulars aus Lehnwörtern aus dem Chinesischen. Einen Versuch, die Diskrepanz von Sprache und Schrift zu überbrücken, bildete im 7. Jh. die Beamtenschrift *idu*, in der die chinesischen Schriftzeichen mit zusätzlichen grammatischen Formen entsprechend der koreanischen Syntax verwendet wurden, was das Lesen von chinesischen Texten erleichterte. Im 10. Jahrhundert wurde der Kaesŏng-Dialekt, so genannt nach der Hauptstadt der Koryŏ-Dynastie, zur Standardsprache. Im Jahr 1443 schuf eine wissenschaftliche Kommission auf Befehl des Chosŏn-Königs Sejong (reg. 1418–1450) eine phonetische Buchstaben-Silben-Schrift, »die koreanische Schrift« *han'gŭl*, die ursprünglich aus 28 Zeichen (17 Konsonanten und elf Vokalen) bestand. Sie fand hauptsächlich für die Transkription der Aussprache chinesischer Schriftzeichen Verwendung. Dieses phonetische Alphabet gilt vielen Sprachwissenschaftlern als das wissenschaftliche Schriftsystem überhaupt. Amtlich wird *han'gŭl* seit 1894 in Korea benutzt. Die moderne Schrift umfasst insgesamt 40 Buchstaben-Elemente.

Religion und Religiosität

Allgemein kann man feststellen, dass im vormodernen Ostasien eine Vielzahl religiöser Vorstellungen, Praktiken und Riten existierte. In China waren der indigene Konfuzianismus (*ru*) und Daoismus (*dao*) und die erst seit der Han-Zeit hinzugekommene Fremdreligion des Buddhismus (*fo*) als die drei Lehren (*sanjiao*) bekannt. Der italienische Jesuit Matteo Ricci (1552–1610) hielt den Konfuzianismus für die älteste »Religion« in China, die sich durch den

Ahnenkult, der in allen Schichten durch Opfergaben (an die Ahnen) praktiziert wird, auszeichnete. In Japan kam neben dem Buddhismus dem schon früher vom Festland importierten Schamanismus, aus dem sich der Shintoismus (*kami no michi*, »Weg der Götter«) als die eigentliche Religion Japans entwickelte, seit dem 7. Jahrhundert besondere Bedeutung zu. In ihm werden die lokalen *kami* (gottgleiche Wesenheiten), die allen Wesen und Dingen innewohnen, verehrt, weshalb der Shintoismus untrennbar mit der japanischen kaiserlichen Familie und dem Entstehen der japanischen Kultur verbunden ist.

Weder im vormodernen Japan noch in China oder Korea kannte man jedoch wie im Christentum einen Begriff für Religion, Kirche oder Liturgie. Heute verwendet man den chinesischen Begriff *zongjiao* (die Lehre von den Ahnen) in der Bedeutung von Religion. Diese Bezeichnung macht den wichtigsten inhaltlichen Bezugspunkt für die gelebte Religiosität in Ostasien deutlich: den Ahnenkult.

Dieser reicht in China mindestens in die Shang-Dynastie zurück. Die Kindespietät (*xiao*), die Ehrerbietung der Kinder für die Eltern, war schon in der Zhou-Dynastie bedeutsam. Bereits im 5. Jahrhundert v. Chr. stellte Zeng Shen, ein Schüler des Konfuzius, fest, dass die grundlegende Lehre des Volkes die Kindespietät sei. Ahnenkult und Kindespietät waren untrennbare Bestandteile des Konfuzianismus und wurden in allen Dynastien propagiert und praktiziert. Sie fanden in der Song-Zeit ihre für die späteren Jahrhunderte verbindliche Form. Die Ahnenhalle beziehungsweise der Ahnenaltar war das spirituelle Zentrum der Familie. Dort wurden die Opfer an die Ahnen dargebracht. Das galt für die kaiserliche Familie mit ihrem aufwendigen Ahnenkult ebenso wie für Beamte und alle anderen Untertanen. Die Kindespietät (*xiao*) war eine Charaktereigenschaft, deren Lobpreisung in den posthumen Ehrentiteln der Kaiser unverzichtbar war. Darstellungen der Kindespietät in Wort und Bild sind in China seit der Han-Zeit bekannt. Seit der Yuan-Dynastie waren die »Vierundzwanzig Geschichten der Kindespietät« *(Ershisi xiao)* in ganz Ostasien verbreitet.

Auch in Korea und Japan waren Ahnenbräuche, die für die Seelen der Verstorbenen durchgeführt wurden, schon vor der Einführung des Konfuzianismus und des Buddhismus bekannt. In Japan gab es spätestens seit dem 7. Jahrhundert Zeremonien für die Ahnen unter buddhistischen Vorzeichen. Im koreanischen Schamanismus beeinflussten von jeher Ahnengeister das religiöse Leben, weswegen der chinesische Ahnenkult problemlos übernommen werden konnte. Bereits in der Silla-Dynastie gehörte die Verehrung der Vorfahren im Ahnenkult zu den Aufgaben des Familienoberhauptes. In Chosŏn (1392–1910) wurde dann der Ahnenkult in Form von Riten (*chesa*) strikt nach der konfuzianischen Familienordnung praktiziert.

Das alltägliche Leben und Handeln der Menschen in Ostasien war von der konfuzianischen Verhaltensdoktrin, den daoistischen oder buddhistischen Glaubensvorstellungen und Heilsversprechungen beeinflusst. Doch noch wichtiger waren astrologische, divinatorische, geomantische und andere kosmologische Vorstellungen, Vorhersagepraktiken, schamanische Rituale, das Wirken von Geistern und Glück oder Unglück bringende Vorzeichen, die sich auf das Leben jedes einzelnen Individuums auswirken konnten. Diese Omina und ihre Deutung beherrschten das Leben. Große Bedeutung kam dabei den Praktiken der ursprünglich daoistischen Yin-Yang-Kosmologie (chin. *yinyang*, jap. *ommyō*, kor. *ŭmyang*) in Verbindung mit den Fünf Phasen, Fünf Elementen oder Fünf Agentes (chin. *wuxing*, jap. *gogyō*, kor. *o-haeng*) zu. Der Daoismus wird als authentische volksreligiöse Bewegung erst im 2. Jahrhundert n. Chr. greifbar. Er war von religiösen Praktiken geprägt wie Atem-, Kampf- und Sexualtechniken, Ernährung und Diätetik sowie von Vorstellungen von Langlebigkeit und Unsterblichkeit.

In Ostasien gab es weder eine offizielle, das öffentliche Leben dominierende Staatskirche noch konfessionell gebundene Herrscher wie in den europäischen Monarchien.[26] Kriege im Namen einer Religion oder zur Durchsetzung der Vorherrschaft eines Glaubens wurden in Ostasien nie geführt. Die Höherrangigkeit von weltlicher Herrschaft gegenüber jeder Form von Religion, gleichgültig ob Buddhismus, Daoismus oder Shintoismus, wurde so gut wie nie ernsthaft in Frage gestellt. Matteo Ricci beschrieb in seinem um 1608 verfassten Werk »Vom Eintritt der Gesellschaft Jesu und des Christentums in China« die Glaubensrichtungen, denen er in China begegnet war. Er betrachtete den Konfuzianismus als eine ethische Lehre, die auf pragmatischer Vernunft basiert. Deswegen unterstanden Buddhismus und Daoismus auch den konfuzianischen Gelehrten, die das ganze Land beherrschten. So war es kein Widerspruch, Konfuzianer zu sein und gleichzeitig Buddhist oder Daoist. Buddhismus und Daoismus ließen auch weitere Glaubensoptionen offen. Im Unterschied zu den monotheistischen Religionen des Christentums, des Islams und des Judentums musste niemand ein exklusives Bekenntnis zu einer Religion abgeben.

Wie in China wurde auch in Korea von den Konfuzianern sowie den buddhistischen Mönchen und ihren Einrichtungen erwartet, dass sie den Staat unterstützten. Offizielle Konfuzius-Tempel entstanden in China jedoch erst als Nachahmung der buddhistischen, um die staatlich geregelte Verehrung von Konfuzius auch in der Gemeinschaft der städtischen Oberschicht zu verankern. In Japan, wo der Tennō durchgehend bis 1945 als Shintō-Gottheit verehrt wurde, waren die Shintō-Priester in den Dienst am Staat eingebunden.

Auch in Ostasien gab es allerdings individuelle Formen von Religiosität. Sie kamen in einer religiösen Haltung – in der christlichen Religion wäre es Frömmigkeit – zum Vorschein, die auf der Suche nach dem Absoluten auch als eine Welt- und Selbstdeutung interpretiert werden kann. Zu ihren extremen oder höchsten Formen gehörten nicht nur die unzähligen Beispiele konfuzianischer Selbstaufopferung[27] oder buddhistischer Selbstopferung und Selbstverbrennung,[28] sondern auch das Experimentieren mit Drogen, das sich auf daoistische Vorstellungen gründete. Ein Ziel dieser Praktiken war es, Raum und Zeit zu überwinden, die Grenzen der Individualität aufzuheben und zu einem höheren Wesen, dem authentischen Menschen (*zhenren*), zu werden. In der Überzeugung und dem frommen Glauben, dass daoistische Meister den Schlüssel zu dieser einzigartigen Welterfahrung besäßen, unternahmen viele Kaiser Versuche mit (tödlichen) Elixieren der Unsterblichkeit, von denen sie sich neue Perspektiven für ihr eigenes Leben erhofften.

Wen *und* wu *(das Zivile und das Militärische)*

Ähnlich wie in der *yinyang*-Theorie bildeten die inhaltlichen Werte des Begriffspaars *wen* und *wu* theoretisch die idealisierten Modelle sich ergänzender Gegensätze zum Gemeinwohl aller. Alle Angehörigen der chinesischen Oberschicht orientierten sich in ihrer individuellen Bildung und Ausbildung an diesen Werten. In seiner ursprünglichen Bedeutung bezeichnet das Schriftzeichen *wen* »Muster« oder »Markierung«, »Striche, Linien, Ornamente«, danach auch »Schriftzeichen«, was dann schnell als geschriebene Sprache und Literatur verstanden wurde. Ein *wenren*, ein Mensch der Schrift, war ein Literat oder Gelehrter, ein ziviler und kultivierter Mensch – im Gegensatz zum *wuren*, dem gewaltbereiten, kriegerischen Menschen, einem Angehörigen des Militärs. Das Schriftzeichen *wu* ist aus dem Verb »bleiben« und dem Substantiv »Speer« gebildet und impliziert Stärke und Tapferkeit. Das Gegensatzpaar *wenwu* bedeutet je nach Kontext »zivil und militärisch«, »gesittet und mannhaft«, »sanftmütig und gewalttätig«, »Literatur und Waffen«, »friedvolle Beschäftigung und kriegerisches Handwerk«. Der Philosoph Dong Zhongshu (170–104 v. Chr.) beschrieb das Leitmotiv konfuzianischen Verhaltens: »Bildung (*wen*) und Tugend (*de*) gelten als vornehm, kriegerisches Verhalten (*wu*) als minderwertig.« In allen chinesischen Dynastien kam dem Element *wen*, dem Zivilen und der kulturellen Bildung, größere Bedeutung zu als dem Element *wu*, dem Militärischen, dem körperlich Starken und Wagemutigen.

Die Beispiele par excellence in der chinesischen Geschichte für das personifizierte *wen* und *wu* datieren vom Anfang der Zhou-Dynastie um die Mitte des 11. Jahrhunderts v. Chr. Damals nahm der Herzog von Zhou (gest. 1050 v. Chr.) den Titel Wenwang, »der kultivierte König« oder »der vollkommen gebildete König«, an.

Sein Sohn, König Wu (gest. 1043 v. Chr.), »der Kriegerische«, besiegte 1045 mit seiner Armee die Shang-Dynastie. König Wen wurde durch die konfuzianische Ideologie der Zhou-Zeit zu einem Beispiel eines tugendhaften Herrschers, König Wu zum Muster eines tatkräftigen Herrschers. *Wen* und *wu* galten seitdem als die höchsten Auszeichnungen in posthumen Titeln von Monarchen.

Mehr als 800 Jahre später, in der Han-Zeit, wird diese Namensgebung in den posthumen Tempelnamen zweier Kaiser aufgegriffen: des Kaisers Wendi (reg. 179–157 v. Chr.), »des Zivilen« (er war der erste konfuzianische Kaiser in der Geschichte Chinas), und des Kaisers Wudi (reg. 141–87 v. Chr.), »des Kriegerischen«. Auch nachfolgende Dynastien übernahmen die Bezeichnungen *wen* und *wu*, um einzelne Herrscher und ihren Herrschaftsstil posthum auszuzeichnen.

Die politische Bedeutung des Gleichgewichts von *wen* und *wu* wird auch später offensichtlich. 980 lautete die Frage für den Aufsatz bei den zivilen Beamtenprüfungen: »Was steht an erster Stelle, *wen* oder *wu*?« Im Jahr 1000 hieß das Thema für die Komposition der Rhapsodie (*fu*): »Betrachte das *wen* des Menschen, das alles unter dem Himmel verändert.«

Bei den Namen japanischer Herrscher kommen die Schriftzeichen *wen* (jap. *bun* oder *mon*) und *wu* (jap. *mu* oder *bu*) nicht so häufig vor. Nur der Herrscher Mommu (reg. 697–707) vereint in seinem Namen »das Zivile« mit dem »Kriegerischen«. Ein *bujin*, ein kriegerischer Mensch, war zunächst ein unzivilisierter Militär. Erst mit dem Aufstieg der professionellen Krieger (*bushi*) seit 721 und der Samurai während des Kamakura-Shōgunats (1192–1333) wurde die Beschäftigung mit Literatur, Kunst und der Teezeremonie, die einen kultivierten Menschen (*bunjin*) ausmachten, auch zum Bestandteil der Samurai-Ausbildung, wodurch der Samurai *bu* und *bun* in seiner Person vereinigen konnte.

Im Gegensatz zu Japan spielte die Unterscheidung zwischen dem »zivilen« und dem »kriegerischen« Element in Korea eine bedeutende Rolle für die Struktur der Gesellschaft. Von der Koryŏ-Dynastie bis zum Ende der Chosŏn-Dynastie dominierten die

Yangban, die Zwei Klassen. Diese Bezeichnung bezog sich in der Koryŏ-Dynastie zunächst auf die Zivilbeamten (*munban*) und die Militärbeamten (*muban*). Ab dem 16. Jahrhundert stand der Begriff Yangban nicht mehr für zwei unterschiedliche Gruppen, sondern insgesamt für den privilegierten Erbadel an der Spitze der gesellschaftlichen Hierarchie.

Die yinyang-*Lehre*

In Ostasien wurde der einzelne Mensch jeweils als Teil eines Ganzen, eines Organismus und eines Zyklus, der vor ihm begann und über ihn selbst hinausreichte, verstanden. Das war sein Platz in der natürlichen Ordnung. Mit Hilfe des Begriffspaars *yin* und *yang* (das Weibliche und das Männliche), das schon aus den frühesten Klassikern, dem *Yijing* (Klassiker der Wandlungen) und dem *Shijing* (Klassiker der Oden), als dualistisches Prinzip bekannt ist, versuchten die Chinesen, die Zusammenhänge in Natur und Universum auf eine rationale Basis der Interaktion zu stellen. Im *Huangdi neijing* (Klassiker der Inneren Medizin) aus der Han-Zeit findet sich die Erklärung:

> »Das Prinzip von Yin und Yang ist die Grundlage des ganzen Universums. Es liegt allem in der Schöpfung zugrunde. Es sorgt für die Entwicklung der Elternschaft, es ist die Wurzel für Leben und Tod, es kann in den Tempeln der Götter gefunden werden […]. Der Himmel wurde durch die Konzentration von Yang, der Kraft des Lichtes, geschaffen, die Erde durch die Konzentration von Yin, der Kraft der Dunkelheit.«[29]

Yin und Yang sind abhängig voneinander und ergänzen sich, doch das *yang*-Agens war immer das leicht dominierende, ohne dabei das *yin*-Agens zu unterdrücken. Das *yinyang*-Symbol ist das *taiji*, ein Kreis, der durch eine Trennlinie, die wie ein gespiegeltes lateinisches »S« aussieht, in eine weiße und eine schwarze Hälfte geteilt ist. Es ist das Absolute oder Ur-Eine, das die Zweiheit enthält und von dem diese zugleich ausgeht. Zwar taucht es erst in der Song-

Zeit als philosophisch interpretiertes graphisches Symbol auf, doch als bildliches Motiv ist es bereits auf neolithischen Spinnwirteln zu finden. Yang und Yin stehen für das Männliche und Weibliche, für Himmel und Erde, Sonne und Mond, positiv und negativ, hart und weich, hell und dunkel, Drachen und Tiger und viele andere Gegensätze. Im Fall der Balance zwischen Yang und Yin herrscht Harmonie, was sich positiv auf Kreativität, Nachkommenschaft, Ernten und andere Bereiche auswirkt, im gegensätzlichen Fall führt es zu politischem Chaos, zu Naturkatastrophen und Krankheiten. Der Philosoph Zou Yan (ca. 305–240? v. Chr.) unternahm den Versuch, die *yinyang*-Lehre mit den Fünf Agentes oder Wirkungsphasen (*wuxing*) zu verbinden. Sie beschreibt jedoch keine chemische Theorie, sondern Prozesse, die als Wandlungszyklen verstanden wurden. Die Agentes, die alle Dinge (*wanwu*, d. h. »die zehntausend Dinge«) hervorbringen, sind Wasser, Feuer, Holz, Metall und Erde. Mit dem jeweiligen Agens wurden Materien oder Eigenschaften wie die Fünf Farben (Schwarz, Rot, Blau, Weiß, Gelb), die Fünf Getreide, die Fünf (atmosphärischen) Wirkkräfte, die Fünf Planeten, die Fünf Himmelsrichtungen usw. assoziiert. Die kontinuierliche Abfolge der Fünf Agentes nacheinander wurde auch mit dem Aufstieg und Niedergang der Dynastien in Zusammenhang gebracht und eröffnete eine Sichtweise auf die Zeit und die Geschichte, die nach diesem Modell nur zyklisch sein konnte, so wie auch die Jahreszeiten einem sich immer wiederholenden Kreislauf folgten.

In Korea verbreiteten sich die *yinyang*-Lehre (kor. *ŭmyang*) und die Lehre von den Fünf Agentes (kor. *o-haeng*) zusammen mit der konfuzianischen Lehre bereits im 4. Jahrhundert. Im 7. Jahrhundert wurde die *yinyang*-Lehre auch in Japan unter der Bezeichnung *ommyō* oder auch der »Weg von Yin und Yang« (*ommyōdō*) eingeführt und eine entsprechende staatliche Einrichtung geschaffen, das Büro für Divination (*ommyōryō*). Dieses befasste sich unter anderem mit der Beobachtung der Himmelserscheinungen und ihrer Interpretation sowie mit der Kalenderberechnung und Zeitmessung.

Einteilung der Zeit

Vor der Einführung des gregorianischen Kalenders 1873 in Japan und 1912 in China gab es in Ostasien drei Arten der kalendarischen Erfassung von Jahren, die allesamt aus China stammten: den Kalender des 60-Jahre-Zyklus, den Kalender der 24 Jahresperioden und die Regierungsdevisen der jeweiligen Herrscher. Die Uhrzeit wurde in Ostasien in Doppelstunden gerechnet: Der Tag begann mit der Stunde der Ratte zwischen 23 und 1 Uhr nachts, gefolgt von der Stunde des Rindes zwischen 1 und 3 Uhr morgens usw. Die Länge einer Doppelstunde konnte jedoch unterschiedlich lang sein, je nach Jahreszeit, Tag oder Nacht.

Nach chinesischem Verständnis ist der Herrscher auch Herr über Raum und Zeit. Daraus erklärt sich, warum in der Geschichte Chinas mehr als einhundert Kalenderreformen stattfanden. Das Jahr 841 v. Chr. ist dabei das früheste in einem Kalender vermerkte Jahr der chinesischen bzw. ostasiatischen Geschichte. Seit diesem Jahr basieren die Kalender auf dem 60-Jahre-Zyklus, und seither stimmen auch die unterschiedlichen kalendarischen Aufzeichnungen im *Zhushu jinian* (Bambusannalen) aus dem 3. Jahrhundert v. Chr. und im *Shiji* (Aufzeichnungen des Historikers) überein. Den Kalender des 60-Jahre-Zyklus (chin. *jiazi*), der aus den Zehn Himmelsstämmen (chin. *tiangan*) und Zwölf Erdzweigen (chin. *dizhi*) besteht, gab es bereits in der chinesischen Shang-Dynastie. Die Zeichen der Zehn Himmelsstämme wurden zum Zählen der Tage in Zehner-Gruppen, die Zwölf Erdzweige zum Zählen der zwölf Monate benutzt. Spätestens seit der Han-Dynastie wurden die Zehn Himmelsstämme mit den Zwölf Erdzweigen fortlaufend kombiniert, wodurch man 60 Kombinationen erhielt, mit deren Hilfe man Tage, Monate und Jahre zählen konnte. Seitdem wird jedes Jahr und jeder Tag mit einem solchen Doppelzeichen bezeichnet. Dazu wurden die Zeichen der Zwölf Erdzweige auch für die Anzeige der Doppelstunden verwendet. Die Zwölf Erdzweige werden auch oft durch die Namen der zwölf Tiere des chinesischen Tierkreises ersetzt. Die Entsprechungen sind: *zi* für Ratte, *chou* für Rind, *yin* für Tiger, *mao* für Hase, *chen* für Drache, *si* für Schlange, *wu* für Pferd, *wei* für Schaf, *shen* für Affe, *you* für Hahn, *xu* für Hund, *hai* für Schwein. In Korea ist das System des 60-Jahre-Zyklus (kor. *kapcha*) seit dem 1. Jahrhundert v. Chr. in Gebrauch, in Japan seit 604 (unter der Bezeichnung *kōshin*).

Der Kalender der 24 Jahresperioden (chin. *ershisi jieqi*, jap. *nijū-shi-setsu*; kor. *isip-sa chŏlgi*), oft auch Bauernkalender (*nongli*) oder Mondkalender (*yinli*) genannt, wurde wahrscheinlich bereits im 3. Jahrhundert v. Chr. festgelegt, war aber mit Sicherheit seit 140 v. Chr. überall in China im Gebrauch und ist bis heute im chinesischen Kulturraum verbreitet. Das Jahr besteht aus 24 Perioden, die zwei Wochen umfassen. Jede dieser Perioden hat einen Namen, der auf ihre jahreszeitliche Ausprägung verweist. Die Koreaner übernahmen das Kalendersystem mit den 24 Bezeichnungen von den Chinesen (wann genau, ist nicht bekannt), und 604 folgten die Japaner. Im Jahr 862 der Heian-Zeit wurde der chinesische Kalender von 822 übernommen und etwa 800 Jahre beibehalten.

Der Kalender der 24 Jahresperioden kombiniert Sonnen- und Mondjahr. Die Monate des chinesischen Kalenders, allgemein als Mondkalender bezeichnet, sind synodische Monate mit 29 oder 30 Tagen, die jeweils bei Neumond beginnen. Dem Kalender liegt aber das Sonnenjahr zugrunde. Aus dem Unterschied von Mond- zu Sonnenjahr ergibt sich die Notwendigkeit, einen Schaltzeitraum einzuschieben. Alle zwei oder drei Jahre wurde ein Schaltmonat an bestimmte Monate angeschlossen.

Acht Termine waren in diesem Kalender besonders wichtig. Dies waren die Sommer- und Wintersonnenwende, nach moderner Zeitrechnung der 21./22. Juni und der 21./22. Dezember, die Tag- und Nachtgleiche im Frühling und Herbst am 22. März und am 24. September und der Beginn der vier Jahreszeiten: Frühling (5. Februar), Sommer (6. Mai), Herbst (8. August) und Winter (8. November). Zwischen diesen Orientierungsdaten liegt jeweils ein Zeitraum von etwa 46 Tagen.

Seit der Han-Zeit war es Brauch, dass der Herrscher neben seinem Geburts- auch einen Tempelnamen (*miaohao*) erhielt, der ihm posthum verliehen wurde und unter dem er in den kaiserlichen

Ahnenkult einging. Dieser Tempelname richtete sich nach der Stellung des Kaisers als Herrscher innerhalb der Genealogie. Da die Namen der Kaiser zu deren Lebzeiten tabuisiert waren, bezeichnete man die jeweilige Phase ihrer Herrschaft statt mit dem Namen mit ihren Regierungsdevisen (*nianhao*). Sie waren 163 v. Chr. unter dem Han-Kaiser Wendi als Wahlsprüche und als Instrumente der zeitlichen Gliederung einer Regierungszeit eingeführt worden. Sie waren auch nützlich für die Gliederung von Zeiträumen, die länger als 60 Jahre andauerten. Man vervollständigte sie mit zusätzlichen Angaben wie erstes Jahr, zweites Jahr usw. Endgültig etabliert hat die Regierungsdevisen der Han-Kaiser Wudi 140 v. Chr. mit der Regierungsdevise Jianyuan (Den Anfang einrichten).

Die Regierungszeit eines Herrschers endete mit seinem Tod, während die Regierungsdevise noch bis zur Ausrufung der neuen Regierungsdevise des Nachfolgers galt. So wurde der Ming-Kaiser Chengzu (reg. 1402–1424) am 17. Juli 1402 inthronisiert, doch seine Regierungsdevise Yongle (Immerwährende Freude) begann am 23. Januar 1403 und dauerte bis zum 19. Januar 1425, obwohl er bereits am 12. August 1424 gestorben war. Regierungsdevisen wurden bis zum Ende des Kaiserreiches 1912 benutzt.

In Korea wurden die chinesischen Regierungsdevisen (kor. *yŏnho*) 536 eingeführt. Sie wurden aber als Privileg des chinesischen Kaisers verstanden und daher ab 650 nicht mehr benutzt. Allerdings verwandte der Gründer der Koryŏ-Dynastie, Wang Kŏn, zwischen 918 und 933 die Regierungsdevise Ch'ŏnsu (Geschenk des Himmels), um seine Unabhängigkeit zu betonen. Mit der Regierungsära Taika (Große Erneuerung oder Große Verwandlung, 645–649) übernahm Japan 645 das System der Regierungsdevise als »Jahresdevise« (*nengō*) oder Regierungsära, die seit 701 ohne Unterbrechung geführt wurde. Das erste Jahr einer Regierungsära ist in der japanischen Zählung allerdings nicht das Jahr des Regierungsantritts, sondern das Jahr nach Vollendung des ersten Jahres der Regierung. In Japan gab es seit 1868 mit dem Beginn der Meiji-Ära nur noch einen Regierungsnamen für einen Herrscher (Tennō). Vorher konnte ein Tennō in seiner Regierungszeit mehrere

Regierungsdevisen benutzen, beispielsweise um nach einem Jahr mit Missernten oder Naturkatastrophen einen Neuanfang zu markieren.

In Ostasien war eine wöchentliche Zeiteinteilung, die durch Gottesdienst und Gebet wie im Christentum, im Judaismus oder im Islam geregelt war, unbekannt. Der Verlauf des Jahres war durch eine Vielzahl von traditionellen Festen gegliedert. Viele von ihnen haben sich bis heute erhalten. In der Regel waren dies auch die einzigen Tage, an denen Bauern, Bedienstete, Händler und Handwerker nicht arbeiten mussten. Arbeitsunterbrechungen gab es darüber hinaus nur bei der Geburt eines Kindes, bei Familienfeiern und bei Todesfällen. Zu den historisch bedeutsamen Festen in China gehörten: das Frühlingsfest (*chunjie*), früher Neujahrsfest genannt, am ersten Tag des ersten Monats nach dem chinesischen Kalender (zwischen dem 21. Januar und dem 20. Februar); das Laternenfest, Fest des ersten Vollmonds am 15. Tag des 1. Monats (*yuanxiaojie* oder *shangyuanjie*) nach dem chinesischen Kalender; das zeremonielle Pflügen durch den Kaiser im Frühling zur Ehrung des Göttlichen Landmannes (Shennong); das Pflücken der Blätter des Maulbeerbaumes für die Seidenraupen durch die Kaiserin in Verehrung der Ersten Seidenraupenzüchterin (Xiling); das Totenfest (*qingmingjie*), Fest der Klarheit und Helligkeit, das am 5. April des gregorianischen Kalenders mit einem Besuch der Gräber der Verwandten, deren Säuberung und der Darbringung von Opfern begangen wurde; das Drachenbootfest (*duanwujie*), das am 5. Tag des 5. Monats stattfand; und schließlich das Mondfest oder Mittherbstfest (*zhongqiujie*) am 15. Tag des 8. Monats.

In Korea war das buddhistische Laternenfest (*yŏndŭnghoe*) eine der beiden nationalen Feiern während der Koryŏ-Dynastie. Es wurde am 15. Tag des ersten Monats mit Musik, Tanz und Laternenumzügen begangen. Das Acht-Gelübde-Fest (*p'algwanhoe*) fand am 15. Tag des 11. Monats statt. Es war ein Fest zur Erinnerung an die toten Seelen, in dem buddhistische mit animistischen Vorstellungen verschmolzen. Für Japan waren neben den saisonalen Festen die Shintō-Feste und die auf dem Buddhismus basierenden regionalen Feste (*matsuri*) von zentraler Bedeutung. Sie fanden in Tempeln und Schreinen an bestimmten Tagen statt.[30] In den Shintō-Schreinen wurden auch das Frühlings- und das Herbstfest gefeiert.

5. Kennzeichen der Herrschaft und Gesellschaft

In China und Korea gab es keine institutionalisierten Autoritäten wie den Adel oder die katholische Kirche, auch keine freien Reichsstädte, die Gegengewichte zur Macht des Herrschers hätten darstellen können.[31] Die politische Macht lag vollständig in Händen des Kaisers bzw. Königs, der von der Hauptstadt aus mit Hilfe seiner Beamten das Reich zentralistisch regierte. Dies zeichnet die großen chinesischen Dynastien aus. Die Basis für ihre Herrschaftsausübung bildeten seit der Zhou-Dynastie die Riten (*li*), die durch ihre schriftliche Festlegung eine gesellschaftliche Ordnung sowie zeremonielle und andere Verhaltensweisen für die gesamte Gesellschaft und jeden Einzelnen in jedem Lebensbereich vorgaben. Ihre Einhaltung bestimmt in vielen Bereichen der chinesischen Gesellschaft bis heute das Miteinander der Individuen. Seit dem 10. Jahrhundert der Song-Dynastie löste die entstehende Elite der zivilen Beamten-Gelehrten (*shidafu*) die Beamten aus aristokratischen Familien in den führenden Positionen des Reiches ab. Die Beamten-Gelehrten bildeten bis zum Ende des Kaiserreiches die unangefochtene gesellschaftliche Elite Chinas.

Im Unterschied zu China war der Herrscher in Japan, der Tennō, eine unangreifbare und gleichsam heilige personifizierte Institution. Die Tagespolitik nahm gelegentlich sein Regent für ihn wahr. Der japanische Erbadel, der eigene Interessen verfolgte, hatte eine dominante Stellung am Hof und in der Provinz. Mit dem Aufstieg des Kriegerstandes aus den Provinzen im 10. Jahrhundert begann die Schwächung der alten adeligen Familien am Hof. Als 1192 die Militärregierung (*bakufu*) in Kamakura eingerichtet wurde, änderte sich das Machtgefüge in Japan endgültig zugunsten des Kriegerstandes der Samurai. Fortan gab es die Kaiserstadt Kyōto, in welcher der Tennō residierte, und die Hauptstadt der Militärregierung, von der aus der Shōgun die Geschicke des Landes bestimmte.

Herrschaft

Die Geschichte Chinas vor dem 20. Jahrhundert ist seit der Qin-Dynastie im Jahr 221 v. Chr. durch die Abfolge kaiserlicher Dynastien gekennzeichnet. Je nach Zählung gab es in China unterschiedlich viele Dynastien. Als legitime Dynastien galten diejenigen, welche in der Qing-Dynastie in den 24 offiziell, in kaiserlichem Auftrag verfassten Standardannalen (*zhengshi*) berücksichtigt waren. 1921 wurde die Zahl der Standardannalen auf 26 erhöht. Dynastien ohne offizielle Annalen, von denen es mehrere gab, wurden als illegitime Dynastien angesehen. Die chinesischen Dynastien hießen nicht nach den Familiennamen ihrer Gründer. Oft wurden geographische Bezeichnungen als Namen gewählt (Han, Liao, Jin, Song) oder Begriffe, welche die Dynastie positiv charakterisieren sollten, wie Yuan (Uranfang, Neubeginn), Ming (hell, Glanz, Licht) oder Qing (klar, rein). Jeder Kaiser hatte einen Familiennamen und einen Vornamen, doch historisch bedeutsam sind die Ehrentitel (*shi*) und Tempelnamen (*miaohao*), die den Kaisern nach ihrem Tod verliehen wurden. Den frühesten posthumen Ehrentitel Wenwang, »der kultivierte König«, erhielt Ji Chang (gest. 1050 v. Chr.), der Herzog von Zhou. Die meisten Kaiser gingen unter ihrem posthumen Titel in die Geschichtsbücher ein. Tempelnamen, die für den Ahnenkult wichtig waren, kamen erst etwa 800 Jahre später in Gebrauch. Auch in Japan und Korea wurden die meisten Monarchen mit einem posthumen Titel geehrt.

In China galt als Ideal die Herrschaft durch Könige und Beamte, die sich an Vorbildern des Altertums orientierten. Der erhabene Kaiser (*huangdi*) war Vermittler zwischen Himmel und Erde, weshalb ihm das Amt als Mandat des Himmels (*tianming*) zukam. Eine der wichtigsten Funktionen eines konfuzianischen Monarchen in China und Korea war es, die Verbindung zwischen Mensch und

Kosmos, Natur, Geistern der Ahnen und göttlichen Wesen über die Durchführung von Riten des Ahnenkultes herzustellen. Zu diesem Zweck wurden Opfer und Zeremonien in jeder Dynastie neu geordnet. Es wurde festgelegt, welche Speise- und Weinopfer, welche Musik, welche Ritualgefäße zu verwenden waren. Das *Kaiyuan li* (Ritenkodex der Regierungsdevise Kaiyuan), das 973 in veränderter Form und dann 1113 in nochmals revidierter Form als *Zhenghe li* (Ritenkodex der Regierungsdevise Zhenghe) erschien, belegt, dass Riten als unerlässlich für die Kontrolle des Staates über das Wertesystem angesehen wurden, so wie die in den Klassikern niedergelegten konfuzianischen Prinzipien und seit der Song-Zeit der Neokonfuzianismus (*daoxue*) Familie und Staat ordneten. Der Herrscher hatte damit sowohl eine religiöse als auch eine kulturelle Funktion, die eine gute Regierung sichern sollten. Die rituelle Ordnung wirkte sich auf alle Bereiche der Ethik, des Denkens, Verhaltens und täglichen Lebens aus: darauf, wie Mann und Frau miteinander verkehrten, wie man wohnte, sich kleidete und Speisen zu sich nahm und wie Hochzeiten und Beerdigungen durchgeführt wurden.

Der Sohn des Himmels war aber nicht nur die wichtigste Symbolfigur für die Riten, sondern in den meisten Dynastien lag auch die politische Macht in seinen Händen. Für die praktische Ausführung seiner zentralistischen Herrschaft auf Regierungs- und Verwaltungsebene war eine nach strengen hierarchischen Kriterien geordnete Beamtenschaft zuständig. Der bereits erwähnte Philosoph Dong Zhongshu beschrieb das Verhältnis des Herrschers zu Himmel und Volk mit den Worten: »Der Himmel […] setzt den Herrscher um des Volkes willen ein. Wenn seine Leistungen dem Volk Frieden geben und es glücklich machen, dann lässt der Himmel ihn gewähren, wenn er […] dem Volk Verderben bringt, dann entfernt ihn der Himmel.«[32] So wurde später der Sturz einer Dynastie begründet.

Seit der Westlichen Zhou-Zeit (1045–771 v. Chr.) galten die Regeln der Primogenitur (Erstgeburtsrecht), wonach der älteste Sohn der Hauptfrau Erbe des Titels und des Besitzes wurde. Frauen waren in der Funktion des Kaisers nicht vorgesehen. Bei den zu den chinesischen Dynastien gerechneten Fremddynastien der Stammesgesellschaften wie den Khitan oder den Mongolen war die Herrschaftsnachfolge anders geregelt. Die Liao-Dynastie (907–1125) der Khitan mag als Beispiel dienen. Ursprünglich wählten die Häuptlinge der Stämme, die sich zu den Khitan zusammengeschlossen hatten, alle drei Jahre einen Anführer, den sie Khan nannten. Doch bei ihr wie auch den anderen Fremddynastien setzten sich schnell chinesische Nachfolgevorstellungen durch.

Das japanische Kaiserhaus ist die älteste Erbmonarchie der Welt. Seit dem 6. Jahrhundert stammte der Herrscher aus derselben Familie, die bis heute den Kaiser stellt. In Japan spielte daher der Name des Kaiserhauses als Bezeichnung für die Dynastie keine Rolle. Es ist üblich, die Perioden der Regierung entweder nach den Namen der Orte, an denen sich die politische Macht konzentriert hat, anzugeben (Yamato, Nara, Heian usw.) oder nach den Namen der Familien, die die politische Macht ausübten (Fujiwara, Ashikaga usw.).

Bis ins 7. Jahrhundert wurden die Herrscher als Großkönige (*ōkimi*) bezeichnet. Wahrscheinlich erst zur Zeit Temmus (reg. 673–686) titulierte man den Herrscher in Japan als *tennō* (himmlischer Herrscher). Seitdem wurde er als »gottgleiche Wesenheit« (*kami*) verehrt. Die Bezeichnung *tennō* wurde dem Kaiser erst nach dem Tod verliehen und war dem Namen nachgestellt. Der Titel des Tennō qualifizierte seine Herrschaft. Er konnte chinesischen oder japanischen Ursprungs sein oder auch die Charaktereigenschaften des Monarchen bezeichnen. Seit 1868 wird die Bezeichnung Tennō im Westen mit Kaiser übersetzt.[33]

Im Unterschied zu China war es in Japan bis ins 8. Jahrhundert durchaus üblich, dass nach dem Tod eines Herrschers sowohl dessen Ehefrau als auch leibliche Abkömmlinge oder auch die Brüder Ansprüche auf die Nachfolge anmeldeten. Ein berühmtes Beispiel ist die Herrscherin Suiko (reg. 593–628). Seit ihrer Regierungszeit bestand das Regierungssystem aus einem Titularherrscher, hier der Großkönigin, und einem Regenten, hier ihrem Neffen, dem Prinzen

Shōtoku. Bis zur Mitte des 9. Jahrhunderts stammten die Regenten des Kaisers aus der kaiserlichen Familie, danach bis ins 13. Jahrhundert vornehmlich aus der Familie Fujiwara, was durch deren kluge Heiratspolitik begünstigt wurde. Mit der Kamakura-Periode begann in Japans Geschichte die Zeit der Militärregierungen der mächtigen Shōgune, die bis zur Meiji-Reform des Jahres 1868 dauerte.

Auf der koreanischen Halbinsel herrschten vor dem 2. Jahrhundert Häuptlinge von Stammesföderationen über die verschiedenen Gebiete, die man deswegen auch noch nicht als Königreiche bezeichnen kann. Der Han-Kaiser Guangwu (reg. 25–57) verlieh dem Herrscher von Koguryŏ den chinesischen Titel *wang* (König). Die Vorstellung, dass es in Korea Drei Königtümer (Samguk) von 313 bis 668 gab, wurde allerdings erst im 12. Jahrhundert auf den Zeitraum der Herrschaft von Koguryŏ, Silla und Paekche projiziert. Als Vorbild für die Bezeichnung Samguk dienten die chinesischen Drei Reiche (Sanguo, 220–265). König Kogukch'ŏn (reg. 179–196) von Koguryŏ reformierte die Erbfolge: Die Thronfolge von Herrscher zu Bruder wurde nun durch die Primogenitur nach chinesischem Vorbild ersetzt. Die Könige Koreas erhielten umfängliche posthume Ehrentitel, unter denen sie in die Geschichte eingingen. Die Frauen der Herrscher stammten aus bestimmten aristokratischen Familien, so wie das später auch bei den Khitan der Liao-Dynastie üblich war. Gab es keinen männlichen Thronfolger, konnte im Unterschied zu den chinesischen Dynastien auch eine Schwester des Herrschers den Thron besteigen.

Gesellschaft, Familie und Individuum

Die vormodernen Gesellschaften in China, Japan und Korea waren soziologisch gesehen Klassengesellschaften. Im Fall Japans wird auch oft von einer Ständegesellschaft gesprochen. So bildeten dort die Samurai einen Stand mit eigenen rechtlichen und kulturellen Normen und entsprechender Emblematik. Für das historische China und Korea ist dagegen die Verwendung der Bezeichnung Ständegesellschaft nicht üblich.

Die Hierarchie war in allen drei Gesellschaften ähnlich: Direkt unter dem Herrscher standen seine Angehörigen und die Großfamilien des Erbadels, die Familiennamen und Genealogien führten. Diese Familien, die Taten und Ereignisse, die mit ihnen zu tun hatten, standen im Zentrum der offiziellen Geschichtsschreibung. Die anderen Klassen, insbesondere die Bauern, Handwerker und Kaufleute, kommen in der Geschichtsschreibung eigentlich nur als Steuerzahler und Dienstpflichtige vor, definiert durch ihre Arbeit, Produkte und Steuern. Unfreie in verschiedenen Formen gab es in allen drei Gesellschaften. Bei Eheschließungen wurde im ganzen vormodernen Ostasien darauf geachtet, dass Braut und Bräutigam aus Familien mit gleichem gesellschaftlichen Status stammten.

In China wurde die Bevölkerung schon im 7. Jahrhundert v. Chr. (Zhou-Zeit) in vier Klassen des Volkes (*simin*) unterteilt: Die Aristokraten (*shi*) standen an der Spitze, danach folgten die Bauern (*nong*), die Handwerker (*gong*) und die Kaufleute (*shang*). Es ist für den zivilen Charakter der Gesellschaft bezeichnend, dass das Militär in dieser Klassifizierung nicht ausdrücklich vorkommt.[34] Das Klassifizierungssystem erkannte die volkswirtschaftliche Unentbehrlichkeit der vier Klassen zumindest in der Theorie an. Seit dem 10. Jahrhundert wurde der Adel mit seinen erblichen Privilegien in seiner Leitungsfunktion im Staat zunehmend von über Leistung und Ausbildung definierten Beamten-Gelehrten (*shidafu*) abgelöst. Der vermögende selbstwirtschaftende Bauer mit großem Landbesitz konnte lokal ebenfalls Einfluss ausüben. Auch die gesellschaftliche Bedeutung von Kaufleuten ist viel höher zu bewerten, als ihre Stellung in der konfuzianischen Ordnung vermuten lässt. Das änderte jedoch nichts an der Theorie von den vier Klassen, die bis zum Ende des Kaiserreiches 1912 Bestand hatte.

Deutlich wird die hierarchische Ordnung der chinesischen, japanischen und koreanischen Gesellschaft besonders in der Namensgebung für Individuen und in den Heiratsbräuchen. In China hatten vor der Han-Zeit nur adelige Familien einen Familiennamen (*xing*). Daraus erklärt sich, dass bis heute die Zahl der Familiennamen auf einige hundert begrenzt ist. Mehr als 400 geläufige Familiennamen bestehen aus einer Silbe und nur wenig mehr als 30 aus zweisilbigen Namen. Li, Wang und Zhang waren und sind die drei häufigsten Familiennamen. Personen mit gleichem Familiennamen durften im Kaiserreich nicht heiraten. Der Familienname steht an erster Stelle vor dem persönlichen Namen (*ming*), der früher erst beim ersten Geburtstag des Kindes verliehen und als offizieller Vorname in die Familiengenealogie eingetragen wurde. Im Gegensatz zu den Familiennamen ist die Zahl der persönlichen Namen unbegrenzt, da aus allen vorhandenen Schriftzeichen ausgewählt werden kann. Bei persönlichen Namen, besonders bei denen, die aus zwei Schriftzeichen bestehen, wurde darauf geachtet, dass die Angehörigen einer Generation, gemessen am Abstand zu einem gemeinsamen Vorfahren, ein gemeinsames Schriftzeichen im Namen hatten. Bis heute behalten Frauen auch nach ihrer Heirat den Familiennamen ihres Vaters, und Kinder tragen den Familiennamen des Ehemannes.

Die chinesische Familie funktionierte nach patriarchalischen Prinzipien. Der Großvater oder Vater war die vom Gesetz anerkannte Autoritätsperson, welche die Verantwortung für die Familie trug. Alle Personen eines Haushaltes hatten ihren festgelegten Platz in der Familie. Die älteste noch lebende Generation hielt die Schlüsselstellung inne. Ein junges verheiratetes Paar lebte meistens im Haushalt der Eltern des Ehemannes. Schon im Klassiker *Liji* (Aufzeichnungen der Riten) steht zu lesen, dass durch eine Heirat der Dienst im Ahnentempel und die Fortsetzung der Familienlinie gesichert werden solle. Oberste Aufgabe eines Ehepaares war es, männliche Nachkommen zu zeugen und aufzuziehen, damit der Ahnenkult für die Vorfahren auch in Zukunft durchgeführt und die Gebote der Kindespietät (*xiao*) gegenüber den Eltern erfüllt werden konnten. Praktisch hieß das, der älteren Generation selbstlos und aufopferungsbereit zu dienen. In der Praxis verdienten die Männer den Lebensunterhalt außerhalb des Haushalts, während die Frauen für die Familie und den Haushalt, also den inneren Bereich zuständig waren. Die Pflicht gegenüber den Vorfahren war für den Familienvorstand in vielen Zeiten bedeutsamer als der Gehorsam gegenüber dem Kaiser oder dem Staat.

Gesetzlich hatte ein Mann nur eine Ehefrau, die an der Spitze der weiblichen Haushaltshierarchie stand. Doch gleichzeitig mit ihr konnten weitere Frauen – wie Konkubinen, ledige Verwandte und Dienerinnen – in seinem Haushalt leben. Die Stellung der Ehefrau war gesichert, sobald sie Söhne hatte. Erst nach dem Tod seiner Frau oder nach einer Scheidung konnte der Ehemann oder Witwer wieder heiraten. Auch wenn Eheschließungen weder kirchlich noch staatlich registriert wurden, so gab es doch Steuerregister, in denen die Haushaltsverhältnisse verzeichnet waren. Die Heirat zwischen Kindern oder Jugendlichen aus zwei Familien wurde in der Regel durch Heiratsvermittlerinnen arrangiert. Der Brautpreis war üblicherweise höher als die Mitgift. Obwohl die konfuzianische Gesellschaft von patriarchalischen Vorstellungen dominiert wurde, behielten Ehefrauen bis zur Mitte des 13. Jahrhunderts das Eigentums- und Verfügungsrecht über ihre Mitgift. Die Familie des Ehemannes hatte keinen Zugriff darauf. Erst mit der Machtübernahme durch die Mongolen in der zweiten Hälfte des 13. Jahrhunderts und der späteren rigorosen Bevormundung der Frauen durch den Neokonfuzianismus der Ming-Zeit änderten sich das Eigentums-, Ehe- und Erbrecht für die Frauen bis zum 20. Jahrhundert zu ihren Ungunsten.

Während der Zeiten, in denen China von Fremddynastien regiert wurde, standen die Han-Chinesen im Rang niedriger als die Angehörigen der jeweils herrschenden Fremddynastie. Han-Chinesen aus Beamtenfamilien hatten einen besonders schweren Stand. Handwerker, deren Berufe innerhalb der Familie erblich waren, wurden dagegen bevorzugt behandelt. In allen Fremd- und chinesischen Dynastien gab es Sklaven. Bevorzugt waren es Kriegsgefangene und ihre Familien oder die Einwohner eroberter Regionen. Die Sklaven in den Fremddynastien wurden als Arbeiter bei Stadt- und Verteidigungsanlagen, in buddhistischen Tempeln, aber auch in der Landwirtschaft oder in privaten Haushalten der Adeligen eingesetzt. Sklavinnen wurden oft genötigt, als Konkubinen zu dienen. Wenn die jeweiligen Männer frei waren, dann waren auch die Söhne aus solchen Verbindungen frei.

Die staatseigenen Sklaven in der Han-Dynastie, deren Zahl sich im Jahr 44 v. Chr. auf 100 000 Personen belief, wurden in der Verwaltung und im Palast sowie auf den staatseigenen Gütern zur Tier- und Pferdezucht an der Grenze beschäftigt. Da sich arme Chinesen in Zeiten finanzieller Not an reiche Chinesen verkauften, gab es auch chinesische Sklaven. Diese wurden als Vertreter ihres Besitzers für die Ableistung des Arbeitsdienstes oder des Kriegsdienstes eingesetzt, arbeiteten aber auch in Bergwerken, Werkstätten und in der Landwirtschaft. Im vormodernen China wurde nie der Versuch unternommen, die Sklaverei abzuschaffen.

Im Gegensatz zu China war im vormodernen Korea und Japan der gesellschaftliche Abstand zwischen der Klasse der Aristokraten einerseits und den Bauern, Handwerkern und Kaufleuten andererseits fast unüberwindlich. In Korea basierte der Status einer Familie auf ihrer Herkunft. Doch im Unterschied zu China und Japan gibt es für die frühe Zeit keine offiziellen Listen der Clansnamen, weswegen auch unbekannt ist, wie viele Clans die Elite Koreas bildeten. Man kann jedoch davon ausgehen, dass ihre Zahl vergleichsweise klein war. In der Zeit der Drei Königtümer gab es in allen drei Regionen eine durchaus vergleichbare Sozialstruktur. In Koguryŏ waren es die fünf Gründungsstämme, die die aristokratische Elite bildeten. In Silla bestand die Klasse der Herrschenden aus den sechs Stämmen der Region Sŏrabŏl. Die Mitglieder aller anderen Stämme waren ihnen untertan. In Koguryŏ, Silla und Paekche waren Personen, die ihren Lebensunterhalt mit manueller Arbeit verdienten, ebenso wie die meisten Kaufleute unfrei und wurden auch als »niedrig geboren« bezeichnet.

Bis zum Ende der Föderationen der Drei Han (Samhan) im 4. Jahrhundert n. Chr. wurden Personen mit ihrem Rufnamen und dem Namen des Stammes, dem sie angehörten, bezeichnet. Doch unter chinesischem Einfluss wuchs beim Adel die Tendenz, sich Familiennamen zu geben. Diese konnten aus einem oder zwei chinesischen Schriftzeichen bestehen. Die königlichen Sippennamen von Silla waren Pak, Sŏk und Kim. In Silla verlieh der König Namen, wodurch die Zahl der Familiennamen stieg. Personen niedriger Herkunft und Sklaven war es nicht erlaubt, einen Familiennamen zu führen. In Koguryŏ gab es zusätzlich zum Namen der Königsfamilie Ko die Namen Yŏn und Tae, und in Paekche, wo die Königsfamilie Puyŏ hieß, waren die Namen der aristokratischen Familien Kuk, Mok, Paek und Sa. Unter dem Einfluss chinesischer Einwanderer wurde es zunehmend üblich, chinesische Familiennamen anzunehmen. Das führte dazu, dass nach 580 viele koreanische und chinesische Familiennamen identisch waren.

Für die Koryŏ-Dynastie (918–1392) lassen sich 29 Gruppen von Abkömmlingen der Elite nachweisen, die bereits 40 Prozent der hohen Regierungspositionen einnahmen.[35] Im Chosŏn-Reich der Yi-Dynastie (1392–1910) setzten sich die chinesischen Prinzipien der Namensgebung, einschließlich der Verwendung von Generationsnamen, endgültig durch.

Vom 10. bis zum Ende des 19. Jahrhunderts praktizierte man in Korea das oben bereits erwähnte Zwei-Klassen-System (*yangban*), das sich in der Koryŏ-Dynastie ursprünglich auf die Zivilbeamten (*munban*) und die Militärbeamten (*muban*) bezog. Yangban stand für den privilegierten Erbadel an der Spitze der gesellschaftlichen Hierarchie. Die Yangban der Chosŏn-Zeit dagegen waren professionelle Beamte nach explizit konfuzianischem Muster. Dieser Status konnte nicht mehr vererbt werden, sondern war an den Erfolg in staatlichen Prüfungen gebunden. Im 17. Jahrhundert der Chosŏn-Zeit wurden die Yangban zu adeligen Grundbesitzern. Unter ihnen waren die Mittleren Leute (*chungin*), zu denen Sekretäre, Buchhalter und andere nützliche Verwaltungsangestellte gehörten. Das Volk (*sangmin*, die Guten Leute) setzte sich aus freien Bauern, Kaufleuten, Handwerkern und Soldaten zusammen. Ganz unten in der Hierarchie standen die Sklaven (*ch'ŏnmin*, Verachtete Leute), die entweder dem Herrscherhaus oder den aristokratischen Familien gehörten. Es gab sie schon seit frühester Zeit, doch sind sie erst seit dem 10. Jahrhundert zweifelsfrei nachgewiesen. Der Status des Sklaven (männliche Sklaven hießen *no*, weibliche *bi*) wurde von der Mutter auf die Kinder vererbt, gleichgültig welchen Rang der Vater hatte. Kriegsgefangene und Kriminelle hatten ebenfalls den Status von Sklaven. Dieses System hielt sich durch die gesamte Koryŏ-Dynastie. Im Gegensatz zu China und Japan, in deren Geschichte Sklaven keine bedeutende Rolle in der gesellschaftlichen Hierarchie spielten, waren im 16. Jahrhundert in Korea wahrscheinlich 20 bis 30 Prozent der Bevölkerung (von etwa 14 Millionen) versklavt. Die Zahl der Sklaven nahm zwischen 1750 und 1790 durch Flucht und unterschiedliche offizielle Arbeitsmaßnahmen beträchtlich ab. Ein Versuch, die Sklaven des Staates abzuschaffen, wurde 1801 zwar unternommen, doch erst die Kabo-Reform von 1894 befreite auch die Sklaven der privaten Haushalte.

In Korea spielten bei Heiraten Familiennamen, Blutsverwandtschaft sowie Herkunft nach dem Heimatort eine wichtige Rolle. Heiraten von Mann und Frau mit identischer Herkunft des Clans (*pon'gwan*) waren tabuisiert. In der Koryŏ-Zeit (918–1392) genossen Frauen ein vergleichsweise hohes Ansehen. Der Status der Frau als Mutter bestimmte den gesellschaftlichen Rang ihrer Kinder. Frauen konnten nicht nur Eigentum an Land und Immobilien erben und vererben, sondern waren den männlichen Erben gleichgestellt. Im Gegensatz zu China konnte der Ehemann im Haushalt seiner Ehefrau wohnen. Ganz anders als in späteren Jahrhunderten waren in der Koryŏ-Zeit auch Heiraten innerhalb der Verwandtschaft üblich, Ehen konnten wahrscheinlich auch für kürzere Zeit geschlossen werden, und Trennungen waren an der Tagesordnung. Aristokraten konnten auch mit drei oder vier Frauen verheiratet sein und daneben noch Konkubinen haben. Dies alles steht im Gegensatz zur späteren, durch den chinesischen Konfuzianismus diktierten Praxis des koreanischen Ehelebens, welche die Unterwerfung der Frau unter das Diktat des Ehemanns zur Regel machte.

Der Einfluss von China und Korea auf die historische Entwicklung der Gesellschaft auf den japanischen Inseln ist unübersehbar. Bis zum 3. Jahrhundert n. Chr. gab es in Japan eine Reihe von Stämmen, die von Häuptlingen geführt wurden. Aus dem Wa genannten Stammesbund ging dann Yamatai als Führungsmacht hervor. Die Übernahme koreanischer Kulturelemente im 5. Jahrhundert, wie das gesellschaftliche Modell der Abstammungsgruppen oder Clans (*uji*), von denen wiederum einige einen erblichen Titel (*kabane*) hatten, führte dazu, dass das nachfolgende Yamato-Reich auch als Uji-Staat (vgl. hierzu Kapitel 3) bezeichnet wird. Die auf den Uji basierenden Machtverhältnisse dauerten bis zur Taika-Reform im Jahr 645, als die Herrschaft der wenigen mächtigen Uji-Clans zugunsten des Herrschers, dem nun Land und Volk gehörten, gebrochen wurde. Wie bereits dargestellt, stand an der Spitze der Hierarchie seit dem 7. Jahrhundert der »himmlische Herrscher«, der Tennō. Die Staatsführung wurde nach dem chinesischen Modell des politischen und wirtschaftlichen Zentralismus reformiert. Dieses neue System in der Periode der Gesetzeswerke (*ritsuryō*) wirkte sich vor allem im Straf- und Verwaltungssystem, im Auswahlsystem für Beamte, in den Landbesitzverhältnissen und im Militär- sowie Steuerwesen aus. Bereits vor der Heian-Zeit (794–1185) bildete sich ein Kriegerstand (*bushi*) heraus, der sich im 10. Jahrhundert zu mächtigen Kriegerbünden (*bushidan*) entwickelte. Die Samurai waren als Krieger (*bushi*) Vasallen eines militärischen Führers im Rang eines Daimyō oder Shōgun, dem sie bis zu ihrem Tod in Gefolgschaftstreue verpflichtet waren. Die Samurai führten einen Familiennamen, und ihre gesellschaftliche Stellung richtete sich nach ihrem Dienstherrn und dem Einkommen, das sie von ihm bezogen. 1192 wurde die erste Militärregierung (*bakufu*) in Kamakura eingerichtet, die bis 1333 währte. Damit war auch der Aufstieg von Kriegern aus der Provinz in Positionen des Hofadels vollzogen. Es begann die Aufteilung der staatlichen Autorität. Der Hof residierte in Kyōto, das Shōgunat in Kamakura.

Während die Bezeichnung Daimyō (Großer Name) in verschiedenen Zeiten für unterschiedliche bedeutende zivile und militärische Großgrundbesitzer und Territorialfürsten verwendet wurde, die in einem Abhängigkeitsverhältnis zur Regierung standen, waren Shōgune durch den Kaiser formal ernannte Militärdiktatoren. Ihre Macht nahm während des Muromachi-Shōgunats der Ashikaga-Familie (1338–1573) noch zu. Die Tokugawa-Familie führte das Shōgunat ab 1603 bis 1868. In dieser Zeit wurde die konfuzianische Gesellschaftsordnung nachgeahmt. Man übernahm das Modell der vier Klassen, das allerdings leicht modifiziert wurde und weder den

Tennō, die Daimyō oder den Gelehrtenstand einschloss. Die vier Stände waren Militäradel (*shi*), Bauern (*nō*), Handwerker (*kō*) und Kaufleute (*shō*). Es gab keine Möglichkeit, von einem Stand in den anderen überzugehen – jeder hatte in diesem System seinen angestammten Platz.

Am unteren Ende der sozialen Skala rangierten aufgrund religiöser Reinheitsvorstellungen die gesellschaftlich Ausgestoßenen, die »Nicht-Menschen« (*hinin*), zu denen auch die Verkrüppelten, Leprakranken, Bettler und Verbrecher zählten. Ebenfalls diskriminiert wurden die »Unreinen« (*eta*), eine Bezeichnung, die es mindestens seit dem 13. Jahrhundert gab. Man beschäftigte sie für »unreine Arbeiten« als Ledergerber und Totengräber, für die Beseitigung von Abfall und Tierkadavern. Sie und die »Nicht-Menschen« hießen im 19. Jahrhundert schließlich *burakumin* (Leute aus den Dörfern). Die mit den Bezeichnungen einhergehende rigorose gesellschaftliche Diffamierung wurde erst 1871 offiziell aufgehoben, besteht aber im Grunde bis heute fort.

Bis zum Ende des 8. Jahrhunderts führten Japaner nur den Namen ihrer Abstammungsgruppe oder ihres Clans (*uji*) und den erblichen Adelstitel (*kabane*). Die Kabane standen nach den Uji. In der Heian-Zeit wurde es üblich, dem Clannamen eine geographische Bezeichnung hinzuzufügen. Alle diese Namenstypen waren dem Adel vorbehalten. In der Regel wurde eine Person nicht mit ihrem Namen, sondern mit ihrem Titel angesprochen. Man fürchtete, dass die Kenntnis des Namens Macht über die angesprochene Person verlieh. Wenn ein Mann der alten Hofgesellschaft eine Frau nach ihrem Namen fragte, galt dies als Heiratsantrag. Gab sie ihren Namen preis, dann nahm sie den Heiratsantrag an. Das Volk hatte nur persönliche Namen, die manchmal durch Ortsbezeichnungen ergänzt wurden. Bis zum 8. Jahrhundert waren die üblichen persönlichen Namen von Männern oftmals viersilbig und wurden mit zwei Schriftzeichen oder dreisilbig mit einem Schriftzeichen wiedergegeben. Wie in China und Korea enthielten die Namen jeweils Schriftzeichen, welche den Rang in der Generationenfolge angaben. Erst 1868 wurde erlaubt, dass jede Person einen Familiennamen annahm, und seit 1875 musste jede Familie einen Familiennamen führen. Der persönliche Name folgte dem Familiennamen.

Der traditionelle Typ von japanischer Familie, die gemeinsam wirtschaftete und ein Haus bewohnte, heißt *ie*, was oft mit Kernfamilie übersetzt wird. In der Regel war ein männliches Mitglied der Familienvorstand. Auch in Japan wurden Ehen mit Hilfe von Heiratsvermittlerinnen geschlossen. Das bedeutet, dass sich die Ehepartner zum Zeitpunkt ihrer Hochzeit meistens fremd waren. Grundsätzlich galt, dass verwandte Familien zur Einheirat bevorzugt wurden. Bis zur Heian-Periode (794–1185) war es beim Adel üblich, dass die Ehefrau im Haushalt ihrer Eltern wohnte, ihr Ehemann sie dort besuchte. Aristokraten hatten nicht nur eine Lebensgefährtin, sondern mehrere, hauptsächlich um Nachkommen zu zeugen. Nach der Heian-Periode änderte sich das Verhaltensmuster. Permanente Beziehungen, wie sie zuvor schon bei Bauern, Handwerkern und niedrigen Kriegern bestanden hatten, wurden üblicher.

Rechtsprechung und Strafen

In der konfuzianischen Doktrin hat ein harmonisches Miteinander der Mitglieder einer hierarchisch geordneten Gemeinschaft auf der Grundlage von Ordnungsnormen (*li*) höchste Priorität. Das Leben sollte auf der konfuzianischen Tugend der Güte oder Menschenliebe (*ren*) basieren, die, wenn jeder seinen angeborenen Platz in der Gesellschaft ausfüllte, genügen sollte, um ohne Strafgesetze auszukommen. Verbrechen waren Vergehen gegen die soziale Hierarchie und letztlich gegen die kosmische Ordnung. Dieses rechtliche Denken herrschte nicht nur in China, sondern spätestens seit dem 7. Jahrhundert auch in Japan und Korea vor. Konflikte, ausgelöst durch häusliche Gewalt, Diebstahl, Vermögens-, Familien- und Erbstreitigkeiten wurden durch Schlichtung und Schadensausgleich entsprechend den Kriterien sozialer Konvention in der Regel von örtlich zuständigen vertrauenswürdigen Ältesten oder Beamten in lokalen Einrichtungen nach Maßgabe des traditionellen Verständnisses und allgemein akzeptierter Verhaltensregeln gelöst.

Strafen, für die der Staat beim Versagen der Ordnungsnormen zuständig war, wurden im Strafrecht kodifiziert und als Mittel der Abschreckung betrachtet. Während die Rechtsprechung der Qin-Dynastie von einer Vorstellung der Gleichbehandlung aller Täter vor dem Strafrecht ausging, wurden seit der Han-Dynastie (wie schon zuvor in der Zhou-Dynastie) bei der Strafzumessung Unterscheidungen nach der sozialen Stellung des Täters und seinem Verwandtschaftsgrad zum Opfer gemacht. Autoritätspersonen genossen besonderen Schutz. Beamte wurden außer bei Verbrechen gegen den Kaiser oder den Staat nicht zum Tode verurteilt.

Das *Tanglü shuyi* (Gesetzeskodex der Tang mit Kommentar) von 653 kann als Summe der Rechtsideen aller vorangegangenen Dynastien verstanden werden. Dieses Werk und das zwischen 722 und 739 kompilierte *Tang liudian* (Handbuch der staatlichen Behörden der Tang) bilden die Grundlagen zum Verständnis des chinesischen Rechtswesens. Sie galten praktisch bis zum Ende des 19. Jahrhunderts und sollten die gesellschaftliche Entwicklung wie auch die kodifizierten Strafen in Korea und Japan nachhaltig beeinflussen.[36]

Als erster Gesetzeskodex (*Fajing*) in Ostasien gilt der des Li Kui aus dem 4. Jahrhundert v. Chr. Die Strafen der Zhou-Dynastie waren grausam. Zu den Hinrichtungsarten gehörten auch die sogenannten Fleischesstrafen (*rouxing*, eine davon, *yaozhan* genannt, bestand darin, den Körper des Verurteilten an der Taille in zwei Teile zu hacken) und andere Formen der Verstümmelung. Die strenge Ahndung von Straftaten während der gesamten nachfolgenden Kaiserzeit geht auf die Gesetzgebung der Qin-Dynastie zurück.[37]

Bei der Rechtsprechung im kaiserlichen China hatte der Richter nicht die Aufgabe, die Hintergründe für ein Verbrechen herauszufinden, sondern die Straftat sachgerecht nach dem Straftatbestand zu bestimmen. Die Strafe hing von der gesellschaftlichen Stellung des Täters und des Opfers und ihrer Beziehung zueinander in der Gesellschaft ab. Die Rechtsprechung lag in Händen der lokalen Behörden. Sie wiederum unterstanden vorgesetzten Institutionen und hatten entsprechend deren Anordnungen zu handeln, ebenso wie diese an die Weisungen des Kaisers, der letzten und höchsten rechtlichen Instanz, gebunden waren. Durch diese Handhabung der Jurisdiktion war die Autonomie des Rechts und des Richters eingeschränkt.

Das *Tanglü shuyi* ist in zwölf Abschnitte und 500 Paragraphen eingeteilt. Die schwersten Straftatbestände sind in den Zehn Übeln (*shi e*) enthalten, die allen Gesetzessammlungen vorangestellt waren. Zusammenfassend gilt, dass die schlimmsten Verbrechen die gegen Kaiser, Dynastie und Staat gerichteten waren: Verschwörung, Hochverrat, Fahnenflucht und Vergehen gegen kaiserliches Eigentum. Zu den Zehn Übeln gehörten auch Mord, Hexerei, fehlender Respekt gegenüber den Eltern und Inzest.

Zur Kaiserzeit gab es Fünf Bestrafungen (*wuxing*), die in der Sui-Dynastie (581–617) ihre verbindliche Form bekamen. Die Strafe, welche am häufigsten angewendet wurde, waren leichte Prügel, zwischen zehn und 50 Hiebe mit der Rute auf das Gesäß. Richter, die Fehlurteile fällten, wurden ebenfalls mit Stockhieben bestraft. Die schweren Prügel mit dem Stock auf Gesäß und Beine reichten von 60 bis zu 100 Hieben. Die schwere Prügelstrafe wurde in allen Dynastien praktiziert. In der Zeit der Fünf Dynastien (907–960) sowie in der Song- und besonders in der Ming-Dynastie kam es zu Exzessen bei ihrer Anwendung, auch gegenüber Beamten. Weitere Strafen waren Zwangsarbeit und Verbannung an einen weit entfernten Ort, meistens im Süden. Die schwerste Strafe war die Todesstrafe, wobei zwischen Erdrosselung mit einem Seil und Enthauptung unterschieden wurde. Der Kaiser selbst musste der Todesstrafe in jedem einzelnen Fall zustimmen.[38] Für 747 wird sogar berichtet, dass die Abschaffung der Todesstrafe dekretiert wurde.[39] Das war etwa hundert Jahre bevor sie in Japan für einige Jahrhunderte ausgesetzt wurde, und etwa tausend Jahre bevor der Rechtsphilosoph Cesare di Beccaria (1738–1794) eine solche Überlegung in seinem 1764 veröffentlichten Werk *Dei delitti e delle pene* (Von Verbrechen und Strafen) anstellte. Das Rechtssystem sah auch Begnadigungen durch den Kaiser vor, die allerdings meistens nur Zwangsarbeitern und verbannten Beamten zugutekamen.[40]

Die Fremddynastie Liao (907–1125) der Khitan unterschied vier Arten von Strafen: Todesstrafe, Verbannung, Zwangsarbeit und Prügel. Erwähnenswert ist, dass die Prügelstrafe nicht bis zur Verabreichung von 100 Hieben ging, wie das in der Song-Zeit der Fall war, sondern 300 bis 500 Hiebe umfasste. Zu den drei Hinrichtungsarten gehörten Strangulation, Enthauptung und Zerstückelung (*lingchi*).[41] *Lingchi* bedeutet, dass man den Delinquenten vor der Enthauptung in einem langsamen Prozess der Verstümmelung durch Tranchieren und Abschneiden der Glieder mit einem Messer zu Tode folterte. Diese Hinrichtungsart ist weder im Gesetzeskodex der Tang- noch der Song-Dynastie enthalten.

Wie in allen Fremddynastien gab es auch in der Liao-Dynastie eine Ungleichheit in der Rechtsprechung. Ein Chinese, der einen Khitan tötete, wurde zum Tod verurteilt und hingerichtet, seine Familienangehörigen wurden zu Sklaven degradiert. Ein Khitan, der einen Mord an einem Chinesen begangen hatte, wurde dagegen nur verbannt.

In der nachfolgenden Jin-Herrschaft der Jurchen war die schwerste Form der Strafe die Enthauptung.[42] In der mongolischen Yuan-Dynastie ersetzte Zerstückelung die Erdrosselung als Todesstrafe und wurde zum ersten Mal in die Strafgesetzgebung aufgenommen.[43] Auch in der mongolischen Yuan-Zeit galt, dass Chinesen schwer bestraft wurden, wenn sie sich gegen den Angriff eines Mongolen wehrten; umgekehrt aber wurde ein Mongole, der einen Chinesen umbrachte, nur mit einer Geldstrafe belegt. In der Han-chinesischen Ming-Dynastie, als auch die härtesten Strafen der Bewahrung einer »heiligen« Ordnung sowie der individuellen Moral im Reich dienten, war Zerstückelung als Strafe für die vier schlimmsten Verbrechen vorgesehen: Verrat, Elternmord, Blutrache und Verstümmelung (eines Opfers einer Gewalttat). Die Hinrichtung durch Zerstückelung wurde in der mandschurischen Qing-Dynastie von Gegnern dieser Hinrichtungsart als »irreguläre Strafe« kritisiert, aber dennoch erst 1905 abgeschafft.

In Korea übernahm bereits König Sosurim (reg. 371–384) von Koguryŏ chinesische Rechtsvorstellungen, die danach, ab dem Jahr

520, auch in Silla Gültigkeit hatten. Die Koryŏ-Dynastie griff auf den Tang-Gesetzeskodex zurück. Der Gesetzeskodex der Großen Ming wiederum wurde bereits 1395 in das Koreanische übertragen und für Korea verbindlich. Die *Kyŏngje yukchŏn* (Sechs Kodizes der Regierung) von 1397 und verschiedene Ergänzungen griffen auf den Rechtsstandard in der Koryŏ-Dynastie zurück. 1470 erschien der umfassende *Kyŏngguk taejŏn* (Kodex zur Verwaltung des Landes), der konfuzianische Riten und Prinzipien der gesellschaftlichen Organisation rechtlich festschrieb. 1746 wurde eine Ergänzung hinzugefügt. Wie in China war auch in Korea die Prügelstrafe weit verbreitet; Mord und Verrat wurden mit dem Tod bestraft. Bei Befragungen zur Verbrechensaufklärung wurden sowohl die der Tat Verdächtigen als auch die Zeugen gefoltert. Das hatte zur Folge, dass alle Untertanen versuchten, einem Rechtsstreit aus dem Weg zu gehen.[44] Ein vollständig neuer Gesetzeskodex erschien 1865.

In Japan gab es vor dem 7. Jahrhundert kein schriftlich niedergelegtes Recht. Streitigkeiten wurden durch Vermittlung und Schlichtung beigelegt. Diese Verfahren beruhten wiederum auf den lokalen Traditionen der Stämme und religiösen Vorstellungen. Das erste auf tang-chinesischem Vorbild beruhende System eines Gesetzeskodex (*Ritsuryō seido*) von 689 war in Strafbestimmungen (*ritsu*) und Verwaltungsbestimmungen (*ryō*) unterteilt. Dieser Kodex diente nicht so sehr der strafrechtlichen Rechtsprechung im Alltag als vielmehr der Festlegung der Funktionen von Regierung und Verwaltung auf allen Ebenen des Reiches und damit auch der Festlegung von Rängen und Positionen. Der Kodex und seine Überarbeitungen von 927 sollten das System der Vererbbarkeit von politischen Ämtern und den privaten Landbesitz des Adels stärken. Darin unterschied sich die japanische Zielsetzung von der chinesischen. In rechtlichen Verfahrensfragen und bei den Strafen folgte man weitgehend dem chinesischen Modell. Allerdings waren die Strafen im japanischen *Taihō ritsuryō* (Kodex der Regierungsära Taihō) von 701 und danach im *Yōrō ritsuryō* (Kodex der Regierungsära Yōrō) von 718 dem japanischen Verständnis von Strafen angepasst und weit weniger drastisch als in der Tang-Zeit.

Auch in der Nara- und Heian-Zeit galt, dass die Schwere eines Verbrechens davon abhing, in welchem Ausmaß es gegen die konfuzianische moralische Ordnung verstieß. In der Nara-Zeit war die schwerste Strafe die Todesstrafe durch Enthaupten, die als unehrenhaft galt; ehrenhafter war die Todesstrafe durch Erdrosseln. Weitere Strafen waren Verbannung, Zwangsarbeit und Prügel. Inhaber von Rängen konnten sich von Bestrafungen freikaufen. Die Kaiserliche Polizei (*keibishi*), die in der Heian-Zeit um 839 ihre Arbeit aufnahm, stärkte eine Form des Gewohnheitsrechts, das in seinen Strafen milder war als der Gesetzeskodex. Die Aussetzung der Todesstrafe hatten schon einige Kaiser in der Nara-Zeit praktiziert, doch nun wurde die Todesstrafe als eine Konzession an den Buddhismus abgeschafft, was 300 Jahre lang Bestand hatte. Mit dem Erstarken der Kriegerklasse in der Zeit des Kamakura-Shōgunats gewannen ethische und rechtliche Vorstellungen an Bedeutung, die auf gesellschaftlicher Hierarchie, Ehre und Pflicht beruhten. Sie wurden dann 1232 im *Goseibai shikimoku* (auch *Jōeishikimoku* genannt) in 51 Artikeln von dem Beamten Miyoshi Yoshitsura kodifiziert.

In der Muromachi-Zeit (1336–1573) waren die Strafen im Vergleich zur Heian-Zeit grausam. Im Jahr 1445 erging ein Edikt, in dem alle Streitereien verboten wurden. Für den Fall der Nichtbeachtung wurde die Todesstrafe angedroht, die vollstreckt wurde, ohne dass Ermittlungen darüber angestellt worden wären, wer im Recht oder Unrecht war. Zu den Foltermethoden und Hinrichtungsarten für Christen und Räuber wie auch für Untertanen gehörten im 16. Jahrhundert Kreuzigungen, Verstümmelungen und Kochen in siedendem Wasser oder Öl. Samurai höheren Ranges wurden enthauptet oder durften Selbstmord begehen. Die Tokugawa-Shōgune (1603–1868) waren der Überzeugung, dass das Verhalten der Bevölkerung auf ethischen Prinzipien beruhen sollte, nicht auf Gesetzesvorgaben. Besonders um das Jahr 1700 wurde an die harmonischen Beziehungen innerhalb der Gemeinschaft appelliert. Auch hier war der konfuzianische Geist Chinas unverkennbar. Strafen sollten die Bevölkerung von Verbrechen abschrecken. Gleichzeitig wurde nochmals betont, dass alle Verbrechen unter Berücksichtigung des sozialen Status bestraft würden. Samurai wurden somit, wenn überhaupt, anders bestraft als Bauern oder Händler. Diese Unterschiede wurden in der frühen Edo-Zeit durchaus ausgenutzt. Samurai hatten das Recht, Personen niedrigen Standes, die sich ihnen gegenüber schlecht benommen oder beleidigende Reden geführt hatten, auf der Stelle niederzustrecken (*kirisute-gomen*). Die Samurai konnten danach den Ort der Tat unbehelligt verlassen. Im Fall von Ehebruch wurde bei Frauen rechtlich zwischen Ehebruch und Vergewaltigung nicht unterschieden, da beides als Verbrechen am Ehemann betrachtet wurde. Das *ritsuryō*-System als theoretische Basis für die Wahrnehmung politischer Autorität blieb bis zum Jahr 1889 gültig, als eine Verfassung in Kraft trat.

Hervorzuheben ist abschließend, dass in China bereits vor und in der Han-Zeit (206 v. Chr. – 220 n. Chr.) der gemeinsame historische und kulturelle Nenner geschaffen wurde, der Chinesen, Koreaner und Japaner dann um die Mitte des 1. Jahrtausends miteinander verband. Dazu gehörten vor allem die chinesische Schrift, die chinesischen Klassiker des Konfuzianismus, welche die Grundlagen der ostasiatischen Bildung und Wertegemeinschaft bildeten, die chinesischen Vorstellungen von der Bedeutung des Zivilen und des Militärischen und die Yin-Yang-Lehre. Sie bot in Verbindung mit den Fünf Agentes die Grundlage, um die Interaktion der natürlichen Kräfte zu erklären, die jenseits menschlicher Bestimmung lagen. Kosmologische Vorstellungen wurden in Korea und Japan ebenso übernommen wie der Buddhismus, die Einteilung der Zeit und die Regierungsdevisen.

Die folgenden Kapitel sind jeweils so gewichtet, dass sie sowohl der nationalen historischen Entwicklung als auch einer transnationalen Darstellung, die auf die Gemeinsamkeiten oder das Verbindende ebenso wie auf die regionalen Besonderheiten abhebt, methodisch Rechnung tragen. Die chronologisch angelegten Hauptkapitel sind jeweils in drei Abschnitte (Kapitel I bildet hier eine Ausnahme) gegliedert: Unter A wird zunächst die politische Ereignisgeschichte behandelt,[45] unter B und C werden dann »Gemeinsamkeiten und

Besonderheiten« in Wirtschaft und Gesellschaft bzw. in Kultur und Religion dargestellt. Gerade die selektive Übernahme chinesischer Vorgaben in Korea und Japan ist von Bedeutung, da sie dort oft zu vollkommen anderen und eigenen historischen Verhältnissen führte. Im Unterschied zur Zeit des 1. Jahrtausends n. Chr. entwickelten sich die Gesellschaften der verschiedenen Regionen Ostasiens seit dem 10. Jahrhundert höchst unterschiedlich. Chinesen, Koreaner und Japaner hatten jedoch gemeinsam, dass sie bis zum Ende des 18. Jahrhunderts ihre jeweils eigene gesellschaftliche und kulturelle Identität behaupten konnten.

I Ostasien im Neolithikum

A Das Paläolithikum

»Mehr als 99 Prozent der gesamten Menschheitsgeschichte, in China wie auch anderen Orts, fanden im Paläolithikum statt«, einem Zeitalter, das in Hunderttausenden von Jahren gerechnet wird.[46] Altpaläolithische Funde von Fossilien des Frühmenschen *Homo erectus* auf dem chinesischen Festland lassen sich mindestens auf die Zeit vor 600 000 bis 500 000 Jahren datieren. Der wissenschaftshistorisch besonders wichtige Fund im Longgushan (Drachenknochenberg) westlich von Peking im Jahr 1929 brachte Fossilien von mehr als 40 Individuen des nach der Fundregion genannten Pekingmenschen (*Sinanthropus* oder *Homo erectus pekingensis*) zutage und belegt damit dessen Existenz in Nordchina vor etwa 400 000 Jahren. Eine Vielzahl von archäologischen Funden, insbesondere Steinwerkzeugen, lässt vermuten, dass der *Homo erectus* damals auch schon in Korea und Japan lebte. Der Pekingmensch, der noch nicht auf der Entwicklungsstufe des Neandertalers stand, konnte aufrecht gehen und Werkzeuge herstellen. Der männliche Pekingmensch war etwa 155, der weibliche 143 Zentimeter groß. Er hatte ein Gehirnvolumen von 900 bis 1100 cm^3 und eine außergewöhnlich dicke Schädeldecke.

In der Nähe von Ōsaka (Japan) wurde ein fossiles menschliches Becken gefunden, das auf die Zeit zwischen 80 000 und 54 000 Jahre vor unserer Zeit datiert werden kann. Teile eines menschlichen Skeletts, entweder eines *Homo erectus* oder eines frühen *Homo sapiens*, die man 1984 im Süden der Mandschurischen Ebene fand, mögen die Brücke von Nordchina zu den Funden im koreanischen Sŏkchang-ni bilden, die auf eine Zeit vor etwa 31 000 Jahren datiert werden können.[47] In Anlage und Ausstattung ihres Gebisses und durch ihr geringeres Gehirnvolumen unterschieden sich diese frühen Menschen noch deutlich vom späteren *Homo sapiens sapiens*, »dem Jetztmenschen«, der in China erst vor 40 000 bis 12 000 Jahren in Erscheinung trat. Ihm werden die Steinklingen zum Schaben und Schneiden zugeschrieben, die in ganz Ostasien gefunden wurden. Sein Gehirnvolumen betrug etwa 2000 cm^3. Während die meisten Menschen damals noch in Höhlen oder im Schutz von überhängenden Felsen lebten, kannten die Bewohner von Sŏkchang-ni (in Korea) bereits überdachte Behausungen mit Feuerstelle.[48] Die Männer sicherten die Ernährung durch Jagen und Fischen, die Frauen durch das Sammeln von allem Essbaren. Sie trugen Fellkleidung, fertigten Waffen und Werkzeuge an, schmückten ihre Körper mit bearbeiteten Tierzähnen, Knochen, Muscheln und Steinen, und sie bestatteten ihre Toten.

Im Paläolithikum waren die heutigen Inseln Japans noch nicht vollständig durch das Meer vom Kontinent abgeschnitten. Die Landbrücken, die teilweise noch bis zum Ende der letzten Kaltzeit (umgangssprachlich Eiszeit) bestanden, begünstigten die Verbreitung von Pflanzen und die Wanderung von Mensch und Tier nach Osten. Tiere wie Bison, Elch, Bär, Wolf und Elefant waren auf dem Gebiet der heutigen japanischen Inseln heimisch. In mehreren Migrationswellen aus Nordchina, Korea und der Mongolei wie auch von Südostasien und vom sibirischen Nordasien wurde Japan besiedelt.[49]

Am Ende der letzten Kaltzeit, zwischen 13 000 und 10 000 Jahren vor der Gegenwart, begann die weltweite Erwärmung des Klimas. Eis und Gletscher schmolzen, was dazu führte, dass der Meeresspiegel anstieg, der bis dahin etwa 120 Meter tiefer gelegen hatte als heute. Die Landbrücken, welche die Region von Japan (zuletzt vor etwa 20 000 Jahren) mit dem kontinentalen Festland verbanden, versanken im Meer. Während das Ost- und Südchinesische, das Gelbe und das Japanische Meer entstanden, verlagerte sich die Küstenlinie des ostasiatischen Festlandes ins Inland. Um 6500 v. Chr. erreichte der Meeresspiegel seinen Höchststand im Holozän. Wo sich heute die Hauptstadt Peking befindet, war damals Meer. Von 6000 v. Chr. bis etwa 4500 v. Chr. stiegen die Durchschnittstemperaturen um weitere drei bis fünf Grad Celsius, wodurch es in Ostasien warm und feucht wurde. Große Teile der heutigen Küstenregion waren bis zu 100 Kilometer landeinwärts noch überflutet oder Sumpfgebiete. Es dauerte noch einige tausend Jahre, bis sich die heutige Küstenlinie herausbildete. Durch die Ausbreitung der Meere und die Zunahme von Küstenregionen begann sich das Leben in Ostasien zu verändern. Die Küste wurde zu einem neu erschlossenen, bedeutenden Lebensraum.

B Die neolithische Periode der Schnurmusterkeramik

Für das Neolithikum (die Jungsteinzeit) werden erstmals über ganz Ostasien verstreut komplexere und regional verschiedene Kulturen fassbar. Die neolithischen Menschen töpferten von Hand keramische Gefäße aus Ton, deren bei niedriger Temperatur gebrannte Scherben die Jahrtausende überdauerten. Diese Scherben waren bis zu 14 Millimeter dick, ihre Textur grobkörnig, die Farbe meistens grau, manchmal auch braun oder rötlich. Die frühesten keramischen Gefäße tragen auf ihrer Oberfläche die eingepresste Textur von Schnurmustern oder Fingernägeln. Es sind Ritzungen oder ähnlich einfache Muster, die kreuz und quer verlaufen, aber auch gedrehte Wülste, die appliziert sein konnten. Folgerichtig wird diese früheste neolithische Periode auch als die Zeit der Schnurmusterkeramik bezeichnet.

Für Ostasien lässt sich Keramik mit Schnurmuster am frühesten in Japan archäologisch nachweisen, weswegen diese Zeit in Japan auch Jōmon- oder Schnurmuster-Periode heißt. Sie dauerte von etwa 10 000 bis 300 v. Chr. Es gab zeitlich und regional große Unterschiede in Machart, Größe, Ornamenten und Musterungstechniken.[50] Eine Einteilung listet über 250 Typen auf. Die weltweit bislang ältesten Schnurmuster-Keramiken wurden in Nagano und in Aomori im Norden von Honshū sowie in einer Höhle in Fukui, in der Präfektur Nagasaki, und in einer Höhle in Kamikuroiwa, im Westen der Insel Shikoku, gefunden.[51] Sie stammen aus der Zeit um 10 000 v. Chr.

Auf der Insel Quemoy vor Fujian (China) wurden keramische Waren gefunden, die bis ins späte 6. Jahrtausend v. Chr. datiert werden können.[52] Auch bei den etwas jüngeren Funden der Dapenkeng-Kultur (10.–3. Jahrtausend v. Chr.) auf Taiwan kamen keramische Fragmente zum Vorschein. Zwischen den frühen keramischen Traditionen auf Taiwan, Quemoy und den japanischen Inseln wird eine archäologisch bislang nicht nachweisbare Verbindung angenommen. Gleiches gilt für eine Verbindung von den Dapenkeng- und Quemoy-Funden zu den auf dem Festland entdeckten keramischen Scherben in der Provinz Hubei, die bis in die Zeit vor etwa 10 000 Jahren datiert werden können, oder zu den gleichfalls sehr frühen Schnurkeramik-Funden von Zengpiyan in Guangxi und von Xianrendong, der Geisterhöhle, in der Provinz Jiangxi.[53] Bei den südchinesischen Höhlenfunden ist eine gewisse Affinität zu Funden in Nordvietnam erkennbar.

In Korea entspricht die Chŭlmun-(»Kammmuster«-)Periode zwischen 6000 und 1500 v. Chr. der Jōmon-Periode in Japan. Sie wird allerdings erst um 4000 v. Chr. durch entsprechend dekorierte Keramikgefäße archäologisch fassbar.[54] Die geometrischen Kammmuster und ihre technische Ausführung weisen Ähnlichkeit mit japanischen Funden der Zeit auf, unterscheiden sich aber ganz erheblich von den Funden der nordchinesischen Zentralebene.

Während die Küstenbewohner Taiwans, Japans und Koreas größtenteils noch als umherziehende Fischer, Jäger und Sammler lebten, die Haufen von Muschelschalen als Abfall an temporären Siedlungsstätten zurückließen, deuten Funde am Fuß des Taihang-Gebirges in Nordchina und des Funiu-Gebirges südlich des Gelben Flusses auf Ackerbau seit etwa 8000 v. Chr. hin. Das trifft wohl auch auf einige benachbarte Regionen in Südchina zu. In vielen Regionen Ostasiens entstanden temporäre Lager- oder Siedlungsplätze, die eine Vorratswirtschaft erkennen lassen. Gefäße aus Schnurkeramik wurden in Wohnstätten zur Aufbewahrung von Lebensmitteln, zum Kochen oder als Behälter für Getränke verwendet. Viele der Keramikgefäße liefen spitz nach unten zu, damit man sie senkrecht im weichen Boden der Behausungen aufstellen konnte. Der Nachweis vereinzelter temporärer Siedlungen bedeutet jedoch nicht, dass die Menschen bereits dauerhaft siedelten.

Regionale kulturelle Ausprägungen kommen sowohl in Steinwerkzeugen und den keramischen Erzeugnissen als auch in unterschiedlichen Lebens- und Bestattungsformen zum Vorschein. In einigen Regionen Nordchinas, die dem Peiligang-Kulturraum vor dem Jahr 5000 v. Chr. zugeordnet werden, messen die Grundrisse der runden oder quadratisch angelegten Behausungen gerade einmal zwei bis drei Meter im Durchmesser. Sie konnten sowohl über flachen Gruben als auch ebenerdig angelegt sein. Die Bewohner lagerten ihr Getreide in Vorratsgruben in ihren Behausungen. Sie hielten Haustiere, insbesondere Schweine, Hunde und Hühner. In Peiligang wurde eine kleine keramische Nachbildung eines Schweinekopfes gefunden.

Die neolithischen Handwerker in Nordchina stellten eine breite Palette von Werkzeugen und Hilfsmitteln her: lange, gezahnte Steinsicheln, Sichelmesser, Hacken und Breitbeile aus Stein, Steinflächen, -stößel und -rollen, Flechtwerk wie Matten und Körbe, Harpunenköpfe, Speer- und Pfeilspitzen für die Jagd, Nadeln für das Knüpfen von Netzen, aber auch Ahlen, Nähnadeln, Haarnadeln und Ziernadeln sowie verschiedenen Schmuck aus Knochen, der an der Kleidung getragen wurde. Ihre Toten wurden ausgestreckt auf dem Rücken liegend in Gräbern mit Grabbeigaben bestattet.

Im Süden Chinas scheinen die Menschen zu derselben Zeit noch in Höhlen am Fuß niedriger Hügel gelebt zu haben. Wo sie kochten, setzten sie auch ihre Toten bei, wie im Fall des Fundortes Zengpiyan, wo Skelette, deren Beine angezogen waren, ausgegraben wurden. Einige der Skelette wiesen nicht nur eine Behandlung mit rotem Ocker auf, sondern ihre Schädel waren am Scheitel auch künstlich geöffnet.[55]

Im Vergleich zu ihren Nachbarn auf dem Festland lebten in Japan die Menschen der frühen Jōmon-Periode vor dem 5. Jahrtausend v. Chr. in schlichten Grubenbehausungen mit quadratischen Grundrissen. Gekocht wurde im Freien. Sie bestatteten ihre Toten bei Anhäufungen von Muschelschalen. Noch nicht sesshaft, nutzten sie wie ihre Nachbarn auf Taiwan Brandrodungstechniken.[56] Aus Skelettfunden ist bekannt, dass der durchschnittliche Jōmon-Mann 157 und die Jōmon-Frau 148 Zentimeter maßen. Während die Japaner der Jōmon-Periode keine physiognomische Ähnlichkeit mit den Bewohnern Südchinas hatten, waren sie mit den Menschen der Chŭlmun-Kultur auf der koreanischen Halbinsel, die ebenfalls bevorzugt an der Küste und an Flussufern lebten, verwandt. Vor allem aber bestand eine Verwandtschaft zu den Ainu, weswegen die Ainu auch als Jōmon-Menschen gelten. Daher sind die Ainu die ursprünglichen Japaner, was jedoch in Japan bis zum Ende des 20. Jahrhunderts nicht offiziell anerkannt wurde.[57]

C Die »Neolithische Revolution«: Ackerbau und Landwirtschaft

Die Zeit, als die umherziehenden Jäger und Sammler sesshaft wurden und als Bauern mit der Erzeugung von Nahrungsmitteln durch Ackerbau und Landwirtschaft begannen, markiert einen Wendepunkt in der Geschichte der Menschheit. Der Mensch erzeugte nun landwirtschaftliche Produkte durch Selektion und Kultivierung von Nutzpflanzen auf Feldern und in Gärten und durch die Haltung und Aufzucht von geeigneten Tieren wie Schweinen, Hühnern, Hunden, Rindern und Wasserbüffeln. Dieser Prozess des Übergangs von einzelnen nicht sesshaften Regionalkulturen zu einer sesshaften Lebensform wird als »neolithische Revolution« bezeichnet. Sie war der nachhaltigste Paradigmenwechsel in der Menschheitsgeschichte. Diese Umstellung hat einerseits mit der über Jahrtausende gewonnenen Erfahrung der Menschen mit Pflanzen und Tieren, mit der Beherrschung des Feuers und der Gründung von Siedlungen zu tun, ist aber zugleich auch Folge klimatischer Veränderungen.

Ab dem 5. Jahrtausend v. Chr. sanken die Temperaturen, und im Laufe des 3. Jahrtausends v. Chr. wurde es so kalt, wie es etwa vor dem Ende der letzten Kaltzeit gewesen war. In den Kerngebieten Chinas reagierten die Menschen darauf, indem sie zwischen 5000 und 3000 v. Chr. ihre Lebensweise und Ernährung umstellten. Durch den Temperaturrückgang verschlechterten sich die Lebensbedingungen der von ihren Herden abhängigen Nomaden ebenso wie die der Sammler und Jäger im Norden Ostasiens und Sibiriens. Viele Stämme zogen in weiter südlich gelegene Regionen, die ein milderes Klima und somit bessere Überlebenschancen boten. Von diesen Migrationen waren neben Nordchina vor allem Korea und

Japan betroffen. Dort brauchte der Prozess der Umstellung allerdings länger als in China und dauerte bis weit ins 1. Jahrtausend v. Chr.

Die alten Existenzformen von Jägern und Sammlern wurden durch neue gemeinschaftliche, genauer gesagt nachbarschaftliche Lebensformen der Bauern in befestigten Siedlungen abgelöst. Sie waren untrennbar mit der Beherrschung von Agrartechniken und der Durchführung von gemeinschaftlichen Arbeiten verbunden. Siedlungen, persönliches Eigentum in Form von Haus und Land, Werkstätten und Friedhöfe brauchten eine andere gemeinschaftliche Organisation als die der Jäger und Sammler. Im *Lüshi chunqiu* (Chronik von Lü Buwei) aus dem 3. Jahrhundert v. Chr. heißt es: »Früher im Uraltertum gab es keine Fürsten. Das Volk lebte und wohnte in Gruppen zusammen. Man kannte die Mutter, aber nicht den Vater …«[58] Wie zur Bestätigung für die Bedeutung der Mutter, die im Mittelpunkt der Gruppe stand, enthalten die Namen der alten chinesischen Clans oft das Radikal *nü* für Frau im Schriftzeichen. Die neue Lebensweise in Siedlungen führte jedoch zu einer Stärkung der familiären Position des Mannes.

1. Die Kulturen im Norden und Süden Chinas

Zwischen dem 5. und 2. Jahrtausend v. Chr. gab es in China eine Vielzahl von neolithischen Kulturen, die sich alle, zumindest theoretisch, mit einigen wenigen Vorläufern in Verbindung bringen lassen. Die nordchinesische Lößlandschaft galt von jeher als die Wiege der chinesischen Kultur.[59] Schon seit dem frühen 5. Jahrtausend v. Chr. lässt sich eine große Zahl von schriftähnlichen Zeichen unterschiedlicher Art nachweisen, die auf Keramik und Keramikscherben eingeritzt waren. Man kann davon ausgehen, dass die Ritzzeichen Informationen wie Töpfermarken, Namen, Embleme oder Numerale transportierten. Im traditionellen chinesischen Bewusstsein ist die Yangshao-Kultur die wichtigste des Neolithikums.

Den Namen erhielt sie nach einem Fundort südlich des Mittellaufs des Gelben Flusses. Die Yangshao-Kultur in Nord- und Nordwestchina war regional höchst unterschiedlich ausgeprägt. An sie schloss sich im Osten – durch weite Sumpf- und Überschwemmungsgebiete getrennt – in der Provinz Shandong die Dawenkou-Kultur an. So wie die Dawenkou-Kultur zum kulturellen Horizont der Peiligang-Kultur gehörte, mag auch die Xinle-Kultur im Tal des Liao-Flusses in der Provinz Liaoning dazu zählen. Im Südosten waren es vor allem die Hemudu-Kultur in Zhejiang und die Nachfolger der Schnurmuster-Kulturen, insbesondere die von Dapenkeng, entlang der Küste von Guangxi, Guangdong, Fujian und an der Ostküste Taiwans, welche die weitere Entwicklung beeinflussten. Seit etwa 3000 v. Chr. nahm der Austausch zwischen den verschiedenen Kulturen zu.

Die Kulturen des Nordens und Südens lassen sich nach ihrer Form des Ackerbaus, der Getreideerzeugung wie auch nach Produkten der materiellen Kultur einteilen. Entlang des 33. Breitengrades, also ungefähr entlang des Huai-Flusses, verläuft die Grenze zwischen dem vergleichsweise trockenen und winterkalten Norden, wo Hirse (*Setaria italica*) angebaut wurde, und dem regenreichen, feuchten und wintermilden Süden, wo der Anbau von Reis (*Oryza sativa*) in Nassfeldern dominierte. Die ältesten chinesischen Funde von Hirse stammen aus dem 6. Jahrtausend v. Chr. Das Getreide wurde mit Steinsicheln geerntet und in Schalen oder Dreifuß-Behältern aufbewahrt. Der älteste auf Nassfeldern angebaute Reis stammt vom Fundort Hemudu in Zhejiang aus dem 5. Jahrtausend v. Chr.

Im Bereich der materiellen Kultur gilt die Küstenregion des Südostens Chinas als die Region der kunstvollen und dekorreichen Jadebearbeitung mit dreidimensionalen Tiergesichtern und Masken, wie sie besonders in der Liangzhu-Kultur im Südosten und der Hongshan-Kultur im Nordosten gefunden wurden, während die Lößlandschaft im Binnenland die Region der Keramik der Yangshao-Kultur ist, die sich durch rotbraune und schwarze geometrische und naturalistische Muster auszeichnet. Aus dem 5. Jahrtausend v. Chr. stammen auch die bislang ältesten kleinen Kunstwerke: In Hemudu wurde ein kunstvoll in Elfenbein graviertes Vogeldekor gefunden, und aus der Hongshan-Kultur stammt der fünf Zentimeter messende Terrakotta-Torso einer nackten Schwangeren. Beide Kunstwerke lassen einen künstlerischen Gestaltungswillen erkennen und bilden eine Brücke zwischen uns und den Menschen, die vor Tausenden von Jahren lebten.

2. Die Siedlungen von Banpo und Hemudu

In der Anlage von Siedlungen und Häusern gab es gravierende Unterschiede zwischen der Yangshao-Kultur des Nordens und der Hemudu-Kultur des Südostens. Yangshao-Siedlungen, deren Bewohner Hirse anbauten, lagen oftmals oberhalb von Flüssen und konnten eine Fläche von bis zu 70 000 m^2 bedecken. Die gut erforschten Siedlungen von Banpo oder Jiangzhai im nordchinesischen Shaanxi, die beide bereits im 5. Jahrtausend v. Chr. angelegt worden waren, bestanden aus drei voneinander getrennten Arealen: den Wohnhäusern, dem Friedhof und den Keramikwerkstätten mit Brennöfen. Die Wohnsiedlung in Banpo, in der etwa 500 bis 600 Menschen lebten, setzte sich aus 46 im Grundriss runden oder rechteckigen, über flachen Gruben errichteten Häusern zusammen, die nach der Zugehörigkeit zu Familie oder Clan angeordnet waren. Die Häuser, mit Wänden aus einer Mischung von Lehm und Stroh auf einem Geflecht aus Zweigen errichtet, hatten einen Durchmesser von drei bis fünf Metern und waren für eine permanente Nutzung mit Feuerstelle eingerichtet. Es gab in beiden Siedlungen eine riesige Anzahl von Vorratsgruben. Die Siedlungen wurden durch Palisaden und im Fall von Banpo durch einen Verteidigungsgraben geschützt.

Die Häuser in der wasserreichen und marschigen Küstenregion des Fundortes Hemudu im Südosten Chinas dagegen waren in Pfahlbauweise errichtet. Einige der Pfahlhäuser, deren Wohnfläche sich etwa einen Meter über dem Wasser befand, waren über 23 Meter lang und sieben Meter breit. Sie hatten einen Boden aus Holzplanken, Wände aus Mattengeflecht und einen Umgang. Die Holzbauweise mit Verzapfungen zeigt bereits eine weitentwickelte Beherrschung des Materials. Die meisten Werkzeuge, die man gefunden hat, waren aus Knochen oder Stein gefertigt, aber es gab auch eine Vielzahl von hölzernen Geräten. Die Menschen ernährten sich von Reis und Fisch, dazu von Wassergewächsen wie Lotos und Wasserkastanie, aber auch von Flaschenkürbis und Eicheln. Die große Zahl von Knochenfunden enthielt solche von Hunden, Hausschweinen und Wasserbüffeln, aber auch solche von wilden Tieren wie verschiedenen Vögeln, Makaken, Rotwild, Rhinozeros, Elefant, Tiger und Bär sowie Alligator und Schildkröte. Unter den Funden war auch eine mit rotem Lack überzogene Holzschale, das älteste Lackobjekt, das bisher in China ausgegraben wurde.

In beiden Kulturräumen beherrschten die Menschen damals schon eine Reihe textiler Techniken, die weit über die Anfertigung von Matten und Körben hinausgingen. Spinnwirtel aus Keramik, Stein und Knochen dokumentieren, dass damals bereits unterschiedliches Bastfasermaterial wie etwa Hanf, Ramie und der Bohnenkriecher (*Pueraria thunberiana*) zu Fäden verarbeitet wurde. Die Menschen in den Siedlungen konnten also textile Stoffe weben und Kleidung daraus anfertigen. Das früheste bislang gefundene Fragment eines auf einem Webstuhl hergestellten Gewebes wurde in der Provinz Jiangsu entdeckt und wird ins 4. Jahrtausend v. Chr. datiert. Zur selben Zeit beherrschte man auch die Seidenraupenzucht und die Kunst, die Seidenfäden von den Kokons zu haspeln. Die ältesten Webfragmente aus Seide von etwa 3300 v. Chr. wurden in der nordchinesischen Provinz Henan gefunden.[60] Bis zum 1. Jahrtausend v. Chr. hatte sich die Textiltechnologie vor allem entlang des Yangzijiang und in Shandong verbreitet. Nach Korea und Japan kam die Seidentechnologie zusammen mit Spinnerei- und Webtechniken erst im ausgehenden 1. Jahrtausend v. Chr.

3. Die Entwicklung in Korea und Japan

In Korea und Japan dauerte das Neolithikum länger als in China, wo es bereits im 2. Jahrtausend v. Chr. durch die Bronzezeit abgelöst wurde. Zudem wurden Japan und Korea durch die Zuwanderung von Völkern aus der heutigen östlichen Mongolei und dem südlichen Sibirien geprägt. In Korea drangen die Zuwanderer vom Norden aus der Mandschurei über einen längeren Zeitraum hinweg auf die Halbinsel vor und beendeten zwischen 1500 v. Chr. und 700 v. Chr. die steinzeitliche Kultur der Chŭlmun. Der Verbleib der steinzeitlichen Angehörigen der späten Chŭlmun-Kultur, die wie ihre Nachbarn in Nordchina Hirse, Gerste und Sorghum anbauten und Schweine sowie Schafe hielten, ist ungeklärt. Die Angehörigen der neuen Mumun-Kultur, der Kultur der »ungemusterten« Keramik, siedelten im Gegensatz zu denen der Chŭlmun an Hängen, auf Terrassen und auf Bergen im Binnenland. Der Fund von Schalen, gefüllt mit Kurzkornreis, der in Trockenfeldern wuchs und gegen Kälte resistent war, legt nahe, dass die Angehörigen der Mumun-Kultur diese Reissorte schon vor 1000 v. Chr. in Korea anpflanzten. Der Langkornreis und die Anbautechnik in Nassfeldern, die in Südostchina schon seit dem 5. Jahrtausend v. Chr. nachgewiesen ist, gelangten wohl erst im 4. Jahrhundert v. Chr. von China nach Korea. Später wurde das koreanische Wort für gekochten Reis (*pap*) zum Begriff für Mahlzeit. Auch die Bestattungskultur dokumentiert, dass Einflüsse unterschiedlicher Kulturen in den verschiedenen Regionen Koreas aufeinanderfolgten: Zuerst wurden die Toten in Särgen aus Holz oder Steinplatten beigesetzt, wie sie auch in der Kultursphäre der Donghu in der Provinz Liaoning belegt sind. Aus späterer Zeit lässt sich zudem der Bau großer oberirdischer Dolmengräber aufzeigen. Unklar ist, ob Liaodong selbst die Region war, aus der die Koreaner ursprünglich stammten.[61]

Eine Folge der Migration von Nordostasien nach Süden mag gewesen sein, dass ein Teil der Einwanderer, die nach Korea kamen, wahrscheinlich zwischen 1000 und 400 v. Chr. auch nach Japan übersetzten. Die Neuankömmlinge unterschieden sich nicht nur durch ihren drei bis vier Zentimeter höheren Wuchs, ihren schlankeren Körperbau und ihre schmaleren Gesichter von den steinzeitlichen Jōmon-Menschen, sondern brachten auch andere kulturelle Vorstellungen und landwirtschaftliche Kenntnisse und Erfahrungen mit – und vielleicht auch die grundlegenden Elemente der japanischen Sprache. Die Jōmon-Menschen, die einstmals auf Honshū lebten, wurden später Ainu genannt und sind noch heute auf Hokkaidō heimisch. Die neue Kultur, die zur Bildung einer komplexen Gesellschaft mit sozialer Schichtung in Japan beitragen sollte, ging später unter der Bezeichnung Yayoi (ca. 400/300 v. Chr. – 300 n. Chr.) in die japanische Geschichte ein. Sie ist nach dem ersten Fund einer neuen Art von Keramik in Yayoi, einem Stadtteil von Tōkyō, im Jahr 1884 benannt. Die funktionalen Produkte dieser zumeist rötlichen und dünnwandigen Keramik wurden auf der Töpferscheibe gedreht.

Japan lernte als letzte geographische Region in Ostasien den Reisanbau kennen. Obgleich es in Japan wahrscheinlich schon in der Jōmon-Periode Reis gab, fand die Nassreiskultur erst in der Yayoi-Periode größere Verbreitung.[62] Sie gelangte wohl im 4. Jahrhundert v. Chr. von China über Korea nach Japan, insbesondere auf die Insel Kyūshū, von wo sie sich in das westliche Honshū verbreitete. Erst für diese vergleichsweise späte Zeit kann also davon gesprochen werden, dass in Japan die halbnomadisierende Lebensweise zugunsten des sesshaften Ackerbaus aufgegeben wurde.[63] Andere Neuerungen dieser Periode waren der Bau von Wohn- und Lagerhäusern auf erhöhtem Standort nördlich der Reisfelder und die Verwendung von bis zu zwei Meter langen Doppelkrügen, die von professionellen Töpfern für Bestattungen hergestellt wurden. Aus Korea wurden arbeitsteilige Techniken der Bronze- und Eisenherstellung für rituell genutzte riesige Bronzeglocken ohne Klöppel, Spiegel und Schwerter importiert.

D Die Legenden

Die tiefgreifenden Veränderungen, die der Wandel von vormaligen nicht sesshaften Jägern und Sammlern zu Ackerbau und Landwirtschaft betreibenden Siedlern mit sich brachte, waren den Menschen in Ostasien wohlbewusst. Die vage gemeinschaftliche Erinnerung daran, wie sich diese Veränderungen vollzogen, war im kollektiven Bewusstsein auch später noch vorhanden und wurde in eindrucksvollen Legenden festgehalten. Je später in historischer Zeit diese Legenden geschaffen wurden, desto früher datieren sie den Ursprung der jeweiligen Kultur und ihrer Kulturheroen. In China gewannen die meisten der Legenden in der Han-Zeit ihre endgültige Form. Der amerikanische Historiker Joseph R. Levenson erklärte das Phänomen folgendermaßen: »Wenn sich die Menschen zum ersten Mal ihrer kulturellen Gemeinschaft bewusst werden, dann formulieren sie Vorstellungen von ihrer Vergangenheit, um durch sie zu erklären, wie sie zu dem wurden, was sie sind [...]. Die Herrscher in den Legenden sind nichts weniger als Symbole für die typischsten Handlungen und die am höchsten geschätzten Werte der chinesischen Zivilisation.«[64]

Eine dieser Legenden ist die von den Drei Erhabenen (*Sanhuang*), die zu Beginn des 3. Jahrtausends v. Chr. gewirkt haben sollen. Der Erhabene Fuxi lehrte seine Untertanen, wie man zum Jagen und Fischen Schnüre zu Netzen knüpft und wie man Seidenraupen züchtet. Ihm wird die Entwicklung des Zeichensystems der acht Trigramme, der acht Orakelzeichen (*bagua*) aus durchgezogenen oder unterbrochenen horizontalen Linien, zugeschrieben. Es sind die bis heute wichtigsten zur Weissagung dienenden Symbole, deren Bedeutung im *Yijing* (Klassiker der Wandlungen) beschrieben ist. Zwei Trigramme bilden eines von 64 Hexagrammen, mit denen Veränderungen im Kosmos und im Leben interpretiert werden können. Mit dem Winkel in der Hand schuf Fuxi Ordnung im Universum, und seine Frau Nügua hat der Legende nach die Ehe institutionalisiert und die Hochzeitsriten ausgestaltet, um dadurch Ehe und Familie zu festigen und die patriarchalische Ordnung in der Gesellschaft zu begründen. Sie war es auch, die den Himmel, dessen Gewölbe zerschmettert war, mit geschmolzenen Steinen reparierte. Der zweite Erhabene, Shennong, »der göttliche Landmann« und Erfinder des Ackerbaus, der unter dem kaiserlichen Titel Yandi, Kaiser des Feuers, seit 2737 v. Chr. regiert haben soll, »schlug das Holz für die Pflugschar und bog es zum Pflug. Er lehrte das Volk den Nutzen von Pflug und Hacke«. Als der früheste Kräuterheilkundige Chinas wurde er zum göttlichen Schutzherrn der chinesischen Apotheker. Der dritte Erhabene, Shennongs Nachfolger Huangdi, der Gelbe Kaiser, der ab 2697 v. Chr. hundert Jahre regierte, war Schmied und Leiter der Bruderschaft, die über das Feuer herrschte und damit über das Geheimnis der ursprünglichen Kraft. Mit Unterstützung des Regendrachens und des Dürredämons ging er als Sieger aus den Kämpfen der Bruderschaften hervor. Seine Macht sicherte er durch orgiastische Feste im Männerhaus. Von den mythischen Meisterschmieden hatte er Embleme geerbt, die seine Autorität begründeten, und er nahm daher den Kaiserthron ein, den Ort am höchsten Punkt der Sonnenbahn. In einem Kampf der Giganten besiegte Huangdi den aus metallenen Knochen bestehenden und sich von Erzen ernährenden Chiyou, den Herrn des Krieges. Seine anschließende Herrschaft war friedlich, und er gründete nicht nur eine Hauptstadt, sondern benutzte auch Geschirr aus Keramik und verfeinerte dadurch die Esskultur. Er lehrte seine Untertanen den Bau von Holzhäusern, damit sie nicht länger in Höhlen hausen mussten, und brachte ihnen bei, Ochsen vor die Karren zu spannen. Er soll das System der Zeitmessung in Auftrag gegeben haben, das aus den Zehn Himmelsstämmen und den Zwölf Erdzweigen besteht, deren kombinierte Zeichenpaare bis heute die Bezeichnungen für den chinesischen Kalender bilden.

Huangdi heiratete eine Frau aus Xiling mit Namen Leizu. Mit ihrem Namen verbindet man bis heute die Kunst der Seidenraupenzucht und der Seidengewinnung.

In Korea gibt es verschiedene regionale Gründungsmythen. Auf ganz andere Weise und in einer anderen mythologischen Tradition verhaftet als die chinesischen Mythen, erzählen sie von wunderbaren Metamorphosen. Der mythische Gründer Koreas ist Tan'gun (wörtlich Sandelholz-Prinz), der Sohn aus der Verbindung des Himmlischen Gottes Hwanung, des Herrn über die Götter des Windes, des Regens und der Wolken, der den Gang der Dinge auf der Welt lenkt, mit einer durch Vermeidung von Sonnenlicht zur Frau gewordenen Bärin. Mit ihm beginnt die koreanische Chronologie, nach dem westlichen Kalender im Jahr 2333 v. Chr.[65] Er regierte 1500 Jahre, gründete die Hauptstadt P'yŏngyang (Pjöngjang) und nannte sein Land Chosŏn (chin. Chaoxian). Der Name wird mit dem chinesischen Schriftzeichen *chao*, »der Morgen«, und *xian*, »frisch« oder »still«, geschrieben. Daher rührt die Benennung »Land der Morgenstille«. Wahrscheinlich ist die Bezeichnung Chaoxian aus der Transliteration des Namens einer Stammesföderation im nördlichen Korea entstanden, die der Han-Kaiser Wudi 108 v. Chr. unterwarf.

Eine andere Legende erzählt von der wunderbaren Geburt von Pak Hyŏkkŏse aus einem Ei. Die Namensgebung nimmt auf die Sonne und die Sonnenverehrung Bezug. Das Ei sieht aus wie ein Kürbis (*pak*) und der Vorname Hyŏkkŏse bedeutet den chinesischen Schriftzeichen nach, die für ihn verwendet wurden, »sich leuchtend in der Welt aufhalten«, denn der Körper Paks strahlte Licht aus. Er soll 61 Jahre regiert haben (57 v. Chr. – 4 n. Chr.), bevor er in den Himmel emporstieg. Die Sonne wurde als guter Geist angesehen, während die üblen Geister im Dunkeln hausen.

In der japanischen Mythologie spielt ebenfalls die Sonne eine entscheidende Rolle, personifiziert in der Sonnengöttin Amaterasu ōmikami, die »Große den Himmel erleuchtende Gottheit«, aber neben ihr auch der Sturm, personifiziert in ihrem rüpelhaften Bruder Susanoo, dem »Gott des Sturmes«, mit dem sie mehrere Kinder hatte. Der Bruder zerstörte nicht nur die Abgrenzungen zwischen den bewässerten Reisfeldern seiner Schwester, sondern beschmierte auch die Wände ihrer Residenz mit Exkrementen und warf die blutige Haut des himmlischen Hengstes, den er erschlug, durch das Dach in ihre Webereiwerkstatt. Die Sonnengöttin zog sich daraufhin in eine Höhle zurück, wodurch das Universum im Dunkel versank. Als sie aus der Höhle wieder herauskam, strahlte sie, und die Dunkelheit und das Chaos im Universum wichen dem Licht und der Ordnung.

In den Kämpfen der chinesischen Kulturheroen geht es nicht nur um ein männliches Kräftemessen, sondern um die Beendigung von Chaos und die Errichtung von gesellschaftlicher Ordnung in einer Ackerbaugesellschaft und den daraus folgenden Kampf zwischen Altem und Neuem, das Zuwanderer mitbringen und gegen das sich die Einheimischen wehren. Ebenso kann der Konflikt zwischen den göttlichen Geschwistern in der japanischen Mythologie als Machtkampf zwischen mächtigen Verwandtschaftsgruppen gedeutet werden: als Kampf zwischen der herrschenden Familie und ihren Rivalen, aber auch zwischen verschiedenen gesellschaftlichen Systemen in einer Zeit des Übergangs vom Matriarchat zum Patriarchat. Sie beinhaltet auch die Auseinandersetzungen beim Übergang zwischen den in der Region beheimateten halbnomadisierenden Clans zu der neuen sesshaften Lebensweise, die ihnen die Zuwanderer als Ackerbauern aufdrängten. Die Sonnengöttin mit ihrem Modell des sesshaften Lebens, des Reisanbaus und der Herstellung von Textilien trug den Sieg davon. Sie wurde nicht nur zur wichtigsten Göttin des naturnahen, späteren Shintō (Weg der Götter), sondern auch zur Ahnfrau der kaiserlichen Familie.

Die Sonnengöttin war es schließlich, die ihrem Nachkommen die kaiserlichen Regalien, also den heiligen Spiegel als Symbol der Sonne, das Schwert und den gekrümmten Edelstein *magatama*, überantwortete. Diese Legende, die 712 im *Kojiki* (Aufzeichnungen von alten Begebenheiten) und 720 im *Nihongi* (Chronik von Japan), den ältesten japanischen Geschichtswerken, niedergeschrieben wurde, sollte die Position und den Führungsanspruch der kaiserlichen Familie durch ihre göttliche Abstammung legitimieren. Der Ururenkel der Amaterasu, Jimmu *tennō*, »Gottkrieger Tennō« (trad. Regierungszeit 660–585 v. Chr.), soll im Alter von 45 Jahren von der Insel Kyūshū im Süden Japans nach Norden aufgebrochen sein und schließlich entlang der Küste auf einem schwierigen und viele Jahre dauernden Kriegszug die einheimischen Clans auf Honshū besiegt haben; so jedenfalls erzählt es eine Geschichte, die mit vielen mythologischen und wunderbaren Elementen angereichert ist und deswegen auch, was die historische Existenz von Jimmu betrifft, keine Glaubwürdigkeit beanspruchen kann. 660 v. Chr. soll er als erster menschlicher Kaiser Japans in Yamato, östlich der Nara-Ebene, den Thron bestiegen haben. Auch dieses Ereignis ist um mindestens acht Jahrhunderte zu früh angesetzt.

II Die chinesischen Grundlagen der ostasiatischen Zivilisationen von 1600 v. Chr. bis 316 n. Chr.

In Ostasien begann die Bronzezeit am frühesten in China, kurz nach 2000 v. Chr., danach in Korea im 8. Jahrhundert v. Chr. und in Japan im 4. Jahrhundert v. Chr. Während in China in der Bronzezeit die königlichen Dynastien Shang (1600–1045 v. Chr.) und Zhou (1045–221 v. Chr.) herrschten, gab es zu jener Zeit weder in Korea noch in Japan eine dynastische Herrschaft.

Im 1. Jahrtausend v. Chr. wurden in China durch die frühe Schriftlichkeit, die philosophischen Schulen und die konfuzianischen Klassiker die Grundlagen geschaffen, welche die Entwicklung aller Zivilisationen Ostasiens bestimmten. Zugleich entstanden in China Herrschaftsstrukturen mit einem hierarchischen Adelssystem, einem Lehnswesen und einer Verwaltungsbürokratie. In der kaiserlichen Qin-Dynastie (221–206 v. Chr.) wurde das alte Lehnswesen abgeschafft und die Verwaltung des Reiches zentralistisch organisiert.

Bis zum Ende der Han-Dynastie (206 v. Chr. – 220 n. Chr.) war die Kanonbildung der klassischen und philosophischen Schriften, der Grundlagen für die kulturellen und ethischen Werte- und Bildungsvorstellungen, abgeschlossen. Zusätzlich zum Ahnenkult etablierten sich Daoismus und Buddhismus. Auch auf wirtschaftlichem Gebiet wurde die Basis für die späteren Entwicklungen geschaffen. In der Qin- und Han-Zeit verwendete man standardisierte Münzen, einheitliche Maße und Gewichte, richtete Staatsmonopole auf Salz und Eisen ein und erließ Richtlinien für die Besteuerung des Handels und der Landwirtschaft. Die Han-Zeit wurde zum Modell für alle späteren chinesischen Dynastien. Die Westliche Jin-Dynastie (265–316) vermochte die territoriale Einheit des Reiches nochmals für kurze Zeit zu sichern. Danach zerfiel es für mehr als 250 Jahre in die Nördlichen und Südlichen Dynastien (317–589).

Das Vorbild der Han-Dynastie beeinflusste die Entwicklung sowohl in Korea während der Zeit der Föderationen der Drei Han (1. Jh. v. Chr. – 4. Jh. n. Chr.) als auch in Japan im Herrschaftsgebiet Wa der Königin Himiko (ca. 183–248).

A Politische Entwicklungen

1. Die Königreiche der Bronzezeit in China

Die bereits in der Zhou-Zeit als die Drei Dynastien (Sandai) bezeichneten Dynastien Xia (2070–1600 v. Chr.), Shang (ca. 1600–1045 v. Chr.), Zhou (1045–221 v. Chr.) lagen alle im Gebiet des Gelben Flusses zwischen den Provinzen Gansu im Westen und Shandong im Osten. Wahrscheinlich existierten die Xia, Shang und Zhou als Stämme in ihrem jeweiligen Siedlungsraum etwa zeitgleich nebeneinander. Historisch bedeutsam wurden sie als Dynastien allerdings erst durch überregionale Aktivitäten.[66] Während chinesische Texte aus der Zhou-Zeit die Xia-Dynastie als die früheste Dynastie Chinas bezeichnen, wofür auch überlieferte Ritualbronzen sprechen, steht der archäologische Beweis der historischen Schriftlichkeit noch aus. Das Schriftzeichen *xia*, wörtlich »groß« oder »weit«, wurde allerdings schon in der Zhou-Zeit als ein ethnisch-kultureller Begriff angesehen, der alles Chinesische einschloss. Deswegen kann *zhuxia* (alle [Nachkommen von] Xia), auch mit »all-chinesisch« übersetzt werden. Die Zhou selbst betrachteten sich als die *huaxia*, die »prächtigen Chinesen« von *Zhongguo*, dem »Königreich der Mitte« oder dem »Mittelreich«. Dieser Begriff bezog sich auf den Ort im Zentrum der Welt, wo der Herrscher residierte und über sein Volk regierte und der durch gemeinsame kulturelle Merkmale wie Sprache, Abstammung und Sitten ausgezeichnet war.

Die Shang-Dynastie (ca. 1600 bis 1045 v. Chr.)

Die Shang- oder Yin-Dynastie, wie sie nach einer ihrer Hauptstädte auch hieß, gilt als die früheste Dynastie in China. Ihre historische Existenz wurde durch archäologische Funde in der ersten Hälfte des 20. Jahrhunderts bestätigt. Das Kernterritorium der Dynastie lag im nördlichen Henan, in der Region der heutigen Stadt Anyang, und im westlichen Shandong. Es erstreckte sich im Norden zeitweilig bis in die Provinz Hebei und im Süden bis an den Yangzi in der Provinz Hubei.

Von der Shang-Dynastie ist eine Genealogie mit den Namen von 30 Königen überliefert. Zu den Aufgaben des Königs zählten der Opferdienst für den Gottahnen (*shangdi*) der Herrscherfamilie und die Kriegführung. Um den Willen der Ahnen zu erfahren, wurden Tierknochen erhitzt, bis sich Risse auf ihnen abzeichneten. Diese Risse wurden als Antworten der Ahnen interpretiert. Sowohl die Frage als auch die Antwort wurden danach mit Schriftzeichen in den Knochen eingeritzt. Diese Schriftdokumente, von denen Zehntausende erhalten sind, heißen Divinations- oder Orakelinschriften.

Mehrfach verlegten die Könige der Shang-Dynastie ihre Hauptstadt, wobei der Hauptstadt Ao, auf dem Areal der heutigen Stadt Zhengzhou, und der letzten Hauptstadt Yin, nördlich von Anyang gelegen, die größte Bedeutung zukam. Die Stadtmauer der Shang-zeitlichen Hauptstadt Ao war ursprünglich 7000 Meter lang und erreichte eine Höhe von bis zu 9,1 Metern. Es dauerte weit mehr als ein Jahrzehnt, diese Mauer aus Stampferde, einer bis heute in Nordchina praktizierten Bautechnik, aufzurichten. Die oberhalb des Huan-Flusses liegende Palaststadt Yin, die zwischen dem 13. und 11. Jahrhundert v. Chr. als Hauptstadt und als zeremonielles Zentrum des Reiches diente, war in ihren Abmessungen kleiner als die vorherige Hauptstadt Ao, doch überaus dicht besiedelt.

Die Dynastie entwickelte ein Kalendersystem, stellte Ritualgefäße aus Bronze her, hielt religiöse Rituale ab, die Züge von Orgiastik und Magie aufwiesen, kultivierte die Opfer- und Bestattungsriten, beschäftigte Beamte und Handwerker, betrieb eine kollektiv organisierte Landwirtschaft, legte gewaltige unterirdische Grabanlagen an und brachte das Metallhandwerk und die Anfertigung von kunsthandwerklichen Objekten sowie Alltagsgegenständen aus Jade, Keramik, Seide, Knochen und Lack zu einer frühen Blüte. Die gewaltigen 13 Königsgräber, das Grab der Königin Fu Hao und die weit über 1200 kleineren Gräber mit ihren Grabbeigaben, die man seit den 1920er Jahren in der Nähe der vormaligen Hauptstadt Yin ausgegraben hat, bezeugen die wirtschaftliche und technische Leistungsfähigkeit der Shang-Dynastie.

Während die schmale aristokratische Oberschicht in ihren aus Stampferde und mit Pfosten auf Steinbasen errichteten Häusern bereits die Errungenschaften der bronzezeitlichen Zivilisation genoss, lebte der größte Teil der Bevölkerung, der durch Ackerbau die Ernährung sicherte, noch in der Steinzeit. Die Ausgrabungen der Hauptstadt Yin belegen, dass der ganze Ort übersät war mit Häusern, Grubenwohnungen, Werkstätten und Kellern, zwischen denen Gräber und Wege, Opferplätze und Entwässerungskanäle angelegt waren. Während man die Shang-Könige und ihre Angehörigen in monumentalen Gräbern mit unzähligen wertvollen Grabbeigaben, zu denen auch Menschen und Tiere gehörten, rituell beisetzte, wurden die gewöhnlichen Sterblichen unweit ihrer Arbeitsplätze oder ihrer Behausungen beerdigt.

Die Shang-Dynastie errichtete in Nordchina große Bronzegusszentren. Die höchste Meisterschaft erreichte dort der Bronzeguss von Ritualgefäßen (siehe Abb. 1). Sie zeichneten sich durch vielfältige, meist religiös gedeutete Tiermotive wie Zikaden, Vögel, verschiedene Formen von Drachen und stilisierte Tiermasken des *taotie*, des Vielfraßes, aus. Eine regionale Bronzekunst verbreitete sich am mittleren Yangzi und in der Provinz Jiangxi. Unabhängig hiervon entstand jedoch im westlichen Sichuan etwa gleichzeitig die Shu-Kultur, deren Bronzeobjekte, die in Sanxingdui ausgegraben wurden, aus dem 13. bis 10. Jahrhundert v. Chr. stammen.[67]

Die Zhou-Dynastie (1045–221 v. Chr.)

Die Shang-Dynastie wurde in der Mitte des 11. Jahrhunderts v. Chr. von ihren Vasallen, den Zhou, gestürzt. Sie waren im Tal des Wei-Flusses, eines bedeutenden Nebenflusses des Gelben Flusses, beheimatet. Die Zhou-Zeit, welche in eine Westliche (1045–771 v. Chr.), eine Östliche (770–464 v. Chr.) und die Zeit der Kämpfenden Staa-

Abb. 1: Ritualgefäß aus Bronze mit dem Dekor von Eulen, dem Tier der Sonnenwende und dem emblematischen Vogel der Shang-Dynastie. Shang-Dynastie, 11. Jahrhundert v. Chr., Höhe 12,9 cm. Museum für Ostasiatische Kunst, Köln.

ten (463–221 v. Chr.) eingeteilt wird, dauerte fast 800 Jahre und damit am längsten von allen Dynastien in der chinesischen Geschichte. Das Territorium der Westlichen Zhou-Dynastie umfasste im Wesentlichen die nordchinesischen Provinzen entlang des Gelben Flusses und des Wei-Flusses in der Provinz Shaanxi und reichte im Süden bis zum Yangzi. In der Zeit der Kämpfenden Staaten wurden die großen Vasallenstaaten Chu, Wu und Yue südlich des Huai-Flusses als die Regionen der »Barbaren des Südens« betrachtet.

Die Zhou-Dynastie verstand es, ihre Machtübernahme als eine Welt- und Zeitenwende darzustellen. Sie übernahm viele kulturelle Errungenschaften der Shang, behielt aber ihre eigene Stammesorganisation bei, zu der ein patriarchalisches Clansystem und die Primogenitur gehörten. Ihre Oberschicht setzte sich aus Adeligen mit Familiennamen zusammen, die den Ahnenkult praktizierten. Die Lehnsvergabe erfolgte zunächst vornehmlich an Familienangehörige des Herrscherhauses. Sie war mit einer engen Überwachung der Reiche des Zentrums, des Zhongguo, in der nordchinesischen Ebene und im Tal des Wei-Flusses gekoppelt. Bald wurde aber auch den Ansprüchen regionaler Gruppen auf Titel und Land stattgegeben. So sollte das riesige geographische Territorium (es entsprach der Größe Mitteleuropas) politisch kontrolliert werden. Das System geriet in die Krise, als die Lehen erblich wurden, wodurch die Macht der Lehnsreiche bis zur Mitte des 9. Jahrhunderts v. Chr. zunahm. Schließlich verweigerten die Herrscher der Lehnsreiche ihrem Zentralherrscher die Gefolgschaft, was zum Ende der Westlichen Zhou-Zeit und des alten Lehnssystems führte. Die Hauptstadt der Zhou wurde 771 v. Chr. in Wangcheng Luoyi beim heutigen Luoyang in Henan eingerichtet. Nach der Niederlage in der Schlacht bei Xuge 707 v. Chr. war der König der Zhou politisch, wirtschaftlich und militärisch entmachtet; seine Funktion reduzierte sich auf die Leitung des Ahnenkults seiner Abstammungslinie.

Im 7. Jahrhundert v. Chr. entbrannte zwischen den Lehnsfürsten ein mörderischer Kampf um die territoriale Oberhoheit. Während in der Westlichen Zhou-Zeit noch 1800 zumeist sehr kleine Lehnsgebiete nebeneinander existiert hatten, reduzierte sich deren Zahl in der Periode des Frühlings und Herbstes (722–481 v. Chr.), als militärische Eroberungen und widerrechtliche Inbesitznahmen an der Tagesordnung waren, sehr schnell (vgl. Karte 1). Die mächtigen Lehnsfürsten unterjochten die schwachen auf brutale Weise. Kriege, Massenmord und Kannibalismus, Verrat und Intrige waren an der Tagesordnung. Die Vorstellung, dass ein Herrscher soziale Verantwortung anzuerkennen und zu achten hatte, war zusammengebrochen. Es gab keinen Einklang mehr zwischen politischer Macht und moralischer Autorität, den der Herrscher zu verkörpern hatte. Daraus resultierte ungehemmte Gewalt.[68] Konfuzius forderte deswegen eine Korrektur bei der Ausübung der Regierung, die mit der Richtigstellung der Bezeichnungen (*zhengming*) für die soziale Ordnung und alle Dinge schlechthin beginnen müsse, denn: »Wenn die Bezeichnungen nicht richtig sind, dann stimmt die Sprache nicht [mit der Wahrheit der Dinge] überein.«[69] Die histo-

Karte 1: Wichtige Lehnsreiche im 6. Jahrhundert v. Chr.

risch gewachsenen Bezeichnungen für die unterschiedlichen Realitäten durften also im Interesse der Regierbarkeit des Volkes nicht verwechselt werden.

Der Kampf um die politische Vormacht zwischen den Lehnsreichen führte seit dem 6. Jahrhundert v. Chr. zum Bau riesiger Kanal- und Bewässerungsanlagen und zur Einrichtung von Werkstätten, um Gegenstände aus Bronze und Eisen, Keramik, Textilien aus Seide sowie Lacke herzustellen. Bereits für 513 v. Chr. wird der Eisenguss erwähnt, der eine serielle Waffenproduktion ermöglichte. Die Schlachten zwischen den Clans in der Shang- und frühen Zhou-Zeit unterlagen einem aristokratischen Ehrenkodex und wurden mit Dutzenden oder Hunderten von Streitwagen geführt. Sie wichen nun Feldschlachten, die auch in unwirtlichem Gelände stattfinden konnten. Hunderttausende von Bauern bildeten das mit den neuen Waffen ausgerüstete Fußvolk. Der Einsatz von Armbrust und Kavallerie tat ein Übriges: Es handelte sich nun um Vernichtungskriege, die dazu führten, dass sich die Anzahl der Lehnsgebiete bis 403 v. Chr. auf 16 verringerte.

In der Zeit der Kämpfenden Staaten (463–221 v. Chr.) entwickelten sich die ummauerten Städte, wie z. B. Luoyang in Henan, Linzi in Qi, Xiadu im nördlichen Lehnsstaat Yan oder Yanjing im südlichen Lehnsstaat Chu, zu wirtschaftlichen Zentren urbanen Lebens mit Zehntausenden von Einwohnern, Palästen, Verwaltungen und Kasernen, Läden und Werkstätten, Gasthäusern und Märkten.

249 v. Chr. beendete der erfolgreichste der Kriegsherren, Fürst Zheng, der Herrscher von Qin, dessen Reich in der westchinesischen Provinz Shaanxi lag, die Zhou-Dynastie. Danach dauerte es nicht einmal mehr 30 Jahre, bis Zheng, der spätere erste Reichseiniger, 221 v. Chr. den letzten der noch verbliebenen sechs Lehnsstaaten unterworfen hatte – dank seines am besten funktionierenden Wehrstandes, seiner Waffentechnik und seiner höchst produktiven Landwirtschaft.

2. Formierende Kräfte: Die Kaiserreiche Qin und Han

Die Qin-Dynastie (221–206 v. Chr.) war die erste kaiserliche Dynastie in der Geschichte Chinas. In der amtlichen chinesischen Geschichtsschreibung wurde deren Gründer, der Erste Erhabene Kaiser (Qin Shi Huangdi, reg. 221–210 v. Chr.), als abschreckendes Beispiel kaiserlicher Herrschaft beschrieben. Der von megalomanischen Vorstellungen und psychopathischen Ängsten getriebene Herrscher schuf einen bis dahin ungekannten Personenkult, der sich auch in seiner Grabanlage dokumentiert. Seine Machtausübung war so eindrucksvoll, dass ihn Mao Zedong zu seinem Vorbild nahm. Obwohl die Kaiser der nachfolgenden Han-Dynastie

(206 v. Chr. – 220 n. Chr.) von der strengen zentralistischen Verwaltung, der Strafgesetzgebung und den wirtschaftlichen Standardisierungen profitierten und sie auch beizubehalten versuchten, strebten sie doch gleichzeitig danach, sich durch die Betonung konfuzianischer Werte von der früheren Gewaltherrschaft zu distanzieren. Das gelang in der Propaganda besser als in der politischen Tat. In der Han-Zeit wurden neue Gedanken formuliert und Konzepte entworfen. Man versuchte, das Verlorengegangene aus der Erinnerung zu rekonstruieren, doch dazu musste das Alte neu interpretiert werden. Die Idealisierung der Zhou-Zeit ging eine Synthese mit den Realitäten und Erfordernissen der Gegenwart ein. Diese Entwicklung begünstigte besonders die konfuzianische Lehre.

Die Qin-Dynastie (221 bis 206 v. Chr.)

Der Erste Erhabene Kaiser der Qin war, wie viele seiner Vorgänger in der Zhou-Zeit, ein Despot (*baojun*), doch im Unterschied zu ihnen gelang es ihm, eine territoriale und politische Einheit zu schaffen, für die es bis dahin in China kein Vorbild gegeben hatte. Dazu bediente er sich der Ideologie der Vertreter der Gesetzeslehre, auch Legalisten genannt. Sein politisches System der totalen Kontrolle sollte »den Staat reich machen und das Heer stärken«.

Im Lehnssystem der Zhou und der Zerstrittenheit der Lehnsherrscher sah Qin Shi Huangdi die Gründe für den Zerfall des Zhou-Reiches. Deswegen brach er mit der Tradition der Lehnsvergabe. Stattdessen schuf er einen zentralistisch regierten Einheitsstaat, wofür er auch unter den Beamten willige Befürworter fand. Er teilte sein Herrschaftsgebiet in 36 Provinzen auf, deren Provinzgouverneure und Oberkommandierende der zentralistischen Regierung, also ihm selbst, verantwortlich waren. Kaiserliche Archivare überwachten die Vorgänge vor Ort in seinem Auftrag. In einer solchen nach militärischen Vorgaben des absoluten Gehorsams ausgerichteten Diktatur, in der die Beamten nur noch die gültigen Gesetze, Verordnungen, Regeln und Verbote studieren und anwenden sollten, war für konfuzianische Berater, wie sie die Zeit der Kämpfenden Staaten hervorgebracht hatte, kein Platz. Denn sie, so wurde kritisiert, nahmen sich nicht die Wirklichkeit der Gegenwart zum Vorbild, sondern orientierten sich an einer idealisierten Vergangenheit, wie sie in den klassischen Werken überliefert war. Die praktizierte Ideologie duldete weder ein privates Lehrsystem noch Musikaufführungen oder Belletristik. Die klassischen Schriften und die Lehren der nicht-legalistischen Denker gingen in der Bücherverbrennung von 213 v. Chr. in Flammen auf. Die Gesetzesdoktrin des Ersten Erhabenen Kaisers wurde zur allein gültigen Ideologie im Reich. Jegliche Form von Abtrünnigkeit wurde bestraft.

Unter dem Einfluss des kaiserlichen Beraters Li Si (ca. 280–208 v. Chr.) wurden die Vorstellungen von Kontrolle und Einheitlichkeit binnen kürzester Zeit in die Praxis umgesetzt. Der Reichseiniger erzwang die Vereinheitlichung der Schrift, der Münzen, der Maße und Gewichte, der Achsbreite von Wagen und der Verkehrswege; er ließ die Straßen auf 11,8 Meter Breite anlegen und das Straßennetz auf eine Länge von ca. 6800 Kilometer ausbauen. Er befahl die Wiederaufnahme des Baus der chinesischen Mauer entlang der Grenze im Norden und gab den Bau seines gigantischen neuen Palastes Afanggong in der Hauptstadt Xianyang in Auftrag, dessen Thronsaal allein 675 auf 112 Meter gemessen haben soll. Auf seiner rastlosen Suche nach Unsterblichkeit rekrutierte er 700 000 Zwangsarbeiter aus allen Provinzen des Reiches für den Bau seines megalomanischen Mausoleums, von dessen Größe, Ausstattung und Anspruch die Armee der seit 1974 ausgegrabenen Terrakotta-Krieger in ihren unterirdischen Gängen und Räumen unmittelbares Zeugnis ablegt.

Einerseits schuf die Qin-Dynastie innerhalb von etwas mehr als einem Jahrzehnt das Einheitsreich mit zentraler Verwaltung der Provinzen und Bezirke und legte durch Standardisierungen den Grundstein für eine effiziente Verwaltung und prosperierende Wirtschaft. Andererseits versäumte sie es, dem Volk genügend Zeit einzuräumen, sich auf das neue System einzustellen. Die Qin-Herrscher handelten ausschließlich in macht- und gesetzespolitischen Kategorien. Sie legten keinen Wert darauf, eine Vertrauensbasis zwischen sich, ihren Beamten und dem Volk aufzubauen. Zwar walteten die Bauern auf ihrem Land selbständig, doch Zwangsarbeit und drakonische Strafen machten die Qin-Dynastie verhasst. Da Kaufleute keinen Beitrag zur strengen Wehr- und Nährideologie – der Bauer als Soldat, der Soldat als Bauer – leisteten, wurden sie als Parasiten betrachtet. Die als die »Ewiggestrigen« beschimpften konfuzianischen Gelehrten, die nur wenige Jahrzehnte später in der Han-Dynastie das Rückgrat der gesellschaftlichen Ordnung bilden sollten, entwickelten ein Trauma, das Jahrtausende nachwirkte. Der bedeutende Beamte und Dichter Su Shi (1037–1101) urteilte über den Reichseiniger von Qin und den Legalisten Shang Yang, einen der Väter der legalistischen Ideologie, noch ca. 1300 Jahre später: »Der Name beider Männer ist in der Welt wie Fliegendreck. Wenn man von ihnen spricht, besudelt man das Papier. Wendet man ihre Prinzipien an, so zerstört man den Staat, vernichtet das Volk, rottet die Verwandtschaft aus und verliert selbst das Leben.«[70] Die Konfuzianer und die offizielle Geschichtsschreibung verurteilten die Qin-Dynastie, weil sie ihre Herrschaft missbraucht und das Mandat des Himmels dadurch verwirkt hatte. Hätte der Erste Erhabene Kaiser der Qin die Konfuzianer gefördert, dann wäre er in ihrer Geschichtsschreibung wohl den Herrschern des Altertums gleichgestellt worden.

Die konfuzianische Han-Dynastie (206 v. Chr. – 220 n. Chr.)

Gegen Ende des Jahres 208 v. Chr. versank die Qin-Dynastie in einem Bürgerkrieg, der zu den blutigsten in der chinesischen Geschichte zählt. Er wurde zwischen dem Adeligen Xiang Yu (232–202 v. Chr.) aus Chu im Süden und einem unbedeutenden Beamten namens Liu Bang (257–195 v. Chr.) geführt, der aus bäuerlichen Verhältnissen stammte. Obwohl Liu Bang bereits 206 v. Chr. seine Han-Dynastie proklamierte, die als die Frühere Han-Dynastie (206 v. Chr.–8 n. Chr.) in die Geschichte einging, dauerte der Krieg bis 202 v. Chr. fort. Liu Bang, der von der Qin-Dynastie den Titel *huangdi* (Kaiser) übernahm, wurde nach seinem Tod als Taizu (Großer Ahnherr) kanonisiert. Einerseits war er der Rechtsnachfolger der Qin-Kaiser, andererseits distanzierte er sich von ihnen, indem er bereits im Jahr 202 v. Chr. eine Amnestie erließ, die Strafgesetze der Qin aufhob und eine das Volk entlastende Steuerreform durchführte. Das eingespielte System der Verwaltung der Provinzen und Bezirke aus der Qin-Zeit wollte er jedoch nicht aufgeben. Er sah sich aber im Interesse des inneren Friedens schnell gezwungen, Lehnsherrscher einzusetzen, die er allerdings nach und nach, wenn erforderlich auch gewaltsam, durch Familienangehörige, Träger des Familiennamens Liu, zu ersetzen begann. So entstand ein neuer Adel, der sich aus Angehörigen seiner Familie rekrutierte. Bei seinem Tod 195 v. Chr. unterstanden erst 14 von 54 Bezirken direkt der kaiserlichen Verwaltung. Noch immer gab es zehn königliche Lehnsreiche, in denen die Herrscher auf der Vererbbarkeit ihrer Gebiete und ihrer Rechte bestanden, und beinahe 150 Markgrafschaften, die ebenfalls vererbt werden konnten und deren Bevölkerung ihren Herren steuerpflichtig war.

Nachdem die Qin-Dynastie 206 v. Chr. gestürzt und die Hauptstadt Xianyang im Bürgerkrieg zerstört worden war, errichtete der Gründungskaiser der Han-Dynastie seine Hauptstadt Chang'an südlich der vormaligen Qin-Hauptstadt. Chang'an war quadratisch in Nord-Süd-Ausrichtung angelegt. Die Stadtmauer, die insgesamt 160 rechtwinkelige geschlossene Viertel umgab, besaß auf jeder Seite drei Tore. Fünf Jahre lang, bis 190 v. Chr., arbeiteten bis zu 150 000 Männer an der Fertigstellung der acht Meter hohen und insgesamt über 25 Kilometer langen Stadtmauer aus Stampferde, welche die damals größte Stadt der Welt umgab. Während sich die Wohnviertel der Bevölkerung im Nordosten befanden, lagen die Handwerkerviertel im Nordwesten. Der kaiserliche Palast Weiyanggong, »der Unvollendete«, lag in der südwestlichen Ecke der Stadt. Die Pracht der Paläste, der Lebensstil und das Lebensgefühl der Einwohner finden sich später überschwänglich in Rhapsodien (*fu*) besungen. In der Späteren Han-Zeit ließ Kaiser Guangwudi (reg. 25–57) Luoyang, die vormalige Hauptstadt der Zhou-Dynastie, zur Hauptstadt der Han ausbauen. Der Himmelsaltar und die kaiserlichen Mausoleen lagen außerhalb der Stadt.

Han-Kaiser Wendi

Die Han-Kaiser Wendi (reg. 179–157 v. Chr.) und Jingdi (reg. 156–141 v. Chr.) führten die Bestrebungen, die kaiserliche Herrschaft zu konsolidieren, mit der Aufteilung und Umverteilung vormals königlicher Lehnsgebiete fort. Die Lehnsherrscher wurden nach und nach in die Rolle des Landadels gedrängt, jener Schicht, die viel später als Gentry in die westliche sinologische Literatur eingehen sollte.

Die traditionelle chinesische Geschichtsschreibung verklärt Kaiser Wendi (der Zivile). Sie sieht in ihm den Idealtypus eines pflichtbewussten Herrschers, des ersten konfuzianischen Kaisers in der Geschichte Chinas. Er schaffte im Jahr 167 v. Chr. die Verstümmelung als Strafe ab. Seinen politischen und wirtschaftlichen Erfolg verdankte er wesentlich zwei Beratern, dem Konfuzianer Jia Yi (201–169 v. Chr.) und dem Staatsmann Chao Cuo (gest. 154 v. Chr.). Jia Yi erklärt in seinem meisterlichen Essay *Guo Qin lun* (Die Fehler von Qin), dass die Qin-Dynastie untergegangen sei, weil sie versäumt habe, »die Menschenliebe (*ren*) und die Gerechtigkeit (*yi*) in ihrer Regierungsausübung anzuwenden«, also keine konfuzianischen Tugenden lebte. Dagegen vertrat Chao Cuo pragmatische und physiokratische Vorstellungen und betonte den Zusammenhang zwischen den produktiven Kräften des Reiches, dem Wohlergehen der Bauern und der staatlichen Prosperität. Beide Berater trugen zum Ruhm von Kaiser Wendi ebenso bei wie zu den wohlgefüllten Speichern und Schatzhäusern im Reich.

Han-Kaiser Wudi

Die Regierungszeit von Kaiser Wudi (reg. 141–87 v. Chr., der Kriegerische), der nie persönlich an einem Feldzug teilgenommen hat, war hauptsächlich durch seine aufwendige und expansive Außenpolitik gekennzeichnet. Seine verlustreichen Feldzüge in die Mongolei, nach Zentralasien und Korea, wo bis ins 4. Jahrhundert n. Chr. eine Militärgarnison bestand, in den Süden Chinas und nach Vietnam vergrößerten das Territorium der Han-Dynastie und öffneten den Weg für Handelsbeziehungen nach Zentralasien, Ferghana (Turkestan) und Sogdien. Die alten Karawanenwege nach

Zentralasien bezeichnete Ferdinand Freiherr von Richthofen 1877 als Seidenstraße. Andererseits aber erschöpften die Feldzüge die Finanzen des Reiches, wovon es sich bis zum Ende der Westlichen Han-Zeit nicht mehr erholte.

In seiner über fünfzigjährigen Regierungszeit setzte Wudi in der Innenpolitik die Entmachtung der Lehnsherrscher fort. Bis 108 v. Chr. gelang es ihm, die Lehnsreiche auf 18 zu reduzieren. Damit war die kaiserliche Macht im Zentrum des Reiches endgültig hergestellt und die politische Peripherie geschwächt. Chinesische Historiker betrachteten seine Politik und das gewaltige Territorium als Zeichen von Stärke, weswegen seine Regierungszeit auch als das Goldene Zeitalter der Han-Dynastie gilt. Eine Parallele dazu findet sich in der Expansionspolitik der Tang-Dynastie im 7. Jahrhundert, dem zweiten Goldenen Zeitalter Chinas.

Kaiser Han Wudi war ein Pragmatiker der Macht, der alle Denkrichtungen, gleichgültig ob konfuzianisch, daoistisch oder magisch-volksreligiös, für sich ausnützte. Allerdings erkannte er als Machtmensch, dass die konfuzianische Lehre für die Stabilisierung der Machtverhältnisse nützlicher war als die legalistische oder andere Lehren, zu denen er sich hingezogen fühlte. So entließ er gleich bei seinem Amtsantritt 141 v. Chr. die Legalisten aus ihren Ämtern und ernannte statt ihrer konfuzianische Beamte. Deswegen gilt dieses Jahr auch als das Jahr der Übernahme der konfuzianischen Staatsideologie in China. Wenige Jahre später baute er ein Rekrutierungssystem für Beamte auf und gründete die Kaiserliche Akademie. Im berühmten *Yantie lun* (Wirtschaftsdebatte über Salz und Eisen), einer Debatte, die kurz nach seinem Tod 81 v. Chr. stattfand, trug die konfuzianische Seite, die eher einer Theorie der Güterbegrenzung als einem einheitlichen Verteilungssystem mit staatlicher Kontrolle und Monopolen anhing, den Sieg davon. Die Grundlagen, die Kaiser Wudi hinterlassen hatte, waren so solide, dass es noch mehr als 80 Jahre dauern sollte, bis die Han-Dynastie zum ersten Mal ins Wanken geriet.

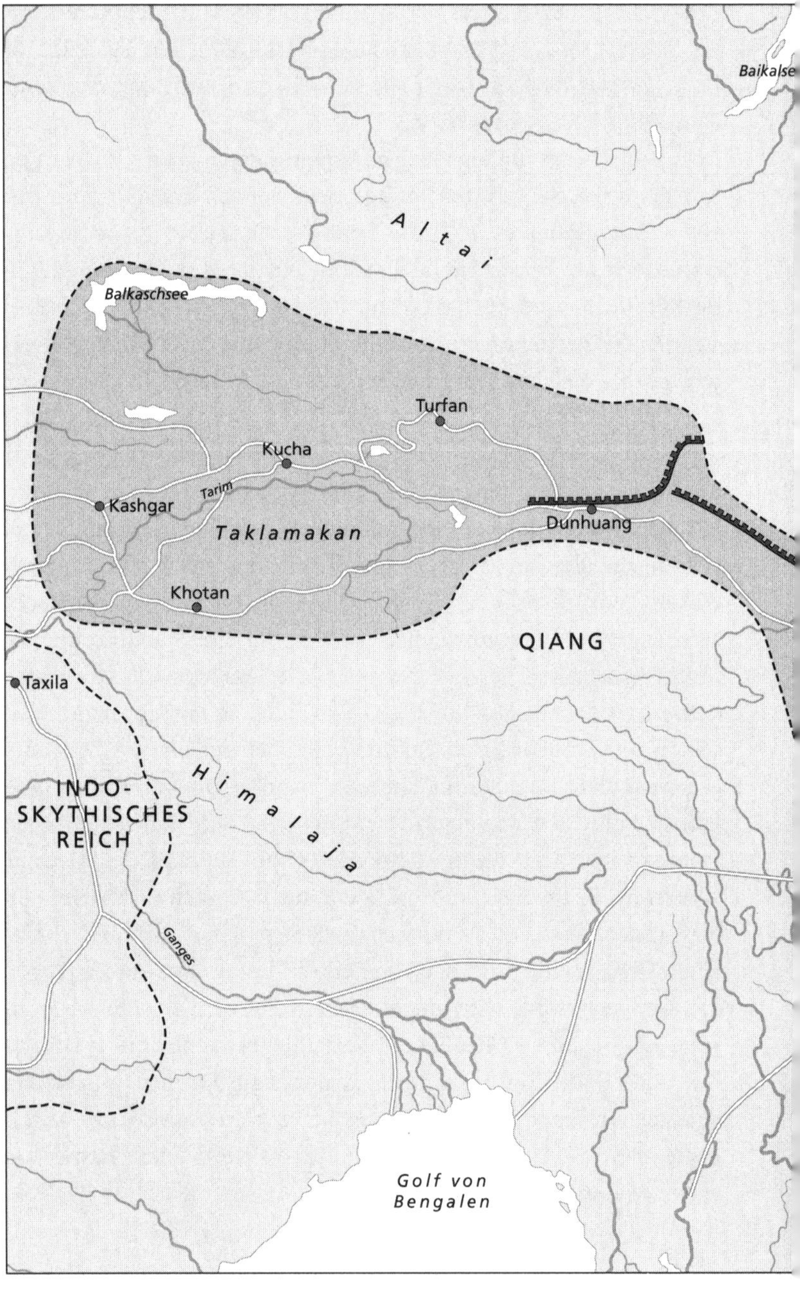

Karte 2: Ostasien zur Zeit von Kaiser Wudi (reg. 141–87 v. Chr.)

PUYŎ
XIANBEI
WUHUAN
KOGURYŎ
obi
OKCHŎ
ONGNU
CHOSŎN
Lelang
TONGYE
CHINHAN
PYŎN-HAN
MA-HAN
YAYOI-PERIODE
Kantō-Ebene
Yamato-Ebene
Yan
Linzi
Gelbes Meer
Gelber Fluss
Luoyang
Chang'an
Wu
Ost-chinesisches Meer
Yangzi
HAN-REICH
Pazifischer Ozean
Nanhai (Kanton)
Westfluss
Jiaozhi
Süd-chinesisches Meer
chin. Mauer
0 200 400 600 km

Das Interregnum von Wang Mang

Es war der Marschall Wang Mang (45 v. Chr. – 23 n. Chr.), der nach jahrelangem geschickten Taktieren im Januar des Jahres 9 n. Chr. die Macht an sich riss und die in der Geschichtsschreibung nicht offiziell anerkannte Xin-Dynastie (9–23, die Neue Dynastie) proklamierte. Doch seine Währungs-, Verwaltungs- und Bodenreform und seine Monopolpolitik trugen zur allgemeinen Verunsicherung bei. Für kurze Zeit galt, dass kein Land mehr ge- oder verkauft werden durfte, alles Gold wurde eingezogen und gegen Kupfermünzen eingetauscht. Bei seinem Tod hatte er umgerechnet 140 000 Kilogramm Gold gehortet, was Auswirkungen bis nach Rom hatte, wo Kaiser Tiberius (reg. 14–37) den Import von Seide gegen Gold verbot. Doch mehr noch als seine Reformen führten wahrscheinlich die großen Naturkatastrophen, die das Reich erschütterten, als der Gelbe Fluss seinen Lauf veränderte, sein Ende herbei. Aus der Not der Bevölkerung entsprangen verschiedene Volksaufstände wie die der Mutter Lü (*Lü mu*) in Shandong und der Roten Augenbrauen (*Chimei*). Im nördlichen Hubei brach gleichzeitig der Aufstand der »Grünwäldler« los, so benannt nach dem Ort Lülin. Wang Mang war nicht in der Lage, die Aufstände zu unterdrücken. Liu Xuan, ein Nachkomme der Han-Dynastie, nutzte die Schwäche von Wang Mang aus und bestieg am 11. März 23 den Thron. Er ging als der Kaiser Gengshi »des Erneuten Beginns« in die Geschichte ein. Doch sowohl er als auch Wang Mang wurden von Aufständischen getötet.

Han-Kaiser Guangwudi und seine Nachfolger

Erst Liu Xiu, besser bekannt als Kaiser Guangwudi (reg. 25–57, der Leuchtend Kriegerische), war in der Lage, die Han-Dynastie zu restaurieren. Mit ihm begann die Spätere oder Östliche Han-Dynastie (25–220) mit der Hauptstadt Luoyang. Er zwang die Roten Augenbrauen im März 27 zur Kapitulation. Es gelang ihm bis zum Jahr 36, seine Herrschaft zu konsolidieren. Er regierte das Reich über sein Sekretariat (*shangshu*), das von Eunuchen geleitet wurde, und stärkte seine Macht durch die Vergabe von Lehen an Mitglieder seines eigenen Clans. Dies war freilich ein Rückfall in die Zeit vor 145 v. Chr. Die mittelfristigen Gefahren einer solchen Lehnsvergabe scheint er nicht erkannt zu haben. Schon sein Nachfolger Kaiser Mingdi (reg. 58–75) führte blutige Auseinandersetzungen mit seinen Brüdern, denen Tausende Menschen zum Opfer fielen. Die Frauen im Umfeld des Kaisers, die aus den mächtigen Clans Ma, Dou und Liang stammten, gewannen an Einfluss. Manchen der Angehörigen dieser Clans gehörten Tausende Familien. Die Folgen ihrer Machtkämpfe und Intrigen wurden besonders nach dem Tod von Kaiser Hedi (reg. 89–106) deutlich. Nach ihm bestiegen nahezu alle Kronprinzen in kindlichem Alter (unter zehn Jahren) oder jugendlichem Alter (unter 15 Jahren) den Thron, wodurch die verschiedenen Familien der Kaiserinnen vergleichsweise leicht ihren Einfluss am Hof und dadurch ihre wirtschaftliche Macht sichern konnten.

Mit der Zahl der Damen im Palast, die bis zur Mitte des 2. Jahrhunderts auf 2000 gestiegen war, wuchs auch die Zahl der Eunuchen. Die Palasteunuchen, die meistens aus niederen Verhältnissen stammten und schon als Kind kastriert worden waren, erfüllten verschiedenste Aufgaben im Palast und waren besonders für die Bedienung und Beaufsichtigung der Damen des kaiserlichen Harems im Inneren Palast (*neiting*) zuständig. Sie gehörten dadurch zum Hofstaat und hatten eine Position inne, die sie für ihre Kinderlosigkeit – eigentlich ein Verbrechen im Sinn der Fortführung des Ahnenkults gegenüber den Eltern – zu entschädigen vermochte. Im Palast hatten sie nicht nur Zugang zu den Frauen des Hofes, sondern auch zum Kaiser, zu dem viele von ihnen ein besonderes Vertrauensverhältnis aufbauten. Dadurch nahm ihr politischer Einfluss zu, und sie bildeten zur Durchsetzung ihrer Interessen gegenüber den Hofbeamten eine eigene Clique am Hof. In vielen Fällen machten sie eine Karriere als kaiserliche Berater oder übernahmen Kommandopositionen beim Militär. Als Kaiser Shundi (reg. 126–144) den Eunuchen die Erlaubnis zur Adoption von Söhnen gab und damit das Recht, Besitz zu vererben, war ihrem Machtzuwachs das letzte Hindernis genommen. In der Regierungszeit von Kaiser

Huandi (reg. 146–168) wurden sie so mächtig, dass sie den Kampf mit den einflussreichsten Clans am Hof aufnehmen konnten. So ermordeten sie im Jahr 159 Tausende Angehörige des Liang-Clans der Kaiserwitwe, und 168 löschten sie die Clans der Chen und Dou vollkommen aus.

Die Macht der Eunuchen wurde am 25. September 189 beendet, als der Oberst Yuan Shao (gest. 202) den Palast in Luoyang stürmte und mehr als 2000 Eunuchen massakrieren ließ. Die Han-Kaiser waren nun zwar aus den Klauen der Eunuchen befreit, wurden jedoch auf Jahrzehnte Marionetten ihrer ehrgeizigen Generäle, die das Land in einen Bürgerkrieg stürzten. Die politische Lage wurde durch viele Aufstände, die aus der Not der Bevölkerung entsprangen, erschwert, so die religiöse Aufstandsbewegung (*yaozei*) der Gelben Turbane (*Huangjin*) in Shandong und Henan, einer Bewegung daoistischer Inspiration, und der daoistische Kirchenstaat der Fünf-Scheffel-Reis-Sekte (*Wudoumi*) in Hanzhong in Sichuan und Süd-Shaanxi, der zu einer Vergöttlichung des Laozi als der Huanglaojun, der »Gelbe Alte Fürst«, führte. Der vormalige Räuberhäuptling Cao Cao (155–220), der in jenen Jahrzehnten zum mächtigsten der Generäle aufgestiegen war, besiegte 192 nicht nur die Gelben Turbane sowie 215 den daoistischen Kirchenstaat, sondern wurde auch zum Totengräber der Han-Dynastie. Am 11. Dezember 220 musste Kaiser Xiandi, der letzte Herrscher der Han-Dynastie, abdanken.

3. Die Drei Reiche und die Westliche Jin-Dynastie

Bereits 214, also sechs Jahre vor dem Ende des Weltreiches der Han-Dynastie, teilten ihre Liquidatoren, der mächtige Cao Cao (155–220), Sun Quan (185–252) und Liu Bei (161–223), das Territorium auf. 220 schließlich gründete Cao Pi (187–226), der Sohn Cao Caos, als erstes der Drei Reiche (Sanguo) die Wei-Dynastie (220–265) in Nordchina mit der Hauptstadt Luoyang. In Sichuan folgte die Shu-Han-Dynastie (221–263) von Liu Bei und im Südosten die Wu-Dynastie (222–280) von Sun Quan. Die Kraft eines jeden der Herrscher reichte gerade für das Regionalreich, doch keiner war stark genug, die beiden anderen Konkurrenten auszuschalten.

Außergewöhnliche Popularität gewannen die Drei Reiche in der chinesischen Geschichte durch die literarische Tradierung in Geschichten und Theaterstücken, insbesondere dem *Sanguozhi yanyi* (Roman der Drei Reiche) aus dem 16. Jahrhundert. Der Roman behandelt den Zeitraum zwischen 184 und 280 in einer Verbindung aus ereignisgeschichtlicher Darstellung und erzählerischer Fiktion. Im Mittelpunkt stehen die Drei Schwurbrüder des Pfirsichgartens, Liu Bei, Zhang Fei (ermordet 220) und Guan Yu (hingerichtet 220), der im Laufe der Jahrhunderte vom General zum Gott avancierte.

Das Ende der Drei Reiche wurde 263 eingeläutet, als es der Wei-Dynastie gelang, sich Shu einzuverleiben. Kurz danach putschte sich Sima Yan (236–290) in Wei erfolgreich an die Macht, stürzte die Wei-Dynastie und proklamierte die Westliche Jin-Dynastie (265–316). 280 gelang es ihm mit einer gewaltigen Streitmacht von 200 000 Mann, die Wu-Dynastie, das letzte der vormaligen Drei Reiche, zu stürzen. So einte er für die kurze Zeit von 280 bis 304 die Regionen der Drei Reiche unter seiner Dynastie. Bei einer Volkszählung stellte man jedoch schnell fest, dass die Anzahl der Haushalte gegenüber der Erfassung von 156 um mehr als 70 Prozent auf etwa 16,1 Millionen Menschen gesunken war. Dafür gab es eine Reihe von Gründen wie Missernten, Seuchen und vor allem auch Land- und Steuerflucht. Die mächtigen Familien, die auch Großgrundbesitzer waren, unterliefen von Anfang an die neuen Bestimmungen zum Landbesitz, welche die Bauern stärken sollten. Wegen des Fehlens einer breiten landwirtschaftlichen Basis an steuerzahlenden Bauern war auch die Wehrfähigkeit der Dynastie gefährdet. Alle Maßnahmen, die die Regierung ergriff, konnten nicht verhindern, dass die Westliche Jin-Dynastie zu Beginn des 4. Jahrhunderts schnell im Bruderkrieg der Acht Fürsten versank und danach ein leichtes Opfer der nicht-chinesischen Xiongnu wurde. Diese riefen ihre eigene Herrschaft aus, nahmen 311 die Hauptstadt

Luoyang und 316 Chang'an ein, wo sie Kaiser Huaidi (reg. 307–313) der Westlichen Jin-Dynastie gefangen setzten. Unter den gegebenen Bedingungen blieb der Herrscherfamilie keine andere Wahl, als nach Südosten zu fliehen. In Nanjing gründete Sima Rui (276–323) die Östliche Jin-Dynastie (317–420).

Die politischen Verhältnisse im 3. und 4. Jahrhundert mit ihren Bruder- und Bürgerkriegen, Intrigen und politischen Morden entsprachen kaum den konfuzianischen Vorstellungen von staatlicher Ordnung, Rechtlichkeit und Sittlichkeit. Die zuvor bestehende politische und kulturelle Einheit der Han-Dynastie wurde schnell zu einem Ideal verklärt, und es entstand der Mythos von wunderbarer territorialer Größe, politischer Macht und kultureller Blüte.

4. Die historische Entwicklung in Korea und Japan

In Korea und Japan existierten Ende des 2. Jahrhunderts n. Chr. noch keine Staatswesen, die sich mit dem Han-Reich in Bezug auf Kaisertum, Regierung, Verwaltung, Schrifttum, Wirtschaftskraft und die Entwicklung überregionaler ethischer Werte hätten vergleichen können. Allerdings waren die koreanischen Nachbarn auf dem Weg, den die chinesische Zivilisation vorgab, erheblich weiter vorangeschritten als die über hundert kleinen Stammesgesellschaften auf den Inseln Kyūshū und Honshū in Japan. Die überragende Bedeutung der Han-Dynastie für ihre Nachbarn wird offensichtlich in der Bezeichnung der Chinesen. In Japan wurden die Chinesen *kanjin* (Han-Menschen) genannt, so wie auch in Korea das Schriftzeichen *han* für Chinesisches schlechthin stand.

Korea bis zum Ende der Föderationen der Drei Han im 4. Jahrhundert

In Korea werden der Mumun-Kultur die frühesten, um 1300 v. Chr. vereinzelt entstandenen Bronzegeräte zugeschrieben. Doch erst zwischen 700 und 400 v. Chr. kann man von einer Bronzekultur sprechen. Seit etwa 300 v. Chr. wurde Eisen gegossen. In Korea ging die Bronzeherstellung nicht wie in China mit der Ausbildung einer Königsherrschaft einher, sondern wurde von Stämmen betrieben. Wie chinesische Münzfunde in Korea aus dem 3. Jahrhundert v. Chr. belegen, waren es chinesische Einwanderer aus Nordchina, insbesondere von der Halbinsel Shandong, die chinesisches Wissen über den Eisenguss, die Seidenraupenzucht, textile Techniken und die Herstellung von Papier in die Stammesgesellschaften brachten. Es gab nur wenige feste Gemeinwesen (siehe Karte 3): Seit dem 4. Jahrhundert v. Chr. ist das tungusische Gemeinwesen Puyŏ (chin. Fuyu) in der zentralen Mandschurei bekannt und seit dem 2. Jahrhundert v. Chr. auch Chosŏn an der nordwestlichen Küste. Entlang der nordöstlichen Küste existierte zwischen dem 4. Jahrhundert v. Chr. und dem 2. Jahrhundert n. Chr. Okchŏ und südlich davon Tongye (Östliches Ye). Über diese Gemeinwesen sowie Koguryŏ in der südlichen Mandschurei und die Föderationen der Drei Han (Samhan) im südlichen Korea gibt das Kapitel »Beschreibung der Östlichen Barbaren« (*Dongyi zhuan*) im chinesischen *Sanguo zhi* (Geschichte der Drei Reiche) Auskunft.[71]

Diese Stammesgemeinschaften waren streng hierarchisch nach dem Rang der Familien geordnet. Die Häuptlinge benannte man nach den Tieren, die den Clan symbolisierten, der Ehemann heiratete in die Familie der Frau ein. Des Weiteren galt das Levirat, die Verheiratung von Witwen mit einem Bruder des Verstorbenen, so wie es auch noch weit über tausend Jahre später bei den Khitan (Qidan) und den Mongolen praktiziert wurde. Strenge Strafen und Versklavung von Einzelpersonen und Familien waren an der Tagesordnung.

Chosŏn (ca. 195–108 v. Chr.) und Koguryŏ (37 v. Chr. – 668 n. Chr.)

Gemäß einer Geschichte aus dem *Shujing* (Klassiker der Dokumente) soll es schon zur Zeit der Westlichen Zhou-Dynastie ein Lehnsreich mit dem Namen Chosŏn (chin. Chaoxian) gegeben haben, das sich wahrscheinlich von der Halbinsel Liaodong bis nach P'yŏngyang (Pjöngjang) erstreckte. Es gibt jedoch keine ausreichen-

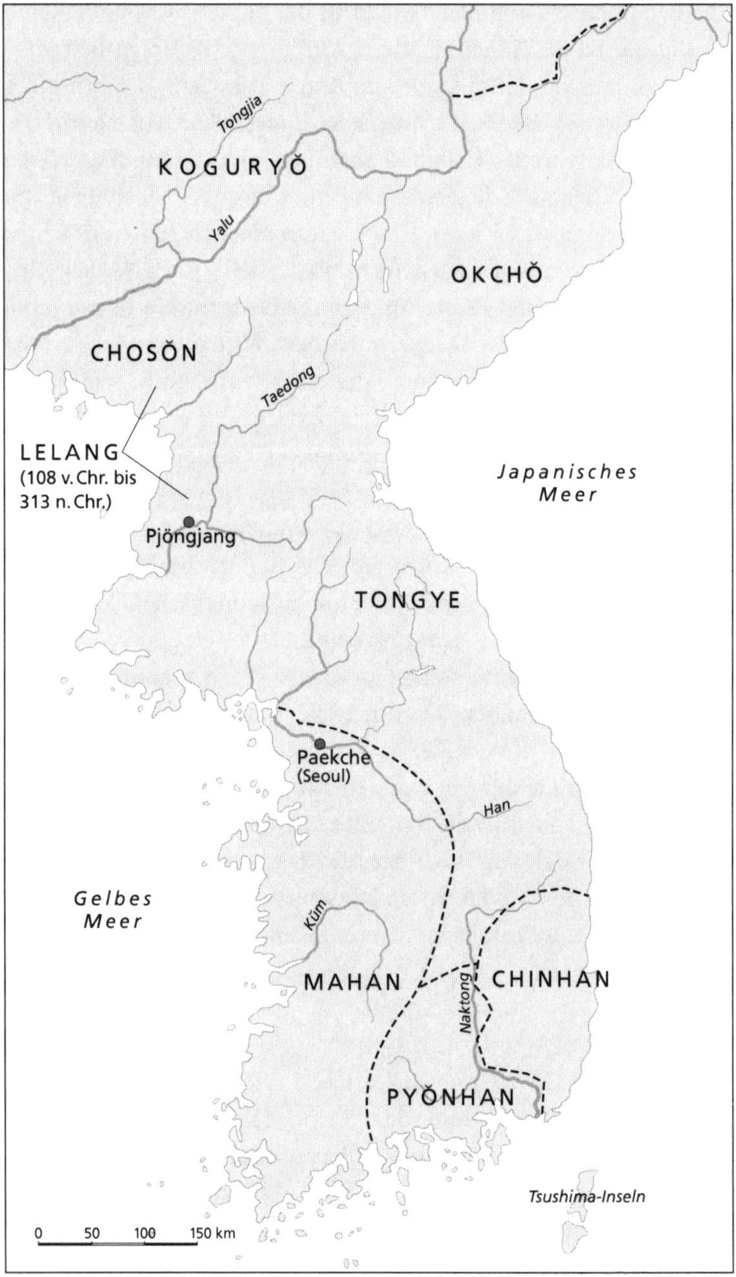

Karte 3: Korea zur Zeit der Föderationen der Drei Han (Samhan)

den materiellen oder schriftlichen Beweise für einen chinesischen Kulturimport nach Korea in dieser Zeit. Der Legende nach soll ein aus dem Lehnsreich Yan stammender Mann namens Weiman (kor. Wiman) um 195/194 v. Chr. mit Hilfe einiger tausend zumeist chinesischer Gefolgsleute Chosŏn erobert haben. Es ist jedoch umstritten, ob sein Regime tatsächlich mit der Hilfe aus dem Westen kommender Einwanderer errichtet worden ist, denn er selbst trug die Haartracht und Kleidung der »Östlichen Barbaren«. Dass der Name Chosŏn erhalten blieb, spricht jedenfalls für eine politische Kontinuität. Wimans Chosŏn war wohl am ehesten eine Föderation, die sich aus Chosŏn-Häuptlingen und ihren Stämmen und chinesischen Einwanderern zusammensetzte.[72] Wiman regierte von seiner Hauptstadt Wanggŏmsŏng (beim heutigen Pjöngjang) aus. Einwanderer aus China brachten die kulturelle Entwicklung nach chinesischem Vorbild voran. Im Jahr 108 v. Chr. eroberte der Han-Kaiser Wudi Chosŏn und errichtete an seiner Stelle vier Präfekturen unter chinesischer Verwaltung. Sie umfassten das gesamte vormalige Chosŏn-Territorium bis Seoul. Es war das einzige Mal, dass eine Han-chinesische Dynastie direkte Herrschaft über einen großen Teil Koreas ausübte. Die wichtigste Präfektur wurde Nangnang (chin. Lelang), nördlich des heutigen Pjöngjang, das bis 313 n. Chr. unter chinesischer Kontrolle blieb. Wie die vielfältigen Grabfunde aus dieser Region belegen – unter anderem eine Lackmalerei auf einem Korb, die konfuzianische Gelehrte darstellt –, verbreiteten sich von hier aus die chinesische Kultur, die Schrift, die Klassiker und die Werke der verschiedenen chinesischen Denkrichtungen auf der koreanischen Halbinsel.

Seit dem 4. Jahrhundert v. Chr. existierte in der Mandschurei die Herrschaft Puyŏ (chin. Fuyu), die südlich des Sungari-Flusses lag. 49 v. Chr. erkannte die Han-Dynastie Puyŏ an, und seitdem reisten von dort mehrere Gesandtschaften nach China. Wahrscheinlich 37 v. Chr. gründete Ko Chumong, der aus Puyŏ stammte, das Königtum Koguryŏ (37 v. Chr. – 668 n. Chr.). Dieses lag im Becken des Tongjia-Flusses, in der Grenzregion der heutigen Volksrepublik China und Nordkoreas. Koguryŏ war kein zentralistisch regiertes

Königtum, sondern eher eine Föderation, die sich aus mehreren, unterschiedlich großen und von jeweils einem *chega* (Häuptling) geführten Stämmen zusammensetzte. Bereits kurz vor Ende des 2. Jahrhunderts n. Chr. nahm das im Norden gelegene Koguryŏ aufgrund seines riesigen Territoriums eine dominierende Stellung in Korea ein. Dem neunten Herrscher Kogukch'ŏn (reg. 179–196) gelang es, wichtige Reformen durchzusetzen, die auf chinesischen Einfluss zurückgingen und den Abschied von traditionellen Stammesvorgaben bedeuteten: Die Thronfolge von Bruder zu Bruder wurde durch eine von Vater auf Sohn ersetzt, die Königinnen kamen nun aus einer einzigen aristokratischen Familie, was das eigene familiäre Netzwerk stärkte. Dazu wurden die territorialen Stammeszuständigkeiten abgeschafft und durch zentralistische Verwaltungsstrukturen ersetzt; zusätzlich wurde das Territorium in fünf Provinzen eingeteilt. 313, nachdem schon mehrfach Truppen von Koguryŏ aus auf chinesisches Gebiet vorgedrungen waren, eroberte König Mich'ŏn (reg. 300–331) die Präfektur Lelang und die Region des Taedong-Flusses zurück. Damit war die chinesische Oberherrschaft im Nordwesten Koreas nach mehr als 400 Jahren beendet.

Die Föderationen der Drei Han (Samhan) (1. Jahrhundert v. Chr. bis 4. Jahrhundert n. Chr.)

In der südlichen Hälfte der koreanischen Halbinsel entstand wohl schon im 3. Jahrhundert v. Chr. die Herrschaft Chin. Im 2. Jahrhundert v. Chr., als sich Chosŏn im Norden Koreas ausbreitete, unterhielt Chin im Süden bereits Kontakte zu China. Aus dieser Chin-Herrschaft gingen um die Mitte des 1. Jahrhunderts die Föderationen der Drei Han (Samhan) hervor: Mahan (18 v. Chr. – 369), Chinhan (57 v. Chr. – 356) und Pyŏnhan (42 n. Chr. – 4. Jahrhundert). Nach dem *Samguk sagi* (Aufzeichnungen der Geschichte der Drei Reiche) bestanden die Drei Han nur bis zum 1. Jahrhundert n. Chr., doch das chinesische *Sanguo zhi* (Geschichte der Drei Reiche) belegt ihre Existenz bis in die Mitte des 3. Jahrhunderts.[73]

Die größte der drei Föderationen war Mahan in der Region des heutigen Seoul und entlang der Westküste Koreas. Sie setzte sich aus 54 Stämmen zusammen. Chinhan im Südosten Koreas und das ganz im Süden gelegene Pyŏnhan bestanden aus jeweils zwölf Stämmen. Der Prozess der Föderationenbildung war erst im 3. Jahrhundert abgeschlossen, als die Föderationen der Drei Han auch über Städte mit Stadtmauern verfügten. Die großen Stämme in Mahan umfassten 10 000 und mehr Familien, die kleinen nur einige tausend Familien. In Chinhan und Pyŏnhan gehörten 45 000 Familien zu den großen Stämmen, zu den kleinen nur 600 bis 700.

Es gab zwischen Mahan, Chinhan und Pyŏnhan kulturelle Gemeinsamkeiten ebenso wie Unterschiede. Pyŏnhan und Chinhan zeichneten sich durch ähnliche Wohnverhältnisse und Kleidung aus. Doch Sprache und Sitten unterschieden sich. In Chinhan und Mahan wohnte man in einfachen strohgedeckten und aus Erde gebauten Häusern, betrieb Ackerbau und Seidenraupenzucht und stellte Textilien aus Ramie her. Durch Mauern geschützte Siedlungen wurden erst später üblich. In Mahan kannte man keine nach der gesellschaftlichen Hierarchie gestaffelten Ehrbezeugungen wie in China, und es gab keine Rangunterschiede zwischen Alt und Jung oder Mann und Frau. Man setzte die Toten nur in einfachen Särgen bei, und das Reiten oder das Einspannen von Pferd und Rind waren unbekannt. Im 5. Mondmonat feierte man die Aussaat und im 10. Mondmonat die Ernte. Alle religiösen Feste wurden mit alkoholischen Getränken, Musik und rhythmischen Tänzen in Gruppen begangen. Im Gegensatz zu Mahan profitierte Chinhan von den frühen kulturellen Importen aus China. Hier praktizierte man Heiratsrituale wie in China, spielte auf Saiteninstrumenten wie der zwölfsaitigen *kayagŭm*, der Zither von Kaya, benutzte Pferd und Wagen, goss Eisen und benutzte Eisenmünzen als Geld. In Chinhan gab es auch den Brauch, die Köpfe von Babys mit Hilfe von Steinen in eine flache Form wachsen zu lassen. In vielen Regionen des Südens, die in der Nähe der japanischen Inseln lagen, waren Körpertätowierungen üblich.[74]

Wa, die Herrschaft der Königin Himiko in Japan

Bereits in der Han-Zeit gab es vielfältige Beziehungen zwischen den japanischen Inseln und dem Festland. Nach der Einrichtung der chinesischen Präfektur Lelang in Korea im Jahr 108 v. Chr. haben viele von den mehr als hundert Stämmen in Japan, die in der chinesischen Geschichtsschreibung als Reiche bezeichnet werden, ihre Beziehungen zu China intensiviert. Das *Hou Han shu* (Geschichte der Späteren Han-Dynastie) berichtet, dass sich schließlich Yamatai (chin. Xiematai) an die Spitze eines Wa genannten Bundes aus etwa 30 Stämmen stellte. Man geht heute davon aus, dass Yamatai der Vorläufer des sich im 4. Jahrhundert konstituierenden, in der fruchtbaren Nara-Ebene gelegenen Yamato-Reiches war.

Im Jahr 57 empfing der chinesische Kaiser Guangwudi eine Delegation von Nu (jap. Na) im südlichsten Kyūshū, dessen Herrscher sich als Vasall erbot.[75] Guangwudi ließ dem Herrscher von Nu ein goldenes Siegel überbringen, das dessen Status als »König Nu von Wa, Vasall der Han-Dynastie« bestätigte. Eine weitere Tributgesandtschaft aus Wa kam 107 nach China. Im 3. Jahrhundert bestand ein reger diplomatischer Verkehr zwischen der Wei-Dynastie (220–265) und etwa 30 japanischen territorialen Herrschern.

Ursprünglich regierten Männer Wa, doch nach etwa 80 Jahren mit schweren innenpolitischen Turbulenzen und vielen Kriegen gelang es im 3. Jahrhundert der Königin Himiko (ca. 183–248) von Yamatai, das in den chinesischen Quellen mit Wa gleichgesetzt wird, die Ordnung in dieser Region Japans wiederherzustellen.[76] Königin Himiko (Tochter der Sonne), die unverheiratet war und als Schamanin bezeichnet wurde, soll sich ausschließlich mit spirituellen Fragen und dem Willen der Götter befasst haben. Sie lebte in einem durch Palisaden befestigten und von einer Leibgarde geschützten Palast. Obwohl Tausende von Dienerinnen sie umsorgten, haben nur wenige ihrer Zeitgenossen sie je zu Gesicht bekommen. Ihr jüngerer Bruder, der die Regierungsgeschäfte führte, versorgte sie mit Speisen und Getränken. Er kommunizierte für sie mit der Außenwelt und verkündete dem Volk ihre von den Göttern erhaltenen Befehle und Prophezeiungen.[77] Ihre schamanische Kraft bildete wohl den spirituellen Nenner für die politische und religiöse Einheit der mehr als 70 000 Haushalte ihres Herrschaftsgebietes.

239 entsandte die Königin eine Delegation in die chinesische Präfektur Taifang in Korea. Sie ersuchte um die Erlaubnis, dem chinesischen Himmelssohn Tribut leisten zu dürfen. Dem wurde stattgegeben. Sechs Monate später ehrte der chinesische Kaiser die japanische Herrscherin mit dem Titel »Die der Wei[-Dynastie] freundlich [gesinnte] Königin von Wa, Himiko«. Sie erwarb sich diesen Titel nicht nur wegen der Tributgaben, sondern auch wegen ihrer Loyalität und ihrer Kindespietät, die der chinesische Herrscher besonders schätzte. Er zeichnete sie mit einem goldenen Siegel aus und ließ ihr noch weitere Geschenke zukommen, wie fünf Ballen eines mit Drachen gemusterten *jin*-Seidengewebes und andere Seidentextilien, acht Unzen Gold, Langschwerter, Bronzespiegel, Perlen, Blei und Zinnober. Weitere Auszeichnungen wie die Übersendung eines gelben Banners folgten. Bis 247 reisten mehrere Delegationen in beide Richtungen. Als Königin Himiko 244 durch den Herrscher Himikoko von Kuna, das südlich von Wa lag, in einen Krieg gezogen wurde, entsandte der chinesische Hof den Diplomaten Zhang Zheng, um zwischen den Parteien zu vermitteln. Wahrscheinlich hatte Himiko um militärische Hilfe gebeten. Es ist allerdings unbekannt, wie die kriegerische Auseinandersetzung endete.

Königin Himiko starb 248 im Alter von 65 Jahren. Es wird angenommen, dass sie einem Komplott der Häuptlinge ihrer Stämme zum Opfer fiel, die annahmen, dass sich ihre magische Kraft erschöpft hatte. Hundert Sklavinnen und Sklaven wurden mit ihr zusammen in einem Hügelgrab (*kofun*) von mehr als 100 Schritten im Durchmesser beigesetzt. Ihr Nachfolger war ein schwacher Herrscher, und Mord und Totschlag waren an der Tagesordnung. Erst als die dreizehnjährige Iyo, eine Verwandte von Himiko, die Herrschaft als Königin antrat, kehrte wieder Friede im Reich ein. Zhang Zheng, der Abgesandte der Wei-Dynastie, beobachtete diese Thronbesteigung wohlwollend, und schon kurze Zeit später entsandte Königin Iyo eine Delegation in die chinesische Hauptstadt, die als Tribut nicht nur 30 Männer und Frauen überbrachte, sondern auch 5000 weiße Perlen, zwei Stücke gekrümmter Jade und 20 Ballen unterschiedlich gemusterter *jin*-Seidengewebe.[78]

Die chinesischen Gesandtschaften, die im 3. Jahrhundert nach Wa erfolgten, gewähren einen Einblick in das alltägliche Leben jener Gesellschaft.[79] Auf den Inseln gab es damals keine Rinder, Pferde, Tiger, Leoparden, Schafe und Schwäne. Wenn die Menschen in ihren Hütten zusammensaßen, wurde kein Unterschied zwischen Vater und Sohn oder zwischen Männern und Frauen gemacht, doch schliefen Vater und Mutter sowie die Älteren und Jüngeren getrennt voneinander. Im Winter wie im Sommer gingen die Menschen barfuß und aßen rohes Gemüse aus Schalen mit hohem Fuß, aus denen sie sich mit den Händen bedienten. Sie bauten Reis in Nassfeldern an, pflanzten Ramie und Maulbeerbäume, kultivierten Seidenraupen, haspelten und spannen die Fäden, stellten Ramietuch her und Seidenwatte.

In Wa wurden die Angehörigen ein und desselben Clans nach Rang unterschieden. Es war Brauch, dass ein Mann hohen Ranges vier oder fünf Frauen besaß, ein Gemeiner zwei oder drei. Wenn ein Angehöriger eines niederen Haushalts jemanden von Rang auf der Straße traf, dann trat er zur Seite ins Gras, und wenn er angesprochen wurde, hockte er sich auf die Fersen oder kniete nieder und berührte mit beiden Händen den Boden. Wenn jemand starb, wurde er in einem Sarg unter einem Grabhügel beerdigt, wonach sich die gesamte Familie durch ein Bad reinigte. Reinigungsrituale dienten der Identifizierung mit dem Göttlichen und der Erneuerung. Sie wurden zu grundlegenden Bestandteilen des Shintoismus, der ursprünglichen Naturreligion Japans.

Nach dem Ende der Wei-Dynastie 265 verloren die chinesischen Dynastien ihr Interesse an Korea und Japan. In der Geschichte von Yamatai oder Wa gab es bis zum Beginn des 5. Jahrhunderts wohl keine Ereignisse oder Persönlichkeiten mehr, die eine Aufnahme in die chinesischen Geschichtsbücher gerechtfertigt erscheinen ließen.

B Gesellschaft und Wirtschaft in China

1. Gesellschaft

Die Shang-Dynastie

Der König der Shang-Dynastie residierte in seiner Hauptstadt, stand an der Spitze der Priester und des Adels, deren ausschließliche Betätigungen der Opferdienst an den Vorfahren und Naturgottheiten und die Kriegführung waren. Die Dynastie war von einer ausgeprägten Palast- und Grabkultur gekennzeichnet.

Die Genealogie des königlichen Clans dokumentiert, dass die erblichen Herrscher aus einer einzigen Abstammungsgruppe, dem Zi-Clan, stammten. Dieser Clan war in zehn Gruppen, genannt *gan*, eingeteilt. Bei der Thronfolge galt die Regel, dass der Thronfolger einer anderen Gan-Einheit angehören musste als der König. Durch Heirat waren die führenden Clans schon früh an der Staatsmacht beteiligt, und das traf auch für die Nebenlinien der Clans zu. Es ist sehr wahrscheinlich, dass der Shang-König alle Hofbeamten, königlichen Frauen und Prinzen mit Land und Ortschaften belehnt hat. Die Besitzverhältnisse können häufig aus den Namen der Ortschaften abgelesen werden, da diese nach den sie beherrschenden Clans benannt waren. Die Lehen sicherten den Clans ein Einkommen aus den Ernten und den Zugriff auf die handwerklichen Erzeugnisse. Auch wenn das überaus komplizierte Shang-zeitliche System der Thronfolge nach dem Ende der Shang-Dynastie verlorenging, so blieb doch bis zum Ende des Kaiserreichs der Einfluss kaiserlicher Clans und ihrer weitverzweigten Nachkommenschaft erhalten, wenn auch mit jeweils unterschiedlicher politischer Wirkungskraft.

Die Zhou-Dynastie

Die Gründer der Zhou-Dynastie vereinten den »Obersten Gott« (*shangdi*) der Shang-Dynastie mit dem Himmel (*tian*) zum Obersten Gott des erhabenen Himmels (*huangtian shangdi*), der sich als oberste religiöse Instanz für die Dynastie erhalten sollte. Der Himmel verlieh das »Mandat des Himmels« (*tianming*) als Legitimation des Herrschers.[80] Dieses war aber nicht auf Dauer erteilt, sondern musste durch Eigenschaften wie tugendhaftes Wirken (*de*), Achtung der Kinder vor den Eltern (*xiao*) und Verhaltensweisen, wie sie im rituellen Ahnendienst (*li*) durch den Herrscher praktiziert wurden, immer wieder verdient werden. Der Dienst für den Obersten Gott wurde durch die Riten geregelt, die der König der Zhou als »Sohn des Himmels« (*tianzi*) vollzog. Schon damals trug er bei den Opferriten Zeremonialgewänder, die mit aufgemalten, später auch mit eingewebten Drachen ornamentiert waren. Nur die Träger von Namen, also Angehörige des Königshauses und der Aristokratie, führten Riten aus. Die Namenlosen brauchten keinen Kontakt zu ihren Ahnen zu pflegen.

Im *Shijing* (Klassiker der Oden) heißt es: »Unter dem Himmel ist kein Land, das nicht dem König gehört. Zwischen den Küsten der vier Meere ist niemand, der nicht des Königs Diener ist.« Bereits in der Westlichen Zhou-Zeit gab es einen Adel. Das Rangsystem, das aus den fünf Rängen Herzog (*gong*), Fürst (*hou*), Graf (*bo*), Baron (*zi*) und Freiherr (*nan*) bestand, wurde allerdings erst später etabliert, dann jedoch in idealisierender Absicht rückwirkend auf die frühe Zhou-Zeit projiziert. Der König belehnte die Angehörigen der eigenen Sippe, die Träger des Familiennamens Ji, am häufigsten. Dieses Verfügungsrecht über das gesamte Land des Reiches und das Volk behielten auch die Kaiser aller nachfolgenden Dynastien bei. In der Westlichen Zhou-Zeit wurde »Feudalismus« als ein Lehnssystem gesehen, das eng mit der Einführung der Primogenitur des patriarchalischen Clansystems (*zongfa*) und dem religiösen Ahnenkult der Familien verbunden war. Der älteste Sohn der Hauptfrau wurde Thronfolger, Erbe des Titels und des Besitzes.

Wie bereits in der Einleitung erläutert, entstand in der chinesischen Gesellschaft schon früh die Vorstellung von den vier Klassen im Volk. Von allen vier Klassen wurden Gehorsam, Unterwürfigkeit und Opferbereitschaft bis zur Selbstverleugnung gefordert. In der Zhou-Zeit standen die niedrigen, meistens nicht erbberechtigten und daher oftmals landlosen Adeligen am Ende der Adelshierarchie. In der Zeit der Kämpfenden Staaten (463–221 v. Chr.) bildeten sie, die auch als »wandernde Gelehrte« bezeichnet wurden, die Klasse, aus der die Lehnsherrscher Beamte und Berater, Zeremonienmeister für Rituale, Offiziere, Gelehrte und Hauslehrer, Gesandte und Unterhändler, Spione und Meuchelmörder rekrutierten. Unter ihnen, die zu Hunderten, an den großen Höfen zu Tausenden als »Gäste« (*ke*) lebten und allein durch ihre Präsenz zum Prestige ihrer Herren beitrugen, gab es jede Menge Glücksritter und Emporkömmlinge. Der Status eines Gastes am Hof eines großen Lehnsfürsten war an seiner Unterbringung, Verpflegung und Ausstattung ablesbar. Ihre Entlohnung bestand aus Getreide. Der berühmteste Angehörige dieser Klasse, die Handarbeit und Landwirtschaft als erniedrigend empfand, war Konfuzius.

Im *Guoyu* (Diskurse über die Lehnsreiche) aus dem 5. Jahrhundert v. Chr. heißt es: »Die Lehnsherren leben von den Tributabgaben, die Minister von ihren Ländereien, die niedrigen Adeligen (*shi*) vom Land, die Bauern von ihrer Hände Arbeit.«[81] Daraus kann man schließen, dass sich das Ackerland in der Zeit der Kämpfenden Staaten in den Händen einflussreicher Familien konzentrierte, die niedrigen Adeligen aber auch am Besitz des Ackerlandes partizipierten. Die Bauern mochten zwar Land besitzen, doch gerieten sie einmal in die Abhängigkeit eines Lehnsherrn, dann war dieser berechtigt, den betreffenden Bauern mitsamt seiner Familie und dem Land, das ihm gehörte, zu verkaufen, zu verpachten oder zu verschenken. Einzig die Tatsache, dass sich die Bauern noch immer weitgehend selbst versorgten, verhalf ihnen im Unterschied zu Knechten und Mägden, Pferdeknechten, Rinderhirten und Sklaven, die als der Herde zugehörig angesehen wurden, zu einer gewissen Anerkennung. Über Hausmädchen, Tänzerinnen, Musikerinnen und Künstlerinnen, die ebenfalls zum

Bodensatz der Gesellschaft gehörten, konnten ihre Eigentümer, wie über eine Ware, frei verfügen.

Den Handwerkern erging es nicht anders. In der Regel gehörten auch sie einem Lehnsherrscher.[82] So wird von 588 v. Chr. berichtet, dass jeweils 100 Techniker, Sticker und Weber als Geiseln von Lu nach Chu geschickt wurden.[83] Nur ein Sklave war noch weniger wert, nämlich so viel wie ein Hund. Es gibt Berichte darüber, dass Hunderte oder Tausende von Familien, meistens gefangen genommene »Barbaren«, als Sklaven verschenkt wurden.

Die Han-Dynastie

Zwar rief der Gründungskaiser der Han-Dynastie seine Lehnskönige und Gouverneure dazu auf, ihm alle talentierten und tugendhaften Männer zu melden, damit er sie selbst einladen könne, der Regierung zu dienen. Dennoch hegte er – wie die meisten Gründungskaiser späterer Dynastien – großes Misstrauen gegenüber Zivilbeamten. Aber ohne sie war das Reich nicht zu regieren. Deswegen führte Kaiser Wendi im Jahr 165 v. Chr. ein meritokratisches Empfehlungssystem für die Rekrutierung von Beamten ein, in dem er großen Wert auf die Leistungen und Verdienste eines Einzelnen legte. Damit versuchte er, besonders die Sprösslinge der aristokratischen Familien an sich zu binden, also die politische Macht zugunsten des Zentrums zu gewichten. Sein Enkel, Kaiser Wudi, forderte von seinen hohen Beamten, dass sie die politischen Aufgaben formulierten, das Volk einigten, die chinesische Kultur verbreiteten und die guten Bräuche und Sitten kultivierten. So berief er 136 v. Chr. konfuzianische Gelehrte (*shi*), die sich in den Fünf Klassikern auskannten, als Beamte in die Regierung. Sein Rekrutierungssystem für den Staatsdienst wurde seit 134 v. Chr. zur Regel. Zusätzlich gründete er 124 v. Chr. die Nationale Universität (*taixue*), in der zunächst 50 Studenten in den Riten und Zeremonien ausgebildet wurden. Aus den Vorgaben des Empfehlungssystems entwickelte sich in der Zeit der Drei Reiche das System der »Neun Ränge und der Unparteilichen und Gerechten« (*jiupin zhongzheng*), anhand dessen für den Staatsdienst geeignete Personen aus der Aristokratie nach Gesichtspunkten der Abstammung ausgewählt wurden. Alle Beamten und ihre Positionen, die ihr Ansehen, ihre Bezahlung, ihre Stellung bei Hofaudienzen und dergleichen regelten, wurden seitdem jedoch in Neun Ränge (*jiupin*) eingeteilt. Jeder Rang war wiederum in mindestens zwei Klassen eingeteilt. Rang 1 war der höchste Rang, Rang 9 der niedrigste. Das System der Neun Ränge bestand bis zum Ende der Kaiserzeit 1912.

Außer den Beamten machten noch andere politische Kräfte ihren Einfluss am Hof geltend: die Kaiserinnen und ihre mächtigen Familien sowie die Eunuchen. Alle Gruppierungen am Hof standen in permanenter Rivalität um die Gunst des Kaisers. Daraus ergab sich schon früh in der Han-Zeit eine schwierige Balance der Macht. In dem Maß, in welchem die Kaiser in der Hauptstadt Chang'an versuchten, ihre Macht im Zentrum des Reiches mit Hilfe der Beamten zu stärken, schmälerten sie die Macht der Lehnskönige und der aristokratischen Familien an der Peripherie. War jedoch der Kaiser schwach, so gewannen die Eunuchen und Kaiserinnen zu Lasten der Beamten Einfluss auf den Kaiser und Macht am Hof, was wiederum die Peripherie erstarken ließ. Das Wechselspiel zwischen Zentrum und Peripherie und damit Probleme bei den politischen Kräfteverhältnissen traten auch in nachfolgenden Dynastien und unter anderen Vorzeichen auch in der japanischen Heian- und Kamakura-Periode zutage.

2. Wirtschaft und Steuern

In allen Dynastien bildete die Landwirtschaft das wirtschaftliche Rückgrat Chinas. Nehmen wir als ein Beispiel die Zeit der Östlichen Zhou-Dynastie (770–221 v. Chr.). In dieser Epoche florierten Handwerk und Handel, doch das Wirtschaftssystem beruhte auf den Bauern, auf ihrer Arbeitskraft und ihren Erzeugnissen. Das wird auch in den Vorstellungen von der Wohlfahrt des Volkes und dem Wohlergehen des Staatswesens deutlich, die auf den Politiker und Philosophen Guan Zhong (ca. 730–645 v. Chr.) zurückgehen. Seine Theorie, auf die sich auch die späteren Herrschenden und ihre Berater immer wieder beriefen, durchzieht die Wirtschaftsgeschichte Chinas wie ein roter Faden. Um ein funktionierendes Gemeinwesen zu erreichen, empfahl Guan Zhong, den Ackerbau zu pflegen, die fünf Feldfrüchte und Hanf anzubauen, Obstbäume und Maulbeerbäume für die Seidenraupenzucht zu pflanzen, Tierzucht zu betreiben, den Verkehr durch Unterhalt der Verkehrswege zu sichern, die Wasserwege durch Gemeinschaftsarbeit zu erhalten, Steuern zu reduzieren und Strafen zu mildern, die Alten, Schwachen, Waisen und Kranken zu versorgen und die Armen zu unterstützen. Das alles sollte zum Nutzen des Volkes und damit auch des Staates geschehen. Die Männer sollten Ackerbau betreiben, damit niemand Hunger zu leiden habe, die Frauen Seidenraupen züchten und weben, damit man sich mit Kleidung vor Kälte schützen könne. Diese Arbeitsteilung sollte auch in den nachfolgenden Jahrtausenden immer wieder als vorbildhaft zitiert werden. Gleichzeitig empfahl Guan Zhong, auf die Herstellung von Luxusgegenständen wie Schnitzereien, Stickereien und Dekorativem aller Art zu verzichten. Er führte das Staatsmonopol auf Salz und Eisen ein, wodurch er Finanzen für den Ausbau einer schlagkräftigen Armee erwirtschaftete, und begann, die bis dahin im Umlauf befindlichen Kaurimuscheln durch Geld aus Bronze zu ersetzen.

Aus Guan Zhongs Neuerungsvorschlägen wird ersichtlich, dass die überlieferte Wirtschaftsordnung anfällig geworden war und nicht mehr recht funktionierte. Von seinen Vorschlägen war es nur noch ein kleiner Schritt bis zu einschneidenderen Maßnahmen: Dies war zum einen die Abschaffung der Bewirtschaftung der Felder durch Feldarbeiter für ihren Herrn, wobei dieser als Gegenleistung für seine Feldarbeiter deren Behausung, Versorgung und Ernährung sicherte. Ein weiterer Schritt war die Einführung von Privatbesitz an Grund und Boden für Bauern und von Agrarsteuern in Naturalien und Bronzegeld. Im Lehnsstaat Lu wurden bereits 594 v. Chr. und in Zheng 543 v. Chr. Agrarsteuern eingeführt. Als Bemessungsgrundlage diente die Anbaufläche. In der Zeit von Konfuzius (551–479 v. Chr.) beliefen sich die Agrarsteuern auf 20 Prozent der Ernte. Die Entrichtung von Steuern in Form von Getreide und Textilien, die Erfüllung der Dienstpflicht und der Militärdienst waren der Preis, den die Bauern zu entrichten hatten, um sich aus der Abhängigkeit von ihren Grundherren zu befreien. So mögen sie sich besser gestanden haben als in früheren Zeiten, doch in der Praxis mussten die Bauern immer wieder Geld leihen, um überleben zu können. Selbst bei einem Bauern, der im ausgehenden 5. Jahrhundert v. Chr. 100 *mu* (ca. 4,6 Hektar) Land bearbeitete und eine Ernte im Wert von 4500 Münzen einbrachte, deckten die Einnahmen nicht die Haushaltskosten von 4950 Münzen.[84] Die nach der Ernte fälligen Wucherzinsen auf die geliehenen Summen beliefen sich auf bis zu 100 Prozent. Die Nutznießer dieser Misere der Bauern waren die Adeligen und zunehmend auch Kaufleute, die wegen der hohen Schulden der Bauern preiswert Ackerland erwerben oder über die Bauernhaushalte nach Gutdünken frei verfügen konnten.

Bereits 524 v. Chr. kursierte in fast allen Lehnsreichen Bronzegeld in verschiedenen Formen mit unterschiedlichem Wert. Die Umstellung des Marktes von einem Tausch- und Naturalienmarkt auf einen auf Bargeld gegründeten Kauf- und Verkaufsmarkt war bereits in Gang gekommen. Das wird auch aus der Gesetzgebung ersichtlich, die der Minister Zi Chan 536 v. Chr. im Staat Zheng zur Wahrung der Ordnung entwarf. Da sich die Straßen in einem schlechten Zustand befanden, war der umfangreiche Transport von Waren, wie er in einem auf Warentausch begründeten System nötig gewesen wäre, schwierig. Die Einführung des Bargeldes erleichterte daher die landesweite Vermarktung von Produkten und sorgte so für eine vermehrte Herstellung von Handelswaren. Der Handel auf den Märkten der Städte scheint gut funktioniert zu haben, weswegen viele der Lehnsstaaten bereits an ihren Grenzen Zölle auf Waren erhoben. In der »Abhandlung zu den angefügten Urteilen« (*Xici*) im *Yijing* (Klassiker der Wandlungen) heißt es: »Die Zeit für den Markt wurde um die Mittagszeit angesetzt. Leute und Waren aus der [ganzen] Welt kamen zusammen.«

Die wirtschaftlichen Zentren im Nordosten produzierten Salz, Rohseide, Seidentextilien, Hanf und Ramie, Lack und Holz; der Süden außer Textilien und Südfrüchten vor allem auch Gold, Silber, Kupfer und Jade, Elfenbein, Leder und Bambus. Es gab eine große Zahl lokaler Produkte, die landesweit bekannt und gefragt waren, wie etwa die purpurfarbenen Textilien von Qi. Die Handwerker, deren Berufe innerhalb der Familien vererbt wurden, produzierten hauptsächlich für den Bedarf der Aristokratie. Es gab Schmiede und andere Metallarbeiter, Bergleute, Schreiner, Schuhmacher, Wagner, Steinmetze, Töpfer, Hersteller von Bögen, Schneider, Weber, Färber verschiedener Arten von Textilien und Wäscher. Webstühle mit Tritten und Zugwebstühle waren bereits weit verbreitet. Sie alle trugen zur Spezialisierung in den Handwerken und somit zur arbeitsteiligen Herstellung von Produkten bei und schufen dadurch die Voraussetzungen für die prosperierende Gesellschaft der Han-Zeit.

Auch die kurzlebige Qin-Dynastie lieferte durch die Münzreform und die Vereinheitlichung von Maßen und Gewichten ihren Beitrag zur wirtschaftlichen Prosperität in der nachfolgenden Han-Dynastie. Schon im 2. Jahrhundert v. Chr. wurden die Han-Kaiser auf dem Gebiet der Steuer- und Geldpolitik aktiv. Eine Eigentumsveranlagung als Grundlage für die Bemessung von Steuern wurde eingeführt. Die Kopfsteuer (*kouqian*) belief sich in der Regel für Erwachsene auf 120 Münzen jährlich und für Kinder im Alter zwischen drei und 15 Jahren auf 20 Münzen. Kaufleute mussten seit 119 v. Chr. den doppelten Satz entrichten. Für Sklaven war ebenfalls die höhere Steuer zu entrichten. In manchen Regierungsperioden wurde die Steuer für über Achtzigjährige, Schwangere und Frauen bei der Geburt eines Kindes erlassen. Ledige Frauen mussten oft eine erhöhte Kopfsteuer entrichten. Kaufleute bezahlten zusätzlich eine jährliche Vermögenssteuer von sechs Prozent auf ihr Eigentum, Handwerker nur drei Prozent. Transportmittel wie Karren und Boote (mit einer Länge von über 11,5 Metern) wurden besteuert. Neben der Kopfsteuer gab es die Landsteuer (*tianzu*), die als Naturalsteuer nach den Ernten fällig war. Sie betrug seit

156 v. Chr. ein Dreißigstel des Ertrags. Zusätzlich mussten von allen Männern eine Militärdienststeuer (*gengfu*), die anstelle eines dreitägigen Militärdienstes erhoben wurde, und ein Arbeitsdienst (*gengzu*) von einem Monat im Jahr erbracht werden.

Die private Herstellung von Münzen wurde bereits 186 v. Chr. untersagt, doch da mehr Münzen gebraucht wurden, als auf dem Markt verfügbar waren, wurden Münzen weiterhin auch privat gegossen. Da ihr Geldwert jedoch erheblich schwankte, setzte Kaiser Wudi 119 v. Chr. nicht nur das staatliche Monopol auf Münzprägung endgültig durch, sondern reaktivierte auch die Staatsmonopole auf Eisen und Salz. Die standardisierte Kupfermünze hatte nun ein Gewicht von 3,2 Gramm. Ihr Materialwert entsprach ihrem Nennwert. Sie sollte für länger als 700 Jahre, bis zum Beginn der Tang-Zeit, die Standardmünze in China bleiben. Die Einrichtung der Staatsmonopole bedeutete nicht nur eine Stärkung der Staatsfinanzen, sondern auch eine weitere Beschneidung der Rechte von Lehnsherrschern.

Nach 117 v. Chr. eröffnete die Verwaltung des Staatsmonopols 48 Eisengießereien, in denen mehrere hundert, an einigen Orten auch bis zu tausend Arbeiter beschäftigt waren. Schon 31 n. Chr. wird berichtet, dass in den Eisengießereien für landwirtschaftliches Gerät mit Wasserkraft betriebene und in der Reihe aufgestellte Blasebälge eingesetzt wurden. Die 34 Salzagenturen stellten die Ausrüstung zum Sieden des Salzes zur Verfügung, kauften die Produkte der Pfannen und vertrieben sie. 98 v. Chr. wurde auch das Monopol für Alkohol eingeführt, das allerdings bereits 81 v. Chr. wieder abgeschafft wurde. Die Gegner des Eisen- und Salzmonopols, vor allem konfuzianische Beamte und Lehnsherrscher, erreichten 44 v. Chr. die Abschaffung beider Monopole. In der zweiten Hälfte des 8. Jahrhunderts, während der Tang-Dynastie und der Song-Dynastie, sollten die Monopole dann abermals eine wichtige Rolle für die Konsolidierung der Staatsfinanzen spielen.

Es gab in der Han-Zeit eine Reihe von Unternehmen, die sowohl staatlich als auch privat betrieben wurden. Zu ihnen zählten, neben vielen anderen Gewerben, Lackwerkstätten, Töpfereien, Mühlen und Stößelwerke zum Enthülsen von Korn. Staatliche und private Webmanufakturen produzierten mit ihren hochentwickelten Zugwebstühlen gigantische Mengen an hochklassigen Webtextilien für den kaiserlichen Hof sowie die Haushalte der Aristokratie und der Oberschicht.[85] So lagerten im Jahr 110 v. Chr. allein im Amt für Preisausgleich durch Transport (*junshuguan*), einem Amt, das versuchte, regionale Preisunterschiede auszugleichen, fünf Millionen Ballen Seide im heutigen Wert von umgerechnet 500 000 Goldbarren à 244 Gramm. Im selben Jahr verschenkte Kaiser Wudi, der für seine verschwenderischen Geschenke bekannt war, unter anderem eine Million Ballen Seidenstoff im Wert von umgerechnet 100 000 Goldbarren, dazu noch Münzen und Gold im Wert von Hunderten Millionen Kupfermünzen. Die Angehörigen der Oberschicht, aber auch reiche Kaufleute eiferten dem Gebaren der Kaiser nach.

Während der gesamten Han-Dynastie kritisierten Zeitgenossen die Verschwendung und Prunksucht der Herrschenden. Der konfuzianische Moralist Zhongchang Tong (180–220) wandte sich gegen die Parasiten in der Gesellschaft, die Einkünfte bezogen, ohne einen Finger zu krümmen. Er sprach sich für die Abschaffung der Aristokratie aus, für die Begrenzung des Privateigentums und für die Einschränkung von Handel und Gewerbe. Wenn man durch Handel mehr verdienen könne als durch Ackerbau und Seidenraupenzucht, dann sei, so meinten die Konfuzianer, etwas im Staat nicht in Ordnung. Der Aufstieg der Kaufmannsschicht und der großen Landbesitzer ließ sich jedoch nicht aufhalten. Da die Kaufleute ihren Gewinn wiederum in den Erwerb von Land investierten, das bis zum Ende des 19. Jahrhunderts als die einzige stabile und ehrenhafte Geldanlage betrachtet wurde, gewannen sie direkt oder indirekt zusehends mehr Einfluss auf die Bauern, ihre Produkte und deren Preise. Damit war der wirtschaftliche Kreislauf von Kapital und Landbesitz geschlossen, aber auch die Abhängigkeit der Bauern festgeschrieben. So kam es nicht von ungefähr, dass bald eine allgemeine Landflucht einsetzte.[86] Viele Landbesitzer wurden mächtiger als die Beamten, und die idealisierte konfuzianische Ordnung der vier Klassen wurde durch die wirtschaftliche Praxis umgewertet. Zum ersten Mal erwiesen sich die wirtschaftlichen Kräfte stärker als die ideologischen und moralischen. Zhongchang Tong kritisierte, dass viele Landbesitzer ihren Aufstieg »durch List und Betrug erreichen. Doch wenn sie es geschafft haben, dann hält ihnen dies niemand mehr als Verbrechen vor.«[87]

Die Herrscher der nachfolgenden Wei-Dynastie (220–265) versuchten, der Landflucht durch Zwangsansiedlung von Bauern, durch die Einrichtung von Wehrsiedlungen und Dörfern mit Wehrbauern (*tuantian*) zu stabilisieren. Alle diese Maßnahmen zeitigten nur kurzlebigen Erfolg. Die Sinologen Herbert Franke und Rolf Trauzettel bemerkten dazu: »Die sozialen Unterschiede blieben genauso krass, wie sie es zum Ende der Han-Zeit gewesen waren. Den verarmten Millionenmassen stand ein großer, manchmal extravaganter (immer an chinesischen Verhältnissen gemessen) Luxus weniger, reicher Familien gegenüber.«[88]

3. Alltagsleben

Die Lehnsherrscher und ihre aristokratischen Minister residierten in mehrstöckigen Palästen mit gewaltigen Dächern, die schon aus der Ferne über die Stadtmauern hinweg zu sehen waren. Ausladende Treppenaufgänge führten zu den aus Holzpfeilern und -balken errichteten Hallen der Residenzen. Sie waren großzügig mit Terrassen, Wandelgängen, Pavillons und Gärten angelegt. Solche Haushalte beschäftigten Hunderte, oftmals sogar Tausende Bedienstete. Die Herren und Damen kleideten sich entsprechend den Jahreszeiten und ihrem Stand in Gewänder aus Seide, schmückten sich mit Perlen und Schmuck aus Gold, Silber und Jadesteinen. Sie knieten zum Essen und anderen Zusammenkünften zumeist auf Matten auf dem Boden. Entsprechend niedrig waren Tische und Gebrauchsmobiliar einschließlich der niedrigen Sitzgelegenheiten oder Klappbetten.[89] Die Angehörigen der Oberschicht benutzten Geschirr aus

Lack und Keramik, verrichteten die Opfer für die Ahnen im eigenen Ahnentempel mit Ritualgefäßen aus Bronze und fuhren in mehrspännigen, mit einem Baldachin beschirmten Wagen aus, die von Dienern und Beamten eskortiert wurden. In ihren aufwendig gebauten Gräbern, kunstvoll gearbeiteten Särgen und Grabbeigaben spiegelt sich der Reichtum ihrer Lebensführung auch im Tode wider.

Alle Belange des Alltagslebens der Oberschicht waren durch Verhaltensregeln reglementiert, wie sie im *Liji* (Aufzeichnungen der Riten) und anderen Werken beschrieben sind. Das betraf nicht nur den Umgang zwischen Männern und Frauen, Herrschern und Beherrschten, Vätern und Söhnen, die Durchführung von Riten bei Hochzeiten, Geburten, Todesfällen und beim Ahnenkult, sondern auch so vergleichsweise einfache Vorgänge wie die Körperpflege, die Begrüßung oder Verabschiedung und Begleitung eines Gastes oder die Abstattung von Besuchen. Gastgeschenke mussten dem eigenen Stand und der Jahreszeit angemessen sein und mit entsprechenden Regeln übergeben werden; so mussten etwa ein Fasan oder eine Wildgans in der richtigen Weise, mit dem Kopf des Vogels auf der linken Seite, persönlich dargeboten werden. Das Erlernen des formellen Zeremoniells von Ansprache und Entgegnung, Aufwartung und Verbeugungen und einigem mehr erforderte viel Zeit, und es bedurfte ausgiebiger Übung, dieses kunstvolle Zeremoniell der Höflichkeit perfekt zu beherrschen. Noch viel komplizierter war – je nach Anlass des Besuches – die Aufwartung eines Gastes bei einem Herrscher. Beim ersten Empfang wurde vom Gast erwartet, dass er in bescheidener Weise näher kam, dann aber hurtig vortrat, sich angemessen, doch achtungsvoll unbehaglich zeigte, sein Geschenk niederlegte und zweimal den Kotau (eigentlich *koutou*, die Berührung des Bodens mit der Stirn) vollführte, bevor er sich nach einer einfachen Verbeugung gegenüber dem Herrscher wieder hurtig zurückziehen durfte. Der Gast sprach nur, wenn er dazu aufgefordert wurde, und auch hier gab es Regeln.

Sprach man mit dem Herrscher, durfte das Gespräch nur offizielle Angelegenheiten betreffen. Ein Beamter des Hofes nannte sich selbst in einem solchen Gespräch »Ihr Diener«, jemand, der in der Hauptstadt lebte »Ihr Diener vom Brunnen am Markt«, und war er von außerhalb, so nannte er sich »Ihr Diener von den Weiden und Feldern«. Wenn der Gast ging, nahm er seine Schuhe – die er zuvor ausgezogen hatte –, trat zur Seite und zog sie an. Und sollte der Herrscher ihn – trotz seines rituell vorgesehenen Einspruchs – zum Tor begleiten wollen, dann durfte der Gast ihn währenddessen nicht ansehen und musste sofort nach seinem Abschied gehen.

Sprach jemand mit einem Beamten, dann konnte nur der Dienst am Herrscher Gegenstand des Gesprächs sein. Hier wiederum war zu beachten, dass der Besucher zu Beginn des Gespräches dem Beamten ins Gesicht sah, dann auf die Brust und gegen Ende des Gesprächs wieder ins Gesicht. Wenn der Beamte stand und der Besucher nicht sprach, dann schaute dieser seinem Gegenüber auf die Füße, und wenn er saß, auf die Knie. Es gab noch eine Fülle weiterer Regeln, die unter anderem auch festlegten, wie man in Gesellschaft eines Höherstehenden zu essen und zu trinken hatte und wann sich jemand zurückziehen musste.[90]

Im Vergleich zu den ausführlichen Verhaltensregeln der Oberschicht weiß man nur sehr wenig über die Lebensumstände der Handwerker und Bauern. Die Handwerker lebten wohl wie schon in der Shang-Zeit in ihren Werkstätten, während die Bauern in einfachen Hütten wohnten, wahrscheinlich zusammen mit ihren Haustieren. Sie waren im Sommer der Hitze und den Stichen von Insekten und im Winter der Kälte und den beißenden Winden ausgesetzt.

Alle kaiserlichen Verwaltungen der Han-Zeit beschäftigten Sklaven auf staatseigenem Weideland an der Grenze. Viele der weiblichen Sklaven wurden ab einem Alter von acht Jahren auch für die Arbeit im kaiserlichen Palast ausgesucht, wo sie zur Unterscheidung von anderen Sklaven grüne Kleidung tragen mussten. Allein die kaiserliche Küche beschäftigte 3000 männliche und weibliche Sklaven, die allesamt einheitliche Schürzen trugen. Entgegen der Sklavenhaltung in der europäischen Antike wurden staatseigene Sklaven in China weder in Bergwerken, der Eisenindustrie oder im Transportwesen noch bei Zwangsarbeiten wie dem Kanalbau eingesetzt. Bereits 81 v. Chr. wurde kritisiert, dass alle Leute von früh bis spät arbeiteten, doch die Sklaven müßig mit gefalteten Händen dasäßen. Anders verhielt es sich im privaten Bereich, wo es ebenfalls Haushalte mit Tausenden Sklaven gab, die in allen Bereichen zur Arbeit und Unterhaltung beschäftigt wurden.

C China und die kulturellen Grundlagen Ostasiens

Keine Epoche in der ostasiatischen Geschichte ist in ihrer innovativen gedanklichen Vielfalt, wie sie in den chinesischen Schriften der Philosophen der hundert Schulen überliefert ist, ihrer kulturelle Identität stiftenden Kraft und in ihrer Wirkung dem Zeitraum zwischen dem 6. und 3. Jahrhundert v. Chr. vergleichbar. Karl Jaspers nannte diese auch weltweit wirkungsmächtigste geistesgeschichtliche Epoche in der Menschheitsgeschichte »Achsenzeit«. Die dem Kanon der konfuzianischen Klassiker zugerechneten Werke, wie sie damals in Zeiten des gesellschaftlichen Umbruchs auf der Suche nach einer besseren Gesellschaft entstanden, gehörten bereits in der Han-Zeit zum festen Bildungskanon. Sie waren die Basis des Wissens im Sinn eines Verständnisses der Welt und des Verhältnisses zwischen Himmel, Mensch und Erde und der ihrem Verhältnis innewohnenden Ordnung. Für alle nachfolgenden chinesischen Dynastien – und mehr als ein halbes Jahrtausend später auch für Koreaner und Japaner – dienten sie als Grundlage des Wissens und der Bildung. Sie propagierten Sittlichkeit sowie ein harmonisiertes Sozialgefüge und gaben ethische Normen und Verhaltensregeln für alle Lebenssituationen vor.

1. Schrift

Die wichtigsten Schriftquellen der Shang-Dynastie sind die auf den Orakelknochen eingeritzten und zum Teil rot eingefärbten Schriftzeichen. Diese Inschriften auf Knochen (*jiaguwen*), für die präparierte Schulterblätter von Rindern und Brustpanzer von Schildkröten verwendet wurden, berichten über die Shang-zeitliche Welt: den König und seine Handlungen, seine Taten, Einsichten, Hoffnungen, Träume und Ängste. Wir erfahren von Expeditionen, Kriegszügen und Jagden, von den Zehn-Tage-Perioden für das Wetter, von der Landwirtschaft, von Krankheit, Geburt und Tod. Weit über 100 000 einzelne Träger von Knocheninschriften wurden bis heute ausgegraben. Eine vollständige Prophezeiung bestand in der Regel aus mehreren nummerierten Knochen und wurde archiviert. Sie enthielt im Idealfall ein Vorwort, die Absichtserklärung oder den Wunsch des Auftraggebers, die Zahl und die Deutung der Risse, die im Knochen durch Erhitzung hervorgerufen wurden, die Voraussage und deren Bestätigung. Eventuell kam ein Nachwort dazu. Der vollständige Text wurde erst nach Abschluss des Verfahrens auf dem Knochen schriftlich festgehalten. Obgleich verschiedene Spezialisten am königlichen Hof mit den Divinationen befasst waren, lag die Deutung der Risse, die als Ja oder Nein als Antwort auf die Anfrage gelesen wurden, und die Bestätigung der Lesung meistens allein in der Macht und Deutungsgewalt des Königs.

Neben den Texten auf Knochen gibt es noch die auf Bronzegefäßen eingegossenen Schriftzeichen, die in der Shang-Zeit meistens nur aus einem Schriftzeichen für einen Namen, einem Emblem oder einem Clanszeichen bestanden. Erst gegen Ende der Shang-Dynastie kommen auch kurze Inschriften des Inhalts vor, dass der Adelige X das wertvolle Ritualgefäß des Typs Y für Z hat fertigen lassen. Im 10. und 9. Jahrhundert v. Chr., also in der Zeit der Westlichen Zhou, wurden die Inschriften auf den Bronzegefäßen länger. Sie berichten über Ereignisse, Handlungen, Ernennungen, Beförderungen und Belehnungen, wodurch die Funktion der Bronzen von Objekten des Opferdienstes zu vertraglichen Dokumenten erweitert wurde. Um das Jahr 800 v. Chr. waren die Schriftzeichen der »großen Siegelschrift« (*dazhuan*) in ihren Formen und in den Proportionen der Schriftzeichen zueinander von Gleichmäßigkeit geprägt. Das Königshaus der Zhou setzte den Standard. Mit dem Machtverlust der Zhou und der Repräsentationsgier der Lehnsfürsten im

8. Jahrhundert v. Chr. nahm die Zahl an Bronzegefäßen mit Inschriften zu.

Mit dem Aufkommen von Bambustäfelchen und Seide als Schriftträgern und der Verwendung einer Alltagsschrift wurden Steinplatten und Bronzen zunehmend nur noch für Inschriften feierlichen Inhalts genutzt. Gegen Ende der Zhou-Zeit gab es auch eine Alltagsschrift mit einer noch weitgehend uneinheitlichen regionalen Orthographie. Im Staat Qin wurden Texte bereits vor der Reichseinigung von 221 v. Chr. in einer Standardschrift verfasst. Wenn es eine Wechselwirkung zwischen der politischen Wirklichkeit eines Staates, seiner Gesellschaft und der ästhetischen Form als künstlerischem Mittel einer Zeit gibt, dann liefert die Schrift der Qin-Dynastie ein überzeugendes Beispiel dafür. Die Schrift der Qin wurde als »kleine Siegelschrift« (*xiaozhuan*) bezeichnet. Sie war antiquiert und fällt durch Kantigkeit und Härte im Duktus auf, Eigenschaften, die auch der politischen Wirklichkeit entsprachen. Sie erreichte in der kurzen Periode der Qin-Dynastie ihren Höhepunkt und zugleich in der Entwicklung auch ihr Ende. Wegen ihrer Identifizierung mit dem Qin-Regime, aber auch wegen der fehlenden schreibtechnischen Flüssigkeit im Duktus wurde sie aufgegeben. Die bereits im 3. Jahrhundert v. Chr. entstandene Umgangsschrift in Form der flüssiger zu schreibenden Kanzleischrift (*lishu*) setzte sich in der Han-Zeit schnell durch. Somit lieferte die Han-Dynastie auch für die weitere vielfältige Schriftentwicklung und das endgültige Entstehen der Kalligraphie als einer der bedeutenden Künste in Ostasien die Vorgabe.

Zur schnellen Verbreitung der Schriftlichkeit in China trug ganz wesentlich die Erfindung von Papier in der Han-Zeit bei.[91] Bis zum Ende der Han-Zeit löste Papier, das in Papiermühlen aus pflanzlichen Fasern wie Hanf und Ramie, aber auch aus Abfallseide geschöpft wurde, die anderen Schriftträger weitgehend ab. Schon das *Shuowen jiezi* (Erklärung der einfachen Zeichen und Erläuterung der zusammengesetzten Zeichen) von Xu Shen, fertiggestellt im Jahr 100 n. Chr., enthält eine Beschreibung von Papier, das aus Abfallseide mit Hilfe einer dünnen, aus Binsen gewebten Matte geschöpft wurde. Papier war für eine Kultur, die sich auf Schriftlichkeit gründete, der ideale Schriftträger, dessen Siegeszug in China und danach in Ostasien unaufhaltsam war.

2. Die konfuzianischen Klassiker und die »Aufzeichnungen des Historikers«

Die Schriftkultur der Zhou-Zeit steht in einem engen historischen Kontext mit den Werken, die man als die Klassiker (*jing*) bezeichnet. Das Schriftzeichen *jing* hat ursprünglich die Bedeutung von »geordnete Kettfäden« oder »aufziehen«. Im übertragenen Sinn sind die Klassiker also ordentlich aufgeschnürte (auf Bambusstreifen geschriebene) Texte. Für die zur konfuzianischen Tradition gerechneten Schriftwerke wird der Begriff *jing* zum ersten Mal von dem konfuzianischen Denker Xunzi (gest. 238 v. Chr.) benutzt. Ein halbes Jahrtausend später dienten diese Schriftwerke auch in Korea und Japan dazu, konfuzianische Ideologie und rituelle Ordnung, chinesische Ethik und Moral, Gelehrsamkeit und Poesie, sprachliche Klarheit und Schönheit im öffentlichen und privaten Bereich erfolgreich zu vermitteln und damit die intellektuelle und kulturelle Überlegenheit Chinas auch in Korea und Japan zu dokumentieren.

Die Fünf Klassiker (*wujing*), die nach Auskunft des *Shiji* (Aufzeichnungen des Historikers) Konfuzius ediert haben soll, wurden schon 136 v. Chr. zur Grundlage des »offiziellen Lernens« (*guanxue*) erklärt, also des Lernens, dessen erfolgreicher Abschluss die Voraussetzung für den Schritt in die Beamtenschaft bildete. Sie bestanden aus dem *Yijing* (Klassiker der Wandlungen), dem *Shijing* (Klassiker der Oden), dem *Shujing* (Klassiker der Dokumente), dem *Liji* (Aufzeichnungen der Riten) und dem *Chunqiu* (Frühlings- und Herbstannalen).

Das *Yijing* war ursprünglich ein Wahrsagebuch auf der Basis des Schafgarben-Orakels. Das *Yijing* wurde wegen seiner Qualität als Divinationsgrundlage auch außerhalb Chinas das am besten bekannte chinesische Buch.[92] Es lag bereits gegen Ende des 9. Jahrhunderts v. Chr. in seiner endgültigen Form vor. Archäologische Funde des Textes, besonders der vom Grab Nr. 3 von Mawangdui in Changsha, Hunan, vom Jahr 168 v. Chr. bestätigen die überlieferte Textversion.

Das *Shijing* ist eine Anthologie von 305 Oden, Hymnen und Liedern unterschiedlicher Provenienz und unbekannter Autoren. Es entstand zwischen 1000 und 600 v. Chr. Das Werk enthält die 160 Brauchtumslieder (*guofeng*) aus den 15 Staaten des Nordens und Südens und die 105 höfischen Kunstlieder und Opfergesänge (*ya*), die wahrscheinlich für offizielle Anlässe komponiert wurden. Die 40 Hymnen, Lobpreisungen (*song*) der Shang, Zhou und des Herrscherhauses von Lu, ihrer religiösen Feste und Riten bilden die früheste Gruppe von Oden im *Shijing*. Das *Shijing* gehört bis heute zum Bildungsbestand der chinesischen Oberschicht und der Gebildeten Koreas und Japans. Es gibt kein anderes Werk der Dichtung in der Weltliteratur, das über Jahrtausende die Entwicklung der Dichtkunst, des Sprachstils und der Metaphorik einer Gesellschaft sowohl qualitativ als auch quantitativ so nachhaltig beeinflusst hat wie das *Shijing*.

Das *Shujing* oder auch *Shangshu* galt in China für mehr als 2000 Jahre als Basis der politischen Philosophie. Es ist eine Sammlung von Dokumenten, die zwischen dem 10. und 3. Jahrhundert v. Chr. verfasst wurden. Die Überlieferung des Werkes kennt zwei Versionen: die Neutext-Ausgabe (*jinwen*) in 29 Kapiteln und die Alttext-Ausgabe (*guwen*) in 58 Kapiteln, die eine Fälschung aus dem 3. oder frühen 4. Jahrhundert n. Chr. ist. Die Neutext-Ausgabe, die in der neuen Schrift der Qin-Dynastie verfasst war, geht auf den Gelehrten Fu Sheng zurück und ist zwischen 179 und 157 v. Chr. entstanden. In seinem »Großen Kommentar« zum *Shujing*, der wie sein Vorwort von etwa 150 v. Chr. datiert, besteht Fu Sheng auf den unveränderbaren Merkmalen der chinesischen Zivilisation, wie sie sich in der Kultur der zentralen Reiche zeigen, und fordert ihre Bewahrung um jeden Preis.[93]

Das *Liji* ist ebenfalls eine kanonische Schrift, deren Maßgaben und Vorschriften in vielen Bereichen bis in das heutige Alltagsleben wirken. Das Werk hat eine überaus komplizierte Entstehungsgeschichte, die nicht vollständig geklärt ist. Die einzelnen Kapitel entstanden weder zur selben Zeit noch am selben Ort, noch sind sie einem identifizierbaren Umfeld von Gelehrten zuzuordnen. Die Kompilation zeigt auch keine erkennbare Gesamtstruktur wie die beiden anderen wichtigen Werke zu den Riten, die später mit dem *Liji* zusammen die drei Riten-Klassiker bilden sollten: das *Zhouli* (Die Riten der Zhou), auch *Zhouguan* (Die Institutionen der Zhou) genannt, aus der Westlichen Han-Zeit, und das *Yili* (Etikette und Riten der *shi*-Aristokratie), das bereits in der Zeit der Kämpfenden Staaten verfasst wurde. Die heute gebräuchliche *Liji*-Kompilation in 49 Kapiteln (*pian*) geht wohl auf den Gelehrten Cao Bao (gest. 102) in der Han-Zeit zurück.[94] Das Werk dokumentiert auf eindrucksvolle Weise die konfuzianische Auffassung vom Miteinander im Staat. Hier wird deutlich, dass die Praktizierung von Riten, gelebte und propagierte angemessene Verhaltensweisen sowie die gute und humane Wirkung der Selbstkultivierung und der Teilhabe an gesellschaftlicher Harmonie für das Regieren als geeigneter angesehen wurden als Gesetze und Bestrafung. Zwei Werke, nämlich das *Zhongyong* (Einhalten der Mitte) und das *Daxue* (Große Lehre), wurden von dem Song-zeitlichen Philosophen Zhu Xi (1130–1200) dem *Liji* entnommen. Sie bildeten von da an zusammen mit dem *Lunyu* (Gespräche) des Konfuzius und dem Buch *Mengzi* des Philosophen Menzius die Vier Bücher (*Sishu*), welche durch Zhu Xi zu Schlüsseltexten des Neokonfuzianismus werden sollten. Viele der im *Liji* beschriebenen Riten und Verhaltensweisen bestimmen bis heute den Rahmen angemessenen Verhaltens und Handelns einer als konfuzianisch betrachteten Lebensweise.[95]

Das *Chunqiu* ist eine Chronik des Staates Lu für die Zeit von 722 bis 481 v. Chr., die dieser Periode der Zhou-Zeit ihren Namen »Frühling und Herbst« gab. Auch wenn die Verfasserschaft des Konfuzius nicht nachgewiesen werden kann, stammt es wahrscheinlich aus seiner Zeit. Es listet knapp und ohne jegliche Wertung Kriege, diplomatische Treffen, Erdbeben, Himmelserscheinungen und Überschwemmungen auf. Das *Chunqiu* ist also kein

Werk, aus dem der Leser etwas über den Aufstieg und Niedergang von Herrschaft lernen kann oder in dem, wie im *Liji*, eine Anleitung zu politischem oder moralischem Verhalten gegeben wird. Daher verlangte es geradezu nach Kommentaren. Während der Zeit der Kämpfenden Staaten entstand der *Gongyang*-Kommentar und später der *Guliang*-Kommentar, die beide in der Han-Zeit redigiert wurden. Zuo Qiuming, ein Schüler des Konfuzius, verfasste zudem den Kommentar *Zuozhuan* (Tradierungen von Meister Zuo). Dieser Text behandelt Ereignisse im Zeitraum von 722 bis 453 v. Chr. und interpretiert diese als moralischen Niedergang, Anarchie und Verfall der Werte und Tugend. Der Han-Kaiser Ling (reg. 168–188) ordnete schließlich 175 an, die auf die Zahl Sieben erweiterten Klassiker, die aus den Werken *Shijing, Shujing, Yijing, Yili, Chunqiu, Gongyang zhuan* (Gongyang-Kommentar zum *Chunqiu*) und dem *Lunyu* (Gespräche) des Konfuzius bestanden, in Stein zu gravieren. Diese Arbeit wurde 183 abgeschlossen.

Bereits im 4. Jahrhundert wurden die Fünf Klassiker in Ostasien bekannt. Zuerst erreichten sie Koguryŏ, wo bereits 372 eine Akademie eingerichtet wurde, danach Silla und Paekche. Durch Vermittlung koreanischer Gelehrter kam der Konfuzianismus am Anfang des 5. Jahrhunderts nach Japan, wo er willkommene Aufnahme fand und sich schnell verbreitete. Zwischen 513 und 554 entsandte Paekche Gelehrte der Fünf Klassiker nach Japan. Bis zum 7. Jahrhundert gewann die konfuzianische Lehre, insbesondere in Form des *Lunyu* (Gespräche, jap. *Rongo*) und *Xiaojing* (Klassiker der Kindespietät, jap. *Kōkyō*) entscheidenden Einfluss auf die öffentlichen Einrichtungen der Regierung und formte die Erziehungsvorstellungen der Oberschicht nachhaltig. Seit dem 13. Jahrhundert gehörten die Fünf Klassiker (jap. *Gokyō*) in Japan zum festen Bestandteil der Ausbildung.

Die Bedeutung und Wirkung des *Shiji* (Aufzeichnungen des Historikers) in der Geschichtsschreibung Ostasiens kann nicht hoch genug eingeschätzt werden. Das Werk sollte wie kein anderes die chinesische wie auch die koreanische und japanische Geschichtsschreibung beeinflussen. Der Historiker Sima Qian (ca. 145 –

ca. 85 v. Chr.) brachte das *Shiji*, das sein Vater Sima Tan (gest. 110 v. Chr.) bereits begonnen hatte, zum Abschluss. Das *Shiji*, das aus 130 Kapiteln in fünf Teilen besteht, behandelt die chinesische Geschichte von der Zeit des mythischen Gelben Kaisers (um die Mitte des 3. Jahrtausends v. Chr.) bis etwa 99 v. Chr., reicht also in die Lebenszeit des Han-Kaisers Wudi hinein. Die fünf Teile des Werks tragen die Überschriften: Grundlegende Chronik (*benji*), Tabellen (*biao*), Abhandlungen (*shu*), Erbfamilien (*shijia*) und Biographien (*liezhuan*). Sie dokumentieren das gewachsene Bewusstsein um historische Zusammenhänge. Der Stil, in dem das Werk verfasst wurde, gehört zum Besten, was die chinesische Sprache in Prosatexten zu bieten hat. Es diente sowohl stilistisch als auch inhaltlich allen Autoren und Kompilatoren der nachfolgenden offiziellen Geschichtswerke von Dynastien als Vorbild.

3. Philosophen, Literaten und Gelehrte

Die konfuzianische Doktrin kann als Lehre mit hohen ethischen und moralischen Ansprüchen bezeichnet werden. In ihr wurden vor allem Harmonie und angemessenes Verhalten im Rahmen hierarchischer gesellschaftlicher Ordnung auf der Basis von Menschenliebe oder Güte (*ren*) propagiert. Jedes Mitglied der Gesellschaft sollte den ihm angestammten Platz zum Gemeinwohl aller einnehmen und nach festgelegten Ordnungsnormen, den Riten (*li*), leben und handeln. *Li* kann also auch als Sammelbegriff für jegliches ordentliches Verhalten angesehen werden. Die Tugend des Herrschers sollte das Vorbild sein. Die bekanntesten Vertreter waren Kongzi oder – latinisiert – Konfuzius (traditionelle Daten 551–479 v. Chr.) und mit einigem zeitlichen Abstand Mengzi, latinisiert Menzius (ca. 372–289 v. Chr.), und Xunzi (3. Jahrhundert v. Chr.).

Obgleich die Wirkungsgeschichte des Konfuzianismus bis heute anhält, waren im 4. und 3. Jahrhundert v. Chr. nicht die Denker der konfuzianischen Lehre am einflussreichsten, sondern die Vertreter der sogenannten legalistischen Lehre, die methodischen Gesetzesvertreter (Legalisten, auch Legisten oder Realisten genannt), zu denen insbesondere Shen Buhai (400–337 v. Chr.), Shang Yang (390–338 v. Chr.) und Han Feizi (280–234 v. Chr.) gehörten. Die von ihnen propagierten Vorstellungen versprachen den Herrschenden, ihnen dazu zu verhelfen, politische Macht richtig bzw. dauerhaft auszuüben. Sie meinten, dass die konfuzianische Sittlichkeit mit ihren Riten und Opfern, der hohen Moral und Hervorhebung der Tugend und dem Glauben an das Gute im Menschen für die Aufgaben einer Staatsführung nicht tauge. Sie setzten anders gesagt nicht auf die Tugend des Herrschers und seiner Regierung, sondern auf die Einhaltung von Recht und Ordnung durch die rigorose Anwendung von Gesetzen und Strafen. Die Herrschaft sollte nicht durch Ordnungsnormen (*li*), sondern mit Gesetzen (*fa*) aufrechterhalten werden, denen sich alle Untertanen des Herrschers ohne Ansehen ihrer Herkunft und gesellschaftlichen Stellung unterwerfen müssen. Das Prinzip der Gleichbehandlung bei Strafen und Belohnungen galt für alle Untertanen sowohl in der vordynastischen Qin-Zeit als auch besonders in der nur 15 Jahre währenden Herrschaft der Qin-Dynastie.

Während sich die Konfuzianer und die Legalisten mit der sozialen Ordnung, der Aufgabe und dem Platz des Einzelnen in der Gesellschaft beschäftigten, kann der philosophische Daoismus am ehesten als eine Lehre von der natürlichen Ordnung verstanden werden. Der Mensch als soziales Wesen war im Daoismus nicht Maß der Dinge, sondern das *cognoscere causas*. Begriffe wie Ungebundenheit und Spontaneität (*ziran*, eigentlich »Von-selbst-so-Sein«) und *wuwei*, allgemein als »Nicht-handeln« übersetzt, im Sinn »eines Vermeidens von Tätigkeiten, die der natürlichen Ordnung zuwiderlaufen«, standen im Vordergrund. In der daoistischen Vorstellung gab es keinen Zwang zu moralischem Verhalten und zur Durchführung öffentlicher Riten, ebenso wenig eine Vorstellung von historischer Kontinuität. In seiner Grundeinstellung war der Daoismus autoritätsfeindlich, damit antistaatlich-anarchistisch, weswegen er auch nicht zur Staatsideologie taugte.

Erkenntnisse des daoistischen Denkens enthält vor allem das mystische Werk *Daodejing* (Klassiker des Weges und der Tugendkraft). Es wird Laozi, dem Alten Meister Li Er, einem Zeitgenossen von Konfuzius, zugeschrieben und ist vor dem Jahr 300 v. Chr. entstanden. Zu den daoistischen Werken gehören auch das *Zhuangzi* (aus dem 4. Jahrhundert v. Chr.) des daoistischen Denkers Zhuang Zhou und das *Liezi*, das Lie Yukou (um 400 v. Chr.) zugeschrieben wird, doch aus späterer Zeit stammt. Das letzte Werk des klassischen philosophischen Daoismus, das anders als das *Daodejing* und das *Zhuangzi* einen realen Bezug zur Welt hat, trägt den Titel *Huainanzi* (Meister von Huainan). Es wurde um 130 v. Chr. vollendet und wird Liu An (179–122 v. Chr.), einem Onkel von Kaiser Wudi und seit 166 v. Chr. König von Huainan, und seinem Umfeld zugeschrieben. Das Werk zeigt verschiedene philosophische Einflüsse. Es offenbart die Vorstellung von einer dynamischen historischen Entwicklung, wobei die Zeit eine vom Menschen unabhängige Größe ist. Hier zeichnet sich bereits ab, was Jahrhunderte später bedeutungsvoll werden sollte, dass nämlich dem Weisen, nicht dem Fürsten die politische und soziale Führungsposition zuerkannt werden sollte.[96]

Unter den vielen anderen Schulen verdienen hier noch die Mohisten genannt zu werden, die Prediger, benannt nach Mo Di (ca. 480–ca. 390 v. Chr.), dann die Physiokraten mit ihrem Hauptvertreter Xu Xing (390?–315?), die Yin-Yang-Schule und die Lehre von den Fünf Agentes oder Phasen (*wuxing*) von Zou Yan (ca. 305–240 v. Chr.) und schließlich die Militärstrategen, insbesondere Sun Wu (4. Jahrhundert v. Chr.) und sein *Sunzi bingfa* (Sunzis Kunst der Kriegführung). Die überlieferten Schriften vermitteln den Eindruck, als ob in jenen Jahrhunderten der Versuch unternommen worden sei, alle Gedanken zu denken und in die Praxis umzusetzen, um das politische Chaos der Zeit zu ordnen oder sich ihm durch den Rückzug ins Private zu entziehen.

Han-zeitliche Denker

Die intellektuelle, philosophische, literarische und historische Wirkung der Zhou-zeitlichen Werke, insbesondere der konfuzianischen, die von den Schülern der Meister kompiliert wurden, überstieg schon in der Han-Dynastie bei weitem ihre Bedeutung in ihrer Entstehungszeit. Neben den früher entstandenen philosophischen Schulen, die in der Han-Zeit fortgesetzt wurden,[97] entwickelte sich besonders am Ende der Westlichen und zu Beginn der Östlichen Han-Zeit ein überaus vielfältiges Geistesleben, wie das Beispiel von Wang Chong (27–ca. 100 n. Chr.) belegt. Wang Chong, der in seinem Studium konfuzianisches Verhalten zeigte, hat wahrscheinlich zwischen 76 und 84 das *Lunheng* (Erörterungen und Erwägungen) verfasst, ein Werk, das wegen seines Skeptizismus und seiner rationalen Annäherung an Fakten besondere Aufmerksamkeit verdient.[98] Er prüfte den Gehalt der Worte auf ihre Richtigkeit hin, um Irrtümer, Aberglauben und Fiktionen zu bekämpfen. Für eine Behauptung, so forderte er, braucht man einen Beweis. Seine Philosophie bezieht sich auf das Diesseits, mythologische Vorstellungen von Kulturheroen haben bei ihm ebenso wenig Platz wie Vorstellungen eines tätigen Himmels. »Himmel und Erde können nicht handeln und können nichts wissen.« Also kann der Himmel den Herrscher auch nicht tadeln, Naturkatastrophen oder Omina senden. Er erklärt: »Die Konfuzianer glauben, dass Himmel und Erde die Menschen mit Absicht geschaffen hätten. Diese Behauptung ist verkehrt (...). Sie entstehen durch eine besondere Kraft, durch die sich jede Gattung fortpflanzt. Das gilt für alle Wesen, welche zwischen Himmel und Erde entstehen.«[99] Das Werk Wang Chongs war eine herausragende Leistung. Sie wurde jedoch von seinen Zeitgenossen wegen seiner unkonventionellen Sichtweise und seines unprätentiösen und einfachen Schreibstils nicht gewürdigt.

Das 2. Jahrhundert n. Chr. war eine Zeit der Krise. Der Moralist Wang Fu (ca. 90–165) wies im *Qianfu lun* (Abhandlungen eines Weltflüchtigen) auf die fehlende Ordnung im Reich hin und erinnerte seine Zeitgenossen daran, dass die Landwirtschaft die Grundlage alles sozialen und wirtschaftlichen Lebens sei.[100] Der Ruf nach einer durch Gesetze geregelten Ordnung ist bei ihm unüberhörbar. Solche Töne traten bei Cui Shi (ca. 110–170) in seinem Traktat *Zhenglun* (Über die Regierung) besonders deutlich zutage. Er trat erfolglos für eine Strafverschärfung ein. Auch der Moralist Zhongchang Tong (180–220) kritisierte in seinem Werk *Changyan* (Ernste Worte) die Zustände seiner Zeit, sprach sich für die Verschärfung der Strafgesetze aus und forderte die Begrenzung von Privateigentum. Er entwickelte in seiner Schrift *Lezhi lun* (Wunsch nach der Glückseligkeit) eine daoistische Utopie als gesellschaftlichen Gegenentwurf und wurde von seinen Zeitgenossen als Verrückter (*kuangsheng*) angesehen.

Philosophen und Literaten der Drei Reiche und der Westlichen Jin-Dynastie

Als Reaktion auf das Versagen der vormals gelebten Ordnung des Konfuzianismus, die im 2. und 3. Jahrhundert nur noch – wie seine Kritiker meinten – aus einer sinnentleerten Fassade von Äußerlichkeiten bestand, wandten sich die intellektuellen Beamten und Gelehrten von der konfuzianischen Praxis ab. Im Umfeld von He Yan (ca. 193–249), dem Verfasser des *Wuming lun* (Abhandlung über das Namenlose), entstand die »Lehre vom Dunklen« (*xuanxue*). Étienne Balázs sprach bezüglich He Yan von der großen Welle des Nihilismus, der als Ergebnis des Bürgerkriegs über die Intellektuellen hereingebrochen sei.[101] He Yan und sein Umfeld rüttelten zwar nicht an den konfuzianischen Werten, erprobten aber neue Interpretationen der Werke von Laozi, Zhuangzi und des *Yijing*. Gleichzeitig versuchte der Philosoph Wang Bi (226–249), den Beginn des Universums zu ergründen. Für ihn war eine wahre gesellschaftliche Ordnung nur innerhalb der natürlichen Ordnung möglich.[102]

Ein weiteres geistiges Zentrum des Dunklen Lernens war der Zirkel der Sieben Weisen vom Bambushain (*zhulin qixian*).[103] Diese Bohemiens versuchten durch ihre Hinwendung zur Natur und durch eine bewusste, demonstrative Natürlichkeit in ihrer Lebensführung die starren gesellschaftlichen Konventionen der konfuzianischen Tradition zu überwinden. Als Mittel zur Selbstfindung dienten ihnen Dichtung und Musik. Exzentriker gab es schon vor ihnen, doch die Sieben Weisen vermochten der Exzentrizität ein intellektuelles Ansehen zu verschaffen, das eine über Jahrhunderte anhaltende Nachwirkung zeitigen sollte. Der Berühmteste von ihnen war der Dichter und Musiker Xi Kang (223–262). Der Bambushain, in dem sich die 41 kongenialen Freunde trafen, zu denen die Sieben Weisen zählen, lag auf seinem Landgut bei Luoyang.[104] Xi Kang, der sehr vermögend war, hatte eine Frau aus dem Cao-Clan der Wei-Dynastie geheiratet und war dadurch ein Gegner des am Hof erstarkenden Sima-Clans geworden. Er wollte kein abhängiges Beamtenleben führen, sondern lieber als Daoist auf der Suche nach Unsterblichkeit mit Drogen experimentieren, um das vitale Prinzip des Lebens zu nähren. Sein unkonventionelles Handeln brachte ihm die Beschuldigung ein, dem Kaiser nicht loyal zu dienen, die guten Sitten zu verderben und die öffentliche Moral zu verdrehen. Er wurde zum Tod verurteilt. Vor seiner Hinrichtung auf dem Östlichen Markt der Hauptstadt spielte er auf seiner Zither die Melodie *Guanglingsan* (Magische Reise).[105] Er fiel – eine Ironie des Schicksals – den politischen Machenschaften zum Opfer, mit denen er nichts zu tun haben wollte.

Ruan Ji (210–263), »der Irre« (*chi*)[106] – die Bezeichnung ist hier im Sinn einer *docta ignorantia* gebraucht –, starb nur ein Jahr nach Xi Kang. Auch er, der Xi Kang intellektuell ebenbürtig war, hatte den Weg der Verweigerung gewählt. Im *Shishuo xinyu* (Neue Darstellungen von Geschichten aus der Welt) heißt es über ihn: »Er nahm nicht teil an öffentlichen Angelegenheiten, sondern hat nur fortwährend getrunken.« Als Konfuzianer mit starken Neigungen zum Daoismus und Mystizismus empörte er sich über die Konfuzianer, welche ihre Anschauungen wie ein Gewand zur Schau trügen, unter dem sie ihre Doppelmoral und Heuchelei zu verdecken suchten. Er kritisierte ihre Zurschaustellung der Zeremonien und ihre äußerliche Kultiviertheit, die sich darin ausdrückte, dass sie Gewänder in bestimmten Farben trugen, ihre Gesichter einer festgelegten Mimik unterwarfen und ihre Arbeitszeiten und die Zeiten der Muße bemaßen. In seinem Werk propagiert er die Abkehr von den »Fürstensöhnen« (*junzi*) und widerlegt die Notwendigkeit von Herrschaft. Es ist ein Werk der mystischen Flucht, ein Versuch, im Denken Reinheit zu erhalten und dadurch die Freiheit zu verwirklichen.

Wenn man die politischen Utopien der Intellektuellen des 3. Jahrhunderts an der Entwicklung der Realpolitik misst, dann mögen sie mit ihren Vorstellungen zwar gescheitert sein. Doch ihr intellektuelles Vermächtnis, das einen moralisch gerechtfertigten Rückzug aus dem öffentlichen Leben bot, sofern man sich damit nicht mehr identifizieren konnte, sollte durch alle Dynastien Bestand haben. Die Sieben Weisen vom Bambushain waren wenige Jahrhunderte später so populär, dass sie auf Ziegelsteinreliefs in Gräbern (Nanjing, 5. Jahrhundert) abgebildet wurden. Eine späte Auswirkung mag in der koreanischen Nachahmung der Sieben Weisen vom Bambushain zu sehen sein, die sich in der Koryŏ-Dynastie als die Sieben Weisen (*ch'irhyŏn*) um Yi Illo (1152–1220) versammelten. Auch sie zogen sich von einem durch Rivalität gekennzeichneten höfischen Leben zurück.

In der Östlichen Jin-Dynastie pflegten die Gelehrten und Angehörigen der Oberschicht das »reine Gespräch« (*qingtan*). Sie lebten und dachten in daoistischer Tradition vom Alltag losgelöst, ließen sich in den »reinen Gesprächen« über Herren und die Welt, Sein und Nichtsein, über Substanz (*ti*) und Funktion (*yong*) und das Nichts aus, aber auch über Politik. Ihre Diskussionen, Dialoge und Plaudereien waren kultiviert, geist- und kenntnisreich, aber auch melancholisch. Ein berühmtes Werk, das dieses Genre aus der Zeit zwischen 220 und 420 zum Inhalt hat, ist das *Shishuo xinyu* (Neue Darstellung von Geschichten aus der Welt). Richard B. Mather stellte für die Anekdoten aus dem 3. Jahrhundert fest, dass sich alle intellektuellen gesellschaftlichen Unterschiede auf zwei gegensätzliche Anschauungen reduzieren lassen.[107] Auf der einen Seite standen die Konformen, die sich zur Übernahme von öffentlichen Aufgaben verpflichtet sahen und sich als Verfechter konfuzianischer Tradition ausgaben, die bei ihnen aber einen legalistischen Beigeschmack hatte. Auf der anderen Seite standen jene, die einem daoistischen Lebensprinzip der Natürlichkeit, des »Von-selbst-so-Sein« (*ziran*), anhingen. Die Sympathien des Werkes lagen nicht bei den konfuzianischen Moralisten, sondern bei den unkonventionellen Naturalisten.

Die politischen Zustände im 3. Jahrhundert förderten daoistische Vorstellungen und besonders auch Techniken der »Nährung des Lebensprinzips« (*yangsheng*) und der Lebensverlängerung (*changsheng*). In einem Kapitel des *Baopu zi* (Der Meister, der die Einfachheit umfasst), das Ge Hong (283–343) um 317 verfasste, kam er zu dem Schluss: »Erst als Weg und Tugendkraft verloren waren, kam durch Kultur und Moral alles Unheil.«

Der radikal formulierte Anarchismus, die »Fürstenlosigkeit« (*wujun*), den eine vergleichsweise kleine Gruppe von Intellektuellen idealisierte, konnte sich als geistige Strömung nicht halten, weil er der praktischen Verankerung in der Gesellschaft entbehrte. Lautstarke Vertreter dieser Denkrichtung hätten im politischen Klima einer zur selben Zeit erstarkenden konfuzianischen Orthodoxie am Hof auch keine Chance zur Entwicklung gehabt. So reduzierte sich der Anarchismus auf Weltansichten, die individuell vertreten wurden, und ging als kulturhistorisches Phänomen dieser Zeit in die chinesische Geschichte ein.

4. Religiöse Vorstellungen

Die bedeutendste und am längsten kontinuierlich nachweisbare religiöse Praxis der Chinesen ist die Ahnenverehrung, welche bereits bei neolithischen Kulturen in Nordchina als gegeben angenommen werden kann. Schon in der Shang-Zeit wurden lebende Menschen, zumeist aus dem Umfeld des Toten, im Grab eines Herrschers oder Würdenträgers mitbestattet. Sie sollten ihrem Herrn im Tode dienen. Die Zahl solcher Bestattungen scheint in der Zhou-Zeit abgenommen zu haben. Alle Toten der Oberschicht wurden mit vielen und zum Teil wertvollen Grabbeigaben (*mingqi*) beigesetzt. Konfuzius übte Kritik daran, weil er fürchtete, dass Menschen als Grabbeigaben hölzerne Figuren in den Gräbern ersetzen könnten:[108] »Die Toten als Tote zu behandeln zeigt einen Mangel an Zuneigung. Das sollte man nicht tun. Die Toten als Lebende zu behandeln zeigt einen Mangel an Klugheit. Das sollte man auch nicht tun. Deswegen besorge man ihnen Bambusgeräte, die zum Gebrauch untauglich sind [...]. Man nennt sie Geistergeräte, weil man mit ihnen [die Toten] als Ahnengeister behandelt.«[109] Konfuzius betrachtete es als Unsitte, funktionsfähige Objekte als Grabbeigaben zu verwenden. 384 v. Chr. wurde die Praxis der menschlichen Begleitopfer im Lehnsstaat Qin zwar verboten, doch weder hielten sich die Beamten des Reichseinigers von Qin bei seiner Bestattung an dieses Verbot, noch scheint es in der Han-Zeit überall beachtet worden zu sein.

In der Han-Zeit erlangten die Vorschriften und Verhaltensregeln aus den Ritualwerken *Liji* und *Yili* eine höhere Aktualität und mehr Gültigkeit als zuvor. Die konfuzianische Doktrin und die Ahnenverehrung in Verbindung mit der Kindespietät (*xiao*) erlebten ihren endgültigen Siegeszug in Familie und Staat. Schon Kaiser Huidi (reg. 195–188 v. Chr.) errichtete im ganzen Reich Gedächtnisschreine für seine Vorfahren. Bis 72 v. Chr. belief sich ihre Zahl auf 168, wodurch nicht nur die kaiserlichen Vorfahren überall glorifiziert wurden, sondern auch der Anspruch der Dynastie auf das Mandat des Himmels manifestiert wurde. In jeder Familie wurde es üblich, Opfer an die direkten männlichen Vorfahren der letzten drei Generationen an einem dafür eingerichteten Altar in einem Familienschrein oder Ahnentempel sowie am oder im Grab darzubringen. Das gesamte Familienleben war dem Ahnenkult und der Fortsetzung der Genealogie untergeordnet. Bevor eine Ehe geschlossen wurde, fand in beiden Familien eine Befragung der Ahnen statt. Die als konfuzianisch betrachteten Regeln für das Familienleben nahmen auf das Individuum nur wenig Rücksicht. Seine Aufgabe bestand darin, der Familie zu dienen.

In einer durch den Ahnenkult reglementierten Gesellschaft, die dem Individuum nur wenig Raum zur eigenen spirituellen Verwirklichung bot, fielen die neuen buddhistischen Vorstellungen auf fruchtbaren Boden. Der Buddhismus, der im 6. Jahrhundert v. Chr. im Ganges-Tal in Indien entstanden war, erreichte China über Zentralasien im 1. Jahrhundert n. Chr. Wahrscheinlich war es ein Halbbruder von Kaiser Mingdi (reg. 58–75), der um das Jahr 65 herum die ersten buddhistischen Praktiken im Kontext mit daoistischen und alchimistischen gefördert hat. 166 fanden am Hof der Han Zeremonien statt, in denen Buddha und die daoistische Gottheit Huanglao zusammen erwähnt wurden. Bis zum 2. Jahrhundert hatte sich nicht nur der Buddhismus etabliert, sondern hatte sich auch aus dem philosophischen Daoismus eine mit praktischen Lebensvorstellungen verbundene volksreligiöse daoistische Bewegung mit Priestern, kanonischen Texten und einem Pantheon von Gottheiten und verschiedenen sektiererischen Bewegungen entwickelt. In Ergänzung zum Konfuzianismus bot der Buddhismus eine allgemeine Heilslehre, die von gesellschaftlichem Status unabhängig war, und vollkommen neue Vorstellungen zur Lösung gesellschaftlicher Probleme durch die Betonung der Güte, der Wohltätigkeit und der Bewahrung des Lebens. Diese Heilsvorstellungen wurden nicht nur durch den historischen Buddha vermittelt, sondern vor allem auch durch ein Pantheon von verschiedensten Gottheiten, einen Statuenkult, einen ausgeprägten Reliquienkult, buddhistische Bauwerke wie Pagode und Stūpa sowie durch einen Kult der praktizierten Frömmigkeit und durch das Studium buddhistischer Schriftwerke. Auf individueller Ebene sprach er so jeden einzelnen Menschen in seiner Existenz an. Dabei war es gleichgültig, welcher Schicht, welcher Familie und welchem Geschlecht er oder sie angehörte. Der Buddhismus bot eine neue Perspektive auf individuelle Errettung für alle sozial Unterprivilegierten, vor allem auch für Frauen.

Das alles hatte der Konfuzianismus in seiner rigorosen Bezogenheit auf den männlichen Ahnherrn nicht zu bieten. Der Buddhismus kennt weder einen Ahnen, der Einfluss auf die Familie nimmt, noch einen Gott, der über das Universum bestimmt. Alle sterblichen Wesen sind denselben unpersönlichen Regeln der Wiedergeburt auf einer höheren oder niedrigeren Stufe unterworfen, was durch das gute oder schlechte Karma des Einzelnen bestimmt wird, das jeder im gegenwärtigen und in früheren Leben erworben hat. Ziel ist es, den Kreislauf der Wiedergeburt dadurch abzubrechen, dass man kein Karma erwirbt, welches das Leiden der Existenz fortsetzt, sondern in das endgültige Schweigen des individuellen Bewusstseins (Nirvana) eingeht. Um dieses Ziel zu erreichen, musste jeder Gläubige mehrere Wahrheiten der buddhistischen Lehre beherzigen. Der Buddhismus sollte in den nachfolgenden Jahrhunderten zur einzigen wirklichen Konkurrenz der konfuzianischen Ahnenverehrung werden.

5. Technik, Wissenschaften und Medizin

Das 1. Jahrtausend v. Chr. wurde durch metallurgische Errungenschaften geprägt. Bei Ausgrabungen am Berg Tonglü, südlich des Yangzi im Kreis Daye, entdeckte man eine zwischen dem 8. und 2. Jahrhundert v. Chr. betriebene Kupfermine mit Stollen und Schäften, die bis zu 50 Meter tief angelegt waren. Die erste Erwähnung des Eisengusses datiert von 513 v. Chr. Aus dieser Zeit stammt auch das früheste erhaltene Gusseisenstück. Anfangs war die Qualität des Eisens noch bescheiden, doch bereits im 5. Jahrhundert schmolz man rohes Guss- und weiches Schmiedeeisen zusammen. Die Fortschritte in der Metallverarbeitung ermöglichten die Massenproduktion von Waffen, Geräten und Münzen auf preiswerte Weise. In jenen Jahrhunderten kam auch das Brustgeschirr für Pferde und Wagen mit Gabeldeichseln und leicht geneigten Speichenrädern in Gebrauch. Um 300 v. Chr. gab es Zahnräder aus Bronze, die man für die Bewegungsübertragung brauchte.

Bereits seit dem 6. Jahrhundert v. Chr. entstand ein gewaltiges künstliches Wassernetz, »Kanal der Wildgänse« genannt, das zur Bewässerung von Feldern zwischen Luoyang im Westen und Xuzhou im Osten verlief. Zwischen 606 und 586 v. Chr. wurde das Sisibei-Wasserreservoir (heute bekannt als Anfengtang) gebaut, das einen Umfang von 99 Kilometern hatte. 246 v. Chr. wurde der 150 Kilometer lange Zhengguo-Kanal in der Provinz Shaanxi, benannt nach dem Ingenieur Zheng Guo, fertiggestellt. Der Kanal bewässerte zusätzlich etwa 2700 Hektar Ackerland. Am berühmtesten ist das von Li Bing konzipierte Bewässerungssystem des Minjiang in Sichuan. Das gewaltige Projekt, welches die Bewässerung eines Areals von 3800 Hektar ermöglichte, wurde nach etwa zwanzigjähriger Bauzeit um 230 v. Chr. von Li Bings Sohn Li Erlang fertiggestellt. Die weltweit bekannteste Ingenieurleistung der Qin-Dynastie ist die Chinesische Mauer (*changcheng*), die aus einzelnen bereits bestehenden Abschnitten in verschiedenen Regionen des Nordens zu einer zusammenhängenden langen Mauer verbunden wurde. Etwa 300 000 Fronarbeiter vollendeten die Mauer, die in der Han-Zeit alle 2,5 Kilometer einen Wachtturm und alle fünf Kilometer eine Wachstation aufwies. Sie vermochte allerdings zu keiner Zeit das Reich vor dem Eindringen von Fremdvölkern aus dem Norden erfolgreich zu schützen. Die Mauerabschnitte, die heute in der Nähe von Peking allgemein zugänglich sind, stammen allerdings aus der Ming-Zeit.

Auch die wissenschaftliche Kartographie erlebte eine erste große Blüte. In einem auf das Jahr 239 v. Chr. datierten Grab, in der Provinz Gansu gelegen, wurde ein Satz von sieben maßstabsgetreu auf Holz gemalten Landkarten gefunden. Eindrucksvolle, auf Seide gemalte Landkarten fand man 1973 auch im Grab Nr. 3 von Mawangdui in Hunan. Sie wurden vor 168 v. Chr. angefertigt. Die drei Karten, eine topographische, eine militärische und eine mit Städten und Ortschaften, zeigen maßstabsgetreu die Markgrafschaft von Dai.[110]

Bereits in der Han-Zeit unterschied man zwischen astronomischem Wissen und kosmologischen Vorstellungen. Man hatte festgestellt, dass die himmlischen Phänomene nicht nach einem Abzählsystem auftauchen, wie dies das *Yijing* (Klassiker der Wandlungen) noch nahelegte. Es bestand ein Bedarf, die messbaren Fakten und die schriftliche Überlieferung in Übereinstimmung zu bringen.[111] Der Beamte, Dichter und Lexikograph Yang Xiong (53 v. Chr. – 18 n. Chr.) versuchte in seinem Werk *Taixuan jing* (Buch des großen Geheimnisvollen), astronomische und kalendarische Einheiten mit dem numerischen System im *Yijing* zu harmonisieren. Sein Werk gilt als Höhepunkt Han-zeitlichen konfuzianischen Denkens, weil in ihm ein ideales Schema des zyklischen Wandels in den Bereichen von Himmel, Erde und Mensch konstruiert wird.[112]

Neben der Kosmologie befasste man sich auch mit Theorien zum Universum, der Erde und den Planeten, einschließlich einer Theorie des unendlichen leeren Raumes (*xuanye*).[113] Der Beamte, Astronom und Seismologe Zhang Heng (78–139) entwickelte nicht nur eine Theorie der himmlischen Sphäre (*huntian*), sondern konstruierte auch ein aus Bronze gegossenes Seismoskop zum Aufzeigen von Erdbeben, das er 132 in der Hauptstadt Luoyang aufstellen ließ.[114] Es funktionierte mit einer Art Pendel als träge Masse, das durch einen trickreichen Mechanismus den Rachen eines Drachen öffnete und eine Kugel in ein Froschmaul fallen ließ; aus der Stelle, an welche die Kugel gefallen war, konnte man ersehen, in welcher Himmelsrichtung ein Erdbeben stattgefunden hatte. Dieses Seismoskop muss damals Erstaunen ausgelöst haben, denn es war ein Apparat, der allein und ohne Mitwirkung von Menschen funktionierte.

Die traditionelle chinesische Medizin war ein Produkt aus philosophischer Vorstellung und praktischer Erfahrung und hatte ihre theoretische Grundlage im Daoismus, in einem Körperbewusstsein, das sich in einer Reihe von Körpertechniken, genauer gesagt Atem-, Konzentrations- und Bewegungstechniken, ausdrückte. Diese medizinischen Vorstellungen verhalfen den Angehörigen der Oberschicht zu im chinesischen Weltbild verankerten Erklärungen für körperliche Leiden und vermochten diese dadurch erträglicher zu machen oder gar Krankheiten zu heilen. Seit der Han-Zeit begann die Heilkunde konkrete Formen anzunehmen. Im Grab Nr. 1 von Mawangdui von 168 v. Chr. fand man unter anderem zwei medizinische Abhandlungen über Krankheitsbilder wie Krämpfe, Starrheit, Schwellungen, Kältegefühl und dergleichen, die bereits durch Akupunktur und Moxibustion behandelt wurden. Berühmt aus der Han-Zeit sind das bereits erwähnte Werk *Huangdi neijing* aus dem 1. Jahrhundert v. Chr. und das *Huangdi bashiyi nanjing* (Klassiker des Gelben Kaisers der 81 schwierigen Fälle) aus dem

2. Jahrhundert n. Chr. In ihnen sind medizinische Theorien und Krankheiten abgehandelt.[115] Etwa zu der Zeit, als das Han-Reich in die Drei Reiche zerfiel, starb Zhang Zhongjing (150–219), Autor des *Shanghan zabing lun* (Abhandlung über Fieber und verschiedene Krankheiten). Er legte einer Diagnose vier Untersuchungsmethoden zugrunde: eine allgemeine Untersuchung, das Abhorchen, das Befragen und das Pulsfühlen. Das Pulsfühlen war schon früher von Chunyu Yi (205–? v. Chr.) praktiziert worden. Zhangs Werk enthält 300 Rezepturen für Medikamente zur Heilung bestimmter Krankheiten. Seine Rezepturen bildeten die Grundlage für die Weiterentwicklung der chinesischen Arzneimittellehre.

Es war eine Generation nach Zhang Zhongjing, als Wang Shuhe (180–270) sein *Maijing* (Klassiker der Pulslehre) verfasste, in dem er 24 verschiedene Muster des Pulsschlags beschreibt und sie Diagnosen zuordnet. Huangfu Mi (215–282) stellte das *Zhenjiu jiayijing* (Klassiker der Akupunktur und Moxibustion) zusammen, in dem eine medizinische Tradition zum Vorschein kommt, die von Bian Que aus dem 6. bis 5. Jahrhundert v. Chr. überliefert ist. Der berühmteste Chirurg der Han-Zeit war Hua Tuo (?–zwischen 208 und 220),[116] der Leibarzt von Cao Cao. Er erwähnt bereits den Einsatz eines Betäubungsmittels für den Patienten vor einem operativen Eingriff.

Zusammenfassend lässt sich sagen, dass im Zhou- und Han-zeitlichen China die meisten der zivilisatorischen und kulturellen Errungenschaften erarbeitet wurden, die nur wenige Jahrhunderte später die politischen, gesellschaftlichen und kulturellen Entwicklungen in Korea und Japan nachhaltig zu beeinflussen und zu formen begannen. In China wurden damals die Grundlagen der ostasiatischen Zivilisation gelegt.

III Regionale Eigenständigkeit und chinesischer Kulturtransfer von 317 bis 960

A Politische Entwicklungen

Nach der kurzen Einheit des Reichsgebietes unter der Westlichen Jin-Dynastie (265–316) zerfiel China in die Östliche Jin-Dynastie (317–420) im Süden und in von Fremdvölkern dominierte regionale Reiche im Norden, die Sechzehn Reiche (304–439). Während schon früh im 4. Jahrhundert eine Spaltung in die Nördlichen und Südlichen Dynastien (317–589) erfolgte, formierten sich gleichzeitig in Korea die Drei Königtümer Koguryŏ, Paekche und Silla und in Japan die Yamato-Herrschaft. Die monumentalen Hügelgräber (jap. *kofun*, kor. *kobun*) gaben dieser Periode in Japan und Korea den Namen »Periode der Hügelgräber«. Die Drei Königtümer nehmen eine Schlüsselstellung für das sich formierende Verständnis von koreanischer Souveränität und ethnisch-nationaler Würde in Abgrenzung zu China und Japan ein.

Während es im China der Nördlichen Wei-Dynastie (386–534) gelang, den Norden Chinas nach den Sechzehn Reichen wieder zu einen, lösten sich im Süden die Reiche der Südlichen Dynastien (420–589) nach der Östlichen Jin-Dynastie nacheinander ab. Erst dem Gründungskaiser der Sui-Dynastie (581–618) gelang es 589, wieder ein gesamtchinesisches Reich zu schaffen, dessen Erbe nach wenigen Jahrzehnten die Tang-Dynastie (618–907) antrat. Deren Reich war nicht nur das bevölkerungsreichste und flächengrößte, sondern »auch das am besten regierte und mehr als wahrscheinlich das zivilisierteste Land in der gesamten [damaligen] Welt«.[117] Die Tang-Dynastie setzte Maßstäbe, die für alle Nachfolgedynastien galten. Mit dem Mythos von Größe und Vollkommenheit der Tang kann bis heute keine andere Dynastie in Ostasien konkurrieren.

Deswegen wurde und wird sie in China auch als Chinas Goldenes Zeitalter oder als Chinas glanzvolle Epoche bezeichnet.[118]

Die Zeit zwischen dem 3. und 8. Jahrhundert kann in Ostasien auch als Epoche des Kosmopolitanismus bezeichnet werden. Enge Kontakte durch diplomatische Missionen und Handel sowie die Übernahme der chinesischen Schrift und der konfuzianischen Doktrin schufen in ganz Ostasien, insbesondere in der koreanischen Silla-Dynastie (313–668) und der japanischen Nara-Zeit (710–784), viele kulturelle Gemeinsamkeiten. Mit der Einführung des Buddhismus war in Japan die Zeit der Hügelgräber vorbei. Doch trotz des nachhaltigen chinesischen Einflusses entwickelten sich die koreanische und die japanische Gesellschaft und Kultur in unterschiedlicher Weise weiter.

Am Ende der Tang-Zeit zerfiel Nordchina in die Reiche der Fünf Dynastien (907–960) im Norden und die Zehn Reiche (907–979) im Süden. In Korea löste die Koryŏ-Dynastie (918–1392) das mit der Tang-Dynastie etwa gleichzeitig herrschende Vereinte Silla (668–935) ab. In der Mandschurei stieg der Stamm der Khitan als Liao-Dynastie (907–1125) zur politischen und militärischen Macht im Norden Chinas auf, und in der 794 beginnenden Heian-Zeit löste sich Japan unter der Vorherrschaft der Familie Fujiwara vom kulturellen Einfluss Chinas.

1. China von 317 bis zum Ende der Fünf Dynastien im Jahr 960

Die 360 Jahre von 220 bis 581, zwischen der Han- und der Sui-Dynastie, kann man unter Vorbehalt als frühes Mittelalter in der chinesischen Geschichte bezeichnen, denn es lassen sich in dieser Zeit gewisse Parallelen zwischen der europäischen und chinesischen Geschichte konstruieren, wie das Eindringen fremder Heere – was in Europa den Untergang des Römischen Reiches bewirkte, in Ostasien zum Ende der Han-Dynastie beitrug – oder den

Beginn einer starken, die Gesellschaft bestimmenden Religiosität (Christentum in Europa, Buddhismus in Ostasien). Oftmals wird dieser Zeitraum der Anarchie und des Chaos in der chinesischen Geschichte auch als eine Zeit bezeichnet, in der aus einem Zersetzungsprozess neue gesellschaftliche Formen und Verhaltensmuster entstanden.[119]

Die Südlichen und Nördlichen Dynastien (317–589)

Die Südlichen und Nördlichen Dynastien haben gemeinsam, dass ihre Herrschaftsgebiete in Regionen (*zhou*), Kommandanturen (*jun*) und Kreise (*xian*) aufgeteilt waren. Daneben gab es noch die Herrschaftsgebiete der Grafen und Prinzen. Auch die Han-zeitliche Tradition der freizügigen Vergabe von Ämtern, Ehren- und Funktionstiteln wurde fortgeführt. Das Ressort für Staatsangelegenheiten (*shangshu sheng*) verwandelte sich mit der Zeit von einer Schaltzentrale der exekutiven Macht zu einer Staatskanzlei als Verwaltungsorganisation. Dafür gewann das Kaiserliche Sekretariat (*zhongshu sheng*) an politischem Einfluss. In der Jin-Dynastie entstand auch die Kategorie der Würdenträger, die am Palasttor Dienst taten (*menxia*), aus denen sich wiederum die Mitglieder der Kaiserlichen Kanzlei (*menxia sheng*) rekrutierten.

Die Östliche Jin-Dynastie (317–420)

Nachdem sich die Westliche Jin-Dynastie in der Regierungszeit von Kaiser Huidi (reg. 290–306) im Bruderkrieg, bekannt als Chaos der Acht Fürsten, aufgelöst hatte, musste die Herrscherfamilie Sima schon wenige Jahre später unter dem militärischen Druck »barbarischer« Stämme in den Südosten fliehen, wo Sima Rui (276–323) 317 in Jiankang (Nanjing) die Östliche Jin-Dynastie gründete. Im Norden begann die Zeit der vergleichsweise kurzlebigen Sechzehn Reiche (304–439) der Fünf Barbarenstämme (Wuhu shiliuguo), die sich zu Herrschern über eigene Territorien in Nordchina aufschwangen. Die von chinesischen Historikern als fünf Barbarenstämme bezeichneten Ethnien waren die Xiongnu, Xianbei, Jie, Di und Qiang. Die Qiang und Di sprachen sino-tibetische Sprachen,

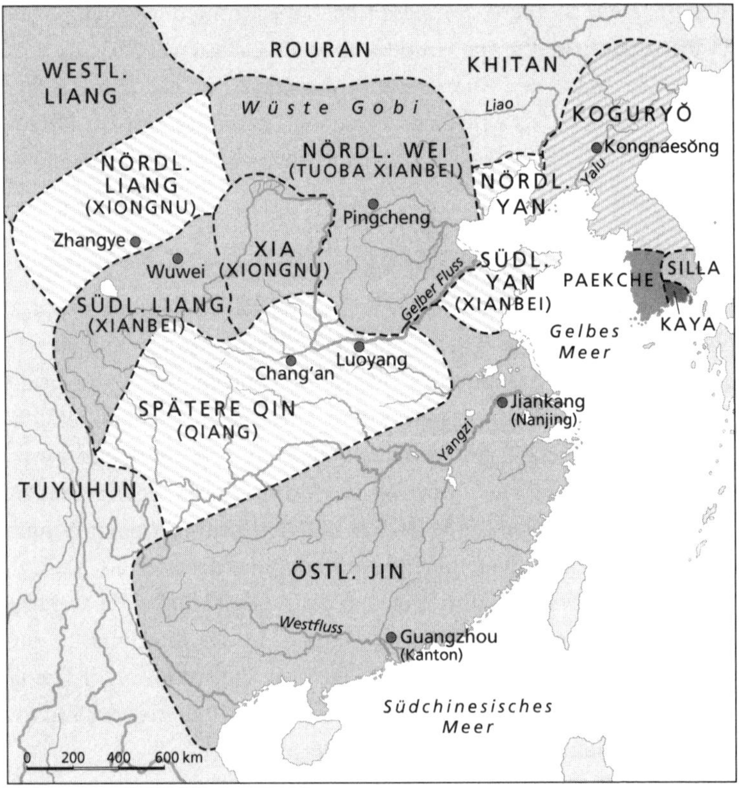

Karte 4: China und Korea um 410

die Sprachen der anderen gehörten den türkischen, mongolischen oder tungusischen Sprachen an. Es handelte sich um polyethnische Stämme, die größtenteils von der Viehzucht, der Jagd und als Hirten lebten. Einige waren militärisch organisiert, so wie das auch bei späteren Fremddynastien in China der Fall war. Ihre Häuptlinge oder Herrscher beanspruchten für sich den chinesischen Titel *huangdi* (Kaiser).

Die Di der Früheren Qin-Dynastie (351–394) stürmten unter Führung von Fu Jian (reg. 374–384) 383 gegen die Östliche Jin-Dynastie, doch diese konnte den Angriff im November des Jahres in der Schlacht am Fei-Fluss in der Provinz Anhui zurückschlagen.

Diese Schlacht ging in die chinesische Geschichte als die Entscheidungsschlacht zwischen Han-Chinesen und Fremdvölkern ein. Die Östliche Jin-Dynastie feierte den Sieg als einen Sieg der chinesischen Kultur über die »barbarische« Unkultur.

Die Song-Dynastie (420–479)

420 löste im Süden Chinas die Song-Dynastie der Familie Liu die Östliche Jin-Dynastie ab. Kaiser Wendi (reg. 424–453) verstand es, den Frieden mit den Nachbarn zu wahren, und pflegte die Kontakte nach Zentralasien und Japan. Die aus dem Norden Chinas geflohene han-chinesische Aristokratie hatte sich in der Zwischenzeit mit der Landbesitzer-Aristokratie des Südens neu formiert. Das wird aus den genealogischen Registern der Clans ersichtlich. Es war die Aura kultureller Überlegenheit, die der Aristokratie aus dem Norden half, im Süden Fuß zu fassen. Die Genealogien dienten als Nachweis persönlicher Integrität und Loyalität zur Herrscherfamilie. Beides war für die Berufung von Kandidaten in hohe Staatsämter ausschlaggebend. Bis 460 bildete sich ein Verhaltenskodex des hohen Adels heraus, der zum Beispiel Heiraten zwischen Mitgliedern berühmter und armer Familien als nicht standesgemäße Heiraten verbot. Die 47-jährige Regierungszeit von Kaiser Wudi (reg. 502–549) im Süden wurde zum »goldenen Zeitalter aristokratischer Lebenskultur«, in der auch der Buddhismus eine Blüte erlebte.

Die Nördliche Wei-Dynastie (386–534)

Die Nördliche Wei-Dynastie des Tabgach-Stammes (chin. Tuoba), eines Unterstammes der Xianbei, regierte zwar seit 386 im Norden Chinas, doch musste sie zwischen 397 und 470 unzählige Aufstände anderer nicht-chinesischer Stämme niederschlagen, die sich mit ihrer Entmachtung nicht abgefunden hatten. Die Tuoba schätzten die nomadische Lebensführung weit höher als die Sesshaftigkeit der han-chinesischen Bauern und Handwerker. Die Bauern wurden meistens nicht besser behandelt als Vieh, die Handwerker wurden wie Gefangene gehalten. Eine nach chinesischem Vorbild rigoros implementierte Verwaltung kontrollierte die in Nachbarschaften (*lin*) eingeteilten Bauern in den Dörfern. Zur Sicherung der Versorgung, aber auch um Landflucht zu verhindern, siedelte man zwischen 398 und 449 wohl eine halbe Million Bauern in Shanxi und in der Region des Hauptortes Pingcheng (heutiges Datong) an, wodurch Pingcheng zur Hauptstadt wurde. Bereits 420 wurde das Reich verwaltungstechnisch in eine Nördliche und Südliche Region aufgeteilt. Die Nördliche Region wurde von nomadischen Angehörigen des Tuoba-Stammes dominiert, während in der Südlichen Region hauptsächlich die sinisierten Tuoba lebten. Dieses Modell der Aufteilung sollte später auch die Liao-Dynastie (907–1125) der Khitan praktizieren.

Die schlechten Lebensbedingungen der Bauern, Dutzende regionaler Hungersnöte zwischen 471 und 485, eine Rinderepidemie wie auch die mangelnde Verlässlichkeit der Steuereinnahmen veranlassten Kaiser Xiaowendi (reg. 471–499) zur Einführung des Systems der Gleichmäßigen Landverteilung (*juntianfa*), das 485 in Kraft trat. Diese Landreform war eine große zivilisatorische Leistung. Da sich der Lebensstil der Tuoba-Oberschicht an chinesischen Vorbildern ausrichtete, konnten jedoch weder die Zwangsumsiedlungen noch die Landreform die hochgesteckten Erwartungen erfüllen. Die Region um die Hauptstadt im Norden war nicht in der Lage, ausreichend hochwertige Lebensmittel zu erzeugen, um die Tuoba-Aristokratie des Hofes, die Beamtenschaft, das Militär und die Handwerker zu ernähren. Deswegen beschloss Kaiser Xiaowendi 494, die Hauptstadt des Reiches vom staubigen und von der chinesischen Zivilisation weit entfernten Pingcheng in das etwa 600 Kilometer weiter im Süden gelegene Luoyang zu verlegen, ins Zentrum der chinesischen Zivilisation und der landwirtschaftlichen Produktion. Die neue Hauptstadt Luoyang wurde bis 501 baulich erweitert und entwickelte sich zu einer der größten und prächtigsten Städte der damaligen Welt, zu einem Zentrum der buddhistischen Religion mit mehr als 1300 Klöstern und Tempeln.

Die Verlegung der Hauptstadt bewirkte auch die Umwandlung der vormals nomadischen in eine chinesische Dynastie: Die Herrscherfamilie gab ihren Namen Tabgach auf und nahm den chinesischen Familiennamen Yuan an. Es wurden chinesische Namen für Tuoba-Clannamen festgelegt. Der Gebrauch der Tuoba-Sprache am Hof wurde untersagt, und die Tuoba mussten chinesische Kleidung tragen. Mischehen zwischen Tuoba und Chinesen wurden gefördert. Das Ziel von Kaiser Xiaowen war, ganz China unter seiner Herrschaft zu einen, wozu ihm auch der vom Staat überwachte Buddhismus als Staatsreligion verhelfen sollte.

Die Sinisierungspolitik des Hofes und der Machtzuwachs des Kaisers im Süden trafen auf den entschiedenen Widerstand der militärischen Stammeshäuptlinge im Norden, die sich als Bewahrer der nomadischen Stammestradition sahen und in der Sinisierungspolitik eine Schmälerung ihrer Macht erkannten. Nach dem Tod von Kaiser Xiaowen im Jahr 499 brachen die Konflikte innerhalb der Tuoba-Oberschicht zwischen den Stammeshäuptlingen im Norden, die an ihrer nomadischen Stammestradition festhielten, und den reichen, sinisierten und sesshaften Tuoba in der neuen Hauptstadt gewaltsam auf. Jahrzehnte der Uneinigkeit und der Bürgerkriege folgten, bis die Dynastie 534 an den Folgen der Aufstände der eigenen Grenztruppen unterging.

Die Reichseinigung durch die Sui-Dynastie (581–618)

Nach dem Untergang der Nördlichen Wei-Dynastie waren die politischen Verhältnisse im Norden genauso unkalkulierbar wie die im Süden, wo sich nach dem Ende der (Liu-)Song-Dynastie die sogenannten Südlichen Dynastien, die Südliche Qi (479–502), Liang (502–557) und Chen (557–589), schnell nacheinander ablösten. Mord und Totschlag, Intrigen, Attentate und Putschversuche waren an der Tagesordnung. Erst dem Usurpator Yang Jian (541–604), dem Gründer der kurzlebigen Sui-Dynastie (581–618), bekannt unter seinem posthumen Tempelnamen Kaiser Wendi (reg. 581–604), gelang es 589, China nach fast 300 Jahren der Teilung wieder zu einen. Dadurch konnten die unterschiedlichen gesellschaftlichen, kulturellen und religiösen Entwicklungen des Nordens und Südens nach Jahrhunderten der Trennung wieder zusammenfinden. Ein

Ergebnis dieser politischen Einheit mag man in der kulturellen und religiösen Blüte und Offenheit der nachfolgenden Tang-Dynastie (618–907) erkennen.

Yang Jian war ein typischer Vertreter des nordchinesischen Adels seiner Zeit, einigermaßen gebildet, in Kriegsstrategien beschlagen, ein guter Reiter und gewandt im Umgang mit Waffen. Als Mensch war er verschlossen, krankhaft misstrauisch und geizig, ein Choleriker, der schnell handgreiflich wurde. Er handelte strikt nach der Vorgabe einer alten Weisheit, die seiner ehrgeizigen und eifersüchtigen Frau in den Mund gelegt wurde: »Ist der Tiger erst einmal bestiegen, dann kann man nur schwer absteigen, dann gibt es kein Zurück mehr!«[120] Nach seiner Thronbesteigung und der Verkündung seiner Regierungsdevise Kaihuang (die Erhabenheit gründen) ließ er alle potentiellen Widersacher oder Konkurrenten, unter ihnen auch 59 Prinzen der vorangegangenen Nördlichen Zhou-Dynastie, hinrichten.

Kaiser Wendi, der den Buddhismus nutzte, um den Norden mit dem Süden zu vereinen, gilt eher als ein Parteigänger legalistischer statt konfuzianischer Vorstellungen. Er nahm eine Neuordnung der Verwaltung in Angriff und etablierte ein differenziertes Prüfungssystem für die Rekrutierung von Beamten. Kurze Zeit später führte er auch die Prüfung für »vorgeschlagene Gelehrte« (*jinshi*) ein, welche zum bedeutendsten und höchsten Rang im Prüfungssystem späterer Dynastien wurde und aus dem Leben der Gelehrten, die eine Beamtenkarriere machen wollten, nicht mehr wegzudenken war – bis 1905 die Prüfungen abgeschafft wurden. Weiterhin ordnete er die Neugründung einer Hauptstadt an, die in der Tang-Zeit unter dem Namen Chang'an (Langer Friede) zum Vorbild des Städtebaus in Ostasien werden sollte.

Wendis Sohn, Kaiser Yangdi, der bis 617 unter der Regierungsdevise Daye (Großes Unternehmen) regierte, wollte seinen Vater noch übertreffen. Er baute die östliche Hauptstadt Luoyang aus. Außenpolitisch nahm er sich vor, Korea militärisch zu erobern, was ihm aber trotz mehrfacher Angriffe in den Jahren 612, 613 und 614 nicht gelang.[121] Kaiser Yangdi, der schnell jedes Augenmaß und jedes realistische Urteilsvermögen verlor, fiel schließlich einem Mordanschlag zum Opfer.

Die Tang-Dynastie (618–907)

Nutznießer der Sui-Dynastie, insbesondere ihrer Verwaltungs- und Prüfungsreform sowie des Ausbaus der Hauptstädte und der Infrastruktur, war die nachfolgende Tang-Dynastie, die in zwei Abschnitte eingeteilt werden kann: Den ersten Abschnitt bildet der Zeitraum von der Gründung der Tang 618 bis zum Ausbruch des von General An Lushan (693–757) angeführten Aufstands Ende 755. Der zweite Abschnitt umfasst die Jahre dieses Aufstandes (der 763 endete), die daran anschließenden Jahrzehnte der Restauration bis 820 und die Zeit des Niedergangs bis 907. Die Tang-Zeit war diejenige Periode in der chinesischen Geschichte, in der die Errichtung von Regierungs- und Verwaltungsinstitutionen nach Jahrhunderten ihrer Formung die höchste Differenzierung erreichte.

Kaiser Taizong (reg. 626–649) und seine »Gute Regierung der wahren Anschauung«

Im Goldenen Zeitalter der Tang-Dynastie regierten höchst unterschiedliche Persönlichkeiten auf dem Drachenthron. Li Yuan (566–635), der Gründungskaiser, herrschte von 618 bis 626 und wurde in Anlehnung an den Gründungskaiser der Han-Dynastie als Gaozu (Erhabener Ahn) kanonisiert. Auf ihn folgte Li Shimin (599–649), der bis 649 regierte und mit dem posthumen Tempelnamen Taizong als der mächtigste Kaiser der Tang-Dynastie in die chinesische Geschichte einging. Ihm wird zugeschrieben, dass er seinen Vater zur Gründung der Tang-Dynastie gedrängt habe. Um sein Ziel zu erreichen, schreckte er 626 weder vor der Ermordung des legitimen Thronfolgers zurück noch davor, seinen Vater zur Abdankung zu zwingen. Auch ließ er zur Sicherung seiner Macht seine verbliebenen Brüder und deren Angehörige umbringen.

Kaiser Taizongs Handlungen verstießen gegen die konfuzianischen Kardinaltugenden der Ehrfurcht des Sohnes vor dem Vater und dem älteren Bruder. Dennoch ging er als Vorbild eines konfuzianischen Kaisers in die chinesische Geschichte ein. Wie nur wenige Kaiser vor und nach ihm durchschaute der noch nicht einmal Dreißigjährige die Mechanismen der Macht, und ihm war bewusst, was er für seine Beamten zu leisten hatte, um sich einen herausragenden Platz in der Geschichtsschreibung und damit in der chinesischen Geschichte zu sichern. In seinen frühen Regierungsjahren versuchte er, dem idealen Bild eines Herrschers gerecht zu werden. Bereits 627, als seine Regierung unter der Regierungsdevise Zhenguan (Wahre Anschauung) stand, mit der er auch seine gewaltsame Machtübernahme rechtfertigte, hielt er vor seinen hohen Beamten eine programmatische Ansprache, in der er seine konfuzianische Gesinnung betonte:

»Für die Regierung des Herrschers ist es am wichtigsten, das Volk zu schützen. Wenn man dem Volk aus Eigennutz schadet, dann ist das, als ob man [Fleisch] aus dem eigenen Schenkel schneidet, um sich zu ernähren. [Kurzfristig] mag das sättigen, doch [nach einiger Zeit] stirbt man daran. Um Frieden auf der Erde zu erhalten, ist es am wichtigsten, dass das Wesen [des Herrschers] aufrichtig ist. Denn so wie ein aufrechter Körper keinen krummen Schatten wirft, so ist es auch nicht möglich, dass eine gute Regierung beim Volk Chaos hervorruft [...] [Die Menschen] lieben es, schwelgerisch zu essen, sie vergnügen sich mit Musik und frönen der Lust. Je stärker das Verlangen danach ist, umso größer wird der Schaden. [Im Fall eines Herrschers] schadet [ein solches Verhalten] nicht nur den Regierungsgeschäften, sondern auch dem Volk. Ein unbedachtes Wort, und die zehntausend Namen [das Volk] verlieren ihren Zusammenhalt. Feindseligkeiten und Klagen erwachsen, allenthalben entflammen Aufstände. Jedes Mal, wenn ich daran denke, wage ich nicht mehr, dem Müßiggang nachzugehen ...«[122]

Sein Kanzler Wei Zheng (580–643) erklärte dazu, dass dieses kaiserliche Verständnis vollkommen mit den alten Prinzipien der konfuzianischen Lehre übereinstimme. Viele von Taizongs Äußerungen und täglichen Entscheidungen, die in offizielle Protokolle seiner Handlungen eingingen, waren genau zu diesem Zweck erfolgt: um für die Nachwelt einen guten Ruf zu erlangen. Dafür arbeitete er unermüdlich und beriet sich mit seinen hohen Beamten. Selbst in seinem Schlafgemach hingen an den Wänden Eingaben und Berichte seiner Untertanen. Auf diese Weise baute er sich erfolgreich den Ruf eines konfuzianischen Kaisers auf, der sein ganzes Sinnen und Handeln allein dem Gedeihen des Reiches und der Wohlfahrt des Volkes verschrieben hatte. Deswegen ging seine Regierungszeit als die »Gute Regierung der wahren Anschauung«, als der richtige Weg von Himmel und Erde, in die chinesische Geschichte ein. Er scheute aber auch nicht davor zurück, mit Hilfe einer erfundenen kaiserlichen Genealogie seine Bedeutung innerhalb der Aristokratie zu erhöhen.

Die frühen Tang-Kaiser brachten die von der Sui-Dynastie ererbten Einrichtungen der zentralistischen Regierung zu einem ersten Höhepunkt in der Staatsverwaltung. Das Tang-Reich bestand 627 aus 360 Präfekturen (*zhou*) mit jeweils vier bis fünf Kreisen (*xian*). Um 640 waren die Präfekturen in zehn Provinzen (*dao*) zusammengefasst (später waren es 15), doch bildeten nicht die Provinzen, sondern die Präfekturen die Zentren der zivilen Verwaltung. Nach wie vor waren die Positionen in der zivilen Verwaltung durch Beamte aristokratischer Herkunft besetzt, die ihre Karriere nicht den Prüfungen, sondern Empfehlungen verdankten. Gleichzeitig gab es eine Militärbürokratie mit 53 Regionalkommandanturen (*dudufu*), denen die Zivilbürokratie untergeordnet war. Als direkte Repräsentanten kaiserlicher Macht gewannen die Militärgouverneure im Laufe der Jahrhunderte immer mehr Einfluss, was sich besonders nach dem Aufstand des An Lushan im Jahr 755 unheilvoll auswirkte.

Die drei wichtigsten Regierungsabteilungen der Tang, die schon in den vorangegangenen Dynastien eingerichtet worden waren, bildeten die Staatskanzlei, das Hauptverwaltungsorgan der Exekutive, zu der auch die Sechs Ministerien gehörten, die Kaiserliche Kanzlei, das kaiserliche Vorzimmer, zuständig für praktisch alle Bereiche des politischen Lebens, und das Kaiserliche Sekretariat, das die kaiserlichen Erlasse und Anordnungen veröffentlichte. Dazu kamen

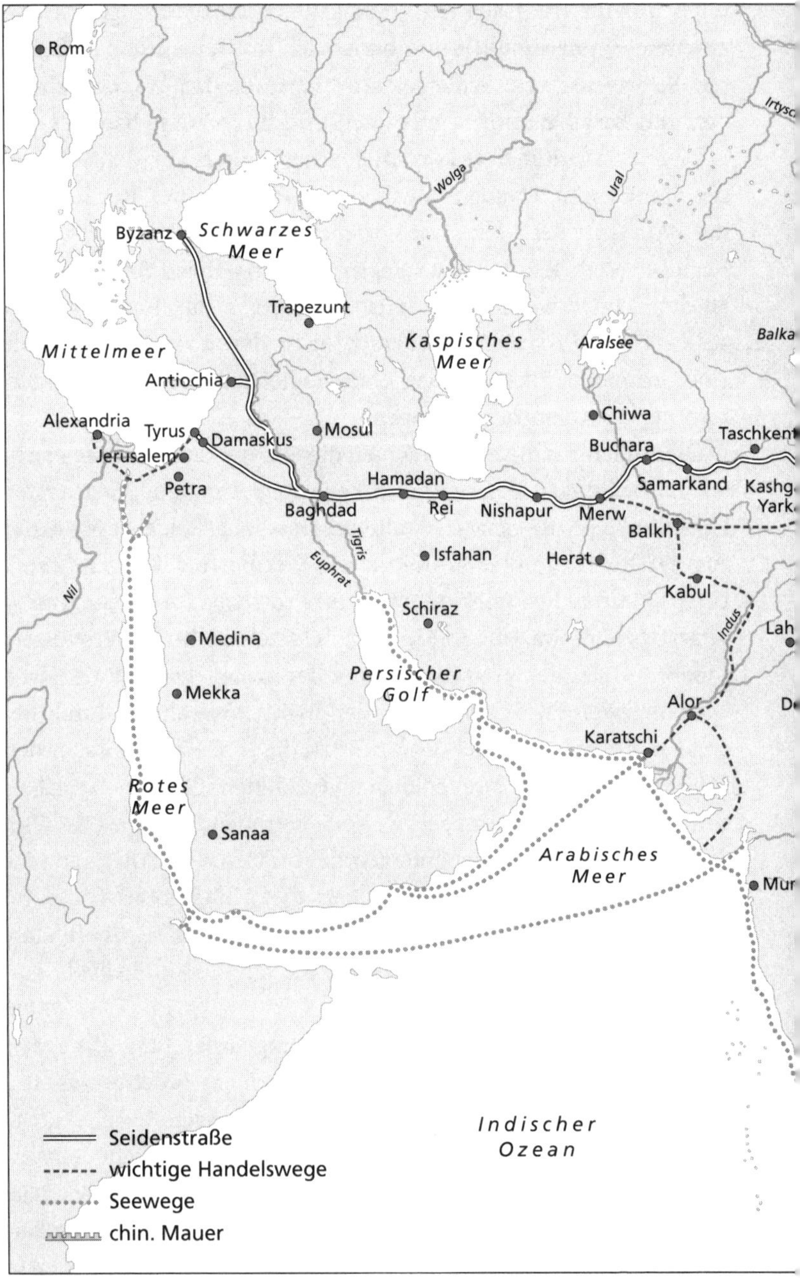

Karte 5: Seidenstraße und Seewege zwischen dem 6. und 10. Jahrhundert

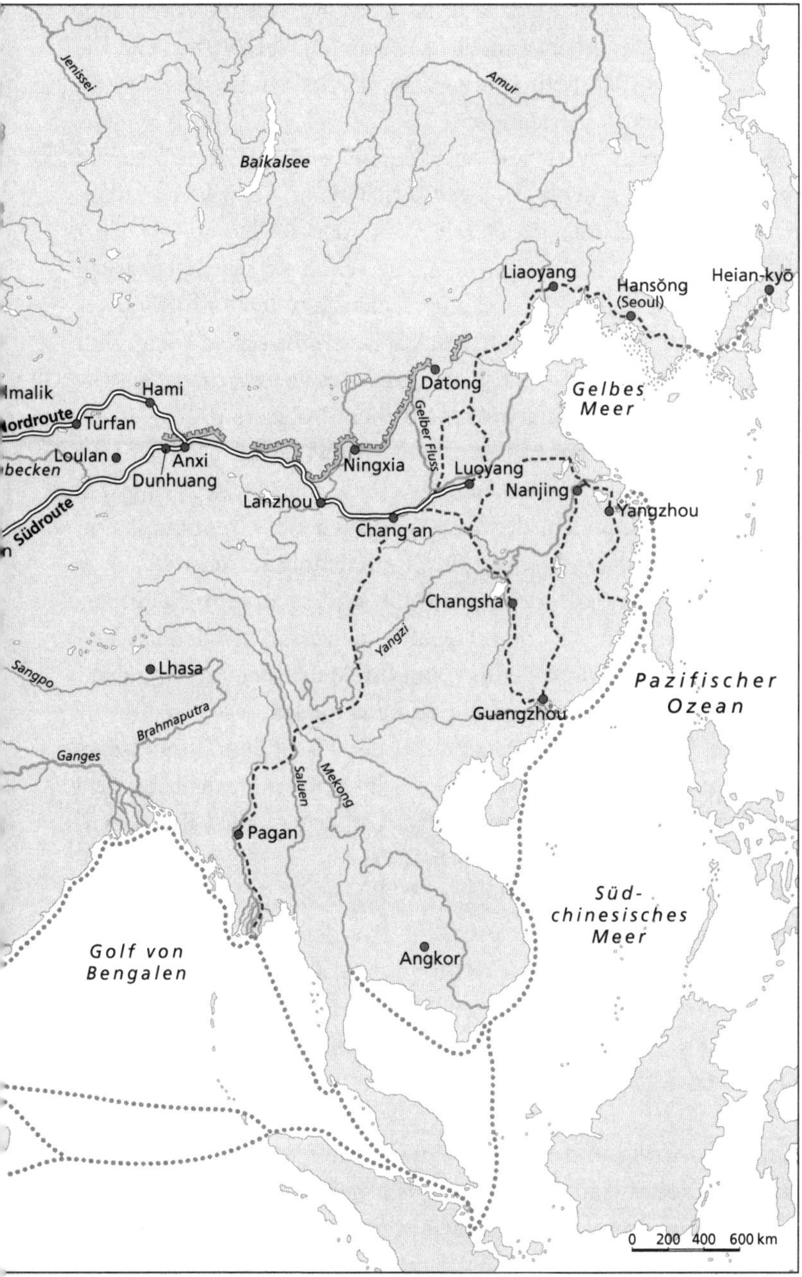
Jenissei
Amur
Baikalsee
Liaoyang
Hansŏng
(Seoul)
Heian-kyō
lmalik
Hami
Nordroute
Turfan
Datong
Gelbes
Meer
Loulan
becken
Anxi
Dunhuang
Ningxia
Gelber Fluss
Luoyang
Nanjing
Yangzhou
Südroute
Lanzhou
Chang'an
Changsha
Yangzi
Sangpo
Lhasa
Pazifischer
Ozean
Brahmaputra
Guangzhou
Ganges
Saluen
Mekong
Pagan
Süd-
chinesisches
Meer
Golf von
Bengalen
Angkor
0 200 400 600 km

noch andere Einrichtungen wie das Zensorat, das die Amtshandlungen und den Lebenswandel der Beamten überprüfte, und die Neun Höfe, die dafür zuständig waren, die Bedürfnisse des kaiserlichen Haushalts zu befriedigen.

Kaiser Taizong war zwar stets darauf bedacht, seine Zentralmacht zu stärken, doch gleichzeitig richtete er ein Belehnungssystem für Prinzen ein, das diesen territoriale Rechte auf erblicher Basis einräumte. Dieses System führte schon zu seinen Lebzeiten zu Machtmissbrauch. Offenkundig schien ihm der Aufbau von familiären Loyalitäts- und Abhängigkeitsverhältnissen so wichtig für die Sicherung seiner Macht, dass er die daraus erwachsenden verwaltungstechnischen und wirtschaftlichen Probleme in Kauf nahm (siehe dazu genauer S. 227–228). Alle nachfolgenden Tang-Kaiser mussten sich mit dem Belehnungssystem aus der Regierungszeit Taizongs zurechtfinden, denn die Vorgaben der Gründungskaiser jeder Dynastie waren bindend für ihre Nachfolger. Generell kam es daher nur selten und nur gegen große Widerstände zu Reformen. So wurden auch in der Tang-Dynastie keine durchgreifenden Verwaltungsreformen durchgeführt, um die Macht der Militärgouverneure rechtzeitig und nachhaltig zu beschneiden.

Kaiser Taizong, der als Pragmatiker der Macht den Thron bestiegen hatte, unterschied sich in seiner Selbstüberschätzung bald nicht mehr von vielen seiner kaiserlichen Vorgänger. Auch ihn packte, wie vor ihm bereits die beiden Kaiser der Sui-Dynastie, eine maßlose Bauwut, zu deren Befriedigung Millionen von Arbeitern zwangsverpflichtet wurden. Der gigantische Bau des Daminggong (Palast der Großen Klarheit) wurde 634 begonnen, aber zu Kaiser Taizongs Lebzeiten nicht mehr fertiggestellt. Der Herrscher war nach dem Urteil seiner Beamten Wei Zheng und Fang Xuanling selbstgefällig und uneinsichtig geworden.

Kaiser Gaozong und Kaiserin Wu Zetian

Kaiser Taizongs Nachfolger wurde sein neunter Sohn Li Zhi (628–683), den die drei mächtigsten Minister und Berater am Hof nominiert hatten und auch durchsetzten. Kaiser Gaozong (so Li Zhis

Tempelname, reg. 649–683) setzte 662 das Daminggong-Bauprojekt seines Vaters fort und bezog 663 den Palast, der bis zu seiner Zerstörung 883 für 220 Jahre als Zentrum der Regierungsmacht und als Hauptresidenz des Kaisers diente. Hier empfing der Kaiser die Gesandtschaften aus Korea und Japan sowie die Gesandten aus Byzanz und dem Reich der Sassaniden, die über die Seidenstraße nach China kamen.

Schon Gaozongs Vater, Kaiser Taizong, hatte die Expansion des Tang-Reiches nach Zentralasien bis nach Nordindien mit großem Aufwand vorangetrieben. In Korea war er allerdings ebenso wenig erfolgreich wie vor ihm die Sui-Dynastie. Erst Gaozong konnte 668 einen militärischen Erfolg gegen Korea erzielen. Die chinesische Herrschaftssphäre in seiner Zeit übertraf die der Han-Dynastie. Der politische und kulturelle Einfluss des Tang-Reiches, das bis 676 auch weite Teile Koreas kontrollierte, reichte im Osten bis nach Japan, im Westen bis an die Grenzen des modernen Iran, im Norden bis nach Südsibirien, im Süden bis nach Vietnam. Kein späterer han-chinesischer Kaiser hat jemals wieder eine solche territoriale Ausdehnung seiner Herrschaft erreicht (siehe Karte 6). Das Reichsterritorium allein genügte, ihm seinen unangefochtenen ersten Platz in der chinesischen Geschichtsschreibung für Jahrhunderte zu sichern.

Nachdem Kaiser Gaozong 660 einen Schlaganfall erlitten hatte, übernahm Wu Zhao (623–705) die Macht am Hof. Sie sollte als Kaiserin Wu Zetian Geschichte machen. 640 war sie als Nebenfrau in den kaiserlichen Harem von Kaiser Taizong aufgenommen worden. Nach dessen Tod wurde sie, entgegen allen konfuzianischen Regeln und unter Missachtung des Inzestverbotes, in den Haushalt von Kaiser Gaozong übernommen. Sie brachte vor 654 mindestens einen Sohn von ihm zur Welt und wurde 655 zur Kaiserin gekrönt. In dieser Funktion machte sie es sich zur Aufgabe, »dem Himmel nachzueifern«, wie ihr posthumer Titel Zetian besagt. Nach dem Tod des Kaisers 683 herrschte sie 22 Jahre lang, 15 davon als Kaiserin der von ihr gegründeten Zhou-Dynastie (690–705). Sie sollte die einzige Herrscherin in der chinesischen Geschichte bleiben.

Karte 6: Ostasien um 650

Kaiserin Wu ging als rachelüsternes, macht- und sexbesessenes Monster mit einer devoten Hingabe an den vor ihr geförderten Buddhismus in die chinesische Geschichte ein. Für die schlechte Beurteilung gibt es mehrere Gründe. Sie hat sich nicht mit den Aktivitäten der Ehefrau eines Kaisers zufriedengegeben, nämlich dem Intrigieren und Manövrieren am Hof, sondern strebte für sich selbst den Kaiserthron an. Dazu förderte sie das leistungsbezogene Prüfungssystem und führte Reformen durch, die nicht den alteingesessenen adeligen Familien zugutekamen.

Mit sicherem politischen Gespür propagierte sie bereits 674 das *Shi'er shi* (Das Zwölf-Punkte-Reformprogramm), das die einfachen Leute finanziell entlastete und den niedrigen Beamten, die Wu Zetian für sich gewinnen wollte, entgegenkam. Etwa 90 Prozent der

Beamten machten damals nicht über die Staatsprüfung und den Grad eines Jinshi (ein vorgeschlagener Gelehrter) Karriere, sondern kamen über Protektion in den Staatsdienst. Die Kaiserin versuchte, eine durch Leistung und Prüfung qualifizierte Elite als Gegengewicht zum alten Adel aufzubauen. Das gelang ihr. Von 660 bis 682 steigerte sie die Zahl der jährlich in den Staatsdienst aufgenommenen Jinshi-Graduierten von durchschnittlich 18 auf 50. Zu Beginn der Tang-Zeit stellten die Jinshi-Graduierten gerade einmal sieben Prozent der Kanzler, unter Kaiserin Wu schließlich 40 Prozent. 689 führte sie die Kaiserliche Prüfung durch den Herrscher ein. In ihrer Regierungszeit begannen sich die Möglichkeiten für Personen ohne genealogischen Hintergrund, durch eine politische Karriere sozial aufzusteigen, zu verbessern. Es wurde damit ein Prozess eingeleitet, der die Bedeutung der Aristokratie langsam zurückdrängte und schließlich im 11. Jahrhundert zu einem neuen Verhältnis zwischen Kaiser und Beamten führte. Wu Zetian leistete auch einen grundlegenden Beitrag zur erfolgreichen Erfassung der steuerpflichtigen Haushalte und damit zur Konsolidierung des Steueraufkommens und des Staatshaushalts.

Kaiser Xuanzong und das Ende des Goldenen Zeitalters

Kaiserin Wu Zetian schuf die wirtschaftlichen Grundlagen für die Herrschaft von Li Longji (685–762), der als Kaiser Minghuang, posthum Xuanzong, die Tang-Dynastie von 712 bis 756, während ihrer kulturell ruhmreichsten Zeit, regierte. In der Zeit dieses kunstsinnigen Kaisers und Mäzens, der sich selbst als Dichter, Musiker und Kalligraph betätigte, wurde China mit seiner kosmopolitischen Gesellschaft zum Vorbild für die religiöse Entfaltung und Blüte in ganz Ostasien.

In Kaiser Xuanzongs Regierungszeit nahm der Einfluss der alten nordchinesischen Aristokratenfamilien und damit von Beamten wie Yuwen Rong, Pei Yaoqing und Li Linfu auf den Hof wieder zu. Sie trieben die Haushaltserfassung erfolgreich voran. Doch Kaiser Xuanzong hatte nicht in allen Bereichen eine glückliche Hand. Berühmt wurde er auch durch seine Abhängigkeit von seiner als bezaubernd schön gepriesenen Nebenfrau Yang Yuhuan (719–756), besser bekannt als Yang Guifei. Ihre Protektion des mächtigen Militärgouverneurs An Lushan (703–757), der auf einen Sturz der Dynastie abzielte, besiegelte schließlich nicht nur ihr eigenes Schicksal, sondern verursachte auch den entscheidenden Bruch in der Geschichte der Tang-Dynastie. Kaiser Xuanzong, der vor An Lushans Aufstand nach Sichuan floh, musste zugunsten seines Sohnes, Kaiser Suzong (reg. 756–762), abdanken.

Jahrzehnte der Restauration und des Niedergangs (756–907)

Unter den politischen und wirtschaftlichen Folgen des An-Lushan-Debakels litten nach 755 alle Kaiser wie unter einem immerwährenden Albtraum. Kaiser Suzong (reg. 756–762) und Kaiser Daizong (reg. 762–779) waren beide hauptsächlich damit beschäftigt, eine weitere Auflösung des Reiches zu verhindern. Sie mussten die vormaligen Hilfstruppen aus uighurischen und tibetischen Reitern abwehren, die beim Kampf gegen An Lushan eingesetzt worden waren und nun jährliche Beutezüge in die Hauptstadt Chang'an unternahmen. Überdies war nicht nur die Erfassung der Haushalte zusammengebrochen, sondern es genossen auch unverhältnismäßig viele Haushalte eine Steuerbefreiung (1,1 Millionen von 1,9 Millionen im Jahr 760). Bereits 758 führte man wegen des akuten Mangels an Steuereinnahmen staatliche Monopole auf Eisen und Salz ein, 764 dann auch das Monopol auf Alkohol. Davon versprach man sich eine Erholung der Finanzlage. Die Kaiser Dezong (reg. 780–805) und Xianzong (reg. 805–820) erkannten richtig, dass die Macht der Zentralregierung wiederhergestellt und ausgebaut werden musste. Um die wirtschaftlichen Verhältnisse zu stabilisieren, führte Kaiser Dezong zwischen 779 und 781 deshalb eine tiefgreifende Steuerreform durch, die – mit Modifikationen – für Jahrhunderte bestehen sollte.

Sein Nachfolger auf dem Thron, Kaiser Xianzong (reg. 805–820), setzte die Politik seines Großvaters zielstrebig und umsichtig fort. Nach Jahren gelang es ihm, die Macht der Militärgouverneure, vor allem was die Vererbung ihrer Titel und Territorien betraf, zu beschneiden. Doch auch dieser Erfolg musste tagtäglich von neuem gesichert werden. Nachdem Xianzong 820 einem Mordanschlag durch Eunuchen zum Opfer gefallen war, setzte allerdings der Niedergang der Tang-Dynastie ein. Dafür gab es mehrere Ursachen; zu den wesentlichen zählt die Unfähigkeit der nachfolgenden Kaiser, die Kämpfe der Parteiungen in der hohen Beamtenschaft unter Kontrolle zu halten und die Regierungsgeschäfte verantwortungsvoll zu führen. Die Schwächung der Beamtenschaft wiederum stärkte die inneren Kreise am Hof, insbesondere die Eunuchen.

Im 9. Jahrhundert trat auch deutlich zutage, dass es nicht der Buddhismus war, der das Leben und die Religiosität der Tang-Herrscher bestimmte, sondern der Daoismus. Seine Priester, die für das Wohl der Dynastie beteten, übten den größten Einfluss auf den Hof aus. Die gleichzeitig am Hof erstarkten Eunuchen förderten den Hang der Kaiser zu daoistischen Mitteln der Lebensverlängerung. Sowohl Kaiser Wenzong (reg. 827–840) als auch Kaiser Wuzong (reg. 840–846) und Kaiser Xuanzong (reg. 846–859) starben an einer Überdosis Drogen.

Mit der Schwächung der Stellung des Kaisers, der Beamtenschaft und der Regierungsmacht im Zentrum ging schließlich eine Stärkung und zunehmende Verselbständigung der Militärgouverneure in den Provinzen, vor allem auch an der Peripherie des Reiches, einher. Die hohen und willkürlichen Steuern, die besonders seit den 850er Jahren in den reichen Provinzen eingetrieben wurden, führten zu Hungersnöten. Räuberbanden in der Größenordnung von Armeen durchzogen verschiedene Regionen des Reiches. Kämpfe zwischen diesen Armeen und Regierungstruppen waren bald an der Tagesordnung. Der Aufstand des Huang Chao, des »himmelstürmenden Generalissimus«, der zwischen 878 und 884 weite Teile Chinas in einem wilden und mörderischen Raubzug verwüstete, markierte den Anfang vom Ende der Tang-Dynastie. Die Militärgouverneure sagten sich von der Tang-Regierung los. Als der Kriegsherr Zhu Wen (852–912) am 15. Februar 904 die vollständige Zerstörung der Hauptstadt Chang'an befahl, bedeutete dies mehr als die physische Zerstörung einer Stadt, denn Chang'an stand als Hauptstadt für eine Epoche von mehr als 1000 Jahren chinesischer Geschichte. Zu dem Zeitpunkt, als die Tang-Dynastie am 1. Juni 907 offiziell beendet wurde, war das Reich schon lange unter selbsternannten Usurpatoren und Kriegsherren aufgeteilt. Damit begann die Zeit der Fünf Dynastien (907–960) im Norden sowie der Zehn Reiche in Zentralchina und im Süden.

Die Fünf Dynastien (907–960)

Das 10. Jahrhundert ging in die Geschichte Ostasiens als ein Jahrhundert der großen Umbrüche ein. Die Schwäche der um ihr Überleben kämpfenden Tang-Dynastie nutzten außer den Khitan viele benachbarte Fremdvölker aus: Die Shatuo-Türken besetzten Nord-Shanxi, die Uighuren den westlichen Gansu-Korridor, die Tuyuhun ließen sich in Qinghai nieder, und die Tibeter bildeten noch immer eine militärische Bedrohung für die im Westen liegenden Provinzen Gansu und Sichuan. Die südwestlichen Provinzen Yunnan und Guizhou gehörten bis 902 zum unabhängigen Königreich Nanzhao, danach bis 928 zu Dachanghe und von 937 bis 1094 zum Königreich Dali. Dazu richteten sich die Tanguten im 10. Jahrhundert im Nordwesten Chinas ein, was 1038 zur Gründung von Xi Xia (1038–1227) führte. Doch der militärisch bedrohlichste Nachbar waren die Khitan (Qidan) (siehe Karte 6 auf S. 172).

So wie die Fremdvölker die Grenzregionen des Tang-Reiches besetzten, zerfiel zwischen 880 und 907 auch im Innern die territoriale Einheit in mehrere Machtbereiche regionaler militärischer Aufsteiger. Anführer von landlosen Bauern, Räubern und Schmugglern, aber auch niedere Bedienstete nutzten die Gunst der Stunde und etablierten sich vor allem in Zentral- und Südchina als lokale Mächte. Diese regionalen Herrschaftsbereiche gingen in ihrer Gesamtheit als die Zehn Reiche (907–979)[123] in die chinesische Geschichte ein. Im vormaligen Kernland der Tang-Dynastie, im Norden und im nördlichen Zentralchina, jedoch herrschten kurzlebige Militärdiktaturen, die Fünf Dynastien (Wudai, 907–960), in rascher Abfolge: Die Späteren Liang (907–923), die Späteren Tang (923–936), die Späteren Jin (936–947), die Späteren Han (947–951) und die Späteren Zhou (951–960).

Am Anfang der Fünf Dynastien stand Zhu Wen (852–912), der maßgeblich am Untergang der Tang-Dynastie und des Tang-Kaiserhauses beteiligt war. Er proklamierte sich selbst zum ersten Herrscher der Späteren Liang-Dynastie. Doch ihn traf das gleiche Schicksal, das er zuvor seinen Gegnern widerfahren ließ: Er wurde von einem seiner Söhne ermordet, der wiederum von einem Bruder umgebracht wurde. Der politische Mord sollte für die nächsten Jahrzehnte das politische Leben im Norden Chinas bestimmen.

Mit dem Aufstieg dieses neuen Typs von militokratischen Herrschern gingen die alte Welt der nordchinesischen aristokratischen Familien, deren Genealogien Hunderte von Jahren zurückreichten, und mit ihr deren Vorstellungen von Regierung und ethischen Prinzipien zu Ende. Die Fünf Dynastien scheiterten an ihren inkompetenten Herrschern. Ein Reich verantwortungsvoll zu regieren erforderte andere Qualitäten, als einen Staatsstreich zu inszenieren.

Die Liao-Dynastie (907–1125) von 907 bis 982

Nördlich der Fünf Dynastien konsolidierte sich in der ersten Hälfte des 10. Jahrhunderts der Stamm der Khitan (Qidan), der die Fremddynastie der Liao (907–1125) gründete und die Geschichte der chinesischen Song-Dynastie (960–1279) und der koreanischen Koryŏ-Dynastie (918–1392) nachhaltig beeinflusste.

Die Geschichte der Liao-Dynastie basiert zum größten Teil auf nach deren Ende verfassten chinesischen Textquellen. Das trifft für das *Qidan guozhi* (Geschichte der Khitan) von 1247 genauso zu wie für das *Liao shi* (Offizielle Geschichte der Liao-Dynastie) von 1344. Es gibt also keine Perspektive der Liao selbst in der Historiographie. Da die Chinesen keine Kultur als ihrer eigenen ebenbürtig ansahen, konnten auch die Khitan in ihren Augen nur die »nördlichen Barbaren« sein.

Der Liao-Herrscher Abaoji

Die Khitan, die ethnisch zum Volk der Östlichen Xianbei gehörten, lebten ursprünglich von der Weidewirtschaft. Bis zum Ende der Tang-Dynastie hatten sie ihr Einflussgebiet vom Südosten der Inneren Mongolei bis an die nördliche Grenze des Tang-Reiches ausgeweitet. 907 kamen die Stammeshäuptlinge der acht Stämme der Khitan zusammen, um einen Khan zu wählen, wie es alle drei Jahre geschah. Sie entschieden sich für Abaoji (reg. 907–926), der die historische Chance erkannte, die sich für ihn und sein Volk durch den Zusammenbruch der Tang bot. Er rief das Khitan-Khanat aus, ignorierte danach das alte Wahlsystem des Stammes und schlug 911 und 913 Verschwörungen von Blutsverwandten nieder. Während er seine Brüder verschonte, ließ er seinen Onkel und 300 Aufrührer hinrichten. Um die dadurch innerhalb der Stämme entstandenen Spannungen zu entschärfen, machte er die drei Hauptlinien (seit seinem Großvater) zu den Drei Patriarchalischen Haushalten (*sanfu fang*). Sie waren nun die wichtigsten Familien innerhalb des Clans im Reich. 916, als er sich wieder einer Wahl hätte stellen müssen, bestieg er nach chinesischem Ritual als erster Kaiser der Khitan den Thron, wodurch er seine Gleichrangigkeit mit den chinesischen Herrschern geltend machte.[124] Gleichzeitig rief er die Liao-Dynastie aus, so genannt nach dem Liao-Fluss in der Mandschurei, und ernannte seinen Sohn Bei (900–937) zu seinem Thronfolger. Die Übernahme der chinesischen Primogenitur bedeutete den endgültigen Bruch mit seinen Brüdern und anderen Verwandten.

Abaoji machte die konfuzianische Lehre zur Grundlage seiner Herrschaft; als äußeres Zeichen dafür ließ er einen konfuzianischen Tempel errichten. Das änderte jedoch weder etwas an der Popularität des Buddhismus in seinem Reich, noch wirkte es sich auf die schamanischen Rituale des Khitan-Stammes aus. Die Khitan verehrten die Sonne, die Stammesvorfahren und ihre Geister, denen sie auch Tieropfer darbrachten. Sie hielten auch an der Zeremonie der Wiedergeburt (*zaisheng*) fest, bei welcher der Kaiser alle zwölf Jahre symbolisch wiedergeboren wurde. Die Durchführung dieser

Zeremonie bestätigte ihn in seinem Herrschaftsanspruch und erneuerte das Vertrauensverhältnis zwischen ihm und seinen Stammesangehörigen.

918 gründete Abaoji die Hauptstadt Shangjing und brachte so seinen Willen zum Ausdruck, sein Reich zentralistisch zu regieren. 920 und 925 ließ er zwei Khitan-Schriften entwerfen, die auf chinesischen Schriftzeichen basierten. So konnten die Khitan in ihrer eigenen Sprache schriftlich kommunizieren und stärkten gleichzeitig ihre ethnische und kulturelle Identität.

Seine innenpolitischen Gegner und Rivalen beschuldigte Abaoji als Rebellen und ließ sie zu Tausenden hinrichten. Außenpolitisch war er ebenso rigoros: 924 und 925 unterwarf er die nördliche Mongolei und preschte mit seinen Reitern in den Gansu-Korridor vor. Ein Jahr später, 926, eroberte er das riesige und wohlhabende, doch durch innere Streitigkeiten geschwächte koreanische Reich Parhae (chin. Bohai, 698–926), das sich von der Grenze des heutigen Nordkorea zur Volksrepublik China bis zur sibirischen Pazifikküste erstreckte (siehe Karte 8 auf S. 189). Er machte seinen Sohn Bei zum Herrscher über das nun Dongdan genannte Vasallenreich. So wie die Gründungskaiser der chinesischen Dynastien als Vorbilder für alle ihre Nachfolger galten, wurde auch der erfolgreiche Dynastiegründer Abaoji zum idealisierten Vorbild.

An der Spitze der sozialen Hierarchie der multiethnischen Liao-Dynastie standen die Clans der Yelü und Xiao. Beide chinesischen Familiennamen wurden erst Jahrzehnte nach der Dynastiegründung angenommen. Die Herrscher stammten aus dem Yelü-Clan, ihre Frauen aus dem Xiao-Clan. Ihre Mitglieder nahmen die militärischen und politischen Schlüsselpositionen ein. In ihren Händen sammelte sich der größte Teil des Landbesitzes und des Volksvermögens. Die Clans (*zu*) setzten sich aus Stammeslinien oder Familien (*jia*) zusammen. Der Xiao-Clan bestand wahrscheinlich aus deren acht. 1029 wurden zwei Familien, die Balisu und Yishisi, als die führenden Familien der Xiao-Nobilität bestimmt.

Kaiser Yelü Deguang

Abaojis Sohn und Nachfolger Yelü Deguang (reg. 927–947), den die energische Witwe Abaojis dem ursprünglichen Kronprinzen Bei vorzog, eiferte seinem Vater nach. Er zwang 937 die schwache Spätere Jin-Dynastie, 16 Bezirke – einschließlich der Gebiete von Beijing und Datong – an die Liao-Dynastie abzutreten. Dadurch kontrollierten die Liao-Truppen die zwei verkehrstechnisch wichtigsten Zugänge nach Nordchina. Nach Jahren intensiver Kämpfe zog Yelü Deguang 946 triumphierend in Kaifeng ein und verkündete die Große Liao-Dynastie. Die neue Regierungsdevise lautete Datong (Große Einheit), worin sich Yelü Deguangs Vorstellung widerspiegelt, über ganz China herrschen zu wollen. Indem er den chinesischen Familiennamen Yelü als Namen für den Khitan-Clan übernahm, machte er seinen Clan zum kaiserlichen Haushalt. Doch auch das half ihm nicht, sich in Kaifeng zu halten. Bereits nach drei Monaten zwang ihn militärischer Widerstand, sich aus Kaifeng nach Norden zurückzuziehen. Die Stadt und das Umland wurden geplündert, Kunstschätze, Frauen und Eunuchen sowie Handwerker in den Norden verschleppt. Kaiser Yelü Deguang hatte sich verkalkuliert, und nach ihm unternahm kein Liao-Kaiser mehr einen ernsthaften Versuch, Zentralchina zu erobern.

Die Erweiterung des Liao-Reiches nach Süden hatte aber auch eine Reorganisation der politischen Verwaltung erforderlich gemacht, die sich schon Abaoji vorgenommen hatte. 947 gründete Yelü Deguang eine Südliche Hauptstadt, nahe dem heutigen Peking. Die alte Stammesstruktur, durch die das Reich bis dahin verwaltet worden war, ersetzte er durch eine duale Verwaltungsstruktur nach dem Vorbild der Tuoba-Regierung der Nördlichen Wei-Dynastie im Jahr 420. Die Verwaltung der Nördlichen Region des Reiches, welche die Heimat der nomadisierenden Khitan war, hieß »Nationales System« (*guozhi*), die Südliche Region der sesshaften Bevölkerung wurde »Han-chinesisches System« (*hanzhi*) genannt.

Dieses duale System war weit mehr als ein territoriales Regierungs- und Verwaltungsmodell, denn es berücksichtigte die regionalen Machtverhältnisse von zwei mächtigen Khitan-Clans und damit die Belange einer multiethnischen Gesellschaft: Der kaiserliche Yelü-Clan, der von einer Übernahme chinesischer Kultur profitierte, siedelte im Süden, wo auch die Mehrheit der chinesischen Untertanen lebte, und der in der nomadischen Stammestradition verwurzelte Xiao-Clan im Norden.

2. Korea von 313 bis zur Koryŏ-Dynastie

Während im Norden Koreas und in der östlichen Mandschurei das China benachbarte Koguryŏ zwischen 313 und dem 6. Jahrhundert zur dominanten politischen Macht aufstieg, bildeten sich im heutigen Südkorea aus den vormaligen Föderationen der Drei Han zwei weitere Königtümer heraus: Paekche auf dem vormaligen Territorium von Mahan und Silla, das die territoriale Nachfolge von Chinhan antrat. Silla gilt als die koreanische Dynastie, die das historisch erste und bedeutendste Modell politischer Einheit auf der koreanischen Halbinsel geschaffen hat. Seine Herrscher versuchten, eine zentralistische Politik nach chinesischem Vorbild durchzusetzen.

Erst mit der Periode von Koguryŏ, Paekche und Silla, die in Anlehnung an die chinesische Historiographie seit dem 12. Jahrhundert in Korea als die Drei Königtümer (Samguk) bezeichnet werden, kann man auf dem Territorium von Korea von drei Herrschaften sprechen, die jeweils eine eigene zivile und militärische Verwaltung hatten und diplomatische Beziehungen nach außen unterhielten. Doch auch die Bezeichnung Drei Königtümer ist irreführend, denn tatsächlich gab es im Südosten der koreanischen Halbinsel noch eine Anzahl von Stämmen, die unter dem Begriff der Stammesföderation Kaya bekannt sind.

Die Zeit der Drei Königtümer gilt in der koreanischen Geschichte als eine Zeit der Herausformung koreanischer nationaler Identität. Archäologisch wird diese Zeit auch als die Kobun-Periode (4. bis 7. Jahrhundert), die Zeit der monumentalen Grabhügel, bezeichnet. Die Kobun-Gräber von Koguryŏ zeichnen sich durch

Grabkammern aus Stein mit Holzdecken und Wandbildern aus, die von Paekche durch gewölbte Grabkammern aus Ziegelstein und die von Silla durch Holzsärge, die mit Steinen bedeckt wurden. Es ist wohl der in jener Zeit entstandene Anspruch auf kulturelle Besonderheit, der den konfuzianischen Beamten-Gelehrten Kim Pusik (1075–1151) in der Mitte des 12. Jahrhunderts dazu veranlasste, das *Samguk sagi* (Aufzeichnungen der Geschichte der Drei Reiche) zu verfassen.

Das auf die Drei Königtümer nachfolgende Vereinte Silla (668–935) brachte die ganze koreanische Halbinsel unter seine Herrschaft. Es war eine Zeit kultureller Blüte. Obwohl das Vereinte Silla formal bis 935 bestand, war seine Herrschaft in den letzten vier Jahrzehnten bereits in Auflösung begriffen, was dazu führte, dass das Territorium in die Späteren Drei Königtümer (Späteres Paekche, Silla und Späteres Koguryŏ) aufgeteilt wurde. Es war die Koryŏ-Dynastie, welche 936 die Herrschaft auf der koreanischen Halbinsel wieder einigte.

Koguryŏ im 4. und 5. Jahrhundert

Das 4. Jahrhundert war in Koguryŏ und den anderen Königtümern von wechselnden Allianzen und Kriegen gekennzeichnet: Zuerst wurde Koguryŏ 342 vom Stamm der Murong (aus China) in die Rolle eines Vasallenstaates gedrängt. Dadurch ging 365 auch das nur 40 Jahre zuvor eroberte tungusische Puyŏ wieder verloren. 371 wollte man das Herrschaftsgebiet nach Süden ausdehnen, erlitt aber gegen den Herrscher Kŭnch'ŏgo (reg. 346–375) von Paekche eine schwere Niederlage bei P'yŏngyang (Pjöngjang). 396 jedoch gewann der Herrscher Kwanggaet'o (reg. 391–413) von Koguryŏ gegen Paekche und eroberte Pjöngjang und mehrere Dutzend Bezirke zurück. Unbeeindruckt von diesem Verlust verbündete sich Paekche mit Siedlern von Wa (Japan) und attackierte 399 Silla. Doch Koguryŏ unterstützte Silla erfolgreich und machte den König von Silla dadurch zu seinem Vasallen.

Das 5. Jahrhundert war auf der koreanischen Halbinsel das Jahrhundert Koguryŏs (siehe Karte 4 auf S. 160). 406, kurz vor dem

Zusammenbruch der Späteren Yan-Dynastie (384–407) in Nordchina, kam es nach langen kriegerischen Auseinandersetzungen noch zu einer Friedensübereinkunft mit ihr, wodurch das Staatsgebiet von Koguryŏ im Westen abgerundet wurde. Der Herrscher Kwanggaet'o, »der Erweiterer des Territoriums«, schuf in seiner Regierungszeit ein Reich, das im Westen von der Liaodong-Region in der Mandschurei, im Norden und Osten bis weit nach Sibirien einschließlich des heutigen Wladiwostok und im Süden bis zum 37. Breitengrad in Korea reichte. Eine gewaltige, 6,27 Meter hohe Steinstele bei der Hauptstadt Kungnaesŏng (chin. Tonggou) am Yalu von 414 verkündet bis heute seinen militärischen und politischen Ruhm. Den Aufstieg von Koguryŏ zur Großmacht auf der koreanischen Halbinsel vollendete König Changsu (reg. 413–491) in seiner neunundsiebzigjährigen Regierungszeit. Er war es auch, der Pjöngjang 427 zur Hauptstadt machte und damit ein machtpolitisches und kulturelles Zentrum schuf.

Paekche und Silla fühlten sich gleichermaßen bedroht, weswegen sie China vergeblich um militärische Unterstützung ersuchten. 433 gingen Paekche und Silla ein Bündnis ein. Paekche intensivierte gleichzeitig auch seine guten Kontakte zu Japan. 475 gelang es Koguryŏ, die Paekche-Hauptstadt Hansŏng (südlich von Seoul) einzunehmen, was den Hof von Paekche zwang, in den Süden zu fliehen. Die Hauptstadt wurde zunächst in Ungjin eingerichtet, danach 538 in Sabi (heutiges Puyŏ) am Kŭm-Fluss. Um sich gegen das übermächtige Koguryŏ zu schützen, schlossen Silla und Paekche 493 nochmals eine Allianz, die mehr als 50 Jahre hielt und zur Stärkung von Paekche beitrug. Als Puyŏ in der Flussebene des Sungari in der Mandschurei von den tungusischen Malgal angegriffen wurde, floh die Herrscherfamilie 494 nach Koguryŏ. Die Existenz von Puyŏ war nach mehr als 800 Jahren beendet.

Silla im 6. Jahrhundert

Während Koguryŏ seine Vorrangstellung im Norden der koreanischen Halbinsel und in der Mandschurei ausbaute, gelang Silla erst im 5. Jahrhundert der kulturelle und militärische Anschluss an Koguryŏ und Paekche. Der erste dokumentierte Herrscher von Silla war Naemul (reg. 356–402). 469 wurden in der Hauptstadt Saro (dem heutigen Kyŏngju) Verwaltungsbezirke mit Namen nach chinesischem Vorbild eingerichtet. Es war der Herrscher Chijŭng (reg. 500–514), der sein Territorium Saro 503 in Silla umbenannte. Die Hauptstadt Saro hieß fortan Kŭmsŏng, »die goldene Stadt«. Chijŭng setzte sich für die Ausweitung der künstlichen Bewässerung und den Einsatz von Rindern im Ackerbau ein. Er schaffte den älteren koreanischen Titel *maripkan* (Hoher Platz) für den Herrscher ab und übernahm den chinesischen Titel *wang* (König), den der chinesische Kaiser Guangwu (reg. 25–57) früher bereits dem Herrscher von Koguryŏ verliehen hatte. Um den Zentralismus durchzusetzen, mussten sich die Herrscher mit den Aristokraten der großen Clans (des königlichen Kim-Clans, des Pak- und des Sŏk-Clans) arrangieren, die ihre eigene Macht durch den königlichen Anspruch bedroht sahen. Die Aristokratie gab damals alter regionaler Loyalität noch immer den Vorrang vor politischer Homogenität, wie sie in einem zentralistischen Staatswesen angestrebt wurde. Die Herrschaft von Silla in Korea war deswegen keineswegs eine Kopie chinesischer Herrschaftsstruktur und -ideologie.

König Pŏphŭng (reg. 514–540) und sein Nachfolger setzten die Reformpolitik, die maßgeblich zur koreanischen Nationenbildung beitrug, mit einem hierarchischen System für die Aristokratie, den »Knochenrängen« (*kolp'um*), fort. Er richtete 516 ein Kriegsministerium ein und erließ 520 ein am chinesischen Vorbild ausgerichtetes Verwaltungsgesetz, durch das die Beamtenschaft in 17 Ränge gegliedert wurde. Koguryŏ kannte 12 Ränge und Paekche 16. In Silla konnten nur Angehörige der »Wahren Knochenränge« (*chin'gol*) eine Karriere am Hof machen. Der Rat der Adeligen (*hwabaek*), der den Angehörigen der »Wahren Knochenränge« vorbehalten war, hatte maßgeblichen Einfluss auf die Thronfolge und entschied auch über Krieg und Frieden.[125] König Pŏphŭng führte Regierungsdevisen wie in China ein und erkannte 528 den Buddhismus als die offizielle Religion für Silla an.[126] Sein Nachfolger König Chinhŭng (reg. 540–576) baute sowohl wirtschaftlich als auch innenpolitisch auf den soliden Grundlagen seiner Vorgänger auf. Deswegen konnte er es sich leisten, eine expansive Außenpolitik zu betreiben. 532 gelang es Silla, sich die Stammesgemeinschaft der Pon Kaya (Ursprüngliches Kaya) im Südwesten von Silla einzuverleiben. Eine Truppenallianz aus Silla und Paekche griff 551 Koguryŏ in der Ebene des Han-Flusses, dem alten Sitz von Paekche, an. Es gelang Silla 552, sein Territorium auf der koreanischen Halbinsel nach Norden und nach Westen, in das Gebiet des vormaligen Tongye und Okchŏ, auszudehnen und den politischen Einfluss Koguryŏs auf der Halbinsel entscheidend zurückzudrängen.

Die Truppen von Silla nutzten ihren Vorstoß aber auch dazu, ihren Verbündeten Paekche aus dieser für die Chinapolitik Sillas strategisch wichtigen Region am Gelben Meer zu vertreiben. König Sŏng (reg. 523–554) von Paekche wollte diesen Verrat an der Allianz nicht hinnehmen und startete deswegen 554 einen Angriff auf Silla, bei dem er selbst umkam und der in einer Niederlage für Paekche endete. Nur wenige Jahre später, 562, eroberte der Silla-König Chinhŭng das fruchtbare Becken der Naktong-Region, in der die Stammesföderation Tae Kaya (Groß-Kaya) siedelte, was das politische Ende von Kaya nach etwas mehr als 600 Jahren bedeutete (siehe Karte 7). Silla-Truppen besetzten auch Gebiete in Koguryŏ. Damit machte Silla seinen Anspruch als Führungsmacht endgültig deutlich. Für Paekche, das im Osten nur noch Silla zum Grenznachbarn hatte, wurde Silla nun zum Todfeind. Um ihn zu bekämpfen, verbündete sich Paekche sogar mit dem nachhaltig geschwächten Koguryŏ, seinem früheren Erzfeind aus dem Norden, bis zu seinem eigenen Ende 660.

Der Niedergang Koguryŏs und der Aufstieg Sillas im 7. Jahrhundert

Schon vor dem 7. Jahrhundert spielten die chinesischen Dynastien eine wichtige Rolle in Korea. Doch im 7. Jahrhundert mischten sie sich durch große Feldzüge in das benachbarte Koguryŏ unmittelbar in die Politik der koreanischen Staaten ein. Es war das Ziel der Sui- und auch der frühen Tang-Kaiser, nach 300 Jahren die chinesische territoriale Oberhoheit über den Norden Koreas, welche die Han-

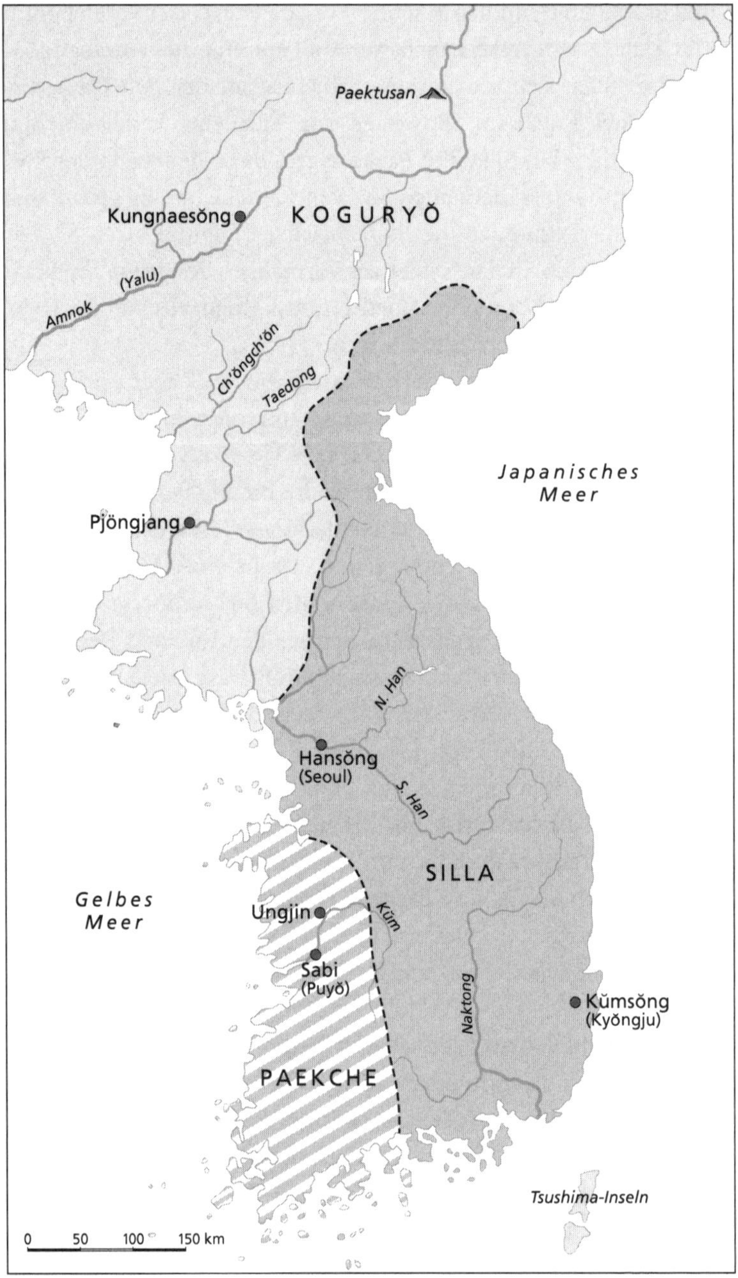

Karte 7: Silla nach der Ausdehnung in den Norden im Jahr 562

Dynastie einmal besessen hatte und welche 313 an Koguryŏ verlorengegangen war, wieder zurückzugewinnen. Diese ehrgeizige und kostspielige chinesische Außenpolitik beschleunigte Koguryŏs Niedergang. Sie ermöglichte gleichzeitig den Aufstieg Sillas zur koreanischen Großmacht. Silla wurde also nicht aus eigener militärischer Kraft eine koreanische Großmacht; vielmehr profitierte es durch eine geschickte Außen- und Bündnispolitik von den chinesischen Expansionsbestrebungen zwischen 598 und 668.

598, nach militärischen Überfällen Koguryŏs auf das Reichsgebiet der chinesischen Sui-Dynastie, startete der Sui-Kaiser Wendi eine gewaltige Offensive zu Land und zu Wasser gegen Koguryŏ. 611 bis 617 folgten noch größere Feldzüge mit Hunderttausenden von Soldaten. Doch diese gigantischen militärischen Anstrengungen brachten den Sui keinen Sieg – im Gegenteil, die Kosten waren hoch und der Unmut in der chinesischen Bevölkerung groß. In der Schlacht am Ch'ŏngch'ŏn-Fluss (Salsu) im Jahr 612 lockte der Koguryŏ-General Ŭlji Mundŏk eine Armee von mehreren hunderttausend Soldaten der Sui in einen Hinterhalt und rieb sie fast vollständig auf. Die Schlacht ging als militärische Ruhmestat in die koreanische Geschichte ein. Trotzdem setzten die Tang-Kaiser Taizong und Gaozong die Korea-Feldzüge in den 640er Jahren fort. Als Königin Sŏndŏk (reg. 632–647) von Silla, die sich nicht nur von Koguryŏ bedroht fühlte, sondern auch 642 eine schwere Niederlage gegen Paekche hinnehmen musste, den Tang-Kaiser Taizong um militärische Hilfe gegen Koguryŏ ersuchte, ergriff dieser die Gelegenheit und ließ im Januar 645 seine Armee und die Armeen seiner Verbündeten Silla und Paekche gegen Koguryŏ vorrücken.[127] Doch der Vormarsch scheiterte an den Verteidigern der Festung von Anshi, die zwei Monate lang alle Angriffe erfolgreich abwehrten. Auch die Feldzüge von 647 und 648 zeitigten keinen Erfolg. Koguryŏ erwies sich als eine unbezwingbare Festung, die nicht nur seine eigene politische Unabhängigkeit sicherte, sondern dadurch auch Silla und Paekche vor der Unterwerfung durch die Tang-Dynastie bewahrte.

Als Silla dem Tang-Kaiser Taizong eine Allianz für einen gemeinsamen Angriff auf Koguryŏ unterbreitete, änderte sich die Situation. 660 besiegte eine gemeinsame Streitmacht der chinesischen Tang und der koreanischen Silla zuerst Paekche. Paekche wurde danach jedoch nicht Silla zugeschlagen, sondern blieb unter chinesischer Verwaltung. Ein Jahr später, 661, erfolgte der gemeinsame Angriff der ungleichen Partner auf das in der Zwischenzeit geschwächte Koguryŏ. Die Hauptstadt Pjöngjang wurde belagert. Doch erst 668 ergab sich Koguryŏ dem Ansturm der Tang- und Silla-Truppen. Die Tang-Verwaltung richtete sich in Korea ein. Sie wollte nicht nur die Territorien der vormaligen Gegner Paekche und Koguryŏ in chinesisch verwaltete Kommandanturen aufteilen, sondern auch den Bündnispartner Silla unter ihre Vorherrschaft stellen. Die Tang-Herrscher hatten kein Interesse an einem starken koreanischen Nachbarn jenseits der Grenze im Nordosten des Reiches, geschweige an einem vereinten Korea unter der Herrschaft des Königshauses Silla.

Bereits 30 Jahre nach dem Ende von Koguryŏ etablierte sich 698 im Norden Koreas ein Nachfolger. Der vormalige Koguryŏ-General Tae Ch'oyŏng (gest. 719) gründete das multiethnische Zhen, das 713 von der Tang-Dynastie als Parhae (chin. Bohai) anerkannt wurde. Es existierte bis zu seiner Vernichtung 926 durch die Liao-Dynastie der Khitan. Man spricht daher für das 8. und 9. Jahrhundert von einer Parhae-Silla-Koexistenz oder einer Periode der Nord-Süd-Teilung (Nambuk sidae) Koreas.

Das Vereinte Silla (668 bis 935)

Die Silla-Herrscher des 6. und der ersten Hälfte des 7. Jahrhunderts schufen die Voraussetzungen für die Gründung des Vereinten Silla. So zweischneidig die Bündnispolitik Sillas vor 668 auch gewesen sein mag, Silla war der Nutznießer der Kriege seit 598.[128] 660 besiegte König Muyŏl (reg. 654–661) Paekche, und sein Nachfolger, der Reformkönig Munmu (reg. 661–681), schlug 668 Koguryŏ. Munmu war zudem nicht gewillt, die koreanische Halbinsel der chinesischen Tang-Dynastie zu überlassen. Er organisierte den militärischen Widerstand gegen die chinesischen Besatzer und ihre

Karte 8: Parhae (Bohai) und das Vereinte Silla im 9. Jahrhundert

Kollaborateure. Es gelang ihm 671, das vormalige Paekche zu besetzen. 674 führte er zur Verwaltung der Provinzen ein Rangsystem mit elf Rängen für Provinzbeamte ein. 676 zwang er die Tang-Truppen zum Rückzug aus Pjöngjang und zum Abzug von der koreanischen Halbinsel in die Mandschurei, weswegen ab diesem Jahr auch faktisch von einem Vereinten Silla gesprochen werden kann. Das Gebiet der Silla umfasste nun die gesamte koreanische Halbinsel südlich des Taedong-Flusses. Zum ersten Mal war die koreanische Halbinsel unter der Herrschaft eines koreanischen Herrscherhauses geeint, was in seiner Bedeutung für die Identitätsfindung von Korea gar nicht überbewertet werden kann. Der erste einheimische Name für die ganze koreanische Halbinsel war Silla.

König Munmus Nachfolger, König Sinmun (reg. 681–692), kontrollierte Silla von fünf Hauptstädten aus, die nach chinesischem Vorbild gegründet waren. Elf Ministerien und Hunderte untergeordneter Abteilungen versorgten den Hof und verwalteten das gesamte Land. Er teilte 685 sein Herrschaftsgebiet in neun Provinzen (*chu*) ein, die wiederum in über zehn Bezirke (*kun*) mit mehr als 300 Kreisen (*hyŏn*) und Dörfern (*ch'on*) unterteilt waren. Um die Verwaltung und Kontrolle effizienter zu machen, wurden die aristokratischen Familien des eroberten Koguryŏ und Paekche gezwungen, als Geiseln in den Hauptstädten zu wohnen. Das Militär, insbesondere die Zahl der königlichen Garden in der Hauptstadt, wurde von zwei auf neun Einheiten von eingeschworenen Bannerleuten (*sŏdang*) erhöht; sie bildeten den Kern einer zentralistisch aufgestellten nationalen Armee. Auch die regionalen Garnisonen wurden von sechs auf zehn aufgestockt. Der König stärkte seine Autorität durch eine politische Säuberung in den Reihen der Kolp'um-Aristokratie und des Rats der Adeligen. Die Schwächung der Aristokratie hatte jedoch nicht zur Folge, dass das System der Würdenträger in den hohen »Wahren Knochen«-Rängen grundsätzlich erschüttert wurde.

Um die Wirtschaftskraft des Reiches zu stärken, erfasste die Regierung die Haushalte auf dem Land und baute die Verwaltung sowie das Steuersystem nach chinesischem Vorbild aus. Auch der Außenhandel wurde gestärkt. Der Silla-Hof und die Elite des 7. Jahrhunderts kopierten in jeder Hinsicht den aristokratischen Lebensstil der

Abb. 2: Ch'ŏmsŏngdae-Observatorium, erbaut in Kyŏngju im Jahr 647 der Silla-Zeit, Höhe 9,5 m.

Hauptstadt des Tang-Reiches. Astronomie und die Kalenderwissenschaft spielten zunehmend eine Rolle in den Wissenschaften. Das älteste noch vorhandene Observatorium in Ostasien, Ch'ŏmsŏngdae, wurde 647 aus abgerundeten rechteckigen Granitblöcken in der koreanischen Hauptstadt Kyŏngju errichtet. Das flaschenförmige Observatorium erreicht eine Höhe von 9,5 Metern.[129]

Während der Herrschaft der Könige Sŏngdŏk (reg. 702–737) und Kyŏngdŏk (reg. 742–765) erfreute sich Silla eines ungewohnt langen inneren und äußeren Friedens. Um sich vor Übergriffen von Parhae zu schützen, baute Silla 721 eine Verteidigungsmauer entlang der nördlichen Grenze.[130] Doch innenpolitisch brodelte es bereits unter der Oberfläche. Der Erbadel am Hof im Rang der »Wahren Knochen« (*chin'gol*) wollte weder den autoritären Regierungsstil noch die unverkennbare kulturelle Ausrichtung an chinesischen

Vorgaben länger hinnehmen. Noch war die aristokratische Gesellschaft von Silla nach strikten hierarchischen Kriterien geordnet, wie sie das System der »Knochen«-Ränge (*kolp'um*) vorgab. Dieses System, das politisch auch eine Balance zwischen den regionalen und den zentralen Kräften sicherte, bot seinen Mitgliedern nicht nur Teilhabe an der Regierung im Rat der Adeligen (*hwabaek*) und anderen hohen Positionen, sondern auch rechtliche Privilegien wie die Unterhaltung privater Heere sowie große wirtschaftliche Vorteile wie die Einnahmen aus Landgütern, die ihnen eine prächtige und verschwenderische Lebensführung in der Hauptstadt Kyŏngju sicherten.

Der Niedergang des Vereinten Silla begann 780 mit der Ermordung von König Hyegong. Damals geriet die königliche Familie durch die Machtansprüche der Chin'gol-Aristokraten in eine Krise. Die Kämpfe um die Thronnachfolge nahmen zu, und 822 kam es zu einer offenen Rebellion durch den Aristokraten und Beamten Kim Hŏnch'ang, der vier der neun Provinzen einnahm und ein eigenes Reich ausrief. Die Rebellion konnte niedergeschlagen werden; er selbst nahm sich das Leben, und 239 Adelige, die sich ihm angeschlossen hatten, wurden hingerichtet. Dazu kam 826 der schwelende Konflikt zwischen Silla und Parhae, dem Nachbarn im Norden, zum Ausbruch. Silla und das Tang-Reich unternahmen einen gemeinsamen Feldzug gegen Parhae, der allerdings fehlschlug. Danach war das Verhältnis zwischen Silla und Parhae von Feindschaft gekennzeichnet.

Einen weiteren innenpolitischen Höhepunkt erreichten die Machtkämpfe in den 830er Jahren, als in rascher Folge der Herrscher auf dem Thron fünfmal wechselte. Die Machtkämpfe zwischen dem hohen und dem niederen Adel verschärften sich. Doch der entscheidende Einschnitt kam erst etwa 50 Jahre später, in den Jahren 891 und 892, als die harsche Steuerpolitik von Königin Chinsŏng (reg. 887–897) zu Unruhen und Aufständen im Nordwesten des Reiches führte.

Der vormalige Bauer und Fußsoldat Kyŏn Hwŏn (867?–936) rief 892 das Spätere Paekche mit der Hauptstadt Wansan (heutiges

Chŏnju) aus. Damit war die territoriale Hoheit von Silla über die Halbinsel Korea faktisch beendet, und es begann ein Kampf um die Macht, der über 40 Jahre dauerte. Nur wenige Jahre später, 901, proklamierte der Rebell Kung'ye (ermordet 918) das Spätere Koguryŏ. Zudem gab es in Silla 913 einen Wechsel des Thrones vom Kim-Clan zum Pak-Clan. Die koreanische Halbinsel bestand bis 936 wieder aus drei Königtümern (Späteres Paekche, Silla und Späteres Koguryŏ), die als die Späteren Drei Königtümer (892–936) in die koreanische Geschichte eingingen.

Die Koryŏ-Dynastie (918–1392) von 918 bis 943

Im Jahr 918 putschte der General Wang Kŏn, der aus einer reichen Kaufmannsfamilie stammte, gegen Kung'ye, den Herrscher des Späteren Koguryŏ. Wang Kŏn änderte die Bezeichnung von Koguryŏ in die abgekürzte Form Koryŏ (»hoch« und »schön«), richtete seine Hauptstadt in Songak (umbenannt in Kaegyŏng, heute Kaesŏng) ein und betrieb den Ausbau von P'yŏngyang (Pjöngjang) zur Verteidigung gegen die bedrohliche Liao-Dynastie im Norden. 935 besiegte Wang Kŏn das Spätere Paekche und bemühte sich erfolgreich, die Beziehungen zum Herrscherhaus und dem Adel Sillas zu normalisieren. Nachdem auch Silla 935 endgültig kapitulierte, gelang es Wang Kŏn, Korea 936 wieder zu vereinen.

Wang Kŏn, »der königliche Gründer«

Wang Kŏn, bekannt als König T'aejo (reg. 918–943), war eine der herausragenden Persönlichkeiten der koreanischen Geschichte. Seine Dynastie ging als eine der langlebigsten und stabilsten in die Weltgeschichte ein, und von ihrem Namen Koryŏ ist auch die westliche Bezeichnung »Korea« abgeleitet. Wang Kŏn gelang es in kurzer Zeit, die Kriegsherren auf der Halbinsel Korea mit Hilfe einer geschickten Heiratspolitik unter seine Oberherrschaft zu bringen. Die Gefahr, eine leichte Beute der Liao-Dynastie zu werden, die sich nach der Eroberung von Parhae 926 als Erbe des vormaligen Koguryŏ sah, mag zu dieser schnellen Einigung beigetragen haben.

Wang Kŏns Herrschaft erstreckte sich nicht wie das frühere Koguryŏ in die Mandschurei, auch war sein Reich kein zentralistisch organisierter Staat. Dieser sollte erst in den nachfolgenden 200 Jahren entstehen. Wang Kŏn kontrollierte die Mitglieder der wichtigen aristokratischen Clans dadurch, dass einige von ihnen (wie es schon König Sinmun im 7. Jahrhundert praktiziert hatte) als Geiseln in der Hauptstadt leben mussten. Er machte wie der Gründungskaiser der Liao-Dynastie kein Hehl daraus, dass für ihn einzig das chinesische Modell der Tang Vorbildcharakter hatte. Das Liao-Reich der nicht-chinesischen nomadischen Khitan lehnte er als Vorbild ab. Die Beziehungen zur Liao-Dynastie waren angespannt. Als der Liao-Herrscher 942 eine Delegation mit einem Geschenk von 50 Kamelen an Wangs Hof sandte, verbannte dieser die Mitglieder der Delegation auf eine Insel und ließ die Kamele verhungern.

Wang Kŏns Nachfolger bereiteten das Reich auf eine Invasion der Khitan vor und ließen zwischen 949 und 975 befestigte Garnisonen auf der Nordseite des Ch'ŏngch'ŏn-Flusses anlegen. Erst etwa 30 Jahre später, nachdem der politische Druck durch die erste Liao-Invasion von 993 noch weiter gewachsen war, begann Koryŏ, sich mit der militärisch übermächtigen Liao-Dynastie zu arrangieren. Der Friede hielt aber nur bis 1010, als die Liao-Truppen von neuem bis nach Kaesŏng vordrangen. Da König Hyŏnjong (reg. 1009–1031) nach der Niederlage nicht am Hof der Liao erschien, kam es 1018 erneut zu einer Invasion, die der Kommandeur der Koryŏ-Truppen Kang Kamch'an (948–1031) an der Festung Kuju jedoch abwehren konnte. Danach konnte Koryŏ zwar seine Souveränität bewahren, doch musste es bis 1054 jährlichen Tribut an die Liao-Dynastie entrichten.[131]

Wang Kŏn hatte sich zwar das China der Tang als Vorbild gewählt, doch sollte seine Dynastie keine Kopie der chinesischen sein. Pragmatisch ließ er aus China übernehmen, was ihm hilfreich und nützlich erschien, entwickelte ansonsten aber die koreanischen Vorgaben weiter. Er zollte den Kriegsherren und dem Erbadel und damit den politischen Kräfteverhältnissen im Land Tribut, indem er den Clans offizielle Ämter in ihren Heimatregionen übertrug. Zwar mag diese elitäre aristokratische Gruppe innerhalb der Gesellschaft um die Mitte des 10. Jahrhunderts gerade einmal mehrere Dutzend Clans umfasst haben, dennoch öffnete Wang Kŏn auf diese Art das verknöcherte System der aristokratischen Ränge, das ihn von der Vormachtstellung einiger weniger Silla-Clans abhängig machte, indem er die seit der Silla-Zeit verwendeten Knochenränge abschaffte. Sie widersprachen seiner Vorstellung von einer zeitgemäßen Regierung und Verwaltung des Reiches. Um die Abhängigkeit von den aristokratischen Clans noch weiter zu reduzieren, führte Wang Kŏns Nachfolger 958 die Rekrutierung von Beamten für den Staatsdienst auf der Basis von Prüfungen (*kwagŏ*) ein. Vorbild war das chinesische Prüfungssystem auf der Grundlage der konfuzianischen Klassiker.

Wang Kŏn ließ kurz vor seinem Tod im Jahr 943 seine politischen Erfahrungen in den *Sip hunyo* (Zehn Ermahnungen) als politisches Vermächtnis für seine Nachfolger niederschreiben. Er knüpfte damit an frühere Vorbilder an. Das eine war der in Japan von Prinz Shōtoku 604 erlassene Kodex von Verhaltensmaßregeln *Jūshichijō no kempō* (Die Verfügung der Siebzehn Artikel). Der andere war das von der Tang-Kaiserin Wu Zetian 674 veröffentlichte *Shi'er shi* (Zwölf-Punkte-Reformprogramm), in dem sie ihre politischen Vorstellungen formulierte.

In seinen Zehn Ermahnungen legte Wang Kŏn dar, was die Grundlagen seines dynastischen Selbstverständnisses waren und für die Entwicklung seiner Dynastie in der Zukunft sein sollten: Der Buddhismus solle Basis des Staates sein, bei gleichzeitiger Wahrung der chinesisch-koreanischen Geomantik; es solle am Prinzip der chinesischen Primogenitur in der Thronfolge festgehalten werden; es solle dem Beispiel der Tang-Dynastie gefolgt werden, statt die Khitan zu kopieren; die nationalen Feste sollten beachtet werden; das Volk solle nicht durch Steuern erdrückt werden – um nur die wichtigsten Grundlagen zu nennen. Wang Kŏn strebte in seiner Regierungszeit also keinen radikalen Bruch mit der Vergangenheit an, sondern betrachtete Koryŏ als die Fortsetzung von Silla. Seine Regierungszeit kann man deshalb als Grundlage für die Entstehung eines der homogensten Völker in der Geschichte der Menschheit ansehen, das sich durch einen hohen Grad an kultureller Identität und historischem Bewusstsein auszeichnet.[132]

3. Japan von ca. 300 bis ins 10. Jahrhundert

Yamato (ca. 300–710)

Yamato wird in der zweiten Hälfte des 4. Jahrhunderts in der zentralen Region des heutigen Ōsaka und Nara auf der Insel Honshū historisch greifbar. Es kann vielleicht am ehesten als ein Bund aus verschiedenen Stämmen in der Region verstanden werden, wobei Yamato unter den damaligen Stammesbünden eine Vormachtstellung einnahm. Während der Westen der Insel Honshū von einer Ansammlung von Stämmen besiedelt wurde, die als Japaner bezeichnet werden können, lebten im Norden der Insel noch die Ainu.

Nach dem *Kojiki* (Aufzeichnungen alter Begebenheiten) von 712 und dem *Nihon shoki* (Chronik von Japan) von 720 war Jimmu, der Göttliche Krieger, der erste menschliche Herrscher von Yamato. Doch nicht nur an seinen traditionellen Regierungsdaten von 660 bis 585 v. Chr. bestehen berechtigte Zweifel, sondern auch daran, dass er tatsächlich als historische Person gelebt und einen Eroberungszug von der Insel Kyūshū nach Norden auf die Insel Honshū unternommen hat. Wahrscheinlich wurden die legendäre Figur des Kaisers Jimmu und seine ihm zugeschriebenen Taten mit anderen, späteren und nicht weniger legendären Herrschern verschmolzen. In erster Linie kommt dafür Sujin in Betracht, ein Eroberer und Kulturheros, der entgegen gängigen Angaben, die seinen Tod in das Jahr 30 oder 258 n. Chr. datieren, womöglich erst 318 gestorben ist.

Einerseits wird angenommen, dass Sujin gemäß der heute umstrittenen Reitertheorie zu den sogenannten Reiterkriegern aus Korea gehörte,[133] die auf der Suche nach fruchtbarem Siedlungsland seit dem 1. Jahrhundert n. Chr. in mehreren Migrationswellen vom Süden her in Japan eingedrungen waren. Die Hypothese der Migration passt gut in die unruhige Zeit des 3. bis 5. Jahrhunderts, in der es nicht nur in Korea, sondern auch in China Migrationen von Norden nach Süden gab. Die Übernahme von koreanischen Kulturelementen spricht ebenfalls dafür. So soll im Jahr 453 der japanische Hof anlässlich eines Begräbnisses 80 Musiker aus Korea nach Japan geholt haben. Traditionell ist das der Beginn der dokumentierten japanischen Musikgeschichte. Hinsichtlich der sozialen Strukturen wurde aus Paekche im späten 5. Jahrhundert die gesellschaftliche Dominanz aristokratischer Abstammungsgruppen oder Clans (*uji*) mit erblichen Titeln (*kabane*), die den Status der Person am Hof definierten, übernommen. Solche erblichen Titel weisen in den Kulturen Nordostasiens auf die vaterrechtliche Abstammung des Titelträgers hin. Das Reich Yamato wird wegen dieser Gründung auf Clans auch als Uji-Staat bezeichnet.

Andererseits gibt es aber auch Historiker, die davon ausgehen, dass Sujin kein Einwanderer, sondern ein Mitglied des Yamato-Clans war. Als solchem sei es ihm gelungen, die verschiedenen Uji-Clans in sein Reich zu integrieren. Er soll ein hierarchisches System, so wie es Herrscher und Hof brauchten, geschaffen haben. Doch gleichgültig welche Theorie man bevorzugt, keine der beiden Erklärungen für die Entstehung des Reiches Yamato ist eindeutig beweisbar. Vieles bleibt hypothetisch. Allerdings spricht für die Migrationstheorie vom Festland, dass gemäß den Genealogien der Yamato-Aristokratie von 815 noch 1182 Familien oder über 33 Prozent des Adels vornehmlich aus Korea in die Region eingewandert waren.[134]

Schon früh lassen sich Aktivitäten Yamatos außerhalb Japans nachweisen. Um sich einen Stützpunkt auf der koreanischen Halbinsel zu sichern und so den Nachschub an Metallen, insbesondere Eisen und Gold, Waffen und Schmuck zu gewährleisten, nahm Yamato bereits 366 diplomatische Beziehungen zum koreanischen Paekche auf und besetzte 369 den südlichsten Teil des Gebiets der Stammesföderation Kaya (jap. Mimana) an der Südspitze der koreanischen Halbinsel, mit der es ein Bündnis schloss. Bis zum Ende der Drei Königtümer war die japanische Präsenz durchaus willkommen in Korea, denn die Japaner konnten im Austausch für wichtige Güter militärische Unterstützung mit Truppen anbieten. Paekche zeigte sich für die militärische Hilfe erkenntlich und sandte Gelehrte und Handwerker nach Yamato. 391 griff Paekche im Verbund mit japanischen Truppen zuerst Silla und dann Koguryŏ an. Der Sieg Koguryŏs auch über Truppen aus Wa (Japan) ist auf der bereits erwähnten Stele von 414 festgehalten. Den Stützpunkt Mimana in Kaya verlor Yamato 562 an Silla. Danach siedelten viele Koreaner auf die japanischen Inseln über. Sie halfen nicht nur den Buddhismus, sondern auch die festländische Zivilisation zu verbreiten.

Nach dem Ende der chinesischen Drei Reiche (220–265) wird zunächst von keinen diplomatischen Beziehungen zu Yamato berichtet. Yamato wurde aber von den Chinesen weiterhin als Nachfolgereich von Wa angesehen und deswegen als Wa bezeichnet. Erst 413 reisten wieder diplomatische Tributgesandtschaften aus Yamato an den Hof der Östlichen Jin-Dynastie (317–420) in China. 478 belehnte Kaiser Shundi der Song-Dynastie den Herrscher Wu (jap. Takeru, der Kriegerische) von Yamato und zeichnete ihn mit dem Titel *ōkimi* (Großkönig) aus. Wahrscheinlich handelte es sich dabei um Yūryaku (reg. nach traditioneller Überlieferung 456–479), der wohl über Kyūshū und den südlichen Teil von Honshū bis zur Kantō-Region herrschte. Außenpolitisch war Yamato im 5. und 6. Jahrhundert also recht gut gesichert, doch innenpolitisch kam es immer wieder zu massiven Konflikten zwischen den mächtigen Clans am Hof und im Reich. Um die Spannungen zu mindern, setzte der Großkönig wichtige Angehörige lokaler Clans als Provinzstatthalter (*kuni no miyatsuko*) ein. Sie waren für die Einziehung der lokalen Tribute für den Hof zuständig, doch politisch muss ihre Ernennung als Anerkennung lokaler Machtverhältnisse bewertet werden.

Bis zur Mitte des 6. Jahrhunderts, also in der Asuka-Periode (538–710), die dem letzten Abschnitt der Yamato-Zeit ihren Namen gab, hatte sich aus dem königlichen Yamato-Haus der Herrscher, einem von mehreren Clans (*uji*), bereits die kaiserliche Familie herausgebildet. Oftmals wird der Beginn der Asuka-Periode – so benannt nach der Residenzstadt bei Nara – auch mit 552 angegeben, als offiziell der Buddhismus durch Abgesandte von Paekche in Japan eingeführt wurde. Doch kein Herrscher von Yamato war mächtig genug, die neue Religion, die voller fremder Rituale, in Bildern und Skulpturen dargestellter Gottheiten und magischer Symbole war, allein gegen die traditionalistischen Clans im Reich durchzusetzen. Allerdings waren damals volksreligiöse Vorstellungen aus China in verschiedenen Regionen Japans bereits heimisch geworden, was die Einführung des Buddhismus erleichterte.[135] Auch gab es Clans, die den Buddhismus gegenüber der alten Naturreligion und ihren Göttern favorisierten, so vor allem der Soga-Clan. Dieser wollte das Reich Yamato nach chinesischem Vorbild reformieren. Sein Gegner war der Mononobe-Clan, der als Hüter des nationalen Kultes des Shintoismus den Buddhismus als eine neue und visuell erlebbare Form von Magie ablehnte. Nach Jahrzehnten heftiger Anfeindungen brach Soga no Umako (gest. 626) im Jahr 587 eine militärische Auseinandersetzung mit dem Mononobe-Clan vom Zaun, in der sein Clan in der Schlacht von Shigisen den Sieg davontrug.[136] Im selben Jahr noch brachte er seinen Neffen Sushun (reg. 587–592) auf den Thron. Da dieser jedoch der Amtsführung seines Ministers Soga no Umako Widerstand entgegensetzte, ließ Soga no Umako ihn 592 umbringen und setzte für ihn seine siebenunddreißigjährige Nichte, die Witwe von Bidatsu (reg. 572–585), als Herrscherin Suiko (reg. 592–628) ein. Mit Suiko begann eine in der Geschichte unvergleichliche Zeit von 200 Jahren, in denen Männer und Frauen in gleicher Zahl und mit etwa gleich langen Regierungszeiten herrschten. Erst mit dem Tod der Herrscherin Shōtoku 770 ging diese Epoche zu Ende.

Prinz Shōtoku

Suiko regierte mit Hilfe ihres als Regenten eingesetzten Neffen, Prinz Umayado (574–622), seit dem frühen 8. Jahrhundert bekannt als Prinz Shōtoku (Shōtoku taishi), einer der glanzvollsten und wirkungsmächtigsten Persönlichkeiten der japanischen Geschichte. Er war ein großer Förderer des Buddhismus und ließ zwischen 601 und 607 in Nara den Hōryū-ji Tempel errichten, mit seiner großen künstlerischen Vielfalt Inbegriff buddhistischer Architektur. Auch führte er 604 die Zwölf Hutränge (*kan'i jūnikai*) ein, das erste System von Hofrängen in Japan, die als nicht vererbbare individuelle Auszeichnung für Verdienste und Loyalität am Hof verliehen wurden.

Ebenfalls 604 erließ Shōtoku die Verfügung der Siebzehn Artikel (*Jūshichijō no kempō*), ein Werk, das auf moralischen Grundsätzen des Konfuzianismus, des Buddhismus und legalistischer Werke beruhte. Es betont den Wert der gesellschaftlichen Harmonie (*wa*) nach konfuzianischem Vorbild und forderte von den Untertanen Loyalität gegenüber dem Herrscher und der Linie der herrschenden Familie sowie Gehorsam und Fleiß. Diese Verfügung lässt deutlich das chinesische Modell erkennen, also die Prinzipien eines zentralistischen Staatswesens und einer konfuzianischen Ethik. Danach ist die Macht in der Person des Herrschers konzentriert, der an der Spitze der gesellschaftlichen Hierarchie steht. Hier wurden in einer Zeit, in der die politische Einheit in der Praxis noch lange nicht durchgesetzt war, die Weichen für die Zukunft gestellt, welche die Voraussetzungen für die Reform der Regierungsdevise Taika (Große Veränderung) von 645 bildeten.

Prinz Shōtoku war sich wohlbewusst, welche politische und kulturelle Bedeutung China für die Entwicklung von Yamato hatte. Deswegen schickte er in den Jahren 600 und 614 Gesandtschaften an den Hof der Sui-Dynastie. Im darauffolgenden Jahr besuchte eine Gesandtschaft der Sui das Reich Wa. Es war wahrscheinlich die erste offizielle Delegation aus China seit dem 5. Jahrhundert. Damit begann eine japanisch-chinesische Reisediplomatie, die – trotz des Rückschlags im Jahr 663 – etwa 250 Jahre gepflegt wurde. Die Selbsteinschätzung und das gestärkte Bewusstsein des Hofes von Yamato kommen deutlich in der Formulierung der Anrede von 607 an den Sui-Kaiser zum Vorschein: »Der Herrscher des Landes der aufgehenden Sonne an den Herrscher des Landes der untergehenden Sonne.« Diese Formulierung postulierte, dass Japan mit China gleichrangig war, eine Vorstellung, die in China allerdings abgelehnt wurde. Deswegen wurde das Schreiben am Hof der Sui-Dynastie nicht gut aufgenommen. 608 entsandte Prinz Shōtoku eine dritte Mission nach China, die aus acht Gelehrten und buddhistischen Priestern bestand. Diese beeinflussten nach ihrer Rückkehr die japanische Kultur nachhaltig im Sinn des chinesischen Vorbildes: Prinz Shōtoku machte in Japan nicht nur den Weg frei für die Übernahme chinesischer Modelle in Politik, Religion, Philosophie und Kunst, die in den nachfolgenden Jahrhunderten gemäß japanischen Gegebenheiten weiterentwickelt wurden, sondern praktizierte als Regent der Herrscherin Suiko auch das Modell einer effizienten indirekten Herrschaft im Namen seiner Tante, der Großkönigin. Später sollte die Praxis, dass jeder Titularherrscher einen Regenten hatte, zur Regel werden.

Die Taika-Reform (*taika no kaishin*)

Nach dem Tod von Prinz Shōtoku 622 und Großkönigin Suiko 628 begann der Kampf um die Macht am Hof von neuem. Die Gegner des übermächtigen Beamten Soga no Emishi und seines Sohnes Soga no Iruka, die beide Ambitionen auf den Thron hatten, formierten sich. Naka no Ōe (626–671) und sein Onkel Kōtoku planten gemeinsam mit Nakatomi no Kamatari (614–669), dem Führer der Shintō-Ritualisten, der später seinen Familiennamen in Fujiwara ändern durfte, einen Staatsstreich, der sie 645 an die Macht brachte. Kōtoku (reg. 645–654) wurde Herrscher, sein Neffe wurde als Prinz Naka no Ōe Regent und herrschte später, nach dem Tod des Großkönigs 654, von 662 bis 672 als Großkönig Tenchi. Ihre Gegner aus der Familie Soga aber wurden gestürzt und überlebten den Staatsstreich nicht. Damit begann der Aufstieg des Hauses Fujiwara, das durch eine geschickte Heiratspolitik seine Töchter in die königliche Familie verheiratete und damit zu einer der mächtigsten Familien in der Geschichte Japans wurde.

Die Regierungsdevise Taika (Große Veränderung, 645 bis 649), die nach chinesischem Vorbild als erste Jahresdevise (*nengō*) in Japan ausgerufen wurde, markierte einen gesellschaftlichen Paradigmenwechsel in der japanischen Geschichte. Gleichzeitig wurde der chinesische Kalender eingeführt. Die grundlegenden Reformen nach chinesischem Vorbild, die Kōtoku durchführte und die von seinen Nachfolgern fortgesetzt wurden, bestimmten das letzte halbe Jahrhundert der Yamato-Zeit. Ein wichtiges Ziel der Taika-Reform war es, die Herrschaft der bisher mächtigen Uji-Clans zu brechen und Japan nach chinesischem Vorbild umzuformen. Kōtoku verbot den Bau der gewaltigen Kofun-Grabanlagen aus Kostengründen und beendete damit diese Grabtradition der Uji-Oberschicht. Zu den wichtigsten wirtschaftspolitischen Maßnahmen der Reform gehörte, dass der gesamte Grundbesitz in das Eigentum des Herrschers übergehen sollte. Die Angehörigen der Uji-Clans durften zwar weiterhin in ihren Residenzen wohnen, doch ihr Grund und Boden war nicht mehr ihr Eigentum: Sie hatten keine freie Verfügungsgewalt mehr darüber. Die Idee dahinter war, die Uji-Clans wirtschaftlich zu entmachten, Großgrundbesitz zu verhindern und das Ackerland so an Männer und Frauen zu verteilen, dass jede Familie ihren Lebensunterhalt bestreiten und Steuern entrichten konnte. Der Verkauf und der Erwerb von Grund und Boden wurden verboten. All dies ging mit einer neuen Steuergesetzgebung einher, in deren Zuge an die Stelle von körperlichen Dienstpflichten und Militärdienst die Abgabe von Agrarprodukten, Textilien und Steuern trat. Als Ausgleich für den Verlust ihres Eigentums an Grund und Boden wurden den Mitgliedern der Uji-Clans Hoftitel verliehen, und sie wurden in Positionen als Gouverneure, Hofbeamte oder Provinzbeamte mit entsprechenden Einkünften berufen. Trotzdem trafen die zentralistischen Veränderungen bei den Uji-Clans auf Widerstand, so dass sich ihre Entmachtung über Jahrzehnte hinzog. Um der Hierarchie und den Unterschieden zwischen den Mitgliedern der Uji-Clans besser entsprechen zu können, wurde die Zahl der ursprünglich zwölf Hofränge im Jahr 649 auf 19 und 664 auf 26 Ränge erhöht. Das geschah etwa zu der Zeit, in der in Silla das Rangsystem für Provinzbeamte geschaffen und die Landreform durchgeführt sowie das Haushalts- und Steuersystem und das Militär reformiert wurden.

Yamato und Silla

Außenpolitisch agierten die Herrscherin Saimei (reg. 655–661) und der Herrscher Tenchi sowie dessen Hauptberater Fujiwara no Kamatari, sein Mitverschwörer aus den Tagen des Umsturzes, sehr ungeschickt. Um den Einfluss von Yamato auf der koreanischen Halbinsel wieder zu stärken, unterstützten sie Paekche. Doch die Seeschlacht von 663 am Paekchon-Fluss, an der Mündung des heutigen Kŭm-Flusses, endete für Yamato in einer verheerenden Niederlage. Die 170 Kriegsschiffe der mit Silla verbündeten Tang-Dynastie sollen dabei mehr als 400 Kriegsschiffe Yamatos versenkt haben. Silla, der alte Feind Japans auf koreanischem Boden, hatte gewonnen; die Folge war, dass sich Japan von der koreanischen Halbinsel zurückziehen musste. Diese Seeschlacht und die Ereignisse danach schufen im maritimen Verkehr eine Abgrenzung zwischen Korea und Japan, die zuvor nicht existiert hatte. Doch der diplomatische Verkehr zwischen Silla und dem Tang-Reich einerseits und Japan andererseits kam dadurch nicht zum Erliegen. Während die Küstenstädte Koreas weiterhin Seehandel betrieben, wurden an der Küste Yamatos Festungen gebaut, welche die Insel vor einer eventuellen chinesischen Invasion schützen sollten. Hakata auf Kyūshū erfuhr durch seine Benennung zum einzigen Hafen, von dem aus Schiffsverkehr mit dem Festland betrieben wurde, eine Aufwertung. Für fast 1000 Jahre aber sollte von Japan aus kein Versuch einer Invasion der koreanischen Halbinsel mehr unternommen werden.

Temmu Tennō und Jitō Tennō

Nach dem Tod des Herrschers Tenchi kam es 672 zu einem weiteren blutigen Putsch, bei dem es auch um die Fortsetzung der Reformpolitik nach chinesischem Vorbild ging, die ein Bruder des vormaligen Herrschers Tenchi, nämlich Temmu (reg. 673–686), weiter vorantrieb. Er war der erste Herrscher, den seine Zeitgenossen als *tennō* (Himmlischer Herrscher) bezeichneten und als *kami* (Gott) verehrten. Temmu Tennō berief Personen, die er für fähig hielt, anstelle von Clanhäuptlingen, die er stattdessen zu Erbadeligen machte, auf wichtige Positionen der Regierung und Verwaltung und führte 682 ein Auswahlsystem für Beamte ein, bei dem Abstammung, Charakter und Fähigkeiten für eine Berufung in ein Amt ausschlaggebend waren. Damit waren die Söhne der adeligen Familien im Vorteil. Er teilte 684 das Reichsgebiet in 58 Provinzen (*kuni*) auf, verbot 685 den privaten Besitz von Waffen und setzte durch, dass allein der Herrscher das Monopol auf die Anwendung militärischer Gewalt besaß. Zu diesem Zweck veränderte er das Militärwesen. Er führte die Wehrpflicht ein anstelle eines Heeres, in dem der einzelne Soldat unbezahlte körperliche Dienstpflicht erfüllen und sich während dieser Zeit auch selbst versorgen musste. Alle diese Vorstellungen folgten dem chinesischen Modell eines zentralistisch organisierten Staatswesens.

Doch in Statusfragen des Ansehens und der Ehrerweisung musste der Hof den alten Uji-Clans auch Jahrzehnte nach der Taika-Reform 645, durch die sie an Macht und Einfluss eingebüßt hatten, entgegenkommen. 684 ersetzte Temmu Tennō das alte, bis dahin noch immer praktizierte System der Kabane-Statustitel durch die Acht Ehrenbeinamen (*yakusa no kabane*), die den Familiennamen wie eine Auszeichnung hinzugefügt wurden. Durch diese interne Reform, die vor allem den mächtigen Uji-Clans am Hof zugutekam, versuchte er, seine kaiserliche Autorität zu stützen.

Die Taika-Reform von 645 und die vielen chinesischen Impulse, die von ihr ausgingen, sowie die Fortsetzung dieser Politik durch die Tennō (die dabei von ihren Verbündeten aus dem Fujiwara-Clan unterstützt wurden) führten Japan durch Stärkung der imperialen Macht und der Zentralregierung aus einem durch lokale Clans geprägten Zeitalter. Das im 7. Jahrhundert erworbene Selbstverständnis, das eng mit der Setzung eigener gesellschaftlicher und kultureller Standards verbunden war, brachte die Japaner auch dazu, dass sie ihr Land in den Außenbeziehungen seit 671 als Nippon (Nihon, Ursprung der Sonne) bezeichneten, was ebenfalls deutlich erkennen lässt, dass man sich um die Schaffung einer kulturellen Identität bemühte.

Das chinesische Vorbild im *Taihō ritsuryō* (Kodex der Regierungsära Taihō) von 701

Temmu Tennōs Witwe Jitō Tennō verkündete 689 das erste auf chinesischem Vorbild beruhende System eines Gesetzeskodex (*Ritsuryō seido*) in Japan. Der Kodex war in Strafbestimmungen (*ritsu*) und Verwaltungsbestimmungen (*ryō*) unterteilt. Er bildete die Grundlage für den *Taihō ritsuryō* (Kodex der Regierungsära Taihō) von 701, an dessen Abfassung der Fachmann für China, Awata no Mahito (gest. 719), beteiligt war, und den *Yōrō ritsuryō* (Kodex der Regierungsära Yōrō) von 718, die Japan eine überall und für alle geltende Rechtsgrundlage gaben. Die Gesetzeswerke wie auch die übrigen Reformen nach chinesischem Vorbild trugen dazu bei, die politischen Machtverhältnisse zugunsten des japanischen Herrschers und des Hofes zu verändern.

Gemäß dem Kodex setzte sich die Zentralregierung aus zwei Institutionen zusammen: dem Amt für Shintō-Gottheiten (*jingikan*) und dem Großen Staatsrat (*dajōkan*), der obersten Beratungsinstitution des Kaisers. Er wurde vom Großkanzler geleitet. Unter dem Großkanzler entfaltete sich eine Bürokratie mit einem Minister zur Linken und einem zur Rechten sowie weiteren Beratern. Während es in China die Sechs Ministerien gab, unterstanden den beiden Ministern in Japan jeweils vier, also zusammen acht Ministerien. Dieser in seiner Grundstruktur chinesische Regierungsaufbau wie auch andere Bestimmungen des Taihō-Kodex dürften der Bevölkerung, die noch an die Herrschaft der Uji-Clans und deren Vernetzungen gewöhnt war, in vieler Hinsicht fremd gewesen sein.

Dem Minister zur Linken unterstanden das Ministerium der Mitte, das die interne Kommunikation zwischen Thron und Verwaltung regelte, das Ministerium für Zeremonien, das Ministerium für zivile Angelegenheiten und das Ministerium für Volksangelegenheiten. Dem Minister zur Rechten unterstanden das Ministerium für das Militärwesen, das Justizministerium, das Finanzministerium und das Ministerium des kaiserlichen Haushalts. Das Ministerium für zivile Angelegenheiten befasste sich hauptsächlich mit Heiraten, Beförderungen, Beerdigungen, ausländischen Gesandtschaften, Musik sowie der Registrierung buddhistischer Tempel und Mönche. 702 wurde das Amt für Hofmusik eingerichtet, dessen vom Festland eingewanderte Künstler hauptsächlich chinesische und koreanische Musik und Tänze bei Hofzeremonien aufführten. So entwickelte sich auf der Grundlage musikalischer Importe, die schnell mit eigenen narrativen Inhalten gefüllt wurden, eine höfische Musikkultur, die als »elegante Musik« (*gagaku*) bezeichnet wird.

Das Ministerium für Militärwesen hatte keinen hohen Stellenwert in der Rangskala der Ministerien. Daraus kann man schließen, dass Krieg zu dieser Zeit am Hof kein zentrales Thema war. Von den insgesamt acht Ministerien befassten sich nur vier mit dem Reich und seiner Bevölkerung: das für Volksangelegenheiten, das für das Militärwesen, das Justizministerium und das Finanzministerium. Das Ministerium für Volksangelegenheiten kümmerte sich um die Haushaltserfassung, körperliche Arbeitspflicht, Wohlfahrt, Verkehrswege, Steuern und das Speicherwesen. Das Finanzministerium führte das staatliche Rechnungswesen, war für Maße, Gewichte, Preise und die Münzherstellung sowie die Überwachung von Lack- und Weberei-Manufakturen zuständig. Auch das Kaiserliche Webereiamt und das Amt für Näherei gehörten zum Finanzministerium. 711 befahl Kaiserin Gemmei (reg. 708–714) dem Kaiserlichen Webereiamt, Webmeister für gemusterte Seidengewebe in die Provinzen zu entsenden; sie sollten dort die entsprechenden Webstühle verbreiten. Darüber hinaus wurden 20 neue Webereiwerkstätten gegründet. Als 784 die Hauptstadt von Nara nach Nagaoka und dann 794 nach Kyōto verlegt wurde, wurden die Kaiserlichen Webereiwerkstätten im Palast angesiedelt und ein eigener Stadtteil für Weber südlich des Palastes gebaut.

Doch nicht in jeder Hinsicht kopierten die japanischen Herrscher des 7. Jahrhunderts das chinesische Vorbild. Eine Besonderheit im System der japanischen Zentralregierung war das Amt für Shintō-Gottheiten (*jingikan*), für das es keine chinesische Parallele gab. Mit diesem Amt wurde strukturell und inhaltlich versucht, eine auf japanische Besonderheiten zugeschnittene Institution zu schaffen, welche die Zentralregierung den veränderten japanischen gesellschaftlichen und politischen Bedingungen des ausgehenden 7. Jahrhunderts anpasste. Dieses Amt war noch bedeutender als der Große Staatsrat, was die enge Verflechtung der Regierungsmacht des Tennō mit der Shintō-Religion belegt. Das Amt war für die Durchführung der Shintō-Zeremonien, für die Verehrung der Kräfte der Natur oder »der göttlichen Wesenheiten« (*kami*), für die Erhaltung der Shintō-Schreine und für die Aufzeichnung der Divinationen zuständig. Durch diese Einbindung in den Shintoismus sicherte das Amt die unantastbare Stellung und Funktion des Herrschers, denn es stellte die Verbindung von ursprünglicher japanischer Naturreligion und Regierung her, durch die das Amt des japanischen Tennō-Herrschers als eine Priester-Herrscher-Funktion angesehen wird.

Die Nara-Zeit (710 bis 784)

Die Nara-Zeit ist nach der Stadt Nara benannt, die im Jahr 710 Heijō-kyō hieß und die Hauptstadt von Yamato war. Obwohl in der Epoche der Gesetzeswerke (*ritsuryō*) des 7. und 8. Jahrhunderts alle zentralistischen Reformen umgesetzt wurden, stand keine andere Periode der japanischen Geschichte so unter dem Zeichen des Buddhismus wie die Nara-Zeit. Im 8. Jahrhundert verwalteten etwa 400 Beamte ein Territorium mit einer Bevölkerung von ungefähr fünf Millionen Menschen. Das Herrschaftsgebiet war verwaltungstechnisch in 67 Provinzen, 555 Bezirke und etwa 4000 Dörfer gegliedert. Nach 824 waren es 66 Provinzen mit insgesamt 592 Bezirken. Formal waren alle Personen Untertanen des Tennō und hatten ihm und seinen Beamten, die an seiner Stelle handelten, zu gehorchen. Doch die Machtverhältnisse am Hof waren von endlosen Intrigen gekennzeichnet, und auch der ambitionierte Bau der neuen Hauptstadt Heijō-kyō führte bei den Tausenden Bauern, die als Zwangsarbeiter rekrutiert wurden, zu Unruhen.

Obwohl die Regierung von Shōmu Tennō (reg. 724–749) vor allem wegen dessen Kultur- und Religionspolitik als eine der bemerkenswertesten in der japanischen Geschichte gilt, zeigten sich in ihr erhebliche Irritationen, was auch daraus zu ersehen ist, dass Shōmu zwischen 741 und 745 dreimal den Ort seiner Residenz wechselte, bevor er nach Nara zurückkehrte. 741 befahl er, in allen Provinzen Tempel zum Schutz des Reiches zu errichten. Dieser Auftrag stimmte mit dem damaligen Verständnis des Buddhismus als einer fremden magischen Lehre überein, die man zur Heilung und zum Schutz einsetzte. Sie wurde durch Anbetung der buddhistischen Gottheiten wirksam. Die extravaganten buddhistischen Bauprojekte erschöpften jedoch das Volk und erhöhten dessen Elend aufgrund der umfangreichen Zwangsarbeit. Ermüdet von den weltlichen Auseinandersetzungen am Hof, dankte Shōmu 749 ab, überließ den Thron seiner Tochter Kōken Tennō (reg. 749–758) und widmete sich dem Buddhismus. Dass sich der Herrscher nach seiner Abdankung in ein Kloster oder seine Residenz zurückzog, sollte danach Schule machen.

Die Regierungszeiten von Shōmu Tennō und seiner Tochter waren von Intrigen und Machtkämpfen zwischen den Familien Fujiwara und der Familie des kaiserlichen Prinzen Tachibana no Moroe gekennzeichnet. Shōmu Tennō war der älteste Sohn von Mommu Tennō (reg. 697–707). Seine Mutter Kyūshi war, wie auch seine Frau Kōmyō, eine Tochter des Ministers Fujiwara no Fuhito (659–720). Das Kaiserhaus wäre noch enger mit der Familie Fujiwara verbunden gewesen, wären die vier Söhne Fuhitos nicht in der Pockenepidemie von 735 bis 746 gestorben. Nach dem plötzlichen Ableben der mächtigen Würdenträger aus der Familie Fujiwara übernahm der kaiserliche Prinz Tachibana no Moroe (684–757) das Amt des Ministers zur Rechten. Er schlug 740 den bewaffneten Aufstand von Fujiwara no Hirotsugu nieder, einem Enkel von Fuhito, der den Status der Fujiwara gewaltsam wiederherstellen wollte. Hirotsugu wurde hingerichtet, was familiär gesehen das Ende seiner Linie bedeutete. Moroe selbst wurde kurze Zeit später Opfer einer Verschwörung von Fujiwara no Nakamoro (706–764), einem anderen Enkel von Fuhito, und musste sich aus der Öffentlichkeit zurückziehen. Sein Sohn Tachibana no Naramaro (721–757) wollte das Unrecht rächen, das seinem Vater durch die Fujiwara angetan worden war, und plante eine Verschwörung gegen Nakamoro, die aber scheiterte. Im Gegenzug forcierte Nakamoro das Gesetzeswerk seines Großvaters Fuhito und versuchte dadurch, den zu dieser Zeit vom Buddhismus dominierten Hof in eine konfuzianische Richtung zu lenken. Bei diesem Versuch traf er aber auf den entschiedenen Widerstand der abgedankten Kōken Tennō (reg. 749–758). Diese wiederum handelte unter dem Einfluss des Mönches Dōkyō, der sie 761 von einer Krankheit geheilt hatte. Da der Einfluss Dōkyōs am Hof danach unverhältnismäßig groß wurde, zettelte Nakamoro 764 einen Aufstand an, der jedoch mit seiner Gefangennahme und seinem Tod endete. Die ehemalige Kaiserin Kōken bestieg daraufhin zum zweiten Mal den Thron und regierte als Shōtoku Tennō. Doch ihr Versuch, im Jahr 769 den Mönch Dōkyō, der nicht aus der kaiserlichen Familie stammte, zu ihrem Thronfolger zu machen, scheiterte, und Dōkyō wurde vom Hof verbannt. Die zweifache Regierungszeit der Kaiserin (bis 770) hatte zur Folge, dass es danach bis zur Edo-Zeit keiner Frau mehr erlaubt war, die Position einer regierenden Kaiserin einzunehmen. Frauen wurden auch von Positionen in der Bürokratie ausgeschlossen und somit aus dem Zentrum der politischen Macht gedrängt.

Der Aufstieg des Hauses Fujiwara in der Heian-Zeit

Die Heian-Zeit, die ihren Namen von der Hauptstadt Heian-kyō (Hauptstadt des Friedens und der Stabilität) übernahm, begann 794. Heian-kyō, das heutige Kyōto, blieb bis 1868 die Stadt, in der der Kaiser residierte. Die Heian-Zeit lässt sich in eine frühe (794–877), mittlere (877–1086), auch Fujiwara-Zeit genannt, und späte Periode (1087–1185) einteilen.[137] Sie war in der japanischen Geschichte die große Zeit der Adelskultur. Während in China das Prüfungssystem und Beamtentum gefördert wurden, verfestigte sich in Japan die Macht der aristokratischen Familien, die den Herrscher politisch schwächten.

Der Schlüssel zum Verständnis der Politik der Heian-Zeit liegt in der Heiratspolitik des Hauses Fujiwara. Dessen Aufstieg begann – wie oben beschrieben – bereits in der Nara-Zeit mit Fujiwara no

Fuhito (659–720). Damals wurde es Brauch, dass die Prinzen der kaiserlichen Familie vornehmlich Frauen aus dem Haus Fujiwara heirateten. Auch Kammu Tennō (reg. 782–806), Sohn einer koreanischen Mutter, der 782 den Thron bestieg, hatte eine Frau aus der Familie Fujiwara und wurde von seinem Schwiegervater Fujiwara no Momokawa (732–779) beim Kampf um die Macht protegiert. Kammu Tennō förderte die Einführung des esoterischen Buddhismus aus China, verlieh den verstorbenen Vorgängern posthume Titel nach chinesischem Beispiel, führte administrative Reformen durch und unterwarf die »barbarischen« Emishi im Nordosten der Insel Honshū. Da ihm die Buddhisten binnen weniger Jahrzehnte zu mächtig und einflussreich geworden waren, verbot er dem buddhistischen Klerus von Nara erfolglos, sich in der neuen, 794 gegründeten Hauptstadt Heian-kyō (das seit etwa 1100 Kyōto heißt) niederzulassen.

Fujiwara no Yoshifusa (804–872) sorgte 858 dafür, dass sein neunjähriger Enkel als Seiwa Tennō (reg. 859–876) inthronisiert wurde. Er erklärte sich selbst zum Regenten des Minderjährigen, wodurch er mit der seit Prinz Shōtoku bestehenden Tradition brach, den Regenten aus der kaiserlichen Familie zu bestellen; er wurde also der erste Regent, der nicht aus der kaiserlichen Familie stammte. Dadurch wurde das Haus Fujiwara noch mächtiger. Yoshifusas Neffe und Nachfolger Fujiwara no Mototsune (836–891) änderte diese Regelung und wurde 884 der erste Kampaku – der Titel für den Sprecher oder Regenten eines volljährigen Kaisers. Seine Aufgabe war es, für den Kaiser zu sprechen und in seinem Namen Befehle zu erteilen. Erst 1087 verlor diese Position an inhaltlicher Bedeutung.

Um den sich verändernden gesellschaftlichen Verhältnissen gerecht zu werden, insbesondere dem Einfluss der Fujiwara, wurden seit etwa 820 fortwährend Sammlungen der Gesetzeswerke zusammengestellt. 902 wurden die *Engi-shiki* (Die Verfahrensbestimmungen aus der Zeit der Regierungsära Engi, 901–923) von Fujiwara no Tokihira (871–909) und seinem Bruder Tadahira (880–949) erstellt. Diese Sammlung von 50 Gesetzestexten zu Strafverfahren (*kyaku*), administrativen und zeremoniellen Verfahren (*shiki*) sowie allen Shintō-Zeremonien, für die sie als heilige Texte gelten, hatte nicht mehr viel mit den originalen Gesetzeswerken (*ritsuryō*) des 7. und 8. Jahrhunderts gemeinsam. Die neuen Verfahrensbestimmungen höhlten die alten Gesetzeswerke aus und machten sie in der Praxis überflüssig.

Während in der Song-Dynastie schon wenige Jahrzehnte nach ihrer Gründung das Militärische dem Zivilen untergeordnet wurde, überflügelten in Japan die militärischen Kräfte die zivilen zusehends an Einfluss und Macht. Die mittlere Heian-Periode war noch geprägt von den Regenten, die in Kyōto im Zentrum der Macht als *ōchō kokka* (königlicher Hofstaat) agierten, doch bereits im 10. Jahrhundert lassen sich machtvolle politische Zentren in der Provinz, also an der Peripherie der Zentralmacht, konstatieren. Die lokalen Kriegerbünde (*bushidan*) der Minamoto (sinojapanisch Genji) und der Taira (sinojapanisch Heike) traten in Erscheinung. Taira no Masakado (?–940), ein Spross der Familie Taira, die sich im späten 9. Jahrhundert in der Provinz Chiba in der Kantō-Ebene niedergelassen hatte, fühlte sich 935 stark genug, den Hof herauszufordern. Er rief sich zum Kaiser des Ostens aus und gründete einen eigenen autonomen Staat in Kantō. Diese Rebellion wurde allerdings 940, noch bevor die kaiserlichen Truppen eingetroffen waren, durch ein Bündnis aus lokalen Kriegerbünden (*bushidan*) niedergeschlagen.[138] Taira no Masakado wurde getötet, sein Kopf in der Hauptstadt zur Abschreckung zur Schau gestellt. Dieser Typ von Aufständen entstand aus den Rivalitäten zwischen den Clans. Dabei ging es um die Stellung innerhalb der Hierarchie der Clans und um politische und wirtschaftliche Dominanz in weit vom Hof entfernten Regionen. Derartige Auseinandersetzungen sollten in den nachfolgenden Jahrhunderten, die durch Militärdiktatoren bestimmt waren, die Geschichte Japans maßgeblich kennzeichnen.

B Gesellschaft und Wirtschaft: Gemeinsamkeiten und Besonderheiten

1. Wechselbeziehungen zwischen China und seinen Nachbarn

Diplomatische Missionen, militärische Feldzüge und Bündnisse sowie Handelsaktivitäten schufen transnationale Beziehungen zwischen China, Korea und Japan. Die Entwicklung Koreas und Japans wurde, wie auf den vorigen Seiten bereits dargestellt, seit der Han-Dynastie und besonders intensiv im 7. Jahrhundert vom chinesischen Vorbild beeinflusst: Daraus resultierten das Erlernen der chinesischen Sprache und das Studium der chinesischen Klassiker auf der koreanischen Halbinsel und in Japan, die Kenntnis des chinesischen Kalenders, die Übernahme der hierarchischen Zentralverwaltung, die Ideologie der Hauptstadt als Sitz der Macht, das Rangsystem der Provinzbeamten, die Haushalts- und Steuererfassung, die Übernahme der Teekultur aus den Tang-zeitlichen Chan-Klöstern, aus der sich später dann die eigenständige japanische Tee-Zeremonie entwickelte, die buddhistische Religiosität und ebenso die Schaffung eines Verhaltenskodex für die Oberschicht. Weder in Korea noch in Japan bestanden irgendwelche grundsätzlichen ethnischen Vorbehalte gegenüber diesen Kulturimporten und ihrer Übernahme. Im Gegenteil, sie wurden sogar ausdrücklich willkommen geheißen und entsprechend verbreitet. Doch trotz aller Kulturimporte und der damit verbundenen Reformen behielten sowohl Korea als auch Japan ihre gesellschaftlichen Besonderheiten bei, die sie voneinander und von China unterschieden.

Diplomatische Beziehungen

Schon früh reisten Delegationen aus Wa in Japan an den chinesischen Hof, so in den Jahren 57 und 107. Bis 247 herrschte eine rege

Reisediplomatie in beiden Richtungen. Im 5. und dann wieder im 7. Jahrhundert besuchten mehrere Gesandtschaften aus Japan den chinesischen Hof der Östlichen Jin-Dynastie (317–420) und den der (Liu-)Song-Dynastie (420–479). Prinz Shōtoku entsandte von 600 bis 614 fünf Gesandtschaften an den Hof der Sui-Dynastie. 630 gab es erstmals eine Gesandtschaft an den Hof der Tang. Mindestens 15 Gesandtschaften (*kentōshi*) – viele davon mit dem Transfer konfuzianischen und buddhistischen Wissens betraut – sollten bis 838 folgen. Manche von ihnen bestanden aus bis zu 500 Personen, die auf mehreren Schiffen reisten.

Einige Gesandtschaften waren besonders bedeutsam. So reisten 717 Abe no Nakamaro (698/701–779), Kibi no Makibi (695–775) und der buddhistische Mönch Gembō (gest. 746) in die Tang-Hauptstadt Chang'an. Während Abe no Nakamaro in China blieb und dort eine Karriere als chinesischer Beamter machte, brachte der Mönch Gembō 735 bei seiner Rückkehr nach Nara 5000 buddhistische Texte, Bilder und Skulpturen mit. Kibi no Makibi kehrte ein Jahr früher mit vielen chinesischen Texten zur Verwaltung und mit dem chinesischen Spiel *weiji*, besser bekannt als Go, sowie der chinesischen Laute (chin. *pipa*, jap. *biwa*) nach Japan zurück. Er soll auch die Stickerei nach Japan gebracht haben. 752 reiste er nochmals in hoher Funktion nach China und leitete zwölf Jahre später die Bauarbeiten am Tempel Tōdai-ji. Doch die Missionen aufs Festland brachten nicht nur Texte, Erfahrungen und Ideen nach Japan, sondern auch Keramiken, Musik und Arzneien, darüber hinaus auch Personen wie zum Beispiel einen chinesischen Mönch, einen indischen Brahmanen oder einen persischen Musiker. Damit wurde Japan über das internationale kulturelle Netzwerk der Tang an Zentral-, Süd- und Westasien angeschlossen.

Auch von China reisten Gesandtschaften nach Japan. 478 belehnte die (Liu-)Song-Dynastie den Herrscher Takeru von Yamato und zeichnete ihn mit dem Titel Großkönig (*ōkimi*) aus. 608 kam eine Sui-Gesandtschaft nach Wa. Etwa 50 Jahre später, im Jahr 664, leitete Guo Wucong eine chinesische Gesandtschaft, die aus 30 Chinesen bestand und 100 Gefangene aus Paekche mitbrachte. Die

Gesandtschaft von 671, die sich aus 47 Schiffen und 2000 Personen zusammensetzte, unter ihnen 1400 japanische Kriegsgefangene, wurde ebenfalls von Guo Wucong geführt. Die Gesandtschaft blieb etwa ein halbes Jahr. Nicht immer wurde den Gesandtschaften erlaubt, die japanischen Inseln zu betreten. Der Hof fürchtete Spionage, separierte die Gesandten von den Einheimischen und hinderte sie oft daran, in die Hauptstadt zu reisen. Ein Grund mag auch gewesen sein, dass die Versorgung großer Gesandtschaften viel Geld kostete. So erhielt Guo Wucong zum Abschied über 1600 Ballen Seidenstoff und über 2800 Ballen Bastfaserstoff, dazu eine große Menge Seidenwatte, genug, um eine Truppe auszustatten. Wahrscheinlich war die Aussicht auf eine großzügige Beschenkung durch den Gastgeber der eigentliche Grund für seinen Besuch beim Nachbarn.

Auch Silla, der koreanische Feind Japans, schickte bereits 668, also nur fünf Jahre nach der verheerenden Niederlage der japanischen Marine gegen die Tang-Silla-Allianz, eine diplomatische Gesandtschaft nach Japan. Bis zum Ende des Jahrhunderts sollten 22 weitere folgen. Fraglos verfolgten die Silla-Gesandtschaften auch kaufmännische Ziele. Im Gegenzug machten sich im gleichen Zeitraum neun japanische Gesandtschaften auf den Weg nach Silla. Bevor 727 eine Delegation aus Bohai (kor. Parhae), das der japanische Hof als einen Verbündeten im Fall eines Krieges gegen Silla ansah, Japan erreichte, reisten jeweils mehrere Delegationen aus Silla nach Japan und umgekehrt. Auch nach 730 wurde der diplomatische Austausch fortgeführt. Doch die Gesandtschaften hatten zunehmend Probleme, sich über die hierarchische Ordnung der Staaten zueinander zu verständigen. Das führte auch dazu, dass seit 780 die Reiseaktivitäten zwischen Silla und dem Nara-Hof abnahmen und 882 die letzte offizielle Gesandtschaft von Japan nach Silla entsandt wurde. Auf Ratschlag des Chinakenners Sugawara no Michizane (845–903) stellte der japanische Hof 894 wegen der dortigen Unruhen auch die offiziellen Reiseaktivitäten ins Tang-Reich ein, worauf für Japan eine Periode der kulturellen Isolation folgte.

Seehandel

Unabhängig von diplomatischen Gesandtschaften gab es im 7. und 8. Jahrhundert einen überaus profitablen Seehandel. Er belegt, dass der Handel von Gütern und der Austausch von Wissen und Gedanken, Religionen und Bräuchen trotz der gefahrvollen Schiffsreise von Japan zum Festland hervorragend funktionierten. Der Handel brachte exotische Hölzer und Gewürze, medizinische Kräuter, kosmetische Artikel, Gold und Eisen und eine Vielzahl von Produkten wie Bronzespiegel, Kämme und Haarnadeln, Kerzenständer und Weihrauchbrenner, Sattelzeug und vieles mehr nach Japan. Dazu erreichten das Land viele technische Neuerungen und Ideen, die im Tang-Reich und in Silla bereits verbreitet waren.

Im 8. Jahrhundert forcierte Silla den offiziellen wie den privaten Außenhandel mit China und Japan, wofür 30 bis 40 Häfen an der Süd- und Westküste beste Voraussetzungen boten. Seit 828 dominierte der Kaufmann und militärische Beauftragte Chang Pogo den Seehandel Koreas mit China, zu dessen Schutz er nicht nur Garnisonen einrichtete, sondern auch koreanische Niederlassungen in den Provinzen Shandong und Jiangsu gründete. Nach seiner Ermordung 846 brach der reguläre Seehandel Sillas zusammen, so dass es seine Bedeutung als Seehandelsmacht verlor. Dieses Vakuum wurde zunehmend von Piraten genutzt, die nun die japanische Küste unsicher machten. 869 kam es zu einem Piratenüberfall auf Hakata, weitere ereigneten sich in den 890er Jahren auch an anderen Orten. Doch trotz der Piraterie florierte auch im 10. Jahrhundert der Seehandel.

2. Gesellschaft

China

Mit dem Niedergang der Zentralmacht am Ende der Han-Zeit begann im Süden Chinas die Herausbildung großer aristokratischer Familien, die aus dem Norden in den ihnen fremden Südosten hatten fliehen müssen. Dort riefen die Sima – wie oben bereits dargestellt – die Östliche Jin-Dynastie aus, und bald besetzten die mit ihnen aus dem Norden gekommenen Adelsfamilien, die loyal zum Haus Sima standen, die wichtigsten Ämter. Sie bezogen auch die höchsten Einkommen, ließen sich von den Herrschern in ihren Privilegien bestätigen und waren von Steuern und Dienstpflichten befreit. Heiraten zwischen Adeligen berühmter Familien (*mingjia*) und armen Familien (*hanmen*), also Nicht-Adeligen, waren verboten. Die sozialen Unterschiede zwischen den Einheimischen und den aus dem Norden Zugereisten konnten größer nicht sein. Während die Adeligen damals eine neue gesellschaftliche und kulturelle Elite bildeten, die sich an Eleganz und Verfeinerung überbot, wurden viele einheimische Haushalte zu Militärhaushalten gemacht, deren Status nicht viel höher war als der von Staatssklaven. Die nicht-chinesischen Stämme des Südostens und Südens wurden durch die han-chinesischen Bauern verdrängt oder wurden assimiliert. Im Norden und Nordosten dagegen, wo die nicht-chinesischen Xiongnu, Di, Jie und Xianbei zwischen 304 und 439 eigene Herrschaften gründeten, wurden die bis dahin nomadischen nicht-chinesischen Clans, die von Vieh- und Weidewirtschaft lebten, sesshaft. Zur Erhaltung der politischen Macht waren bei den nicht-chinesischen Herrschern der Sechzehn Reiche konfuzianische Werte und chinesische Gelehrte nachgefragt. Doch erst Kaiser Xiaowen (reg. 471–499) der Nördlichen Wei-Dynastie setzte alles daran, die Elite der Han-Chinesen und die der Xianbei zusammenzubringen. Er setzte für die Xianbei ein radikales Programm der Sinisierung durch und gab dem Land und seinen han-chinesischen Bauern durch das System der gleichmäßigen Landverteilung eine sichere wirtschaftliche Grundlage.

Obgleich die aristokratischen Familien trotz der Abschaffung ihrer Privilegien durch die Sui-Dynastie zwischen 581 und 589 schwere Rückschläge erlitten hatten, konnten sie ihre privilegierte Stellung auch noch in der Tang-Dynastie halten. Die gesellschaftliche Bedeutung der alten aristokratischen Familien wird in den Genealogien deutlich, die von den Tang-Kaisern Taizong und Gaozong im 7. Jahrhundert in Auftrag gegeben wurden. Auch wenn die Kaiser den Einfluss dieser Adelsfamilien zu reduzieren versuchten, nahmen diese immer noch den Großteil der hohen Beamtenpositionen ein. Das galt selbst noch, als die Beamtenprüfungen auch Kandidaten mit bescheidenerem familiären Hintergrund offenstanden: Das Prüfungssystem wurde auch in der Tang-Zeit durch die Aristokratie dominiert. Allerdings schuf es ein ausgewogeneres Kräfteverhältnis zwischen den Eliten des Nordwestens, des Nordostens und des Südens. Militärgouverneure, denen in der gesamten Tang-Zeit größere Bedeutung zukam als den Zivilbeamten, stürzten die Tang-Dynastie im 9. Jahrhundert in einen Bürgerkrieg, der zum Untergang der Tang-Dynastie führte. Den Usurpatoren und Kriegsherren des 10. Jahrhunderts fielen schließlich auch die alten Adelsfamilien zum Opfer.

Korea

Während in der chinesischen Geschichte bis zum 3. Jahrhundert schon mehrere Dynastien regiert und sich Vorstellungen von einer Reichseinheit sowie den Pflichten von Herrschern und Beamten gebildet hatten und es auch entsprechende Ideologien gab, befanden sich die Gesellschaften auf der koreanischen Halbinsel insgesamt noch in einem vor-dynastischen Zustand von Stammesgemeinschaften. Ihr traditioneller Lebensstil unterschied sich vollkommen von dem der Chinesen. Koguryŏ war allerdings durch die benachbarte chinesische Kultur viel intensiver beeinflusst als die Föderationen der Drei Han (Chinhan, Pyŏnhan und Mahan) im Süden Koreas. Doch auch in diesen Gebieten, besonders in Chinhan, nahm der chinesische Einfluss zu.

In der Regierungszeit des Silla-Königs Pŏphŭng (reg. 514–540) oder kurz danach entstand das hierarchische System der »Knochenränge« (*kolp'um*). Das System beruhte auf der adeligen Abstammung beider Elternteile, was den sozialen Gegebenheiten des koreanischen Erbadels Rechnung trug. Die Regelungen innerhalb der »Knochenränge« bestimmten nicht nur die Größe der Residenzen und die Farben der Kleidung, sondern vor allem auch den

Zugang zu Ämtern. Die »Knochenränge« waren dreifach gegliedert. Zum Rang des »Heiligen Knochens« (*sŏnggol*) gehörten nur die männlichen Mitglieder der Hauptlinie des königlichen Kim-Clans, deren Frauen aus dem Pak-Clan stammten. Dem König selber kam dabei eine heilige und priesterliche Autorität zu. Die Hauptlinie der Kim endete 632 mit dem Tod von König Chinp'yŏng, der keinen männlichen Erben hinterließ. Damit erlosch auch die Linie der »Heiligen Knochen«. Nach ihm bestieg zuerst seine Schwester, Königin Sŏndŏk (reg. 632–647), und danach deren Tochter, Königin Chindŏk (reg. 647–654), den Thron. Sie errichtete 651 das Kanzleramt (*chipsabu*), das den Rat der Adeligen (*hwabaek*), der sich aus Angehörigen der »Wahren Knochen« zusammensetzte, ergänzen sollte. Diese Einrichtung nahm die Durchsetzung der Interessen der Herrscherin gegenüber dem Erbadel wahr. Deswegen sprechen einige Historiker auch von einer »autoritären Monarchie«.[139]

Ihr Nachfolger, König Muyŏl (reg. 654–661), kam nicht nur gegen den Widerstand des Rats der Adeligen auf den Thron, sondern war auch der erste Herrscher, der aus den Rängen der »Wahren Knochen« (*chin'gol*) stammte. Die »Wahren Knochen« setzten sich aus den männlichen Mitgliedern der Nebenzweige des königlichen Kim-Clans und den Mitgliedern der Clans Pak und Sŏk zusammen, aus denen die Gemahlinnen für die königliche Familie kamen, sowie der herrschenden Familie der Pon Kaya. Die Mitglieder des Ranges der »Wahren Knochen« hatten die höchsten und wichtigsten Ämter im Reich wie z. B. im Rat der Adeligen inne.

Unterhalb der zwei Knochenränge gab es die »Kopfränge« (*tup'um*), die in sechs Grade unterteilt waren. Nur die höchsten Grade vier, fünf und sechs, die dem niederen Adel vorbehalten waren, hatten wirkliche Bedeutung. Der Rang sechs war der höchste Rang. Die Inhaber dieser Ränge agierten auf der Verwaltungsebene und stellten viele der Gelehrten. Der jeweilige Rang bestimmte die Lebensweise, die Residenz, die Beförderungsmittel und die Zahl der Dienerschaft ebenso wie die Farbe der Amtskleidung. Die Grade eins bis drei waren gewöhnlichen Leuten vorbehalten. Im Gegensatz zu China bestand die Armee nicht aus Soldaten, die aus dem Bauernstand rekrutiert wurden, sondern aus jungen Angehörigen des Adels.

In Silla – aber auch in Koguryŏ und Paekche –, wo der Adel durch eine besonders strikte hierarchische Ordnung geprägt war, wurde der konfuzianischen Loyalität ein hoher Stellenwert eingeräumt. Sie prägte vor allem das Leben und die Identität der Hwarang (Blühenden Prinzen oder Blumenjunker), militärische Gruppierungen der adeligen männlichen Jugend, die als Eliteeinheiten in der Armee von Silla dienten. Ursprünglich waren die »Blumenjunker«, die sich auch schminkten, im Geist und in der Tradition von schamanischen Opferfesten aufgewachsen. Ähnliche Einheiten gab es in Koguryŏ und in Paekche. Das Ziel des »Wegs der blühenden Prinzen« (*hwarangdo*) als adeliger Silla-Doktrin bestand darin, die Söhne aus den adeligen Familien – die bereits nach der Pubertät in die Hwarang kamen – zu tapferen und loyalen Offizieren mit hoher Selbstdisziplin, persönlicher Integrität und einem Begriff von Heimat zu erziehen. Gleichzeitig wurden ihnen die konfuzianischen Werte der gesellschaftlichen Ordnung vermittelt. Dieses Hwarang-Ausbildungsmodell für den adeligen Nachwuchs führte dazu, dass der Konfuzianismus in Silla vor 668 bedeutender und einflussreicher war als in seinem Ursprungsland China.

Die Uji-Gesellschaft in Japan

Bis zum 7. Jahrhundert, als das chinesische Regierungsmodell zusammen mit dem Buddhismus auch in Japan die Oberhand gewann, war die Gesellschaft von Yamato, wie zu Beginn des Kapitels bereits dargestellt, nach Abstammungsgruppen oder Clans (*uji*) organisiert. Diese Clans, von denen jeder einen eigenen Familiennamen hatte und einen eigenen Ahn verehrte, standen unter der Führung von Stammeshäuptlingen, die in ihrer Gesamtheit wiederum die Aristokratie von Yamato bildeten. Innerhalb der Clans gab es mehrere Linien, die zusätzlich den erblichen Statustitel Kabane trugen, der ihren Rang am Hof bestimmte.

Auch waren bis zum 7. Jahrhundert in Japan schon viele kulturelle und materielle Importe heimisch geworden, trotzdem war Japan im Vergleich zum kulturellen, technischen und wirtschaftlichen Standard Chinas und Koreas noch unterentwickelt. Dieses Defizit war auch der Oberschicht von Yamato bewusst. Um den Anschluss an das zivilisatorische Niveau des Festlands zu gewinnen, war Yamato deshalb auf die Einwanderung von Menschen sowie den Import von Material und Kenntnissen vom Festland angewiesen. Über diese Einwanderer fanden auch kulturelle Neuheiten, insbesondere chinesische Schriftwerke und der Buddhismus, den Weg nach Japan.

Erbliche Berufsgruppen (*be* oder *tomo*), eine Form der Organisation, welche aus Paekche stammt, gehörten bis 645 entweder zum Yamato-Hof oder zu den mächtigen Uji-Clans, deren Häuptlinge einen Kabane-Titel trugen. Die Berufsgruppen in der Landwirtschaft und Fischerei bildeten das wirtschaftliche Rückgrat des Reiches. Ferner gehörten dazu auch die Berufsgruppen in den Werkstätten des Hofes, deren Handwerker Waffen aus Eisen herstellten, Sättel anfertigten, Seide webten und Kleider nähten. Obwohl die Seidenraupenzucht in Japan bereits seit etwa 200 n. Chr. bekannt war, kam der Aufschwung in der Seidenproduktion erst im späten 4. und 5. Jahrhundert. Damals wurden Weber, die sogenannten Hata-Familien (jap. *hata*, Webstuhl), denen der Status eines Clans zugestanden wurde, aus Paekche und dem chinesischen Wu in Südchina angeworben. Auch die Töpferei, insbesondere die Sue-Keramik nach koreanischem Vorbild, verbreitete sich. In einer Zeit, in der es einen Mangel an spezialisierten Handwerkern gab, gewannen führende Personen dieser Berufsgruppen schnell an Macht und Prestige und konnten sogar in die Aristokratie aufsteigen. Dazu kamen noch Berufsgruppen, die ausschließlich für den Militärdienst, für religiöse Zeremonien oder für die Divination im Shintoismus zuständig waren.

3. Die neuen Hauptstädte

Die Hauptstadt war in China und Japan sowohl der Sitz des Kaisers, des Sohns des Himmels, des Vermittlers zwischen Himmel und Erde, als auch das Zentrum der politischen Macht, das Zentrum der Welt. Als Ort kaiserlicher Autorität spiegelte die Hauptstadt die Harmonie zwischen Himmel und Erde wider und stand für die absolute Kontrolle, die der Sohn des Himmels ausübte. In der Strenge der Stadtplanung erkannte man das materialisierte kaiserliche Gesetz und die alles beherrschende öffentliche Ordnung. Nach Jahrhunderten der Zersplitterung in den Zeiten der Sechs Dynastien (222–589) wurde das Tang-zeitliche Chang'an als neue Hauptstadt sowohl zu einem Symbol der Einheit des Reiches als auch seiner Stärke. In Chang'an verbanden sich die räumlichen mit den zeitlichen Symbolen und wurden dem kosmologischen Ordnungsprinzip des Altertums gerecht. Die drei Tore auf jeder Seite der Stadt beziehen sich in den chinesischen numerologischen Kategorien auf die Zahl Drei der drei Kräfte der Natur: Himmel, Erde und Mensch. Die Zahl Neun der neun von Norden nach Süden angelegten Straßen nimmt Bezug auf die neun Provinzen des legendären Kaisers Da Yu, und die zwölf Straßen in ost-westlicher Richtung entsprechen den zwölf Monaten des Jahres. In Korea folgte man beim Bau der Hauptstadt dem chinesischen Vorbild ebenso wie in Japan, das schon viele Hauptstädte vor der Errichtung von Heiankyō (heutiges Kyōto) 794 gesehen hatte. Kyōto blieb bis 1868 die kaiserliche Hauptstadt Japans.

China

Chang'an war schon in der Han-Zeit die Hauptstadt gewesen. Das neue Modell für die Anlage der Stadt lieferte die von Sui-Kaiser Wendi gegründete Hauptstadt Daxing (Großes Gedeihen), die am Anfang der Tang-Dynastie in Chang'an (Langer Friede) umbenannt wurde. Chang'an war das kosmopolitische und kulturelle Zentrum Ostasiens.

Die ummauerte Stadt hatte gewaltige architektonische Dimensionen, wie man sie bis dahin noch nirgendwo gebaut hatte. Ihre mächtigen Mauern maßen von Nord nach Süd 8,6 und von Ost nach West 9,7 Kilometer. Ein System von strikt parallel verlaufenden Hauptstraßen und zusätzlichen Straßen teilte die Stadt in 110 quadratische und rechteckige ummauerte Viertel auf, in denen wiederum die ummauerten Wohnquartiere lagen. Diese Stadt mit ihren zwei großen Märkten, der zentral im Norden gelegenen Kaiserlichen Stadt, dem Daminggong (Palast der Großen Klarheit) im Nordosten, den vielen aristokratischen Residenzen und religiösen Einrichtungen (buddhistische und daoistische Klöster oder manichäische, mazdaische und nestorianische Kirchen) beherbergte wahrscheinlich etwa eine Million Menschen.

Im Jahr 918 gründete Abaoji, der Herrscher der Liao-Dynastie, die Hauptstadt Shangjing (Oberste Hauptstadt). Zwar folgte die äußere Umgrenzung mit einer Stadtmauer dem Ideal chinesischer Stadtplanung, doch eine von Osten nach Westen verlaufende Mauer teilte die Stadt in einen nördlichen Stadtteil (nördlich des Bayangol-Flusses) und einen kleineren südlichen. Im nördlichen wohnten die Khitan, die zwar Residenzen hatten, doch ihren nomadischen Lebensstil in Zelten fortsetzten, im südlichen die Han-Chinesen und andere Nicht-Khitan. Dort befanden sich auch die Märkte und Gästehäuser für ausländische Gesandte. Diese Form der Stadtanlage trennte die Angehörigen der herrschenden Fremddynastie von den chinesischen Untertanen, ein Modell, das später auch die mandschurische Qing-Dynastie (1644–1912) für die Hauptstadt Peking übernahm.

Korea

In Silla hatte man sich schon im 5. Jahrhundert mit der Hauptstadt Saro (heutiges Kyŏngju) an chinesischen Vorgaben orientiert. König Munmu ließ 668 nördlich von Wŏlsŏng die neue Hauptstadt, die damals Kŭmsŏng (Goldene Stadt) hieß, nach dem Vorbild der chinesischen Hauptstadt Chang'an bauen. Sie war streng geometrisch und axial angelegt, bestand aus 55 Stadtvierteln und beher-

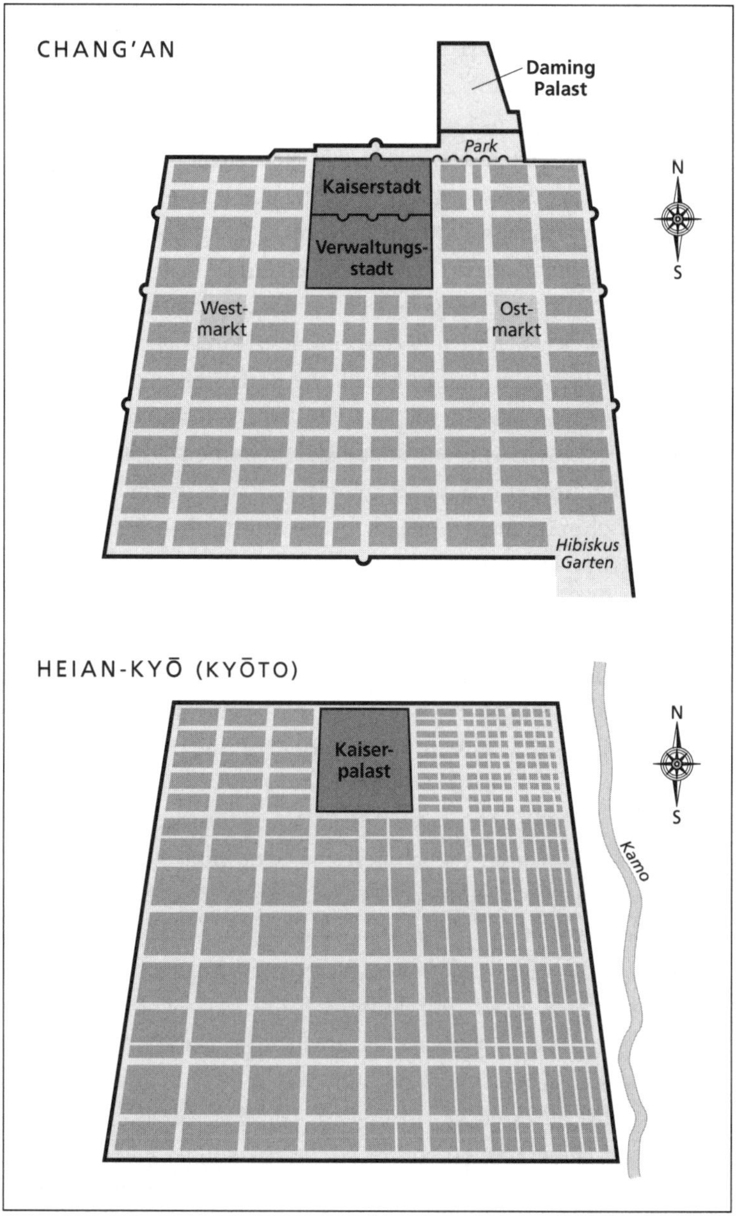

Karte 9: Vereinfachte Grundrisse von Chang'an (Xi'an) und Heian-kyō (Kyōto)

bergte im 9. Jahrhundert 180 000 Haushalte mit schätzungsweise einer Million Einwohnern. Die Übernahme des chinesischen Modells im Städtebau beschränkte sich jedoch nicht allein auf die Architektur der Stadtanlage. 674 wurde nach chinesischem Vorbild auf dem Areal eines Nebenpalastes in Kyŏngju eine idealtypische Parklandschaft angelegt, der Mondsee (*wŏlchi*), ein von Hügeln und mit Pflanzen bewachsenen Felsenbergen sowie Tiergehegen umgebener künstlicher Teich. Diese Parkanlage ergänzte den mitten in der Hauptstadt Kŭmsŏng gelegenen Palast der Mondfestung (*wŏlsŏng*). Sein Pavillon am Meer (*imhaejŏn*), in dem königliche Bankette für bis zu 1000 Personen und musikalische Veranstaltungen mit Tanzdarbietungen von Palastdamen stattfanden sowie ausländische Missionen empfangen wurden, diente der höfischen Diplomatie und der Unterhaltung. Im Mondsee selbst lagen zwei Inseln, die – ebenfalls nach chinesischem Vorbild – den daoistischen Unsterblichen als Einsiedelei dienen sollten. Nach der Zeit des Vereinten Silla hieß die verfallene Parklandschaft Anapchi (See der Enten und Gänse). Bei Ausgrabungen in den Jahren 1975 und 1976 wurden insgesamt über 9000 Objekte aus Holz, Metall, Stein und Lack und mehr als 6000 gemusterte Keramikfliesen gefunden, die den verschwenderischen Lebensstil der Aristokratie dokumentieren.

Japan

Auch in Japan wurde das chinesische Stadtmodell von Chang'an übernommen. Aus der Tatsache, dass jeder Herrscher in seiner eigenen Residenz lebte, erklärt sich, dass es vor der Heian-Zeit viele Residenzstädte gab. Erst mit dem Bau der Hauptstadt Fujiwara-kyō 694 durch die Kaiserin Jitō Tennō begann eine Stadtentwicklung. Allerdings hatte die japanische Hauptstadt im Unterschied zur chinesischen keine Stadtmauern. Zum ersten Mal diente eine Residenzstadt bis zu ihrer Zerstörung im Jahr 711 durch eine Feuersbrunst drei Generationen von Herrschern, die über einen gewissen Zeitraum hinweg gleichzeitig dort lebten, als Hauptstadt. Da in der Residenzstadt Raummangel herrschte und auch der Einfluss der Buddhisten auf den Hof zu groß geworden war, hatte Kaiserin

Gemmei bereits 708 eine neue Hauptstadt planen lassen, die 710 bezogen wurde. Sie hieß Heijō-kyō (später Nara). Die Stadt war streng symmetrisch nach dem Vorbild von Chang'an gebaut, jedoch mit einer Ausdehnung von 4 mal 4,5 Kilometern nur etwa ein Viertel so groß wie das Vorbild und besaß keine Stadtmauer. Im Norden lag der Kaiserpalast, zu dem von Süden aus die Hauptstraße führte, welche die Stadt in eine östliche und westliche Hälfte teilte. Insgesamt gliederten parallel angeordnete Straßen die Stadt in 72 gleich große Viertel. Den großen buddhistischen Tempeln wurden Areale am östlichen Rand der Stadt zugewiesen.

Erst 75 Jahre später wurde Heijō-kyō als Hauptstadt für zehn Jahre durch Nagaoka-kyō abgelöst, bevor dann im Jahr 794 Heian-kyō, das heutige Kyōto, Hauptstadt wurde (siehe Karte 9). Einmal mehr wollte sich der Kaiser durch den Ortswechsel dem dominanten buddhistischen Einfluss wie auch der Macht des Fujiwara-Clans entziehen.

4. Landreform und Wirtschaft

Landreformen, welche die Besitzverhältnisse an Grund und Boden und die Verfügung darüber neu ordneten, gehören zu den wichtigsten Wirtschaftsreformen in der Geschichte Ostasiens. Immer dann, wenn es in China zwischen dem 3. und 7. Jahrhundert um die Konsolidierung politischer Macht mit Hilfe verlässlicher Steuereinnahmen und um die Sicherung des Lebensunterhalts der Untertanen und damit um die Vorbeugung gegen Unruhen ging, wurde die Lösung in einer Änderung der Besitzverhältnisse an landwirtschaftlich nutzbarem Boden gesucht. Sowohl in China als auch einige Jahrhunderte später in Japan und Korea wurden die lokalen Landbesitzer de facto enteignet und das Land nach vorheriger Erfassung der Haushalte neu verteilt. Aus rechtlicher Sicht betrachtet geschah dies auf der Basis der chinesischen Vorstellung, dass dem Kaiser als Sohn des Himmels das Land gehört, über das er gebietet. Diese

Vorstellung machten sich dann auch die japanischen und koreanischen Herrscher im 7. Jahrhundert zu eigen. Das Land wurde nach festgesetzten Regeln, die für das ganze Reich galten, an die Haushalte verteilt, die Landwirtschaft betrieben. Auf diese Weise versuchten die Herrscher nicht nur den regionalen Einfluss der aristokratischen Familien zu mindern, sondern sicherten sich auch ihre eigene Macht und ein hohes Einkommen aus Steuern.

China

Die erste große Landreform führte 280 die Westliche Jin-Dynastie durch. Sie sprach jedem Mann im Alter zwischen 16 und 60 Jahren einen Landbesitz (*zhantian*) von 70 *mu* (4,6 Hektar) zu und jeder Frau 30 *mu*. Außerdem erhielten Männer zusätzlich 50 *mu* (3,3 Hektar) an Feldern zur Bearbeitung (*ketian*), Frauen 20 *mu*. Auch wurden die Steuerabgaben in Naturalien, also Korn, Seidengewebe und Seidenwatte, neu festgesetzt. Diese Landreform bildete die Grundlage für das System der gleichmäßigen Landverteilung (*juntian*) des Jahres 485 der Nördlichen Wei-Dynastie, die ihrerseits für mehrere Jahrhunderte die Basis des chinesischen Steuersystems war.[140] Gemäß dieser Regelung standen jedem Mann ab dem Alter von 15 Jahren 40 *mu* (2,6 Hektar) »freies Land« zur Bearbeitung zu und jeder Frau 20 *mu*. Das Land wurde als Zuteilung an die individuelle Person betrachtet und fiel erst nach Erreichung der Altersgrenze oder nach dem Tod des Besitzers zur Neuverteilung an den Staat zurück. Dazu kam eine Zuteilung von 20 *mu* (1,3 Hektar) an Maulbeerbaumfeldern und unter Umständen noch Land zum Anbau von textilen Bastfaserpflanzen wie Hanf und Ramie. Sklaven stand eine Landzuteilung im selben Umfang zu, und auch für Rindvieh gab es pro Kopf einen Zuschlag von 30 *mu*, was vor allem der Oberschicht zugutekam. Eine sechsköpfige Familie mit vier Sklaven und 20 Rindern konnte einen Landanspruch von etwa 25 Hektar geltend machen.[141]

In den Fremddynastien der Zeit, als keine han-chinesischen Herrscher regierten, wurde zwischen Freien (*liang*) und Sklaven (*nu*) unterschieden, wobei es Staatssklaven und Privatsklaven gab.

Die meisten Staatssklaven waren Kriegsgefangene. Sie konnten verkauft, verschenkt und verliehen werden und arbeiteten in der Landwirtschaft, in Haushalten, in Werkstätten und auch im Unterhaltungsgewerbe. In der Nördlichen Wei-Dynastie wurden Hunderttausende Menschen durch Gesichtstätowierung, die technisch eher einer Brandmarkung gleichkam, mit dem Namen ihres Besitzers versehen und dadurch entrechtet.

Die Nördliche Qi-Dynastie hob 564 die Fläche des frei verfügbaren Landes auf 80 *mu* (5,3 Hektar) pro Person an, gleichzeitig senkte sie aber die Obergrenze für eine Familie auf 300 *mu* (ca. 20 Hektar). Die Sui-Dynastie war bei der Erfassung von Steuerhaushalten außerordentlich erfolgreich. 609 waren 8,9 Millionen Haushalte registriert. Die 624 erlassenen Agrarverordnungen (*Tianling*), die mit ihren Landzuteilungen auf dem System der gleichmäßigen Landverteilung der Nördlichen Qi-Dynastie von 564 beruhten, sollten den Bauernfamilien zum Lebensunterhalt und dem zur Entrichtung der Steuern nötigen Land verhelfen. Die Bauern mussten im Zuyongdiao-System Steuern und persönliche Leistungen erbringen. Der Begriff Zuyongdiao setzte sich aus den Bezeichnungen für Getreide (*zu*), den Arbeits- und Militärdienst (*yong*) und den Abgaben (*diao*) in Form von Seidengewebe, Hanf- oder Ramietuch zusammen. Die Steuerleistung sollte der Arbeitsleistung von 30 Tagen entsprechen, der Arbeitsdienst war jährlich auf 20 Tage festgesetzt. Auf dem Papier sahen die Besitzverhältnisse für die selbstwirtschaftenden Bauern nach den Verordnungen von 624 besser aus als in den früheren Dynastien, praktisch machte sich das aber kaum bemerkbar.

Der Grundbesitz der kaiserlichen Familie, der Aristokratie und der von der Landzuteilung an Mönche und Nonnen profitierenden Klöster sowie das Amtsland zur Bestreitung der regionalen Verwaltungskosten und das Dienstland zur Entlohnung der Beamten nahmen weiterhin zu, brachten dem Staat aber keinerlei Einkünfte. Dem untersten Beamtenrang standen 60 *mu* (3,9 Hektar) steuerbefreiten Landes zu, kaiserliche Prinzen besaßen Güter in der Größenordnung von 10 000 *mu* (666,6 Hektar). Aus derartigen Besitzverhältnissen resultierte zwangsläufig ein wirtschaftliches Ungleichgewicht. Eine mangelhafte Erfassung der Haushalte und eine falsche Landpolitik mündeten in den 630er Jahren in eine landesweite Unterversorgung mit Getreide, die auch durch die Einrichtung von Wohlfahrtsspeichern (*yicang*) und Preisausgleichsspeichern (*changpingcang*) nicht behoben werden konnte.[142] Die Anzahl der in Steuerlisten erfassten Haushalte lag am Ende der Regierungszeit von Kaiser Taizong 649 bei drei Millionen, war also weit entfernt von den 8,9 Millionen im Jahr 609. Erst im Jahr 742 kam die Haushaltserfassung mit 8,5 Millionen Haushalten an die Zahl der Sui-Dynastie wieder heran. Der Aufstand von An Lushan 755 bewirkte, dass die Haushaltsregistratur im Reich zusammenbrach. 760 finden sich nur noch 1,9 Millionen Haushalte in den Registern. Von diesem Rückschlag sollte sich die Volkswirtschaft der Tang-Zeit bis zu ihrem Ende nicht mehr erholen. Kaiser Dezong schaffte 780 das Zuyongdiao-System ab und ersetzte es durch das neue Zwei-Steuer-System (*liangshuifa*), eine Einheitssteuer, die idealerweise im Sommer und Herbst fällig war. Als Bemessungsgrundlage wurde nicht nur das Land, sondern auch Eigentum herangezogen. Das Zwei-Steuer-System sollte mit Modifikationen danach ebenfalls noch für Jahrhunderte fortbestehen.

Korea und Japan

Sowohl in Korea als auch in Japan nahmen sich die Reformer das chinesische System der gleichmäßigen Landverteilung zum Vorbild. Schon in den 570er Jahren hatte König Chinhŭng von Silla das alte System der Dorfherren (*ch'onju*), die für die Erhebung der Steuern zuständig waren, durch Beauftragte aus der Hauptstadt abgelöst. König Munmu führte 668 eine große Reform durch. Sie betraf die Vergabe von Ackerland, die Erfassung der Haushalte und die Steuern. Fortan wurde die gesamte Landbevölkerung alle drei Jahre in neun Kategorien eingeteilt und nach Zahl, Alter und Geschlecht der Personen registriert. Diese Einteilung diente sowohl als Grundlage für die Zuteilung von Ackerland, das die Familien für die Aristokraten bearbeiteten, als auch als Grundlage für den Arbeitsdienst.

Alle Felder, ob Trockenfelder, Nassfelder oder Hanfanbauflächen, alle Bäume und der Viehbestand wurden erfasst. Man kann davon ausgehen, dass in der Klassengesellschaft des Königtums Silla einer kleinen Elite von Aristokraten die Masse nahezu besitzloser Bauern, Unfreier und Sklaven, die von den Bauernfamilien getrennt lebten, gegenüberstand.

Die Oberschicht der Wahren Knochen lebte in ihren Residenzen in der Hauptstadt Kyŏngju prächtig von den Steuereinkünften, die sie aus ihren erblichen Dörfern bezogen. Bei Amtsträgern kamen noch die Einkünfte aus den sogenannten Unterhaltsdörfern hinzu. Diese sicherten ihnen während ihrer Amtszeit die Steuereinkünfte der jeweiligen Dörfer oder eines gewissen Areals und die Dienstpflicht ihrer Bewohner. Während in den riesigen Haushalten der Aristokraten bis zu 3000 Sklaven arbeiteten, lebte die in Haushaltsregistern und anderen Verzeichnissen erfasste Landbevölkerung in kleinen Siedlungen, die gut zu überwachen waren.

In der Theorie folgten die Betreiber der in Japan 645 durchgeführten Taika-Reform ebenfalls dem chinesischen System der gleichmäßigen Landverteilung, doch in der Praxis sollte sie sich keineswegs so vorteilhaft für die Bauernhaushalte auswirken, wie die Reformer das beabsichtigt hatten. Während vor der Taika-Reform den Uji-Clans das Land gehörte, auf dem sie lebten und das sie bearbeiteten, führte die Reform zu einer radikalen Veränderung der Eigentumsverhältnisse. Der Eigentümer des Reichsterritoriums war nach chinesischem Vorbild der Himmlische Herrscher. Die durch die Enteignung bzw. Verstaatlichung zur Verfügung stehenden Felder wurden zur Bearbeitung an alle freien Menschen, die sogenannten »guten Menschen« (*ryōmin*), gleichmäßig verteilt. Jeder Mann erhielt etwa 20 Ar (2000 m^2), jede Frau etwa zwei Drittel davon, und die Unfreien, die sogenannten »niederen Menschen« (*senmin*), etwa ein Drittel. Alle sechs Jahre wurden neue Daten über die ländliche Bevölkerung erhoben und die Feldaufteilung entsprechend angeglichen. Die ländlichen Gemeinden sollten aus etwa 50 Haushalten bestehen; ein Haushalt konnte sich im 8. Jahrhundert aus 100 Personen und mehr zusammensetzen. Diese Reform vermittelt auf dem Papier zwar den Eindruck, dass sie die landwirtschaftliche Produktion im Reich stärkte, doch die Lasten für die Bauernhaushalte waren so hoch, dass die meisten für sich selbst gerade das Existenzminimum erwirtschafteten. Den Händlern mag die seit 683 propagierte Nutzung von Münzen bei ihren Geschäften geholfen haben, für die Bauernhaushalte aber hatte Bargeld keine große Bedeutung. Da war die Standardisierung der Maße und Gewichte 702 schon bedeutsamer. 710 goss man die ersten japanischen Kupfermünzen nach chinesischem Vorbild.

Shōmu Tennō erlaubte den Bauern am Anfang seiner Regierungszeit (ab 724), das Land, welches sie urbar machten, für die Dauer von drei Generationen zu bewirtschaften, doch an der Armut der bäuerlichen Haushalte änderte sich dadurch nichts. Noch 730 lebten in der heutigen Präfektur Chiba von 414 Haushalten 412 unter dem Existenzminimum, und die Zahlen aus anderen Provinzen waren nicht viel besser. Die schweren Steuer- und Arbeitsdienstlasten, unter denen die Bauernhaushalte – die 95 Prozent der Bevölkerung ausmachten – litten, resultierten nicht zuletzt aus den megalomanen Tempelbauprojekten von Shōmu Tennō. Deswegen mag er sich durchaus für einige der Hungersnöte und das Elend in seiner Zeit verantwortlich gefühlt haben. Als er 743 das Eigentumsrecht an selbsterschlossenem Neuland auf Dauer an die Haushalte vergab, nutzten die von Steuern befreiten großen aristokratischen Familien und die Klöster die Gelegenheit dazu, die Enteignungspolitik von 645 zumindest partiell rückgängig zu machen. Die Folge davon war, dass bereits im 8. Jahrhundert die einflussreichen Familien wie auch die Klöster riesige Landgüter erwarben, die von Verwaltern für die in der Hauptstadt residierenden aristokratischen und klerikalen Besitzer geführt wurden. Diese übten auch polizeiliche und richterliche Gewalt aus. Dadurch wurden nicht nur das Recht der Staatsorgane auf Ausübung von Gewalt und das staatliche Landzuteilungssystem unterwandert, sondern auch eine staatlich geduldete Form der Steuerhinterziehung etabliert. Bald schon machten die Landgüter die Hälfte des Landbesitzes aus. Sie waren so groß, dass sie auch Handwerker in eigenen Werkstätten mit der

Herstellung von Werkzeug, landwirtschaftlichem Gerät, Geschirr, Ziegeln, Matten und Korbwaren beschäftigten. Dadurch verschoben sich bis zum 10. Jahrhundert die wirtschaftlichen Kräfteverhältnisse zuungunsten der Zentralverwaltung und des kaiserlichen Hofes.

Es ist eine Ironie der Geschichte, dass ausgerechnet das zentralistisch ausgerichtete Ritsuryō-System der Gesetzeswerke, das durch die Landreform eigentlich eine Stärkung der Verwaltung und seiner Finanzen sicherstellen sollte, nun durch den Verlust der Hoheit über die Landverteilung und die ausufernde Befreiung von Steuerabgaben eine für die Zentralverwaltung politisch heikle Situation heraufbeschwor.

5. Alltagsleben

Das Alltagsleben der aristokratischen Familien im mittelalterlichen China, Japan und Korea, etwa wie sie wohnten und sich kleideten, war durch Vorschriften und rituelles Verhalten gekennzeichnet. Von der Wiege bis zur Bahre war nahezu alles geregelt.

Wohnen

In China zeichneten sich die aus Holz errichteten Paläste, Tempelhallen und Residenzen der Aristokraten in der Tang-Zeit dadurch aus, dass sie in der Regel auf einem erhöhten Fundament aus gestampfter Erde oder Steinplatten errichtet waren. Die Dächer schwangen tief vom Dachfirst nach unten aus. Das galt auch für die Residenzen in Korea in jener Zeit. Die Größe und Ausstattung einer Residenz richtete sich nach dem Rang und der Stellung ihres Besitzers.

Das traditionelle chinesische Wohnanwesen in Nordchina bestand aus mehreren eingeschossigen, meistens einräumigen Häusern, die in Lehmbau- oder Ziegelsteinbauweise symmetrisch um einen Hof herum angelegt und von einer Mauer umgeben waren.

Der Eingang eines Anwesens lag nach Möglichkeit im Süden. Das Hauptgebäude des Hausherrn, das mit einem großen Schritt über eine hohe hölzerne Schwelle und durch eine zweiflügelige Tür betreten wurde, befand sich auf der zentralen Süd-Nord-Achse. Je nach Größe des Haushalts gab es mehrere Innenhöfe mit separaten Häusern für den Hausherrn, die Frauen und Kinder und das Personal. Die Familie lebte also nicht unter einem Dach; das traf nur für die »kleinen Leute« in ihren niedrigen Hütten zu. Fundament und Boden der Räumlichkeiten waren mit Hilfe der Stampferdetechnik verfestigt. Reiche Haushalte hatten auch einen Bodenbelag aus Ziegelsteinen oder aus mit Mustern dekorierten und glasierten Keramikfliesen. Im China der Tang-Zeit war die Wohnsituation zwar eine andere als in Japan, doch auch in China gab man noch im 9. Jahrhundert die Größe eines Raumes mit der Zahl der Matten an, die man brauchte, um ihn auszulegen. Die einzelnen Häuser hatten keine eingezogene Decke, weswegen das Dachgebälk und darüber die Unterseite der Dachziegel offenlagen. Die Fenster, welche mit durchscheinendem Ölpapier oder mit dünnem Seidengewebe auf einem hölzernen Gitterwerk bespannt waren, zeigten nach innen zu einem der Höfe.

In Regionen, in denen es viel Holz gab, wurden die Rahmen der Häuser in Skelettbauweise mit Holzpfosten und Balken gebaut. Wichtig war, dass ein so errichtetes Haus eine ungerade Zahl von Feldern (Jochen) zwischen den Holzpfosten aufwies, also drei oder fünf. Im mittleren Joch lag die Eingangstür. Die Zahl der Joche ebenso wie die Dekoration am Haus richtete sich nach dem Rang des Hausbesitzers. Die Dächer waren mit Tonziegeln, Bambus oder Ried gedeckt. Das Anwesen eines Aristokraten oder eines reichen Hausbesitzers verfügte unter anderem über eine Bibliothek, einen Ahnenschrein, ein Schatzhaus, in dem Wertgegenstände vor Feuer gut geschützt waren, und ein Badehaus.

Im Unterschied zu China, wo die Braut in den Haushalt ihres Bräutigams einzog, war es in Japan bis zur Regierung von Kaiserin Jitō (reg. 686–697) üblich, dass der Herrscher und seine Frau jeder für sich in einer eigenen Residenz lebten. Die Praxis, dass die Kaiserin mit ihren Kindern bei ihrer Familie leben konnte, sollte auch später noch beibehalten werden. Auch war es damals die Regel, dass nach dem Tod des Herrschers seine Residenz zerstört wurde.

Im Gegensatz zu China waren die Häuser in Japan fast ausnahmslos aus Holz in Skelettbauweise mit dominanten Dächern gebaut, so dass sie Erdbeben ebenso wie die heftigen jährlichen Regenfälle gut überstehen konnten. Deswegen standen japanische Häuser auch nicht auf einem Fundament, sondern ähnlich wie Pfahlbauten mit einigem Abstand vom Erdboden auf Posten. Holzdielen bildeten den Fußboden im Haus.

Erst nach 894, als Japan den offiziellen Kontakt zu der in Schwierigkeiten geratenen Tang-Dynastie eingestellt hatte, entwickelte sich ein Baustil, der vor allem den ästhetischen Ansprüchen der Aristokraten in Kyōto gerecht und bis zum 10. Jahrhundert vervollkommnet wurde. Die bis dahin noch vorherrschende Symmetrie in der Anlage des Wohnhauses wurde durch dessen asymmetrische Lage im Garten ersetzt. An die Haupthalle (*shinden*) schlossen sich Gebäudeteile im Osten und Korridore im Westen und Norden an. Dieser Baustil wurde bis zur Mitte des 15. Jahrhunderts beibehalten. Während in China durch die Lage der Räumlichkeiten eines Anwesens ein für alle Mal festgelegt wurde, wer in ihnen wohnte, war die japanische Raumgestaltung wie auch die koreanische erheblich flexibler. Spätestens seit der Heian-Zeit wurden dünn aus Binsen gewebte Tatami-Matten in mehreren Schichten auf dem Holzboden verlegt. Nach der Zahl der Tatami, die in einem Raum verlegt werden konnten, richtete sich seitdem die Größe eines Raumes. Später erst fütterte man Tatami mit Stroh, um ihnen mehr Volumen zu verleihen. Stellschirme, die in China seit dem 1. Jahrhundert v. Chr. bekannt sind, kamen als koreanisches Geschenk am Ende des 7. Jahrhunderts nach Japan. Sie wurden als bewegliche Raumteiler und dekorativer Sichtschutz schnell unentbehrlich. Weiterhin gab es bereits Schiebetüren (*shōji*), durch die man Variationsmöglichkeiten bei der Innenraumgestaltung und -nutzung hatte. Dazu verwendete man noch vergleichsweise schwere äußere Schiebetüren (*amado*), durch die man nachts oder je nach Wetterlage den inneren vom äußeren Raum oder auch der umlaufenden Veranda zusätzlich abschirmen konnte.

Alle diese Residenzen hatten gemeinsam, dass sie für die Sommerhitze gebaut waren, aber nicht vor der Kälte des Winters schützten. Während die Japaner damals im Winter trotz offener Feuerstelle im Boden oder Holzkohlebecken in ihren Häusern froren, verfügten die Koreaner in Koguryŏ bereits seit dem frühen 7. Jahrhundert über ein einfallsreiches Heizsystem, das *ondol*. Es wurde dort eingesetzt, wo nicht Holzdielen den Fußboden bildeten, sondern mit gewachstem Papier überzogene Steinplatten. Sie wurden von unten durch ein Röhrensystem mit heißer Luft erwärmt. Den größten Nutzen hatte man davon, wenn man auf Matten auf dem Boden saß, wie es in Korea üblich war und bis heute ist.

Inneneinrichtung

In japanischen Häusern gab es damals so gut wie keine Möbel, abgesehen von Kabinetten, in denen man tagsüber das Bettzeug und Moskitonetze verstaute, und Regalen verschiedener Machart. Dazu kamen noch lackierte Holzbehältnisse, in denen Schreibutensilien, Kosmetika, Waffen und andere Dinge des Alltags untergebracht werden konnten, sowie die großen Kleiderständer (*iko*) zum Aufhängen, Lüften und Parfümieren der Gewänder. Man schlief und saß auf dem Fußboden.

Auch im China der Tang-Zeit saß und schlief man in der Regel auf gewebten Bambusmatten, die man auf dem Boden ausbreitete. In reichen Haushalten konnte der Fußboden mit Filzteppichen belegt sein.[143] Neben Möbeln gab es allerdings auch Betten und niedrige, aus Holz geschreinerte Sitzflächen (oft als Liegen bezeichnet), die man bereits seit Jahrhunderten kannte. Auf ihnen konnten mehrere Personen gleichzeitig mit untergeschlagenen Beinen sitzen. Matratzen und Kissen machten das Sitzen bequemer. Gemusterte Vorhänge oder Jalousien umgaben die Schlafstätte, zusätzlich hatte man im Sommer Moskitonetze. Wenn man schreiben oder essen wollte, stellte man niedrige Tische auf die Sitzflächen und trug die Speisen in hochwertigem Gebrauchsgeschirr aus Steinzeug und weiß glasiertem Porzellan auf. Wie beschrieb doch der Dichter Du Fu (712–770) die weiße Ware, als er in Sichuan lebte: »Die weißen Schalen in deinem Haushalt sind weißer als Reif und Schnee. / Schicke mir solche, bitte, rasch nach meiner Schilfhütte, wo sie auch gewürdigt werden sollen.«[144]

Wie John Kieschnick überzeugend dargelegt hat, lässt sich der Stuhl mit Rückenlehne und Armlehnen, auf dem man mit gekreuzten oder herabhängenden Beinen sitzen konnte, bereits in buddhistischen Darstellungen von der Mitte des 6. Jahrhunderts in Nordchina nachweisen. Auch dem japanischen Mönch Ennin, der zwischen 838 und 847 China bereiste, fiel der Gebrauch von Stühlen in chinesischen Klöstern auf.[145] Von ihnen aus verbreitete sich das Möbelstück in die Haushalte der Reichen, wie aus den vielen Wandbildern in nordchinesischen Gräbern aus dem 11. Jahrhundert zu ersehen ist. Obgleich es Stühle und hohe Tische gab, mochte man sich in den konfuzianisch geprägten Haushalten allerdings nicht recht damit anfreunden. Nach Japan kamen Stühle schon im 8. Jahrhundert, konnten sich dort aber nicht als Sitzmöbel durchsetzen.

Kleidung in China und Japan

In der Tang-Zeit legte die Werkstatt für Weberei und Färberei in der Hauptstadt Chang'an zehn verschiedene Gewebearten für Seide fest – nur zwei Gewebe waren aus Bastfasern und Wolle – und sechs offizielle Farben. Damit schuf sie einen textilen Standard, der späteren Dynastien als Vorgabe diente.[146] Die Damenmode und ihr Wandel lässt sich besonders gut an den unzähligen Keramikfiguren in farbenprächtiger und opulenter Dreifarbenglasur sowie kalter Bemalung ablesen, die in Tang-zeitlichen Gräbern gefunden wurden. Favorisierte man in der frühen Tang-Zeit schlanke und grazile Frauenformen, so bevorzugte man spätestens seit dem 8. Jahrhundert den fülligen Typ von Frau, der sich in weite, oftmals tief dekolletierte Gewänder kleidete.[147] Die Kleidung hielt die Damen nicht davon ab, Polo zu spielen oder sich an Jagden zu beteiligen, und sie trugen durchaus auch Männerkleidung. Überhaupt scheint ihr Umgang mit Männern im Vergleich zu späteren Jahrhunderten unbefangener gewesen zu sein.

Die schriftlichen Zeugnisse chinesischer Gesandtschaften nach Wa in Japan im 3. Jahrhundert gewähren einen Einblick in das alltägliche Leben jener Gesellschaft.[148] Die Männer trugen ein Lendentuch und ein Stirnband, das die langen Haare vom Gesicht fernhielt; Frauen dagegen kleideten sich mit einem einfachen Schlupfkleid, das in einem Stück geschneidert war und über den Kopf angezogen wurde. Sie drehten ihr Haar zu einem Knoten, den sie mit einer langen Nadel feststeckten. Die Männer, gleichgültig ob alt oder jung, waren tätowiert. Es gab allerdings regional große Unterschiede sowohl bei den Mustern als auch der Größe und den Körperstellen, die mit den Tätowierungen verziert wurden. Die soziale Stellung einer Person war an den Tätowierungen ablesbar. Die Frauen bestrichen ihre Körper mit zinnoberroter Farbe, ganz in der Weise, wie in China Puder verwendet wurde.

Der chinesische Einfluss machte sich in Japan auch bei der Kleidung bemerkbar. Während in China die Kleidung mit weitem, fließendem Zuschnitt spätestens in der Qing-Zeit verschwunden war, hat sich in Japan der Kimono bis heute erhalten. Für den Kimono, wie die von Männern wie Frauen getragene japanische Tracht allgemein bezeichnet wird, lieferte die chinesische Mode die Vorlage. Bereits im 5. Jahrhundert importierte man von China über Korea nach Japan die Mode der losen Hemden und weiten Hosen (*hakama*), die unterhalb des Knies abgebunden wurden. Das Obergewand mit geraden Ärmeln (*kinu*) trug man meistens mit Gürtel. Frauen trugen zusätzlich auch weite gefältelte Wickelröcke. Unter chinesischem und buddhistischem Einfluss etablierte Prinz Shōtoku (574–622) Kleidungsvorschriften für die Aristokraten am Hof. Die Kinu-Hemden wurden nun weiter geschnitten, die Hakama-Hosen nicht mehr unter dem Knie gebunden. Über den Hosen trug der Mann von Welt einen gefältelten Rock. Der direkte Vorläufer des Kimono, der den chinesischen Einfluss noch erkennen lässt, ist das auf beiden Seiten geschlitzte Langgewand mit weiten Ärmeln und rundem Kragen. Es wurde auf der rechten Seite geschlossen und mit einem Gürtel zusammengehalten. Zwischen 647 und 718 gab es mehrfach Festlegungen der Rangstufen und Farben für die Kleidung der kaiserlichen Familie und der Beamten.[149]

Eine Kleidungsvorschrift, die aus 92 Artikeln bestand, wurde 685 erlassen. Diese und spätere Vorschriften regelten minutiös, wer was zu welchem Anlass tragen durfte. Auch hier war die Tang-Dynastie Vorbild. Man teilte die Kleidung in drei Hauptkategorien ein: Zeremonialgewänder, Hofgewänder und Alltagskleidung, die durch entsprechende Kopfbedeckungen und Schuhe vervollständigt wurden. Nur Farben, die nicht ausdrücklich in den Vorschriften enthalten waren, konnten nach freier Wahl für die Kleidung verwendet werden. Auch die Roben buddhistischer Äbte und Äbtissinnen waren vorgeschrieben. Sie trugen einfarbig blaue, rote oder mit Goldbrokat gemusterte Roben, Mönche und Nonnen leuchtend farbig gemusterte Gewänder. Die Shintō-Priester hatten weiße Gewänder, die mit einem blauen Rock oder grünen Mantel getragen wurden, dazu steife schwarze Hüte und mit Lack überzogene Schuhe.[150]

Bis spätestens zum 8. Jahrhundert hatte sich neben dem kurzärmeligen Langgewand (*kosode*) der langärmelige Kimono als Kleidungsstück durchgesetzt. Eine gesteigerte Produktion von Seide und Seidengeweben erlaubte, dass sich bei den adeligen Damen ein voluminöser, weit fließender und vom Materialaufwand verschwenderischer Kleidungsstil als zeremonielle Hofkleidung durchsetzte, der später auch als »Kleidung aus zwölf Schichten« bezeichnet wurde und der die japanische Mode am Hof für mehrere hundert Jahre kennzeichnete. Die vielen Kleidungsschichten waren vor allem im Winter nützlich. Die zeremonielle Hofkleidung (*sokutai*) der Heian-Aristokraten, die in ihrer Gesamtkomposition ähnlich kompliziert und vielschichtig war, wird auch heute noch bei Hofzeremonien im kaiserlichen Palast getragen.

Hygiene

Der Abort eines Tang-zeitlichen Haushalts lag in einem abgelegenen Winkel des Anwesens und bestand aus einer luftig gebauten, halboffenen Holzhütte mit einem Brett über einer Grube. Dort verrichtete man sein Geschäft, und dort wurde auch das Nachtgeschirr entleert. Die Fäkaliengruben wurden von Personen geleert, die dafür beruflich zuständig waren. Sie sorgten auch dafür, dass die Fäkalien dann als Dung aufs Land gebracht wurden, ein Verfahren, das bis vor wenigen Jahrzehnten noch überall in China zu beobachten war. Die Aborte stanken gewaltig, so dass es ratsam erschien, sie nur mit getrockneten Brustbeeren (Jujube) in den Nasenlöchern zu betreten.[151] Nach der Toilette wusch man sich die Hände. Seit dem 5. Jahrhundert unterstand der Abort dem Schutz einer weiblichen Gottheit.

In Japan mag die Situation im sanitären Bereich der Aborte ähnlich wie in China gewesen sein. In der Regel hob man eine Grube aus, über die man zwei Bretter legte. Doch in vielen aristokratischen Haushalten in Kyōto hatte man im Abort bereits einen schmalen Graben mit fließendem Wasser angelegt, durch den die Fäkalien in die Wassergräben entlang der größeren Alleen gespült wurden. Sie wurden als »Exkremente-Alleen« bezeichnet.[152]

Körpergeruch galt bei Angehörigen der chinesischen Oberschicht als Makel. Deswegen erhielten Beamte alle zehn Tage einen freien Tag für die Körper- und Haarpflege. Das Badewasser konnte parfümiert sein, die Hofdamen kannten unzählige Rezepte für Kosmetika. Männer und Frauen parfümierten sich und ihre Kleidung mit starken Aromen, trugen wohlduftende Kräuter in Beuteln an ihrer Kleidung oder legten sie an den Achselhöhlen an und kauten Nelken, um Mundgeruch zu unterdrücken. Am Morgen rieb man sich die Zähne sauber, und nach dem Essen spülte man den Mund. Doch gab es auch berühmte Personen wie den Dichter Bo Juyi (772–846), der ein Gedicht darüber schrieb, wie er nach einem Jahr erstmals wieder ein Bad nahm. Leute aus Sichuan standen grundsätzlich im Verdacht, sich nur zweimal im Leben zu waschen beziehungsweise gewaschen zu werden, nach der Geburt und vor der Einsargung.

C Kultur und Religion: Gemeinsamkeiten und Besonderheiten

1. Dichter, Literaten und Künstler in China

Im Gegensatz zu den Dichtern, die im 3. Jahrhundert unter der Westlichen Jin-Dynastie lebten, vermieden die Dichter und Gelehrten des 4. und 5. Jahrhunderts politische Themen. Ihre Dichtung zeugt vielmehr von der Suche nach Schönheit und Natur, die um ihrer selbst willen ästhetisiert wurden. Das Ideal war die Freiheit von äußeren Zwängen, ein aristokratischer Lebensstil, der »Wind und fließendes Wasser« (*fengliu*) genannt wurde. Da Dichter und Gelehrte jedoch aus Familientradition auch als Beamte dienten, kann ihre Flucht aus der Politik in die Kunst auch als Kritik an den politischen Verhältnissen gedeutet werden. Viele Biographien der Zeit, wie beispielsweise die von Tao Yuanming, Xie Lingyun und Wang Xizhi, zeichnen sich durch Eskapismus aus. Doch gleichzeitig gab es eine intellektuelle Strömung, die durch klassifizierende Prosatexte auch eine Ordnung des Wissens in politisch unsicheren Zeiten zu schaffen versuchte.

Dichtung

Der Beamte und Dichter Tao Yuanming (365–427) stammte aus einer Familie der Oberschicht, war konfuzianisch erzogen, doch in einer Zeit, als die Bürokratisierung in China zunahm, frühzeitig seines Amtes überdrüssig geworden.[153] Seine bukolischen Gedichte schrieb er in einem einfachen Stil, unnachahmlich und unverbraucht in ihrer Originalität. Berühmt wurde er für sein *Taohuayuan ji* (Die Sage vom Pfirsichblütenquell), eine Art chinesischer Sage von einem idealisierten Landleben wie im Paradies, in dem die Pfirsiche der Unsterblichkeit reifen. Seine Dichtung *Guiqulai xi* (Heimkehr) atmet den Geist seiner wiedergewonnenen Freiheit, nachdem er sich aus dem Joch des Beamtentums befreit hatte. Dieses Thema der Heimkehr wurde zu einem bedeutenden Sujet auch der chinesischen Malerei, das später auch von Li Gonglin (ca. 1049–1106), Ma Shi (tätig ca. 1426 und 1435) und Chen Hongshou (1598–1652) variiert wurde.

Ein anderer bedeutender Exzentriker und buddhistisch beeinflusster Landschaftspoet war Xie Lingyun (385–433), dessen Biographie und dichterisches Werk tiefe Einblicke in das aristokratische Leben der Zeit gestatten.[154] Seine Mutter, aus einer Familie Liu, war eine Nichte des berühmtesten Kalligraphen der Zeit, Wang Xianzhi (344–388), der wiederum ein Sohn von Wang Xizhi war, ebenfalls berühmt für seinen kalligraphischen Stil. Es war Lingyuans Großvater Xie Xuan (343–388), der die Truppen von Jin 383 zum Sieg über Fu Jian am Fei-Fluss in Anhui geführt hatte. In jenem Jahr erreichte die Familie Xie den Zenith ihrer Macht. Lingyun erhielt im Stammhaus der Familie in Nanjing nicht nur seine standesgemäße Erziehung, sondern wurde dort auch zum Trendsetter der Oberschicht. Er galt als brillanter Redner und beherrschte die »reine Unterhaltung«. Seine politische Karriere war von Skandalen und Komplotten gekennzeichnet. Er lebte, wie es der Sinologe Helwig Schmidt-Glintzer formuliert hat, »zwischen Amt und Selbstverwirklichung«.[155] Dem Buddhismus blieb er zeit seines Lebens in seiner Naturdichtung verbunden, in der er kraft seiner Sprache ganze Landschaften in einer Welt *en miniature* schuf. Sie fand schnell viele Nachahmer. 433 wurde er als Folge eines Komplotts in der Verbannung im weit entfernten Guangzhou hingerichtet.

Lu Xies (ca. 465–ca. 520) *Wenxin diaolong* (Der literarische Geist und das Gravieren von Drachen), eine Theorie der Dichtung mit vielen Beispielen im damals üblichen überladenen und manieristischen Stil, bildete um 500 den Höhepunkt in der Literaturkritik. Das *Wenxuan* (Anthologie der Literatur), das der Kronprinz Xiao Tong (501–531) der Liang-Dynastie zusammenstellte, wurde binnen kurzer Zeit zum bedeutendsten chinesischen Werk dieser Art. Die Anthologie enthält Dichtungen von 127 Autoren vom Ende der Zhou-Dynastie bis zur Liang-Dynastie. Sie wurde zum Standardwerk der literarischen Erziehung in China, Korea und Japan. 658 veröffentlichte Li Shan einen Kommentar dazu.

Die Tang-Zeit gilt als die chinesische Blütezeit der Dichter und der Dichtkunst. Die große Anthologie, das *Quan Tang shi* (Sämtliche Gedichte der Tang-Zeit) von 1705, legt Zeugnis davon ab. Sie enthält ca. 48 900 Gedichte von um die 2300 Dichtern und Dichterinnen. Diese Gedichte waren keine rhythmische Prosa in Parallelversen (*fu*) wie in der Han-Dynastie, sondern Regelgedichte (*shi*), die nach unterschiedlichen, doch strikten Vorgaben von Versen, Zeilen und Tonalität in kurzer oder langer Form komponiert wurden. Das Komponieren von Gedichten galt als eine Kunst, in der sich zwar viele übten, doch nur wenige Meisterschaft erlangten. Seit 754 war Dichten Bestandteil der Beamtenprüfungen. Zu den bedeutendsten Dichtern zählten Li Bo (699–762), der allein 1120 Gedichte komponierte, Du Fu (712–770), Wang Wei (701–761) sowie Meng Haoran (689–740) und zeitlich nach ihnen Bo Juyi (772–846) und Yuan Zhen (779–831). Ihre Gedichte haben bis heute leitbildhafte Funktion für die chinesische Dichtkunst.

Li Bo, ein Bohemien und Trunkenbold, getrieben von Unrast, ist der berühmteste Dichter Chinas. Er komponierte seine Gedichte mit genialem Schwung aus dem Stegreif. Bei einer nächtlichen Bootspartie versuchte er betrunken, den Mond, dessen Licht sich im Wasser spiegelte, zu umarmen. Dabei stürzte er in den Fluss und ertrank. Du Fu, der zweite große Dichter der Epoche, wurde bekannt für seine sozial engagierte Dichtung. Er bevorzugte die längere Gedichtform im alten Stil (*gutishi*), die leitbildhafte Funktion auch in den nachfolgenden Jahrhunderten haben sollte. Von Bo Juyi wird gesagt, dass er seine Gedichte zuerst einer alten Frau vorgelesen habe, um ihre Verständlichkeit zu prüfen, bevor er sie in die Öffentlichkeit trug. Schon zu seinen Lebzeiten waren seine Gedichte begehrt, und Sängerinnen, die sie gut vorzutragen wussten, sollen damit reich geworden sein. Doch nicht nur Männer haben gedichtet, auch Gedichte von Frauen sind in der Anthologie überliefert, so die von Xue Tao (763–831), der berühmten Kurtisane von Shu, die mit Bo Juyi und Yuan Zhen befreundet war, und die

Gedichte von Yu Xuanji (ca. 844–868), einer daoistischen Nonne, deren Leben auf dem Richtblock endete.

Prosa

In den Jahrhunderten zwischen der Westlichen Jin-Dynastie und der Sui-Dynastie, zwischen den Jahren 265 und 581, erschien eine Vielzahl von klassifizierenden Prosatexten mit unterschiedlichen Themen, so das *Nanfang caomu zhuang* (Flora der Südlichen Regionen) von Ji (Xi) Han um 304. Sein Großonkel war der Ästhet und Dichter Xi Kang (223–262), einer der Sieben Weisen vom Bambushain. In dem Werk, das in einer Edition aus der Song-Zeit erhalten ist, werden 80 Pflanzen ausführlich beschrieben.[156] Chang Qu verfasste kurz nach 347 sein *Huayang guozhi* (Bericht über das Reich von Huayang [Sichuan]), und um 535 schrieb Jia Sixie das *Qimin yaoshu* (Wichtige Techniken für die Wohlfahrt des Volkes), ein umfassendes und gründliches Handbuch zu einer Vielzahl von Nutzpflanzen und landwirtschaftlichen Techniken wie zum Beispiel zur Gewinnung von Sojasauce, Essig, über die Herstellung von Klebstoff und Tusche und vieles mehr.

Traktate zur Qualität der Werke von Künstlern und Dichtern finden sich bereits im 5. Jahrhundert. Sie waren wahrscheinlich viel weiter verbreitet, als das heute nachweisbar ist. Die genauen Gründe für ihr Entstehen sind unbekannt, doch auch sie trugen dazu bei, Ordnung in eine politisch »ungeordnete« Welt zu bringen. So fand die von Lu Ji (261–303) begründete Literaturtheorie in der Dichtungstheorie *Shipin* (Rangklassen der Dichtung) von Zhong Rong (auch Hong) (ca. 467–518) eine Fortsetzung.[157] Shen Yue (441–513) und Liu Hui (465–517) verfassten das *Qipin* (Gradierung der Schachspieler), Xie He (tätig ca. 500–535) das *Gu huapin lu* (Alte Aufzeichnungen über die Gradierung der Maler), Yu Jianwu (487–551) das *Shupin* (Gradierung der Kalligraphen) und Yuan Ang (461–540) das *Gujin shuping* (Kritik der Kalligraphen des Altertums und der Moderne). In der Chen-Dynastie (557–589) verfasste Yao Zui sein *Xu huapin* (Fortsetzung der Gradierung der Maler). Diese Tradition der Kunst- und Künstlerkritik führte

Zhang Yanyuan im *Lidai minghua ji* (Abriss berühmter Maler nach Epochen) fort, in dem er 371 Maler und Kalligraphen von der Jin-Dynastie bis 841 behandelt.

Die Tang-Zeit setzte nicht nur in der Dichtkunst neue Maßstäbe, auch Kurzgeschichten des Typus *chuanqi* (Überlieferung des Bemerkenswerten) in klassischer Sprache wurden populär. Romanzen wie das *Li Wa zhuan* (Biographie von Li Wa) bildeten später die Grundlage für verschiedene Formen von Theaterstücken.[158] Eine andere Liebesgeschichte mit dem Titel *Yingying zhuan* (Biographie von Yingying), die vor allem seit dem 14. Jahrhundert als *Xixiang ji* (Das Westzimmer) große Popularität erlangte, stammt von der Hand Yuan Zhens.[159]

Kalligraphie und Malerei

Im 3. Jahrhundert der Westlichen Jin-Dynastie diente die chinesische Schrift nicht mehr nur zur Kommunikation zwischen Beamten und Gelehrten, sondern erfüllte auch zunehmend individuelle ästhetische Funktionen, die unabhängig vom Textinhalt kultiviert wurden. Mit dem Namen des Heerführers und Dichters Lu Ji (261–303) verbindet sich sowohl eine Literaturtheorie als auch eine wesentliche Neuerung in der Schriftkunst. Von ihm ist ein Brief bekannt, den er mit Tusche auf Papier in Konzeptschrift schrieb. Die Konzeptschrift (*caoshu*) kann man am ehesten als eine ausgeprägte Handschrift bezeichnen, in der es nicht so sehr auf die Leserlichkeit der einzelnen Schriftzeichen ankommt als vielmehr auf den kalligraphischen Schwung des Schriftwerks. Briefe oder andere Schriften auf Papier oder Seide (*tie*) in Handschrift wurden nun zu repräsentativen Meisterwerken der Zeit und lösten monumentale Steinstelen oder Steininschriften (*bei*) als kalligraphische Vorbilder ab.

Wang Xizhi (307–365) war der einflussreichste Kalligraph in der chinesischen Geschichte. Sein *Lanting xu* (Vorwort vom Orchideen-Pavillon), eine Sammlung von Gedichten, hat ihn unsterblich gemacht. Das Vorwort schrieb er anlässlich eines Ausflugs, den er mit Freunden am Frühlings-Reinigungsfest des Jahres 353 zum Orchideen-Pavillon in Shanyin unternahm. Dort veranstalteten sie ein Trink- und Dichtspiel. Dazu saßen sie in einigem Abstand voneinander an einem Bachlauf, auf dem sie Weinbecher dahintreiben ließen. Derjenige, bei dem der Weinbecher angespült wurde, musste ein Gedicht verfassen. Die Gedichte wurden am Ende gesammelt, und Wang Xizhi schrieb an Ort und Stelle ein Vorwort dazu. Obgleich niemand bekannt ist, der je das Original des *Lanting xu* gesehen hat, gab es schon früh Kopien, die als Vorbilder für das Studium der Kalligraphie dienten. Es ist sogar möglich, dass das *Lanting xu* gar nicht von Wang Xizhi geschrieben wurde. Weit wichtiger jedoch als der Nachweis der Original-Handrolle ist ihre geistesgeschichtliche Wirkung. Ihre Kalligraphie befreite die chinesische Schrift endgültig von ihrer praktischen Funktionalität als Mittel für Aufzeichnungen historischer Tatsachen, Vorgänge und Beobachtungen. Mit dem Namen von Wang Xizhi verbindet sich der entscheidende kulturhistorische Beitrag, der zur Emanzipation der Kalligraphie als hohe Kunst der Bildungselite führte. Ein weiterer berühmter Kalligraph war später der Mönch Huai Su (727–785?), der in ganz Ostasien bekannt war.

Der Maler Gu Kaizhi (345–411) schließlich befreite auch die Malerei vom Geschmack des Handwerks. Die ihm zugeschriebenen Werke entsprechen ganz der Eleganz der Oberschicht seiner Zeit. Seine exzellente bildliche Umsetzung literarischer Themen kommt besonders gut in den Handrollen *Nüshizhen* (Ermahnung der Hofdamen) und *Luoshen tu* (Die Nymphe vom Luo-Fluss) zum Vorschein. Hier steht der Mensch im Mittelpunkt, Hügel, Felsen und Bäume sind Kulisse »ohne Rücksicht auf Größenverhältnisse oder ihre Rolle im Raum«.[160] Gu Kaizhis Zeitgenossen waren begeistert von seiner neuen Malerei, die späteren Generationen von Künstlern als Inspiration diente.

2. Konfuzianismus

Seit der Tang-Dynastie eröffnete der Graduiertentitel Vorgeschlagener Gelehrter (*jinshi*) seinem Inhaber nicht nur den Zugang zu höchsten Staatsämtern, sondern brachte ihm auch unvergleichliches gesellschaftliches Ansehen und eine Reihe von Privilegien. Für die Ausbildung der Prüfungskandidaten und für die schriftlichen Prüfungen, in deren Mittelpunkt die konfuzianischen Klassiker standen, musste eine zugängliche und verbindliche Standardausgabe der Texte des Prüfungsstoffes vorhanden sein. Bereits Lu Deming (556–627) legte in seinem Werk *Jingdian shiwen* (Erklärungen zu den Klassikern) Aussprache- und Bedeutungserklärungen zu den folgenden neun Werken fest: zum *Yijing* (Klassiker der Wandlungen), *Shujing* (Klassiker der Dokumente), *Shijing* (Klassiker der Oden), zu den drei Werken der Riten, *Zhouli* (Riten der Zhou), *Yili* (Etikette und Riten) und *Liji* (Aufzeichnungen der Riten), und den drei Überlieferungen zum *Chunqiu* (Frühlings- und Herbstannalen), zum *Lunyu* (Gespräche) und zum *Xiaojing* (Klassiker der Kindespietät). Damit hatte er philologische Vorarbeit für das Standardwerk *Wujing zhengyi* (Die richtige Auslegung der Fünf Klassiker) geleistet, das Kong Yingda (574–648) und Yan Shigu (581–645) auf kaiserliche Anordnung erstellten. Nach einer nochmaligen Überarbeitung wurde es 653 als verbindlicher Text für alle Beamtenprüfungen vorgeschrieben. Nach seinem Vorbild wurden nun Kommentare zu den anderen Klassikern verfasst, so dass auf diese Weise die Neun Klassiker der Tang-Zeit entstanden, mit denen man nunmehr über eine brauchbare und zitierfähige Standardausgabe verfügte. Auch während der Tang-Zeit wurde die Tradition aus der Han-Zeit fortgesetzt, die Standardausgabe der Klassiker in Stein zu meißeln. 745 wurde das *Xiaojing* (Klassiker der Kindespietät), zu dem Kaiser Xuanzong 722 ein Vorwort verfasst hatte, in Stein graviert. Das *Wujing wenzi* (Die Texte der Fünf Klassiker) von Zhang Shen wurde wahrscheinlich um 776 in Stein geschnitten, das *Jiujing ziyang* (Die Neun Klassiker) folgte 833 auf kaiserlichen Befehl. Die

Ausgabe der Neun Klassiker mit Kommentaren diente Feng Dao (882–954) als Vorlage für die Drucklegung der konfuzianischen kanonischen Schriften, die er 932 in Auftrag gab und die 952 fertiggestellt waren. 951 veröffentlichte Wu Zhaoyi (gest. 967), Minister der Späteren Shu-Dynastie (934–965), eine weitere Ausgabe der Klassiker.

Geschichtsschreibung

In der chinesischen Geschichte war es immer der nachfolgenden Dynastie vorbehalten, die Geschichte der vorangegangenen Dynastie zu verfassen. Den Auftrag dazu gab der Kaiser in der Regel an einen dafür ernannten Herausgeber und seine Mitarbeiter. Angesichts der vielen kurzlebigen Vorgängerdynastien, für die amtliche Geschichtsannalen verfasst werden mussten, gerieten die Historiker der Tang-Dynastie unter Arbeitsdruck. So entstanden bis 660 die offiziellen Geschichten der Sui-Dynastie, der Chen-Dynastie, der Zhou-Dynastie, der Jin-Dynastie, der Südlichen und Nördlichen Dynastien.

Die offizielle Geschichte der Dynastien, an deren Wahrheitsgehalt, Verbindlichkeit und inhaltlicher Richtigkeit nicht gezweifelt wurde, wurde von den meisten Historikern akzeptiert, aber nicht von allen. Liu Zhiji (661–721) hatte andere Vorstellungen von Geschichtsschreibung und ließ sich nicht in die Reihe der vom Staat bediensteten Historiker stellen, die ihre Aufgabe im Kompilieren von bereits vorher ausgesuchten und redigierten Fakten sahen.[161] Liu Zhiji wandte sich gegen diese Form der standardisierten Geschichtsschreibung, die dem Historiker keinen intellektuellen Freiraum zur Beurteilung und Auswahl ließ, sondern ihn zum Kompilator degradierte. Er orientierte sich vielmehr an Sima Qian (145–86 v. Chr.), der mit seinem *Shiji* (Aufzeichnungen des Historikers) die für die Folgezeit in China maßgebliche Art der Geschichtsschreibung begründet hatte. Lius *Shitong* (Historiographie) von 710 ist eine epochale Kritik der Geschichtsschreibung. In seinem Werk widmete er sich einer Reihe von technischen Fragen (Daten, Nomenklatur, Klassifizierung, Kommentierung), doch postulierte er auch ein rationales Konzept für die Historiographie, an dem sich Historiker orientieren sollten, wie zum Beispiel das Alte zu bezweifeln (*yigu*), die Klärung von Widersprüchen (*zabo*) oder die Forderung nach unabhängigem Denken, das mit kritischem Urteilsvermögen einhergehen sollte. Nach Liu Zhiji gab es für Jahrhunderte keinen Historiker mehr, der seiner Theorie in historiographischen Werken in vollem Umfang zu ihrem Recht verholfen hätte, bis Zhang Xuecheng (1738–1801) die Frage nach der Aufgabe und Form der Historiographie erneut stellte.

3. Der Beginn des Neokonfuzianismus

Die Kaiser wollten durch in Stein geschnittene Texte nicht nur die konfuzianischen Klassiker für alle Zeiten bewahren, sondern auch ihre eigenen Taten und Namen in der Geschichte verewigen. Im 9. Jahrhundert gab es auch eine intellektuelle Bewegung, die durch eine Wiederbelebung und Erneuerung konfuzianischer Wertbegriffe die konfuzianischen Klassiker und ihre Lehre wieder ins Zentrum der chinesischen Weltanschauung rücken und sie dadurch für alle Zeiten als gültige Norm der Bildung und als Verhaltenskodex etablieren wollte. Das Lernen des (wahrhaften) Weges (*daoxue*) steht für diesen erneuerten Konfuzianismus (*ruxue*). Der Tang-Philosoph und Beamte Han Yu (768–824) wird als der erste Vertreter dieser konfuzianischen Ausrichtung bezeichnet. Er deutete den Begriff *dao* einfach und klar: »Was ich *dao* (Weg) und *de* (Wirkkraft) nenne, heißt, Menschlichkeit (*ren*) mit Rechtlichkeit (*yi*) zu verbinden. Das ist die Definition, welche von allen unter dem Himmel akzeptiert wird.«[162] Ausgehend von diesem Konzept, versuchten einige Vertreter dieser Schule, konfuzianische Prinzipien auf die Verbesserung der Gesellschaft und der Regierung anzuwenden, während andere den Versuch unternahmen, die menschliche Natur oder die Stellung des Menschen im Kosmos zu definieren. Um diese Ziele zu erreichen, musste man den Wahren Weg (*yuandao*) beschreiten, das Altertum und den Weg des Altertums nicht nur studieren, sondern auch wiederbeleben. Die Rückkehr zum Altertum (*fugu*) wurde zu einem ideologischen Kennzeichen der Literatur der Zeit. Dafür bedienten sich Han Yu und Liu Zongyuan (773–819) des unprätentiösen und klaren alten Prosastils (*guwen*), so wie er in den Klassikern zu finden war. Sie verwarfen gleichzeitig den über Jahrhunderte favorisierten überladenen Parallelstil (*pianwen*).

4. Schrift und Literatur in Korea und Japan

Korea

Da es bis zum Jahr 1446 keine eigene koreanische Schrift gab, benutzten die koreanischen Gelehrten spätestens seit dem 4. Jahrhundert chinesische Schriftzeichen, um koreanisch zu schreiben. Offiziell führte König Sosurim von Koguryŏ 372 den Konfuzianismus ein. Er gründete auch die erste Akademie. In der Zeit der Drei Königtümer (313–668) galt die konfuzianische Ethik als Garant für die Aufrechterhaltung einer aristokratischen gesellschaftlichen Ordnung. Die konfuzianischen Klassiker waren Grundlage der Bildung, Ausbildung und Kenntnisse, welche die Gesellschaft von Schriftkundigen erwartete. Ebenfalls im 4. Jahrhundert wurden in Paekche die *Sŏgi* (Dokumentarische Aufzeichnungen) niedergeschrieben, und König Chinhŭng von Silla ließ 545 ein Geschichtswerk kompilieren. Doch alle diese frühen Werke sind verlorengegangen.

In Korea und Japan war das chinesische Modell der Rekrutierung von Beamten durch schriftliche Prüfungen in den konfuzianischen Klassikern bald bekannt. Um den Konfuzianismus als staatstragende Lehre für die Beamten zu fördern, gründete Silla 682 eine Nationale Akademie (*kuk'hak*). Aus ihr gingen berühmte konfuzianische Gelehrte wie Kim Taemun (der im frühen 8. Jahrhundert lebte) und der Kalligraph Kim Saeng (711–791) hervor. 717 wurde die Nationale Akademie mit Porträts von Konfuzius und seinen

Schülern geschmückt. Im Gegensatz zur Tang-Dynastie, in der die Prüfungen dazu beitrugen, dass sich die Aristokratie um eine entsprechende Ausbildung ihrer Söhne bemühte, hatte in Silla die Einführung entsprechender Prüfungen 788 nur geringen Einfluss auf die Aristokratie. Im späten 9. Jahrhundert leitete Ch'oe Ch'iwŏn (geb. 857) die Studien der Fünf Klassiker und der chinesischen Geschichte. Er hatte seit seinem zwölften Lebensjahr in China gelebt, das Examen für den Staatsdienst abgelegt und danach als Beamter in China gewirkt. 885 kehrte er auf eigenen Wunsch nach Silla zurück. Dort trug er dann maßgeblich zur Stärkung des Konfuzianismus als Staatsdoktrin bei, bevor er sich enttäuscht ins Privatleben zurückzog. Wie er gingen viele seiner Zeitgenossen zum Studium nach China und versuchten nach ihrer Rückkehr, das aristokratische Abstammungssystem der »Knochen«-Ränge durch das chinesische Leistungssystem mit Prüfungen zu ersetzen. Allerdings ließen sich diese neuen Vorstellungen erst in der Koryŏ-Dynastie verwirklichen.

Der Gelehrte Sŏl Ch'ong (ca. 660–730) aus Silla soll um 694 das *idu* genannte Verfahren (das »Lesen des Sekretärs«) standardisiert haben. Beim *idu* wurden die chinesischen Schriftzeichen nicht ihren Bedeutungen entsprechend benutzt, sondern nur zur Wiedergabe der originär koreanischen Lautungen. Dieses Verfahren entfiel erst mit der Einführung des koreanischen Alphabets im Jahr 1446.

Japan

Chinesische Bücher erreichten bereits im frühen 5. Jahrhundert Japan. Der koreanische Gelehrte Wani (Wang In) brachte 405 aus Paekche das *Qianzi jing* (Klassiker der tausend Schriftzeichen) und das *Lunyu* (Gespräche) des Konfuzius nach Japan. Er unterrichtete darin auch den Kronprinzen. Japanische Gelehrte benutzten wahrscheinlich seit dem 5. Jahrhundert Chinesisch in ihren offiziellen Schriften und ihrer Korrespondenz auf Holztäfelchen. Zwischen 513 und 554 entsandte Paekche Gelehrte der Fünf Klassiker nach Japan. Buddhistische Schriften kamen ebenfalls seit dem 6. Jahrhundert auf die japanischen Inseln.

Bis zum 10. Jahrhundert wurden fast nur chinesische Schriftzeichen zum Schreiben japanischer Literatur verwendet oder aber auf Chinesisch, also in einer Fremdsprache, geschrieben. Die Beherrschung der chinesischen Sprache und Schrift galt in Japan und Korea bis zum Ende des 19. Jahrhunderts als Ausweis von Bildung und Kultur. Die japanischen China-Gelehrten kommunizierten mit ihren chinesischen Gesprächspartnern meistens schriftlich auf Chinesisch, weil sie Chinesisch in der Regel nicht sprechen konnten.

Die frühesten historischen Kompilationen gab bereits Prinz Shōtoku um 620 in Auftrag. Sie fielen jedoch alle 645 einem Feuer zum Opfer. Am Anfang des 8. Jahrhunderts wurden zwei weitere historische Werke kompiliert, die sich inhaltlich ergänzen und deswegen nicht getrennt voneinander betrachtet werden sollten: das *Kojiki* und das *Nihon shoki*.

Das *Kojiki* (Aufzeichnungen alter Begebenheiten), das von Ō no Yasumaro zusammengestellt und am 9. März 712 dem Thron präsentiert wurde, ist eine Kompilation von Mythen, historischen und pseudo-historischen Legenden, Anekdoten, Genealogien und volksliedartigen Gedichten.[163] Der Originaltext ist nicht mehr erhalten, doch es gibt noch Kopien davon. Das *Kojiki* kann auch als ein Versuch des Yamato-Hofes betrachtet werden, seine eigene historische Bedeutung gegenüber den anderen Clans zu betonen. Oder wie es der Japanologe Sepp Linhart formuliert: »Hauptanliegen dieses Werkes ist der Nachweis der göttlichen Abstammung des Tennō-Geschlechts, weshalb es hauptsächlich mythologischen und genealogischen Inhalt hat.«[164] Während das *Kojiki*, abgesehen von den Genealogien, mit dem Tod des Herrschers Kensō 487 endet, reicht das *Nihon shoki* (Chronik von Japan), das am 1. Juli 720 vom Prinzen Toneri und anderen vollendet wurde, bis zum Tod der Kaiserin Jitō im Jahr 697. Das *Nihon shoki* beginnt mit einem Text, der auf der chinesischen Yin-Yang-Kosmologie basiert, und wurde aus bereits früher vorhandenen Texten in klassischem Chinesisch zusammengestellt. Es ergänzt das *Kojiki*.

Im *Kojiki* wurde die chinesische Schrift in drei verschiedenen Weisen verwendet: erstens als chinesische Schrift (*kambun*) in chinesischer Syntax mit rein chinesischem Vokabular. Daneben wurden die chinesischen Schriftzeichen zweitens nur nach ihrem phonetischen Aussprachewert, nicht nach ihrer lexikalischen Bedeutung genutzt. Dieses System hieß *man'yōgana* (geliehene Namen), was den Umstand umschreibt, dass chinesische Schriftzeichen hier als phonetische Symbole für japanische Silben verwendet wurden. Aus einer kursiv geschriebenen Form des Man'yōgana entwickelte sich bis zum 8. Jahrhundert die Silbenschrift *hiragana* (kursive Zeichen). Dieses Silbensystem aus damals 56 einfachen und rund geschriebenen chinesischen Schriftzeichen wurde von adeligen Damen benutzt, die in der Regel die chinesische Schrift nicht lernten, aber trotzdem Gedichte und Tagebücher schreiben wollten. Deshalb hieß diese Schrift auch »Frauen(hand)schrift« (*onnade*, wörtlich »Frauenhand«). Das Silbensystem kann bereits in Briefen von 762 belegt werden, doch erst in der Edo-Zeit setzte sich der Begriff Hiragana dafür durch. Im 9. Jahrhundert verbreitete sich Hiragana als Schriftsystem und ist seit etwa 905 offiziell anerkannt. Drittens wurden die chinesischen Schriftzeichen sowohl phonetisch als auch ihrer Bedeutung entsprechend niedergeschrieben, aber japanisch gelesen, weswegen man von einem hybriden Kambun-Stil (*hentai kambun*) spricht. Für solche Texte aus chinesischen Schriftzeichen brauchte man ein System der Annotierung, um sie nach japanischer Syntax lesen zu können. Es setzte sich aus verkleinerten Katakana-Zeichen, die nur aus Teilen chinesischer Schriftzeichen bestehen, und begleitenden Zeichen (*okurigana*) zusammen. Diese kleinen Zeichen wurden den jeweiligen chinesischen Zeichen als Lesehilfen an den Rändern hinzugefügt.[165] Das Silbensystem Katakana wurde abgesehen von seiner annotierenden Hilfsfunktion anfangs vor allem für buddhistische Texte verwendet, die dann in einer Mischung aus chinesischen Schriftzeichen und Katakana-Silbenschrift aufgezeichnet wurden. Die chinesische Schrift (*kambun*) war nicht nur das beste System, um einen Sachverhalt oder eine Idee zu formulieren, sondern sie war auch international verständlich. Sie bot als das Latein Ostasiens den gemeinsamen Nenner für eine Verständigung zwischen Chinesen, Koreanern und Japanern.

Die früheste Gedichtsammlung Japans, das *Kaifūsō* (Erhabenes in Nachahmung alter Vorbilder), das 751 kompiliert wurde, enthält 116 Gedichte von 64 japanischen Dichtern aus dem 7. und 8. Jahrhundert. Alle Gedichte wurden auf Chinesisch verfasst. Ein bedeutender Dichter chinesischer Poesie (*kanshi*) und Chinaspezialist war Sugawara no Michizane (845–903), den Uda Tennō (reg. 888–897) als Berater an den Hof berief. Er wurde bereits kurz nach seinem Tod in vielen Shintō-Schreinen verehrt.[166]

Die Kalligraphien von Wang Xizhi und Huai Su wurden zum Vorbild für den Mönch Kūkai (774–835), Saga Tennō (reg. 810–823) und Tachibana Hayanari (gest. 842), die später den Ehrentitel Sanpitsu (Drei Pinsel) bekamen.

Im 7. und 8. Jahrhundert kam mit koreanischen Gelehrten auch das Idu-Verfahren nach Japan, das die Entwicklung des frühen japanischen Schriftsystems Man'yōgana inspiriert haben könnte. Die in der Folge entstandenen Gedichte im Man'yōgana-Stil zeugen von einer eigenen Identität und von kulturellem Selbstbewusstsein. Um die 87 Silben, die im 8. Jahrhundert den Lautbestand des Japanischen ausmachten, zu schreiben, benutzte man 970 chinesische Schriftzeichen, was zur Folge hatte, dass ein Text in Man'yōgana zwar wie ein chinesischer Text aussah, doch für einen Chinesen vollkommen unverständlich war. Besondere Bedeutung erlangte diese Form der Schriftlichkeit in der Anthologie *Man'yōshū* (Sammlung der Zehntausend Blätter), die insgesamt über 4500 Gedichte von 561 Autoren aus allen Gesellschaftsschichten – unter ihnen auch 70 Frauen – enthält, die aus der Zeit vom 5. Jahrhundert bis zum Jahr 759 stammen. Die Anthologie, welche zu den bedeutendsten Lyriksammlungen überhaupt gehört, wurde um 760 von Ōtomo no Yakamochi zusammengestellt.

Auf Anordnung von Daigo Tennō wurde 905 eine Sammlung von Gedichten in japanischer Sprache, das *Kokin waka-shū* (Sammlung von Gedichten aus alter und moderner Zeit) unter Leitung von Ki no Tsurayuki (ca. 883–945) kompiliert, der auch das chinesische Vorwort verfasste. Er schrieb, dass die japanische Poesie aus dem Herzen komme und Himmel und Erde bewege.[167] Das Werk, welches 20 Bände umfasst, enthält 1111 größtenteils einunddreißigsilbige Gedichte. Sie sind nach Themenkreisen wie Jahreszeiten, Natur, Reise, Liebe sowie weiteren Bereichen geordnet. Waka-Kurzgedichte unterschieden sich in Form und Klang deutlich von den chinesischen Gedichten (*kanshi*).

Ki no Tsurayuki war aber nicht nur gelehrter Kompilator, Dichter und Beamter, sondern auch der erste Schriftsteller in Japan, der 935 ein emotional bewegendes Reisetagebuch, das *Tosa nikki* (Tosa-Tagebuch) verfasste, in dem er von einer beschwerlichen Schiffsreise berichtet, die ihn von Tosa auf der Insel Shikoku durch die japanische Inlandsee geführt hatte. Er schrieb es aus der Sicht einer Reisebegleiterin und wählte dafür deswegen die japanische Kana-Silbenschrift, die vor allem von Frauen benutzt wurde.

5. Der Holztafeldruck

Einen nicht zu überschätzenden Beitrag zur Verbreitung von Schrift sowie von weltlichen und religiösen Texten leistete die Erfindung des Holztafeldrucks. Er war in China schon in der Sui-Zeit (581–618) bekannt, doch die ältesten erhaltenen textlichen Druckerzeugnisse stammen aus Korea und Japan. Bei Reparaturarbeiten, die 1966 im Tempel Pulguk-sa an der Steinpagode Sŏkkat'ap durchgeführt wurden, entdeckte man darin ein gedrucktes Anrufungssūtra (*dhâranî*). Diese Pagode wird auch Pagode ohne Schatten (*muyŏngt'ap*) genannt und symbolisiert den Buddha Sakyamuni. Ihr Gegenstück ist die Steinpagode mit Schatten (*yŏngt'ap*). Die in der Pagode ohne Schatten gefundene Schriftrolle ist aus zwölf gedruckten Blättern zusammengesetzt und wurde vor 751, vielleicht sogar um 705 gedruckt und montiert. Um einer Epidemie entgegenzuwirken, ließ Shōtoku Tennō um 770 angeblich eine Million kleiner hölzerner Stūpas drechseln, in deren Hohlräume jeweils eine 57 Zentimeter lange Dhâranî (Anrufungssūtra) eingelegt wurde. Tausende dieser Stūpas sind noch erhalten.

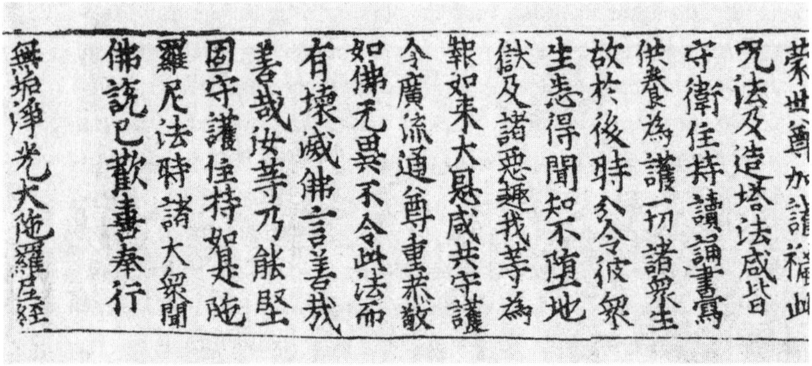

Abb. 3: Ausschnitt aus der Anrufungssutra (*dhâranî*), entdeckt in der Steinpagode Sŏk-kat'ap des Tempels Pulguk-sa in Kyŏngju, 1966, etwa von 705 der Silla-Zeit. Länge 630 cm, Höhe 6,5 cm. Nationalmuseum Korea, Seoul.

Das älteste datierte chinesische Druckwerk, das Diamantsūtra (*Jin'gangjing*, im Holztafeldruck 868 hergestellt), fand der Forscher und Archäologe Sir Aurel Stein 1907 unter den Manuskripten in der Bibliothek der Höhlen von Dunhuang im Westen Chinas. Es besteht aus sechs Textblättern und einem illustrierten Titelblatt, die in Form einer Schriftrolle, 368 Zentimeter lang und 23 Zentimeter breit, montiert wurden. Am Ende trägt das Werk den Namen des Auftraggebers und das Datum: »[Zur Erinnerung] an meine Eltern von Wang Jie ehrerbietig hergestellt zur allgemeinen [wohltätigen] Verteilung am 11. Mai 868 [auf westlichen Kalender umgerechnet].«

6. Die Verbreitung des Buddhismus

China

Im Norden Chinas war der Buddhismus bereits seit dem 1. Jahrhundert bekannt. Im 3. Jahrhundert unterhielt die chinesische Westliche Jin-Dynastie Beziehungen nach Zentralasien, wodurch der Mönch und Übersetzer Dharmaraksha (chin. Zhu Fahu, gest.

313), ein Mann indo-skythischer Herkunft, 284 in die Hauptstadt Chang'an kam. Mit ihm begann die Verbreitung der buddhistischen Erneuerungslehre des Großen Fahrzeugs (Mahayana, chin. *dacheng*) mit ihren Heilsfiguren des vergangenen, gegenwärtigen und zukünftigen Buddha und den Wesen des Erwachens (Bodhisattvas), welche die Menschen vor ihrem ewigen Leiden der Seelenwanderung erretten sollen. Diese religiöse Vorstellung, die den Schrecken des Todes und des unbekannten Jenseits durch das Versprechen der Erlösung milderte, fand schnell Annahme und Verbreitung. Nach der Mitte des 4. Jahrhunderts wurden Chang'an und das ganze nördliche China mit seinen vielen Klöstern zum Zentrum buddhistischer Studien und Frömmigkeit. Wie intensiv man sich mit dem Buddhismus beschäftigte, belegt der etwa 600 Titel umfassende chinesische Katalog buddhistischer Schriften, den der chinesische Mönch Dao'an (314–384) zusammenstellte. Er verfasste nicht nur die Regeln für das Mönchsleben, sondern erkannte auch den Unterschied in den Glaubensvorstellungen zwischen der buddhistischen Lehre und den herkömmlichen chinesischen Lehren.

Der große Aufschwung des Buddhismus zwischen dem 5. und 8. Jahrhundert ist in Südchina mit dem chinesischen Mönch Huiyuan (334–417), einem Schüler von Dao'an, verbunden, in Nordchina mit dem aus Indien stammenden Mönch Kumarajiva (350–413). Huiyuan gründete 380 das Donglinsi (Kloster des Östlichen Hains) auf dem Berg Lushan in Jiangxi. Es wurde später zu einem der wichtigsten Zentren der Meditationslehre. Huiyuan verfasste das *Shamen bujing wangzhe lun* (Abhandlung über die Gründe, warum die Mönche den Herrschern keine Ehrerbietung erweisen müssen). Diese Abhandlung muss im Zusammenhang mit dem Usurpator Huan Xuan gesehen werden. Dieser hatte bereits 398, fünf Jahre bevor er 403 den Thron der Östlichen Jin-Dynastie an sich riss, verlangt, die Klöster von aufrührerischen Elementen zu säubern. Er forderte von den Mönchen, dem Herrscher eine dem konfuzianischen Ritus entsprechende angemessene Ehrerbietung zu erweisen, was diese verweigerten. Da sich Huan Xuan gegen die Buddhisten nicht durchsetzen konnte, kam es zu einem Kompromiss, in dem zwischen Laienbuddhisten und Mönchen unterschieden wurde. Nur die Mönche wurden von Ehrerbietungen gegenüber dem Herrscher befreit.

Bis zum Ende der Östlichen Jin-Dynastie im Jahr 420 belief sich die Zahl der Klöster auf 1700 und die der Mönche und Nonnen auf ca. 24 000. Bis zur Liang-Dynastie (502–557) stieg die Anzahl der buddhistischen Klöster, in denen mehr als 82 000 Mönche und Nonnen lebten, auf 2800. Die schnelle Verbreitung des Buddhismus wurde allerdings nicht einhellig begrüßt. Bereits im 5. und dann auch im 6. Jahrhundert kam es zu Gegenreaktionen konfuzianischer Beamter in Form von kritischen Abhandlungen sowie zur Verfolgung buddhistischer Mönche und zur Enteignung buddhistischer Einrichtungen. Im Jahr 494 wetterte der materialistische Philosoph Fan Zhen (ca. 450–ca. 515) in seinem *Shen mie lun* (Abhandlung über die Zerstörung der Seele) gegen die These von der Unsterblichkeit der Seele, wie sie Huiyuan in seinem *Shen bumie lun* (Abhandlung über die Unsterblichkeit der Seele) vertrat; für ihn war die Seele mit dem Körper identisch. Fan Zhen hielt den Buddhismus für einen Irrglauben, der die Menschen durch die Drohung mit der Avici-Hölle in Angst und Schrecken versetzte und die Gläubigen mit dem Versprechen der Freuden im Tusita-Himmel täuschte.

Im Gegensatz zu den Dynastien im Süden scheint es im Norden keine offene Opposition zum Buddhismus gegeben zu haben. Dennoch gab es Einschränkungen, die immer wieder zu Erhebungen der Mönche führten. Die Kaiser Wenchengdi (reg. 452–465) und Xiaowendi (reg. 471–499) der Nördlichen Wei-Dynastie hielten die Mönche und Nonnen einerseits unter strenger Kontrolle, andererseits entstanden in ihren Regierungszeiten die monumentalen Höhlentempel mit buddhistischen Skulpturen in Yungang, westlich der damaligen Hauptstadt Pingcheng (heutiges Datong). Als man die Hauptstadt der Dynastie nach Luoyang verlagerte, wurde sofort der Bau der Höhlentempel von Longmen in Auftrag gegeben, eindrucksvolle Zeugnisse einer lebendigen buddhistischen Religiosität.

Kaiser Wudi ließ während der Zhou-Dynastie die Buddhisten

zwischen 574 und 577 verfolgen. Er versetzte die Mönche in den Laienstand und beschlagnahmte Klöster wie Tempel, um sie an seine Gefolgsleute zu verschenken. Der Sui-Kaiser Wendi (reg. 581–604) dagegen erkannte die politische Nützlichkeit der buddhistischen Lehre. Ihre sinnstiftende Spiritualität und ihr überregionales religiöses Verständnis halfen ihm, die Reichseinigung unter seiner Herrschaft zu verwirklichen.

Die weltoffene, kosmopolitische Gesellschaft der Tang-Zeit förderte nicht nur den Buddhismus, sondern tolerierte auch viele andere nicht-chinesische Religionen, die in der Hauptstadt Chang'an praktiziert wurden. Vom Südosten der heutigen Türkei war über die Seidenstraße (siehe Karte 5) auch das nestorianische Christentum (Nestorius war bis 431 Patriarch von Konstantinopel gewesen) nach China gelangt. Es wurde dort »Religion der heiligen Texte Persiens« (*Bosi jingjiao*) oder auch »Religion des Lichts« genannt und hinterließ ebenso seine Spuren wie der aus dem Iran stammende Manichäismus (*monijiao*) und der Mazdaismus (Zoroastrismus), die Religion des Feuergottes. Die wichtigste Religion blieb zwar der Daoismus, doch erreichte auch der Buddhismus damals eine Blüte in der chinesischen Geschichte. Es bildeten sich die verschiedenen buddhistischen Sekten oder Schulen heraus, die jeweils ein eigenes Sūtra als Grundlage ihres hauptsächlichen Glaubensinhaltes adoptierten.

Zwei der berühmtesten Mönche nahmen auf diese Entwicklung nachhaltigen Einfluss. Der eine war Xuanzang (602–664), der 16 Jahre in Indien studiert hatte, bevor er 645 nach Chang'an zurückkehrte und dort mit einer Gruppe von Übersetzern buddhistische Schriften ins Chinesische übertrug. Der andere war Yijing (635–713), der 673 auf dem Seeweg nach Indien gelangt war und nach seiner Rückkehr 695 eine bedeutende Übersetzertätigkeit entfaltete. Der Mönch Fazang (643–712) gründete die Ornamente- oder Girlandenschule. Auf den Patriarchen Shandao (613–681) geht die Schule des Reinen Landes (*jingtu*) zurück, nach der Amitabha Buddha im westlichen Paradies residiert, und um 700 gründete der Mönch Huineng (618–713) die Meditationsschule (jap. *zen*, chin.

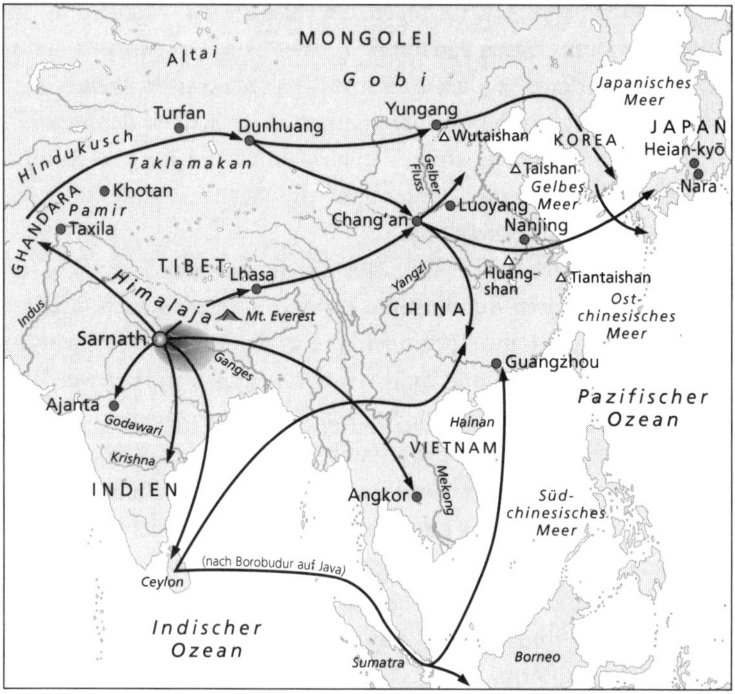

Karte 10: Die Verbreitung des Buddhismus von Nordindien (5. Jh. v. Chr.) nach China und zwischen dem 3. und 8. Jahrhundert nach Korea und Japan

chan) des Buddhismus. Während die Meister der Meditationsschule Intuition und Erleuchtung durch Fragen und Antworten in öffentlichen Gesprächen propagierten, begnügten sich die Anhänger der Schule des Reinen Landes mit der Anrufung des Amitabha Buddha. Sie glaubten, dass diese Übung zur individuellen Rettung führe. Kaiser Xuanzong (reg. 712–756) ließ dann zwar in den frühen Jahren seiner Regierung buddhistische Klöster beschlagnahmen und die Rechtmäßigkeit der Ordinationen von Mönchen und Nonnen untersuchen, um die Steuerflucht seiner Untertanen zu verhindern und die kaiserliche Autorität zu stärken. Dennoch erfuhren die buddhistischen Lehren mit ihren vielfältigen Schulen während seiner Regierungszeit ihre höchste Blüte, die auch unter Kaiserin Wu Zetian andauerte.

Kaiser Xuanzong hatte großes Interesse am Daoismus und an Laozi, dessen geistigem Vater, den er sogar in eine fiktive Ahnenreihe seiner Familie Li einarbeiten ließ. Die daoistische Lehre wurde dadurch dem Hof des kaiserlichen Clans unterstellt. Alle Haushalte sollten eine Ausgabe des *Daodejing* (Klassiker des Weges und der Wirkkraft) besitzen, zu dem der Kaiser selbst einen Kommentar verfasst hatte. 741 gründete er eine Schule für die von ihm hochgeschätzte mystische Variante der daoistischen Lehre, die Lehre des Dunklen (*chongxuanxue*). Doch ebenso wie die daoistischen Magier faszinierte ihn der esoterische Buddhismus mit seinen mystischen Techniken und Formeln, die in allen Bereichen des täglichen Lebens eingesetzt wurden.

Über die Jahrhunderte horteten die buddhistischen Klöster, die von jeder Besteuerung befreit waren, gewaltige Vermögen, und es entstand ein klösterlicher Großgrundbesitz. Im 9. Jahrhundert zelebrierten die Mönche und Nonnen ihre Religion in aufwendigen Prozessionen, auf denen sie Reliquien des Buddha in die Hauptstadt brachten und in buddhistischen Tempeln ausstellten. Zehntausende von Gläubigen und Neugierigen strömten zu diesen Ereignissen. 818 beobachtete Kaiser Xianzong die Reliquienprozession von einem Turm seines Palastes aus und befahl seinen Eunuchen, die Reliquie in den Palast zu bringen, damit er sie selbst in Augenschein nehmen könne. Als der strikte Konfuzianer Han Yu davon erfuhr, verfasste er 819 eine berühmt gewordene Eingabe mit dem Titel *Lun Fogu biao* (Memorandum zum Knochen des Buddha). Darin beschrieb er Buddha als »einen Mann der Barbaren, der nicht Chinesisch sprach und Kleidung unterschiedlichen Zuschnitts [von den Chinesen] trug«. Er behauptete auch, dass der Buddhismus die Lebenszeit früherer Kaiser verkürzt habe. Auch wenn Kaiser Xianzong Han Yus Ansicht nicht billigte und ihn strafversetzte, so spiegelt sie doch die Meinung vieler Beamter der Zeit wider, die meinten, dass man dem buddhistischen Unwesen Einhalt gebieten müsse. Das einfachste Mittel war, die finanzielle Macht der buddhistischen Klöster zu beschneiden, was wiederum den Staatsfinanzen zugutekam. In den

Jahren 842 bis 845 erließ Kaiser Wuzong eine Reihe von Edikten, in denen er die verschiedenen buddhistischen Feste verbot. In der zweiten Hälfte des Jahres 845 erreichten die Säkularisierungswelle und die Buddhistenverfolgung ihren Höhepunkt: 260 500 Mönche und Nonnen wurden in den Laienstand zurückversetzt und damit wieder zu Steuerpflichtigen. Weitere 150 000 Personen, die als Sklaven in Diensten der Klöster standen, wurden in die Steuerregister aufgenommen. Buddhistische Ländereien wurden enteignet, 4600 Klöster und 40 000 kleinere Anlagen zerstört oder in öffentliches Eigentum überführt, und das gesamte kirchliche Vermögen an Kultfiguren aus Gold, Silber und Bronze und die Glocken wurden eingeschmolzen. Alle diese Maßnahmen konnten den Staatsetat aber nur kurzfristig aufbessern. Bereits 847 wurden buddhistische Klöster wieder zugelassen, und eine hektische Bauaktivität setzte ein.

Korea

Bis zum 7. Jahrhundert n. Chr. wurde das Leben in Korea von schamanischen Vorstellungen beherrscht, vom Glauben, dass jedes natürliche Objekt beseelt sei. Als erster buddhistischer Missionar kam der Mönch Shandao 372 aus China nach Koguryŏ. 384 erreichte ein indischer Mönch durch Vermittlung der Östlichen Jin-Dynastie das Königtum Paekche auf dem Seeweg. Bereits ein Jahr später wurde der erste Tempel errichtet und der Buddhismus zur Staatsreligion erklärt. Shandao brachte die buddhistische Lehre auf den Kernsatz, dass »gute oder schlechte Taten die Ursachen von Glück oder Unglück seien«, also alles im Leben der Theorie von Ursache und Wirkung folge.[168] Diese Lehre vom Walten einer höheren Gerechtigkeit erregte damals große Aufmerksamkeit. Der Buddhismus beantwortete der Bevölkerung von Koguryŏ und Paekche die Fragen nach Geburt und Wiedergeburt und nach der Ursache von Schmerzen und bot so ein Erklärungsmodell für das Schicksal eines jeden Einzelnen zusammen mit der Hoffnung auf spirituelle Erlösung. Folgerichtig wurde in beiden Königtümern besonders Maitreya, der Buddha der Zukunft, verehrt. Die buddhistische Theorie von Ursache und Wirkung war aber auch deshalb so erfolgreich, weil sie sich in eine transzendental erweiterte Vorstellung des heimischen Ahnenkults und in schamanische Glaubensvorstellungen, die ihren Ursprung in Sibirien hatten, einpassen ließ, die seit undenklichen Zeiten praktiziert wurden.[169] Jeder war davon überzeugt, dass sein Wohlergehen von den Ahnen abhängig sei: Glück oder Unglück hatten ihren Ursprung in zufriedenen oder unzufriedenen Ahnen. Diese wachten aus dem Jenseits über das Geschick der Nachfahren und mussten daher in einem Schrein durch Opfergaben und Bezeugungen der Ehrerbietung zufrieden gestimmt werden.[170]

Für die Oberschicht stellte die buddhistische Lehre einen direkten Zusammenhang zwischen Buddha, dem idealen Weltenherrscher, und der weltlichen Ausübung der Herrschaft her. Diese Vorstellung führte im Verlauf der koreanischen Geschichte dazu, Buddha mit dem König gleichzusetzen, was schließlich in Silla zu einer Doktrin des nationalen Buddhismus und damit zum Buddhismus als Staatsreligion führte. Die Königshäuser konnten den Buddhismus durch die Gleichsetzung von Buddha mit dem König auch gegen das traditionelle Beharrungsvermögen der adeligen Familien einsetzen, die konfuzianischen oder auch schamanischen und animistischen religiösen Vorstellungen anhingen. Doch war der Buddhismus weder in der Lage, die alten religiösen Praktiken abzulösen, noch bewirkte er eine Veränderung in der ausgeprägten Klassengesellschaft, deren hierarchische Ordnung auf Vererbung beruhte. So gehörte es zur traditionellen religiösen Ordnung, dass den Herrschern der Drei Königtümer oft Hunderte von Personen in den Tod folgten. Erst König Chijŭng (reg. 500–514) von Silla untersagte diesen Brauch.[171]

In Silla begann die Verbreitung des Buddhismus erst 527, also etwa 150 Jahre später als in Koguryŏ, von wo ihn ein Mönch nach Silla brachte. Gegen den Widerstand der alten aristokratischen Familien etablierte König Pŏphŭng von Silla 528 den Buddhismus als eine vom Staat geförderte Religion. Die buddhistische Lehre war für die Schaffung von gesellschaftlich-politischem Zusammenhalt

Abb. 4: Haupteingang des Tempels Pulguk-sa in Kyŏngju, mit 33 Treppenstufen aus Granit, errichtet 553 in der Silla-Zeit, danach mehrmals renoviert.

in einem zentralisierten Silla nützlich, weshalb sie nach 551 auch die mächtige Aristokratie übernahm, zumal den Adligen aus der Berufung in entsprechend hohe buddhistische Ämter in den Staatstempeln einige Vorteile erwuchsen. Das Verständnis von religiöser und politischer Einheit spiegelt sich in den buddhistischen Bauwerken wider. Direkt nach der Einführung des Buddhismus begann man mit dem Bau von sieben Tempeln für die sieben vergangenen Buddhas. 544 wurde der Hŭngnyun-sa als Staats- und Königstempel fertiggestellt, und 553 widmete König Chinhŭng seinen Palast in den Hwangnyong-sa (Tempel des Erhabenen Drachen) um. Die Bauarbeiten an der 80 Meter hohen neunstöckigen Holzpagode wurden 645 begonnen und ein Jahr später beendet. In diesem Tempel wurden jedes Jahr Rituale zur Erhaltung des Friedens und zum Wohl des Königshauses abgehalten. Der »Buddhaland«-Tempel Pulguk-sa wurde 553 in Kyŏngju errichtet. Er erhielt 751 seine heutige Struktur und ist das bedeutendste erhaltene architektonische Zeugnis des Buddhismus auf der koreanischen Halbinsel. Weitere buddhistische Anlagen, Pagoden und Statuen folgten.

So wie vor ihnen die chinesischen Mönche nach Indien gereist waren, um die buddhistische Lehre im Ursprungsland zu studieren, so reisten nun koreanische Mönche nach China und brachten von dort die Lehre der Tiantai-Schule (kor. *ch'ŏnt'ae*) mit. Ŭisang (625–702) gründete nach mehreren Jahren in China 670 in Silla die Ornamente- oder Girlanden-Schule (kor. *hwaŏm*), eine der Fünf Schulen des Buddhismus. Der berühmteste Mönch war Wŏnhyo (617–686), der nach seiner Rückkehr aus China für die Einheit aller buddhistischen Schulen plädierte und erklärte, dass der Buddhismus des Reinen Landes (kor. *ch'ŏngt'o*) die Lehre für alle Menschen sei, also auch die Bauern und Armen einschließe. Alle Gläubigen, so lehrte er, würden im Paradies wiedergeboren werden. Als Prediger, der von Dorf zu Dorf zog, wurde er selbst zu einem Symbol des Buddhismus. Ebenso verbreiteten sich die buddhistischen Schulen der Meditation (kor. *sŏn*) und des Wahren Wortes (kor. *chin'on*). Die meditative Schule, in der man sich auf die plötzliche Erleuchtung durch individuelle Anstrengung konzentrierte, war schon in der ersten Hälfte des 7. Jahrhunderts nach Korea gelangt. Ebenso wichtig wurde die Textschule (kor. *kyo*) des Reinen Landes, für die die Beachtung der Regeln und die Abhängigkeit von der Gnade des Buddha im Mittelpunkt der religiösen Praxis standen.

Das 8. Jahrhundert war das zweite große Zeitalter des Buddhismus in Silla, wie eine Vielzahl von Bauwerken aus der Zeit belegt, so die Sŏkka (Sakyamuni)-Pagode und der Höhlentempel von Sŏkkuram mit seinen buddhistischen Skulpturen von 751. Der Mönch Hyech'o (704–787) reiste 723 auf dem Seeweg von China nach Indien und verfasste darüber seinen *Wang och'ŏnch'ukkuk chŏn* (Bericht über eine Reise zu den fünf indischen Ländern). Ein Fragment davon wurde in den Höhlen von Dunhuang gefunden und befindet sich heute in der Bibliothèque Nationale in Paris.

Als Wang Kŏn 918 die Koryŏ-Dynastie gründete, ließ er in seiner neuen Hauptstadt Kaesŏng zehn Tempel erbauen. Doch betonte er nicht nur, dass sich sein Reich auf den Buddhismus gründe, sondern hing auch anderen religiösen Vorstellungen an. Zu ihnen gehörte die koreanische Ausformung der chinesisch-geomantischen

Theorie von Wind und Wasser (*p'ungsusŏl*), die das Wirken natürlicher Kräfte auf den Menschen und seine Umwelt erklären sollte. Dabei wurde versucht, sie mit den kosmischen Prinzipien der Polaritäten von *yin* und *yang* (kor. *ŭmyang*) und mit den Fünf Elementen oder Agentes (kor. *o-haeng*) in Einklang zu bringen. Der buddhistische Mönch Tosŏn (827–898), der aus dem Herrscherhaus von Silla stammte, gilt als der Begründer einer Theorie von Wind und Wasser, in die auch buddhistische und daoistische Vorstellungen einflossen. König Wang Kŏn hob seine Lehre besonders hervor und nahm sie in seine *Sip hunyo* (Zehn Ermahnungen) von 943 auf.

Japan

Im vorbuddhistischen Japan vor der Mitte des 6. Jahrhunderts beruhten religiöse Vorstellungen nicht auf einer schriftlichen Überlieferung, sondern auf praktizierten Fruchtbarkeitskulten, dem Frühlings- und Herbstfest und Erntedankfesten. Dazu spielten Reinigungszeremonien eine wichtige Rolle. Diese durchaus diesseitigen religiösen Vorstellungen, die keine Angaben über den Tod, das Jenseits, das Gute oder Schlechte, aber dafür über das Reine und das Unreine machten, unterschieden sich später als die ursprüngliche japanische Religion vom Buddhismus und wurden *shintō* (Weg der Götter) genannt. Im Zentrum des Kultes standen *kami*, gottgleiche und machtvolle Wesenheiten, die in allen Erscheinungen der Natur wohnten und überall für die Natur und den Menschen wirksam werden konnten. Für die Kami wurden Schreine errichtet, deren Architektur als die originäre japanische Architektur der Yamato-Zeit gilt. Die Kami wurden darin in Form von Gegenständen wie Spiegeln oder Steinen verehrt. Die berühmtesten Schreine, gebaut aus Zypressenholz, sind der Innere Schrein, zuerst errichtet im 3. Jahrhundert, und der Äußere Schrein aus dem späten 5. Jahrhundert, die sich beide in Ise in der heutigen Präfektur Mie befinden. Die Ise-Schreine sind der Sonnengöttin Amaterasu geweiht und werden nach wie vor alle 20 Jahre neu errichtet.

Kurze Zeit nach Silla, 538 oder 552, kam Yamato mit dem Buddhismus in Berührung. Die Herrscher von Paekche ließen buddhistische Sūtra-Schriftrollen, Banner, Schirme und Skulpturen des Buddha Sakyamuni aus Gold und Kupfer überbringen. Der Yamato-Herrscher Kimmei (reg. 540–571) soll hocherfreut gewesen sein, doch am Hof wurde darüber gestritten, ob man die Anbetung dieser neuen Gottheiten übernehmen sollte oder nicht. Erst 587 machte der Soga-Clan den Weg für die Übernahme des Buddhismus am Hof gewaltsam frei. Viele Handwerker und Priester wanderten vom Festland, besonders von Paekche, auf die japanischen Inseln ein. Ihre handwerkliche Meisterschaft ermöglichte erst den Bau der gigantischen buddhistischen Tempel und Klöster in den nachfolgenden Jahrzehnten, wie des Asuka-dera in der Residenzstadt Asuka, den Soga no Umako (gest. 626) zwischen 588 und 596 errichten ließ. Er war der erste Tempel in Japan, der nach koreanischem Vorbild gebaut wurde.[172]

So wie der Buddhismus das religiöse Leben in der Tang-Dynastie und im koreanischen Silla prägte, so wurde auch die Oberschicht in Japan im 7. und 8. Jahrhundert nachhaltig durch den Buddhismus beeinflusst. Doch es sollte noch bis zum 9. Jahrhundert dauern, im Fall des Zen-Buddhismus sogar bis zum 12. Jahrhundert, dass die populären buddhistischen Schulen des Festlands auch in Japan endgültig Fuß fassten. Was den japanischen Buddhismus auszeichnete, ist die Verehrung charismatischer Gründer buddhistischer Schulen, welche ihre Besonderheit in der Lehre betonten, wodurch die Lehrtradition, wie sie vom Meister auf den Schüler überging, außerordentliches Gewicht erhielt. Weil den verschiedenen Lehrausrichtungen eine übergreifende buddhistische Doktrin fehlte und weil die Lehren intuitiv und emotional auf die rettende Botschaft des Buddhismus reagierten, wurden sie als nicht-rational beschrieben. All das schloss eine pragmatische und realistische Sicht der Dinge, so wie sie sind, aber keineswegs aus und erlaubte auch eine beachtliche Offenheit gegenüber anderen religiösen Praktiken.

Es war der Prinzregent Shōtoku, der nicht nur die Verwaltung nach chinesischem Vorbild reformierte, sondern auch große buddhistische Bauprojekte in Auftrag gab. Aus Dankbarkeit dafür, dass er seine politischen Feinde besiegt hatte, befahl er bei seinem Regierungsantritt 593, den Shitennō-ji Tempel in Naniwa (im heutigen Ōsaka) zu errichten. Sowohl in der Namensgebung des Tempels, die den Schutz des Reiches durch die Himmelskönige der vier Himmelsrichtungen impliziert, wie auch in der architektonischen Ausführung folgten die Baumeister koreanischen Vorgaben aus Paekche. Zwischen 601 und 607 ließ Shōtoku den Hōryū-ji-Tempel nahe Nara, unweit seiner eigenen Residenz, erbauen. Diese Tempelanlage nach chinesischem Vorbild gilt vielen Kunsthistorikern – trotz späterer baulicher Veränderungen – als das älteste noch erhaltene aus Holz errichtete Architekturensemble der Welt. Schon 624 gab es in Yamato 46 Tempel und Klöster, in denen etwa 1400 Mönche und Nonnen lebten. Die Clans am Hof stützten den Buddhismus durch Stiftungstempel (*ujidera*), die den Hof spirituell beschützen sollten.

Eine weitere Blütezeit erreichte der Buddhismus in der Regierungszeit von Shōmu Tennō (724–749). Der buddhistische Mönch Gyōki (688–749) lehrte, dass die Shintō-Gottheiten Manifestationen des Buddha seien, und brachte so den Shintoismus mit dem Buddhismus zusammen. Solche synkretistischen Vorstellungen, die wenige Jahrhunderte später ganz selbstverständlich wurden, lagen auch im politischen Interesse des Tennō. Er beauftragte 728 den Mönch und Architekten Rōben mit dem Bau des Großen Osttempels Tōdai-ji in Nara, dem religiösen Zentrum des Buddhismus. Zu diesem erst 752 endgültig fertiggestellten Projekt gehörte neben einer sechsstöckigen und einer achtstöckigen Holzpagode auch die Daibutsuden, die mächtige Halle mit der Bronzestatue des Großen Buddha Vairocana, des »überallhin Leuchtenden«, also des kosmischen Buddha. Später sollte auch Amaterasu, die Sonnengöttin, die bedeutendste Shintō-Kami, die Sonne und Licht symbolisiert, als Buddha Vairocana verehrt werden. Das in der Vergangenheit mehrfach zerstörte und wiederaufgerichtete Gebäude ist mit Abmessungen von 57 Metern Länge – ursprünglich war es noch länger – auf 50 Metern Breite sowie einer Höhe von 47 Metern der größte Holzbau der Welt. Es bedurfte mehrerer Versuche zwischen 749 und 752, den Buddha zu gießen, wie er mit gekreuzten Beinen und mit Händen in Predigthaltung auf Lotosblüten sitzt. Er misst in der Höhe 16,2 Meter, und für seine Herstellung wurden 437 Tonnen Bronze sowie 130 Kilogramm Gold gebraucht. Mehr als 50 000 Zimmerleute, 370 000 Metallhandwerker und eine Vielzahl anderer Handwerker und Arbeiter benötigten unter Aufwendung aller finanziellen und materiellen Ressourcen des Reiches über 20 Jahre, diese gewaltige buddhistische Kultstätte zu errichten und auszustatten. An der feierlichen Einweihung des Tempels durch einen aus Indien angereisten buddhistischen Meister, der auch die Augen des Buddha malte, nahmen die Kaiserin, der gesamte Hof und viele tausend Mönche teil. Es war das religiöse Jahrhundertereignis in Ostasien.

Noch während 735 der Tōdai-ji Tempel gebaut wurde, kehrte der japanische Mönch Gembō nach langem Studium in China mit etwa 5000 buddhistischen Texten und Kultobjekten nach Japan zurück. 753 gründete der chinesische Mönch Jianzhen (jap. Ganjin, 688–763) im Tōdai-ji die Ritsushū (Vinaya)-Schule, die sich durch strikte monastische Disziplin und Ordinationsriten auszeichnete. In diesem Tempel wurden Mönche ausgebildet, die Texte für die sechs buddhistischen Schulen übersetzten. Eine weitere Besonderheit des Tōdai-ji ist der Shōsōin, ursprünglich ein auf Pfählen aus Zypressenholz errichtetes kaiserliches Lagerhaus für Reis, das um 760 fertiggestellt wurde. Der Shōsōin kann wegen seines Alters und der ungebrochenen Aufbewahrungstradition als das älteste Museum der Welt angesehen werden. Kaiserin Kōmyō ließ in ihm, nach dem Tod ihres Gemahls Shōmu Tennō im Jahr 756, mehrere Schenkungen aufbewahren, die aus dessen Haushalt stammten. Dazu gehörten Kesa-Mönchsgewänder, weiterhin Kalligraphien, verschiedene Musikinstrumente, Waffen, Möbel, Textilien, Bronzespiegel und Geschirr. Die Sammlung mit ihren insgesamt vielen tausend Objekten, von denen viele auch aus China, Indien, dem sassanidischen Persien oder Zentralasien stammen, legt Zeugnis von den internationalen Verbindungen des Hofes in der Nara-Zeit ab.

Nach der verheerenden Pockenepidemie der Jahre 735 bis 737

befahl Shōmu Tennō 741, in allen Provinzen Tempel und Klöster (*kokubunji*) mit siebenstöckigen Pagoden zu errichten, in denen zum Schutz des Reiches, für eine gute Ernte und zur Bewahrung vor Epidemien und Naturkatastrophen gebetet werden konnte. Ihre Nahrungsmittel bezogen die Mönche und Nonnen aus den landwirtschaftlichen Erträgen von speziell den Klöstern zugewiesenen Anbauflächen.

Es war der Mönch Saichō (766–822), der in seiner Einsiedelei auf dem Berg Hiei, nordöstlich von Kyōto, die Texte der Tiantai-Schule, der Schule der Himmlischen Terrasse, studierte. Durch seine Predigten gewann er die Gunst des Kammu Tennō, der ihn nach China sandte, wo er sich seit 804 mit den Ritualen des esoterischen Buddhismus befasste. Nach seiner Rückkehr gründete er 806 die japanische Tendai-Schule, die buddhistische Sekte des Lotos, im Tempel Enryaku-ji auf dem Berg Hiei bei Kyōto. Ebenfalls 804 reiste der Mönch Kūkai (774–835) nach China, wo er in Chang'an die Lehre vom Wahren Wort (chin. *zhenyan*, jap. *shingon*) studierte. Nach Japan zurückgekehrt, fand er mit seiner Shingon-Lehre mit ihren Anrufungen und magischen Formeln schnell großen Anklang, besonders bei der Aristokratie in Kyōto. Der Tennō gewährte ihm das Recht, Mönche zu ordinieren, wodurch er den Äbten der älteren buddhistischen Klöster in Nara gleichgestellt wurde.

Der Mönch Ennin (794–864), der bei Saichō im Enryaku-ji studiert hatte, reiste mit der letzten Delegation 838 nach China, wo er neun Jahre blieb. 854 wurde er der dritte Abt der Tendai-Schule. Er erlangte besondere historische Bedeutung durch sein *Nittō guhō junrei kōki* (Aufzeichnungen einer Pilgerfahrt in das Tang-Reich auf der Suche nach dem Gesetz), das 845 verfasst wurde, als die Buddhistenverfolgung in China ihren Höhepunkt erreichte.

Der esoterische Buddhismus mit seiner eindrucksvollen, aus Indien entliehenen Symbolik, seinem Bilderkult und seinem Ritual trat im 9. Jahrhundert seinen Siegeszug in den Tempeln der Hauptstadt an. Die esoterische Weltsicht mit ihren Göttern und Symbolen fand in der künstlerischen Komposition der großen gemalten Mandalas ihre schematische und ganzheitliche Wiedergabe. Doch am eindrucksvollsten mögen in den Tempeln damals die Holz-, Lehm- und Trockenlack-Plastiken der vielarmigen und vielköpfigen Gottheiten gewesen sein, die mit dem »Donnerkeil« *vajra* (jap. *kongō*), der »die Härte eines Diamanten und die Energie eines Blitzes besitzt«, die Dunkelheit des Nichtwissens durchbrachen und gewaltsam die dämonischen und finsteren Kräfte zerstörten. Im Gegensatz zu den dem Volk nur schwer zu vermittelnden buddhistischen Vorstellungen von einem Nirvana, der Buddha-Werdung, waren diese Konzeptionen einfach zu erfassen: Das Handeln eines jeden Einzelnen zu Lebzeiten wird entweder mit dem Paradies belohnt oder mit der Hölle bestraft.

IV Ostasien im Umbruch von 960 bis 1368

A Politische Entwicklungen

Das Kapitel »Ostasien im Umbruch« behandelt einen historischen Zeitraum von mehr als 400 Jahren, in denen die Gesellschaften in China, Korea und Japan neu und richtungsweisend geformt wurden. In China war spätestens in der ersten Hälfte des 10. Jahrhunderts das Zeitalter der dominanten Aristokraten-Familien zu Ende gegangen. Seit der Song-Zeit nahmen zivile Beamte-Gelehrte die wichtigsten Positionen im Staat ein. Während gleichzeitig im 11. und 12. Jahrhundert der Koryŏ-Dynastie zivile Beamte aristokratischer Herkunft an politischer Macht gewannen, erreichte in Japan die höfische Kultur der Aristokraten in der späten Heian-Zeit (1087–1185) unter den Regenten (*kanpaku*) der Fujiwara ihre Blüte. Doch die Krieger (*bushi* oder Samurai) erstarkten und drängten zunehmend in die politischen Entscheidungspositionen. 1192 wurde die erste Militärregierung, bekannt unter der Bezeichnung Shōgunat, errichtet. Die Militärregierung hatte ihren Sitz in Kamakura, der Kaiser und sein Hof residierten aber weiterhin in Kyōto. Die Regierungsgewalt war faktisch auf zwei Orte verteilt.

Die chinesische Song-Dynastie (960–1279) war innenpolitisch seit dem Beginn des 11. Jahrhunderts gut verwaltet und wirtschaftlich stark, außenpolitisch hing sie jedoch seit ihrer Gründung von kriegerischen Fremddynastien im Norden Chinas ab: zuerst von der Liao-Dynastie (907–1125) der Khitan, zu der im 11. Jahrhundert die tangutische Westliche Xia (Xi-Xia)-Dynastie (1038–1227) hinzukam, und danach von der Jin-Dynastie (1115–1234) der Jurchen. Deswegen kann man die Geschichte der Song-Zeit – bezogen auf das Territorium Chinas als Ganzes – auch als eine Regionalgeschichte betrachten. Die Fremddynastie Jin beendete 1125 die

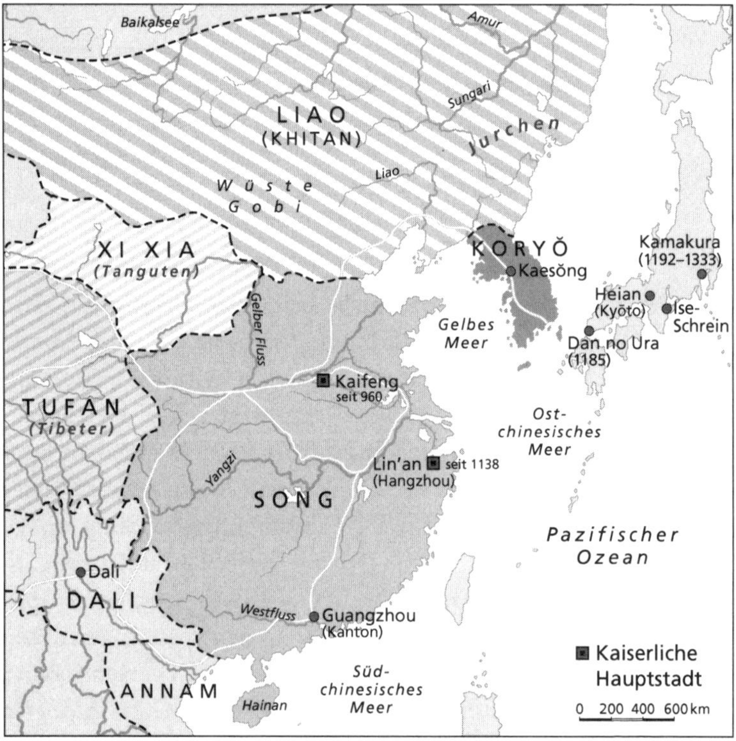

Karte 11: Ostasien zur Zeit der Nördlichen Song-Dynastie um 1050

Fremddynastie Liao. Im Januar 1127 eroberten Jin-Truppen die Song-Hauptstadt Kaifeng. Der Song-Kaiser floh in den Südosten nach Hangzhou. Bis 1127 spricht man deswegen von der Nördlichen Song-Dynastie und danach bis 1279 von der Südlichen Song-Dynastie. In der Song-Zeit selbst wurde diese Unterscheidung zwischen nördlich und südlich allerdings nicht getroffen. Zwar war vielen Zeitgenossen bewusst, dass die historische Kontinuität der Dynastie einen Bruch erlitten hatte, doch keiner hätte zu schreiben gewagt, dass das Jahr 1127 einen Wendepunkt in der Geschichte der Song-Dynastie darstellte.

Die beiden nördlichen Fremddynastien der Liao und Jin beeinflussten auch die historische Entwicklung von Koryŏ (918–1392), das von der Mitte des 10. Jahrhunderts bis wenige Jahrzehnte vor dem Ende des 12. Jahrhunderts nach zivilen Prinzipien konfuzianischer Ideologie regiert wurde. Doch Unruhen auf dem Land führten 1170 zu einem Militärputsch. 1196 wurde das Königshaus durch eine Militärdiktatur ersetzt, die erst 1258 endete. Zusätzlich brachte die mongolische Invasion von 1231 die Koryŏ-Dynastie in die vollständige Abhängigkeit von den Mongolen. Die Mongolen beendeten 1234 auch die Jin- und 1279 die Song-Dynastie. Damit gelang es den Mongolen als erster Fremddynastie in der Geschichte Ostasiens, ihre Herrschaft über das ganze kontinentale Ostasien zu errichten. Ihre Versuche zur Eroberung Japans 1274 und 1281 scheiterten allerdings.

Während die Mongolen in der zweiten Hälfte des 13. Jahrhunderts die politische Position von ethnischen Chinesen und Koreanern schwächten, ging die japanische Kriegerklasse durch ihren Sieg über die mongolischen Invasionstruppen gestärkt aus den Kämpfen hervor. Die Dominanz des Kriegerstandes und buddhistischer Mönche sollte für sechs Jahrhunderte bestehen. Erst im Jahr 1868 wurde die Institution der Militärregierung abgeschafft, doch das Militär regierte faktisch bis 1945.

1. Die Song-Dynastie (960–1279) und die Fremddynastien in China

Der japanische Sinologe Naitō Konan (1866–1934) stellte bereits 1914 in seinem Buch *Shinaron* (Über China) die These auf, dass sich im 10. Jahrhundert in China ein entscheidender historischer Umbruch ereignet habe, weswegen er die Song-Zeit als die chinesische Neuzeit bezeichnete. Wenn man den allgemeinen Begriff »Neuzeit« vermeiden möchte, dann kann man die Song-Zeit auch als die Zeit einer chinesischen »Renaissance« bezeichnen, als eine Zeit, in der man sich einerseits auf die Werte des Altertums besann, die andererseits aber alle Kennzeichen für den Aufbruch aus dem chinesischen Mittelalter in die Moderne aufweist. Allerdings nahm die »Renaissance« der Song-Zeit einen ganz anderen historischen Verlauf als die Renaissance in Europa.

In der Praxis stützte sich die Herrschaft der Song-Dynastie auf eine konfuzianische Ideologie, die jeden Winkel des Reiches erreichte und jedes Individuum beeinflusste. Der Philosoph und Staatstheoretiker Chen Liang (1143–1194) bestätigt in einer Eingabe kurz nach 1169: »Diese Dynastie hat den Staat auf dem Konfuzianismus (*ru*) gegründet; diese Stärkung des Konfuzianismus ist einzigartig unter allen vorangegangenen Dynastien.«[173] Konfuzianische Herrschaft oder konfuzianischer Staat bezeichnen in der Song-Dynastie nicht etwas Abstraktes, Theoretisches oder Utopisches, vielmehr verweist dieser Terminus auf »die historisch engen Beziehungen der führenden intellektuellen Tradition zu der dominanten Bürokratie«.[174] Erst im 13. Jahrhundert verwandelte sich die konfuzianische Ideologie langsam in eine Staatsorthodoxie.[175] Das gesellschaftliche System, das sich in der Song-Zeit konsolidierte und das Verständnis von »chineseness« (um einen heutigen Begriff zu verwenden) beförderte, ein Gefühl der kulturellen Identität, des »Chinesisch-Seins«, wurde zum kulturellen Paradigma für das, was im 20. Jahrhundert außerhalb Chinas bis zur kommunistischen Revolution von 1949 unter »traditionellem China« und »chinesischer Kultur« verstanden wurde.

Die Gründungskaiser der Song-Dynastie

Den Grundstein für das funktionierende Song-Reich legten die drei ersten Herrscher, nämlich Kaiser Song Taizu (reg. 960–976), sein Bruder, Kaiser Song Taizong (reg. 976–997), und dessen Sohn, Kaiser Song Zhenzong (reg. 997–1022). Sie zeichneten sich durch einen hohen Grad an ziviler Kompetenz und Leistungsfähigkeit, Verlässlichkeit und Verantwortungsbewusstsein aus und gaben so die politische und intellektuelle Richtung für die gesamte Dynastie vor. Diese Eigenschaften basierten auf dem gemeinsamen Nenner eines beispielhaften politischen Pragmatismus, der nur wenig Raum für willkürliche Entscheidungen ließ. Mit der Qualität ihrer Regierung schufen sie die Voraussetzung dafür, dass von den 18 Song-Kaisern in über 300 Jahren jeder im Durchschnitt beachtliche 18 Jahre herrschte.

Kaiser Taizu

Als der Kommandeur der Palastgarde der Späteren Zhou-Dynastie, Zhao Kuangyin, am 3. Februar 960 im Alter von 32 Jahren die Song-Dynastie proklamierte – so genannt nach dem nordchinesischen Bezirk Songzhou –, ging er ein großes Wagnis ein. Im Gegensatz zur Han- und Tang-Dynastie, die ihre jeweilige Herrschaft über ein durch kurzlebige Vorgängerdynastien geeintes Reich antraten, stand Taizu (so Zhao Kuangyins posthumer Tempelname) die territoriale Einigung noch bevor. Doch bevor er sich dieser Aufgabe zuwenden konnte, musste er zunächst eines der schwierigsten Probleme bei der Gründung einer jeden neuen Dynastie lösen, nämlich wie man einen Putschversuch der ehemaligen Mitverschwörer vermeidet und wie man sich dieser ehemaligen Waffenbrüder entledigt, um die militärische Gewalt in der eigenen Hand zu konzentrieren. Deswegen lud Taizu am 20. August 961 seine Kommandeure, die ihm zum Thron verholfen hatten, zu einer Gesellschaft ein. Er konnte sie gegen die Zusicherung angemessener ziviler Positionen und eines sorgenfreien Lebens bis an ihr Lebensende davon überzeugen, von ihren militärischen Positionen zurückzutreten. Zusätzlich sicherte er sich durch eine Heiratspolitik ab, die alle seine vormaligen Kommandeure zu seinen Verwandten machte. Danach berief er neue, durch den Putsch unbelastete Kommandeure. 970 befehligte der Kaiser eine Armee von etwa 220 000 Mann, die bis zum Ende seiner Herrschaft auf 378 000 Mann anwuchs.

Kaiser Taizu, der als die Verkörperung eines konfuzianischen Kaisers in die Geschichte einging, regierte 17 Jahre und legte das Fundament einer Dynastie, die in Bezug auf Kultur, Moral und Gerechtigkeit den Vorbildern der Han- und Tang-Dynastie in keiner Weise nachstand.[176] Wie in jeder chinesischen Dynastie, so legte auch hier der Gründungskaiser als Sohn des Himmels die

Vorgaben für die Regierung und das kaiserliche Verhalten für seine Nachfolger fest. Das *Song shi* (Offizielle Geschichte der Song-Dynastie) von 1344 stellt dazu fest: »Seit dem Altertum konnte man das Muster einer Dynastie am Herrscher ablesen, der die Dynastie gründete, das Reich einigte und [angab], was er in seiner Zeit schätzte. Als der Kultivierte Ahnherr [Kaiser Taizu] das Mandat [des Himmels] übernahm, ging er als Erstes daran, zivile Beamte zu beschäftigen und den Militärbeamten ihre Macht zu entziehen. Die Hochachtung des zivilen Prinzips (*wen*) durch die Song hat hier ihren Ursprung.«[177] Die Vorherrschaft des zivilen über das militärische Prinzip – ein Ideal des Konfuzianismus – wurde zum Credo der Song-Dynastie.[178] Und wie zur Stärkung des zivilen Herrschaftsprogramms seiner Dynastie ließ Taizu 962 das Direktorat für Erziehung (*guozijian*), das für die Universität zuständig war, erweitern und eine besondere Halle zum Gedenken an Konfuzius und seine Schüler errichten.

Nach der Thronbesteigung musste Kaiser Taizu zunächst die selbsternannten regionalen Könige der unabhängigen Zehn Reiche unterwerfen. Bei der Reihenfolge der Feldzüge zur Reichseinigung spielten für ihn auch wirtschaftliche Überlegungen eine Rolle. Gemäß seiner Strategie »den Süden zuerst, den Norden später« begannen er und sein Bruder, der sein Nachfolger werden sollte, 963 mit der friedlichen Einverleibung des Südlichen Ping am mittleren Yangzi und drangen dann nach Sichuan vor. Nachdem die Kriegskasse etwas aufgefüllt war, wurde 971 das Südliche Han in Guangdong unterworfen und schließlich 975 das wohlhabende und bevölkerungsreiche Südliche Tang des Dichterkönigs Li Yü. Zuletzt wurde 979 das Nördliche Han in Shanxi erobert. Damit war das Territorium der Song-Dynastie konsolidiert. Allerdings umfasste das Song-Reich gerade einmal 2,9 Millionen Quadratkilometer, ein im Vergleich zur Tang-Dynastie, die um 740 noch über die dreifache Fläche geherrscht hatte, bescheidenes Herrschaftsgebiet. Zu Beginn der Song-Dynastie gab es 15 Provinzen (*dao*), später mehr als 20 Provinzen (*lu*). Sie setzten sich aus 255 ländlichen und etwa 13 städtischen Bezirken (*zhou*) sowie etwa 46 militärischen Bezirken und vier Bezirken mit Rohstoffverarbeitung zusammen. Die Bezirke bestanden aus zusammen mehr als 1200 Kreisen (*xian*).[179] Obgleich das Herrschaftsgebiet der Song viel kleiner war als das der Tang, waren sich die Zeitgenossen der Großtat der Dynastiegründung bewusst. Noch 100 Jahre später, um 1060, lobte der Philosoph Shao Yong die Song-Dynastie für die Befriedung des Reiches nach der Proklamierung der Dynastie wie auch für die Leistung, dass es in 100 Jahren zu keinem Aufruhr gekommen war.[180]

Kaiser Taizu genoss den Ruf, milde und gerecht zu herrschen, das konfuzianische Lernen zu fördern und die Landwirtschaft zu stärken, die Grundlage des Reichtums der Nation. Er ließ dennoch keine Zweifel daran, dass die Struktur der Regierung und Verwaltung in erster Linie ihm zu dienen hatte. Sie sollte unter seiner engen Kontrolle seine politische Macht stärken. Deswegen wurden zunächst die überlieferten Verwaltungsstrukturen beibehalten. Eine Ausnahme bildete das Büro für Militärische Angelegenheiten (*shumiyuan*), das für die Kaiserliche Armee zuständig war. Daraus wird ersichtlich, dass Taizu weit mehr an der Kontrolle über das Militär als an der Neuordnung der zivilen Verwaltung interessiert war. Die besten Armeen, einschließlich seiner Garde, konzentrierte er in seiner unmittelbaren Nähe. Daneben gab es noch die Armeen der Präfekturen, die lokalen Milizen und die Stammestruppen an den Grenzen.

Doch wer sollte in dem neuen Reich die vielfältigen Verwaltungsaufgaben, vor allem in den über 1200 Kreisen und über 300 Bezirken, wahrnehmen? Beamte aus der Zeit der Fünf Dynastien, die aus Mangel an besseren Beamten noch immer beschäftigt wurden, boten für Loyalität kaum eine Gewähr. Um die Vakanzen zu füllen, versetzte Kaiser Taizu Hofbeamte als Magistrate (Landräte) in die Kreise der Provinzen. Zusätzlich griff er auf gebildete und loyale Personen aus Familien der Beamten-Gelehrten (*shidafu*) ohne aristokratischen Hintergrund zurück, wie man das bereits verschiedentlich in der Tang-Zeit getan hatte. Um das Problem des Beamtennachwuchses zu lösen, führte Kaiser Taizu noch im Jahr der Dynastiegründung die verschiedenen Prüfungen zum zivilen

Beamtendienst wieder ein. Da die Zahl der Graduierten viel zu gering war – im ersten Jahr waren es gerade 19 *jinshi* –, um die Positionen in der Verwaltung neu zu besetzen, ließ er 963 die Protektion von Beamten nach dem Vorbild der Tang-Dynastie wieder zu. Erst Kaiser Taizus Nachfolger gingen das Problem der Rekrutierung von Beamten über das Prüfungssystem energisch und erfolgreich an.

Kaiser Taizu starb unerwartet am 14. November 976 im Alter von 49 Jahren unter verdächtigen Umständen. Es heißt, dass er seiner Mutter versprochen hatte, seinen Bruder Zhao Kuangyi als seinen Nachfolger zu bestimmen. Das entsprach zwar nicht den Regeln der Primogenitur, doch seine Mutter wollte dadurch wohl eine dynastische Krise, wie es so viele in den vorausgegangenen Jahrzehnten der Fünf Dynastien gegeben hatte, in der noch jungen Song-Dynastie verhindern.

Kaiser Taizong

Zhao Kuangyi, dessen posthumer Tempelname Taizong lautet, regierte unter der Regierungsdevise Taiping xingguo (Aufschwung des Reiches des großen Friedens, 976–984). Die beiden Söhne seines Vorgängers Taizu starben nur wenige Jahre nach seiner Thronbesteigung unter ungeklärten Umständen.

Nachdem er den Einigungsprozess des Song-Reiches 979 abgeschlossen hatte, erkannte Kaiser Taizong 984 die Fünf Dynastien (Wudai) als historische Periode an und übernahm für die Song-Dynastie das symbolische Element Feuer und die entsprechende Farbe Rot, wodurch sie gemäß der kosmologischen Ordnung legitimiert wurde. Er versuchte danach mehrmals, die 938 verlorenen Sechzehn Bezirke von den Liao zurückzuerobern, erlitt jedoch bei seinen Feldzügen nur Niederlagen. Auch der 986 großangelegte Feldzug chinesischer und koreanischer Verbände gegen die Liao, der zum Ziel hatte, »die gemeinsamen zivilisatorischen Werte zu verteidigen«, endete in einem militärischen Desaster.[181]

Abgesehen von den militärischen Kampagnen widmete sich Kaiser Taizong Verwaltungsaufgaben. Wie schon sein Bruder traf auch er alle Entscheidungen selbst, was die Arbeit seiner Hofbeamten erheblich erschwerte. Diese Form der Regierungsausübung konnte nur funktionieren, solange ein arbeitswütiger Kaiser regierte.

Die Regierungszeit von Kaiser Taizong wurde auch für ihre bedeutenden Veröffentlichungsprojekte berühmt, die in der Tradition der Fünf Dynastien standen. Er versuchte, sich in der Beamtenschaft den Ruf eines kultivierten und gebildeten Herrschers zu verschaffen. Das war offensichtlich nötig. Noch 800 Jahre später bemerkte der Qianlong-Kaiser, dass der Hauptgrund für die Veröffentlichungsaktivitäten von Kaiser Taizong gewesen sei, seine Herrschaft zu legitimieren und die Tugend eines Kaisers zu belegen, der den Thron usurpiert hatte. 982 wurde das *Wenyuan yinghua* (Leuchtende Blüten aus dem Garten der Literatur) veröffentlicht. Danach folgten vier epochale Werke, die im Titel die Regierungsdevise Taiping xingguo tragen: Das *Taiping guangji* (Erweiterte Aufzeichungen aus der Regierungsdevise Taiping) von 978 ist eine Anthologie höchst unterschiedlicher literarischer Texte aus der Han- bis Tang-Zeit. Das *Taiping yulan* (Das vom Kaiser durchgesehene Werk aus der Regierungsdevise Taiping) von 984 bildete mit 1000 Kapiteln die bis dahin umfassendste Enzyklopädie chinesischen Wissens. Beide Werke wurden von Li Fang und seinen Mitarbeitern kompiliert. Des Weiteren wurde das *Taiping huanyu ji* (Aufzeichnungen über die Welt aus der Regierungsdevise Taiping) um das Jahr 980 von Yue Shi fertiggestellt, und das *Taiping shenghui fang* (Rezepturen [zusammengestellt] mit kaiserlichem Wohlwollen aus der Regierungsdevise Taiping) wurde 992 von Wang Huaiyin und anderen kompiliert. Um seine Publikationsaktivitäten zu krönen, beauftragte Taizong 996 den Beamten-Gelehrten Xing Bing (932–1010) damit, eine autoritative Ausgabe der klassischen Texte zu erstellen. Das Werk wurde 1001 fertiggestellt. Taizongs Nachfolger, Kaiser Zhenzong, gab das *Shisanjing* (Dreizehn Klassiker) in Auftrag, das 1011 fertiggestellt war und von da an die textliche Grundlage für den Prüfungsstoff der Prüfungskandidaten bildete.

Diese mit Holztafeln gedruckten Schriften dokumentieren nicht nur das Wissen der Zeit, sondern setzten auch für Jahrhunderte

Publikationsstandards, was Inhalt, Titulatur, Aufmachung, Seitenentwurf, Papier, Tusche, Format und Bindung der Werke betraf. Ohne den wirtschaftlichen Erfolg und die generelle gesellschaftliche Akzeptanz von Druckwerken in der Song-Zeit wäre weder die schnelle und reichsweite Verbreitung der konfuzianischen Lehre möglich gewesen, noch hätten sich so viele Kandidaten angemessen auf die zivilen Beamtenprüfungen vorbereiten können. Der Buchdruck war eine wesentliche Voraussetzung für die Entstehung der elitären Wissensgesellschaft der Song-Zeit.

Kaiser Zhenzong

Als Zhao Heng, posthumer Tempelname Zhenzong, der dritte Sohn von Kaiser Taizong, 997 den Thron bestieg, war das Reich nach wie vor durch die Liao-Dynastie im Norden bedroht. Er versuchte zwar, eine Friedensvereinbarung mit den Liao auszuhandeln, doch der Liao-Hof reagierte nicht. Kaiser Zhenzong mag an seinen Onkel Kaiser Taizu gedacht haben, der schon am Anfang seiner Herrschaft mit der Idee gespielt hatte, den Khitan die 938 verlorengegangenen Sechzehn Bezirke im Norden, die er als »mein Land und mein Volk« bezeichnete, abzukaufen. Als die Liao-Truppen 1004 erneut in Richtung Kaifeng vordrangen, überzeugte ihn sein Kanzler Kou Zhun, selbst das Kommando auf dem Schlachtfeld zu übernehmen. Entgegen seinem Naturell befolgte dieser den Rat und besuchte seine Truppen an der Front, womit er deren Moral heben konnte. Noch während an verschiedenen Orten Kämpfe stattfanden, eröffneten Unterhändler Friedensgespräche, die schließlich zum Vertrag von Shanyuan, genannt nach einem kleinen Ort bei Kaifeng, führten.

Der Vertrag war eigentlich ein Schwurdokument, das auf den 19. und 24. Januar 1005 datiert und am 28. Januar 1005 ausgetauscht wurde. Die Verpflichtung, freundliche Beziehungen aufrechtzuerhalten, stand darin an erster Stelle. Danach folgten die jährlich von der Song-Dynastie zu entrichtenden Tributzahlungen von 200 000 Ballen Seide (umgerechnet 2400 Kilometer lang) und 100 000 Unzen Silber (die Menge wog etwa 3730 Kilogramm). Dies entsprach etwa zwei Prozent des gesamten Steueraufkommens an Seide oder höchstens 0,5 Prozent der gesamten jährlichen Staatsausgaben. Man sagte sich gegenseitig zu, die Grenze zu respektieren, Flüchtlinge und Räuber auszuliefern, keine landwirtschaftlichen Anbaugebiete oder Feldfrüchte zu zerstören und keine neuen Befestigungen sowie Kanäle entlang der Grenze anzulegen. Der einzige Wermutstropfen, den die Kritiker im Vertrag finden konnten, waren die Bezeichnungen »älterer Bruder« für den Song-Kaiser und »jüngerer Bruder« für den Liao-Herrscher. So eine Konstruktion von »Bruderstaaten« entsprach nicht dem politischen Verständnis konfuzianischer Beamter.

Doch Kaiser Zhenzong und seinem Kanzler war es gelungen, Koexistenz als eine pragmatische politische Option chinesischer Außenpolitik einzuführen. Die meisten seiner Zeitgenossen und spätere Generationen von Beamten-Gelehrten bewunderten Kou Zhun für diese Leistung, weil diese diplomatische Lösung dem Song-Reich eine vergleichsweise lange Friedenszeit sicherte. Kaiser Renzong (reg. 1022–1063) folgte 1042 dem Vorbild. Er stimmte einer Erhöhung der jährlichen Zahlungen an die Liao-Dynastie auf 300 000 Ballen Seide und 200 000 Unzen Silber zu und erklärte sich 1044 – nach jahrelangen Grenzkriegen und Verhandlungen – einverstanden, der tangutischen Xi-Xia-Dynastie jährlich 255 000 Einheiten an Seide, Silber und Tee zukommen zu lassen. Auch in diesem Fall gab die Frage der Hierarchie und Titulatur Anlass zu Diskussionen, nicht jedoch die jährliche finanzielle Belastung für den Staatshaushalt.

Eine geschickte Intrige von Wang Qinruo, der das Büro für Militärische Angelegenheiten leitete, führte im März 1006 zur Entlassung von Kou Zhun und seiner Verbannung in den Süden des Reiches nach Guangdong. Auf Wangs Initiative hin wurden 1008 die *Tianshu* (Himmelsbriefe) gedruckt. Diese daoistisch beeinflusste Schrift behauptete, Kaiser Zhenzong sei durch eine übernatürliche Intervention des Himmels zum Herrscher bestimmt worden, womit das Mandat des Himmels des Song-Kaisers gegenüber der Liao-Dynastie hervorgehoben werden sollte. Zur Bestätigung des singulären Ranges des chinesischen Kaisers führte Zhenzong im November 1008 auch das Opfer an Himmel und Erde (*fengshan*) auf dem Berg Taishan durch. Sein Ziel war es, die Welt zu befrieden und die Barbaren einzuschüchtern. Wie im Fall der Fabrikation der Himmelsbriefe, so ahmte er auch beim Fengshan-Opfer das Vorbild von Tang-Kaiser Xuanzong nach, der es zum letzten Mal 725 durchgeführt hatte. Es war das letzte Opfer dieser Art in der chinesischen Geschichte. Auf seinem Weg zurück zur Hauptstadt im Januar 1009 besuchte Kaiser Zhenzong den Konfuzius-Tempel und das Grab des Konfuzius in Qufu. Doch alle diese Aktivitäten, die ihn in seinem Amt und Anspruch bestätigten, scheinen die Khitan und die Tanguten nur wenig beeindruckt zu haben. Denn die Khitan verlangten 1008 eine zusätzliche einmalige Zahlung in Höhe von 30 000 Unzen Silber und 30 000 Ballen Seide. Kaiser Zhenzong erkannte, dass er die Khitan militärisch nicht schlagen konnte, und so gewährte er ihnen die Forderung als verlorenen Kredit. Als die Tanguten 1010 wegen einer Hungersnot um eine Getreidelieferung in Höhe von zehn Millionen Scheffeln nachfragten, sagte er sie auf Anraten des Beamten Wang Dan ebenfalls zu.[182]

Das Verhalten von Kaiser Zhenzong gegenüber seinen Beamten zeigt, dass ihr Einfluss wuchs und er auch informelle Gespräche mit ihnen führte. Auch unterzog er sich der strapaziösen Pflicht, an jedem einzelnen Tag Dutzende von Eingaben zu lesen. Das bedeutete lange Arbeitstage von Sonnenaufgang bis zum Abend. Seit Kaiser Zhenzong unter dem Einfluss Wang Qinruos stand, war seine Regierungszeit zunehmend von daoistischen Neigungen gekennzeichnet. Nach 1016 – in dem es eine fürchterliche Heuschreckenplage gegeben hatte – ließ seine geistige Präsenz nach, weswegen seine Frau, die Kaiserin Liu (969–1033), mehr und mehr die politischen Entscheidungen mitbestimmte. Das schmälert jedoch nicht seine Verdienste, so die territoriale Verwaltungsreform, die Verwaltungsreform der Hauptstadt Kaifeng sowie vor allem den Aufbau einer zentralistischen Verwaltungsstruktur.

Die zentralen Verwaltungsbehörden bestanden aus den Drei Regierungseinrichtungen (*sansheng*): dem Zentralen Sekretariat (*zhongshu*), der Kanzlei (*menxia sheng*) und dem Ressort für Staatsangelegenheiten (*shangshu sheng*). Nur das Zentrale Sekretariat, zu dem wiederum der Staatsrat (*zhengshi tang*) als höchste interne Instanz gehörte, lag innerhalb des Palastareals.[183] Hier traf der Kaiser seine Entscheidungen. Die anderen beiden Ressorts waren für die Ausfertigung und Ausführung der Edikte, Dekrete, Befehle und Anweisungen des Kaisers zuständig. Dafür unterstanden dem Ressort für Staatsangelegenheiten die Sechs Ministerien, zuständig für Personal, Finanzen, Riten, Kriegsmaterial und Arsenale, Strafen und Arbeit. Außerdem gab es das Büro für Militärische Angelegenheiten und die Finanzkommission, die beide von den Drei Regierungseinrichtungen unabhängig waren. Sie übten ihren Einfluss auf den Kaiser direkt aus. Den Drei Regierungseinrichtungen standen Kanzler vor, die im formalen Rang einander zwar gleichgestellt waren, deren tatsächlicher Rang sich aber an zusätzlichen Bezeichnungen und an ihrer Seniorität erkennen ließ.

Dank einer effizienten Verwaltung konnte Kaiser Zhenzong die Wirtschaft des Reiches ankurbeln. Er ließ Münzen gießen, führte Haushalts- und Steuerreformen durch und erneuerte das Prüfungswesen. Trotz seiner verschwenderischen daoistischen Bauprojekte konnte Kaiser Zhenzong 1021 den größten Überschuss aller Regierungszeiten in der Nördlichen Song-Dynastie verzeichnen. Und was die internationale Diplomatie anbetrifft, so hat er mit dem Vertrag von 1005 den Weg für ein in der Song-Zeit tragfähiges und erfolgreiches Modell der staatlichen Koexistenz geebnet.

Jahrzehnte der Reformen

Als Zhao Zhen, posthumer Tempelname Renzong (reg. 1022–1063), als Zwölfjähriger den Thron bestieg, regierte die Kaiserwitwe Liu, die während der Audienzen hinter dem Vorhang saß, bis zu ihrem Tod im Jahr 1033 für ihn. Kaiser Renzong herrschte 41 Jahre und damit am längsten von allen Song-Kaisern. Sein Arbeitsstil unterschied sich von dem seiner Vorgänger. Schon 1034 beklagte er sich über seine Arbeitsbelastung durch das Lesen der vielen Throneingaben. Viele Beamte warfen ihm vor, dass er gerade einmal an 100 Tagen im Jahr Audienz hielt. Das war für konfuzianische Beamte, für die die Einhaltung des rituellen Handelns über allem stand, kritikwürdig. Doch obwohl er es an Taten und Ernsthaftigkeit oft fehlen ließ, trug Renzong doch zur Verbesserung des Schul- und Prüfungssystems bei und erweiterte den Kreis der Personen mit Anspruch auf Pensionen und Privilegien, was seine Beliebtheit bei den Beamten förderte. Kritisch wurde es für ihn und das Song-Reich erst, als die tangutische Xi-Xia-Dynastie 1038 militärisch aktiv wurde und auf der politischen Bühne Nordwestchinas auftauchte.

Die Tanguten (chin. Miyao oder Mianyao), die mit den Tibetern verwandt waren, werden zuerst in einer Inschrift von 735 erwähnt. Wie im Fall der Khitan stammen die Informationen über sie bis heute aus chinesischen Textquellen. Es gibt allerdings keine offizielle chinesische Dynastiegeschichte der Xi Xia. Im späten 8. Jahrhundert hatte die Tang-Dynastie den Tanguten erlaubt, sich am Rand der Ordos-Wüste anzusiedeln. Die Song-Herrscher pflegten die Beziehungen zu ihnen, weil sie hofften, in ihnen einen Verbündeten gegen die Khitan zu finden. Doch Spannungen innerhalb der Tanguten führten 982 zu einem Krieg zwischen ihnen und der Song-Dynastie, der mit Unterbrechungen bis 1004 dauerte. Aber auch die Beziehungen der Tanguten zu den Khitan waren nicht ohne Reibungen. So bildeten die Tanguten mit den Song und Liao zusammen in den letzten beiden Dekaden des 10. Jahrhunderts ein Dreieck der Macht. Der Tangute Li Deming (983–1032) verstand es, die militärische Pattsituation zu nutzen. 1038 proklamierte Li Yuanhao (reg. 1032–1048) die tangutische Xi-Xia-Dynastie und sagte sich von der Bevormundung durch die Song los. Er förderte das tangutische Brauchtum bei den Riten, führte eine tangutische Schrift ein und befahl allen Männern bei Androhung der Todesstrafe, die Haare auf dem vorderen Teil des Schädels zu rasieren und die Schläfenhaare lang wachsen zu lassen, wie es auch bei den Khitan üblich war. Kaiser Renzong fühlte sich von Li Yuanhao provoziert und ließ alle Grenzmärkte schließen. Als die tangutischen Truppen schließlich dennoch in die nordwestlichen Provinzen eindrangen, begann ein Krieg, der sich bis zum Jahr 1044 hinziehen sollte.

Die Reformvorschläge Fan Zhongyans

Da sich zusätzlich zu der außenpolitischen Krise eine innenpolitische mit Epidemien, Hungersnöten und Bauernaufständen abzeichnete, musste gehandelt werden. Kaiser Renzong lieh in den Jahren 1043 und 1044 (unter der Regierungsdevise Qingli, 1041–1048) den idealistischen jungen Beamten der ersten Generation von Reformern der Song-Zeit, der Parteiung der »guten Männer« (*junzi*), sein Ohr. Die politischen Vorstellungen von Fan Zhongyan, Fu Bi, Han Qi und Ouyang Xiu basierten zwar auf der konfuzianischen Lehre, betonten jedoch die soziale Komponente. So forderte etwa Li Gou aufgrund seines vergleichsweise radikalen Verständnisses von »guter Regierung« 1039 eine funktionierende Grenzverteidigung, eine starke Bauernschaft und eine strikte Ausgabenkontrolle. Fan Zhongyan seinerseits legte im Herbst 1043 ein Zehn-Punkte-Programm vor, das nicht nur auf eine Reform des Beamtentums, sondern auch der Staatsfinanzen abzielte. So betraf es vor allem auch die Verwaltung, die Dienstpflicht, den Deichbau und die Urbarmachung von Land, die Landwirtschaft und Seidenkultur sowie die Organisation von lokalen Milizen. Gleichzeitig wurden er und einige der »guten Männer« wie Han Qi, Fu Bi und andere befördert, um den vom Kaiser erwünschten »himmlischen Frieden« herbeizuführen.

Da sich die Dinge aber nicht so entwickelten, wie er es sich gewünscht hatte, konnte sich der wankelmütige Kaiser nicht zur Durchführung der ambitionierten Reformen durchringen. Stattdessen begehrte er zu wissen, welche Rolle »Parteiungen guter Männer« in der Vergangenheit gespielt hatten. Diese Gelegenheit ließen sich die Gegner der von Fan und seinen Mitstreitern gewünschten Reformen nicht entgehen. Sie beschuldigten Fan, eine Parteiung gebildet zu haben. Dieser Vorwurf wog schwer, woran auch das berühmt gewordene Memorandum *Pengdang lun* (Über Parteiungen), das Ouyang Xiu zu Fans Verteidigung verfasst hatte, nichts mehr ändern konnte. In ihm argumentierte Ouyang Xiu, dass der Edle eine Parteiung auf der Grundlage von Prinzipien bilde, die Nichtswürdigen jedoch aus selbstsüchtigen Interessen zusammenkämen. Der Rücktritt von Fan Zhongyan als Vizekanzler erfolgte Anfang 1045, nachdem die Friedensübereinkunft mit der Xi-Xia-Dynastie in Kraft getreten war, die er mitverhandelt hatte. Der militärische Konflikt war gegen jährliche Tributzahlungen beigelegt, Kaiser Renzong konnte erleichtert aufatmen, doch die Sache der Reformer war verloren, und die Konservativen am Hof übernahmen wieder die politische Kontrolle. Fan Zhongyan wirkte danach in verschiedenen Positionen in der Provinz und engagierte sich besonders bei der Einrichtung einer Wohlfahrtsstiftung für seine Familie, die bis 1760 bestehen sollte.

Trotz der gescheiterten Qingli-Reform von Fan Zhongyan stimmten die meisten hohen Beamten darin überein, dass Veränderungen erforderlich seien. Die Militärausgaben für die Song-Armee waren zum Problem geworden. Bis 1045 war die Armee auf 1,25 Millionen Soldaten angeschwollen, von denen allein 450 000 an der nordwestlichen Grenze zur Xi-Xia-Dynastie, weitere 300 000 an der Grenze zur Liao-Dynastie und 300 000 Mann der Zentralarmee in der Hauptstadt stationiert waren.

Die Ansätze für Reformen unterschieden sich erheblich: Einige Beamte hingen immer noch Fans gescheiterten Reformideen an, andere wie Su Shi und Sima Guang meinten, dass die Wiederbelebung der konfuzianischen Ideale genügen würde, die nötigen gesellschaftlichen Veränderungen zu bewirken. Seit den 1050er Jahren bildete sich eine dritte Gruppierung um den Beamten Wang Anshi, der radikale Reformen plante. Er sprach 1058 die Probleme des Reiches in seinem *Wanyan shu* (Memorandum der Zehntausend Worte) direkt an und wurde damit über Nacht berühmt.

Kaiser Shenzong und der Reformer Wang Anshi

Auf Renzong folgte 1063 Kaiser Yingzong, und nach ihm bestieg der 19-jährige Zhao Xu, bekannt als Kaiser Shenzong, 1067 den Thron. Schon zwei Jahre später berief er den siebenundvierzigjährigen Wang Anshi in das Amt des Vizekanzlers. Damit läutete er die bedeutendste und umstrittendste Reformperiode in der vormodernen chinesischen Geschichte ein. Es war, wie der Reformkritiker

Zhu Xi etwa 100 Jahre später bemerkte, eine Chance zur Reform, »wie sie sich nur ein Mal in tausend Jahren ergibt«.[184]

Die Reformen der Neuen Gesetze (*Xinfa*) von Wang Anshi zwischen 1069 und 1074 zielten hauptsächlich auf drei Bereiche: Wirtschaft, Militär und Erziehung. Wang war überzeugt, dass der Staat gestärkt würde, wenn es dem Volk gutginge und die lokalen Gemeinschaften prosperieren würden. Er wünschte sich ein gesundes und wohlhabendes Volk, das den Interessen des Staates gerne zu dienen bereit war. Er war sich des Risikos der Reformen und ihrer Durchführung durch halbherzige Beamte durchaus bewusst und berief sich deswegen dafür auch auf das Vorbild der Herrscher des Altertums. Die Reformen begannen 1069 mit dem sogenannten Grüne-Sprossen-Darlehen (*qingmiao qian*), das die staatlichen Getreidespeicher zu dem niedrigen halbjährlichen Zinssatz von 20 Prozent an die Bauern ausgaben. Damit wollte Wang die Kleinbauern von der Abhängigkeit von großen Landbesitzern und anderen Geldverleihern, die bis zu 70 Prozent Zinsen forderten, befreien. Mit derselben Absicht wurden auch staatliche Pfandleihen (*didang ku*) eingerichtet.

Die konservativen Beamten, die es nicht als Aufgabe des Staates ansahen, Kredite zu geben, liefen Sturm gegen die praktische Umsetzung der Reform in den Bezirken, Kreisen und Dörfern. Wang, der aus Fuzhou in Jiangxi im Süden stammte, sah sich nun ihrer Kritik und den Diffamierungen der Intellektuellen des Nordens ausgesetzt, die seine persönliche Integrität in Zweifel zogen und ihn diffamierten, weil er ihrer Ansicht nach das unkonfuzianische Prinzip des Profitstrebens vertrat.

Doch Wang blieb unbeirrt. 1071 setzte er die Aufstellung von Bürgschaftsfamilien (*baojia*) und die Dienstleistungsbefreiungssteuer (*mianyi qian*) durch. Die Bürgschaftsfamilien bestanden aus den Dorfbewohnern, die in Einheiten von zehn Familien eingeteilt wurden und kollektiv füreinander hafteten. Bürgschaftsfamilien gab es schon in der Zhou-Zeit. In Friedenszeiten stellten sie eine Art Polizei- und Wachdienst, in Kriegszeiten eine Miliz. Die Kosten der Milizen beliefen sich nur auf ein Fünftel der Kosten für die

Berufssoldaten in der stehenden Armee. Die Männer der Miliz sollten den größten Teil des Jahres als Bauern arbeiten, und nur wenn sie zum Militär einberufen würden, als sich selbst versorgende Soldaten dienen. Da der Gründungskaiser der Song-Dynastie ein Modell, das den Einsatz von Bauern als Soldaten vorsah, aber verboten hatte, entbrannte eine heftige Diskussion, an der sich auch der Kaiser beteiligte. Die Reform blieb unvollendet und wurde nach 1086 in veränderter Form fortgesetzt. Für die Erbringung der Dienstleistungen hafteten wenige Haushalte mit ihrem Vermögen. Aus der nun eingeführten Dienstleistungsbefreiungssteuer wurden Angestellte bezahlt, welche die Dienstleistungen anstelle der befreiten Haushalte erfüllten.

Da für die Durchführung der Reformen und für die Finanzierung der Kredite höhere Staatseinnahmen und mehr Bargeld benötigt wurden, ordnete Wang 1072 eine landesweite Neuregistrierung des Landbesitzes an. Mit dieser Maßnahme verärgerte er die vielen korrupten lokalen Verwaltungen, die an der Landverschleierung verdienten. Um der »Bargeldhungersnot« (*qianhuang*) abzuhelfen, ordnete Wang Anshi eine Erhöhung der Kupferförderung an. Allein 1080 wurden fünf Millionen Cash-Schnüre Kupfergeld und 800 000 Cash-Schnüre Eisenmünzen in Umlauf gesetzt.

Im April 1074, nach Jahren harter Kämpfe gegen seine Kollegen, beschuldigte die Kaiserwitwe Gao Wang Anshi, durch seine Reformen »die Welt ins Chaos zu stürzen«, denn er hatte es nicht geschafft, dem Ideal des Altertums zu entsprechen und die Beamten zu einen. Wang Anshi fühlte sich nach seinen eigenen Worten »wie ein Leichnam im Amt«. Kaiser Shenzong wollte ihn weiterhin im Amt halten, doch Wang bestand darauf, zurücktreten zu dürfen. Zwar führten nach ihm ebenfalls reformwillige Beamte die Regierungsgeschäfte, doch der Geist am Hof hatte sich gewandelt. Das wurde auch in der Außenpolitik deutlich. Wang Anshi hatte immer versucht, einen Krieg mit der tangutischen Xi-Xia-Dynastie zu verhindern. Doch nun wurde Kaiser Shenzong von seinem Umfeld darin bestärkt, die nordwestlichen Gebiete von der Xi-Xia-Dynastie zurückzuerobern. Im Sommer 1081 drang die Song-Armee aus fünf

Richtungen auf das Territorium der Xi Xia vor. Ende 1082 – nach Verlusten von 600 000 Mann – erkannte Shenzong, dass der Krieg nicht zu gewinnen war. Wie seine Vorgänger scheiterte auch er daran, die große territoriale Einheit der Tang-Dynastie wiederherzustellen.

Nachdem Kaiser Shenzong am 1. April 1085 gestorben war, übernahm die Kaiserwitwe Gao als Regentin für den achtjährigen Kaiser Zhezong die Amtsgeschäfte. Sie bestand darauf, dass Sima Guang, der renommierteste Anti-Reformer, die Kanzlerschaft übernahm. Obwohl sich Sima Guang, der seine Kraft mit seinem Werk *Zizhi tongjian* (Durchgehender Spiegel zur Hilfe in Regierungsgeschäften) erschöpft hatte, krank fühlte und nicht mehr knien und auch nicht mehr reiten konnte, die meisten seiner Zähne verloren hatte und stark kurzsichtig war, übernahm er das Amt. Lü Gongzhu (1018–1089) und Wen Yanbo (1006–1097) assistierten ihm. Innerhalb von sieben Monaten wurden die Reformen Wang Anshis auf dem Papier rückgängig gemacht. Sima Guang starb 1086 wenige Monate nach Wang Anshi. In den nachfolgenden Jahrzehnten eskalierte der Streit zwischen Reformern und Anti-Reformern. Nach dem Zusammenbruch der Song-Dynastie im Norden 1127 machten die Beamten-Gelehrten Wang Anshi als den Architekten der Reformpolitik zum alleinigen Verantwortlichen für die gescheiterten Reformen und brachten ihn mit dem zweifelhaften Verhalten der Pseudo-Reformer, die nach ihm kamen, in Verbindung.

Blüte und Niedergang der Liao-Dynastie

Als der elfjährige Yelü Longxu, posthumer Tempelname Shengzong (reg. 982–1031), 982 als sechster Liao-Kaiser den Thron bestieg, begann eine Herrschaft, die sich wie keine andere in der Liao-Dynastie durch eine kompetente Regierung auszeichnete – vor allem weil der Kaiser einen wachen Gerechtigkeitssinn bewies. Die erste Hälfte seiner Regierungszeit stand noch unter der Kontrolle seiner Mutter, der Kaiserwitwe Chengtian (942–1009), die im Feldzug gegen die Song ihre Truppen selbst kommandierte. 997 herrschte Shengzong schließlich nicht nur über die ganze Mandschurei, sondern auch die Jurchen und die Tanguten gehörten zu seinen Vasallen. Zur besseren Integration der Han-Chinesen, die in seinem Reich lebten, führte er 988 die zivilen Beamtenprüfungen ein. Es wurden allerdings nur wenige Kandidaten graduiert. Angehörige der Khitan durften an den Prüfungen nicht teilnehmen.

Kaiser Shengzongs Reich unterhielt Beziehungen nach Zentralasien, nach Japan und zu den arabischen Abbasiden, die um die Hand einer Khitan-Prinzessin anhielten. 993 erzielte er mit der Koryŏ-Dynastie nach Jahrzehnte währenden Spannungen und Kriegen eine Einigung, die allerdings nur bis 1010 hielt. Der Abschluss des Friedensvertrags 1005 mit der Song-Dynastie war jedoch sein diplomatisches Meisterwerk. So gelang es ihm und seiner Mutter binnen zweier Jahrzehnte, ein Reichsgebiet zu sichern, das von der östlichen Mandschurei bis zum Tianshan-Gebirge im Westen reichte, und die Voraussetzungen für einen Frieden in Innerasien zu schaffen, der beinahe 100 Jahre hielt.

1055 übernahm Yelü Hongji, posthumer Tempelname Daozong, den Thron. Er förderte nicht nur das zivile Prüfungssystem, verehrte Konfuzius und ließ chinesische Gewänder am Hof tragen, sondern stärkte – entgegen den Traditionen des Stammes – die Zentralmacht im Reich. Er hörte allerdings auf allerlei intrigante Einflüsterer, was sich auch nach 1083, als er einen der Hauptintriganten namens Yelü Yixin hatte hinrichten lassen, nicht änderte. Als er am 12. Februar 1101 starb, war das Liao-Reich äußerlich zwar noch stark und geordnet, doch innerlich bereits geschwächt. Der Niedergang setzte sich in der Regierungszeit seines Enkels Yelü Yanxi, posthumer Tempelname Tianzuo, fort, der ihm 1101 nachfolgte. Abgesehen davon, dass er seiner Leidenschaft für die Jagd frönte, war er in den ersten Jahren seiner Regierung damit beschäftigt, sich an dem Toten Yelü Yixin und dessen Nachkommen zu rächen, die er verdächtigte, am Tod seiner Mutter, seines Vaters und seiner Großmutter schuldig zu sein. Die jüngsten Entwicklungen bei den tributpflichtigen Jurchen schätzte er allerdings falsch ein, was zum Ende seiner Dynastie führte.

Der Aufstieg der Jin-Dynastie

Die Jurchen, deren Name in der chinesischen Geschichte zum ersten Mal 903 auftaucht, bewohnten die Region zwischen Koryŏ im Süden, dem Amur im Norden und der Japanischen See im Osten. Drei Gruppen wurden unterschieden: die »zivilisierten« Jurchen, die »gehorsamen« Jurchen und die »wilden« oder »unzivilisierten« Jurchen. Der Wanyan-Clan, der mächtigste der 100 Clans der »wilden« Jurchen, lebte am Fluss Sungari, weit entfernt von den zivilisatorischen Einflüssen der Liao oder Song. Sein Häuptling Wanyan Wuyashu (reg. 1103–1113) gründete in der Nähe des heutigen Harbin die Hauptstadt Shangjing. Der Khitan-Herrscher zeichnete ihn mit dem Titel eines Militärgouverneurs aus. Als jährlichen Tribut mussten die Jurchen wertvolle Pelze, Perlen und Jagdfalken liefern. Am schwersten wog jedoch, dass sie Jahr für Jahr Jungfrauen für die Bordelle der Khitan bereitstellen mussten und die Khitan-Krieger verheiratete Frauen aus der Oberschicht der Jurchen sexuell missbrauchten.

1113 wurde Aguda, der jüngere Bruder von Wuyashu, zum neuen Häuptling gewählt. Im Spätjahr 1114 griff Aguda die Handelsstation im Bezirk Ningjiang an, wo bisher jedes Jahr die Tributgüter übergeben worden waren. Die Liao-Truppen erlitten eine schmerzliche Niederlage. 1115 gründete Aguda die Jin-Dynastie und wurde ihr erster Kaiser, posthumer Tempelname Taizu (reg. 1115–1123). Er nannte die Dynastie nach dem Fluss Anchuhu (Gold, chin. *jin*) im Stammland der Jurchen. 1122 brach die Liao-Armee unter den Angriffen der Jin-Truppen zusammen, und die Jin-Dynastie trat das Erbe der Liao-Dynastie an, nachdem der Liao-Kaiser Tianzuo 1125 von Jin-Truppen gefangen genommen worden war. Die Liao gründeten daraufhin im äußersten Westen Chinas das Reich der Westlichen Khitai (Qarakhitai), das für weitere 100 Jahre bestehen sollte.

Der Zusammenbruch der Song-Dynastie im Norden

Am 23. Februar 1100 bestieg Zhao Ji, der elfte Sohn des Song-Kaisers Shenzong und besser bekannt unter seinem posthumen Tempelnamen Huizong (reg. 1100–1126), den Thron.[185] Wie sein Vater Shenzong und sein Bruder Zhezong verfolgte Kaiser Huizong einen rigorosen Reformkurs, doch mächtige und korrupte Beamte wie Cai Jing, der sich als Nachfolger von Wang Anshi betrachtete, und der von ihm geförderte Eunuch Tong Guan hatten nicht das Format ihrer Vorgänger. In Fortsetzung der Verfolgung von Reformgegnern, wie dies in der Regierungsdevise Yuanyou (1086–1094) schon geschehen war, wurden zwischen 1102 und 1104 Hunderte Reformgegner degradiert, verbannt und als »unehrliche Gelehrte« beschimpft.

Kaiser Huizong, der die 938 an die Liao-Dynastie verlorenen Sechzehn Bezirke im Norden zurückerobern wollte, betrieb eine aggressive Außenpolitik und meinte, den Konflikt zwischen den Dynastien Jin und Liao zu seinen Gunsten nutzen zu können. In mehreren Kriegen zwischen 1103 und 1106 sowie zwischen 1113 und 1119 versuchte er, den Nordwesten vom tangutischen Xi-Xia-Reich zurückzuerobern, allerdings ohne Erfolg und mit großen Verlusten, wie sie schon sein Vater Shenzong erlitten hatte. In Verkennung der neuen Kräfteverhältnisse bei den Fremddynastien ignorierte Kaiser Huizong die Warnung von Zheng Juzhong vom Büro für Militärische Angelegenheiten, sich nicht mit den Jurchen, den »Hunde-Barbaren«, gegen die Liao-Dynastie zu verbünden. Doch er war zu sehr in seiner eigenen Welt und in einem Netz falscher Berater gefangen, um die Gefahr für sein Reich richtig einschätzen zu können.

1122 besiegte die Jin-Armee die Liao-Truppen und übernahm die Kontrolle über Nordchina. 1123 diktierte die Jin-Dynastie Kaiser Huizong die Bedingungen für eine Allianz gegen die Liao. Für geringe territoriale Zugeständnisse war Huizong bereit, jährlich 200 000 Unzen Silber und 300 000 Ballen Seide zu entrichten. Zusätzlich erwartete die Jin-Dynastie eine einmalige Zahlung von einer Million Cash-Schnüren, mit der sie ihre Kriegswirtschaft stabilisieren konnte. Immer noch verkannte Kaiser Huizong die Gefahr, die von der Jin-Dynastie ausging.

Wie kein anderer Herrscher in der chinesischen Geschichte genoss Kaiser Huizong bereits zu Lebzeiten den Ruf eines Künstlers und Kalligraphen, eines Kunstsammlers, Dichters, Musikers und Ästheten. Seit 1111 waren seine Roben mit kleinformatigen Drachen mit drei Krallen gemustert. Das Drachenmuster war seitdem von den kaiserlichen Roben auch der gleichzeitigen und nachfolgenden Dynastien nicht mehr wegzudenken. Huizong war ferner Autor einer medizinischen Abhandlung, er reformierte das Hofritual, die Hofmusik sowie das Erziehungssystem; außerdem engagierte er sich in der Wohlfahrt und im Krankenhauswesen. Sein *Daguan chalun* (Abhandlung vom Tee) von 1107 ist nach Lu Yus *Chajing* (Der Tee-Klassiker) von ca. 760–780 das bedeutendste Werk zur Teekultur und Teezeremonie in China. Doch seine größte Leidenschaft war seine daoistische Spiritualität. Darin übertraf er selbst Kaiser Zhenzong, der 1016 den Daoistischen Kanon (*Daozang*) hatte zusammenstellen lassen, welcher aber erst 1119 unter Kaiser Huizong gedruckt wurde. Dessen Berater sorgten dafür, dass Huizong als daoistische Gottheit in Tempeln verehrt wurde. Er verschwendete ein Vermögen für Paläste und religiöse Feste. Am 10. Januar 1118 wurde im nordöstlichen Quadranten der Hauptstadt mit dem Bau der Anlage des Genyue begonnen, des Heiligen Gipfels der Langlebigkeit, auch bekannt unter dem Namen Wansuishan (Berg der Zehntausend Jahre). Die Landschaftsanlage hatte einen Umfang von 5,59 Kilometern, ihr höchster Gipfel lag auf 139 Metern. Dieser »unbezwingbare Berg« stand für eine ideale Welt. Er war eine Zurschaustellung von Wohlstand und höchster Tugend, ein verzauberter Ort der Ruhe, ein Organismus, in dem alle Dinge beginnen und enden, wo Tod und Geburt ineinander aufgehen, eine physische Erscheinung des göttlichen Daoismus, zu der in jedem Moment die Unsterblichen hinabsteigen und dadurch dieses irdische Paradies als solches anerkennen. Es ist eine Ironie, dass der Phönixberg in Hangzhou, das 20 Jahre später die Hauptstadt der Südlichen Song-Dynastie werden sollte, als natürliches Vorbild dieser von Menschenhand errichteten Berglandschaft diente.[186] Nur etwa 50 Jahre später wurde sie Modell für den Beihai-Park des Jin-Kaisers Shizong in Peking.

Während Kaiser Huizong seinen Landschaftsgarten als Symbol seiner tugendreichen Herrschaft betrachtete, wurde das speziell dafür gegründete Blumen- und Felsen-Netzwerk (*huashigang*), welches die Bevölkerung des ganzen Reiches ausbeutete, zur damals mächtigsten und meistgehassten Zwangseinrichtung in China. Eine Reaktion darauf war der Aufstand von Fang La in der Provinz Zhejiang, der im Mai 1121 von den regulären Truppen unter schweren Verlusten niedergeschlagen wurde. Im Januar 1123 war der Genyue fertiggestellt.

Die Song-Beamten waren entsetzt, als sie im Herbst 1125 erkannten, dass sich der Jin-Herrscher Wuqimai, posthumer Tempelname Taizong (reg. 1123–1135), nicht an die Vereinbarung von 1123 hielt, sondern seine Reiter in einer Zangenbewegung in das Reichsgebiet auf die Hauptstadt Kaifeng vordringen ließ. Kaiser Huizong übernahm auf Drängen seiner Kanzler die Verantwortung für das Desaster und dankte am 18. Januar 1126 ab zugunsten seines Sohnes Zhao Huan, posthumer Tempelname Qinzong. Kaifeng wurde belagert, aber Qinzong konnte sich nicht zu einem militärischen Befreiungsschlag durchringen. Es wurde verhandelt. Schließlich willigte der Kaiser ein, zusätzlich zu den bereits bestehenden jährlichen Zahlungsverpflichtungen Leistungen von 300 000 Unzen Gold (9,25 Tonnen), zwölf Millionen Unzen Silber (370 Tonnen), 10 000 Rindern und Pferden sowie einer Million Ballen Seide als einmalige Entschädigung zu erbringen. Zusätzlich musste er der Jin-Dynastie die Bezirke Taiyuan, Zhongshan und Hejian im Norden überlassen. Die Jin-Truppen hoben daraufhin ihre Belagerung am 10. Februar 1126 auf und zogen sich nach Norden zurück.

Die Stimmung in der Bevölkerung war aufgeheizt. Im März 1126 läutete Chen Dong die Alarmglocken für das Überleben der Dynastie. Er forderte die Todesstrafe für jene Beamten, die für das Desaster verantwortlich waren. Die aufgebrachten Massen stürmten das Tor des Kaiserlichen Palastes, und viele Eunuchen wurden umgebracht. Kaiser Qinzong entließ die sechs Verantwortlichen für die Katastrophe, welche über die Dynastie hereingebrochen war, die sogenannten »sechs Räuber«, Cai Jing, Tong Guan, Wang Fu, Liang

Shicheng, Li Yan und Zhu Mian. Keiner von ihnen erlebte mehr den Fall von Kaifeng im Januar 1127.

Die Jin-Kommandeure betrachteten die Song-Dynastie als eine leichte Beute. Am 10. Dezember 1126 begannen sie eine erneute Belagerung Kaifengs, die bis zum 9. Januar 1127 dauerte. Nach schweren Kämpfen kapitulierte Kaiser Qinzong und nahm Verhandlungen auf. Er dankte am 23. März 1127 nach nur gut einem Jahr Regierungszeit ab. Er und sein Vater Huizong wurden zu gewöhnlichen Untertanen degradiert. Beide mussten die blaue Kleidung der Diener tragen. Als sich die Jin-Truppen im Mai 1127 auf den Weg nach Hause in den Norden machten, führten sie mehr als 1000 Wagen mit sich, die mit den kaiserlichen Kunstschätzen, Bronzen, Siegeln und der Beute aus 92 Lagerhäusern beladen waren: Millionen Barren Gold und Silber sowie 55,5 Millionen Ballen Seide. Am 13. Mai 1127 brach ein Gefangenentransport auf Ochsenkarren mit den Kaisern Huizong und Qinzong in Begleitung von 3000 Personen vom Hof nach Wuguo in Heilongjiang auf, wo er 1130 eintraf. Ein Jahr später erreichte ein weiterer Transport mit 11 000 Prinzessinnen, Hofdamen, Dienerinnen und anderen Frauen Shangjing (nahe dem heutigen Harbin). Zusätzlich wurden um die 15 000 Handwerker, Künstler, Musiker und Schauspieler in den Norden umgesiedelt.

Die Song-Dynastie im Süden

Im Dezember 1126, noch vor dem Fall von Kaifeng, befand sich Zhao Gou, Prinz von Kang und neunter Sohn von Kaiser Huizong, auf dem Weg in das Hauptquartier der Jin-Armee, um über einen Frieden zu verhandeln. Seine Beamten überzeugten ihn jedoch, sich nicht in das Lager der Jin-Truppen zu begeben, sondern den Widerstand gegen die Jin aufrechtzuerhalten. In den nachfolgenden Monaten war Zhao Gou ständig vor den Jin-Truppen auf der Flucht. Nachdem Kaiser Qinzong im März abgedankt hatte, erklärte sich Zhao Gou am 12. Juni 1127 selbst zum Kaiser; sein posthumer Tempelname war Gaozong (reg. 1127–1162), weswegen er allgemein als der erste Herrscher der Südlichen Song-Dynastie gilt.

Das erste Jahrzehnt seiner Regierung war von vielen Rückschlägen gekennzeichnet. Während das Land von Räuberbanden heimgesucht wurde, drangen die Reiter der Jin-Dynastie im Februar 1129 bis nach Yangzhou vor. Kaiser Gaozong gelang es buchstäblich im letzten Augenblick, seinen Verfolgern über den Yangzi zu entkommen. Auch in Hangzhou, der nächsten Station seiner Flucht, dauerte es einige Zeit, bis sich die Situation verbesserte. Er musste kurzfristig sogar als Kaiser abdanken. Nachdem die Jin-Reiter am 26. Januar 1130 Hangzhou besetzt hatten und der Kaiser und sein Hof auf Dschunken auf das offene Meer hatten fliehen müssen, ließ er sich nach ihrem Abzug im Juni 1130 in Shaoxing nieder. Erst 1133 kehrte er wieder nach Hangzhou zurück, das er 1138 zu seiner Hauptstadt machte.

In den frühen 1130er Jahren wurde offensichtlich, dass weder die militärischen Kräfte der Jin-Dynastie ausreichten, die Südliche Song-Dynastie zu besiegen, noch diese in der Lage war, den Norden zurückzuerobern. Im Norden wimmelte es noch von Song-Loyalisten und Guerillatruppen. Die Jin-Dynastie musste die regionale Wirtschaft, welche die Truppen versorgen sollte, neu organisieren. Das war der Grund, weshalb die Jurchen im Herbst 1129 den Pufferstaat Da Qi gründeten, der nominell unter der chinesischen Herrschaft des Überläufers Liu Yu (1079–1143) stand und bis 1137 existierte. Liu Yu, der von Kaifeng aus regierte, sollte die chinesischen Truppen rekrutieren, welche die Jurchen für ihre Feldzüge zwischen 1130 bis 1137 gegen die Song im Süden brauchten. Doch der Jin-Kaiser war mit den Ergebnissen der Feldzüge von Liu Yu gegen die Song in den Jahren 1133 und 1134, bei denen sich auf der Seite der Song besonders der General Yue Fei auszeichnete, keineswegs zufrieden. Es wurden Verhandlungen aufgenommen, die dadurch erleichtert wurden, dass der Jin-Kaiser Taizong im Februar 1135 gestorben war und sein Nachfolger Kaiser Xizong (reg. 1135–1150) auf eine Politik des Ausgleichs setzte. Die Verhandlungsführer der Jin bestanden aber darauf, dass der Yangzi die Grenze zwischen dem Gebiet der Jin und dem der Song bilden sollte. Kaiser Gaozong beauftragte Qin Gui als Verhandlungsführer.

Karte 12: Ostasien zur Zeit der Südlichen Song-Dynastie um 1200

Ende 1138 kam es zu einem ersten Friedensvertrag, in dem sich Kaiser Gaozong als Untertan (*chen*) der Jin-Dynastie bezeichnete. Doch der Friede hielt nicht. 1140 brachen erneut Kämpfe aus, während die Friedensverhandlungen weitergeführt wurden. Obwohl Kaiser Gaozong in einem Brief vom 27. April 1141 General Yue Fei ermutigte, die Jurchen zu vernichten, wurde dieser im Herbst 1141 wegen angeblichen Verrats festgenommen und starb im Januar 1142 auf Befehl Qin Guis in seiner Gefängniszelle. Schließlich wurde erneut ein Friedensvertrag geschlossen. In dem Belehnungsabkommen vom 11. Oktober 1142 wurde die Song-Dynastie zu einem Vasallenstaat der Jin-Dynastie und Kaiser Gaozong zu ihrem »Diener« erklärt. Im Gegenzug erhielt Kaiser Gaozong den Sarg seines Vaters, des Kaisers Huizong, der am 4. Juni 1135 in der Provinz Heilongjiang gestorben war, und den seiner Kaiserin. Seine eigene Mutter, die noch lebte, durfte aus der Gefangenschaft zurückkehren. Sein Bruder, Kaiser Qinzong, blieb jedoch im Gewahrsam der Jurchen, was Kaiser Gaozong entgegenkam, denn sein älterer Bruder hätte sonst Ansprüche auf den Thron anmelden können. Der jährliche Tribut, den die Song-Dynastie am Ende des Frühlings zu leisten hatte, belief sich auf 250 000 Unzen Silber und 250 000 Ballen Seide. Der Huai-Fluss war nun die Grenze zwischen den beiden Staaten, was bedeutete, dass Millionen Han-Chinesen zu Untertanen des Jin-Herrschers wurden. Der Vertrag wurde später durch die Verträge von 1164 zum Vorteil der Song-Dynastie und 1208 zum Vorteil der Jurchen modifiziert.

Die Sinisierung der Jurchen und die Gegenbewegung

Schon früh verstanden die Jurchen, dass sie über das von der Song-Dynastie eroberte Territorium in Nordchina nur dann dauerhaft herrschen konnten, wenn sie sich chinesische Kulturtechniken zu eigen machten. Viel schneller als die Liao-Dynastie erkannten sie, dass eine Herrschaft über China ohne eine entsprechend funktionierende Verwaltung nicht möglich sei. Ihr eigenes, aus den Stämmen rekrutiertes Personal reichte nicht aus, die bäuerliche Bevölkerung Chinas sachgerecht zu verwalten. Die Jin-Dynastie brauchte Beamte, die im herkömmlichen chinesischen System qualifiziert waren. So wurden die bestehenden Schulen mit ihren chinesischen Bildungsinhalten übernommen und 60 neue Schulen eingerichtet. Auch eröffnete man verschiedene universitäre Einrichtungen, die allerdings ihren Studentenzahlen nach keine Bedeutung haben konnten. Der wichtigste Schritt war 1123 die Einführung der Jinshi-Prüfungen für Chinesen. 1173 wurde auch eine Jinshi-Prüfung für Jurchen eingeführt, die allerdings nicht sehr gefragt war.

In den 1130er Jahren wurden am Jin-Hof weitere Schritte auf dem Weg zur Sinisierung der Jurchen unternommen. Diese übernahmen 1137 den chinesischen Kalender, 1139 chinesische Gewänder für den Hof sowie 1140 die Ehrung des Konfuzius und den

Bau von Ahnentempeln für die Vorfahren. All dies geschah, noch bevor die Bedingungen zur Koexistenz zwischen den Jurchen und der Song-Dynastie schließlich ausgehandelt waren.

Der Usurpator Wanyan Liang, bekannt als Prinz Liang von Hailing (reg. 1149–1161), setzte seit 1149 die Sinisierung der Jurchen gewaltsam durch. Er verlegte die Hauptstadt von Shangjing (beim heutigen Harbin), der alten Heimat der Jurchen, nach Yanjing, einer Stadt, die im chinesischen Stil in der Nähe von Peking gebaut worden war. Um seinen Entschluss zur Sinisierung der Jurchen unumkehrbar zu machen, ließ er die Paläste in Shangjing zerstören. Er hatte vor, die Jin-Dynastie in eine legitime chinesische Dynastie zu verwandeln. Bei seiner Neuorganisation des Reiches verloren viele Jurchen-Adelige ihre militärische Macht und ihre Einkommensquellen. 1161 ließ er seine Truppen über den Huai übersetzen und in Richtung Yangzi vorrücken und verletzte damit den Vertrag von 1142. In der Schlacht von Caishi (dem heutigen Ma'anshan) auf dem Yangzi wehrte der Song-General Yu Yunwen den Angriff der Jurchen nicht nur mit Schaufelrad-Kriegsschiffen, sondern auch mit Feuerwaffen erfolgreich ab. Nach dieser Niederlage unternahm die Jin-Armee keinen nennenswerten Versuch mehr, über den Yangzi in den Süden vorzudringen. Nach dem verlorenen Feldzug ließ die interne Reaktion gegen Prinz Liang von Hailing nicht lange auf sich warten. Er wurde am 15. Dezember 1161 in seinem Hauptquartier umgebracht.

Sein Nachfolger war Wanyan Yong, posthumer Tempelname Shizong (reg. 1161–1189). Auch er sah durchaus die Vorteile, welche die chinesische Kultur und Verwaltung mit sich brachten, doch er war ein entschiedener Gegner der ethnischen Integration: Für ihn waren Chinesen Chinesen, Khitan Khitan und Jurchen Jurchen. Jurchen konnten allein Jurchen vertrauen. Die Sinisierung der Jurchen betrachtete er als einen Irrweg, der zu ihrer Demoralisierung und in die Identitätskrise geführt hatte. Doch der Sachverhalt war kompliziert. Auf der einen Seite sollten die Jurchen ihre eigene Sprache benutzen, andererseits aber chinesische Tugenden studieren. Einerseits verbot Shizong seinen Stammesangehörigen das Tragen chinesischer Kleidung, die bis dahin schon vier Jahrzehnte erlaubt gewesen war, andererseits hob er das Verbot der Heirat zwischen Jurchen und Chinesen auf. Auch wurde den chinesischen Untertanen verboten, die Jurchen als Barbaren zu bezeichnen. Seine Innenpolitik war zu widersprüchlich, als dass sie hätte erfolgreich sein können. Zu groß waren auch die Unterschiede zwischen den Jurchen in den Städten und auf dem Land. Eine Umverteilungspolitik von Landbesitz und -nutzung sollte die Ungleichheit beheben, doch seine Politik scheiterte, weil er verkannte, dass man halbnomadische Krieger nicht innerhalb weniger Jahrzehnte zu sesshaften Ackerbauern machen konnte. Bei der Wahl seines Nachfolgers folgte der Hof der chinesischen Praxis der Primogenitur.

Auch seine Nachfolger, die Kaiser Zhangzong (reg. 1189–1208) und Xuanzong (reg. 1213–1224), konnten sich nicht klar entscheiden, welchen Weg sie in ihrem polyethnischen Reich einschlagen wollten. Sie entfremdeten sich ihren eigenen Stammesangehörigen und ihren chinesischen Untertanen gleichermaßen und verkannten, wie viele der vorausgegangenen Fremddynastien, die polyethnischen Besonderheiten in ihrem Herrschaftsgebiet; insbesondere schätzten sie die Möglichkeit, auseinanderstrebende Kräfte innerhalb der Jurchen auf einen gemeinsamen Nenner zu bringen, falsch ein. Der Sachverhalt wurde bereits kurz nach dem Ende der Dynastie 1234 kritisiert.

Jahrzehnte der friedlichen Koexistenz und ihr Ende

Der Song-Kaiser Gaozong dankte am 24. Juli 1162 nach 35-jähriger Herrschaft zugunsten seines Stiefsohns Zhao Shen, posthumer Tempelname Xiaozong (reg. 1162–1189), ab. Der Jin-Kaiser Shizong (reg. 1161–1189), der sich mit der Niederlage in der Schlacht von Caishi nicht abfinden wollte, rüstete ein Heer gegen die Song-Dynastie und verlangte gleichzeitig die Erneuerung der Friedensbedingungen von 1142. Das löste am Song-Hof wieder die alte Debatte aus, ob man eine Kriegs- oder eine Beschwichtigungspolitik verfolgen sollte. Im Sommer 1163 entschied man sich für einen Angriff gegen die Jurchen, der in einer Niederlage endete. Im

Herbst 1164 allerdings kamen die Kriegsgegner zu einer neuen Übereinkunft. Die Beziehung zwischen den Herrschern wurde nun als eine zwischen »Onkel« und »Neffe« bezeichnet, wobei Kaiser Gaozong der Onkel war und der Jin-Herrscher Shizong der Neffe. Des Weiteren wurde der Begriff *suigong* (jährlicher Tribut) durch *suibi* (jährliche Zahlungen) ersetzt und die Zahlungen an Seide und Silber um je 50 000 Einheiten reduziert. Die Flüchtlinge aus dem Norden durften im Süden bleiben, und die alten Grenzen wurden wieder anerkannt. Eine 40 Jahre währende Phase angespannter, doch friedlicher Koexistenz zweier fähiger Herrscher begann.

Während der Song-Kaiser Xiaozong von vielen Historikern als der fähigste Herrscher und seine Regierungszeit als das Goldene Zeitalter der Südlichen Song-Zeit betrachtet wird, gilt der Jin-Kaiser Shizong als ein Erneuerer der Stammeskultur der Jurchen. Kaiser Xiaozong verstand es, die zivilen Tugenden und die Wirtschaftskraft der Song-Dynastie wiederzubeleben und die Ideale der Dynastiegründer, die auch ein gehöriges Maß an absoluter Entscheidungsfreiheit auszeichnete, zu bewahren. Nachdem sein Vater, Kaiser Gaozong, im November 1187 gestorben war, bestand er auf seiner dreijährigen Trauerpflicht. Am 18. Februar 1189 legte er in einer Abdankungszeremonie sein Amt als Kaiser nieder. Kaiser Xiaozong war fest davon überzeugt, das Reich seinem Nachfolger in einem geordneten Zustand zu übergeben. Seinen Nachfolgern, Guangzong, der bis 1194, und Ningzong, der bis 1224 regierte, fehlte allerdings die innere Stärke, die Position so auszufüllen, wie es das Amt erforderte.

Mehr als 40 Jahre der friedlichen Koexistenz zwischen der Jin- und der Song-Dynastie näherten sich ihrem Ende, als Kaiser Ningzong den Beamten Han Tuozhou (1151–1207) 1196 zum Kanzler ernannte. Han war der Kopf hinter einer der berüchtigtsten Kampagnen gegen Intellektuelle in der Song-Zeit, von der auch der Philosoph Zhu Xi und Dutzende von Beamten betroffen waren. So unfähig sich Han als Innenpolitiker erwies, so wenig war er in der Lage, außenpolitische Konflikte richtig einzuschätzen. Er meinte, dass die Song-Dynastie von einem Grenzkonflikt zwischen der

Xi-Xia- und der Jin-Dynastie profitieren könnte, und erklärte der Jin-Dynastie am 14. Juni 1206 den Krieg, der in einem Fiasko für die Song-Truppen endete. Um die Friedensverhandlungen mit der Jin-Dynastie zu erleichtern, wurde Han Tuozhou am 23. November 1207 aus dem Amt entlassen und einen Tag später ermordet. Am 15. Oktober 1208 wurde das Ergebnis der Friedensverhandlungen verkündet. Die Song-Dynastie musste eine Kriegsentschädigung von drei Millionen Unzen Silber bezahlen und sich verpflichten, einen jährlichen Tribut von 300 000 Unzen Silber und 300 000 Ballen Seide zu entrichten. Die mit Lack überzogenen Köpfe der »Kriegsverbrecher« Han Tuozhou und seines Vertrauten Su Shidan wurden in Kisten verpackt, ins Jin-Reich überstellt und danach im Ahnentempel der kaiserlichen Jurchen-Familie ausgestellt.

Der Nachfolger von Han Tuozhou wurde Shi Miyuan (1164–1233), der aus einer alten Beamtenfamilie stammte. Er hatte 24 Jahre lang bis zu seinem Tod 1233 die Position des Kanzlers inne. Neben Zhao Pu (922–992), Cai Jing (1046–1126), Qin Gui (1090–1155) und Han Tuozhou gehörte er zu den unabhängigen Kanzlern der Song-Zeit. Nach ihm galt nur noch der Reformkanzler Jia Sidao (1213–1275) als vergleichbar mächtig. Shi Miyuan war maßgeblich daran beteiligt, dass Zhao Yun, posthumer Tempelname Lizong (reg. 1224–1264), 1224 den Thron bestieg und die konfuzianische Schule des Zhu Xi (Schule des Prinzips, *lixue*) staatliche Anerkennung fand. Sein Tempelname, der das Schriftzeichen für Prinzip (*li*) enthält, wurde wenige Jahre vor dem Ansturm der Mongolen wie eine politische Versicherung der kulturellen Oberhoheit der Song-Dynastie verstanden.

Die Mongolen und das Ende der Song-Dynastie

Das 13. Jahrhundert in Asien stand im Zeichen des Mongolensturms. Temüjin (1167–1227), besser bekannt als Chinggis Khan (Genghis Khan), zeigte den mongolischen Stämmen während seiner Herrschaft, dass sie besser von Kriegsbeute leben konnten als von ihrer traditionellen nomadischen Weidewirtschaft. Dafür, dass er seine Gefolgsleute durch militärische Eroberungen mit Gold,

Silber, Pferden, Frauen, Gefangenen und Sklaven versorgte, forderte er von ihnen Gehorsam und Loyalität. Loyalität bildete die Grundlage seines Verständnisses von menschlichen Beziehungen, und Rache nahm den Platz von Gerechtigkeit ein.[187] Eine solche Werteordnung war für konfuzianisch gebildete Song-Beamte nicht einsichtig. Bereits 1209 begannen die Mongolen den Krieg mit den Tanguten, und 1211 drangen sie auf das Jin-Territorium vor. 1214 mussten die Jin den Mongolen 500 Jungen und Mädchen als Sklaven, 3000 Pferde und dazu Gold und Silber als Tribut entrichten. Im Mai 1215 – nach einer zehnmonatigen Belagerung – wurden Tausende Bewohner von Kaifeng, der Südlichen Hauptstadt der Jin-Dynastie, massakriert; noch Monate später lag der Geruch von verwesendem Fleisch in der Luft. Unter Chinggis Khans Führung löschten die mongolischen Reiter 1218 das Westliche Liao-Reich (Qarakhitai) aus, eroberten im Frühjahr 1220 die kulturellen und religiösen Zentren Transoxaniens, Buchara und Samarkand, und vernichteten zwischen 1219 und 1225 Khwârazm.[188] Wahrscheinlich wurden bei diesen Feldzügen Millionen Menschen ermordet, was arabische Chronisten dazu brachte, Chinggis Khan als »Geißel Allahs« zu bezeichnen. 1218 zogen die Mongolen gegen das koreanische Koryŏ zu Felde, wo sie auf hartnäckigen Widerstand trafen, den Möngke Khan (reg. 1251–1259) erst 40 Jahre später zu brechen vermochte.

1227 wurde unter dem Befehl von Ögödei Khan (reg. 1229–1241) die tangutische Xi-Xia-Dynastie in Nordwestchina ausgelöscht. Bei dem Feldzug gegen die Jin-Dynastie, der 1230 begann, drang ein Flügel der mongolischen Armee über Sichuan, das zum Song-Reich gehörte, in Richtung auf Kaifeng vor. Der Jin-Herrscher Aizong ersuchte die Song vergebens um militärische Hilfe, und am 9. Februar 1234 setzte er seinem Leben ein Ende. Die Jin-Dynastie war beendet. Die verbliebenen Jurchen zogen sich in ihre Ursprungsgebiete in der Mandschurei zurück. Danach nahmen die Mongolen ihre Feldzüge in Richtung Europa wieder auf und drangen in den 1230er Jahren durch Russland nach Polen vor, wo sie die polnischen Ritter bei Chmielnik und am 9. April 1241 die polnisch-deutschen Ritter in der Schlacht von Liegnitz in Schlesien besiegten,[189] aber ihren Sieg nicht nutzten.

Das ausgedehnte Song-Reich im Süden Chinas mit seinen vielen Flüssen und Seen war die größte militärische Herausforderung für die Mongolen, denn es war kein Terrain, das sich für ihre Reiterei eignete. Viele Song-Beamte erkannten die drohende Gefahr einer mongolischen Invasion, doch in der Frage, wie man ihr begegnen konnte, waren sie zerstritten. Der Kanzler Jia Sidao versuchte schließlich, die Verteidigung zu organisieren, wofür er höhere Steuereinnahmen benötigte. Deshalb ging er zwischen 1263 und 1275 auf der Grundlage seines *Gongtian fa* (Gesetz über die öffentlichen Felder) zu einer Landaufkaufs- beziehungsweise Enteignungspolitik für Großgrundbesitzer über. Mittels dieser Politik gelangten ärmere Bauern, die regulär Steuern bezahlten, wieder zu Landbesitz. Diese Enteignungen brachten die Großgrundbesitzer und die Beamten gegen ihn auf und führten 1275 zu seiner Absetzung. Danach wurden alle Enteignungen und Aufkäufe rückgängig gemacht. Doch in vielen Teilen des Song-Reiches war es für die Wiederherstellung der alten Besitzverhältnisse bereits zu spät, da die mongolischen Truppen das Land schon besetzt hatten.

Die Truppen von Kublai Khan (reg. 1260–1294), dem Nachfolger von Möngke Khan, begannen 1268 ihre Offensive mit der Belagerung der Festungsstädte Fancheng und Xiangyang am Han-Fluss. Mit Hilfe muslimischer Kriegstechniker konnten die Angreifer riesige Felsbrocken mit Katapulten gegen die Festungsmauer von Fancheng schleudern und diese beschädigen. Bei der Eroberung der Stadt im Januar 1273 wurden weit mehr als 10 000 Bewohner massakriert und ihre Leichen zur Abschreckung weithin sichtbar am Flussufer aufgetürmt. Um den Soldaten und der Bevölkerung von Xiangyang nach fünf Jahren Kampf dieses Schicksal zu ersparen, kapitulierte dessen Festungskommandant im März 1273.

Noch während der Eroberung des Song-Reichs gründete Kublai Khan 1271 die mongolische Yuan-Dynastie in China. Da er militärisch in Korea unterwegs war und die Invasion Japans plante, dauerte es noch bis zum 19. März 1279, bis er die Land- und Seestreitkräfte der Song-Dynastie in der Seeschlacht bei der Insel Yaishan im Süden Chinas endgültig vernichtete. Unter den Toten war auch der erst achtjährige Kind-Kaiser der Song.

2. Die mongolische Yuan-Dynastie (1271–1368) in China

Die Herrschaft von Kublai Khan

Kublai Khan (reg. 1260–1294) war der erste Herrscher einer Fremddynastie in der Geschichte Chinas, dem es gelang, das gesamte Territorium Chinas unter seiner Herrschaft zu einen. Er sah sich selbst als den legitimen Nachfolger der Herrscher der Liao-, Jin- und Song-Dynastien. Der venezianische Reisende Marco Polo, der von 1275 bis 1295 in Nordchina lebte, war beeindruckt von Kublai Khan und schrieb: »Denn wer wüsste nicht, dass er der mächtigste Herr der Welt ist. Seit Adams Zeiten bis in unsere Tage hat es nie einen größeren und reicheren gegeben.«[190] Auf Vorschlag chinesischer Gelehrter nannte Kublai Khan seine Dynastie die Große Yuan-Dynastie, die Dynastie des »Uranfangs«. Diese Bezeichnung, die einem politischen Slogan gleichkam, war ein Novum bei den chinesischen Dynastienamen.

Kublai Khan, dessen Mutter nestorianische Christin war, zeichnete sich durch religiöse Indifferenz aus, weshalb er seine Untertanen auch nicht nach ihrer religiösen Ausrichtung klassifizierte, sondern nach ethnischen Merkmalen. In der sozialen Hierarchie standen die Mongolen an oberster Stelle, gefolgt von verschiedenen Ethnien, wörtlich »Menschen mit farbigen Augen« (*semu ren*). Dazu zählten die nicht-sinisierten Muslime, Uighuren, Tanguten und alle anderen nicht-chinesischen Ethnien. Nach ihnen kamen die Nordchinesen (*hanren*), die noch verbliebenen Jurchen, die Khitan und die sinisierten Koreaner. Auf der untersten Position der Hierarchie fanden sich die »neuen Untertanen« (*xin furen*), die »Südmenschen« (*nanren*), also die Südchinesen, die vormaligen Bewohner des besiegten Song-Reiches.[191]

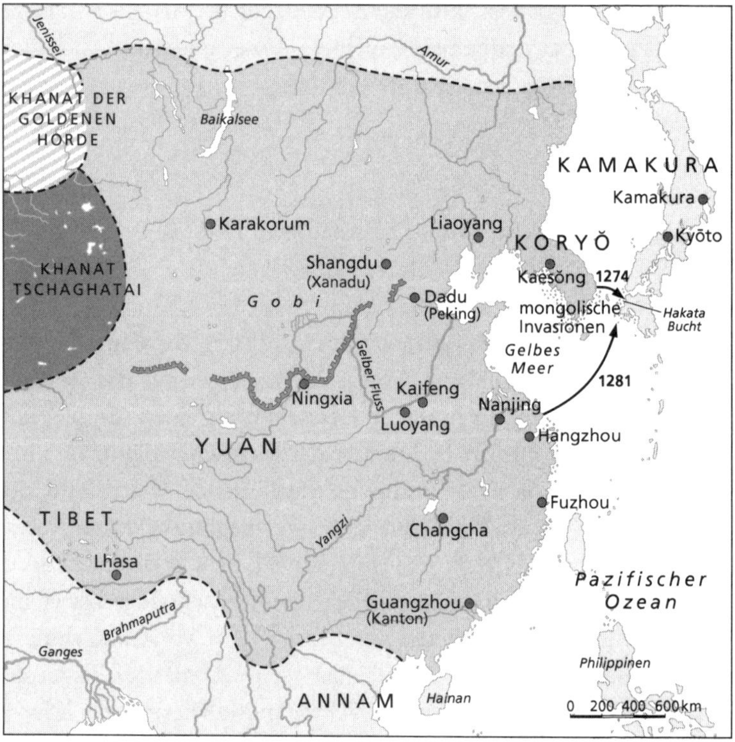

Karte 13: Ostasien zur Zeit der Yuan-Dynastie um 1300

Jede ethnische Gruppe behielt ihre jeweils eigene Rechtstradition bei, was das Aufkommen von Rechtsunsicherheit innerhalb der verschiedenen Ethnien verhinderte. Allerdings wurde den Südchinesen, von denen im Vielvölkerstaat am ehesten Widerstand gegen die mongolische Herrschaft erwartet wurde, der Besitz und das Tragen von Waffen verboten. Auch durften sie sich nicht in der Öffentlichkeit versammeln. Kublai Khan verbot selbst den Handel mit Bambus, weil Bambus dazu benutzt werden konnte, Pfeil und Bogen anzufertigen. Die Steuern für die Haushalte in Nordchina wurden nach wie vor nach der Jin-zeitlichen Praxis veranschlagt, während im Süden weiterhin das Landbesteuerungsrecht und die Eigentumsverhältnisse der Song-Zeit galten. Doch Nordchina hatte seit 1234 turbulente Jahrzehnte hinter sich, weswegen sich nicht nur die Wirtschaft, sondern auch die Einwohnerzahl auf einem Abwärtskurs bewegte. Um 1292 belief sich die gesamte Bevölkerung Chinas gerade noch auf 75 Millionen Menschen; das war ein Rückgang um ein Drittel gegenüber der Song-Dynastie.

Der Begriff *yitong* (Einigung), den Kublai Khan propagierte, sollte die chinesische Unterscheidung zwischen *hua* (zivilisiert, ein Begriff, der für das Chinesische stand) und *hu* (barbarisch, ein Begriff, der für die Nomaden des Nordens verwendet wurde) aufheben.[192] Doch trotz der offiziellen Einigungsparolen spielte die Unterscheidung der Untertanen nach ethnischer Herkunft eine maßgebliche Rolle. Solche Unterschiede wurden schon von den vorangegangenen Fremddynastien Liao und Jin getroffen. Alle drei Fremddynastien regierten zwar über eine han-chinesische Bevölkerungsmehrheit, zeigten aber kein Interesse daran, integrative Gesellschaften anzustreben. Sie traten – mit wenigen Ausnahmen – für ethnische Abgrenzung ein, um ihre eigene Vormachtstellung und ihre Privilegien als Eroberer zu bewahren, und setzten alles daran, dass ihre eigenen Leute nicht von der chinesischen Kultur infiziert wurden. Verschiedentlich hinderten sie auch die Han-Chinesen daran, die Sprache der Fremden zu erlernen. Wenn man die Sprache des anderen beherrschte, konnte man sich leichter in dessen Mentalität zurechtfinden. Die Fähigkeit von Chinesen, in der Sprache der Fremddynastie zu kommunizieren, hätte auch den Verlust eines wichtigen Kennzeichens des Andersseins der Mongolen, der eigenen privilegierten Besonderheit, bedeuten können. Deswegen verboten die Yuan-Herrscher den Chinesen ebenso, einen mongolischen Namen anzunehmen. Heiraten zwischen Angehörigen der Mongolen und Chinesen, die wohl an der Tagesordnung waren, wurden nicht gerne gesehen, waren aber nur zeitweise verboten.

Aus der Hierarchie der Ethnien in der mongolischen Yuan-Dynastie ergaben sich zwangsläufig gesellschaftliche Spannungen zwischen den Mongolen, den Muslimen und den Chinesen in Mittel- und Südchina. Marco Polo beschrieb die ethnischen Feindseligkeiten: »Alle Cathaier [Han-Chinesen] verachteten die Herrschaft des

Großen Khans, weil er über sie die Tartaren [Mongolen] und noch häufiger die Sarazenen [Moslems] gesetzt hatte, die sie [die Han-Chinesen] nicht ertragen konnten, weil sie sie [die Han-Chinesen] als Sklaven behandelten.« Kublai Khan war sich dieser Spannungen durchaus bewusst. Die Regierungsarbeit gestaltete sich deswegen auch nicht einfach. Die mongolischen Stammesangehörigen hielten an ihren traditionellen Wertvorstellungen bei der Übertragung von Macht und Einfluss fest wie auch an den Prinzipien der Vererbung und den Privilegien, die durch Rasse und Clan gewährt wurden.[193] Ihre Bereitschaft zur Übernahme von Verwaltungspositionen war nicht ausgeprägt. Deswegen konnte die Zentralverwaltung nur funktionieren, wenn die chinesischen Beamten auch auf dem Land ihre Pflicht erfüllten.

Kublai Khan regierte sein Reich mit Hilfe des Zentralsekretariats, dem wiederum die Sechs Ministerien unterstanden. Durch die Einrichtung verschiedener Agenturen, in deren Werkstätten nur für ihn und seine Familienangehörigen produziert wurde, kam es zu einer verschwenderischen Aufblähung der Zentralverwaltung. Diese Entwicklung betrachtete er ebenso mit Argwohn wie die wachsende Macht der Muslime an seinem Hof und in der Finanzverwaltung. Wahrscheinlich auch unter dem Einfluss einiger weniger chinesischer Berater in seinem Umfeld verbot er gegen Ende der 1270er Jahre bei Todesstrafe das islamische Schlachten und die Praktizierung der Beschneidung. Das Verbot betraf praktisch jeden muslimischen Haushalt in seinem Reich. Doch das offensichtliche Zurückdrängen des islamischen Einflusses war nicht so sehr eine Maßnahme zur Stärkung der Chinesen als vielmehr eine Politik, die ihm in seinem Vielvölkerstaat einmal mehr half, die eigenen Privilegien zu sichern und die finanziellen Ressourcen Chinas nach seinen Vorstellungen auszubeuten. Die beiden gescheiterten Invasionsversuche in Japan belasteten die Staatskasse Kublai Khans. Das Steueraufkommen der chinesischen Untertanen musste sie wieder auffüllen. Das dauerte einige Zeit. Auch wenn Kublai Khan sein Misstrauen gegenüber den chinesischen Beamten-Gelehrten nie verlor, so mag seine Abhängigkeit von der Wirtschaftskraft seiner chinesischen Untertanen doch ein Grund gewesen sein, die antimuslimische Politik bis 1287 fortzusetzen.[194]

Die mongolischen Herrscher unterschieden sich von anderen Herrschern nicht-chinesischer Herkunft, die in früheren Jahrhunderten in Nordchina geherrscht hatten. Sie zwangen ihre chinesischen Untertanen nicht dazu, mongolische Sitten und Gebräuche zu übernehmen. Das kulturelle Leben der Han-Chinesen im Reich ging seinen normalen Gang. Die Angehörigen der chinesischen Elite konnten auch weiterhin alle Bücher lesen und neue Werke verfassen. Den Untertanen war es ebenso gestattet, ihre Religion zu praktizieren. Doch vielen Han-Chinesen ging es unter den mongolischen Herrschern schlechter als unter einer han-chinesischen Dynastie. Sie wurden enteignet, weil ihr Ackerland als Weideland für Pferde gebraucht wurde, oder sie wurden umgesiedelt, in die Sklaverei oder andere Formen der Knechtschaft gezwungen. Besonders nachteilig wirkten sich Änderungen im Rechtswesen für Frauen aus.

Die letzten Jahrzehnte der Yuan-Dynastie

Nach dem Tod Kublai Khans 1294 fehlte eine starke Hand in der Führung des Vielvölkerreiches der Yuan-Dynastie. Kublai Khan hatte zwar chinesische Beamte auf Empfehlung ernannt, doch sich geweigert, die zivile Beamtenprüfung wieder einzurichten. Das Reich bedurfte auch deswegen einiger Reformen. Diese Notwendigkeit erkannte sein Großenkel Ayurbarwada Khan (reg. 1311–1320), der als einziger Herrscher der Yuan-Dynastie friedlich den Thron bestieg. Während seiner Herrschaft wurden Han-Chinesen zunehmend mit Verwaltungs- und Regierungsaufgaben betraut.[195] Doch erst 1315 richtete er Jinshi-Prüfungen für Chinesen und Mongolen ein. Als Modell für die Prüfungen dienten die Song-Prüfungen auf der Basis der Texte von Zhu Xi (1130–1200). Die Prüfungen fanden aber keinen großen Zuspruch. Bis zum Ende der Dynastie wurden 16 Prüfungen durchgeführt, in denen insgesamt gerade einmal 1139 Kandidaten graduiert wurden. Sie stellten nur vier Prozent aller Beamten in Rängen.

Das Ende der Yuan-Dynastie zeichnete sich seit den 1330er Jahren ab. Die oft sehr jungen und schwachen Kaiser konnten die blutigen Kämpfe der verschiedenen Parteiungen am Hof nicht kontrollieren. Der letzte Herrscher der Yuan, Tōghōn Temür (reg. 1333–1368), bestieg 1333 im Alter von nur 13 Jahren den Thron. Er übernahm ein Staatswesen, das von inneren Widersprüchen gekennzeichnet war. Der mongolische Hof hatte andere Vorstellungen von Regierung als die meist zentralasiatischen Verwaltungsbeamten. Ihre Ziele und Methoden unterschieden sich wiederum deutlich von den chinesischen Traditionen und Praktiken. Zu den diskutierten Fragen gehörte, ob man China stabilisieren und nach chinesischen Vorgaben verwalten sollte, indem man beispielsweise die Landbevölkerung niedrig besteuerte. Dadurch würde man sich langfristig als »chinesische« Dynastie in ganz China einrichten können. Die Alternative war, den Reichtum Chinas zu plündern, um ein mongolisches Khanat in der Steppe zu stärken. Auch die Frage, ob man chinesische Gelehrte als Beamte für die Yuan-Dynastie arbeiten lassen sollte, wurde nicht eindeutig entschieden.

Pestepidemien, die Kälteperiode der kleinen Eiszeit und Flutkatastrophen suchten die Bevölkerung in der Yuan-Zeit heim. In den Jahren 1289 und 1324 änderte der Gelbe Fluss seinen Lauf, was monatelange Überschwemmungen weiter Landstriche in Ostchina zur Folge hatte. Starker Regen führte 1344 nochmals zu großen Überschwemmungen. Für die Instandsetzungsarbeiten an den Dämmen des Gelben Flusses wurden 150 000 Mann zwangsverpflichtet. Für ihre Arbeit erhielten sie kein Münzgeld, sondern wertloses Papiergeld. Soziale Unruhen folgten auf die katastrophale wirtschaftliche Lage. In den 1340er Jahren rebellierten Teile der Bevölkerung, die sich millenarischen religiösen Bewegungen auf buddhistischer und manichäischer Basis anschlossen. Dadurch hofften sie, ihre Dörfer gegen andere Aufständische und umherziehende Räuberbanden verteidigen zu können. Mit Beginn der 1350er Jahre erfassten die Unruhen das gesamte Land. Die soziale Ordnung brach zusammen.

Es waren vier Gruppen, die um die Macht stritten: die Yuan-

Dynastie und ihre loyalen Anhänger, die Anführer lokaler Selbstverteidigungsgruppen, Banditen und Schmugglerbanden sowie die Anführer religiöser Sekten. Zu den mongolischen Loyalisten, die ihre Machtbasis in der Region des heutigen Henan hatten, gehörten Chaghan Temür und nach seiner Ermordung im Jahr 1362 Kökö Temür. Chaghan Temür, der vermutlich uighurischer Abstammung war, stellte eine Miliz auf, welche die regulären Garnisonstruppen in Henan unterstützte. Kökö Temür, der eigentlich Chinese war und Wang Baobao hieß, war von ihm als Neffe adoptiert worden. Den mongolischen Namen erhielt er von Tōghōn Temür als Auszeichnung für seine militärischen Verdienste. Er blieb der Yuan-Dynastie gegenüber bis zum Ende loyal. Chen Youding, ein Analphabet, der es dennoch bis zum Beamten brachte, kämpfte seit 1360 in Fujian gegen die Roten Turbane, auf die weiter unten genauer eingegangen wird. Er wurde zu Beginn der Ming-Zeit hingerichtet, da er sich weigerte, unter der neuen Dynastie ein Amt anzunehmen. In Guangdong stieg der gebildete He Zhen (1322–1388) zum Militärgouverneur auf. Er ergab sich 1369 der Ming-Dynastie, wofür er Titel und Belohnungen erhielt.

Die lokalen Selbstverteidigungseinheiten spielten im großen Machtpoker um das Erbe der Yuan eine untergeordnete Rolle. Sie verfügten in der Regel weder über eine gute Infrastruktur noch über eine militärische Ausbildung und ausreichend Waffen. Die Banditen und Schmuggler waren da erfolgreicher. Zhang Shicheng (1321–1367) in Jiangsu und Fang Guozhen (1319/1320–1374) in Zhejiang schufen starke, unabhängige Territorien, die sie über viele Jahre halten konnten. Beide betätigten sich erfolgreich in dem vom Staat monopolisierten Salzhandel. Fang Guozhen wurde außerdem durch Piraterie an der Küste reich. Er unterhielt schon früh Kontakte zu Zhu Yuanzhang (1328–1398), dem späteren Gründer der Ming-Dynastie, nahm dessen ungeachtet aber immer wieder Titel und Ämter der Yuan-Dynastie an. Dies wiederum hinderte ihn jedoch nicht daran, nur wenig später gegen die Yuan zu rebellieren. Er ergab sich Zhu Yuanzhang kampflos. Seine Flotte wurde zu einem wichtigen Bestandteil der Marine der Ming-Dynastie.

Zhang Shicheng dagegen gründete früh ein eigenes Kaiserreich, die Große Zhou-Dynastie, und führte eigene Regierungsdevisen ein. Er verhandelte zwar mit Abgesandten der Yuan, ließ sie dann jedoch umbringen. Militärisch konnte ihn die Yuan-Dynastie nicht besiegen. Nachdem 1354 der letzte große Stratege und Feldherr der Yuan, Toghtō, aufgrund der Machtkämpfe am Hof in Ungnade gefallen war, konnte Zhang Shicheng sein Gebiet erweitern, indem er Suzhou und schließlich auch Hangzhou in sein Reich eingliederte. Er war der reichste Rebellenführer und der stärkste Rivale Zhu Yuanzhangs.

Die Anführer religiöser Sekten bildeten die vierte Gruppe, die am Ende der Yuan-Dynastie eine neue Ordnung einführen wollte. Diese Sekten und Kulte verehrten lokale Gottheiten oder in jüngerer Vergangenheit gestorbene Persönlichkeiten. Sie waren neue daoistische, buddhistische oder manichäische Bewegungen oder folgten synkretistischen Tendenzen. Besonders einflussreich wurden die Roten Turbane. Diese Bewegung hatte ihre Wurzeln in der Geheimgesellschaft des Weißen Lotos, die ab dem 12. Jahrhundert historisch greifbar wird. Verehrt wurde Maitreya, der Buddha der Zukunft, der im Westlichen Paradies auf seine Wiederkunft auf die Erde am Ende der Zeiten wartet. In der Lehre des Weißen Lotos sind neben buddhistischen Elementen auch starke manichäische Züge zu finden, wobei der Manichäismus selbst zoroastrische, buddhistische und christliche Ideen vereinigt. Nach Überzeugung der Manichäer streiten Licht und Finsternis, Gut und Böse miteinander, bis schließlich das Böse besiegt ist und das Licht alles erhellt. Die Anhänger des Manichäismus und die Mitglieder des Weißen Lotos erwarteten ein baldiges Erscheinen des Königs des Lichts oder Maitreyas und waren durchaus bereit, dieses Erscheinen zu beschleunigen. Die Manichäer kämpften selbst auf der Seite des Lichts gegen alles Böse. Die Kopftücher, welche sie dabei trugen, waren rot, da diese Farbe Feuer und Licht symbolisierte. Aufgrund dieser Kopftücher wurden die religiösen Sektierer am Ende der Yuan als die Roten Turbane bekannt.

Die einflussreichsten Anführer der Roten Turbane gründeten

eigene Herrschaftsbereiche, die dann wiederum gegeneinander kämpften. Besonders bedeutsam waren Xu Shouhui (?–1360) und Chen Youliang (1320/1321–1363) in Hubei und Ming Yuzhen (1331–1366) in Sichuan. Zu den Roten Turbanen in Anhui gehörten Han Shantong (?–1355), der sich als Nachkomme von Kaiser Huizong der Nördlichen Song-Dynastie ausgab, und seine rechte Hand Liu Futong, der 1355 sogar die Song-Dynastie wieder ausrief. Er bezeichnete sich selbst als Mingwang, Prinz des Lichtes. Lius Rebellentruppen plünderten die Sommerhauptstadt der Yuan, Shangdu (Xanadu), und nahmen Kontakte nach Korea auf.

1363 trat Zhu Yuanzhang auf der großen Bühne der zerfallenden Yuan-Dynastie erstmals auf und wurde wenig später der Anführer aller Roten Turbane des Nordens. Seine Basis in Nanjing behielt er bei. Ebenfalls 1363 konnte Zhu Yuanzhang seinen schärfsten Rivalen unter den Roten Turbanen des Südens, Chen Youliang, in einer Schlacht auf dem Boyang-See in Jiangxi besiegen. Zhang Shicheng unterlag 1367 nach einer Reihe von Schlachten gegen Zhu. Er wurde gefangen genommen und starb 1376 in Nanjing. Fang Guozhen ergab sich kampflos. Der Yuan-Hof floh am 10. September 1368 aus der Hauptstadt in die Steppe des Nordens. So waren die Voraussetzungen dafür geschaffen, dass Zhu Yuanzhang am 23. Januar 1368 seine Ming-Dynastie proklamieren konnte.

3. Das koreanische Koryŏ (918–1392) von 949 bis 1392

König Kwangjong und die Zeit der zivilen Stärke

Wang Kŏn, der Gründer der Koryŏ-Dynastie, hatte solide Grundlagen für seine Dynastie gelegt. Sein ambitionierter Nachfolger König Kwangjong (reg. 949–975) baute darauf eine Politik der zivilen Stärke auf. Mit Hilfe des chinesischen Beamten Shuang Ji (kor. Sang Ki) führte er 958 in der Hauptstadt Kaesŏng das chinesische Prüfungssystem nach dem Vorbild der Tang-Dynastie ein. Zwar hatte es in Korea bereits im Vereinten Silla zivile Beamtenprüfungen (*kwagŏ*) gegeben, doch tatsächliche Bedeutung gewannen sie erst durch diesen Schritt. Einerseits halfen die durch Prüfungen qualifizierten Beamten dabei, die Regierung, Verwaltung und das Bildungssystem mehr und mehr am chinesischen Vorbild auszurichten, andererseits ignorierte König Kwangjong, als er sich zum Kaiser (*hwangje*) erhob, die bis dahin geltende Tradition der Anerkennung des chinesischen Oberherrschers. Den Kaisertitel behielt er jedoch nur, bis die chinesische Song-Dynastie ihren Anspruch auf kaiserliche Oberhoheit anmeldete.

König Kwangjong war die seit der kriegerischen Gründungsphase der Koryŏ-Dynastie angestiegene Zahl von Aristokraten ein Dorn im Auge. Obwohl er in seiner Regierungszeit dem zivilen Element im Staat den Vorrang vor dem militärischen einräumte, ließ er 960 die Zahl der aristokratischen Familien, die in den vergangenen Jahrzehnten Macht und Einfluss gewonnen hatten, durch blutige Säuberungen reduzieren.[196] Auch verhinderte er, dass Angehörige der Militäraristokratie in die höchsten Ränge der Regierung aufstiegen. Die Koryŏ-Gesellschaft wurde also – im Gegensatz zur japanischen – von der zivilen Aristokratie (*munban*) und nicht von der Militäraristokratie (*muban*) dominiert, die gesellschaftlich weit weniger geachtet war.

König Kwangjongs Nachfolger, König Kyŏngjong (reg. 975–981) und insbesondere König Sŏngjong (reg. 981–997), führten die Politik der zivilen Stärke fort. Eine intensiv betriebene Heiratspolitik trug in den nachfolgenden Jahrzehnten dazu bei, den mächtigen Erbadel auf dem Land und die Militäraristokratie in das Netzwerk des Herrschers einzubinden und faktisch zu entmachten. Vorrangig war aber zunächst die Schaffung einer effizienten Zentralverwaltung, weswegen 983 die Drei Regierungseinrichtungen (*samsŏng*) nach chinesischem Vorbild aufgestellt wurden: das Zentrale Sekretariat (*chungsŏsŏng*), das Kanzleramt (*munhasŏng*) und das Sekretariat für Staatsangelegenheiten (*sansŏsŏng*) mit seinen Sechs Ministerien (*yukpu*). Auch die neun Rangstufen für Beamte wurden eingeführt. Obwohl die Koryŏ-Dynastie die Silla-Dynastie in ihrer Übernahme des Tang-zeitlichen Vorbildes übertraf, war die praktische Umsetzung immer noch weit vom chinesischen Modell entfernt. Erstens waren die Aufgaben- und Kompetenzbereiche der einzelnen Regierungsinstitutionen weniger klar definiert als in China, und zweitens verstanden es die alten aristokratischen Familien, ihren Einfluss an den höchsten Stellen des Staatsapparates zu bewahren.

Erst Anfang des 12. Jahrhunderts gelang es, das Herrschaftsgebiet in Verwaltungseinheiten nach dem Tang-Modell aufzuteilen. Die damals geschaffenen acht Provinzen bilden bis heute die Grundlage der Provinzverwaltung. Die Provinzen waren wiederum in Bezirke und Kreise aufgeteilt. Die Positionen in den verschiedenen Regierungs- und Verwaltungseinrichtungen wurden seit dem Jahr 983 mit loyalen Beamten aus dem niederen Adel und erfolgreichen Prüfungsabsolventen besetzt. Damit verminderte sich auch in diesem Bereich die Bedeutung des Adels und des Militärs, allerdings nicht in dem Umfang, wie das in der Song-Zeit der Fall gewesen war.

Jahrzehnte der Militärdiktatur

Das 11. Jahrhundert der Koryŏ-Dynastie war durch eine komplexe Heiratspolitik der wichtigen Clans gekennzeichnet. Interne Auseinandersetzungen zwischen den großen Clans, Intrigen und Bündnisse führten immer wieder zu politischen Spannungen. Dazu ging die Dynastie 1119 ein ungleiches Bündnis mit der Jin-Dynastie ein, das besonders von dem Aufrührer Yi Chagyŏm (gest. 1127) begrüßt wurde, der die Koryŏ-Dynastie militärisch für zu schwach hielt, um den Truppen der Jurchen zu widerstehen. Yi Chagyŏm setzte gegen heftigen Widerstand von Song-Loyalisten am Hof durch, dass sich König Injong (reg. 1122–1146) zusammen mit Schwiegersohn und Enkel einverstanden erklärte, Vasall der Jin-Dynastie zu werden. Doch Yi Chagyŏm konnte seine Machtposition nicht halten und wurde gestürzt und verbannt. Danach gewannen Kräfte an Einfluss, die gegen die Jin-Dynastie waren. Der gegen die Konfuzianer eingestellte Mönch Myochŏng forderte, dass König Injong sich zum Kaiser ausrufen und gegen die Jin-Dynastie zu Felde ziehen solle. Als sich die Dinge jedoch nicht nach seinen

Vorstellungen entwickelten, rebellierte er 1135. Der konfuzianische Berater des Königs, Kim Pusik (1075–1151), schlug die Rebellion 1136 mit Regierungstruppen nieder.

Zwar hatte der Frieden mit der Jin-Dynastie für beinahe ein Jahrhundert Bestand, doch im Innern kam es wegen Steuererhöhungen, Korruption in der Verwaltung und Landaneignungen der Aristokraten sowie der buddhistischen Klöster zu Unruhen der Bauern, welche Jahrzehnte anhalten sollten. Der bereits geschwächte König Ŭijong (reg. 1146–1170) sah sich nicht mehr imstande, die Unruhen zu unterdrücken. General Chŏng Chungbu (1106–1179) nutzte 1170 die Gunst der Stunde, putschte, brachte alle Angehörigen des Hofes um und ersetzte König Ŭijong durch dessen jüngeren Bruder, König Myŏngjong. König Ŭijong wurde etwas später durch Ertränken hingerichtet. Doch auch Chŏng Chungbu wurde der Unruhen im Land nicht Herr und fiel schließlich 1179 selbst einem Attentat zum Opfer. Zwar regierte König Myŏngjong formal bis 1197, doch tatsächlich herrschten die Militärs, und das ganze Land war durch bürgerkriegsähnliche Zustände gelähmt.

Erst Ch'oe Ch'unghŏn (1149–1219) stellte die Ordnung im Land wieder her. Er und sein Clan sollten in Gestalt einer Militärdiktatur von 1196 bis 1258 über Korea herrschen. Er setzte 1197 König Sinjong (reg. 1197–1204) ein und beendete die Aufstände der Bauern und Sklaven, indem er sie gewaltsam niederwarf oder sich mit deren Anführern arrangierte und diese auf Verwaltungsposten berief. Gleichzeitig brach er die Macht der buddhistischen Klöster und ihrer bewaffneten Mönchstruppen. Selten in der koreanischen Geschichte gelang es einem De-facto-Herrscher, der aber kein König war, so durchgreifend Macht auszuüben.

Insgesamt betrachtet waren die Militärdiktatoren der Familie Ch'oe mit ihrer Befriedungspolitik und auch mit ihren Stabilisierungsmaßnahmen also recht erfolgreich. Doch das Ende der Ch'oe-Militärdiktatur zeichnete sich ab, als die Mongolen 1217 begannen, die koreanische Politik zu beeinflussen. Schon 1218 forderten sie Tribut in Form von Kleidung, Pferden, Fellen und auch Jungfrauen. Als die Koreaner die Tributleistungen zu verweigern begannen und

1224 auch noch den mongolischen Gesandten ermordeten, griffen die Mongolen Koryŏ an. Der hartnäckig geführte Widerstandskrieg gegen die mongolischen Invasoren, der von der Insel Kanghwa aus geführt wurde, dauerte von 1231 bis 1258. Erst 1258 wurde die Familie Ch'oe gestürzt, doch der Krieg ging weiter, bis die Mongolen die *Sambyŏlch'o* (Drei Elitegarden), die loyale Privatarmee der Familie Ch'oe, 1271 auf der Insel Chindo geschlagen hatten. Die Garden zogen sich auf die Insel Cheju zurück, wo sie 1273 von den mongolischen Truppen endgültig vernichtet wurden.

Koryŏ unter mongolischer Vorherrschaft

Formal herrschten zwischen 1270 und 1392 noch immer die Koryŏ über das Land, doch tatsächlich hatte die mongolische Yuan-Dynastie das Sagen. Äußeres Zeichen der endgültigen Aufgabe des Widerstands war die Hochzeit des Sohnes von König Wŏnjung (reg. 1259–1274). Er, der spätere König Ch'ungnyŏl (reg. 1274–1308), heiratete 1270 eine Tochter von Kublai Khan. Diese Heiratspolitik zwischen den mongolischen Herrschern und der Familie der Koryŏ-Könige wurde auch danach fortgesetzt. Da die mongolischen Kaiser immer auch Schwiegerväter der Koryŏ-Herrscher waren, wurde Koryŏ zu einer Pumaguk-(Schwiegersohn)-Nation der Mongolen. Darüber hinaus musste jeder Kronprinz von Koryŏ bis zu seiner Thronbesteigung als Geisel in Peking leben. Die vollständige Abhängigkeit der Koryŏ-Herrscher von den Mongolen wird auch in ihrem neuen offiziellen Titel deutlich. Das Suffix *-jong* (Ahn) wie in Uijong wurde bei den sechs Herrschern zwischen 1274 und 1351 durch die inferiore Bezeichnung *ch'ung* x *wang* (der loyale König X) ersetzt.

König Kongmin (reg. 1351–1374) unternahm erfolglos den Versuch, entgegen den Interessen der Aristokraten eine Landreform zugunsten der steuerzahlenden Bauern und vor allem auch der Sklaven durchzuführen. Der von ihm dafür ausgewählte und vom Adel unabhängige Reformer, der Mönch Sin Ton, wurde wegen Bestechlichkeit verbannt und 1371 hingerichtet, der König selbst 1374 von politischen Gegnern ermordet. Auch die Einführung der

Baumwolle, die Mun Ikchŏm 1361 von Peking nach Korea gebracht haben soll und die die landwirtschaftliche Produktion sowie die Textilherstellung beeinflusste, änderte nichts an den einseitigen Landbesitzverhältnissen, durch welche die Aristokratie begünstigt wurde.

Erst nachdem die Ming-Dynastie die Mongolen aus China vertrieben hatte, konnte sich auch Korea von der mongolischen Herrschaft befreien. 1369 erkannte die Ming-Dynastie König Kongmin (reg. 1351–1374) als Herrscher an. Die drei letzten Herrscher von Koryŏ, die von 1374 bis 1392 regierten, gelten als schwach, weil sie die Machtkämpfe zwischen rivalisierenden Militärs, Beamten, Konfuzianern und Buddhisten sowie das Piratenproblem an der Südküste nicht beenden konnten.

4. Von der mittleren Heian-Zeit (877–1086) bis zum Ende der Kamakura-Zeit (1192–1333) in Japan

Der Machtzuwachs des Fujiwara-Clans im 10. Jahrhundert hatte zur Folge, dass seine Angehörigen nahezu alle hohen Positionen am Hof und in der Zentralbürokratie besetzten. In der Zeit zwischen 900 und 1050 bestand die Aristokratie gerade einmal aus etwa 20 000 Personen. Sie war in drei Gruppen mit insgesamt neun Rängen eingeteilt. Nur 20 Haushalte, die vom Fujiwara-Clan dominiert wurden, zählten zu den drei obersten Rängen, deren Angehörige die großen landwirtschaftlichen Güter als Beamtenland und als Privatbesitz bewirtschafteten. Die Ränge vier und fünf waren hauptsächlich Gouverneuren von Provinzen vorbehalten. Zu den Rängen sechs bis neun, aus denen ein Aufstieg in höhere Ränge fast unmöglich war, gehörten alle jene Gelehrten, die man am Hof und zur Verwaltung des Reiches brauchte.

Die Verflechtung der kaiserlichen Familie mit den Fujiwara erreichte ihren Höhepunkt in den Jahren, in denen Fujiwara no Michinaga (966–1028) Oberhaupt des Clans war.[197] Michinaga domi-

Abb. 5: Phönixhalle (*hōōdō*) des Byōdō-in Uji, südlich von Kyōto, 11. Jahrhundert.

nierte nicht nur den Hof in Kyōto als das Zentrum der politischen Macht, sondern weitete seinen Einfluss auch auf die Peripherie aus. Als Vater von vier Kaiserinnen und Großvater von drei Tennōs bestimmte er 30 Jahre lang die Geschicke des Hofes. Aus gesundheitlichen Gründen zog er sich 1019 aus dem öffentlichen Leben in den Tempel Hōjō-ji zurück. Von dort lenkte er seinen ältesten Sohn Yorimichi (990–1074), den er zum Regenten (*kampaku*) gemacht hatte. Yorimichi übergab seine Position im Jahr 1052 an seinen Bruder Norimichi (997–1075), der es wiederum verstand, seine zwei Töchter jeweils mit einem Tennō zu verheiraten. Yorimichi ließ seinen Wohnsitz in Uji (bei Kyōto) zum Tempel Byōdō-in umgestalten (siehe Abb. 5), wo er danach als buddhistischer Mönch lebte. Die Haupthalle des Byōdō-in, die in ihrer Anlage an die Gestalt eines Phönix mit ausgebreiteten Flügeln erinnert, ist eines der wenigen architektonischen Zeugnisse aus der Heian-Zeit, das die Jahrhunderte überstanden hat.

Die Politik der Fujiwara am Hof hatte auch zur Folge, dass die Abkömmlinge der kaiserlichen Familie, die aus nicht zur Thronfolge berechtigten Nebenlinien stammten, an Bedeutung verloren. Von Generation zu Generation sank ihr Status in der Hauptstadt. Deswegen verlegten sie ihren Wohnsitz in die Provinz, wo sie ungleich höheres Ansehen genossen und bessere Entfaltungsmöglichkeiten hatten als in der Hauptstadt.

Um die Mitte des 11. Jahrhunderts ging der Verlust an kaiserlicher Autorität, an Ordnung sowie das Bestreben, die Besitzverhältnisse zu verändern, mit der in buddhistischen Kreisen herrschenden panischen Angst einher, dass mit dem Jahr 1052 der jüngste Tag der buddhistischen Lehre (*mappō*), der Beginn des Niedergangs der buddhistischen Lehre (Daseinsgesetz), gekommen sein könnte. Wie weit verbreitet diese Angst war, mag auch daran zu ersehen sein, dass überall im Land, besonders an heiligen Bergen, in Schreinen und Tempeln, buddhistische Schriften in runden, mit Deckeln verschlossenen keramischen Behältnissen bestattet wurden. Auf diese Weise sollte die Lehre bis zur Ankunft des Buddha Maitreya in einer ferneren Zukunft aufbewahrt werden.[198]

Es waren die Kriegerbünde, die in der allgemeinen gesellschaftlichen Verunsicherung ihre Chance erkannten, das politische und rechtliche Vakuum zu füllen, und dadurch maßgeblich zum Zerfall der alten Ordnung und des über Jahrhunderte funktionierenden Systems der Gesetzeswerke (*ritsuryō*) beitrugen. Gleichzeitig wollten die schnell wachsenden regionalen Kräfte in der Provinz auch die Besitzverhältnisse auf dem Land verändern, die seit der Taika-Reform noch immer deutlich die kaiserliche Familie begünstigten. Go-Sanjō Tennō (reg. 1069–1072) und seine Nachfolger versuchten, die Entwicklung aufzuhalten und wieder mehr Einfluss zu gewinnen. Das erreichten sie vor allem durch die von Horikawa Tennō (reg. 1087–1107) 1087 eingeführte *insei*-Institution, die »Regierung des abgedankten Kaisers in seiner Tempelresidenz«. Mehrere abgedankte Kaiser wurden in den nachfolgenden 100 Jahren berühmt dafür, sich von ihrem Ruhesitz aus aktiv in die Tagespolitik einzumischen.

Als am 23. August 1155 der seit 1142 regierende Konoe Tennō starb, brach ein Streit zwischen zweien seiner Brüder um die Nachfolge aus. Die Führer der Clans Fujiwara, Taira (auch Heike genannt) und Minamoto – Fujiwara no Tadamichi, Taira no Kiyomori (1118–1181), der 1153 die Führung des Taira-Clans übernommen hatte, und Minamoto no Yoshitomo – unterstützten den späteren Go-Shirakawa Tennō (reg. 1155–1158) und besiegten 1156 dessen Gegner, den abgedankten Sutoku Tennō. Ab 1160 war schließlich Taira no Kiyomori der stärkste Mann in der Hauptstadt.

Der Aufstieg der Kriegerbünde

Im nachfolgenden Gempei-Krieg (1180–1185) kämpften der Fujiwara-Clan und Teile der Kriegerbünde des zentraljapanischen Taira-Clans, der wie geschildert am Hof großen Einfluss gewonnen hatte, gegen den ostjapanischen Minamoto-Clan um die Vorherrschaft. Es ging in diesem Bürgerkrieg um mehr als die Folgen des Streits um die Nachfolge eines Tennō. Tatsächlich stellten sich die Kriegerbünde aus dem Osten Japans gegen die Hofaristokratie, um sich der wirtschaftlichen und politischen Kontrolle zu entziehen. Die Provinzkrieger wollten in die obersten Ränge der höfischen Ämterhierarchie aufsteigen.

Taira no Kiyomori (1118–1181) ging als Sieger aus den blutigen Kämpfen hervor und war der erste Samurai aus der Provinz, der schließlich die Kontrolle über die Regierung in Kyōto übernahm. Er ließ seine Widersacher hinrichten und nahm Minamoto no Yoritomo (1147–1199), den Sohn des 1160 ermordeten Minamoto no Yoshitomo, in Schutzhaft. Yoritomo heiratete in der Haft Hōjō Masako (1156–1225), die Tochter des für seine Bewachung zuständigen Hōjō Tokimasa aus einem Zweig des Taira-Clans. Taira no Kiyomori verheiratete wiederum eine seiner Töchter mit dem Tennō und verstand es, seinen Enkel 1180 als Antoku Tennō zu proklamieren. Seine Macht konzentrierte sich in der Hauptstadt Heian-kyō (Kyōto). Wie groß die Macht des Clans war, zeigt ein Ausspruch eines Bruders von Kiyomori: »Wenn man nicht ein Heike ist, dann ist man kein menschliches Wesen.« Auf die anderen Kriegerbünde im Land hatte Kiyomori allerdings nur wenig Einfluss.

1185, nur vier Jahre nach dem Tod von Kiyomori im Jahr 1181 in Kyōto, betrat ebenjener Minamoto no Yoritomo, den Kiyomori bei der Liquidierung der Minamotos verschont hatte, die politische Bühne. Sein jüngerer Halbbruder Yoshitsune (1159–1189) besiegte 1185 in der Seeschlacht von Dan no Ura, nahe Shimonoseki an der Südspitze von Honshū gelegen, den Taira-Clan (siehe Karte 11, S. 274). Damit stieg Yoritomo zum mächtigsten Feldherrn Japans auf.

1189 zwang Minamoto no Yoritomo seinen Halbbruder Yoshitsune, den berühmten Schwertkämpfer und Kriegshelden, und dessen Familie und Gefolge zum Selbstmord. Offiziell bezichtigte er ihn eines Putschversuchs, doch tatsächlich war er nur eifersüchtig auf ihn und seine guten Beziehungen zum Kaiserhof. Auch gegenüber anderen Familienmitgliedern wie seinem Bruder Noriyori, den er 1193 hinrichten ließ, kannte er keine Gnade. 1189 zerstörte er das Haus Fujiwara in Hiraizumi, das Yoshitsune einst Zuflucht gewährt hatte. Damit war die Vorrangstellung des Fujiwara-Clans nach 200 Jahren endgültig Geschichte. Minamoto no Yoritomo, der Mann, der aus einem Kriegerbund in der Provinz aufgestiegen war, herrschte über den größten Teil Japans und wurde zum Hegemon der Krieger, dem *buke no tōryō* (Firstbalken der Krieger).[199] Der Sieg der ostjapanischen Minamoto über die Taira war zugleich ein Sieg der Kriegerklasse über den Hofadel (*kuge*). Die Heian-Zeit ging ihrem Ende entgegen.

Das Kamakura-Shōgunat (1192–1333)

1192 unternahm Minamoto no Yoritomo einen weiteren strategisch geschickten Schritt, der weitreichende Folgen haben sollte. Er zog nicht in die Kaiserhauptstadt Kyōto, sondern gründete in Kamakura in der Nähe des heutigen Tōkyō, in der Kantō-Ebene, der größten zusammenhängenden landwirtschaftlichen Nutzfläche Japans, eine Militärregierung (*bakufu*, wörtlich »Zeltregierung« oder »Feldhauptquartier«). Er war der Kopf dieser Militärregierung, der *Kamakura-domo* (Herr Kamakura) oder *kubō* (Fürst),[200] dem alle Krieger (*bushi*) Gefolgschaft leisten mussten. Go-Shirakawa Tennō, der offiziell bereits 1158 abgedankt hatte, aber aus dem Ruhestand heraus noch immer die Fäden am Hof in der Hand hielt, verlieh Yoritomo zwar den Ehrentitel eines Nairan (Delegierter des Shōgunats), war aber nicht bereit, ihn mit dem Titel und Amt eines Shōguns, des politischen und militärischen Führers des Shōgunats, auszuzeichnen. Offensichtlich versuchte er, ihn zu zügeln und in das alte Statussystem einzubinden. Shōgun wurde er erst, nachdem Go-Shirakawa Tennō 1192 gestorben war.

Als Shōgun zog Yoritomo glanzvoll in die Hauptstadt Kyōto ein. Durch Vermittlung des Ministers Fujiwara no Kanezane wurde er von Go-Toba Tennō (reg. 1184–1198) mit dem höchsten militärischen Titel eines *seii taishōgun* (die Barbaren unterwerfender Generalissimus) ausgezeichnet. Dieser Titel war um das Jahr 800 mehreren Generälen, die sich im Kampf gegen die Emishi im Norden ausgezeichnet hatten, verliehen worden. Yoritomo wurde dadurch zum Shōgun und führte die Regierungsgeschäfte. Formal blieb der Tennō zwar unangefochtenes Oberhaupt, doch tatsächlich war er entmachtet. So löste das Militär den höherrangigen zivilen Hofadel, der in der Hauptstadt Kyōto in Ohnmacht erstarrt war, in den führenden politischen Positionen ab und wurde zur dominanten Klasse in der japanischen Gesellschaft.

Yoritomo stärkte die Kriegerhaushalte, die auf seiner Seite gestanden hatten, durch neue Besitzungen auf dem Land. Seine vormaligen Feinde machte er zu Vasallen mit entsprechenden Einkommen. Um die Kontrolle über Abgaben und Steuern aus den Ländereien zu sichern, ernannte Yoritomo die in der Kriegerhierarchie an der Spitze stehenden 2000 Samurai zu shōgunalen Vasallen (*gokenin*) mit Erbrecht. Sie bekamen entweder Land oder wurden Militärgouverneure für die Provinzen (*shugo*) und Verwaltungsbeamte für die Ländereien (*jitō*), Landvögten vergleichbar. Die Militärgouverneure, welche in der Hierarchie über den Landvögten rangierten, übten Polizei- und Militärgewalt für die Regierung aus. Diese direkten Vasallen dienten als Leibwache des Shōguns und formten den Kern seiner Armee.

Die Regierungsform des Shōgunats bildete die Brücke aus dem

japanischen Mittelalter zur Meiji-Reform in der Mitte des 19. Jahrhunderts. Im kaiserlichen China gab es keine dem Shōgunat vergleichbare Einrichtung.

Die Regentschaft des Hōjō-Clans

Als Minamoto no Yoritomo am 9. Februar 1199 nach einem Sturz vom Pferd starb, brach ein Kampf um seine Nachfolge aus. Seine Witwe Hōjō Masako, die schon zu Lebzeiten ihres Ehemannes die Politik beeinflusst hatte, setzte durch, dass ihr Vater Hōjō Tokimasa (1138–1215) 1203 in das Amt des Regenten (*shikken*) als Vorsitzender des Regierungsrates für den Shōgun berufen wurde. Sowohl der zweite als auch der dritte Shōgun wurden ermordet. Danach übernahm 1205 der Hōjō-Clan mit Masakos Bruder Yoshitoki (reg. 1205–1224) die Regentschaft. Während der Tennō zurückgezogen vom politischen Leben in Kyōto residierte und der Shōgun in Kamakura die Militärregierung führte, übte der Regent aus dem Hōjō-Clan die Herrschaft in der Praxis aus. Die Regentschaft war erblich, und so bekleideten Mitglieder des Hōjō-Clans das Amt des Regenten fast 130 Jahre lang bis zum Ende des Kamakura-Shōgunats 1333.

Nur einmal, im Jahr 1221, kam es zu einer schweren innenpolitischen Krise. Mit Unterstützung der buddhistischen Klöster, aber in Verkennung der tatsächlichen Kräfteverhältnisse versuchte der Ex-Kaiser Go-Toba Tennō, die Militärregierung zu stürzen, wobei er den Regenten des Shōguns, Hōjō Yoshitoki, zum Aufständischen erklärte. Doch Yoritomos Witwe Hōjō Masako verstand es, durch eine flammende Rede die Kamakura-Truppen für ihre Sache zu gewinnen. Die kaiserlichen Truppen, die ihnen entgegenstanden, waren ihnen militärisch nicht ebenbürtig, so dass die Samurai die Hauptstadt Kyōto besetzten. Der Kaiser wurde aus der Hauptstadt verbannt, die Landgüter der Adeligen wurden konfisziert.

Die zehnjährige Regentschaft von Hōjō Tokiyori zwischen 1246 und 1256 gilt als die Zeit, in der die Machtentfaltung der Hōjō-Regenten ihren Höhepunkt erreichte. 1257 brachten dann mehrere Erdbeben, wahrscheinlich ausgelöst durch den gewaltigen Vulkanausbruch auf der indonesischen Insel Lombok, die Militärregierung in Schwierigkeiten. Die Situation wurde nicht besser, als 1258 ein Jahr ohne Sommer folgte, mit einem Kälteeinbruch, Stürmen, Überschwemmungen und schließlich der Pest. Trotzdem gelang es Tokiyoris Nachfolger Hōjō Tokimune (reg. 1256–1284), seine Macht zu festigen. In seine achtundzwanzigjährige Regentschaft fällt nicht nur die Abwehr der mongolischen Angriffe auf Japan, sondern er deckte 1266 auch ein Komplott des seit 1252 regierenden Shōguns Munetaka Shinnō gegen sich auf, was dazu führte, dass Go-Saga Tennō seinen Sohn aus dem Amt entließ und den Prinzen Koreyasu Shinnō (reg. 1266–1289) als Shōgun einsetzte.

Insgesamt betrachtet, konsolidierten die Hōjō-Regenten nicht nur die politische Macht des Kamakura-Shōgunats im Land, sondern sorgten auch durch Pflichtbewusstsein und Sparsamkeit für wirtschaftlichen Aufschwung und einen etwa 100 Jahre währenden inneren Frieden.

Die mongolischen Versuche zur Eroberung Japans

Im letzten Viertel des 13. Jahrhunderts wurde der innere Friede in Japan durch einen mächtigen Feind von außen gestört. Versuche, auf den japanischen Inseln zu landen, hatte es schon früher gegeben, so 1019, als Jurchen-Piraten erfolglos Hakata auf Kyūshū angriffen. Bei den Mongolen lag der Fall aber anders. Sie hatten 1258 bereits Korea unterworfen und waren seit 1268 im Song-Reich auf dem Vormarsch. Gleichzeitig richtete Kublai Khan seine Aufmerksamkeit auf das japanische Reich, das ebenfalls die mongolische Oberhoheit anerkennen und Tribut leisten sollte. Marco Polo meinte, dass Kublai Khan sich wegen der Reichtümer auf Cipangu (Japan) der Inseln bemächtigen wollte und zu diesem Zweck seine Invasionsflotte ausrüstete.[201] Doch bei nüchterner Betrachtung konnte die Unterwerfung der japanischen Inseln eigentlich nur eine Frage des Prestiges und der Abrundung des mongolischen Herrschaftsgebietes im Osten sein. Wirtschaftliche Überlegungen können bei diesen Feldzügen, wenn überhaupt, nur eine untergeordnete Rolle gespielt haben, da die Inseln in dieser Hinsicht wenig zu bieten hatten.

Als 1268 die entscheidende Offensive gegen das Song-Reich begann, entsandte Kublai Khan auch eine Delegation nach Japan, um dessen Unterwerfung zu fordern. Der Hof in Kyōto, der einen Krieg mit den Mongolen verhindern wollte, war geneigt, der Forderung nachzugeben, obwohl das offizielle Schreiben vom »Kaiser der Großen Mongolei« an den »König von Japan« gerichtet war und damit schon in der degradierenden Anrede des Tennō die geplante zukünftige Hierarchie erkennen ließ. Doch der Regent Hōjō Tokimune (reg. 1256–1284) und seine Krieger in Kamakura lehnten eine Unterwerfung strikt ab. Er ließ einige der Unterhändler hinrichten, schnitt den übrigen die Ohren ab und sandte sie so auf den Kontinent zurück. Weitere Aufforderungen von Kublai Khan folgten, doch aufseiten der Kamakura-Militärregierung bestand kein Interesse an Beziehungen zu den Mongolen, obwohl man wusste, dass die Mongolen im Begriff waren, die Song-Dynastie zu vernichten. Die Samurai bereiteten sich auf eine Verteidigung der Insel Kyūshū vor.

Kublai Khan rekrutierte eine Invasionsarmee, die sich insgesamt wohl aus 40 000 Mongolen, Koreanern, Jurchen und Chinesen zusammensetzte. Sie stachen im November 1274 auf 900 Schiffen und mit insgesamt 7000 Mann Besatzung in Richtung der Inseln Tsushima, Ikishima und Kyūshū in See. Tsushima und Ikishima wurden erobert und verwüstet. Am 18. November 1274 lief die Flotte in die Bucht von Hakata an der Nordküste von Kyūshū ein. Die Landung der Truppen begann am nächsten Tag. Die Truppen der Kamakura-Militärregierung hatten nur eine Stärke von 6000 bis 10 000 Samurai. Sie waren nicht nur zahlenmäßig den Invasoren unterlegen, sondern verfügten auch weder über eine vergleichbar bewegliche und erfahrene Kavallerie noch über Reflexbogen, Katapulte oder Raketen; auch war ihnen die Kampftechnik der Mongolen, die in geschlossenen Formationen anzugreifen pflegten, fremd. Die japanischen Krieger kannten bis dahin nur Zweikämpfe gleichrangiger Krieger. Dazu kam, dass die japanischen Verteidiger keinen Feldherrn hatten, der Erfahrung mit der Bekämpfung einer gut aufgestellten großen Armee besaß. So scheiterten die Verteidiger bei ihren Versuchen, die mongolischen Angreifer wieder ins Meer zurückzudrängen. Sie mussten Hakata aufgeben und verschanzten sich schließlich etwa 20 Kilometer südlich der Hakata-Bucht im Landesinnern in der Festung Mizuki. Unter diesen Bedingungen war es nur noch der schiere Todesmut der Krieger, der das mongolische Heer bis zum Einbruch der Nacht aufhielt.

Den heldenhaften Kampf des Samurai Takezaki Suenaga, der mehrfach an vorderster Front verletzt wurde, hat der Künstler Tosa Nagataka auf der ihm zugeschriebenen illustrierten Querrolle *Mōkoshūrai ekotoba* (Illustrierte Bilderrolle der mongolischen Invasion) von 1294 packend dargestellt. Hier findet sich auch die früheste Darstellung einer Bombenexplosion im Kampf. Während die Verteidiger erschöpft in ihren Stellungen verharrten, zog in der Nacht ein heftiger Sturm auf, der die Niederlage und das Schicksal der mongolischen Invasionsarmee besiegelte.

1275 und 1279 sandte Kublai Khan erneut Delegationen nach Japan, deren Mitglieder jedoch allesamt hingerichtet wurden. Kublai Khan befahl daraufhin die Ausrüstung eines zweiten Invasionsheeres, das – ergänzt durch koreanische Truppen – im Frühjahr 1281, also zwei Jahre nach dem Ende der Song-Dynastie, aufgestellt wurde. Eine Armada von insgesamt 4400 Schiffen, zu denen auch die Schiffe der vormaligen Song-Marine gehörten, wurde zu zwei Flotten zusammengestellt. Die meisten der Schiffe waren keineswegs hochseetauglich. Die erste Flotte mit nur 900 Schiffen und 40 000 hauptsächlich koreanischen und mongolischen Soldaten traf am 21. Juni in der Hakata-Bucht ein. Die zweite Flotte mit 3500 Schiffen und fast 100 000 chinesischen Soldaten war noch unterwegs. Ohne auf die zweite Flotte zu warten, wurden Truppen an mehreren Orten gelandet. Doch die Verteidiger, die dieses Mal besser auf eine Landung vorbereitet waren als 1274, hatten alle wichtigen Orte durch Wälle und Mauern befestigt. Zwei Monate rannten die Invasoren, die ihre überlegene Reiterei nicht zum Einsatz bringen konnten, erfolglos gegen die Befestigungen an. Erst am 12. August konnten die Armeen beider Flotten vereint angreifen. Doch am 15. August zog ein heftiger Taifun auf, der »Götterwind« (*kami-*

kaze), um den die Shintō-Priester gebetet hatten. Er wütete zwei Tage. Mehr als 100 000 Soldaten und Seeleute ertranken oder kamen in den Kämpfen ums Leben. Damit war die mongolische Invasion abgewehrt, und in späteren Jahrhunderten hieß es, ein Götterwind habe die mongolischen Invasoren vernichtet.

Kublai Khan plante zwar eine dritte Invasion, fand jedoch bei seinen eigenen Generälen dafür keine Unterstützung. Weitere Gesandtschaften in den Jahren 1283, 1284, 1292 und 1299 wurden von den Japanern zurückgewiesen. Der Sieg von 1281 nährte den Mythos von der japanischen Unbesiegbarkeit und damit von einem Land, das die Götter vor einer Invasion beschützen. Dieser Mythos erlosch erst mit der Niederlage im Zweiten Weltkrieg.

Die letzten Jahrzehnte der Kamakura-Zeit

Das Ende der Kamakura-Zeit wurde dadurch eingeleitet, dass das Shōgunat die beiden Kriege gegen die Mongolen nicht aus eigenen Mitteln finanzieren konnte. Zwar griff das Shōgunat auf die gefüllten Kassen der buddhistischen Tempel zurück, doch es waren vor allem die Vasallen der Kriegerklasse in Kyūshū, welche die Kosten für die Kriegsvorbereitungen, die Waffen und Rüstungen, den Ausbau der Küstenbefestigungen und die danach noch für 20 Jahre aufrechterhaltene Instandsetzung der Anlagen und den Wachdienst an der Küste schulterten. Die Verschuldung der shōgunalen Vasallen, der Landvögte und der Krieger wuchs entsprechend. Alle Krieger, die im Kampf gegen die Mongolen gestanden hatten, erwarteten nach dem Krieg eine Belohnung, so wie es bis dahin immer üblich gewesen war. Am Ende dieses Krieges aber gab es weder Land zu verteilen noch eine nennenswerte Beute. Deshalb konnten die Kosten und Verluste an Material und Vermögen nicht ausgeglichen werden, und die Krieger in Kyūshū mussten für ihre gesamten Kriegsausgaben selbst einstehen. Viele wurden zahlungsunfähig und mussten ihr Land beleihen oder verkaufen. Das traf auch für die Krieger in Westjapan zu, die nicht in Gefolgschaftstreue zu Kamakura standen.

Der Regent Hōjō Sadatoki (reg. 1284–1301) ließ also nicht nur seine Vasallen im Stich, sondern enttäuschte seine Gefolgschaft in den Provinzen auch dadurch, dass er 1285 beschloss, sich nicht mehr in Streitigkeiten zwischen ihnen und der Aristokratie in Kyōto einzumischen. Um die wachsende politische Opposition zu unterdrücken, löste er 1293 den Rat der Regierung auf, verbannte seine politischen Gegner, riss die Gouverneursposten an sich und verteilte sie neu an Gefolgsleute seiner Familie. Erst 1297 versuchte er – viel zu spät –, die finanziellen Schwierigkeiten seiner Vasallen und Krieger durch das Edikt der tugendhaften Regierung (*Tokusei*) zu lösen. Dieses Edikt sprach die Vasallen von Schulden frei und machte außerdem den Landverkauf der vergangenen beiden Jahrzehnte zugunsten des Kriegerstandes rückgängig. Da der Landbesitz für die Kriegerhaushalte jedoch kein Barvermögen schuf, waren ihre finanziellen Probleme damit keineswegs gelöst.

Zu Beginn des 14. Jahrhunderts wuchs die Unzufriedenheit der Krieger mit den Hōjō-Regenten in Kamakura. Die Militärregierung forderte schließlich, dass Go-Daigo Tennō (reg. 1318–1338) abdanken solle. Als er sich weigerte, kam es 1331 zum Krieg zwischen dem Hōjō-Regenten und den Anhängern des Tennō. Der Tennō wurde gefangen genommen und verbannt. Der Krieg schien vorüber, doch 1333 gelang es Go-Daigo Tennō, aus seiner Verbannung zu fliehen. Ashikaga Takauji (1305–1358) aus dem Hause Minamoto nahm die Hauptstadt Kyōto für ihn ein. In der Kantō-Region gelang es Nitta Yoshisada (1301–1338), der ebenfalls aufseiten des Tennō kämpfte, im selben Jahr, den letzten der Hōjō-Regenten zu besiegen. Die Stadt Kamakura wurde niedergebrannt; das Kamakura-Shōgunat war beendet.

B Gesellschaft und Wirtschaft: Gemeinsamkeiten und Besonderheiten

1. Gesellschaft

China: Die Beamten-Gelehrten

In der Song-Zeit wurden die Beamten nicht mehr aus der Aristokratie rekrutiert wie noch in der Tang-Zeit, sondern aus den Haushalten der Beamten-Gelehrten (*shidafu*). Diese Elite unterschied sich vor allem durch ihre umfassende Ausbildung und hohe Leistungsbereitschaft von den zeitgenössischen Eliten in anderen Gesellschaften. Der Song-zeitliche Beamten-Gelehrte war nicht nur Staatsdiener, sondern auch Intellektueller, Literat mit oftmals ausgeprägten Neigungen zur Kunst und Musik. Bis zum Ende des 19. Jahrhunderts gab es zudem für männliche Angehörige der Oberschicht keine berufliche Alternative zu der in der Song-Zeit entwickelten Beamtenkarriere.

Die Gesamtzahl der Beamten in der Song-Zeit belief sich auf etwa 220 000. Während der Song-Zeit waren stets etwa 20 000 Beamte aktiv, die für die Verwaltung von etwa 100 Millionen Menschen zuständig waren. Da die Zahl der über Prüfungen aufgestiegenen Personen nicht ausreichte, alle Aufgaben der Verwaltung zu erfüllen, war der Kaiser auch auf Beamte angewiesen, die seit 963 auf dem Weg der Protektion (*yinbu*) in Amtsstellungen kamen. Beamte der mittleren Ränge erhielten wieder das Recht, ihre Söhne und andere nahe Verwandte für den Staatsdienst zu protegieren. Die Protektion war jedoch umstritten, weil sie sich kaum mit der konfuzianischen Ethik in Einklang bringen ließ. Zwischen 960 und 1223 dienten etwa 60 Prozent der Beamten – einschließlich der mehr als 40 000 Jinshi-Graduierten (vorgeschlagene Gelehrte) und der etwa 70 000 Graduierten der leichteren Prüfungen – in den niedrigen Rängen 7 bis 9 in der Provinz. Von ihrem Vermögen oder Unvermögen hing das

Wohl und Wehe des Volkes ab. Nur wenn die Verwaltung auf der unteren Ebene des Kreises funktionierte – darunter gab es noch eine dörfliche Struktur der Aufgabenverteilung –, war auch die innere Sicherheit des Reiches gewährleistet.

Die Song-Dynastie übernahm von der Tang-Dynastie die Einteilung der Beamten in neun Ränge, von denen jeder nochmals in *shang* (a) und *xia* (b) geteilt war. Es gab zwei Arten von Ämtern: einerseits das Titularamt (*benguan*), das in der Regel aus einem Prestigetitel ohne Arbeitspflichten bestand und ein Erbe aus der Tang-Dynastie war, als Ämter beim Militär und in der Finanzverwaltung noch vererbt wurden; und andererseits die Funktionsämter oder Pflichtenämter (*zhishiguan*) mit der Zuordnung klarer Pflichten, die den Rang und den Arbeitsbereich eines Beamten bezeichneten. Normalerweise begann ein Beamter seine Karriere immer in einem Kreis, der weit entfernt von seiner Heimat lag, um jede Form lokaler Vernetzung zu unterbinden. Dort diente er drei bis vier Jahre, bevor er nach einer Evaluierung befördert oder degradiert sowie an einen anderen Ort und in eine andere Position versetzt wurde.

Die Bezüge eines Beamten hingen sowohl von seinem Rang als auch von der Zahl der steuerpflichtigen Haushalte seines Dienstortes ab. Neben dem Amtsland (*zhitian*), das den Beamten seit 976 zugeteilt wurde und dessen Pachteinnahmen die Verwaltungs- und Personalkosten des Amtes deckten, erhielten sie ein monatliches Gehalt, das erst nach 1080 gemäß dem Pflichtenamt bezahlt wurde, und Sachleistungen. Das niedrigste monatliche Gehalt eines Beamten im Rang 9 lag zwischen 7000 und 12 000 Münzen. Zu diesem Gehalt kamen noch Zuwendungen in Form von Reis, Getreide, Seide, Feuerholz, Wein, Salz, Schreibmaterialien und anderen Artikeln des täglichen Lebens. Gehalt und Zuwendungen erlaubten ihm und seiner Familie einen angemessenen Lebensstandard. Das Gehalt eines Hofbeamten im Rang 2 betrug achteinhalbmal so viel wie das des niedrigsten Beamten. Das Besoldungssystem war auch gut gestaffelt, um das Ideal des »reinen Beamten«, der unbestechlich war, einfordern zu können.

Beamte genossen verschiedene Privilegien: Ihr eigenes Land war je nach Rang teilweise von der Steuer befreit; sie mussten keine bürokratischen Dienstpflichten und keine körperliche Dienstpflicht leisten; Beamte ab Rang 7 genossen nahezu vollständige rechtliche Immunität; Familienangehörige von Beamten ab Rang 5 durften in einem Rechtsstreit nicht gefoltert werden, und die Beamten selbst durften ihre Söhne und nahe Verwandte protegieren; Beamte hatten Anspruch auf 45 Tage Urlaub im Jahr, den sie allerdings in kurze Abschnitte von höchstens sieben Tagen über das Jahr verteilen mussten. Jedes dritte Jahr durften sie nach Hause fahren, um dort zwei bis drei Wochen mit ihren Familien zu verbringen. Ein weiteres Privileg war das Recht, Gewänder aus Seide in den Farben des Beamtenranges zu tragen. Im Winter gehörten zur Garderobe gefütterte Kleidung und hohe Stiefel.

Das Prüfungssystem für zivile Beamte

Der Song-Gründungskaiser Taizu führte 960 die schriftlichen zivilen Beamtenprüfungen wieder ein. Für jeden Mann, der aus einem ehrbaren Stand stammte, also aus Familien von Beamten-Gelehrten oder Landbesitzern, der die erforderliche Ausbildung erhalten hatte und die Empfehlung eines Würdenträgers oder eine Familienbürgschaft vorweisen konnte, bestand die Möglichkeit, an den Prüfungen teilzunehmen und in den Beamtenstand aufzusteigen. Frauen, Priester und Personen mit dubiosem Hintergrund wurden nicht zugelassen. Fast jeder Prüfungskandidat hatte einen Verwandten im Staatsdienst, der ihn vorschlug und gleichzeitig lebenslang für ihn bürgte. Das Alter der Prüfungskandidaten lag zwischen 18 und 65 Jahren, im Durchschnitt bei 30 Jahren. Prüfungen konnten lebenslang wiederholt werden. Die meisten Kandidaten aus Beamtenfamilien wurden bereits als Kinder durch Hauslehrer, Schulen oder durch ihre Mütter auf ihre spätere Karriere vorbereitet. Die Begabten ohne familiären Hintergrund fanden oft die Unterstützung lokaler Förderer, wovon sich diese später einen Vorteil versprachen.

Das Prüfungssystem der Song-Zeit, das aus dem Erbe der Tang-Dynastie weiterentwickelt worden war, zeichnete sich durch eine

Vielfalt spezialisierter Fachprüfungen aus, bei denen großer Wert auf die Fähigkeit gelegt wurde, Textpassagen aus den Klassikern auszulegen, Inhaltsbeschreibungen anzufertigen sowie Essays und eine Erörterung zu verfassen. In den Prüfungen wurde also nicht nur klassisches Wissen abgefragt, sondern auch das intellektuelle Potential und die »Weltsicht« der Kandidaten geprüft. 973 etablierte Kaiser Taizu die kaiserliche Prüfung (*yushi*), welche danach als Palastprüfung (*dianshi*) zur Regel wurde. In dieser Prüfung lernte er alle seine späteren hohen Beamten persönlich kennen. Um eine objektive Bewertung der Prüfungsleistung durch die Prüfer sicherzustellen, wurden die Prüfungsarbeiten seit 992 durch eine Nummer anonymisiert, seit 1015 wurden sie vor der Bewertung durch die Prüfer von Kopisten nochmals abgeschrieben.

Voraussetzung für die Anmeldung zur Jinshi-Prüfung in der Hauptstadt war die Graduierung im Bezirk. 1106 bestanden von 80 000 Prüfungskandidaten in den Bezirken gerade einmal um die drei Prozent die Prüfung. Schon deswegen gehörten die Graduierten eines Bezirks, die »ausgewählten Männer« (*juren*), zur Elite. Das Jahr 1000 ging mit insgesamt 1538 Graduierten als Rekordjahr in die Geschichte des chinesischen Prüfungssystems ein, das bis 1905 bestand. Seit 1067 fanden die Prüfungen in jedem dritten Jahr statt. Die Zahl der Jinshi-Graduierten betrug fast immer weniger als zehn Prozent der Kandidaten. In der Südlichen Song-Zeit bestanden durchschnittlich gerade einmal 6,5 Prozent der Kandidaten die Prüfung. Seit 1009 nahm auch die Zahl der vom Staat finanzierten Schulen zu. Ein weiterer Schub erfolgte 1044, als die Regierung Schulen in allen Kreisen und Bezirken sowie die Kaiserliche Universität (*taixue*) gründete. 1104 waren 3800 Studenten immatrikuliert. Sie alle mussten eine Zulassungsgebühr von 2000 Münzen entrichten. Auch in der Südlichen Song-Dynastie bildete die Kaiserliche Universität Studenten aus.

Im 11. Jahrhundert verheirateten vermögende Landbesitzer ihre Töchter bevorzugt mit Söhnen aus Beamten-Familien. Von einer solchen Verbindung hatten beide Familien Vorteile: Die Landbesitzerfamilie bekam über den graduierten Schwiegersohn Zugang zum Beamtensystem und seinen Privilegien, die Beamtenfamilie zum finanziellen Netzwerk der Landbesitzerfamilie. Diese Entwicklung führte zu einer Machtzunahme der lokalen Landbesitzerfamilien.

Viele Lebensläufe von Beamten lassen den Schluss zu, dass es eine soziale Mobilität von unten nach oben gab, was der Song-Dynastie half, den Beamtenstaat schnell und effektiv aufzubauen. Das Leistungsideal, dass nur die Besten die Prüfung bestehen sollten, setzte sich im 11. Jahrhundert gegen den Vorschlag einer regionalen Quotenregelung durch. Regional dominierten die Kandidaten aus den südöstlichen Provinzen, was sich in der Südlichen Song-Zeit sowie während der Ming- und Qing-Dynastie noch verstärkte.

Korea: Die Beamten

Die alten aristokratischen Familien in Korea bedienten sich des aus China übernommenen Modells der Protektion (*ŭm*), ein Privileg des höheren Erbadels, das ihnen erlaubte, ihre Söhne ohne Prüfungen in hohe Beamtenpositionen einzuschleusen. Im Unterschied zu den zivilen Beamtenprüfungen in China, die auf eine hohe Leistungsfähigkeit der Beamtenschaft ausgerichtet waren, wurden die Prüfungen in Koryŏ anfangs hauptsächlich durchgeführt, um sich der Fähigkeiten der adeligen Sprösslinge zu versichern, bevor sie in der staatlichen Verwaltung eingesetzt wurden. Gleichzeitig wollte der Herrscher dadurch die mächtigen aristokratischen Familien besser kontrollieren.

Um die konfuzianische Lehre zu fördern, wurde bereits 982 ein Direktorat für die Erziehung der Söhne hoher Beamter (*kukchagam*) gegründet. Später kamen Einrichtungen wie die des Gelehrten Ch'oe Ch'ung (984–1068) hinzu, der 1055 die erste private konfuzianische Akademie der Neun Studien gründete, in der Studenten auf die Prüfungen vorbereitet wurden. In der Zeit von König Injong (reg. 1122–1146) bestand das Direktorat aus sechs Kollegien, von denen sich einige dem Studium der chinesischen Schrifttradition widmeten. Doch auch Fächer wie Recht, Kalligraphie und Rechnungswesen wurden unterrichtet. 1127 ordnete König Injong an, Schulen in den Bezirken und Kreisen zu errichten, um geeigneten Nachwuchs für die Prüfungen heranzuziehen.

Es gab drei verschiedene Prüfungskategorien, wobei sich die Kandidaten für eine davon entscheiden mussten. In allen wurden die Beherrschung der chinesischen literarischen Formen und die Kenntnis der konfuzianischen Werke vorausgesetzt. Bei den Prüfungen der Kategorien »Literarische Komposition« und »Chinesische Klassiker« standen entweder chinesische literarische und poetische Werke oder die Klassiker im Mittelpunkt der Prüfung. Die Prüfung mit dem niedrigsten Ansehen war die Prüfung in Verschiedenem, wo rechtliche, medizinische oder geomantische Kenntnisse geprüft wurden.[202] In den insgesamt etwa 400 Jahren der Koryŏ-Dynastie fanden in 252 Jahren Prüfungen statt, 6000 Kandidaten graduierten in Literarischer Komposition, nur 450 in den Chinesischen Klassikern.[203] Auch wenn die meisten Beamten über das Protektionssystem in den Staatsdienst kamen, ist doch die Hälfte der hochrangigen Beamten zwischen 1070 und 1146 aus den Prüfungen hervorgegangen. Das zivile Prüfungssystem wurde in Korea zum Ausweis eines hohen Bildungsgrades, der den Vergleich mit China nicht zu scheuen brauchte.

1369 leitete Yi Saek (1328–1396) eine Reform des Prüfungswesens in die Wege. Er führte drei aufeinanderfolgende Graduierungen bei den zivilen Beamtenprüfungen nach chinesischem Vorbild ein: Zuunterst war die lokale Prüfung, die nächsthöhere war die Provinzprüfung, und an oberster Stelle stand die hauptstädtische Prüfung. Diese Prüfungen, die alle auf Chinesisch durchgeführt wurden und bei denen es festgesetzte Quoten für die Zahl der Graduierten gab, wurden von den Angehörigen der Yangban dominiert, für die eine konfuzianische Erziehung und das Bestehen der Prüfungen Voraussetzung für den Zugang zu Staatsämtern wurde. Die Prüfungen dienten neben der Protektion bis 1894 der Rekrutierung von Beamten.

Japan: Der Aufstieg der Samurai

Die Heian- und die nachfolgende Kamakura-Zeit waren – wie oben bereits beschrieben – das Zeitalter des sich formierenden Kriegeradels, der Samurai. Während der Heian-Zeit bezog sich der Begriff *samurai* vor allem auf die Schwertträger, die den kaiserlichen Palast bewachten, und auf Soldaten aus Adelshäusern. Der Aufstieg der *samurai* (wörtlich »einer, der dient«) als Kriegeradel begann im frühen 10. Jahrhundert in der Kantō-Ebene, als der Hof nicht in der Lage war, die Provinzen angemessen zu verwalten. Die Führung der Samurai in den verschiedenen Provinzen lag in Händen von Männern aus dem Taira-(Heike-)Clan oder dem Minamoto-(Genji-)Clan. Es war vor allem Minamoto no Yoshiie (1041–1108), auch bekannt als Hachiman Tarō, dessen Ansehen bei den Samurai der Kantō-Ebene so hoch war, dass sie ihn als den Hegemon (*tōryō*) aller Samurai betrachteten. Im 12. Jahrhundert stiegen die Samurai zur herrschenden Klasse auf, und die Begriffe *samurai* und *bushi* (Krieger) wurden synonym verwendet. So gewannen der kriegerische Geist und das kriegerische Wesen nach und nach an Bedeutung gegenüber dem in der Heian-Gesellschaft noch dominierenden Hof mit seinem zivilen Hofadel, seinen Gelehrten und Dichtern. Die Rechtsbestimmungen im 1232 erlassenen *Jōei (Goseibai) shikimoku* (Kodifizierung des Kriegerstandes) trugen zum sozialen Frieden und wirtschaftlichen Aufschwung der Samurai bei. Diese Bestimmungen legten für die nachfolgenden 700 Jahre die Rolle der Samurai und ihrer Vasallen fest und hielten dadurch in der Kamakura-Zeit und auch danach die soziale Ordnung aufrecht.

Obgleich die Samurai Vasallen von Shōgunen und Daimyō waren und ihnen auch Kriegsdienste leisteten, lebten die meisten von ihnen nicht am Sitz der Militärregierung in Kamakura, sondern auf dem Land. Deswegen wurden sie auch Bauern-Samurai genannt. Auf dem Land waren sie dafür zuständig, Bauernerhebungen zu unterdrücken, bei Landstreitigkeiten zu vermitteln und Probleme bei der Bewässerung von Nassfeldern zu klären. Dazu agierten sie auch oft als Geldverleiher. Ihre leibeigenen Bauern versorgten sie mit Reis und anderen Nahrungsmitteln und stellten die Bediensteten. Kleidung und Waffen wurden in eigenen Werkstätten hergestellt. Viele Landsitze und Dörfer, die damals gegründet wurden, existierten noch im 14. Jahrhundert.

Die Jahre nach der Abwehr der mongolischen Invasionstruppen führten wie beschrieben zu einer Verarmung der Samurai, weil es keine Kriegsbeute für sie gab und gleichzeitig Hungersnöte im Land ausbrachen. Viele Samurai wurden zu herrenlosen *rōnin* (Wellenmänner), vor allem nachdem die Militärregierung die Daimyō, die Territorialherren, zwang, die Größe ihrer Armeen zu reduzieren. Seit dem 14. Jahrhundert wurden viele Samurai zunehmend unabhängiger, galten als extravagant, arrogant, wild und gesetzlos und verbrachten ihre Zeit vorzugsweise mit Trinkgelagen und Prostituierten. Einige unternahmen auch Kriegszüge auf eigene Faust.

Samurai waren berühmt für ihre Tapferkeit, Kühnheit und Todesverachtung. Ihre Gefolgschaftstreue gegenüber ihrem Herrn bis zum Tod galt als ihre höchste Tugend. Ehre, Schwert und Schwertkunst bildeten gemäß einem ungeschriebenen Gesetz eine Einheit im Verständnis der *bushi*, der Krieger. »Der Weg des Bogens und des Pferdes« (*kyūba no michi*) wurde zum Inbegriff dessen, was im 17. Jahrhundert als »Weg des Kriegers« (*bushidō*) institutionalisiert wurde. Viele Samurai übernahmen die höfische Bildung in Kalligraphie, Dichtkunst, Musik und die Teezeremonie, die bald als der zivile Teil der Samurai-Kultur betrachtet wurden.

Äußere Kennzeichen der Samurai waren ihre Waffen, ihre Rüstungen und seit der Kamakura-Zeit auch ihre Familienwappen (*mon*). Samurai waren berechtigt, ein Schwert mit etwa 70 Zentimeter langer Klinge, »die Seele des Samurai«, zu tragen, das im Kampf Mann gegen Mann mit beiden Händen geführt wurde. Des Weiteren hatte der Samurai einen Bogen, der bis zu zwei Meter lang sein konnte und dessen Pfeile eine Reichweite von bis zu 100 Metern hatten. Die Rüstung, die nur in der Schlacht getragen wurde, war meistens aus Leder angefertigt und mit Bambusplättchen verstärkt, die auch lackiert sein konnten. Sie wog bis zu 15 Kilogramm, was verglichen mit einer europäischen Ritterrüstung leicht war. Sie setzte sich zusammen aus einem Helm mit Nackenschutz und Hörnern, einer metallenen, fratzenartigen Gesichtsmaske, Brustpanzer, Hüft- und Oberschenkelschutz, Armschienen und Schulterplatten, Kampfhandschuhen, Beckengehänge sowie Ober- und Unterschenkelschienen. Unter der Rüstung wurde ein Untergewand aus Bastfaserstoff getragen. Die qualitativ hochwertigsten Rüstungen stammen aus der frühen Kamakura-Periode.

2. Die neuen Hauptstädte

Kaifeng, die Östliche Hauptstadt (Dongjing) der Song-Dynastie, lässt sich nur mit Einschränkungen mit Chang'an vergleichen. Die Stadtfläche betrug etwas weniger als zwei Drittel von Chang'an; damit war sie aber immer noch 13-mal größer als Paris im Jahr 1292. Kaifeng war seiner Lage nach – südlich des Gelben Flusses auf einer weiten Ebene – eine nahezu offene Stadt, die für Angriffe der Fremddynastien ein günstiges Terrain bot. Die Wahl von Kaifeng spricht sowohl für die militärische Zuversicht des Gründungskaisers als auch für seine wirtschaftliche Weitsicht.

Während die Aristokratie der Tang noch in separaten Vierteln für sich residiert hatte, entsprach die neue Stadtkonzeption schon eher den Bedürfnissen einer Handels- und Dienstleistungsmetropole. Zwar existierte in den Namen der Stadtbezirke noch das System der Viertel, doch tatsächlich waren die Viertel nicht mehr ummauert. Die Namen von Straßen, Märkten, Brücken und Kanälen gewannen als Adressen an Bedeutung. Lebten um das Jahr 980 etwa 890 000 Menschen im Bezirk Kaifeng, so hatte die Stadt Kaifeng 1103 etwa 1,3 Millionen Einwohner. Damit war das Song-zeitliche Kaifeng bis zum 19. Jahrhundert die bevölkerungsreichste Stadt der Welt.[204]

Die meisten Häuser waren eingeschossig, die Straßen ungepflastert. Die neuen wirtschaftlichen Vorstellungen, durch die Handel, Restaurants und Handwerksbetriebe nicht mehr auf fest umrissene Marktviertel beschränkt wurden, führten zu einem vergleichsweise regen und profitorientierten Immobilienhandel, an dem sich der Hof, die Beamten illegal, Kaufleute und Grundbesitzer legal beteiligten. Von da an bestimmten Angebot und Nachfrage die Attraktivität von Immobilien. Schnell entstanden riesige Vororte außerhalb der Stadtmauern, besonders im Osten entlang des Bian-Flusses, der Hauptschlagader für den Gütertransport in die Stadt. Solche Vororte hatte es bei chinesischen Städten vorher nicht gegeben. Bei Regen und Hochwasser in den Kanälen, besonders wenn die Wassermassen des Gelben Flusses in den Bian-Kanal und damit in die Stadt drückten, waren schnell alle Straßen überschwemmt, und die Einwohner litten unter der Last, verschlammte Straßen und Gassen instand setzen zu müssen.

Die Querrolle *Qingming shanghe tu* (Am Frühlingsfest den Fluss hinauffahren, siehe Abb. 6) von Zhang Zeduan vermittelt einen guten Eindruck von der Bedeutung des Bian-Flusses für die Stadt. Auf ihm wurden die Massengüter wie Lebensmittel und Baumaterialien in die Stadt hinein-, aber auch der Müll und Abfall aus der Stadt hinaustransportiert. Das quirlige Leben in und vor der Stadt mit ihren von Geschäften und Restaurants gesäumten Straßen, die tiefliegenden Frachtkähne und die großen Passagierschiffe bezeugen die unvergleichliche Urbanität chinesischer Städte, in denen am Ende der Nördlichen Song-Zeit etwa sieben Prozent der Bevölkerung lebten. Nach dem Verlust des Nordens 1127 versank Kaifeng allerdings zunehmend in der Bedeutungslosigkeit.

Kaiser Gaozong machte die Handelsstadt Lin'an, das heutige Hangzhou, im Jahr 1138 zur neuen Hauptstadt des Song-Reiches. Lin'an lag nach Ansicht vieler Gelehrter »in einer verlorenen Ecke des Reiches«. Bei Marco Polo heißt die Stadt Quinsai (chin. Xingzai, übersetzt »vorübergehender Aufenthalt«), was deutlich macht, dass diese Stadt nur vorübergehend, nämlich bis zur Rückeroberung des Nordens, als Hauptstadt dienen sollte. Doch Hangzhou blieb »provisorische« Hauptstadt bis zum Ende der Song-Dynastie. In Hangzhou vollendete sich die urbane Revolution, die sich in Kaifeng schon angebahnt hatte. Viele von Brücken überspannte Kanäle durchzogen die Stadt. Die Straßen waren gepflastert, die Häu-

Abb. 6: Ausschnitt aus der Querrolle *Qingming shanghe tu* (Am Frühlingsfest den Fluss hinauffahren), Zhang Zeduan zugeschrieben, 11. Jahrhundert, 508 cm lang, 25 cm hoch. Palastmuseum Peking.

ser hatten mehrere Stockwerke. Es mag als eine Ironie der chinesischen Geschichte betrachtet werden, dass ausgerechnet eine Fremddynastie maßgeblich dazu beitrug, eine Stadt zur Hauptstadt des Song-Reiches zu machen, in welcher der Handel das Leben in jeder Hinsicht bestimmte. Hangzhou wurde für Konsumenten »zum Nabel des Universums«.[205]

Nach chinesischem Vorbild gründeten die Khitan (Qidan) zwischen 918 und 1044 fünf Hauptstädte, deren bedeutendste Shangjing war. Im Gegensatz zu den Hauptstädten der Song-Dynastie dienten die Hauptstädte der Liao-Dynastie allein dem saisonalen Aufenthalt der Liao-Herrscher.

Grundsätzlich folgte die Jin-Dynastie bei ihrem Städtebau dem Vorbild der Liao. Um die Sinisierung voranzutreiben, verlegte der Usurpator Prinz Liang von Hailing die Hauptstadt von Shangjing, der alten Heimat der Jurchen, nach Yanjing, einer Stadt, die im chinesischen Stil in der Nähe von Peking gebaut war. Shangjing ließ er zerstören.

Auch die Mongolen brauchten eine Hauptstadt, die weiter im

Süden gelegen war als Karakorum. So beauftragte Kublai Khan 1256 seinen Mönch-Berater Zizong, eine neue Hauptstadt zu entwerfen, die Shangdu hieß, die spätere Sommerhauptstadt, in der westlichen Literatur auch als Xanadu bekannt. 1266 verlegte er seine Hauptstadt nochmals weiter nach Süden in die Nähe von Peking, wo die Liao-Dynastie bereits ihre Südliche Hauptstadt hatte. Er residierte aber nicht in der Canbaluc [Khanbalik] genannten Stadt, sondern ließ, wie Marco Polo berichtet, auf der anderen Seite des Flusses seine neue Hauptstadt Dadu, die Große Hauptstadt, bauen. Sie wurde allerdings erst seit 1271 so genannt. »Danach wurden die Leute von Canbaluc [Khanbalik] gezwungen, in Taidu [Dadu], der neuen Stadt, zu wohnen.«[206]

Das Bauprojekt, das etwa zehn Jahre dauerte und von zwangsverpflichteten chinesischen Soldaten ausgeführt wurde, begann 1267 unter der Leitung von Liu Bingzhong.[207] Die quadratische Stadtanlage wurde aus mehreren ineinander verschachtelten und ummauerten Städten gebildet.[208] Die innerste Stadt bestand aus der Verbotenen Stadt mit ihren kaiserlichen Palästen, die von der Kaiserlichen Stadt mit den Ministerien umschlossen war. Die Bevölkerung lebte in der Äußeren Stadt. Die Straßen der Stadt waren breit und schnurgerade. In ihrer Anlage und ihrem kosmologischen Anspruch als Sitz des Himmelssohnes orientierte sich Kublai Khan an konfuzianischen Vorbildern. So kam er den Vorstellungen seiner chinesischen Untertanen entgegen. Wie seine Vorgänger aus der Liao- und Jin-Dynastie war Kublai Khan allerdings den größten Teil des Jahres unterwegs.[209] Dadu, an der Stelle des heutigen Peking, lieferte die städtebauliche Vorlage für die Hauptstadt der nachfolgenden Dynastien Ming und Qing.[210]

3. Wirtschaft, Steuern und Handel

Die Volkswirtschaft der Song-Zeit war in Struktur und Funktionsweise komplexer als die in Japan und Korea. Während in der Song-

Dynastie Bargeld in Form von Münzen und Papiergeld das Wirtschaftsleben bestimmte, überwog in der japanischen Heian- und Kamakura-Zeit sowie der koreanischen Koryŏ-Dynastie noch die Tausch- und Naturalwirtschaft.

China während der Song-Dynastie

In der Song-Zeit waren es vor allem Kaufleute, die dazu beitrugen, die chinesischen Städte zu öffnen, was im 11. Jahrhundert die Aufhebung der Ladenöffnungszeiten zusätzlich beförderte. Getragen wurde die urbane Wirtschaft mit ihrem Handel, ihren Manufakturen und Geldmärkten aber durch ein gut funktionierendes System des Landbesitzes, das eine hohe landwirtschaftliche Produktivität aufwies.

Alles Land »unter dem Himmel« wurde als Eigentum des Kaisers betrachtet. Seit Kaiser Zhenzong war das Land der selbständig wirtschaftenden Bauern in einer von fünf Kategorien nach Fläche und Qualität des Bodens registriert. 1078 betrug die Gesamtzahl der Bauernhaushalte etwa 16,6 Millionen. Der durchschnittliche Prozentsatz aller selbständig wirtschaftenden Bauernhaushalte belief sich auf 65 Prozent; Pächter-Haushalte machten nur etwa ein Drittel aller landwirtschaftlichen Haushalte aus. Die selbständigen Bauern allein produzierten so viel Reis und Nahrungsmittel, dass sie 1085 rein rechnerisch weit mehr als 70 Millionen Menschen ernähren konnten. Die Bauern der vierten Kategorie mit einem Besitz zwischen 20 *mu* (etwa 11 500 Quadratmeter) und 100 *mu* bildeten dabei das Rückgrat der Landbesitzer und der landwirtschaftlichen Produktion. Zu den Grundnahrungsmitteln gehörten im Norden Hirse, Gerste und Weizen, im Süden bereits Reis. Dazu kamen Sojabohnen und viele Arten anderer Bohnen, Zwiebeln, Knoblauch, Kraut und Erbsen. Außerdem stellte man Nudeln verschiedenster Art her. 1012 ordnete Kaiser Zhenzong an, den widerstandsfähigen Champa-Reis aus Vietnam anzubauen, der geschmacklich zwar zu wünschen übrigließ, doch außerordentlich ertragreich war. Der Teeanbau entwickelte sich durch das Teemonopol zu einem großen Geschäft für die Staatskasse.

Massengüter wie Lebensmittel und auch Textilien transportierte man bevorzugt mit Frachtkähnen von geringem Tiefgang auf Flüssen, Kanälen und dem Großen Kanal, der den Süden mit dem Norden und insbesondere der Hauptstadt Kaifeng verband. Allein 1021 wurden auf Befehl Kaiser Zhenzongs in 51 Schiffbauzentren 2915 Frachtkähne gebaut.

Die auf Münzgeld und auf Naturalien basierende Wirtschaft der Song-Zeit brauchte Kupfer, Eisen und andere Metallerze nicht nur für Waffen, Werkzeuge, Gebrauchsartikel, landwirtschaftliche Geräte und Haushaltswaren, sondern auch für Münzen. Dazu kamen noch Silber und Gold für das Gießen von Barren. Alle Bergwerke standen unter der Aufsicht des Staates. Private Bergwerksbesitzer mussten nicht nur Steuern in Höhe von zehn Prozent für Eisen und 20 Prozent für Gold entrichten, sondern ihre gesamte Förderung an den Staat verkaufen. Die versteuerte jährliche Eisenproduktion mag zwischen 5000 und 10 000 Tonnen gelegen und im Jahr 1078 vielleicht sogar 20 000 Tonnen erreicht haben.

Münzgeld und Papiergeld

In der modernen Geldtheorie zählt alles, was die Funktionen von Geld erfüllt, als Geld. Runde Münzen verschiedener Art und verschiedenen Gewichts mit einer quadratischen Aussparung in der Mitte bildeten seit der Qin-Dynastie das Rückgrat des Bargeldverkehrs. Der Nennwert einer Münze sollte ihrem Metallwert entsprechen. In der Song-Zeit bestand die Standardmünze aus etwa 65 Prozent Kupfer, 25 Prozent Blei und zehn Prozent Zinn. In der Südlichen Song-Zeit gab es auch Münzen, die einen Anteil von 60 Prozent Blei hatten. Nach 983 wurde es üblich, die Münzen aus Kupfer oder Eisen mit der Regierungsdevise der Jahre zu versehen, in denen sie gegossen wurden. Auch im Liao-Reich, wo Münzknappheit herrschte, kursierten hauptsächlich Song-Münzen. Um den Abfluss des wertvollen Metalls in die Fremddynastien der Liao und Xi Xia zu unterbinden, wurden entlang der Grenzen Währungszonen geschaffen, in denen nur Eisenmünzen verwendet werden durften. In der Südlichen Song-Zeit hielten sowohl die Song als auch die Jin eine Währungszone von Münzen mit niedrigem Materialwert entlang ihrer gemeinsamen Grenze aufrecht. Sie half allerdings ebenso wenig, die Münzknappheit im Jin-Reich zu beheben, wie die Ausgabe von eigenem Münz- und Papiergeld im Jahr 1157.

Der Bedarf an Münzgeld im Song-Reich wuchs stetig. Wurden im Jahr 820 der Tang-Dynastie noch 1000 Münzen für jede der 150 000 Cash-Schnüre gegossen, so war 1080 die Zahl der Cash-Schnüre mit 770 Kupfermünzen pro Schnur und einem Gewicht von 4,5 *jin* (2850 Gramm) auf insgesamt 5,8 Millionen gestiegen. 752 standen nur sechs Münzen pro Kopf der Bevölkerung zur Verfügung, 1080 waren es 212 Münzen. Schätzungsweise 145 Milliarden Münzen waren in der Nördlichen Song-Zeit in Umlauf.

Einen vielversprechenden Ausweg aus dem enormen Bedarf an Metall für Münzen bot Papiergeld, das in verschiedenen Formen und mit unterschiedlichen Funktionen auf den Geldmarkt kam. Bereits im Jahr 994 wurden in Sichuan privat auf Papier gedruckte »Eintauschnoten« (*si jiaozi*), eigentlich Zahlungsanweisungen, in Umlauf gesetzt. Die seit 1023 offiziellen Eintauschnoten (*guan jiaozi*) aus Papier gegen Cash waren ursprünglich nur in der Provinz Sichuan gültig und auf eine Laufzeit von drei Jahren begrenzt. Das änderte sich später. Viele Beamte am Hof bestanden auf einer hundertprozentigen Deckung des im Umlauf befindlichen Papiergeldes durch Silber, andere wollten eine verbindliche Umtauschrate von Papiergeld zu Münzgeld festgelegt haben. Kaiser Shenzong hielt ausgeglichene staatliche Einnahmen und Ausgaben für ausreichend, um beim Volk das nötige Vertrauen in den Wert des Papiergeldes zu schaffen. Nach 1093 geriet jedoch durch die Ausgabe von Eintauschnoten im Wert von 13,3 Millionen Cash das gesamte Papiergeldsystem außer Kontrolle. 1127 waren Eintauschnoten mit beschränkter zeitlicher Gültigkeit im Wert von 70 Millionen Cash im Umlauf.

Um die Knappheit an Bargeld zu beheben, wurde 1160 eine weitere Form des Papiergeldes mit zeitlich begrenzter Gültigkeit geschaffen: die Banknote (*huizi*). Ihr Vorteil war die volle Konvertibilität in Münzwährung. Sie ging auf das »fliegende Geld« (*feiqian*) der Kaufleute der Tang-Zeit zurück, das in Sichuan in den 1020er Jahren auch *bianqian huizi* hieß (bequem zu benutzende Banknote). Von Kaiser Xiaozong (reg. 1162–1189) wird gesagt, dass er wegen des Papiergeldes zehn schlaflose Jahre verbrachte. Er war die treibende Kraft beim Versuch, den Wert des Papiergeldes zu stabilisieren. 1166 kaufte er Banknoten im Wert von zwei Millionen Silberunzen auf und verbrannte sie. Zusätzlich bestimmte er, dass Papiergeld auch für die Zahlung von Steuern und Gebühren verwendet werden durfte. So gelang es ihm bis 1175, die Inflation kurzzeitig in den Griff zu bekommen. Viele Beamte erkannten, dass die Druckerpresse eine Gefahr für die Geldwertstabilität war, doch bis 1246 waren Banknoten im astronomischen Wert von 650 Millionen Cash-Schnüren im Umlauf. Das Fälschen von Banknoten wurde trotz strenger Strafen zu einem zusätzlichen Problem. 1264 brach die gesamte Papiergeldwährung im Song-Reich schließlich zusammen.

Die Mongolen übernahmen das Papiergeld aus der Song-Dynastie, doch statteten sie die Banknoten mit zeitlich und räumlich unbeschränkter Gültigkeit aus, was dem Handel sehr entgegenkam. Ihr Papiergeld von 1260 war auf verschiedene Weise gedeckt und bis 1276 in Gebrauch. Von diesem Jahr an erhöhte sich der Umlauf von Banknoten dramatisch, was Inflation bedeutete. 1282 wurde die Konvertierung von Papiergeld in Gold und Silber verboten; nur der Staat durfte Silber und Gold besitzen. Doch das große Experiment, den gesamten Geldverkehr auf Papiergeld zu beschränken, scheiterte. In den 1350er Jahren war Papiergeld schließlich wertlos.

Steuern

Die Registrierung der Haushalte und ihre Einteilung in fünf Kategorien half, die landwirtschaftliche Produktion und das Steueraufkommen zu kontrollieren, das nach wie vor nach der Zwei-Steuern-Methode im Sommer und im Herbst erhoben wurde. Zwischen 997 und 1064 stiegen die gesamten Steuereinnahmen des Staates von 22,2 auf 116 Millionen Cash-Schnüre. Davon stammten 21 Millionen aus den Monopolen auf Salz, Tee und Alkohol. Der Anteil der Steuern, welcher in Bargeld entrichtet wurde, stieg zwischen 997 und 1085 von 40 auf 70 Prozent. Es ist also unverkennbar, dass bei den Steuereinnahmen aus Monopolen und aus dem Handel die Bargeldeinnahmen gegenüber der Begleichung in Naturalien (nach der Zwei-Steuern-Methode) zunehmend an Bedeutung gewannen.

Die durchschnittliche Steuerlast eines Bauern belief sich – abhängig von regionalen Bedingungen und der Qualität des Bodens – auf etwa zehn Prozent der jährlichen Ernte; dazu mussten noch Seide oder andere Textilien abgeliefert werden. Auf Vereinbarung konnten die Steuern auch durch andere Produkte oder Geld ersetzt werden. Zum Zwei-Steuern-System wurden noch fünf weitere Steuern erhoben. Die selbstwirtschaftenden Bauern mussten eine Steuer auf das Land bezahlen, das sie vom Staat pachteten. Alle männlichen Untertanen zwischen 20 und 60 Jahren entrichteten eine Kopfsteuer in bar, Stadtbewohner unterlagen zusätzlich einer kombinierten Haus- und Landsteuer. Die meisten Handelswaren wie Seide, Seidenraupen, Salz, Garne und Tuch, landwirtschaftliche Geräte, Häute und Sehnen sowie Getreide, Produkte aus Gold und Silber und vor allem auch lokale Produkte wie Nutzvieh, Bambusholz, Hanf, Früchte, Öl, Papier, Feuerholz, Kohle, Lack und Wachs unterlagen beim Kauf und Verkauf einer Steuer. Reisende Händler mussten zwei Prozent Steuern auf ihre Waren bezahlen, Markthändler drei Prozent. Das Steueraufkommen belegt, dass der größte Teil der Steuern in Bargeld entrichtet wurde.

Die Fremddynastien

Die volkswirtschaftliche Leistungsfähigkeit der drei Fremddynastien Liao, Xi Xia und Jin entzieht sich einer objektiven Beurteilung. Zu sehr hingen sie von den jährlichen Zahlungen und Tributen der Song-Dynastie ab, die sich damit den Frieden erkaufte. Die wirtschaftliche Abhängigkeit begann 1005, als sich die Song-Dynastie mit dem oben bereits geschilderten Friedensvertrag zu jährlichen Zahlungen gegenüber der Liao-Dynastie verpflichtete. Auch die anderen Fremddynastien kamen wie beschrieben in den Genuss dieser Zahlungen: die tangutische Xi-Xia-Dynastie seit 1044 und die Jin-Dynastie seit 1123. Die Zahlungen setzten sich danach fast ohne Unterbrechung bis zum Ende der jeweiligen Fremddynastie fort. Allein für die Aufhebung der Belagerung von Kaifeng im Februar 1126 erhielt die Kasse des Jin-Herrschers eine Entschädigung, die nicht weniger betrug als die Summe der vereinbarten jährlichen Zahlungen von 180 Jahren.[211] Bei der Einnahme der Hauptstadt Kaifeng machte die Jin-Dynastie nochmals eine Beute von drei Millionen Barren Gold, acht Millionen Barren Silber, 54 Millionen Ballen Seidenstoff und 15 Millionen Ballen Satin. Diese Beute war wertvoller als die Summe aller Zahlungen, welche die Song-Dynastie an die Jin-Dynastie in den verbleibenden 110 Jahren leistete.

Diese finanziellen Zahlungen und zusätzliche verlorene Kredite der Song-Dynastie im ersten Jahrzehnt des 11. Jahrhunderts sicherten der Liao-Dynastie wie auch der Xi-Xia-Dynastie ihr Überleben. Im Fall der nachfolgenden Jin-Dynastie sicherten die jährlichen Zahlungen nicht nur die enormen Militärausgaben ab, sondern ermöglichten auch das verschwenderische Leben der Oberschicht, die nur aus 170 Haushalten bestand. Diesen Haushalten gehörte 1200-mal mehr Land als dem durchschnittlichen Jurchen-Haushalt, dessen Ressourcen kaum zum Überleben reichten.

Korea

Wie in China, so war auch in Koryŏ die Arbeit der Bauern die Quelle des Wohlstands. Die größten Landbesitzer waren die königliche Familie, die Familien des Hochadels mit ihren großen Landgütern, die Regierungsbeamten und hohen Militärs, die ihr Einkommen aus den Landerträgen bezogen, die buddhistischen Klöster und die Regierung, die über das öffentliche Land (*kongjŏn*) verfügte. Am Ende der Hierarchie standen die freien Bauern, die niedrig geborenen Bauern und die Sklaven. Die freien Bauern bearbeiteten das öffentliche Land und lieferten dafür ein Viertel der Ernte an den Staat ab. Zusätzlich mussten sie eine Naturalsteuer in Form gewebter Textilien entrichten. Alle Männer zwischen 16 und 60 Jahren leisteten außerdem Arbeitsdienst. Sklaven, deren Status erblich war, gehörten entweder der Königsfamilie, den adeligen Familien oder buddhistischen Einrichtungen. Ebenfalls am unteren Ende der sozialen Skala befanden sich die Metzger, Korbflechter, Schauspieler und Musikanten; sie wurden wie Sklaven behandelt.

König Kwangjong (reg. 949–975) ließ 956 durch eine offizielle Untersuchung feststellen, wer rechtmäßig als Sklave zu gelten hatte und wer zu Unrecht versklavt worden war. Diese Erhebung sollte vor allem dazu dienen, die Zahl der Sklaven in den mächtigen Haushalten zu reduzieren. Diese Erfassung muss im Kontext der blutigen Säuberungen von 960 in den Reihen der adeligen Familien gesehen werden. Sein Nachfolger König Sŏngjong (reg. 981–997) setzte die Politik fort und schuf 983 nach chinesischem Vorbild eine Zentralverwaltung mit ihm ergebenen Beamten. Ein wichtiger Schritt bei der Einrichtung der Zentralverwaltung war dabei, die Bezahlung fester Bezüge aus dem Feld- und Feuerholz-System (*chŏnsigwa*) zu sichern. Gemäß diesem System wurden die nutzbaren Flächen in öffentliches Land (*kongjŏn*) einerseits und Dienstland (*sajŏn*), manchmal auch privates Land genannt, für Bedienstete der Staatsverwaltung andererseits aufgeteilt. Die Steuererträge aus dem öffentlichen Land flossen der Zentralverwaltung zu, die Erträge aus dem Dienstland dienten dem Unterhalt der Beamten. In der Praxis war die Zulassung von privatem Land wahrscheinlich nichts anderes als die Anerkennung privater Landrechte der lokalen Elite. Das System wurde 1291 durch das System des Gehalts nach dem Rang (*nokkwajŏn*) ersetzt. Vormaligen Bauern, die erblich als Soldaten gedient hatten, wurden Soldatenfelder (*kuninjŏn*) zugeteilt. Sogenannte Unterstützerhaushalte bearbeiteten die Felder. Aus den Erträgen finanzierte man den Unterhalt der Soldaten und ihre Ausrüstung.

Abgesehen von den Angehörigen der Herrscherfamilie und den Familien des Hochadels, die in der Hauptstadt lebten, gab es in der Koryŏ-Zeit und danach die *hyangni*, Angehörige des niederen Adels, deren Mitglieder in der Lokalverwaltung auf dem Land ihren Dienst versahen. Sie beherrschten und verwalteten die Bauern und die Sklaven. Erst die Invasion der Mongolen führte für die

Hyangni zu einem Verlust an Besitz und Wohlstand, weil ein guter Teil des öffentlichen Steuerlandes nun in Privatbesitz wechselte. König Kongmin (reg. 1351–1374) scheiterte beim Versuch, eine Landreform durchzuführen, am Widerstand des Adels und wurde 1374 ermordet.

Trotz aller innenpolitischen Spannungen gelang es 1389, ein Landkataster zu erstellen. Der konfuzianische Staatsmann Chŏng Tojŏn (gest. 1398) stellte dazu fest, dass sich die landwirtschaftliche Fläche nach wie vor in den Händen der aristokratischen Haushalte konzentriere, doch diejenigen, die es bearbeiteten, kaum genügend für sich selbst übrig behielten. Er machte Yi Sŏnggye (1338–1408), dem Königsmacher und Gründungsherrscher des Chosŏn-Reiches, den er seit 1383 beriet, den Vorschlag, das Agrarland zu verstaatlichen und an die Bauern neu zu verteilen. Dieser Vorschlag wurde in der *Kwajŏnpŏp* (Rang- und Land-Reform) von 1390 aufgegriffen, durch die auch die wirtschaftliche Macht der buddhistischen Klöster eingeschränkt wurde. Das von der Aristokratie und den buddhistischen Einrichtungen konfiszierte Land wurde Beamten ihrem Rang entsprechend für die aktive Dienstzeit zugeteilt. Diese Reform bildete die Grundlage für eine effizientere Steuerpolitik. 1466 erfolgte zwar eine weitere Reform, welche die Konzentration von Land durch Vererbung verhindern sollte, doch weder diese noch die Reform von 1556 konnten die Probleme des Landbesitzes und der Landbearbeitung dauerhaft lösen.

Japan

Wie in der koreanischen Koryŏ-Zeit, so dominierte auch in der japanischen Heian- und Kamakura-Zeit die Naturalwirtschaft. Zwar wurden in Japan zwischen 708 und 958 zwölf Ausgaben von Kupfermünzen nach chinesischem Vorbild hergestellt, doch sie wurden 987 aus dem Umlauf genommen und durch qualitativ bessere chinesische Münzen ersetzt. Obwohl es also Münzen gab, wurden die Beamten und Samurai in Reis und anderen Naturalien entlohnt. Erst nach 1250 gewann die Bargeldwirtschaft langsam an Bedeutung, als die Hauseigentümer der Hauptstadt Kyōto die Miete in Münzen verlangten und auch Tempel mit Bargeld arbeiteten. Landsteuern wurden allerdings erst in der Zeit des Shōguns Yoshimitsu (reg. 1368–1394) in Bargeld bezahlt.

Landbesitz und Steuern

Nachdem der Shōgun Minamoto no Yoritomo seine Militärregierung 1192 in Kamakura eingerichtet hatte, belohnte er seine Krieger durch Lehen. Die Größe und Qualität eines Lehens als einer Form der Grundherrschaft über Regionen, Dörfer, Land und Leute und deren landwirtschaftliche Produktion wurden durch das hierarchische Verhältnis zwischen Shōgun und Vasallen bestimmt. Da bei der Vergabe der Lehen und der damit verbundenen Dienst- und Abgabepflicht von einer für alle Untertanen geltenden Ordnung ausgegangen werden kann, nennt man diesen Typ der Organisation gesellschaftlichen Eigentums auch »japanischen Feudalismus«. Unter den Vasallen waren es die Landvögte, denen der Shōgun am meisten vertraute. Die Ernennung in dieses vererbbare Amt galt als Belohnung. Die Vögte beaufsichtigten die Ländereien (*shōen*), nahmen die Rechtsprechung wahr, sicherten die Steuereinnahmen und waren für die Eintreibung der Militärsteuer in Höhe von zwei Prozent der Reisernte und anderer Produkte von öffentlichem und privatem Land für das Shōgunat zuständig. Später, in der Muromachi-Periode (1336–1573), konnte diese Steuer bis zu 50 Prozent der Einnahmen einer Länderei ausmachen.

Nach den Mongolenkriegen verschlechterte sich – wie bereits beschrieben – die wirtschaftliche Lage der Samurai zusehends. Erschwerend kam die damalige Rechtslage hinzu, nach der im Todesfall eines Landbesitzers sein Land unter den Erben aufgeteilt wurde. Die Landflächen der einzelnen Haushalte wurden daher von Generation zu Generation immer kleiner. Die Haushalte konnten weder Überschüsse noch zusätzliches Einkommen erwirtschaften, hatten aber weiterhin die Lasten und Pflichten des Militärdienstes zu tragen. Jeder Kriegerhaushalt musste einen berittenen Krieger mit voller Ausrüstung stellen. Die wirtschaftliche Unsicherheit, die unbefriedigende Lösung der Besitzverhältnisse auf dem Land und das sinkende Einkommen bei gleichzeitig hoher Belastung führten dazu, dass das Vertrauen des Kriegerstandes in die Handlungsfähigkeit des Kamakura-Shōgunats abnahm und damit auch die Frage der Gefolgschaftstreue neu gestellt wurde.

»Namensfelder«

Die großen privaten Ländereien im Besitz der Adeligen, Tempel und Samurai bedurften einer internen Verwaltung, die zwischen dem 10. und 16. Jahrhundert von lokalen Landbesitzern (*myōshu*) gestellt wurde, die auf dem ihnen zugeordneten Land, den »Namensfeldern« (*myōden*), lebten. Obwohl sich ihr offizieller Status von dem der unabhängigen Bauern nicht unterschied, konnten sie zu einer lokalen Macht werden. Sie trugen vor Ort die Verantwortung für die Eintreibung der Steuern und die Erfüllung des Arbeitsdienstes. Sie überwachten die »niedrigen Leute« (*genin*), zu denen viele vormalige Bauernhaushalte gehörten, die durch Missernten, Epidemien und zu hohe Steuern ihr Land und ihre Freiheit verloren hatten. Seit der Einrichtung von Ländereien in der Heian-Zeit waren es hauptsächlich die *genin*, die für die unabhängigen Bauern und andere Landbesitzer wie Adelige, Klöster, Samurai und auch lokale Landbesitzer die Reisfelder bearbeiteten. In der Kamakura-Periode wurden sie zwar als Mitglieder der erweiterten Familie des Landbesitzers betrachtet, doch hatten sie keinerlei Freiheiten und durften weder die Ländereien verlassen noch ihren Ehepartner aussuchen. Wie Leibeigene oder Sklaven wurden sie gekauft oder verkauft und gehörten zum vererbbaren Besitz der Ländereien. Erst in der Muromachi-Periode (1336–1573) stiegen einige von ihnen zu Pächtern auf.

Reisanbau

In den meisten Regionen Japans konnten die Bauern nur einmal im Jahr Reis ernten, doch es gab auch Regionen wie Kinai (die Gegend um Nara, Kyōto und Ōsaka), wo zwei- oder sogar dreimal jährlich geerntet werden konnte. Zu Beginn des 14. Jahrhunderts brachten Händler aus Korea den widerstandsfähigen Champa-Reis, der in China bereits seit Anfang des 11. Jahrhunderts mit Erfolg angebaut wurde, nach Kyūshū, von wo er sich nach Kinai verbreitete. Schriftlich belegt ist der Champa-Reis seit 1397. Diese Reissorte veränderte den Anbau. Es wurden nun anstatt kleiner Felder in den Tälern der Gebirge große Nassreisfelder in den weiten Ebenen angelegt, wodurch auch die Gesamterträge an Reis gegenüber früheren Jahrhunderten stiegen. Im 14. Jahrhundert führten die höheren Ernten dazu, dass die dörflichen Gemeinschaften stabiler wurden und sich besser organisierten. Nun trieben die Dorfältesten die Steuern von den Bauern ein. Ein ähnliches System wurde für die Stadtbewohner eingerichtet. Die Zahl der umherziehenden Bauern (*fu-rōnin*), die der Zahlung von Steuern zu entkommen suchten, nahm ab. Auch das unstete Leben der Fischer veränderte sich, denn seit etwa 1180 ließen sie sich in Hütten an der Küste nieder. Die Männer besorgten den Fischfang, die Frauen verkauften die Fische.

4. Internationaler Handel

Der internationale Handel zwischen dem 10. und 14. Jahrhundert beschränkte sich keineswegs auf die Landwege, die das Song-Reich mit den drei Fremddynastien Liao, Xi Xia und Jin im Norden verband, sondern erstreckte sich vor allem auf den Seehandel zwischen China, Korea, Japan, Indien und Südostasien. Der Handel in Ostasien blühte hinter der Fassade chinesischer Diplomatie und offizieller Tribute.

Durch die jährlichen Silberzahlungen des Song-Reiches an die Liao, die Xi Xia und die Jin besaßen die Oberschichten der Fremddynastien genügend Bargeld, um chinesische Waren auf speziell dafür eingerichteten Märkten an der Grenze zu kaufen. Zu den wichtigsten nachgefragten Handelswaren gehörten Tee, Seide, Papier, Gebrauchsgegenstände aus Porzellan und Lack sowie Nahrungsmittel wie Reis, Ingwer, Gewürze und auch Südfrüchte. So floss nicht nur ein guter Teil des Tributsilbers aus dem Norden wieder in das Song-Reich zurück, sondern der Staat kassierte zusätzlich noch Handelssteuern. Im Gegenzug erwarb die Song-Dynastie Pferde, aber auch Textilien, Pelze, Weihrauch und andere Waren, welche die Fremddynastien über ihre Handelswege aus Inner-, Zentral- und Westasien bezogen.

Im Vergleich zum Handel auf dem Landweg gestaltete sich der Seehandel teuer und gefährlich. Man brauchte in Japan größere Schiffe als die bis etwa 650 üblichen, mit Brettern an den Seiten verstärkten ausgehöhlten Baumstämme. Auch die im 8. Jahrhundert von ausländischen Schiffsbauern gezimmerten chinesischen Dschunken scheinen keine Lösung des Problems geboten zu haben. Seit 894 war der Handel zwischen China und Japan aufgrund der unruhigen Zeiten für fast 300 Jahre unterbrochen. Erst Taira no Kiyomori ließ wieder Tributgeschenke an den Hof der Song-Dynastie überbringen. 1179 erhielt er von chinesischen Kaufleuten einen Druck des *Taiping yulan* (Das vom Kaiser durchgesehene Werk aus der Regierungsdevise Taiping) von 984, den er dem Hof überreichte. Die Hōjō-Regenten des Kamakura-Shōgunats konzentrierten den Seehandel mit China in Hakata (heute Fukuoka) in Kyūshū. Zu dieser Zeit wurden bereits die hochseetüchtigen flachbödigen chinesischen Dschunken gebaut. Diese Handelsschiffe, unter ihnen der Typ des großen Drachenboots, hatten bis zu 400 Tonnen Ballast in ihrem Rumpf, der die Schiffe auch bei starkem Seegang stabil hielt. Das Fujian-Schiff hatte vier Decks, wobei das unterste den Ballast aus Steinen und Erde enthielt. Mit seinem zentralen Heckruder und den Segeln an mehreren Masten war es groß genug, einige hundert Seeleute und Passagiere, die in getrennten Kabinen untergebracht wurden, an Bord zu nehmen. Dazu boten die abgeschotteten Abteilungen unter Deck genügend Raum für Waren. 1973 wurde in Quanzhou in der Provinz Fujian das Wrack eines 1277 gesunkenen Frachtschiffes ausgegraben, das 24,2 Meter lang ist, zwölf Schotten aufweist und eine Wasserverdrängung von 300 Tonnen hatte.

In China waren es die offiziellen Häfen in Guangzhou und in der Hangzhou-Bucht, seit 1087 auch der Hafen von Quanzhou in

Fujian, von denen aus chinesische Kaufleute, aber auch muslimische Ausländer Seehandel betrieben. Die staatlichen Einnahmen der kaiserlichen Zollbehörde in Quanzhou allein konnten sich jährlich auf bis zu etwa einer Million Cash-Schnüre belaufen. China exportierte Seidengewebe, Tee, Zucker, Reis, Bücher, Parfüm, Weihrauch, Porzellan und vor allem auch Kupfermünzen und Eisenwaren, aus Japan wurden Gold, Quecksilber, Fächer, Lackwaren, Stellschirme, Schwerter und Holz importiert.[212] Auch der Handel mit Materia medica spielte in Ostasien eine große Rolle. Aus Südostasien kamen Dufthölzer, Pfeffer und Betelnuss, Kaurimuscheln sowie Zinnober und Ambra, die vielleicht aus Ostafrika (Somalia) stammte und wichtig für die Herstellung von Duftstoffen war.

Der offizielle Tributhandel und das Netz des privaten Seehandels risikobereiter Kaufleute in Ostasien erstreckten sich weit über China, Korea und Japan hinaus bis nach Indien, Arabien und zu den Inseln Südostasiens. Die Kaufleute bedienten nicht nur zahlungsfähige ausländische Märkte, sondern auch einen florierenden chinesischen Markt. Es waren arabische Kaufleute, die um 1024 auf dem Seeweg von China nach Korea gelangten, dort Handelsgüter wie Gold, Silber, Ginseng, Seide, Ramie und Papier einkauften und nebenbei auch den Namen Koryŏ (Korea) nach Westen brachten. Der Seehandel belegt, dass bereits im 12. und 13. Jahrhundert zumindest in Süd- und Ostasien das Zeitalter des internationalen Handels begonnen hatte. Die mongolischen Eroberungen in Asien und Europa im 13. Jahrhundert führten dazu, dass sich chinesische Handwerker und Techniker in Persien und in Russland ansiedelten. Chinesische Wasserbautechniker arbeiteten an Euphrat und Tigris. Täbris war ein internationales Zentrum, in dem sich auch Kaufleute aus Italien, Uighuren, Mongolen und Chinesen trafen, ihre Erfahrungen austauschten und mit ihren Waren handelten. Schon 1257 wurden chinesische Seidenstoffe von genuesischen Kaufleuten auf den Märkten der Champagne verkauft. Aus dem 14. Jahrhundert ist bekannt, dass es in Moskau und Nowgorod chinesische Viertel gab.

5. Transkontinentale Reisende

Die Zeit der mongolischen Herrschaft, die sich von Ostasien bis nach Europa erstreckte, wird mit Bezug auf die dadurch garantierten transkontinentalen Handelswege auch als die Periode der *Pax mongolica* bezeichnet. Die religiöse Indifferenz der mongolischen Khane erlaubte christlichen Mönchen die Einreise in das mongolische Reich. Päpste und christliche Herrscher wie der französische König Ludwig IX. (reg. 1226–1270), die auf der Suche nach Verbündeten für die letzten Kreuzzüge waren, nutzten die Chance und sandten Mönche nach Karakorum und Peking. So brach der italienische Franziskanermönch Giovanni da Pian del Carpine im Jahr 1245 im Auftrag des Papstes Innozenz IV. nach Karakorum auf. Er schrieb seine Erfahrungen in *Ystoria Mongalorum* nieder. Bereits sieben Jahre später wurde Wilhelm von Rubruck vom französischen König Ludwig IX. in die Mongolei entsandt, um die Möglichkeiten einer militärischen Allianz gegen die Muslime zu erkunden. Er besprach sich darüber mit Möngke Khan in Karakorum, wo er sich 1253 und 1254 aufhielt. Auch der Franziskaner Giovanni da Montecorvino schiffte sich 1291 von Ormus nach Quanzhou in Fujian ein. 1299 baute er eine Kirche in Khanbalik (Peking), und 1307 wurde er zum Erzbischof von Peking ernannt. Elf Jahre später kam der Franziskaner Arnold von Köln bei ihm an. Odorico de Pordenone, der ebenfalls über den Seeweg nach China gelangte, blieb drei Jahre in Peking, bevor er sich auf den Rückweg machte und 1330 wieder in Italien eintraf. Als jedoch die Jesuitenmissionare in der Ming-Zeit nach China kamen, waren die Aufenthalte ihrer franziskanischen Vorgänger schon in Vergessenheit geraten.

So wie zahlreiche Europäer den Weg nach China fanden, so reisten auch Chinesen in andere asiatische Regionen oder nach Europa. Der daoistische Mönch Changchun, ein Patriarch der Quanzhen-Sekte, traf mit seinen Anhängern 1222 bei Chinggis Khan in Kabul in Afghanistan ein. Der bekannteste Reisende in den Westen ist Rabban Bar Sauma (ca. 1220–1294), ein chinesischer Nestorianermönch aus Peking, der in diplomatischer Mission mit großem Gefolge unterwegs war. Seine Reise führte ihn 1287/1288 nach Konstantinopel. Er traf den englischen König Edward I. in Bordeaux, den französischen König Philipp den Schönen in Paris, beschrieb die Abtei von Saint Denis und wurde 1288 von Papst Nikolaus IV. in Rom empfangen. Er starb 1294 auf der Rückreise in Baghdad.

6. Alltagsleben

China

Während die meisten Bauernfamilien noch den Lebensstil der Tang-Zeit beibehalten hatten, waren die Anwesen von reichen Landbesitzern und Beamten-Gelehrten groß und komfortabel. Die Größe des ummauerten Anwesens eines hohen Beamten, dessen einzelne Häuser mit Ziegeln gedeckt waren, konnte ca. 1700 Quadratmeter betragen. Doch es gab auch weit größere Residenzen. Bei den Beamten richteten sich die Anzahl der Balken und Konsolen, die Farben, die Symbole und der Schmuck der Strukturelemente am Bau nach den offiziellen Vorschriften, die für den Rang des Besitzers galten. Neben der Ahnenhalle gab es Räume für den Hausherrn, private Räume für die anderen Familienmitglieder und Unterkünfte für die Bediensteten. Zu einer solchen Anlage gehörte auch ein Garten mit großem Teich und Pavillon.

Wie man sich das Leben in einem wohlhabenden Haushalt vorstellen kann, ist aus der Handrolle mit dem Titel *Han Xizai yeyan tu* (Die nächtlichen Vergnügungen des Han Xizai) zu ersehen. Sie zeigt den Minister und Lebemann Han Xizai, der wegen seiner Verschwendungssucht als Bettler endete, in freizügigen Szenen in seinem Haushalt in Nanjing. Wie auch aus den vielen Wandbildern in nordchinesischen Gräbern aus dem 11. Jahrhundert zu ersehen ist,[213] saßen die Reichen schon lange nicht mehr auf dem Boden, sondern auf Sitzbänken und Stühlen mit Lehnen. In konservativen

Haushalten mochte man sich allerdings auch im 13. Jahrhundert mit Sitzmöbeln noch nicht anfreunden.[214]

Die Wohnräume reicher Haushalte waren mit Seidenvorhängen, bestickten Wandbehängen und Teppichen oder mit gemusterten Bambusmatten ausgestattet. Ohne elegante Möbel, Wasseruhren, Haushaltsgegenstände aus feinen Goldlackarbeiten, Produkte aus Schildkrötenleder und Haifischleder, durchsichtige bestickte Gazevorhänge, Weihrauchbrenner in der Form von Löwen, Tassen aus Rhinozeroshorn, bestickte Zudecken aus Seide und Jadespiegel kam kein Haushalt aus, der auf sich hielt. Obgleich es viele namentlich bekannte Goldschmiede gab, waren Gebrauchsgegenstände aus Gold jedoch für den Kaiser und seine Familie reserviert.[215]

Als Geschirr wurde hochwertiges Steinzeug und Porzellan aus den fünf berühmten Brennöfen von Ding, Ru, Jun, Guan und Ge benutzt. Sie bezeugen den ausgesuchten Geschmack für Formen und Materialien und vor allem auch für monochrome Glasuren, wie sie in dieser Reinheit, Feinheit und Eleganz bis dahin nicht hergestellt worden waren. Die hohe Qualität der keramischen Erzeugnisse ging mit den Erfordernissen einer Massenproduktion für einen großen Markt Hand in Hand. In Jingdezhen, der »Stadt der Manifesten Tugend«, begann in den Jahren der Regierungsdevise Jingde (1004–1007) von Kaiser Zhenzong die Porzellanherstellung, die wenige Jahrhunderte später in der Ming-Zeit das berühmte Blau-Weiß-Porzellan produzieren sollte.

Wie in den Dynastien davor und danach war es nur Beamten erlaubt, Kleidung aus Seide und bestimmte Farben zu tragen: Die Beamten der drei obersten Ränge trugen purpurrote Kleidung, in den Rängen vier und fünf Karmesinrot und in den Rängen sechs bis neun Grün oder Blau. Frauen und Mütter von Beamten durften die Farben des Ranges ihres Mannes beziehungsweise ihres Sohnes tragen. Alle anderen Untertanen des Kaisers trugen weiße (manchmal auch schwarze) Kleidung aus Bastfaserstoffen. Baumwolle ist in China zwar schon für die Han-Zeit belegt, doch ihre wirtschaftliche Erfolgsgeschichte für die Herstellung von Kleidung beginnt erst nach dem 13. Jahrhundert. Frauen von Stand besaßen höchst unterschiedliche Seidengewänder in einer Vielzahl von Webtechniken, einfarbig oder gemustert, bestickt und bedruckt, unter anderem auch Langroben, im Sommer auch ärmellose durchsichtige Seidenwesten über langärmeligen Hemden. Unter den offiziellen Roben trugen Männer wie Frauen mehrere Schichten an Jacken und Hemden und auch seidene Unterwäsche und Strümpfe. Im Winter waren die Gewänder gefüttert.

Hygienische Vorstellungen waren in der Oberschicht schon weit entwickelt. Beamten stand ein Badetag alle zehn Tage zu. Wenn sie einen Bart trugen, dann war es ein Schnurrbart oder ein Spitzbart. Die Männer der Khitan dagegen folgten der nomadischen Tradition. Sie rasierten den Vorderteil des Schädels kahl und ließen die Schläfenhaare lang wachsen. Während Frauen aus den niederen Klassen einfach gekleidet waren und ihr Haar als Knoten mit einem Haarband zusammenhielten, trugen die Frauen der Oberschicht mehrlagige Turmfrisuren, oftmals verstärkt mit zusätzlichen Haarteilen und geschmückt mit Haarnadeln und Juwelen, und manchmal noch zusätzlich einen üppigen Hut. Männer durften im Gegensatz zum weiblichen Geschlecht sonnengebräunt sein. Kosmetiksalons boten zu Beginn des Winters Gesichtsmasken für Damen an, die halfen, das Gesicht vor den beißenden Winden zu schützen, damit es im Frühling schön und rein wie weiße Jade wieder zum Vorschein kam. Schon zehnjährige Mädchen achteten auf einen hellen Teint. Die Damen zupften ihre Augenbrauen aus und malten sich mit schwarzer Farbe künstliche Augenbrauen. Sie lackierten ihre Fingernägel, trugen weißes Make-up im Gesicht und rosenfarbigen Puder auf den Wangen. Die künstliche Blässe in Verbindung mit dem Make-up sollte die erotische Ausstrahlung fördern. Die Lippen wurden rot hervorgehoben und der ganze Mund im Gegensatz zur Tang-Zeit wieder in seiner natürlichen Form gezeigt.

Am Ende der Nördlichen Song-Dynastie kamen bei der männlichen Schickeria der Hauptstadt Tätowierungen in Mode, mit denen sonst eigentlich nur Kriminelle im Gesicht und Soldaten am Bein und ebenfalls im Gesicht gekennzeichnet wurden. Man verwendete ein blaues Pigment und stellte auf dem Körper Drachen, Vögel und Menschen dar. Manche, die ihren ganzen Körper mit Landschaften tätowieren ließen, betrachteten die Tattoos wohl als ein wirkungsmächtiges und symbolisches Kunstwerk. Nach der Nördlichen Song-Zeit kamen die Tätowierungen ebenso wie die Filzhüte der Angehörigen der Fremddynastien des Nordens schnell wieder aus der Mode.

Japan

Die Angehörigen der höfischen Gesellschaft, die hohen Beamten und Samurai lebten in einer völlig anderen Welt als die Bauern, Fischer, Handwerker und Händler. Das wurde schon an der Kleidung ersichtlich. Nur die Adeligen und die Hofbeamten durften Kimonos aus Seide tragen, alle anderen kleideten sich in Bastfaserstoffe. Auch gab es strikte Regeln für die Bauweise und Materialien der Residenzen. Aus den Bildrollen der Zeit ist ersichtlich, dass im Gegensatz zu China keine Sitzmöbel in den Haushalten verwendet wurden. Niederen Beamten war es verboten, ihr Anwesen mit einem Erdwall zu umgeben. Die Bauern lebten in Dörfern, deren Hütten mit einer vertieften Feuerstelle in der Mitte gebaut waren. Zu den Grundnahrungsmitteln gehörten brauner Reis, Gerste und Hirse, verschiedene Gemüse, Nudeln und gesalzener Fisch.

Lebensart hatten nach Ansicht der Angehörigen der Oberschicht nur die Gebildeten, die Untertanen galten als unerzogen und frech, fremd und roh, als Menschen also, für die man keine Gefühle aufbringen konnte. Das kommt in den Anekdoten im *Makura no sōshi* (Das Kopfkissenbuch) der Hofdame Sei Shōnagon gut zum Ausdruck. Sie ekelte sich vor den Essgewohnheiten von Zimmerleuten, die sich auf das Essen stürzten und es verschlangen, und verabscheute die körperliche Nähe von Personen, die nicht aus ihrem höfischen Umfeld kamen. Die Entfremdung der Oberschicht vom Volk ist auch aus der Malerei ersichtlich, in der das Volk oft in kleinen und unansehnlichen Gestalten dargestellt ist.

Vom Schönheitsideal bei den Frauen in der Heian-Zeit um das Jahr 1000 geben die Darstellungen im *Genji monogatari emaki* (Bilderrolle der epischen Erzählung vom Prinzen Genji) eine gute Vorstellung (siehe Abb. 11, S. 390). Die Frauen am Hof hatten körperlange schwarze Haare. Sie puderten ihre vollen und weichen Gesichter samt der kurzen, wohlgeformten Nase weiß. Die roten Lippen formten einen kleinen Mund. Sowohl junge Männer als auch Mädchen zupften sich nach der Mündigkeit die Augenbrauen aus, malten sich Augenbrauen mit schwarzem Stift kunstvoll auf und färbten sich die Zähne mit Eisenoxyd glänzend schwarz. Die vornehme Frau legte bis zu 25 Kleidungsschichten übereinander an, die den ganzen Körper verhüllten.

Viele der frühen Querrollen stellen Szenen aus dem täglichen Leben des Adels dar. So zeigt eine Querrolle von Takashima Takekane von etwa 1309, wie die hohen shintoistischen Priester und Beamten in einem von einem Ochsen gezogenen geschlossenen Wagen vor dem Tor von Fujiwara no Toshimori vorfahren. In einer anderen Szene sitzt der Hausherr am Rand der Veranda mit seinem Falken auf der Hand, während im Haus seine Söhne auf dem Boden liegend lesen. Ein anderes aufschlussreiches Werk ist das *Nenjū Gyōji emaki* (Bilderrolle der jährlichen Riten und Zeremonien am Kaiserlichen Hof), das Go-Shirakawa Tennō nach seiner Abdankung 1158 in Auftrag gab. Die dargestellten Szenen zeigen u. a. die vom Hofzeremoniell genau geregelte Ankunft eines Tennō bei seinem Vater, vorbeipreschende Ochsenkarren mit Würdenträgern, Tänzerinnen und Damenkapellen oder einen Hahnenkampf. Wie schon die Song-Kaiser, so liebten es auch die japanischen Adeligen, mit einem weichen Ball Fußball zu spielen, wobei der Ball nicht auf den Boden fallen durfte. Sehr beliebt waren auch Darstellungen von Adeligen unter Blütenbäumen, die an einem gewundenen Bachlauf sitzen, ein Thema, das chinesische Dichteridyllen aufgreift.

7. Frauen in der Familie

Das Leben von Frauen in den Haushalten der Oberschicht Chinas, Koreas und Japans zwischen dem 10. und 14. Jahrhundert war sehr unterschiedlich. Gemeinsam war allen drei Gesellschaften jedoch, dass die Ehepartner aus Familien der gleichen gesellschaftlichen Schicht stammen sollten.

China

Die Familie der Song-zeitlichen Oberschicht war patriarchalisch und hierarchisch geordnet. Das Leben richtete sich streng nach dem regionalen Brauchtum und den Vorgaben der Klassiker aus, insbesondere dem *Liji* (Aufzeichnungen der Riten) und dem *Xiaojing* (Klassiker der Kindespietät). Bei Mädchen wurden die sechs weiblichen Tugenden geschätzt, zu denen eine gute Haushaltsführung, das Zubereiten von Essen und Getränken, aufmerksames Bedienen und die Sauberkeit des Hauses gehörten. Auch sollten sie wissen, wie man Kinder zur Welt bringt und sie aufzieht, wie man Seidenraupen züchtet und Seide haspelt, wie man spinnt, webt, stickt und näht. Singen, Dichten oder Musizieren waren in konservativen Haushalten bei der Erziehung von Mädchen nicht vorgesehen.

Die Schwiegertochter lebte meistens im Haushalt der Eltern ihres Mannes. Ihnen musste sie wie ihren eigenen Eltern respektvoll und mit Zuneigung Tag und Nacht dienen. Sie stand beim ersten Hahnenschrei auf, arbeitete im Haushalt, nähte Kleidung, versorgte den Ahnenaltar mit Opfergaben und führte im Übrigen ein sittsames Leben. Sie löschte abends die Lampe im Haus und ging als letzte Person zu Bett.

Die Position einer Schwiegertochter verbesserte sich erst, nachdem sie einen Sohn geboren hatte, und noch einmal dann, wenn sie selbst Schwiegermutter geworden war. Da in einem Beamtenhaushalt der Ehemann der jungen Frau in der Regel nicht in der Nähe seines Heimatortes stationiert war, sondern weit entfernt, versah seine Ehefrau nicht nur den Haushalt und kümmerte sich um die geschäftlichen Belange der Familie, sondern erzog und unterrichtete auch die Söhne, bis sie mit acht Jahren alt genug waren, zur Schule zu gehen. Auch Mädchen konnten in den Genuss einer Erziehung kommen. Abgesehen von den Kurtisanen, die schon von Berufs wegen eine literarische und musikalische Ausbildung genossen hatten, gab es auch Frauen wie Li Qingchao (1084–1155?), die sich schon als Mädchen ihres Talentes bewusst war. Sie machte sich nicht nur als Dichterin einen Namen, sondern auch als Bibliophile, als Kunstkennerin und Sammlerin von Antiquitäten.

So schwierig und demütigend die Rolle der Schwiegertochter auch sein konnte, rechtlich war sie in der Song-Dynastie in einer vergleichsweise guten Position.[216] Frauen waren erbberechtigt, und in der Regel erhielt die Frau ihr Erbe zum Zeitpunkt ihrer Hochzeit in Form einer Mitgift, die aus Gold, Silber, Seide, Kleidung und Möbeln bestand und auch Immobilien umfassen konnte. Sie war ihr persönliches Eigentum, über das sie ihr Leben lang verfügen konnte, auch noch dann, wenn sie sich scheiden ließ oder Witwe wurde. Sie konnte ihr Vermögen auch in eine neue Ehe mitnehmen. Diese Verfügungsgewalt von Frauen über Eigentum war bereits den Konfuzianern des 11. Jahrhunderts ein Dorn im Auge. Sie verlangten, dass die gesamte Mitgift bei der Hochzeit den Schwiegereltern übereignet werden sollte, konnten sich damit jedoch nicht durchsetzen, weil der Staat ein Interesse an der finanziellen Unabhängigkeit der Frauen hatte.

Eine radikale Verschlechterung der Eigentumsverhältnisse von Frauen in der Familie kam mit der mongolischen Herrschaft. Bereits 1260 verloren Frauen ihre rechtliche, finanzielle und persönliche Unabhängigkeit, was weiten Teilen der Neokonfuzianer entgegenkam und sich erst im 20. Jahrhundert wieder ändern sollte. Nun wurden auch das Keuschheitsgebot für Witwen und die Verurteilung der Wiederverheiratung propagiert.

Im 13. Jahrhundert setzte sich in den Haushalten der han-chinesischen Oberschicht das Einbinden der Füße von Mädchen zu den sogenannten Lotos- oder Lilienfüßen endgültig durch.[217] In der

Tang-Zeit war davon noch nicht die Rede gewesen. Das Ziel war dabei, einen möglichst kleinen Fuß mit einer als ideal gedachten Länge von zehn Zentimetern, also halb so lang wie ein normaler Fuß, zu formen, der in einen winzigen Schuh passte. Dazu wurden bereits die Füße der kleinen Mädchen so gebunden, dass die vier kleinen Zehen unter die Fußsohle gedreht wurden. Zu Recht wurde das Einbinden als ein chirurgischer Eingriff ohne Skalpell bezeichnet. Doch im Unterschied zu einem chirurgischen Eingriff musste die qualvolle Prozedur des Einbindens, wenn sie einmal begonnen war, lebenslang beibehalten werden. Das Einbinden der Füße veränderte die Körperhaltung der Frauen und beschränkte ihren Bewegungsradius. Frauen mit eingebundenen Füßen konnten nur noch kleine Schritte machen, weswegen sie eine sitzende Haltung bevorzugten. Die Zeiten der Polo spielenden und reitenden Frauen der Tang-Dynastie und der persönlichen Freiheit, die Frauen auch noch in der Nördlichen Song-Dynastie genießen konnten, waren vorüber. Der Hauptgrund dafür, dass Mädchen und junge Frauen sich den Schönheitsidealen der Zeit unterwarfen, war wohl, dass sie in den von Männern dominierten Haushalten mit Konkubinen um die Gunst des Hausherrn konkurrierten. Zwar gab es aus den Reihen der Beamten-Gelehrten Kritik an der neuen Praxis des Füßebindens, doch im 13. Jahrhundert galten eingebundene Füße als unmissverständliches Zeichen von Weiblichkeit, und daran sollte sich bis zum Ende des Kaiserreiches nichts ändern.

Liao und Jin

Die Khitan-Oberschicht der Liao-Dynastie praktizierte ein System, das exklusiv auf Heiraten zwischen Angehörigen der Clans Yelü und Xiao gegründet war, wobei die Zusammensetzung des Xiao-Clans nicht eindeutig ist.[218] Die Kaiser stammten aus dem Yelü-Clan, ihre Ehefrauen aus dem Xiao-Clan, und auch bei anderen Personen war die Partnerwahl auf die beiden Clans beschränkt. Dieses Heiratssystem währte über die gesamte Herrschaftszeit der Liao-Dynastie.

Bei den Khitan stammten die Eheleute oft aus unterschiedlichen

Generationen, wobei die Frauen einer älteren Generation angehörten als die Männer, was in den nomadischen Gesellschaften Ostasiens üblich war.

Die Herrscher der Jin-Dynastie hatten keine vergleichbaren Heiratsbräuche. Sie heirateten Jurchen-, aber auch Khitan-Frauen oder Frauen aus Bohai. Selbst Han-Chinesinnen wurden geheiratet, doch ihr Status war der von Konkubinen. Das Levirat, auch als Schwagerehe bekannt, bei dem Witwen eines kinderlos verstorbenen Mannes mit einem seiner Brüder oder Neffen verheiratet wurden, war sowohl bei den Khitan als auch bei den Jurchen üblich. Der Zweck dieser Ehen war, dass die Ehefrau einen Sohn gebar, der als Sohn des verstorbenen Ehemanns anerkannt wurde. Bis 940 wurde auch das Sororat praktiziert, bei dem ein Mann nach dem Tod seiner Frau deren Schwester oder Schwestern heiratet. Die chinesischen Nachbarn betrachteten Levirat und Sororat als Inzest.

Bei Männern und Frauen, die nicht der Aristokratie angehörten, wurde das Zusammenleben ohne Eheschließung durchaus toleriert. In der vordynastischen Zeit und im 10. Jahrhundert war bei den Khitan und den Mongolen Polygamie weit verbreitet. Sobald sich ein Khitan-Mädchen im Alter von etwa 15 Jahren Haarnadeln in die Frisur steckte, gab es öffentlich zu erkennen, dass es bereit war, mit einem Mann zusammenzuleben. Derjenige, der mit ihm zusammenleben wollte, holte es in sein Heim. In vielen Fällen wurde erst geheiratet, wenn die junge Frau bereits Kinder zur Welt gebracht hatte. Daneben bestand bei den Khitan, Jurchen und Mongolen die alte Tradition, die Braut »freizustehlen«. Das Mädchen verabredete mit einem jungen Mann, sich an einem bestimmten Tag entführen zu lassen. Für die zeitgenössischen Chinesen war ein solches Verhalten skandalös und verwerflich.

Bei den Mongolen galt es als selbstverständlich, dass Frauen reiten konnten. Sie versorgten die Herden, wenn der Mann zur Jagd ging oder in den Krieg zog. Viele Frauen der Khitan und Mongolen konnten zudem die schweren, von mehreren Ochsen oder Kamelen gezogenen und mit mannshohen Rädern versehenen Wagen fahren.

Japan

Heirat war in der Heian-Periode ein sozialer, nicht klar umrissener Prozess, für den es keinen Begriff gab. Es gab weder eine Hochzeitszeremonie, noch musste eine Ehe öffentlich registriert werden.[219] Ein Aristokrat konnte gleichzeitig eine Ehefrau in einer Residenz und eine weitere in einer anderen Residenz haben, sofern der Vater der letzteren Frau keine Einwendungen dagegen erhob. Während in China klar zwischen Hauptfrau und Nebenfrau unterschieden wurde, scheint die Unterscheidung in der Heian-Zeit in der Praxis keine so große Rolle gespielt zu haben.

Das Werben um die Partnerin begann mit einem Austausch von Gedichten. Ziel der Verbindung war es, ein Kind mit der Partnerin zu zeugen. Der Kindsvater erkannte die Schwangerschaft durch das Geschenk einer Schärpe an, und nach einem dreimaligen nächtlichen Besuch bei der Geliebten betrachteten die Familien das Paar als verheiratet. Nach der Geburt eines Kindes war es nicht zwingend, aber auch nicht unüblich, dass die Eheleute ein eigenes Haus bezogen oder aber der Ehemann zu seiner Frau in das Haus seiner Schwiegereltern zog. Dass die Ehefrau wie in China ins Haus ihrer Schwiegereltern übersiedelte, war ausgeschlossen, denn eine Ehefrau teilte nicht den Herd mit der Schwiegermutter oder der Schwägerin. Die Kinder, auf die der Vater seine Rangrechte übertragen konnte, wurden von der Mutter und der Familie mütterlicherseits aufgezogen, was den Frauen zu großem Einfluss auf die Kinder verhalf. Freigabe der Kinder zur Adoption durch einen höherrangigen Haushalt war weithin üblich.

Die Japanologin Janet R. Goodwin stellte für die Heian-Zeit fest, dass Ehen nicht dauerhaft waren. Eine Scheidung wurde dadurch vollzogen, dass der Ehemann seine Besuche bei der Frau einstellte oder ihre Familie Besuche des Ehemanns unterband. Im Gegensatz zu China, wo eine Wiederverheiratung nicht den konfuzianischen Vorstellungen entsprach, konnte eine geschiedene Frau in Japan jederzeit wieder heiraten.[220] Junge Ehefrauen in Japan, die daheim lebten, genossen große Freiheiten verglichen mit ihren zeitgenössischen chinesischen Schwestern. Erst im 10. Jahrhundert, mit dem

Erscheinen der *asobime*, weiblicher Unterhalterinnen, die auch sexuelle Dienste anboten, verloren die Damen der Oberschicht ihr Monopol hinsichtlich der Aufmerksamkeit ihrer Verehrer. Geld für Sex anzunehmen galt damals weder als unmoralisch noch als ein Vergehen, und die Prostituierten selbst galten weder als unrein noch als unerwünscht.

Während Töchter der »höheren« Familien im 11. Jahrhundert der Song-Zeit nur »Nützliches« lernen sollten, vertrat Sei Shōnagon (geb. ca. 967), Hofdame in der Heian-Zeit, die Ansicht, dass zur Erziehung einer jungen Dame Schreiben, Musizieren und Dichten gehören sollten. Die Frauen, die nicht zur Oberschicht gehörten, arbeiteten in der Landwirtschaft, im Salzgewerbe, töpferten oder betrieben Handel wie die Männer. Sie konnten Eigentum besitzen und in ihrem eigenen Haus wohnen. Eine soziale Absicherung gab es nicht. Bedeutende Frauen am Hof kehrten im Alter oft zu ihrer Familie zurück oder traten als Nonnen in ein buddhistisches Kloster ein.

Änderungen im Familienleben deuteten sich bereits im 12. Jahrhundert an, im späten 13. Jahrhundert lässt sich schließlich ein beginnender Niedergang der Stellung der Frau innerhalb der Gesellschaft konstatieren. Dazu mag sowohl die Entwicklung einer die Maskulinität betonenden Kriegergesellschaft von Samurai beigetragen haben wie auch buddhistische Vorstellungen von der Unreinheit der Frau während der Menstruation. Nun fanden auch Hochzeitszeremonien statt. Die Ehefrauen übernahmen meistens den Familiennamen ihres Ehemanns und lebten auch in seinem Haus. Frauen wurden mehr und mehr zum Eigentum ihrer Männer, sie verloren die Kontrolle über ihr Vermögen und büßten das Erbrecht ein. Scheidungen und Wiederverheiratungen waren häufig, doch zunehmend wurden sie zu einem Privileg der Männer. Männer konnten straflos Ehebruch begehen, während außereheliche Beziehungen einer Frau mit dem Tod der Frau und dem ihres Liebhabers bestraft werden konnten. Auch wurde zwischen Ehefrauen und Konkubinen unterschieden. 1250 wurden zwar Restriktionen für Frauen des Sexgewerbes erlassen, doch vor 1300 wurden sie noch nicht stigmatisiert. Eine Folge der Einschränkungen für Frauen war, dass viele von ihnen ins Kloster gingen. In der Zeit zwischen 1270 und 1470 wurden 60 Prozent der Nonnenklöster in Japan gegründet.[221]

Korea

In der Silla-Dynastie waren aristokratische Frauen erheblich bessergestellt als in Paekche oder Koguryŏ. Das mag damit zu tun gehabt haben, dass in den Familien im Rahmen des Ahnenkults sowohl die väterliche als auch die mütterliche Linie rituell bedacht wurde. Wie in China zur gleichen Zeit wurden Mädchen im Alter von 16 bis 20 Jahren verheiratet, doch kam es auch vor, dass Mädchen zur Zeit der Verheiratung erst zwölf und Jungen erst 14 Jahre alt waren. Das Kind konnte entweder den Rang der Familie der Mutter oder den des Vaters erben.

Der Historiker Michael J. Seth geht davon aus, dass die Koryŏ- und die Heian-Gesellschaften eine Reihe von Praktiken gemeinsam hatten, die Familie, Hochzeit, Heirat und Geschlechtsleben betrafen. Es könnte durchaus möglich sein, dass diese auf einen gemeinsamen Ursprung zurückgehen.[222] In der Koryŏ-Zeit wurde die Linie der Mutter bei der Bestimmung des Ranges einer Familie wesentlich höher gewichtet als die des Vaters. Frauen waren erbberechtigt und hatten Verfügungsgewalt über ihr eigenes Vermögen, Immobilien eingeschlossen, und sie konnten es an ihre Kinder vererben. Sofern eine Frau kinderlos blieb, fiel ihr Vermögen nicht an den Ehemann, sondern ging zurück an ihre eigene Familie. Diese finanzielle Unabhängigkeit gab den Frauen eine gewisse Selbständigkeit. Wie im damaligen Japan spielte die Familie der Frau eine bedeutende Rolle. Es scheint aber noch keine festgesetzten Regeln dafür gegeben zu haben, wie man heiratete und die Ehe gestaltete. Die Ehemänner lebten oft – meistens etwa bis zum Alter von 30 Jahren – im Haushalt der Familien ihrer Frauen. Ein Aristokrat konnte mit mehreren Frauen gleichzeitig verheiratet sein. Insgesamt war der Umgang zwischen den Geschlechtern wenig reglementiert. Die Eheleute konnten sich scheiden lassen, und Geschiedene und Witwen konnten erneut heiraten.

C Kultur und Religion: Gemeinsamkeiten und Besonderheiten

1. Neokonfuzianismus

In der Song-Zeit wurde das konfuzianische Wertesystem neu interpretiert. Dieser Song-zeitliche Konfuzianismus, im Westen als Neokonfuzianismus bekannt, war nicht nur eine Antwort auf sich verändernde gesellschaftliche Bedingungen, sondern muss auch als Reaktion konfuzianischer Intellektueller auf die Herausforderungen des Buddhismus gesehen werden. Der Neokonfuzianismus (*daoxue*) bestimmte bis zum Ende der Kaiserzeit nicht nur das Leben der chinesischen Elite, sondern wurde auch ein wichtiger Bestandteil des Denkens und Handelns in der koreanischen und japanischen Gesellschaft.

China

Im 11. Jahrhundert legten Shao Yong, Zhou Dunyi, Zhang Zai sowie die Brüder Cheng Hao und Cheng Yi das Fundament für eine neokonfuzianische Philosophie. Mit Ausnahme von Zhang Zai, der aus dem Süden stammte, kamen alle anderen der genannten Gelehrten aus Nordchina. Ihre Biographien können nicht von den politischen Diskussionen der Zeit getrennt werden.

Shao Yong (1011–1077), der zurückgezogen in einer Hütte lebte, befasste sich hauptsächlich mit numerologischer Kosmologie. Für ihn war das *dao* die Basis von Himmel und Erde, Schöpfungskraft der Welt; es war auch das Gute in der menschlichen Natur, das in Taten sichtbar wird. Auch Zhou Dunyi (1017–1073) erarbeitete in seinem *Taijitu shuo* (Erklärung des Taiji-Diagramms) eine Illustration des Ursprungs der Welt. Später erklärte Zhu Xi das *taiji* zum himmlischen Prinzip (*tianli*). Zhang Zai (1020–1077) sprach darüber, dass das *qi* (Kraft) alle Materie hervorbringe und deswegen Teil eines universalen Prinzips sei. Da er das *qi* als die treibende Kraft seit Anbeginn der Welt ansah, lehnte er die buddhistische Vorstellung, dass alle Phänomene Illusionen seien, ebenso ab wie die des Nirvana oder daoistische Praktiken der Lebensverlängerung. Der Beamten-Gelehrte Shi Jie (1005–1045) hatte bereits erklärt, dass es für ihn weder göttliche Unsterbliche noch einen Buddha noch eine Methode gebe, Gold zu machen.[223] Auch die Brüder Cheng, Neffen von Zhang Zai, traten für eine vollständige Trennung der konfuzianischen Lehre vom Daoismus und vom Buddhismus ein. Cheng Yi (1033–1107) nahm für sich und seinen Bruder Hao (1032–1085) in Anspruch, dass sie den Weg des Lernens, der seit Menzius im 4. Jahrhundert v. Chr. verlorengegangen war, wiederentdeckt hätten. Sie waren es auch, die dem *Daxue* (Großes Lernen) und dem *Zhongyong* (Doktrin der Mitte), die zum *Liji* (Aufzeichnungen der Riten) gehörten, einen neuen Status innerhalb des konfuzianischen Kanons verschafften. Während Cheng Hao ein Vorläufer der idealistischen Philosophie des Lu Jiuyuan im 12. Jahrhundert war, vertrat Cheng Yi einen rationalistischen Kurs. Cheng Yi verstand das Konzept des Prinzips (*li*), das bei Menzius als moralisches Prinzip vorkam, als Grundlage aller Wahrheit und Werte. *Li*, so stellte er fest, ist universal in jeder Materie und existiert durch alle Zeiten und Räume. Es formt das Muster für alle materiellen Dinge und Ereignisse, und so folgerte er, dass eine wahrhafte Kenntnis des *li* zu einer angemessenen Wahrnehmung von Richtig und Falsch führt, also die Grundlage zur Selbstkultivierung bildet. Um dieses Wissen über das *li* zu erhalten, muss man das Prinzip in den Dingen verstehen (*gewu*), wie das Konfuzius bereits gefordert hatte. Nur wenn man das Prinzip erforscht, kann man Verständnis und Aufrichtigkeit (*cheng*) im Wissen erlangen, und erst dann sind emotionales und moralisches Leben im Einklang. Cheng Yis Wissens- und Verständnis-Theorie war neu in der konfuzianischen Tradition und wurde auch als Schule des Prinzips (*lixue*) verstanden. Cheng Yi hatte zu seinen Lebzeiten viele Feinde, seine Philosophie wurde 1097 sogar verboten. 1106, ein Jahr vor Cheng Yis Tod, wurde das Verbot wieder aufgehoben. Die Ablehnung gegenüber allen fünf genannten Pionieren des Konfuzianismus war so groß, dass sie als die Fünf Teufel (*wugui*) beschimpft wurden.[224]

Nach Ansicht vieler Historiker war Zhu Xi (1130–1200) als Philosoph noch bedeutender als Konfuzius. Zhu Xi, der aus Fujian stammte, war von Cheng Yis Theorie des Prinzips (*li*) beeinflusst. Bereits 1176 vollendete er sein Werk *Jinsi lu* (Überlegungen zu naheliegenden Dingen), die erste strukturierte Darstellung des philosophischen Wissens bis zu seiner Zeit. Auch er kam bei seinen Überlegungen zum Ergebnis, dass alle Dinge ein Prinzip (*li*) haben, doch er differenzierte dabei, dass alle materiellen, konkreten Formen von *qi* (der materiellen Kraft) abhängen. Das bedeutet, dass *li* und *qi* einander ergänzen. Er erklärte: »Menschen und Dinge empfangen im Moment ihrer Herstellung *li*, damit sie eine eigene Natur haben, und sie erhalten *qi*, damit sie eine Form bekommen.« Auch er war sich sicher, dass Buddhismus und Daoismus das Prinzip verdunkeln. Seine vielen Lehrgespräche und sein *Sishu zhangju jizhu* (Gesammelte Kommentare zu den Vier Büchern) wurden zur maßgeblichen Überlieferung des konfuzianischen Wegs (*daotong*).

Abgesehen von seinen philosophischen Arbeiten gewann Zhu Xi durch seine *Jiali* (Familienriten) in der gesamten chinesischen Welt sowie im benachbarten Korea und Japan eine Reputation, die bis in die Gegenwart reicht. Sie basierten auf dem *Liji* (Aufzeichnungen der Riten) und Überlegungen von Sima Guang sowie Cheng Yi. Als Anleitung für richtiges Verhalten der Familie und aller ihrer Mitglieder von der Wiege bis zur Bahre blieb es bis ins 20. Jahrhundert das verbindliche Handbuch für Chinesen aller Schichten.

Auch Zhu Xi wurde zu Lebzeiten heftig angegriffen. Eine intensive Kampagne von Diffamierungen begann 1195. Erst 27 Jahre nach seinem Tod am 23. April 1200 wurde er rehabiliert und posthum mit der Herzogswürde geehrt – wie auch ein Jahrzehnt später seine philosophischen Vordenker aus dem 11. Jahrhundert. 1241 bestätigte Kaiser Lizong den Neokonfuzianismus (*daoxue*) als Staatsorthodoxie. Diese Ehrung geschah zu der Zeit, als die Mongolen auf dem Vormarsch waren. Nun wurde erkannt, dass der Neokonfuzianismus als chinesische Doktrin den Anspruch der Song-Dynastie vertrat, die einzige legitime Herrschaft in China zu sein. In der Yuan-Dynastie im Jahr 1313 wurden Zhu Xis *Vier Bücher* zur Standardinterpretation der konfuzianischen Lehre.

Korea und Japan

In Korea hielt die neokonfuzianische Philosophie Einzug mit ihrem bedeutenden Befürworter An Yu (1243–1306), der auch an der Errichtung eines Schreins für Konfuzius (*munmyo*) sowie an der Wiedereröffnung des Kollegiums der Vervollkommnung des Ausgleichs (*sŏnggyun'gwan*) beteiligt war.[225] An Hyang (1243–1296) brachte als Mitglied einer koreanischen Delegation nach China Bilder von Konfuzius und Zhu Xi sowie dessen gesamte Schriften nach Korea mit. 1313 reiste Yi Chehyŏn (1287–1367), der bereits in jungen Jahren die Schriften der chinesischen Neokonfuzianer studiert hatte, nach Dadu (Peking), wo er nicht nur neokonfuzianische Philosophen traf, sondern auch den Beamten-Gelehrten und Maler Zhao Mengfu, der in mongolischen Diensten stand. Er verbreitete später Zhaos kalligraphischen Stil in Korea (siehe Abb. 8, S. 386/387).

Einige Beamte am Ende der Koryŏ-Dynastie sahen die neokonfuzianische Lehre mit der strikten Ablehnung des Buddhismus als Modell für die Ausrichtung der koreanischen Gesellschaft an. Zu dieser Minderheit gehörten der Diplomat Chŏng Mongju (1337–1392), der Bildungs- und Prüfungsreformer Yi Saek (1328–1396) und der Neokonfuzianer Yi Sungin (1349–1392). Zhu Xis Kommentare zu den Vier Büchern gehörten zum festen Ausbildungscurriculum. Da damals Buddhismus und schamanische Praktiken am Hof noch sehr verbreitet waren, kamen vielen Beamten die klaren neokonfuzianischen Vorstellungen entgegen, die der staatlichen Ordnung, der Stellung des Herrschers und dem Dienen seiner tugendhaften Beamten eine hohe Moral zusprachen. In der Chosŏn-Zeit trat Zhu Xis neokonfuzianische Philosophie dann ihren endgültigen Siegeszug in Korea an.

In Japan verbreitete sich die Lehre des Neokonfuzianismus von

Zhu Xi (jap. *shushigaku*) bereits in der Kamakura-Periode. Allerdings waren es wohl weniger der kaiserliche Hof als die Zen-Buddhisten, die in der Muromachi-Periode in ihm ein geeignetes politisches Instrument für ihre Zwecke sahen. In der Edo-Periode wurde der Neokonfuzianismus des Zhu Xi die offizielle gesellschaftliche Lehre des Shōgunats.

2. Literatur

China

Das literarische Vermächtnis der Song-Zeit reicht von Pinselnotizen über das neue und beliebte Genre der Reisetagebücher, Gedichte und Lieder, belletristische Veröffentlichungen, historische und philosophische Werke, politische Essays, Mitschriften von Lehrerworten und eine bis dahin unübertroffene Zahl von Sammelwerken (*ji*) einzelner Beamten-Gelehrter bis hin zu enzyklopädischen Werken und Kompilationen, in denen eine aktuelle Bestandsaufnahme literarischer und geschichtlicher Werke vorgenommen wurde.

Chinesische Literatur in der Alten Prosa

Für die *jinshi*-Prüfungen wurde im Lauf des 11. Jahrhunderts die Beherrschung der neu belebten Alten Prosa (*guwen*) obligatorisch. Sie löste den überladenen Parallelstil (*pianwen*) ab, der die gesamte Literatur und das schriftliche Prüfungswesen über Jahrhunderte dominiert hatte. Selbst wenn es auch in der Song-Zeit noch immer Literaten gab, die Parallelprosa schrieben, war es doch wohl so, wie Hans van Ess konstatiert, »dass die Prosa der Song-Zeit durch den Alten Stil dominiert wurde«.[226] Man war davon überzeugt, dass die Alte Prosa, die in der Zhou- und Han-Zeit entstanden war, also lange bevor buddhistische Gedanken das chinesische Lernen infiltriert hatten, am besten geeignet war, den Konfuzianismus zu stärken. Denn wenn man über offizielle Angelegenheiten schreibt, so wurde argumentiert, komme es einzig auf die Klarheit des Inhalts an.[227]

Die Wiederentdeckung des Alten Stils in der chinesischen Prosa ging auf Han Yu (768–824), einen orthodoxen Konfuzianer zurück, der an die Kraft der Erziehung auf der Grundlage der konfuzianischen Klassiker glaubte und die buddhistischen sowie daoistischen Schriften am liebsten verbrannt hätte. Mit ihm begann die Wiederbelebung des Konfuzianismus, der allerdings erst 200 Jahre später, im 11. Jahrhundert, seinen neuerlichen Durchbruch erlebte. Als die herausragenden Vertreter der Alten Prosa gelten neben Han Yu und Liu Zongyuan (773–819), den beiden Meistern aus der Tang-Zeit, die Beamten-Gelehrten Ouyang Xiu, Su Xun und seine beiden Söhne Su Shi und Su Zhe sowie Zeng Gong und Wang Anshi, die alle im 11. Jahrhundert lebten. Ganz fraglos waren Ouyang Xiu und Su Shi intellektuell und literarisch die beiden einflussreichsten der Acht Meister. Ouyang Xiu propagierte den Stil der Alten Prosa bei den *jinshi*-Prüfungen 1057 und betonte, dass Substanz wichtiger sei als Stil. Die Alte Prosa wurde auch als ein Mittel zur Selbstkultivierung betrachtet, die wiederum am besten durch das Studium der konfuzianischen Klassiker zu verwirklichen war. Ouyang Xiu trat ganz im Sinn von Han Yu dafür ein, die idealen Vorstellungen des Altertums in der eigenen Zeit wiederzubeleben. Unter Anwendung des Alten Stils verfasste er auch das *Xin Tang shu* (Neue Geschichte der Tang-Dynastie) und das *Xin Wudai shi* (Neue Geschichte der Fünf Dynastien). Der bedeutende Historiker und Staatsmann Sima Guang schrieb mit Hilfe einiger anderer Kollegen sein historisches Werk *Zizhi tongjian* (Durchgehender Spiegel zur Hilfe in Regierungsgeschäften), das die Zeit von 403 v. Chr. bis 959 n. Chr. behandelt, ebenfalls in der Alten Prosa. Welche Bedeutung die Alte Prosa auch noch Jahrhunderte später für die Erziehung des Nachwuchses hatte, mag daraus zu ersehen sein, dass noch 1695 die Anthologie *Guwen guanzhi* (Das Beste an Alter Prosa) für Studenten erschien.

Chinesische Dichtung

In der Dichtkunst gab es eine Reihe von Stilen wie den Xikun-Stil, deren Dichter im Parallelstil schrieben, und danach den Changli-Stil – Changli war ein Studioname des Han Yu –, dessen Hauptvertreter für eine Erneuerung der Dichtung mit Rückbesinnung auf das *Shijing* (Klassiker der Oden) und die Tang-Dichter Du Fu und Li Bo eintraten. Der bedeutende patriotische und zeitkritische Dichter Lu You (1125–1210) hinterließ wie viele andere Beamten-Gelehrte, die in offizieller Mission nach Korea oder ins Jin-Reich gesandt worden waren und ihre Eindrücke in Tagebüchern festgehalten hatten, das *Ru Shu ji* (Reisetagebuch nach Sichuan).

Der mit Abstand berühmteste Dichter der Song-Zeit war Su Shi (1037–1101), von dem allein etwa 2400 Gedichte (*shi*) und 350 Lieder (*ci*) überliefert sind. Wie kein anderer seiner Zeitgenossen beherrschte er das literarische Repertoire seiner Zeit. Die Blüte der *ci*-Lieddichtung ist mit seinem Namen verbunden.[228] Sie zeichnet sich dadurch aus, dass die Verse ungleich lang sind und auch variierende Reimschemata haben. Diese bereits in der Tang-Zeit entstandene Dichtungsform erlaubte freiere Ausdrucksmöglichkeiten als die *shi*-Gedichte.

Die *ci*-Lieder und verschiedene Erzählstoffe bildeten die Grundlage für die späteren Arien, wie sie aus den musikalischen Theateraufführungen mit Gesang oder Singspielen der Yuan-Zeit bekannt sind. Schließlich entstanden Balladen des Typs »alle Tonarten und Melodien« (*zhugongdiao*). Es war wohl Kong Sanzhuan (tätig 1068–1094), der als Erster *zhugongdiao*-Balladen komponierte. Während die *ci*-Lieder keine Variationen in der Gesangsmelodie boten, konnten bei diesem Typ gesungener Balladen – mit Orchesterbegleitung und Vortragseinlagen in Prosa – zum ersten Mal Melodien in allen damals bekannten Tonarten arrangiert werden. Die Balladen wurden von einem Darsteller aufgeführt und konnten einen ganzen Tag dauern. Die Melodien waren lang und schlossen mit einer Coda. Bereits im 12. Jahrhundert gab es in der Hauptstadt und größeren Provinzstädten Theaterbühnen (*peng*). Das Nördliche Vergnügungsviertel in der Hauptstadt Hangzhou wies 13 Theater (*goulan*) auf. Der berühmteste Autor des nordchinesischen Singspiels war Guan Hanqing (ca. 1240 – ca. 1320). Viele der ihm zugeschriebenen 60 Titel gehören bis heute zum Repertoire chinesischer Bühnen.

Japan

So wie in der Nördlichen Song-Zeit das literarische Schaffen durch die schnelle Verbreitung des Buchdrucks einen enormen Aufschwung erlebte und eine breitere Leserschaft erreichte als jemals zuvor, so brach auch im 10. und 11. Jahrhundert der japanischen Heian-Periode – allerdings auf eine ganz andere Weise als in China – durch die Prosaliteratur, welche in der japanischen Hiragana-Silbenschrift geschrieben wurde, eine neue Epoche in der japanischen Literatur an.

In der Heian-Zeit war das Schreiben von Tagebüchern (*nikki*) und epischen Erzählungen (*monogatari*), die meistens in der Silbenschrift Hiragana verfasst wurden, eine Frauendomäne. Eine Ausnahme bildet das *Heike monogatari* (Epische Erzählung über den Heike-Clan), das in einer Mischung von Japanisch und Chinesisch erst im 14. Jahrhundert schriftlich festgehalten wurde.[229] Die Erzählung, die von den Kriegern des Heike-(Taira-)Clans handelt, beruht auf der mündlichen Überlieferung von Mönchen, die von Tempel zu Tempel über das Land zogen und diese wie andere Erzählungen als rezitativen Gesang vortrugen, begleitet auf der japanischen Kurzhalslaute (*biwa*).[230]

Um 974 schrieb Michitsuna no Haha, die als eine von mehreren Frauen seit 954 mit dem Staatsmann und Regenten Fujiwara no Kaneie (929–990) verheiratet war, das *Kagerō nikki* (Tagebuch einer Eintagsfliege).[231] Das Werk handelt von ihrer unglücklichen Liebe zu ihrem politisch mächtigen Ehemann zwischen 954 und 974. Sie beklagt, dass sie nur eine von mehreren Frauen sei, die ihr Mann abwechselnd besuche, und dass sie unter dem Nichtstun leide.

Die Hofdame Murasaki Shikibu (ca. 975 – ca. 1015 oder um 1025) schrieb das *Genji monogatari* (Epische Erzählung vom Prinzen Genji) in der Silbenschrift Hiragana. Sie war die Tochter eines hohen Beamten in der Provinz, heiratete um das Jahr 998 Fujiwara no Nobutaka, wurde 1001 Witwe und einige Jahre später Hofdame. Das Werk, das bereits um 1008 bis 1010 am Hof zirkulierte, umfasst 54 Kapitel, in denen das Leben des Prinzen Genji, des spätgeborenen Sohnes eines Tennō und seiner Konkubine, im Mittelpunkt steht. Da der Prinz nicht der gesetzliche Thronfolger sein konnte, wurde er der Familie Minamoto (Genji) überantwortet. Es wird vermutet, dass Fujiwara no Michinaga, der Sohn Kaneies, für die Figur des Prinzen Modell gestanden haben könnte. Als junger Mann und Liebhaber ist der strahlende Prinz Genji gutaussehend, charmant und talentiert. Gleichzeitig ist er egozentrisch, unbesonnen und unsensibel gegenüber anderen. Als Heuchler und Opfer seines Selbstbetrugs will er immer nur das Beste, bringt aber einigen seiner Liebespartnerinnen Schmerz und Unglück. Eine der jungen Damen heißt Murasaki, trägt also den Namen der Autorin. Obgleich der Roman viele Szenen von eindringlicher Schönheit beschreibt, liegt über allem doch eine melancholische Stimmung, »ein Mitfühlen mit den Dingen« (*mono no aware*), die doch alle vergänglich sind. Die traurigen Dinge sind die wahren Dinge, die guten Zeiten liegen in der Vergangenheit. Die Autorin ist zutiefst pessimistisch, wenn sie die Suche nach Liebe in einer Welt beschreibt, die im Niedergang begriffen ist, das Hauptthema des Werkes. Man kann den Prinzen Genji auch als den ersten Antihelden in der japanischen Literatur bezeichnen.[232] Die Leser wussten vor allem das Atmosphärische an diesem Werk zu schätzen.

Ganz anders als das *Kagerō nikki* oder das *Genji monogatari* ist das *Makura no sōshi* (Das Kopfkissenbuch) von Sei Shōnagon (geb. ca. 967) von 1002 konzipiert. Sei Shōnagon war seit 990 Hofdame der Kaisergemahlin Fujiwara no Sadako und blieb in dieser Position bis zum Kindbett-Tod der Kaiserin im Jahr 1001.[233] Das Werk enthält 320 kurze Einträge, die fast alle das Alltagsleben am kaiserlichen Hof beschreiben. Sie machen den Eindruck, dass sie »aus dem Pinsel fließend« (*zuihitsu*) assoziativ niedergeschrieben sind. Die Anekdoten belegen, dass die Autorin ein gebildeter, sprachgewandter, witziger, scharfzüngiger und standes- sowie selbstbewusster

Snob war. Sie scheint keine Gelegenheit ausgelassen zu haben, sich über andere lustig zu machen, wie zum Beispiel über die Handschrift eines Hofbeamten. Bei dieser Gelegenheit zeigte sie, dass sie etwas von chinesischer Kalligraphie verstand. Allerdings konterte Murasaki Shikibu, dass die Schriftzeichen der Sei Shōnagon »bei genauer Betrachtung auch vieles zu wünschen übrigließen«.[234] Darüber hinaus gibt sie Hinweise auf richtiges Verhalten. So beschreibt sie, wie sich ein heimlicher Liebhaber, mit dem eine Dame die Nacht verbracht hat, am Morgen zu verabschieden hat. Denn die Zuneigung zu einem Mann hing davon ab, wie viel Zeit er sich am Morgen nahm, um sich elegant und stilvoll zu verabschieden. Außerdem gab es viele Dinge und Verhaltensweisen, die sie als widerwärtig empfand, wie Neid oder das Klagen über das eigene Schicksal.

Es entstanden auch verschiedene Gedichtsammlungen. Dem *Kokin wakashū* (Sammlung von Gedichten aus alter und neuer Zeit) von 905 folgte 300 Jahre später, also im Jahr 1205, eine Fortsetzung mit dem Titel *Shinkokinshū* (Neue Sammlung von Gedichten aus alter und neuer Zeit), eine Anthologie von Gedichten, die bis zum Ende des 19. Jahrhunderts maßgeblich waren. Im Jahr 1254 wurde das *Kokon chōmonshū* (Sammlung von alten und neuen Geschichten) kompiliert, mit über 700 von Göttern handelnden Geschichten und Legenden aus dem Volk und Erläuterungen zur Lehre des Buddha.

In der Heian-Zeit entstand überdies eine bedeutende historische Literatur, zu der das *Eiga monogatari* (Erzählung von Glanz und Pracht) zu zählen ist, das um 1030 wohl von der Hofdame Akazome Emon (956–1041) verfasst wurde. Es behandelt die Zeit zwischen 887 und 1028 und knüpft an das *Rikkokushi* (Sechs Nationale Geschichten) an, das auf Chinesisch geschrieben war und die geschichtlichen Ereignisse bis zum Jahr 887 behandelte. Das *Eiga monogatari* gilt als ein unkritisches Werk, das die Fujiwara-Sippe und besonders Fujiwara no Michinaga sowie seine historischen Verdienste rühmt. Andere Werke folgten, wie das *Ōkagami* (Der Große Spiegel), das Minamoto no Akifusa (1026–1094) zugeschrieben wird und den Zeitraum von 850 bis 1025 behandelt.

Der Verfasser dieser Geschichte hört der Unterhaltung eines 190-jährigen Mannes mit dem Namen Ōyage no Yutsugi zu, der sich die Vergangenheit in Erinnerung ruft.[235] In dem Werk wird zum ersten Mal der Versuch unternommen, die Gründe für Ereignisse zu erklären. Die Ōkagami-Tradition wurde im *Imakagami* (Der Spiegel der Gegenwart) von 1170 fortgesetzt, das Fujiwara no Tametsune zugeschrieben ist. Es behandelt die Zeit zwischen 1025 und 1170.

Korea

In der Silla- und Koryŏ-Dynastie gab es eine Reihe von Schriftstellern und Dichtern, die Gedichte, »ländliche Lieder« (*hyangga*) und kurze Essays in Prosa auf Chinesisch schrieben; für die *hyangga* wurde *hyangch'al* verwendet, ein System, das mittels chinesischer Schriftzeichen nach der koreanischen Lautung, aber nicht in chinesischer Sprache geschrieben wurde. Der größte Teil der Literatur ist jedoch nicht mehr erhalten. Während der Koryŏ-Periode ging der Gebrauch des *hyangch'al*, das in Silla seinen Höhepunkt erlebte, zurück. Chinesisch war aber nach wie vor die Schriftsprache der Elite in der Koryŏ-Zeit.[236]

In der Koryŏ-Zeit kam auch die Geschichtsschreibung zu einer bedeutenden Blüte. Zu nennen ist hier das *Samguk sagi* (Aufzeichnungen der Drei Königtümer), das von Kim Pusik (1075–1151) in klassischem Chinesisch verfasst wurde und in seiner formalen Struktur an das *Shiji* (Aufzeichnungen des Historikers) angelehnt ist. Das Werk wurde 1145 König Injong (reg. 1122–1146) überreicht; es ist die älteste noch erhaltene Textquelle zur Geschichte von Koguryŏ, Paekche und Silla. Ein weiteres Werk zu den Drei Königtümern wurde 1279 unter dem Titel *Samguk yusa* (Memorabilia zu den Drei Königtümern) von dem Mönch Iryŏn (1206–1289) kompiliert, also zu einer Zeit, da die Koryŏ-Dynastie bereits fest unter mongolischer Vorherrschaft stand. Das Werk wurde bis auf einige Lieder in der chinesischen Sprache geschrieben. Den Kompilatoren standen historische Quellen zur Verfügung, die später verlorengingen. Während beim *Samguk sagi* Tatsachen, Ereignisse und Biographien im

Mittelpunkt des Interesses der Kompilatoren standen, liegt der Schwerpunkt des *Samguk yusa* auf Geschichten, Mythen, Legenden, Volksmärchen und buddhistischen Legenden, aber auch Biographien der frühen koreanischen Geschichte wie den Mythen vom König Tongmyŏng, dem Gründer von Koguryŏ, und von Tan'gun, der das alte Chosŏn gegründet haben soll. Dieses Werk sollte dazu beitragen, in einer politisch schwierigen Zeit den koreanischen Geist im Sinn einer koreanischen Identität zu stärken. Ein anderes Werk, das zur Stärkung des koreanischen Selbstbewusstseins beitrug, war das *Chewang un'gi* (Gereimte Chronik über Kaiser und Könige) von 1287, dessen Verfasser oder Kompilator Yi Sŭnghyu (1224–1300) war. Es beginnt mit der frühesten Zeit bei Tan'gun. Yi Sŭnghyu versuchte zu belegen, dass die koreanische Geschichte älter sei als die Geschichte der Nachbarreiche.[237]

3. Kunst

Das 10. Jahrhundert und die Nördliche Song-Zeit in China wie auch die Heian-Zeit in Japan gelten als Epochen, während derer sich in der Malerei umwälzende und bis ins 20. Jahrhundert richtungsweisend gebliebene Veränderungen ergaben. Im Unterschied zur Tang-Zeit, als in der Malerei die Darstellung des Menschen noch Vorrang vor der umgebenden Landschaft hatte und Malerei oft als historisches Dokument angesehen wurde, erschufen die Künstler der Song-Zeit in ihren Bildern eine säkulare Welt oder auch virtuelle Orte zur Meditation. Viele der Landschaftsbilder wurden auf der Suche nach ewiger Wahrheit geschaffen und sollten die Trivialitäten des Alltäglichen überdauern.

In der koreanischen Koryŏ-Dynastie wurden die Malerei und Kalligraphie Chinas übernommen. Aus dem 12. Jahrhundert sind zwar die Namen des Malers Yi Yŏng und seines Sohnes Yi Kwang'p'il sowie die Namen der Kalligraphen Yu Sin und des Mönches T'anyŏn (1070–1159) überliefert, doch keines ihrer Werke ist erhalten.

China

Malerei gehörte in der Song-Zeit neben Kalligraphie, Schach und dem Spielen der Laute (*pipa*) zu den vier Künsten der Gelehrten. Zwar wurden in der gesamten chinesischen Geschichte Paläste, Tempel und Gräber von Spezialisten mit Wandbildern ausgemalt, doch deren Kunst wurde geringgeschätzt. Allein die Literaten-Gelehrten, die meistens als Hof- oder Akademiemaler ihren Lebensunterhalt verdienten, galten als die wahrhaften Künstler. So kam es, dass Malerei im 11. Jahrhundert als Malerei der Gelehrten (*shidafu hua*) und danach als Malerei der Literaten (*wenren hua*) verstanden wurde.[238]

Ihre Kunst bestand darin, mit dem in Tusche getauchten Pinsel das Unsichtbare auf Papier oder seltener auf Seide sichtbar zu machen, also das eigene Innere in der Schrift oder in der Form des Gemalten zum Vorschein zu bringen. Dadurch legte der Künstler auch ein Zeugnis seiner Selbstkultivierung ab. Das Format war die Querrolle (Handrolle) oder die Hängerolle, die beide bequem gerollt und transportiert werden konnten. Beim Betrachten der Querrolle sah man immer nur den aufgerollten Ausschnitt des gesamten Bildes an. Das bedeutet, dass man die Rolle am Schluss wieder zurückrollen musste, bevor man sie das nächste Mal wieder von vorne ansehen konnte. Zusätzlich gab es noch andere Formate wie Fächer oder Albumblätter.

Die Werke der frühen Meister der Landschaftsmalerei im 10. und 11. Jahrhundert sind vor allem durch die ihnen zugeschriebenen oder spätere Kopien bekannt. Die Nachahmung des Stils oder des Geistes eines früheren Meisters galt damals als Kennzeichen der künstlerischen Qualität eines Malers und als legitime Fortsetzung einer bereits bestehenden Tradition. Dennoch unterschied man Qualität und Originalität. So erklärt Wu Zhen (1280–1354) in einer Aufschrift auf einem Bambusbild: »Doch ach! Der Geist der Zeit liebt bloß den Glanz der Seichtigkeit, massenhaft entstehen Imitate und Kopien, und überm äußeren Dekor vermischt man Echt und Falsch.«[239] Derzeit gibt es nur ein einziges Landschaftsbild, das als gesichertes Werk des 10. Jahrhunderts betrachtet werden kann: die mit Tusche und Farbe auf Seide im Blau-Grün-Stil der Tang-Zeit gemalte Landschaft eines unbekannten Malers im Format einer Hängerolle.[240]

Im 10. Jahrhundert wurde die monochrome Tuschmalerei von Landschaft (*shanshui*) zu einem eigenständigen Genre. In der Südlichen Tang-Dynastie (937–975), in der kunstsinnige Kaiser regierten, wirkten in Nanjing der Beamten-Gelehrte Dong Yuan (tätig ca. 937–962) und sein Schüler, der buddhistische Mönch Juran (tätig ca. 960–980). Später sprach man daher von der Dong-Ju-Tradition des Südens und der Li-Guo-Tradition des Nordens; mit Letzterer ist auf Li Cheng (919–967?) und Guo Xi (ca. 1020–1090), den großen Maler monumentaler Landschaften, Bezug genommen. Die meisten nachfolgenden Künstler orientierten sich an einer dieser Traditionen. Die Li Cheng zugeschriebene Hängerolle »Kloster inmitten aufklarender Berge« (siehe Abb. 7), die wahrscheinlich von ca. 1050 stammt, zeichnet sich durch eine organische Einheit aus, wie sie in den früheren Hängerollen noch nicht sichtbar ist.

In Nanjing lebte Gu Hongzhong (937–975), der die ihm zugeschriebene Querrolle »Die nächtlichen Vergnügungen des Han Xizai« geschaffen haben soll. Dem Hofmaler Zhao Gan (tätig 961–975) wird die Querrolle »Reisende am Fluss beim ersten Schnee, im Stil des Akademiemalers Zhao Gan« zugeschrieben. Die Titelaufschrift stammt von der Hand des Jin-Kaisers Zhangzong (reg. 1189–1208). Schon er schätzte diese vom Sujet her ungewöhnliche Handrolle, die vor allem auch Fischer bei der Arbeit im Winter zeigt, als außerordentliches Meisterwerk.

Neben Nanjing entwickelte sich im 10. Jahrhundert auch Chengdu in Sichuan zu einem Kunstzentrum. Im Werk des Hofmalers Huang Quan (903–968) fand sich kein Platz mehr für die in der Tang-Zeit beliebten phantasmagorischen Schöpfungen von Tieren. Bei ihm wurden Tiere wieder zu Tieren und Pflanzen zu Pflanzen. Die Kunstverständigen betrachteten das ihm zugeschriebene Doppelalbumblatt *Xiesheng zhenqin* (Studien wunderbarer Kreaturen) als ein Beispiel für Studien nach der Natur, bezeichnet als *xiesheng* (das Leben schreiben).

Abb. 7: »Buddhistisches Kloster inmitten aufklarender Berge«, Li Cheng zugeschrieben. Tusche und leichte Farben auf Seide, wahrscheinlich von etwa 1050, 111,8 x 56 cm. Nelson Atkins Museum of Art, Kansas City, Missouri.

Der Zusammenbruch der Song-Dynastie 1279 führte dazu, dass die gesamte professionelle Tradition der staatlich in den Akademien und am Hof geförderten Kunst der Literaten-Gelehrten, die von ihrer Kunst lebten, beendet wurde.[241] In der Yuan-Zeit traten die Amateure, die bis dahin immer an der Peripherie der Malerei gestanden hatten, mit ihrem Kunstschaffen in den Vordergrund. Während einige Gelehrte den Blau-Grün-Stil der Tang-Zeit fortsetzten, befreite sich Zhao Mengfu (1254–1322) mit seinem Werk »Herbstfarben in den Qiao- und Hua-Bergen« (siehe Abb. 8) von 1296 vollständig vom früheren Stil. In diesem Bild hat er angemessene Größenverhältnisse und abgestufte Farbtöne bewusst außer Acht gelassen und damit die endgültige Trennung von der Malerei der Song-Zeit vollzogen.[242]

Die Wende in der chinesischen Malerei vollzog sich schließlich in den Landschaften der vier großen Meister der Yuan-Periode: Huang Gongwang, Wu Zhen, Ni Zan und Wang Meng. Was sich in Zhao Mengfus Bildern andeutet, kommt in Huang Gongwangs (1269–1354) Querrolle »In den Fuchun Bergen verweilend«, die er um 1350 beendete, zum Tragen. Huang Gongwang komponierte eine Landschaft mit verdünnter Tusche aus Bergen, Felsen und Bäumen, die er wie Versatzstücke verwendet und stufenweise mit klaren Linien ausführt. Die in der Song-Zeit beliebte Luftperspektive verschwindet hier weitgehend. Sein Abstand von der Welt kommt auch in seiner daoistischen Spiritualität zum Tragen. James Cahill beurteilt die Querrolle als das Werk, in dem die volle Reife der Yuan-Malerei sichtbar wurde.[243]

Huang Gongwang hatte mit dem kompromisslosen Wu Zhen (1280–1354) gemeinsam, dass auch er in der Region Jiangnan (im Südosten) lebte. Während Wu Zhens höchst erfolgreicher Nachbar, der Maler Sheng Mou (tätig 1310–1361), feingliedrige farbige Landschaften mit Anspielungen auf den früheren Blau-Grün-Stil malte, zeichnen sich die damals wenig gefragten Landschaften Wu Zhens durch kühne Schlichtheit und atmosphärische Stimmung (*pingdan*) aus.

Der Lebensstil von Ni Zan (1301–1374) trug nicht unerheblich zur Legendenbildung um die vier großen Meister bei. Er stammte aus einer wohlhabenden Familie in Wuxi. Nach dem Jahr 1340 trennte er sich aus steuerlichen Gründen von seinem Vermögen, nahm ab 1354 ein unstetes Leben auf einem Hausboot auf und lebte vom Verkauf seiner Landschaftsbilder. Ni Zan malte wie sein

Abb. 8: »Herbstfarben in den Qiao- und Hua-Bergen« von Zhao Mengfu, Tusche und Farben auf Papier, Yuan-Dynastie, 1296, 28,4 x 93,2 cm. Nationales Palastmuseum Taipei.

älterer Freund Huang Gongwang spannungslose Landschaften mit trockener über nasser Tusche (siehe Abb. 9). Man könnte auch sagen, dass er ein Leben lang die gleiche kühle und keusche Landschaft ohne Raumwirkung gemalt hat: ein Flussufer mit verkümmerten Bäumen im Vordergrund, eine breite Wasserfläche und am Horizont Hügel. Raumwirkung war, wie Ouyang Xiu (1007–1072) einmal bemerkte, »ein Kunstgriff der professionellen Maler, der die wahren Kenner nichts angeht«.[244] Ni Zan wollte nicht die physische Welt mit all ihren Reizen darstellen, sondern suchte in der endlosen Wiederholung seiner Landschaft nach einer Umsetzung seiner idealen Vorstellungen von Transparenz, Leichtigkeit und Gewichtslosigkeit bei gleichzeitiger Dreidimensionalität.

Wang Meng (1308–1385) aus Wuxing war ein Neffe von Zhao Mengfu und der jüngste der vier großen Meister. Im Unterschied zu den anderen drei Meistern wird in seinem Werk der Bezug auf die Tradition von Dong Yuan und Juran offensichtlich.

Japan

Die japanische Heian-Zeit gilt nicht nur als die Blütezeit der buddhistischen Kunst in Japan, insbesondere der Skulptur, sondern auch als die Zeit der *yamato-e*, der japanischen Malerei. Der Begriff Yamato-e findet sich zuerst im Tagebuch des Fujiwara no Yukinari (972–1027) unter dem Datum des Jahres 999.[245] Eine für Jahrhunderte prominente Kunstform des Yamato-e war die illustrierte Erzählung auf Bilderrollen (*emakimono*, abgekürzt *emaki*).[246] Emaki entwickelten sich insbesondere aus den buddhistischen Schriftrollen mit Illustrationen, die im 6. Jahrhundert vom Kontinent nach Japan kamen, und wurden auf Querrollen dargestellt. Diese können bis zu 20 Meter lang sein und messen eine Höhe zwischen 25 und 52 Zentimetern. Das *Kakogenzai ingakyō emaki* (Bilderrolle der Sūtra über Gründe und Wirkungen in der Vergangenheit und Gegenwart) aus dem 8. Jahrhundert zeigt eine der frühesten, noch vergleichsweise einfachen Darstellungsformen von Text und Bild.

Im Gegensatz zum Yamato-e der Heian-Zeit steht die schwarzweiße Tuschmalerei (*suiboku*), die auch »chinesische Malerei«

Abb. 9: »Die Sechs Herren« von Ni Zan, Tusche auf Papier, Yuan-Dynastie, 1345, 61,9 x 33,3 cm. Shanghai Museum.

(*kara-e* oder *kanga*) genannt wurde, weil sie in der Song-Zeit von China nach Japan kam. Sie unterscheidet sich grundlegend von der farbigen und durch Linien betonten Yamato-e der Querrollen. Dazu entstand in der Heian-Zeit eine Porträtkunst, die in den idealisierten Bildnissen der Kamakura-Zeit in der »Ähnlichkeitsmalerei« (*nise-e*) ihren Höhepunkt erreichte. Hervorragende Vertreter der Porträtmalerei waren Fujiwara no Takanobu (ca. 1142–ca.1206), der

Abb. 10: Wahrscheinlich das Porträt des Minamoto no Yoritomo, Fujiwara no Takanobu zugeschrieben, Kopie des Originals von 1179. 113 x 113 cm. Jingo-ji, Kyōto.

wohl eines der bekanntesten Porträts der japanischen Kunst schuf, wahrscheinlich das Porträt des Minamoto no Yoritomo, des Gründers der Militärregierung in Kamakura.

In der Heian- und Kamakura-Zeit entstanden überdies viele Bilderrollen, die inhaltlich von buddhistischen Legenden bis hin zu volkstümlichen Liebesgeschichten reichen.[247] Stilistisch zeichnen sich die Darstellungen dadurch aus, dass der Betrachter von einem erhöhten Standpunkt aus in das Innere der Häuser, bei denen man die Dächer weggelassen hat, blickt.

Die berühmteste Bilderrolle ist das *Genji monogatari emaki*, das um 1145 der späten Heian-Zeit nach der Erzählung über den Prinzen Genji entstand. Jedes Bild stellt jeweils eine für sich abgeschlossene Szene aus dem Roman dar. Im Gegensatz dazu zeichnet sich die Bildfolge im *Shigisan engi emaki* (Bilderrolle der Entstehungsgeschichte des Shigisan-Tempels) dadurch aus, dass die Szenen der

Abb. 11: Ausschnitt »Genji besucht seinen todkranken Freund Kashiwagi« aus der »Bilderrolle der epischen Erzählung über den Prinzen Genji« (*Genji monogatari emaki*), 12. Jahrhundert, Höhe 21,5 cm. Tokugawa Museum, Nagoya, Japan.

drei Rollen ineinander übergehen und so einen ununterbrochenen Fluss der Bilderzählung erzeugen. Die Rolle wird dem Abt Kakuyū (1053–1140) zugeschrieben.

Am Ende der Heian-Zeit im 12. und danach am Anfang der Kamakura-Zeit im 13. Jahrhundert entstand eine Vielzahl von eigenwilligen Emaki. Zu nennen ist das Tosa Mitsunobu zugeschriebene *Jigokuzōshi* (Die Höllenrolle) von etwa 1200. In der Rolle ist dargestellt, wie Teufel die nackten Verdammten ins Feuer treiben. Die Bilderrollen *Chōjū jimbutsu giga* (Rollen mit den Scherzbildern von Tieren und Menschen) zeigen Frösche, Affen, Hasen und Füchse beim Spielen und Raufen. Zwei der vier Rollen in monochromer Tuschedarstellung (*hakubyō*), doch ohne Text, entstanden gegen Ende des 12., die anderen beiden wohl um die Mitte des 13. Jahrhunderts. Die Darstellungen der Tiere präsentieren eine ironisch-satirische Zeitkritik am Verhalten der Heian-Gesellschaft. Historisch von besonderem Interesse ist das *Heiji monogatari emaki*

Abb. 12: Ausschnitt »Der Reisspeicher wird von der Schale durch die Luft entführt« aus der »Bilderrolle der Entstehungsgeschichte des Shigisan-Tempels« (*Shigisan engi emaki*), dem Abt Kakuyū zugeschrieben, Tusche und Farbe auf Papier, 12. Jahrhundert, Höhe 31 cm. Chōgosonshi-ji, Präfektur Nara, Japan.

(Bilderrolle der Kriegsgeschichte zur Zeit der Regierungsära Heiji) von der Mitte des 13. Jahrhunderts. Es illustriert die Kriegstaten Fujiwara no Nobuyoris (1133–1159) und die Machtkämpfe zwischen den Häusern Minamoto und Taira, aus denen das Haus Taira als Sieger hervorging.

Die in der Heian-Zeit geschaffene Emaki-Tradition wurde auch in den nachfolgenden Jahrhunderten weiterentwickelt. In die Kategorie der Bildbiographien (*eden*) gehören die Bildrollen *Ippen Shōnin eden emakimono*, die das Leben des buddhistischen Wandermönches Ippen Shōnin (1239–1289) der Tendai-Sekte zeigen. Die Rollen wurden ca. 1298 von einem Maler namens En'i (13. Jahrhundert) auf Seide gemalt. Ippen war ein Vertreter der volkstümlichen Bewegung des Amida-Glaubens, der den Gläubigen, die ihn formelhaft anrufen, verspricht, sie in das Westliche Paradies zu führen. Ippen wandert mit seinen Anhängern durch verschiedene Landschaften, die einerseits teilweise vom chinesischen Blau-Grün-Stil geprägt sind, andererseits aber auch deutliche Merkmale der Song-zeitlichen Landschaftsmalerei tragen.

4. Wissenschaften

China

Es war die Bereitschaft, die Wirklichkeit des täglichen Lebens und die natürlichen Phänomene der materiellen Welt zu beobachten und zu erforschen, welche die intellektuelle Neugier von Dichtern, Künstlern und Naturbeobachtern in der Song-Zeit einte. Der Philosoph Cheng Yi (1033–1107) hatte bereits erkannt, dass man Dinge erforschen muss, um das Prinzip in ihnen zu verstehen. Diese Wissenstheorie kann man als philosophische Grundlage für viele der wissenschaftlichen Entdeckungen, technischen Innovationen und Erfindungen der Zeit ansehen. Chinesische Naturwissenschaft, für die es damals kein eigenes Wort und somit auch kein Schriftzeichen gab, umfasste gemäß Nathan Sivin alles, was systematisch, abstrakt und objektiv über die Natur gedacht wurde. Die Song-Zeit war die Zeit der größten Blüte der originären chinesischen Wissenschaften.[248] Bis zum 17. Jahrhundert können sie mit ihren europäischen Entsprechungen auf die gleiche Stufe gestellt werden. In Korea oder Japan gab es zu der Zeit nichts Vergleichbares.

Die Astronomen Ostasiens hatten eine lange Erfahrung mit der Beobachtung der Himmelsphänomene. In China reicht die Sichtung von Kometen und Meteoriten bis ins 11. Jahrhundert v. Chr. zurück, in Korea bis 49 v. Chr. und in Japan bis 634 n. Chr. Aus der Zeit zwischen 960 und 1392 gibt es viele astronomische Aufzeichnungen.[249] Die ältesten noch vorhandenen astronomischen Bauwerke sind das Observatorium Ch'ŏmsŏngdae in Korea (siehe Abb. 2, S. 191) aus dem Jahr 647 und die Meridian-Öhrsonnenuhr in China. Im Kontext der Kalenderreform, zu der der persische Astronom Jamal al-Din 1267 an Kublai Khans Hof gekommen war, wurde Guo Shoujing 1276 beauftragt, die Meridian-Öhrsonnenuhr in Gaocheng, Provinz Henan, in der Nähe des zentralen heiligen Berges Songshan zu bauen, dem angenommenen »Zentrum der Welt«. Dieser aus Ziegelstein gemauerte 14 Meter hohe Kalenderturm ermöglichte eine bis dahin unerreichte Genauigkeit für die Bestimmung und Vorhersage von Tagundnachtgleichen sowie Sonnenwenden.

Außerordentliche wissenschaftliche Leistungen sind in der Song-Zeit besonders mit den Namen von zwei hohen Beamten verknüpft: Shen Gua (1031–1095) und Su Song (1020–1101). Shen Gua, der viele seiner Beobachtungen und Erkenntnisse in seinem *Mengqi bitan* (Pinselaufzeichnungen von Mengqi) etwa zwischen 1086 und 1093 festgehalten hat, beschrieb die auch in Europa wahrgenommene Supernova vom 4. Juli 1054, eine rötlich-weiße Sternexplosion am östlichen Himmel im Westen des Tierzeichens Stier, die tagsüber noch 23 Tage lang und bei Nacht sogar in den folgenden zwei Jahren zu sehen war. Seit 1921 heißen die Überreste dieser Sternexplosion, die etwa das Zehnfache der Sonnenmasse umfassen, Krebsnebel. Shen Gua befasste sich auch mit vielen anderen, höchst unterschiedlichen Phänomenen.[250] Oftmals basieren seine Erklärungen auf der »wissenschaftlichen« Theorie der zyklischen Ordnung gemäß den Fünf Phasen oder Agentes: Metall, Holz, Wasser, Feuer und Erde.

Als der Beamte Su Song auf Befehl des Kaisers Zhezong im Jahr 1086 eine astronomische Uhr zu konstruieren begann, war ihm der Vorläufer von Zhang Sixun aus dem Jahr 979 wahrscheinlich bekannt. Die neue astronomische Uhr sollte astronomischen Beobachtungen dienen sowie korrekte Zeitangaben ermöglichen. 1090 war die in Bronze gegossene »Uhr« fertiggestellt. Su Song erklärte in seinem Werk *Xin yixiang fayao* (Neuer Entwurf für eine astronomische Uhr) von 1094 deren Mechanismus.[251] Ihr Turm war zwölf Meter hoch und gliederte sich in mehrere Funktionsbereiche: Es gab eine optische und eine akustische Zeitanzeige sowie im oberen Bereich eine Rekonstruktion des Himmelsglobus mit den Sternkonstellationen und eine Armillarsphäre zur Bestim-

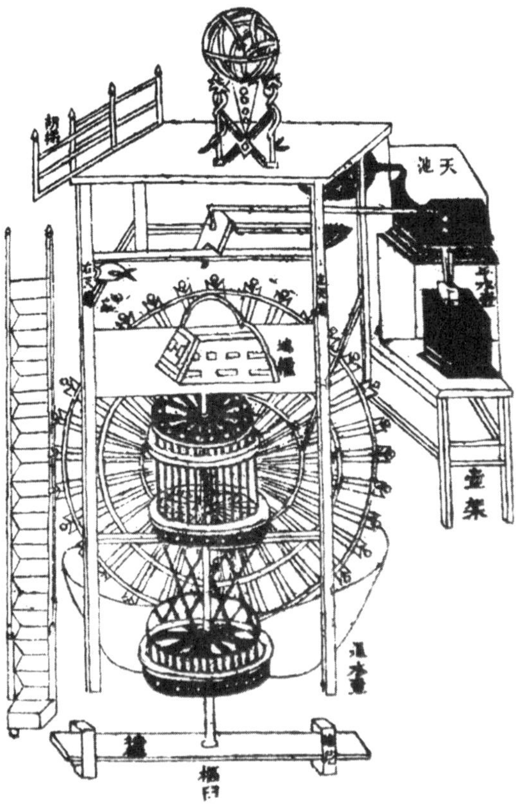

Abb. 13: Astronomische Uhr im *Xin yixiang fayao* (Neuer Entwurf für eine astronomische Uhr) von 1094 von Su Song.

mung der Positionen von Himmelskörpern. Für den gleichmäßigen wasserbetriebenen Lauf brauchte man eine Vorrichtung, die als Hemmung, das »himmlische Gleichgewicht«, in die Geschichte der Technik einging. Die Uhr war bis zum Ende des 16. Jahrhunderts das genaueste Zeitmessgerät, das bis dahin weltweit gebaut worden war.

Das 13. Jahrhundert gilt in China als Blütezeit der Mathematik, und 1303 veröffentlichte Zhu Shijie (ca. 1260–1320) sein *Siyuan yujian* (Jadespiegel der Vier Elemente), das auch algebraische Gleichungen mit vier Unbekannten enthält. Am Anfang des Buches findet sich eine Darstellung der Binominalkoeffizienten, die im Westen als Pascal'sches Dreieck (veröffentlicht 1665) bekannt ist.

So wie in der Song-Zeit eine Reihe verschiedener Sternkarten angefertigt wurden, wie zum Beispiel die 1247 auf eine Steinstele geschnittene Planisphäre von 1193, so wurden auch terrestrische Territorien kartiert. Die Kartierung hat in China eine lange Geschichte, die bis in die erste Hälfte des 2. Jahrhunderts v. Chr. zurückreicht. Ein Meisterwerk der wissenschaftlichen Kartographie bildet die *Yu ji tu* (Karte der Reisen von Yu), die 1136 in Stein graviert wurde. Sie ist mit Nord-Süd- und Ost-West-Koordinaten überzogen, wobei die Seitenlänge der jeweiligen Quadrate etwa 50 Kilometern Länge entspricht. Diese Karte wurde noch übertroffen von der *Yu ditu* (Landkarte des Reiches), die zwischen 1311 und 1320 von Zhu Siben angefertigt wurde.

Zu den wichtigsten technischen Innovationen und Erfindungen außer dem Buchdruck mit beweglichen Lettern, der gegenüber dem Holztafeldruck eine nochmalige Verbesserung der Druckqualität erlaubte, gehören auch Kompass und Schießpulver (siehe S. 609–614).

Korea und Japan

So wie verschiedene Landkarten aus China nach Korea gebracht wurden, gelangte auch die Kenntnis vom Schießpulver im 14. Jahrhundert nach Korea. Der koreanische Handwerker Ch'oe Musŏn stellte 1376 mit Hilfe eines chinesischen Technikers Schießpulver nach der chinesischen Rezeptur her, und 1377 wurde eine Manufaktur für dessen Herstellung errichtet. Wahrscheinlich wurden bereits 1380 Kanonen gegen japanische Piraten in der Mündung des Küm-Flusses eingesetzt. Die Bronze- und Eisengusstechnik kam zwischen dem 9. und 11. Jahrhundert vor allem auch für die Herstellung von Buddhastatuen und Spiegeln zum Einsatz. Das nefritfarbene Seladon-Porzellan des 12. Jahrhunderts gehörte bezüglich Farbe, Form und Dekor zu den weltweit hochwertigsten Töpferwaren.

Noch im 13. Jahrhundert arbeiteten chinesische Handwerker, die auf Metallguss spezialisiert waren, in Japan, wo das Schmieden von

Schwertern von jeher als eine vom Hof geförderte Kunst galt. Um 1050 priesen chinesische Beamte wie Sima Guang und Ouyang Xiu die Qualität japanischer Schwerter. Zu Beginn der Kamakura-Periode versammelte Go-Toba Tennō (reg. 1184–1198) zwölf berühmte Schwertschmiede in Kyōto, die jeweils einen Monat für ihn arbeiteten. In der Regierungszeit von Shijō Tennō gründete Mitsutada (1194–1271) die Osafune-Schule in Bizen. Aus ihr gingen eine Reihe berühmter Schmiede hervor. In der Kamakura-Periode wurden in Japan weltweit die besten Schwerter geschmiedet. Im Unterschied zu den Schwertern, die nach 1596 hergestellt wurden, heißen sie die Alten Schwerter (*kotō*). Schon zu Beginn des 17. Jahrhunderts wurden die japanischen Waffenschmiede als die besten »Ost-Indiens« auch in Europa gerühmt.

5. Medizin

In der Song-Zeit erschien eine Vielzahl von medizinischen Werken, zur Diagnose von Krankheiten, zu Heilmitteln und Rezepturen, zur Pulsdiagnose, Gynäkologie und Kinderheilkunde sowie zur Behandlung von Beriberi und anderen Krankheiten. Wang Huaiyin kompilierte 992 das *Taiping shenghui fang* (Rezepturen [zusammengestellt] mit kaiserlichem Wohlwollen in der Zeit der Regierungsdevise Taiping). Es war die mit 16 834 Artikeln umfangreichste Sammlung ihrer Art. Das *Chenglei bencao* (Klassifizierte Arzneimittel) von 1108 umfasste das pharmakologische Standardwissen am Anfang des 12. Jahrhunderts.

Bereits 1026 ordnete Kaiser Renzong an, Körperkarten für Akupunktur und Moxibustion ebenso wie Bronzemodelle des menschlichen Körpers anzufertigen. Im selben Jahr verfasste der kaiserliche Arzt Wang Weiyi das *Tongren yuxue zhenjiu tujing* (Illustriertes Handbuch der Akupunktur und Moxibustion anhand von Bronzefiguren). 1127 wurden dem Kaiser zwei mit gelbem Wachs überzogene und mit Quecksilber gefüllte lebensgroße Bronzefiguren vorgeführt, die mit 354 Löchern zum Setzen von Akupunkturnadeln versehen waren. An diesen Figuren wurden Akupunkteure ausgebildet. Wenn sie den richtigen Punkt trafen, trat Quecksilber hervor. 1044 wurde eine institutionalisierte medizinische Ausbildung eingeführt. Kaiser Huizong gründete schließlich 1103 eine Schule für Medizin, die auch in der Südlichen Song-Zeit beibehalten wurde. Vier Professoren unterrichteten 25 Studenten.

In Japan und Korea war neben lokalen rituellen und schamanischen Praktiken der Einfluss der chinesischen Medizin bestimmend. Vor dem 13. Jahrhundert gab es nur wenige medizinische Werke von der Hand japanischer Verfasser. Erwähnenswert ist das *Ishinpō* von Tanba Yasuyori von etwa 982. Er stützte sich hauptsächlich auf medizinische Texte aus der Sui- und Tang-Zeit. Der Einfluss Chinas wurde in Japan in der Kamakura-Periode durch buddhistische Mönche noch gefördert, die das medizinische Wissen und die medizinische Praxis dominierten.

Eine Schlüsselfigur zum Verständnis der japanischen Medizin ist der buddhistische Mönch Kajiwara Shōzen (ca. 1265 – ca. 1337). Er verfasste 1303 in Kana-Silbenschrift das *Ton'ishō* (Kurzer Abriss der Medizin) und 1315 mit Hilfe chinesischer Kollegen das *Man'anpō* (Zehntausend Rezepturen) auf Chinesisch.[252] Das *Toni'shō*, welches Rezepturen enthält und gynäkologische Fragen behandelt, erwähnt 55 chinesische medizinische Titel, doch keinen einzigen japanischen, und das *Man'anpō* nur drei japanische. Beide Werke vermitteln Kenntnisse der menschlichen Anatomie, die auf dem von Yang Jie kompilierten *Cunzhen huanzhong tu* (Abbildungen der inneren Organe und Gefäße) von 1113 beruhen. Nach 1333, als das Kamakura-Regime zusammenbrach, entstanden erste Werke ausschließlich über Kriegs- und andere Verletzungen wie das anonym verfasste *Kinsō ryōjishō* (Über das Heilen von Schnittverletzungen) von 1356 oder 1357. Auch dafür standen Song-zeitliche Werke Pate.

In Korea basierte medizinisches Wissen ebenfalls auf chinesischen Werken. Auf koreanisches Ersuchen sandte Kaiser Shenzong 1079 eine medizinische Delegation nach Korea. Weitere Ärzte wurden 1122 entsandt. Der älteste koreanische Text zur Medizin von

1236, der ebenfalls auf chinesischen Grundlagen beruht, trägt den Titel *Hyangyak kugŭp pang* (Notarzneien der Volksmedizin). Dieses Werk bildete die Basis für erheblich umfangreichere medizinische Werke des frühen 15. Jahrhunderts.

In der Song-Zeit wurde die Heilkunde hauptsächlich von Beamten-Gelehrten betrieben, während sie in der Heian-Periode eine Domäne von Ärzten am Hof und von buddhistischen Priestern war. Daneben rief man auch Exorzisten zur Hilfe. Sie beteten für die Gesundung des Kranken und versuchten, die schädlichen Geister zu vertreiben. Oftmals vermutete man Hungergeister als Ursache der Erkrankung. In Korea waren die medizinischen Praktiker neben Schamanen ausschließlich Mitglieder der mittleren Klasse (*chungin*), zu der hauptsächlich Schreiber und technische Beamte gehörten.

Die chinesischen Beamten-Gelehrten gingen davon aus, dass Krankheiten die Folge unausgeglichener Lebensführung und Arbeitsbedingungen seien, ein Ungleichgewicht zwischen *yin* und *yang*, also ein Übermaß an Hunger oder Sättigung, an Kälte oder Hitze, an Arbeit oder Nichtstun, an Freude oder Ärger. Verantwortlich dafür war der Kranke selbst. Wenn der Mensch im Gleichgewicht sei, so meinte man, dann werde er nicht krank. In der Regel wurden die Kranken von den Frauen des Haushalts versorgt, doch seit 1102 gab es auch Krankenhäuser. In staatseigenen Drogerien wurden Medikamente an Bedürftige ausgegeben. Wenn in China eine Frau krank wurde, beschränkte sich die körperliche Untersuchung auf die Pulsdiagnose. Alles andere hätte den konfuzianischen Verhaltenskodex verletzt. Hebammen, die es in allen gesellschaftlichen Klassen gab, halfen den Schwangeren bei der Geburt und danach.

In Japan war der Mönch Ninshō (1217–1303) das Gesicht der öffentlichen Krankenfürsorge in Kamakura. 1287 gründete er in Kamakura eine Art Krankenhaus mit Leprastation und Badehaus. Es war für viele hundert Jahre wohl die umfassendste Einrichtung, in der eine medizinische Versorgung für die Bevölkerung geleistet wurde.

6. Religion

Während in der Tang-Zeit noch viele buddhistische Schriften ihren Weg von Indien nach China fanden, wurde diese Verbindung im 11. Jahrhundert durch die islamische Invasion im Nordwesten Indiens abgeschnitten. In der japanischen Heian-Zeit gewann der Buddhismus eine unvergleichlich größere politische Bedeutung als in der chinesischen Song-Zeit. Die Tendai-Schule des Buddhismus wurde zur stärksten Ausrichtung. Wie die rivalisierende Shingon-Schule betonte sie die esoterische Ausprägung des Buddhismus. Nach 828 verweigerten beide Schulen Frauen die Ordination.

Song-zeitliches China

Die offizielle Propagierung des Buddhismus in der Song-Zeit begann mit der Ordination von 8000 buddhistischen Mönchen anlässlich des Geburtstags von Kaiser Taizu am 21. März 960. Im Jahr 971 gab er den Druck des *Dazang jing* (Buddhistischer Kanon oder *Tripitaka*) in 5048 Bänden in Auftrag. Der Druck war 983 abgeschlossen. Etwa zur selben Zeit richtete er auch ein Büro zur Übersetzung buddhistischer Schriften (*yijing yuan*) ein.

Auch der Daoismus war fest am kaiserlichen Hof verankert, wie die Beispiele der Kaiser Taizong, Zhenzong und später Huizong zeigen. So baute Kaiser Taizong den Palast der Höchsten Reinheit und des Großen Friedens (*shangqing taiping gong*) für den Dämonen-Exorzisten, den Vollendeten Gebieter, eine daoistische Gottheit, die einige Jahre später von Kaiser Zhenzong (reg. 997–1022) zusätzlich mit dem Titel eines Beschützers der Tugend ausgezeichnet wurde. Gleichzeitig wurde der daoistische Jadekaiser zum Schutzgott der Song-Dynastie ernannt.[253] Der um 1019 errichtete Palast der Jadegleichen Reinheit (*yuqing gong*) war nicht nur das größte kaiserliche Bauprojekt der gesamten Dynastie, sondern auch der oberste daoistische Tempel von Hunderten, die Kaiser Zhenzong in seinem Reich bauen ließ. Mit Ausnahme des vom daoistischen Kult vereinnahmten Kaisers Huizong hat jedoch keiner der Song-Kaiser die buddhistische Lehre unterdrückt.

Die buddhistischen Klöster, bei denen zwischen öffentlichen und privaten unterschieden wurde, galten als Orte der spirituellen Kraft, die alle schlechten Einflüsse der Gegner der Song abwehrten. Daraus erklärt sich auch, dass die Äbte der großen öffentlichen Klöster durch kaiserliche Beamte ernannt wurden. Zu ihren Aufgaben gehörte es auch, Gedenkfeiern für die Opfer der Kriege abzuhalten, der Geburts- und Todestage der kaiserlichen Familie zu gedenken und kaiserliche Kalligraphien aufzubewahren. Die Buddhisten waren sich der Bedeutung der konfuzianischen Kindespietät im Rahmen der Familien und des Gemeinwesens durchaus bewusst. Bereits in der Tang-Zeit hatte ein Mönch das *Fumu enzhong jing* (Sūtra der elterlichen Pietät) verfasst, was bis zum 11. Jahrhundert dazu führte, dass viele buddhistische Gelehrte die Auffassung vertraten, dass das buddhistische und das konfuzianische Verständnis von Kindespietät übereinstimmten.

Im 10. Jahrhundert mutierte der männliche indische Gott Bodhisattva Avalokiteshvara, auf Chinesisch Guanshiyin, der allumfassende Retter aus der Not des Daseins, zu einer weiblichen Gottheit. Von dieser Gottheit erwarteten die Gläubigen, dass sie ihre Wünsche und Hoffnungen im Diesseits erfüllte. Guanyin, so hieß es, führt den Gläubigen, der ihn anruft, in das Westliche Reine Land, das Paradies. Binnen weniger Jahrhunderte wurde Guanyin – dessen Darstellungen im Laufe der Zeit weibliche Proportionen annahmen, bis er endgültig als weibliche Gottheit gesehen wurde – in ganz Ostasien zur Gottheit der Gnade, zur Beschützerin aller Not und Elend Leidenden, zur Heilsbringerin der Mütter und zur Gottheit, die Kinder gewährt, und übernahm dadurch eine Schlüsselrolle beim Entstehen von Kulten um Göttinnen in China.

Eine andere Aneignung einer indischen buddhistischen Gottheit, des Maitreya, des Buddha der Zukunft, »der noch kommen wird«, war der chinesische Milefo, der Lachende Buddha, der in späteren Jahrhunderten in fast allen Tempelhallen zu finden war. Er verkörpert bis heute materiellen Wohlstand und Zufriedenheit mit sich und der Welt.

Die Song-zeitliche Blüte des Buddhismus hatte auch einen wirtschaftlichen Aspekt. Auf der Suche nach neuen Einkommensquellen entschied die Regierung, Ordinationszertifikate für buddhistische Mönche zu verkaufen. Deren Inhaber, die weder den Kopf rasieren noch sich in ein Mönchshabit kleiden mussten, konnten ihrem Broterwerb nachgehen, waren aber von Steuern und Dienstpflicht befreit. Allein zwischen 1161 und 1170 wurden jährlich 120 000 Zertifikate abgesetzt. Die buddhistischen Klöster mit ihren Ölpressen, Mühlen, Pfandhäusern, Herbergen und Landbesitz, den sie an Bauern verpachteten, waren zudem bedeutende Wirtschaftsunternehmen. 1221 gab es 40 000 Klöster und 400 000 Mönche sowie 61 000 Nonnen im Reich. Zwar erreichte die Zahl der ordinierten Mönche damit nicht einmal ein Prozent der Bevölkerung, doch ihr Einfluss auf das religiöse und wirtschaftliche Leben war weit bedeutender, als ihre Zahl vermuten lässt.

Liao- und Jin-zeitliches China

Auch im Liao-Reich waren buddhistische Einrichtungen wichtige Wirtschaftsunternehmen. Der Buddhismus war die einzige fremde Religion, die in vollem Umfang angenommen und von den weiblichen Mitgliedern des kaiserlichen Haushalts in unvorstellbarem Umfang durch Landschenkungen und Geldzuwendungen gefördert wurde. Buddhas Geburtstag wurde gefeiert, buddhistische Namen, wie zum Beispiel Guanyin, fanden Eingang in die Namensgebung der adeligen Damen, die buddhistischen Schriften dienten zur Erziehung der Jungen. Klöster wurden Zufluchtsorte für alle, die in Not und Armut lebten oder Steuern und der Dienstpflicht entkommen wollten. Um der Flucht der Bevölkerung in die Klöster einen Riegel vorzuschieben, wurden zwischen 991 und 997 Restriktionen eingeführt. Die damals beliebten Massenordinationen von Tausenden Mönchen und Nonnen in Bergtempeln wurden verboten. Doch alle diesen Maßnahmen halfen nichts. So versiebenfachte sich die Zahl der buddhistischen Mönche und Nonnen zwischen 942 und 1078. Im Jahr 1078 waren von etwa acht Millionen Liao-Bevölkerung fünf Prozent Mönche oder Nonnen.

Reichtum und politischer Einfluss der Klöster spiegeln sich auf verschiedene Weise. Zwischen 1031 und 1064 wurde eine Liao-Ausgabe der chinesischen *Tripitaka* (Buddhistischer Kanon) veröffentlicht. Beim Yunju-Tempel in Fangshan, südlich von Beijing, wurde das Werk in einem gigantischen Projekt für die Ewigkeit in Stein gemeißelt. Es spricht für die Macht, die Verbreitung und die Akzeptanz des Buddhismus in der damaligen Zeit, dass auch heute noch ungefähr ein Dutzend buddhistische, aus Holz errichtete Gebäude auf dem vormaligen Territorium der Liao-Dynastie stehen. Tang- und Song-Architektur lieferten die Modelle für die besten dieser Holzbauwerke, die von chinesischen Architekten und Handwerkern ausgeführt worden waren. Zu den eindrucksvollsten Bauwerken gehören die von 1038 stammende Bojiajiao-Sūtra-Bibliothek und der 984 errichtete Guanyin-Pavillon des Dulesi mit seiner 16 Meter hohen Guanyin-Skulptur aus Trockenlehm (siehe Abb. 14) sowie die neunstöckige Sakyamuni-Pagode des Fogongsi bei Datong, die 1056 errichtet wurde.

Die Jurchen kannten den Buddhismus aus Koryŏ, lange bevor sie die Jin-Dynastie gründeten. Vor allem die Frauen des kaiserlichen Haushalts führten die in der Liao-Dynastie betriebene Förderung buddhistischer Einrichtungen fort. Zwischen 1148 und 1174 ließ auch die Jin-Dynastie eine *Tripitaka* drucken. Wenn der Staat Bargeld brauchte, wurde wie schon in der Song-Dynastie auf den Verkauf von Ordinationszertifikaten zurückgegriffen. Zwischen 1160 und 1190 entstanden die Sekten der Weißen Wolke, des Weißen Lotos, des tantrischen Sonnen-Buddha und andere Kulte. Die messianischen Rebellionen, welche Mönche gegen die Jin-Herrschaft anführten, konnten die Dynastie jedoch nicht zum Wanken bringen.

Verschiedene Meister der Meditationsschule vertraten die Ansicht, dass die drei Lehren des Konfuzianismus, Daoismus und Buddhismus aus einer Wurzel stammten. In der Jin-Dynastie lehrte Wang Zhe (1113–1170), besser bekannt unter seinem daoistischen Namen Chongyang und einer der wichtigsten Patriarchen der daoistischen Schule der Vollkommenen Wahrheit (*quanzhen*), dass die drei Lehren eine Einheit bildeten. Als Grundlage zum Studium

Abb. 14: Zeichnung der Guanyin-Skulptur aus Trockenlehm im Guanyin-Pavillon des Dulesi-Tempels im Kreis Ji bei Peking, aus dem Jahr 984, Liao-Dynastie, Höhe 16 Meter.

dienten der daoistische Klassiker des Weges und der Wirkkraft (*Daodejing*), das buddhistische Herz-Sūtra oder Sūtra der höchsten Weisheit (*Prajnâpâramitâ*) und der konfuzianische Klassiker der Kindespietät (*Xiaojing*). Nach diesem Verständnis vertraten Buddhismus und Daoismus die innere Lehre des gläubigen Individuums, während der Konfuzianismus für die äußere Lehre zuständig war, die den Ahnenkult und die Hochzeits- sowie Beerdigungsriten einschloss und dabei ohne Priesterschaft, Kirche oder Liturgie auskam. Die Felsskulpturen von Dazu in Sichuan zeigen Szenen der Kindespietät und daoistische Themen neben Szenen aus dem *Fumu enzhong jing* (Sūtra der elterlichen Pietät).

Japan

Im 10. Jahrhundert waren sowohl der Tempel Enryaku-ji in Kyōto wie auch der Kōfuku-ji des Fujiwara-Clans in Nara, die beide zur

Tendai-Schule gehörten, und der Tōji der Shingon-Schule eng in das politische Netzwerk eingebunden. Am Hof fanden buddhistische Rituale statt, und selbst die Kaiser wurden nach buddhistischem Ritual feuerbestattet. Am Ort der Einäscherung wurden eine Steinstupa errichtet und Bäume gepflanzt. Trotz der intensiven Ausbreitung des Buddhismus nahm in jenen Jahrhunderten in lokalen Kulten die Interaktion zwischen den einheimischen Gottheiten und dem Buddhismus zu. Allein aus dem 10. Jahrhundert sind 2861 offiziell anerkannte Schreine mit 3132 göttlichen Wesenheiten (*kami*) bekannt. Der nach Süden ausgerichtete shintoistische Kasuga-Schrein war eine der Antworten auf die wachsende Präsenz des Buddhismus. Er beherbergte vier Gottheiten mit enger Verbindung zum Mythos der Sonnengöttin. Entsprechend einem Zeremonialkalender wurden oft nach Ernten größere und kleinere, nationale und lokale Zeremonien mit Speiseopfern und Reinigungsritualen durchgeführt.

Obgleich zwischen dem Song- und dem Heian-Hof keine diplomatischen Missionen ausgetauscht wurden, gab es doch einen regen Verkehr von Handelsschiffen zwischen den südostchinesischen Küstenstädten und Kyūshū, wovon auch japanische Buddhisten profitierten. Im Frühherbst 983 machte sich der Mönch Chōnen (938–1016) auf die Reise nach China. Kaiser Taizong gewährte ihm zweimal eine Audienz und überreichte ihm einen kompletten Druck der *Tripitaka*, die er 986 nach Japan brachte. Der Mönch Jakushō (962–1034) bereiste 1002 den Tiantai-Berg, um dort den berühmten Tiantai-Buddhisten Zhili zu einigen Paradoxien zu befragen. Kaiser Zhenzong empfing ihn zur Audienz. Jakushō entschied sich, in China zu bleiben, von wo aus er einen Briefverkehr mit dem japanischen Hof unterhielt. Der wichtigste Mönch der Tendai-Schule, der das Song-Reich besuchte, war Jōjin (1011–1081) vom Enryaku-ji. Er dokumentierte seine Reise von 1072 und 1073 im *San Tendai Godaisan ki* (Aufzeichnungen einer Pilgerreise zum Tiantai- und Wutai-Gebirge).

Die Zeit nach dem Tod von Fujiwara no Michinaga 1028 und der Zerstörung des Tōdai-ji 1180 war von politischen Parteiungen geprägt. Dazu kam noch um die Mitte des 11. Jahrhunderts die buddhistische Erwartung, dass mit dem Jahr 1052 der jüngste Tag der buddhistischen Lehre (*mappō*) einsetzen werde. Die Situation hätte, wie der Japanologe Richard Bowring feststellt, eine sorgfältige Handhabung erfordert, von der allerdings nicht viel zu sehen war.[254] Die großen Tempel konnten ihre abhängigen Bauern, Landarbeiter und Leibeigenen in kürzester Zeit bewaffnen, um ihre vermeintlichen Rechte gewaltsam gegeneinander durchzusetzen. 1165 führte daher eine Uneinigkeit zwischen den Tempeln Enryaku-ji und Kōfuku-ji zur Zerstörung des Kiyomizu-dera in Kyōto, der zum Kōfuku-ji gehörte, und zu Unruhen, die rasch auf die Hauptstadt übergriffen. Auch der Tennō war machtlos. 1177 wollte er eine Initiative gegen die Mönche starten, doch der mächtige Taira no Kiyomori riet ihm davon ab, weil er eine Auseinandersetzung mit dem Enryaku-ji vermeiden wollte. Erst im Dezember 1180, als der Tennō die Mönche verdächtigte, Minamoto no Yoritomo gegen ihn zu unterstützen, wurden der Kōfuku-ji und der Tōdai-ji in Nara niedergebrannt. Über 3000 Männer und Frauen sollen in den Flammen umgekommen sein. Der Shōsōin, das bedeutendste »Schatzhaus« aus der Zeit, entging glücklicherweise der Zerstörung. Erst nachdem der Taira-Clan 1185 in der Schlacht von Dan no Ura geschlagen war, begann der wirtschaftliche Wiederaufstieg des Tōdai-ji, dem die ganze Provinz Suō zugeteilt wurde. Das bedeutete für den Tempel einen wirtschaftlichen Vorteil, der 600 Jahre lang währte.

Obgleich es in Japan schon vor dem späten 12. Jahrhundert Erfahrungen mit Meditationstechniken gegeben hatte, wird die Einführung der Meditationsschule (chin. *chan*, jap. *zen*) in Japan erst dem Mönch Myōan Eisai (1141–1215) zugeschrieben. Nach seinem Studium beim Chan-Meister Xu'an Huaicheng auf dem Tiantai kehrte er 1191 aus China nach Japan zurück und gründete die Rinzai-Schule des Zen-Buddhismus. Seine Vorstellungen von der »spontanen Erleuchtung« stießen bei den alteingessenen buddhistischen Schulen auf Widerstand. In die Enge getrieben, veröffentlichte er seine polemische Schrift *Kōzen gokokuron* (Über den Schutz der Nation durch die Förderung des Zen) und zog 1199 von Kyōto nach Kamakura um, wo ihn Hōjō Masako förderte, die mächtige Witwe des Shōguns Minamoto no Yoritomo. Das Shōgunat schätzte ihn sowohl wegen seiner aktuellen Kenntnisse über China als auch deshalb, weil es mit der Zen-Schule sein eigenes Prestige erhöhen konnte. Im Kontext derartiger populistischer Überlegungen muss auch der Bronzeguss des 11,5 Meter hohen Großen Buddha Amitabha von Kamakura 1252 gesehen werden. Nachdem Eisai nach Kyōto zurückgekehrt war, schrieb er 1214 das *Kissa yōjōki* (Aufzeichnungen zur Nährung des Lebens), in dem er den Genuss von grünem Tee als Heilmittel empfahl. Tee gab es zwar bereits seit dem Jahr 800 in Japan, doch die mit dem Tee einhergehende Kultur des Teetrinkens geht auf ihn zurück. Damit trat die Teekultur ihren Siegeszug bei den Buddhisten und in ganz Japan an.

Eine Herausforderung für die buddhistischen Schulen war im 13. Jahrhundert die Nichiren-Sekte, die von dem Mönch Nichiren (1222–1282) gegründet worden war. Er lebte als Novize der Tendai-Schule am Kiyomizu-dera in Kyōto und wurde bereits mit 16 Jahren ordiniert. 1253 lehrte er seine eigene Doktrin, die auf dem *Hokke-kyō* (Lotos-Sūtra) und der Errettungskraft des Buddha Sakyamuni gründete. Da er als Wanderprediger nicht davor zurückschreckte, die alteingesessenen buddhistischen Schulen anzugreifen, wurde er 1271 wegen seiner Ausschließlichkeit – man könnte auch sagen als Häretiker, eine Vorstellung, die es im Buddhismus aber nicht gab – zum Tode verurteilt; das Todesurteil wurde allerdings in Verbannung umgewandelt. Aber auch danach blieb er unduldsam gegenüber den Lehren aller anderen buddhistischen Schulen.

Korea

In Koryŏ waren die Bindungen zwischen den buddhistischen Schulen und dem Hof nach wie vor stark. Durch die Vorgaben des Dynastiegründers Wang Kŏn gewann der Buddhismus an Macht und Einfluss. Buddhistische Mönche waren vom Militärdienst und von Steuern befreit. Aus Furcht vor einer Invasion der Khitan begann man bereits 1009 mit dem Druck einer ersten *Tripitaka*. Das Projekt dauerte 70 Jahre, und doch war der Aufwand vergeblich, weil die Druckwerke bei der mongolischen Invasion verbrannten. Die Regierung, die vor den Mongolen auf die Kanghwa-Inseln geflohen war, gab den Druck einer neuen *Tripitaka* in Auftrag. Man hoffte nach wie vor, mit Buddhas Hilfe die mongolische Invasion aufhalten zu können. So wurde zwischen 1236 und 1253 die zweite *Tripitaka* (*Taejangyŏng* oder *Samjang*) gedruckt, die auf den Vorgaben aus der Song- und Liao-Zeit beruhte. Die 81 258 Holztafeln, die als Druckstöcke dienten, sind noch erhalten und werden im Tempel Heian-sa in Kyŏngsang aufbewahrt.[255] Doch bereits in der Koryŏ-Dynastie zeichnete sich ab, dass der immer stärker werdende Konfuzianismus und seine den Staat langsam vereinnahmende Ideologie begannen, den Buddhismus zurückzudrängen.

V Ostasien auf dem Weg zu einer politischen Neuordnung von 1350 bis 1644

A Politische Entwicklungen

Die Bildung des mongolischen Großreiches im 13. Jahrhundert hatte Ostasien in unterschiedlichem Maße betroffen. Während Japan nach gescheiterten mongolischen Eroberungsversuchen unabhängig blieb, geriet die koreanische Halbinsel zwar unter mongolische Dominanz, blieb aber formell selbständig. Mit dem Ende der mongolischen Yuan-Dynastie in China formierten sich die drei politischen Räume in Ostasien neu (siehe Karte 14). Die Aufgaben, vor denen die Herrscher standen, und die Mittel, welche sie einsetzten, unterschieden sich beträchtlich, so dass in der historischen Entwicklung eher die Differenzen zwischen den drei Regionen ins Auge fallen als ihre Gemeinsamkeiten.

Die 1368 gegründete chinesische Ming-Dynastie erwies sich trotz zahlreicher Turbulenzen als so stabil, dass sie erst 1644 unter dem Ansturm der Mandschuren zusammenbrach. Die Mandschuren waren im ausgehenden 16. Jahrhundert als neue militärische Macht in Ostasien auf dem Kontinent erstarkt. Unter der Führung von Nurhaci (1559–1626) fielen sie ab 1607 immer wieder zu Plünderungen in die Grenzregion zwischen Korea und China ein. 1616 ernannte sich Nurhaci zum Kaiser der Späteren Jin-Dynastie, die 1636 in Qing-Dynastie umbenannt wurde. Sie löste schließlich die Ming-Dynastie ab. Die 1392 ausgerufene Yi-Dynastie in Korea bestand bis 1910, als Korea japanische Kolonie wurde. Japan erlebte in der von 1336 bis 1573 währenden Muromachi-Zeit viele Kriege. Die Momoyama-Zeit von 1573 bis 1598 heißt nach den Schlössern von Oda Nobunaga in Azuchi und von Toyotomi Hideyoshi (1536–1598) auf dem Momoyama-Berg in Fushimi auch Azuchi-Momoyama-Zeit.

Karte 14: Ostasien zur Zeit der chinesischen Ming-Dynastie, der koreanischen Yi-Dynastie und der japanischen Muromachi-Periode im 15. und 16. Jahrhundert.

In der ersten Hälfte des 17. Jahrhunderts waren Korea und Japan noch von den Nachwehen des Imjin-Kriegs (1592–1598) gezeichnet. Es war der erste große ostasiatische Krieg, in dem es Korea gelang, einen japanischen Eroberungsversuch abzuwehren, wobei es von der Ming-Dynastie unterstützt wurde. Dieser Krieg hinterließ alle drei Staaten geschwächt. Chinas Finanzen waren erschöpft, Korea brauchte Jahrzehnte, um das verwüstete Land wiederaufzubauen, und Japan zog sich zunächst wieder auf sich selbst zurück.

1. China: Die Ming-Dynastie (1368–1644)

Zhu Yuanzhang, der Gründungskaiser der Ming-Dynastie, stammte aus einfachen Verhältnissen.[256] Er wurde 1328 in der Nähe des heutigen Fengyang in der Provinz Anhui geboren. Zwei seiner Brüder wurden zur Adoption gegeben und seine beiden älteren Schwestern früh verheiratet, weil die Familie nicht alle Kinder ernähren konnte. Bei einer Hungersnot 1344 starben die Eltern Zhu Yuanzhangs und sein ältester Bruder. Er selbst suchte als Novize Zuflucht in einem buddhistischen Kloster, musste dieses aber nach knapp zwei Monaten zusammen mit vielen anderen Mönchen und Novizen wieder verlassen, weil auch dort die Lebensmittel nicht für alle reichten. Er schlug sich in den nächsten drei Jahren als Bettelmönch durch, bis er 1348 für vier Jahre in sein Kloster zurückkehrte. Vermutlich lernte er in dieser Zeit lesen und schreiben. Als das Kloster von Mongolen niedergebrannt wurde, schloss er sich Aufständischen in der Truppe des lokalen Anführers Guo Zixing an. Er heiratete bald dessen Adoptivtochter, die eine geborene Ma war und später die erste Kaiserin der Ming-Dynastie wurde. Als Guo Zixing 1355 in einer Schlacht umkam, wurde Zhu Yuanzhang der Anführer der Rebellentruppe, die zu den nördlichen Roten Turbanen gezählt wird. Er richtete 1356 sein Hauptquartier in Nanjing ein und vergrößerte sein Gebiet durch einige Eroberungen. 1361 nahm er den Titel »Herzog von Wu« an, drei Jahre später nannte er sich »Prinz von Wu«. Seine militärische Stärke erlaubte es ihm, mit den Roten Turbanen zu brechen. Ende Januar 1367 verkündete Zhu seinen eigenen Kalender und errichtete das Königreich Wu, und am 23. Januar 1368 ließ er sich zum ersten Kaiser der Ming-Dynastie ausrufen. Er regierte unter der Devise Hongwu (Überwältigende Kampfkraft). In der Literatur ist er als Hongwu-Kaiser ebenso bekannt wie unter seinem posthumen Tempelnamen Taizu (Großer Ahnherr). In der Folgezeit hat es sich eingebürgert, die Kaiser nach ihren Regierungsdevisen zu benennen. Ab der Ming-Dynastie herrschte jeder Kaiser nur unter einer Regierungsdevise.

Der Hongwu-Kaiser brachte nach und nach die übrigen noch unabhängigen Gebiete unter seine Kontrolle. Eine große Armee unter seinem Befehl zog nach Norden und eroberte Peking, das nun in Beiping (»der Norden ist befriedet«) umbenannt wurde. Toghon Temür, der Kaiser Shundi der Yuan, floh im September 1368 zunächst nach Shangdu und dann weiter in Richtung Nordosten bis Yingchang, wo er 1370 starb. Die Yuan-Dynastie war damit an ihr Ende gekommen.

Diese Erfolgsgeschichte war Zhu Yuanzhang keineswegs in die Wiege gelegt worden, auch wenn seine Biographie im *Ming shi* (Offizielle Geschichte der Ming-Dynastie) von glückverheißenden Omen anlässlich seiner Geburt berichtet: Zum Zeitpunkt seiner Geburt soll ein rotes Leuchten das Haus erfüllt haben,[257] wovon Historiker nachträglich den Namen der Dynastie ableiteten, denn Ming heißt hell, Glanz oder Licht. Kaiser wurde Zhu Yuanzhang aber nicht aufgrund dieser Omen, sondern weil er mutig war und taktisches Geschick besaß und weil er als Rebellenführer lesen und schreiben konnte und an Bildung interessiert war. Er dachte in größeren Zusammenhängen und plante mittel- bis langfristig. So verbot er seinen Leuten die üblichen Plünderungen nach einer Eroberung, was ihm die Sympathie und Unterstützung der eroberten Bevölkerung einbrachte. Indem er bei den Gelehrten Rat suchte und diesen dann auch annahm, gewann er auch sie für sich. Schon früh berief er einige bedeutende Konfuzianer in seinen Stab, die ihn nicht nur politisch berieten, sondern ihn auch in chinesischer Geschichte und Literatur unterrichteten. Das *Ming shi* berichtet, dass er schon vor seiner Thronbesteigung wie ein Kaiser handelte, indem er Beamtenprüfungen und staatliche Opfer durchführen ließ und Amnestien verkündete.

Innerhalb weniger Jahre konnte Hongwu das ganze Land unter seiner Herrschaft vereinen. Im Norden wurden große Teile der Mongolei erobert, Liaodong im Nordosten kam 1377 unter chinesische Kontrolle, und zuletzt, 1381, besiegte er die unabhängigen Rebellenführer in Yunnan. Hauptstadt der neuen Dynastie blieb Nanjing. Li Shanchang und Xu Da, zwei seiner frühesten konfuzianischen Berater, wurden Minister. Die Voraussetzungen für die Herrschaft der neuen Dynastie waren damit geschaffen, und man konnte so optimistisch sein zu erwarten, dass der neue Kaiser ein weiser Herrscher nach dem Vorbild der großen Kaisergestalten früherer Zeiten würde.

Zhu Yuanzhang behielt auch als Kaiser das Los der einfachen Bevölkerung auf dem Land im Blick. Er ließ neue Landkataster mit Plänen und Bevölkerungsregistern erstellen und setzte die Steuern für die Bauern niedrig an; er verfügte sogar, dass diese niedrigen Quoten nie geändert werden dürften. Hof und Verwaltung sollten sparsam arbeiten, und die Budgets wurden ebenso wie die Steuerquoten für die gesamte Dauer der Dynastie festgeschrieben. Zu den Sparmaßnahmen des Hongwu-Kaisers im Palast gehörte, dass die Anzahl der Eunuchen und Konkubinen klein gehalten werden sollte. Allerdings hatte er selbst 40 Nebenfrauen und Konkubinen.

Durch das monatliche laute Verlesen konfuzianischer Mahnungen und Belehrungen wollte er die Bevölkerung zur Loyalität dem Kaiser gegenüber erziehen. Auch sein rechtliches und institutionelles Programm diente der moralischen Erziehung all seiner Untertanen. Es ist in vier grundlegenden Rechtstexten dargelegt, in den *Da Ming ling* (Statuten der Großen Ming) von 1368, den *Huang Ming zuxun* (Unterweisungen für die kaiserliche Familie), veröffentlicht 1371, dem *Da Ming lü* (Kodex der Großen Ming) in der endgültigen Version von 1397 und dem *Jiaomin bangwen* (Anschlag zur Unterweisung des Volkes) von 1398. Die Texte richteten sich an die eigene Familie, die Beamtenschaft, die Eunuchen, die Familien der Oberschicht und an die gewöhnliche ländliche Bevölkerung. Gesetze und Regeln waren ein Mittel zur Erziehung des Volkes, zur Wahrung der öffentlichen wie der individuellen Moral und der rituellen Ordnung.

Der Hongwu-Kaiser war sparsam, doch auch seiner Sparsamkeit waren Grenzen gesetzt. Die Stadt Nanjing musste zu einer Hauptstadt mit Palast und Behörden ausgebaut werden. Von der imposanten Stadtmauer sind noch Teile erhalten, insbesondere das Zhonghuamen-Tor, das einer Festung gleicht. Da die nachfolgenden Herrscher nicht so sparsam leben wollten und darüber hinaus der kaiserliche Haushalt sowie die Behörden beständig wuchsen, litt die Dynastie schon nach kurzer Zeit unter einer chronischen Unterfinanzierung. Deswegen wurden auf allen Verwaltungsebenen Sondersteuern und Abgaben eingeführt, die das ursprüngliche Konzept Hongwus aufweichten.

Die insgesamt 30 Jahre der Herrschaft Hongwus sind jedoch keineswegs nur von Weisheit und Idealismus geprägt, sondern durchaus auch von Starrsinn. So dekretierte der Kaiser, dass seine Gesetze und Anordnungen niemals verändert werden dürften, was für seine Nachfolger zu einem schweren Erbe wurde. Er traute niemandem und richtete Regierung und Verwaltung so ein, dass er allein alle Fäden in der Hand hielt. Informationen wurden spärlich geteilt, außer ihm selbst gab es niemanden, der über alle Fakten informiert war. Sein ausgeprägtes Kontrollbedürfnis kann durchaus als paranoid bezeichnet werden.

Zu einer ersten großen Auseinandersetzung zwischen dem Kaiser und seinen Beamten kam es 1376. Um den Verwaltungsalltag zu erleichtern und das Hin- und Herschicken von Dokumenten zwischen der Hauptstadt und den Provinzen zu vermeiden, waren Beamte dazu übergegangen, in den Provinzen leere Quittungen über Steuerlieferungen abzustempeln. In der Hauptstadt wurden dann die Steuerbeträge, die tatsächlich eingegangen waren, eingetragen. So konnten Verluste, die beim Transport entstanden waren, gleich berücksichtigt werden. Der Kaiser sah in diesem Verfahren aber keineswegs eine geschickte Maßnahme zur Steigerung der Effizienz der Verwaltung, sondern vermutete Unterschlagung und Korruption. Er ließ deshalb alle Beamten hinrichten, deren Namen sich auf solchen Quittungen mit Blankounterschriften fanden.

Nur wenige Jahre später, 1380, plante Hu Weiyong, der als letzter Kanzler der Ming-Dynastie an der Spitze der Verwaltung stand, einen Anschlag auf den Kaiser mit der Absicht, den Thron selbst zu besteigen. Die Pläne wurden jedoch entdeckt, und Hu Weiyong sowie mit ihm etwa 15 000 weitere Beamte und mit ihnen verbundene Personen wurden hingerichtet. Das Amt des Kanzlers wurde abgeschafft und bis zum Ende der Dynastie nicht wieder eingeführt.

Nachdem 1382 Kaiserin Ma, die immer wieder mäßigend auf Hongwu eingewirkt hatte, gestorben war, stiegen das Misstrauen des Kaisers gegenüber seinen Beamten und sein Verfolgungswahn ins Unermessliche. In einem Edikt schrieb er:

»Morgens bestrafe ich ein paar, und am Abend begehen andere dieselben Verbrechen. Diese bestrafe ich am Abend, und am nächsten Morgen gibt es schon wieder Vergehen. Obwohl die Leichen der ersten noch nicht beiseitegeräumt sind, folgen andere ihren Pfaden. Je härter die Strafen sind, desto mehr Vergehen gibt es.«[258]

Politische Führung

Die Regierungs- und Verwaltungsinstitutionen der Ming-Dynastie wurden nach bekannten Vorbildern eingerichtet, allerdings schon in der Zeit des Hongwu-Kaisers in einigen Punkten substantiell verändert. Formell übernahm der Hongwu-Kaiser, gestützt auf das Amt des Großsekretärs (*da xueshi*), selbst die Regierungsaufgaben eines Kanzlers. Deswegen war die Verwaltung im Unterschied zur Song-Zeit ohne einen aktiven und entscheidungswilligen Kaiser nicht voll funktionsfähig. Seit der Regierungszeit des Xuande-Kaisers (Xuanzong, reg. 1425–1435) übernahmen meist drei oder vier Großsekretäre einen Teil der Aufgaben eines Kanzlers. Da sie keine strukturelle Macht hatten, mussten sie sich auf ihre persönliche Autorität und ihre Beziehungen zum Kaiser und zu den Eunuchen verlassen, die den Zugang zum Kaiser kontrollierten. Die Großsekretäre konnten sich also nicht auf einen formalen Status innerhalb des Verwaltungsapparats stützen. Die Bedeutung des Großsekretariats (*neige*) als Behörde der Zentralregierung wuchs nur langsam, bis sie ab ca. 1600 als das Kabinett zu einer Versammlung der Großsekretäre wurde.

Die Zentralverwaltung umfasste sechs im Prinzip gleichberechtigte Ministerien ohne übergeordnete Leitung. Die Sechs Ministerien (*liubu*) – für Riten, Personal, öffentliche Arbeiten, Finanzen, Justiz und Krieg – entsprachen den Institutionen früherer Dynastien. Zur Rekrutierung der Beamten fanden regelmäßig mehrstufige Beamtenprüfungen statt. Regionale Quoten sorgten dafür, dass die Beamten aus allen Landesteilen gewonnen wurden. Das Zensorat war eine Behörde, die der Überwachung der Beamten diente. Ungewöhnlich einflussreich war in der Ming-Zeit der Geheimdienst, die meistens von Eunuchen geführte Brokatuniform-Brigade (*jinyiwei*), die eigene Gefängnisse und Folterkammern unterhielt. Die Brigade unterstand keiner institutionellen Kontrolle.

Gleichzeitig mit der Abschaffung der Position des Kanzlers und der Einrichtung der Sechs Ministerien wurde die zentrale Militärkommission in fünf Kommissionen aufgespalten, die jeweils für eine Region zuständig waren. Truppenbewegungen über die Grenzen der Regionen hinweg unterstanden dem Kriegsministerium, das aber über keine eigenen Truppen verfügte. Das Militärwesen der Ming-Dynastie war organisiert wie in der Yuan-Zeit. Es gab erbliche »militärische Haushalte« (*junhu*), in denen die militärische Tätigkeit der Männer als Soldaten vorgegeben war, dafür aber die Pflicht der Steuerzahlung entfiel. Zur Versorgung der Truppen wurden Militärkolonien eingerichtet.

Das Herrschaftsgebiet der Ming-Dynastie war in 13 Provinzen gegliedert. Für jede Provinz wurden Überwachungskommissare für Rechtsfragen und Regionalkommissare für militärische Angelegenheiten eingesetzt. In der späten Ming-Zeit gab es 159 Bezirke, 234 Unterbezirke und 1144 Kreise, welche zumeist von zivilen Beamten verwaltet wurden. Trotzdem blieben auch in der Ming-Dynastie feudale Verhältnisse erhalten. Die Söhne Hongwus waren mit eigenen Territorien an den Grenzen ausgestattet worden, die sie unabhängig von der staatlichen Verwaltung regierten.

Während die zentralstaatlichen Institutionen weitgehend bekannten Vorbildern folgten, wurde die Lokalverwaltung 1381 neu strukturiert. Um die Zahl der Beamten niedrig zu halten, setzte Hongwu auf eine weitgehende Selbstorganisation der Bevölkerung. So waren Beamte von der Verwaltung der Dörfer ausgeschlossen. Dafür waren Untergebene zuständig, die keinen Beamtenrang hatten. Die Beamten waren Repräsentanten des Kaisers und durften zeitweilig das Gebiet, das ihnen unterstand, nicht einmal betreten, sondern mussten sich ständig in der Stadt ihres Amtssitzes aufhalten. Für alle Haushalte wurden Gelbe Register (*huangce*) angelegt, in denen Haushaltsgröße, Anzahl der Personen, Steuerpflichten u. a. vermerkt wurden. Auf dem Land wurde die Bevölkerung dafür in Gruppen eingeteilt. Je zehn Haushalte bildeten eine Einheit, die *jia* genannt wurde, und zehn *jia* bildeten eine Dorfeinheit *li*. Deswegen hieß das Selbstverwaltungssystem auch *lijia*-System. Die zehn reichsten Haushalte der Umgebung, die zu den 100 Haushalten noch hinzugezählt wurden, übernahmen abwechselnd die Leitung der Dorfeinheit. Der Leiter des *li*, der Dorfvorsteher also, war zuständig für die Einziehung der Steuern, die niedere Gerichtsbarkeit, die moralische Erziehung, die Führung der Register, welche alle zehn Jahre aktualisiert werden sollten, und die Organisation von Dienstleistungen. Die Zugehörigkeit zu einer Einheit *jia* war erblich, die Vollmitgliedschaft nur mit Landbesitz möglich.

Außerdem wurde in der späten Ming-Zeit landesweit das *baojia*-System eingeführt, ein Bürgschaftssystem, das auf der Wehrhaftigkeit der Milizen beruhte. Das *baojia*-System sah die Haftung der Familien von der kleinsten Einheit von zehn Haushalten (*pai*) gestaffelt bis zu tausend Haushalten (*bao*) vor. Angehörige der Einheiten waren gegenseitig für ihre Handlungen verantwortlich. Türschilder mit Namen und Angaben zum Status der Bewohner wurden verpflichtend, und besondere Vorkommnisse, beispielsweise Geburten und Todesfälle, aber auch Verbrechen und Auszeichnungen mussten gemeldet werden. 1397 verfasste Hongwu Sechs Ermahnungen (*Liuyu*) zur moralischen Erziehung, die vor allem den Respekt vor Eltern und Vorgesetzten sowie die Wahrung des Dorffriedens propagierten. Bei regelmäßigen Zusammenkünften wurde ein gemeinsames Bekenntnis zu den Grundsätzen abgegeben, und es wurden Belohnungen und Strafen ausgesprochen. Die Bevölkerung auf dem Land sollte sich unter Anleitung durch die Ratschläge des Kaisers selbst organisieren und verwalten. Beamte sollten die Stadt, in der sie ihren Dienstsitz hatten, nicht verlassen.

Der Yongle-Kaiser Chengzu

Hongwu starb 1398. Die Thronfolgeregelungen, die er für die Dynastie festgeschrieben hatte, sahen vor, dass jeweils der älteste Sohn der Kaiserin den Thron übernehmen sollte und im Falle von dessen Tod nicht etwa seine Brüder, sondern sein erstgeborener Sohn in der Erblinie folgte. Da der älteste Sohn Hongwus bereits gestorben war, war nun dessen gerade erst 21 Jahre alter Sohn Zhu Yunwen der legitime Thronfolger. Er begann seine Regierung als Kaiser Huidi (reg. 1399–1402) unter der Devise Jianwen.

Hongwu hatte jedoch eine Reihe weiterer Söhne, und Zhu Di, der Prinz von Yan (Beiping), war keineswegs gewillt, die vorgegebene Thronfolgeregelung zu akzeptieren. Da er mit der Verteidigung der Nordgrenze gegen die Mongolen beauftragt war, verfügte er über riesige Armeen. 1399 verkündete er, seinen Neffen Huidi vor korrupten Beratern »retten« zu wollen, und marschierte auf Nanjing zu. Der rechtmäßige Kaiser verteidigte sich, musste aber im Sommer 1401 aufgeben, nachdem der Palast, in dem er sich mit seiner Mutter aufhielt, in Brand gesetzt worden war. Der Prinz von Yan, auch bekannt unter seinem posthumen Tempelnamen Chengzu (reg. 1402–1425), bestieg den Thron und regierte unter der Devise Yongle (Immerwährende Freude). Er sorgte für die Beerdigung seines Neffen, ließ aber seinen Namen aus den offiziellen Dokumenten tilgen. Ein posthumer Ehrentitel wurde Zhu Yunwen nie verliehen. Hohe Beamte weigerten sich zunächst, für Yongle zu arbeiten, und der neue Kaiser hatte Mühe, einen Verfasser für seine Proklamation zur Thronbesteigung zu finden. Der beste Stilist am Hof war der Konfuzianer Fang Xiaoru (1357–1402), dessen Vater als Opfer in der Affäre um die vorgestempelten Quittungen im Gefängnis umgekommen war. Fang hatte dennoch unter Hongwu als Prüfer bei den Beamtenprüfungen gearbeitet, und der junge Kaiser Zhu Yunwen hatte ihn zu einem seiner engsten Berater und Lehrer erkoren. Fang Xiaoru weigerte sich standhaft, für Zhu Di die Proklamation aufzusetzen, und beschimpfte ihn als Verräter. Dafür wurden er und alle Familienangehörigen, Freunde und Bekannten, insgesamt etwa 900 bis 1000 Personen, hingerichtet.

Nach diesen und anderen »Säuberungen« zu Regierungsbeginn agierte Yongle jedoch weniger gewalttätig als sein Vater. Gleichwohl war er auch nach seiner Thronbesteigung als Feldherr bei militärischen Kampagnen in der Mongolei aktiv (und starb 1424 während seines fünften Feldzugs gegen die Mongolen). Yongle konsolidierte die Ming-Dynastie und regierte 22 Jahre lang weitgehend als konfuzianischer Modell-Kaiser. Er ließ 1415 die *Wujing sishu daquan* (Fünf Klassiker und Vier Bücher) zusammen mit Zhu Xis Interpretationen als Grundlage für die Beamtenprüfungen herausgeben und ordnete bereits 1403 an, die große Enzyklopädie, bekannt unter dem Titel *Yongle dadian* (Enzyklopädie der Regierungsdevise Yongle), zusammenzustellen. Sie umfasste bei ihrer Schlussredaktion 1408 in 22 877 Kapiteln insgesamt etwa 50 Millionen Zeichen. Heute sind nur noch wenige Kapitel erhalten, weil das Werk nie gedruckt wurde, sondern nur in wenigen von Hand geschriebenen Ausgaben vorlag.

In Yongles Regierungszeit wurde 1421 eine neue Hauptstadt in Peking angelegt, das nun auch wieder Beijing (Nördliche Hauptstadt) hieß. Nanjing blieb südliche Hauptstadt und Standort von Zweigstellen der Behörden, die nach Peking verlagert worden waren. Nur wenige Ämter behielten ihren Hauptsitz im Süden. In der neuen Hauptstadt Peking wurde bereits 1403 mit dem Bau der Verbotenen Stadt für den Inneren Hof (Kaiser und Familie) und den Äußeren Hof (höchste Staats- und Regierungsämter, Audienzhallen etc.) begonnen. Auf einem Areal mit einer Länge von 961 Metern von Nord nach Süd und einer Breite von 753 Metern wurden über 9000 Räume errichtet, und der Große Kanal oder Kaiserkanal wurde ausgebaut, um die Hauptstadt aus den fruchtbaren Provinzen Jiangsu und Zhejiang zu versorgen. Ab 1421 war Peking Regierungssitz und Residenz der Kaiser der Ming- und danach auch der Qing-Dynastie.

Kontakte zum Ausland wurden im System der Tributbeziehungen geregelt. China als Reich der Mitte und unumstritten größter und mächtigster Staat der Region erwartete von seinen Nachbarn, dass sie regelmäßig Tributgeschenke brachten und die Vormachtstellung Chinas akzeptierten. Im Gegenzug gewährte China militärischen Schutz und legitimierte durch seine Anerkennung die Könige der Nachbarstaaten. Faktisch lohnten sich die Tributbeziehungen für die Nachbarn vor allem finanziell, weil die Gesandtschaften in China Handel treiben durften. Zudem überstieg in der Regel der Wert der Gegengeschenke des chinesischen Kaisers den der mitgebrachten Tributgaben. Die zum Teil monatelange Unterbringung und Verpflegung der Gesandtschaften wurde für China allerdings so kostspielig, dass immer wieder versucht wurde, die Größe und Häufigkeit der Delegationen einzuschränken.

Yongle und Zheng Hes Expeditionsflotte

Um das internationale Ansehen der Ming-Dynastie in der Phase der Expansion in die Mongolei und nach Vietnam zu stärken und um Tributbeziehungen nach Südostasien zu bekräftigen oder neu anzuknüpfen, ließ Yongle die Seefahrertradition der Yuan-Dynastie fortsetzen und baute eine große Flotte. Sie stand unter dem Kommando des Admirals Zheng He und unternahm zwischen 1405 und 1433 sieben Expeditionen. Zheng He war 1371 in einer muslimischen Familie in Yunnan geboren worden. Als Truppen der Ming-Dynastie 1381 Yunnan besetzt hatten, war der Zehnjährige gefangen genommen, kastriert und als Eunuch dem Hof des späteren Yongle-Kaisers in Peking zugewiesen worden.

Zheng Hes Expeditionsflotten umfassten durchschnittlich etwa 27 000 Personen auf über 200 Schiffen. Versorgungsschiffe mit Trinkwasser oder mit Gemüsegärten gehörten ebenso zur Flotte wie große Schatzschiffe mit bis zu neun Masten, an denen Segel aus roter Seide gesetzt wurden. Einige der Schiffe waren bewaffnet mit Brandbomben und Brandpfeilen, aber auch mit insgesamt je 24 aus Bronze gegossenen Kanonen. Die größten Schiffe werden auf 44 *zhang* (ca. 150 Meter) Länge und 16 *zhang* (fast 53 Meter) Breite geschätzt. Das entspräche etwa der zehnfachen Größe der Schiffe, mit denen Kolumbus nach Amerika segelte.

Die Expeditionen hatten keine Eroberungen oder Landnahmen zum Ziel, wohl aber die Einflussnahme auf einige Herrscher der

Region. Die erste Reise führte 1405 mit 62 Schatzschiffen, 225 kleineren Schiffen und 28 000 Personen nach Sri Lanka und an die Südküste Indiens. Das Ziel der Reise war Calicut an der Küste von Malabar. Hierhin gingen auch die zweite und die dritte Reise. Die vierte Expedition erreichte 1413 Oman an der Südostküste der arabischen Halbinsel. Die nächsten Reisen führten noch weiter, an die Ostküste Afrikas in die Nähe von Mogadischu und zu den Malediven. Auf der siebten Reise geriet Zheng He in den Konflikt zwischen Cochin an der Westküste Indiens und Calicut. Er starb 1433 vermutlich an der Malabarküste. Yongle war bereits im Jahr 1424 gestorben. Die letzte Reise Zheng Hes fand deshalb unter dem Xuande-Kaiser statt, der ebenfalls an prächtigen Tributgaben interessiert war.

Nach dem Tod Zheng Hes 1433 wurden die Reisen eingestellt. Die Reste der Flotte wurden zerstört und die Aufzeichnungen zum großen Teil verbrannt. Die konfuzianischen Gelehrten waren zufrieden, denn sie hatten von Anfang an nicht viel von diesen teuren Reisen und einer aktiven Außenpolitik mit weit entfernten Staaten gehalten. Tatsächlich waren zur Zeit der Regierungsdevise Yongle insgesamt Delegationen aus 46 Ländern an den Hof der Ming-Dynastie gekommen. Die Reisen regten den Überseehandel an, ließen neue Handelsnetzwerke mit Zentren in Malakka und Cochin entstehen und führten zur Ausweitung der chinesischen Diasporagemeinden in Südostasien. Die Stärkung der Handelsbeziehungen zwischen den verschiedenen asiatischen Hafenstädten nutzten dann die Europäer. In China wurden die Reisen erst im 20. Jahrhundert positiv bewertet, dann vor allem wegen ihrer technischen Durchführung und der friedlichen Ziele.

Der Rückzug der Ming-Dynastie aus der Seefahrt setzte sich in den nächsten Jahrzehnten fort. Der Hongzhi-Kaiser (Tempelname Xiaozong, reg. 1488–1505) verbot den Bau von Schiffen mit mehr als zwei Masten, der Jiajing-Kaiser (Tempelname Shizong, reg. 1521–1567) ließ 1525 sogar alle vorhandenen hochseetüchtigen Schiffe zerstören und die Mannschaften festnehmen, um die Piraterie und den Schmuggel zu beenden. Ab 1551 waren auch in der

Küstenschifffahrt nur noch Schiffe mit einem Mast erlaubt. Die Piraterie erstarkte in dem Maße, in welchem sich die Ming-Dynastie aus der Seefahrt zurückzog: Die Überfälle japanischer und chinesischer Piraten (zu denen Räuber, Schmuggler und Kaufleute im Küstenhandel zählten) waren die Antwort auf die Abschottungspolitik, die 1530 so weit ging, den ohnehin geringen legalen Handel mit Japan über Ningbo zu verbieten. Trotz aller Bemühungen florierte der Schmuggel mit Silber, Kupfer, Gold und Seide. Die Einstellung der chinesischen Expeditionen und des Seehandels schuf ein politisches Vakuum im Indischen Ozean, das dann bald, in der Frühzeit des Kolonialismus, von europäischen Seefahrern und Kaufleuten gefüllt wurde.

Die Nachfolger von Yongle

Die Kaiser, welche auf Yongle folgten, waren politisch und militärisch eher schwach. Sie kamen oft als Kinder auf den Thron wie Kaiser Yingzong, der bei seiner Inthronisation 1435 erst acht Jahre alt war, oder Kaiser Xianzong (reg. 1464–1487), der als 16-jähriger Teenager von einer um 20 Jahre älteren Hofdame, die bereits sein Kindermädchen gewesen war, manipuliert wurde. Sie sorgte für weit mehr als ein Jahrzehnt dafür, dass seine von anderen Frauen geborenen Söhne nicht lange lebten.

Die Verteidigung gegen Mongolen und gegen andere Steppenvölker erwies sich bei meistens leeren Staatskassen als militärisches Problem. Die Kaiser setzten zwar auf Abschottung, doch während der ersten Regierungszeit Kaiser Yingzongs (Devise Zhengtong, 1436–1449) gelang Esen Khan die Einigung der verschiedenen Stämme der Oiraten. Sie zogen in die östliche Mongolei und fielen von dort aus wiederholt ins Ming-Reich ein. 1449 geriet im militärischen Debakel von Tumu Kaiser Yingzong selbst in Gefangenschaft der Steppennomaden. Er wurde erst ein Jahr später, als der neue Jingtai-Kaiser (reg. 1450–1457) bereits inthronisiert war, wieder freigelassen. Durch einen Putsch kam der vorherige Kaiser Yingzong am 11. Februar 1457 wieder auf den Thron und regierte unter der Devise Tianshun (Gehorsam gegenüber dem Himmel).

Der Jingtai-Kaiser starb kurze Zeit später eines gewaltsamen Todes.

Auch innenpolitisch war das Verhältnis zwischen dem Kaiser und seinen Beamten angespannt. Der Zhengde-Kaiser (Tempelname Wuzong, reg. 1505–1521), der gemäß der Devise Zhengde (Die Tugend [des Volkes] richtigstellen) regieren sollte, stand von Anfang an mit seinen Beamten auf Kriegsfuß und widersetzte sich nach Kräften allen Regeln und Zeremonien. Wiederholt protestierten Großsekretäre gegen seinen Lebenswandel, seine Allüren und sein wildes, zügelloses Leben auch außerhalb des Palastes, das so gar nicht dem eines Kaisers entsprach. 1519 knieten über hundert Beamte vor dem Palast nieder, um gegen seine Pläne zu protestieren, eine Inspektionsreise in den Süden zu unternehmen. Eine solche Reise bedeutete einen unvorstellbaren Aufwand, und überdies sollte der Kaiser, so die generelle Einstellung, im Zentrum des Reiches bleiben, in seinem Palast. Zhengde aber befahl, dass die protestierenden Beamten nun fünf Tage von Sonnenaufgang bis zur Abenddämmerung knien sollten. Danach ließ er sie verprügeln. Zwölf Beamte starben an den Folgen. Zhengde selbst starb nach einem exzessiven Leben im Alter von 29 Jahren ohne Thronfolger, was eine Auseinandersetzung um den rechtmäßigen Erben nach sich zog.

Der nachfolgende Jiajing-Kaiser verursachte eine langanhaltende Krise, weil er sich weigerte, den verstorbenen Zhengde-Kaiser, der keine eigenen Söhne hatte, als Adoptivvater zu akzeptieren. Das Problem der posthumen Adoption von Jiajing, der aus der Linie eines jüngeren Sohnes des Chenghua-Kaisers stammte und eine Konkubine zur Mutter hatte, warf eine rituelle Frage grundsätzlicher Natur auf, weil sie darauf abhob, wem die größere Loyalität gelten solle, der Familie oder dem Staat. Auch wenn sich Jiajing mit seiner Beharrung auf der Familie und seinen leiblichen Eltern durchsetzen konnte, so führte diese Ritenkontroverse (*Dali yi*) zu einer Entfremdung Jiajings von seinen Beamten, die bis zum Ende seiner Regierung nicht behoben werden konnte. 1523 verlangte der Kaiser, dass allen seinen Vorfahren ein »kaiserlich« vor den Namen gesetzt werden müsse. Nur wenige Jahre nach Zhengdes Auseinandersetzung mit den Beamten um seine Südreise ließ Jiajing im Jahr 1524 über 200 Beamte verhaften, die ihn ebenfalls durch einen Protest vor dem Palasttor dazu bringen wollten, in der Ritenfrage nachzugeben. 134 von ihnen wurden im Gefängnis geprügelt und mussten fünf Tage später eine weitere Prügelstrafe über sich ergehen lassen, an deren Folgen 18 starben. Danach regierte der Kaiser selbstherrlich, seine Beamten degradierte er zu Befehlsempfängern.

Hai Rui, ein mutiger Beamter, der sich schon als Bezirksrat von Chun'an in Zhejiang durch seine Unbestechlichkeit einen Namen gemacht hatte, schrieb 1565 in einer Throneingabe, der Kaiser habe als Mann, Vater und Herrscher versagt und sei 20 Jahre lang seinem Amt nicht nachgekommen. In der Annahme, dass er diese Kritik nicht überleben würde, reiste er mit seinem Sarg in die Hauptstadt. Er überlebte aber die Folter im Gefängnis, wurde nach dem Tod Jiajings Anfang 1567 aus der Haft entlassen und war anschließend wieder als Beamter tätig, zunächst in Suzhou, dann in Nanjing. Die Bevölkerung schätzte ihn, und nach seinem Tod wurden Schreine für ihn errichtet.

Die Große Mauer und die Mongolen

Zur Verteidigung des Reiches im Norden wurde seit der Mitte des 15. Jahrhunderts die Große Mauer, die schon in der Zeit Yongles entlang älterer Mauerteile angelegt worden war, um eine zweite, innere Mauer ergänzt. Von ihr erhoffte man sich Schutz vor den Überfällen der Steppenvölker, insbesondere der Mongolen. Zwar war der Handel mit Kupfer und Eisenwaren sowie mit Waffen an der Nordgrenze verboten, doch das Ming-Reich war auf Pferde der Steppenvölker angewiesen. Die Mauer blieb damit durchlässig für Waren, und sie hielt auch die Truppen der Steppenvölker nicht ab. Obwohl die Gesamtzahl der Mongolen sich auf nur etwa drei Millionen belief, bildeten sie eine fortwährende Gefahr für das Ming-Reich. 1531 wurde die Region um Datong von 60 000 mongolischen Reitern heimgesucht, 1536 brachen die Mongolen tief in

Shaanxi ein, und auch danach war die mongolische Gefahr präsent. Unter der Führung von Altan Khan (1543–1582) aus der Inneren Mongolei, der die Versorgung seines Stammes mit Nahrungsmitteln sichern musste, drangen mongolische Reiter Mitte des 16. Jahrhunderts immer wieder nach Shanxi und in die Region Peking ein. Im Oktober 1550 wurde Peking drei Tage lang belagert. Altan Khan erzwang so die Eröffnung eines Pferdemarktes in Datong. Erst unter dem Wanli-Kaiser wurde 1573 ein Friedensabkommen zwischen dem Ming-Reich und den Mongolen geschlossen.

Auch in Zentralasien und Tibet war Altan Khan aktiv. Die tibetischen Klöster hatten schon zuvor bei mongolischen Stämmen um Unterstützung nachgesucht, wenn sie militärische Hilfe brauchten. 1577 folgte dann der (dritte) Dalai Lama der Einladung Altan Khans in die Mongolei. Der Khan erklärte den tibetischen Buddhismus zur Religion aller Mongolen und erhielt vom Dalai Lama den Titel »König der Religion«. Als Reinkarnation des dritten Dalai Lama wurde später ein Urenkel Altan Khans gefunden, was die Verbindungen zwischen den Mongolen und Tibetern weiter stärkte.

Der Wanli-Kaiser Shenzong

Zhu Yijun (1563–1620) ging als der Wanli-Kaiser (Tempelname Shenzong, reg. 1572–1620) in die Geschichte ein. Er regierte fast 50 Jahre lang. Nur der Han-Kaiser Wudi hatte länger geherrscht. Wanli wurde von Zhang Juzheng (1525–1582) erzogen, der schon unter dem Longqing-Kaiser (Tempelname Muzong, reg. 1567–1572) der einflussreichste Minister und Großsekretär war. Zhang gelang es – mit harter Hand gegenüber seinen Gegnern –, bis zu seinem Tod 1582 die maroden Staatsfinanzen wieder auf solide Füße zu stellen. Das Taicang-Schatzhaus in der Hauptstadt hortete nun sechs Millionen *liang* (ein *liang* entsprach etwa 36 Gramm) Silber in Barren. Auch die Schatzhäuser in den Provinzen waren gefüllt. Wirtschaft und Handel im Lande prosperierten. Nach Zhangs Tod jedoch zerfiel sein Netzwerk; und seine Gegner begannen mit der politischen und moralischen Demontage seines Andenkens. Der Kaiser selbst, der unter Zhangs Bevormundung gelitten hatte, ließ sich von dessen politischen Gegnern und ihrer Kritik beeinflussen. Er fühlte sich nun von Zhang getäuscht und betrogen und hielt ihn für einen Heuchler. So kam es dazu, dass Zhang nach seinem Tod in Ungnade fiel und mit ihm seine Familie und sein Umfeld. Zhangs Nachfolger zerschlugen sein Reformwerk ebenso wie die von ihm initiierte Landerfassung. Da Wanli nach seiner Enttäuschung mit Zhang Juzheng keinem seiner Beamten mehr vertraute, befand er sich fast während seiner gesamten Regierungszeit in einer Art Kriegszustand mit ihnen. Das Verhältnis zwischen ihm und seinen Großsekretären war zerrüttet.

Zum Eklat zwischen dem Kaiser und seinen Beamten kam es, als sie nicht zulassen wollten, dass er seine Lieblingskonkubine zur Kaiserin erhob, da er schon eine Kaiserin hatte. Aus Verärgerung und Trotz hielt Wanli zwischen dem Spätsommer 1589 und dem Frühsommer 1615 keine Audienzen mehr für seine Beamten ab, nahm ab 1591 an keiner Staatszeremonie mehr teil, unterzeichnete keine Dokumente und weigerte sich, politische Entscheidungen zu treffen. Nur auf Fragen der Staatsfinanzen und der Verteidigung reagierte er noch. Die untereinander zerstrittenen Beamten und Eunuchen wahrten den Schein eines funktionierenden Staates, obwohl fast eine ganze Generation von Beamten den Kaiser überhaupt nicht mehr zu Gesicht bekam.

Lediglich in den drei großen militärischen Kampagnen seiner Zeit, zu denen der Imjin-Krieg (1592–1598) gegen Japan auf koreanischem Territorium gehörte, wurde Wanli initiativ. Er nahm persönlich Anteil an den Ereignissen und ließ sich auf dem Laufenden halten. Er setzte chinesische Truppen zur Verteidigung Koreas ein und bewilligte immer wieder größere Beträge für die Kriegführung und zur Unterstützung der koreanischen Bevölkerung, aber auch zur Belohnung für seine eigenen Truppen. Allein die drei Kriegszüge kosteten zwischen zehn und zwölf Millionen *liang* an Silber. Im Mai 1599 feierte Wanli den Sieg über Japan mit der Hinrichtung von 61 japanischen Kriegsgefangenen. Gleichzeitig betonte er die erfolgreiche Allianz mit Korea. 1600 versetzte er die siegreichen chinesischen Kommandeure nach Sichuan, wo die japanischen

Kriegsgefangenen aus Korea ihre Musketen in den Schlachten gegen die Truppen des einheimischen Aufständischen Yang Yinglong (gest. 1600) einsetzten.

Die letzten Jahrzehnte

Wanli soll etwa 16 000 Eunuchen beschäftigt haben, mehr als seine Regierung und Verwaltung Beamte hatte. Aus den sich nach dem Tod Zhang Juzhengs 1582 schnell leerenden Kassen wurde zudem noch der Unterhalt für die auf etwa 100 000 Mitglieder gewachsene kaiserliche Familie betritten. Kämpfe innerhalb der Beamtenschaft sowie zwischen Eunuchen und Beamten lähmten die Regierungs- und Verwaltungsarbeit. So konnte der Eunuch Wei Zhongxian (1568–1627) 1625 die Kontrolle über den Hof erlangen. Er holte zum Schlag gegen die Mitglieder der Donglin-Parteiung aus, in der sich seit 1604 die moralisch rigorosesten Konfuzianer zusammengeschlossen hatten, und ließ Tausende von Gelehrten und Beamten inhaftieren, foltern und töten. Der nächste Kaiser, Chongzhen (Tempelname Sizong, reg. 1627–1644), ließ Wei Zhongxian 1627 verhaften und ins Gefängnis werfen, wo dieser sich erhängte.

Die Hoffnung auf Rettung der Dynastie trog jedoch. Seit den 1620er Jahren gab es auch innerhalb des Staates keinen Frieden und keine Sicherheit mehr. Zu diesen Schwierigkeiten kamen noch Währungsprobleme, weil 1639 zuerst Japan und dann die spanischen Händler die Silberlieferungen nach China eingestellt hatten. Die japanischen Silberminen waren fast erschöpft, und ein Massaker an Chinesen auf den Philippinen hatte dazu geführt, dass der Handel unterbrochen wurde. Der Staat hortete Silber und verknappte es künstlich. Die Bauern, die ihre Steuern in teurem Silber bezahlen mussten, waren aufgebracht, nachdem ihre Lage wegen einer Kälteperiode, die zu Missernten, Hunger und Epidemien geführt hatte, ohnehin schwierig geworden war. Durch Bauernaufstände gerieten weite Teile des Landes schnell in die Hände zweier Rebellenführer: Li Zicheng (1605–1645), der den Norden kontrollierte, und Zhang Xianzhong (ca. 1605–1647) in Zentralchina, der sich nach Sichuan zurückzog. Beide erklärten sich zu unabhängigen

Herrschern. Die Lage für die Bevölkerung verschlimmerte sich, als Rebellen 1642 die Deiche des Gelben Flusses zerstörten. Überschwemmungen, Hungersnöte und eine Pockenepidemie waren die Folge. Am 24. April 1644, einen Tag bevor Li Zicheng mit seinen Truppen in Peking einmarschierte und die Stadt plünderte, erhängte sich der letzte Kaiser der Ming-Dynastie auf dem Kohlehügel nördlich der Verbotenen Stadt.

2. Korea: Die Chosŏn-Herrschaft der Yi-Dynastie von 1392 bis 1598

Die Gründung der Yi-Dynastie

Korea war zwar, anders als China, nicht Teil des mongolischen Reichs geworden, aber auch wenn die koreanische Halbinsel formal unabhängig und unter koreanischer Herrschaft blieb, waren die Könige der Koryŏ-Dynastie zu einer mongolenfreundlichen Politik gezwungen. Am Ende der Koryŏ-Dynastie nahmen die Einfälle japanischer Piraten so zu, dass sie die Dynastie gefährdeten. Zur allgemeinen Unruhe trugen neben den Piraten auch das Ende der Yuan-Dynastie und insbesondere die Aufstände der Roten Turbane in China bei. König Kongmin (reg. 1351–1374) nutzte die Schwäche der Yuan-Dynastie und betrieb eine anti-mongolische Politik, die vor allem die pro-mongolischen Beamten traf. Er bevorzugte eine zivile Herrschaft gegenüber der ererbten Militärherrschaft. Doch 1359 und 1361 fielen chinesische Aufständische aus dem Lager der Roten Turbane auch in Koryŏ ein und besetzten für kurze Zeit sogar die Hauptstadt. Nach dem Zusammenbruch der Yuan-Dynastie wurde König Kongmin 1368 von der Ming-Dynastie als Herrscher von Korea bestätigt.

Es dauerte allerdings nur wenige Jahre, bis König Kongmin 1374 von seinen eigenen Beamten ermordet wurde. Sie lehnten seine anti-mongolische Politik in der Vergangenheit genauso ab wie seine Förderung des Neokonfuzianismus. Sie fürchteten um den Verlust ihrer aristokratischen Privilegien. Die Spaltung in zwei politische Lager wurde sichtbar. Kongmins Nachfolger, König U (reg. 1374–1388), der als Elfjähriger inthronisiert wurde und unter dem Einfluss der Militärs um Yi Inmin (gest. 1388) stand, suchte wieder den Kontakt zu den Mongolen und geriet dadurch in Konflikt mit der Ming-Dynastie, die König Kongmin bestätigt hatte. Doch Yi Inmin, der starke Mann am Hof, hatte auch Feinde. Im Jahr 1388 kam es schließlich zum Sturz der Yi-Inmin-Parteiung. König U hatte als Reaktion auf chinesische Ankündigungen, die von Mongolen noch immer besetzte Halbinsel Liaodong annektieren zu wollen, eigene Truppen unter dem Oberbefehl von Ch'oe Yŏng dorthin entsandt. Doch Ch'oes General Yi Sŏnggye (1335–1408), der sich zwischen 1377 und 1387 große Verdienste bei der Bekämpfung der japanischen Piraten an der koreanischen Südküste erworben hatte, hielt den Feldzug gegen die Ming für eine Torheit. An der Mündung des Yalu-Flusses brach er seinen Vormarsch nach Liaodong ab und kehrte mit seinen Truppen um. Er beseitigte den Oberbefehlshaber Ch'oe und setzte danach König U in Kaesong ab.

Als neuer Militärmachthaber brachte Yi Sŏnggye zunächst den neunjährigen Sohn von König U auf den Thron, ersetzte ihn aber bereits ein Jahr später durch König Kongyang (reg. 1389–1392), ein Mitglied des früheren Königshauses. Zu Yis ersten Aktionen gehörte 1390 eine umfassende Landreform. Die Ländereien der alten Aristokratie wie auch der buddhistischen Klöster wurden wieder unter die Kontrolle des Königs gebracht. Alle Kataster wurden verbrannt; das Land gehörte nun dem Staat, der es neu verteilte. Dabei wurden die Landzuweisungen an Beamte allerdings stark eingeschränkt. Die Größe der nur noch in der Umgebung der Hauptstadt vergebenen Ländereien richtete sich nach dem in den Beamtenprüfungen erreichten Rang. Land wurde nur noch auf Lebenszeit zugeteilt.

Die politische Führung in Chosŏn

Die Gründung der Chosŏn-Herrschaft durch die Yi-Dynastie in Korea erfolgte 1392, nur wenige Jahrzehnte nach der Gründung der Ming-Dynastie 1368. Beide Herrschaftsgründungen nutzten die Schwäche der Mongolen für einen Neuanfang. Korea formte sich ohne größere militärische Auseinandersetzungen von innen heraus in einen neokonfuzianischen Staat um. Dieses gelang innenpolitisch durch die Ablehnung der Politik von Koryŏ wegen dessen Unterwerfung unter die Mongolen und durch die Betonung der eigenen Legitimität aufgrund der Wiederherstellung der koreanischen Traditionen. Als Erbe der Tradition bewies sich die neue Dynastie durch die Abfassung der Geschichte der vorangegangenen Dynastie, in diesem Fall der *Koryŏsa* (Geschichte von Koryŏ), und die Aufnahme des Mythos von Tan'gun, der in Korea als Stifter einer koreanischen »Identität« galt bzw. gilt (siehe Kapitel I). Außenpolitisch wurde Chosŏn wegen der Übernahme chinesischer Institutionen und der neokonfuzianischen Ideologie anerkannt.

An der Spitze des Chosŏn-Staates stand der König, welcher nach konfuzianischer Vorstellung ein weiser Herrscher sein sollte. Wie in China, so stellte sich auch in Korea die Frage, ob der König eine eher symbolische Rolle spielen und die tatsächliche politische Macht folglich bei einer von einem Kanzler geführten Bürokratie liegen sollte oder ob er ein autokratischer Herrscher sein sollte, der nur bei Bedarf bei seinen Beamten Rat einholte. Wie im Mingzeitlichen China fiel die Entscheidung zugunsten eines autokratischen Herrschers, wobei sich die Gewichte im Lauf der Dynastie jedoch immer wieder zugunsten der Beamten verschieben konnten. Eine Balance wurde schließlich etwa Mitte des 16. Jahrhunderts hergestellt. Der Herrscher behielt zwar die Entscheidungsgewalt, durfte sie aber nur nach Konsultation mit seinen Ministern ausüben. Der Vorrang der zivilen vor den militärischen Beamten war unumstritten.

Die Auswahl der Beamten geschah ausschließlich über die Beamtenprüfungen, die nach chinesischem Vorbild bereits seit 958 abgehalten wurden, aber in der Chosŏn-Zeit noch an Bedeutung gewannen. Staatliche Schulen bereiteten auf die Prüfungen vor, die alle drei Jahre abgehalten wurden. Die 33 Besten erhielten entsprechend ihrer Platzierung sofort ein Amt oder wurden auf eine Warteliste gesetzt. Auch wenn längst nicht jeder zur Teilnahme an den Prüfungen zugelassen wurde, so gewann doch das Ideal einer auf Prüfungserfolgen und Verdiensten beruhenden Verwaltungsstruktur Zuspruch.

Verwaltungsmäßig war das Reich eine Einheit. Die Regierung von Chosŏn organisierte die Provinzverwaltungen zentral. Die Gouverneure der acht Provinzen (*to*) wurden zentral ernannt und regelmäßig versetzt, ebenso die Leiter der mehr als 30 Regierungsbezirke (*kun*). Die Beamten arbeiteten eng mit den lokalen Eliten zusammen, die das Personal für die unteren lokalen Verwaltungen (*hyangni*) aussuchten. Die lokale Elite engagierte sich in der Verwaltung des Staates, wozu auch die Unterweisung der Bevölkerung gehörte. Regelmäßig wurden Treffen der lokalen Elite einberufen, bei denen die neue Ethik und neue rituelle Praktiken diskutiert und eingeübt wurden. Die lokalen Eliten sorgten sich um die moralische Erziehung wie um die Organisation von gegenseitiger Hilfe in Notzeiten.

Im Gegensatz zur Ming-Dynastie spielten Eunuchen in Korea keine politische Rolle, wodurch aufs Ganze gesehen die Position der Beamtenschaft gegenüber dem Herrscher in Korea günstiger war als in China. Auch das Zensorat gewann in Korea größeren Einfluss als in der Ming-Dynastie. Beamte wie auch der König mussten zu Vorwürfen aus dem Zensorat Stellung nehmen. Strittige Fragen ruhten bis zur Klärung der Vorwürfe.

Die politische Geschichte Chosŏns

König T'aejo

Nachdem Yi Sŏnggye die Macht der alten Eliten durch die umfassende Landreform von 1390 eingeschränkt hatte und auch der Buddhismus durch die Enteignungen sowie das Verbot der Neugründung von Tempeln stark geschwächt worden war, zwang er König Kongyang zur Abdankung und ließ ihn im Exil ermorden. Er selbst wurde 1392 von der chinesischen Ming-Dynastie als erster König der Chosŏn-Zeit anerkannt und regierte unter dem Namen T'aejo

(Großer Ahnherr) von 1392 bis 1398. Um seine Hausmacht zu stärken, verlieh er zum Anlass der Dynastiegründung an Dutzende seiner Gefolgsleute den Titel »Verdienstvoller Untertan« (*kongsin*), der mit Landbesitz, Privilegien und Sklaven einherging. Diese Praxis wurde von vielen seiner Nachfolger bis 1728 beibehalten.[259] Die Hauptstadt des neuen Reiches wurde Hanyang, das heutige Seoul. In der geomantisch günstig gelegenen Stadt wurden ein Regierungs- und ein Wohnpalast errichtet, dazu ein königlicher Ahnenschrein (*chongmyo*) und ein Altar für den Gott des Getreides.

Während König T'aejos Regierungszeit brachen blutige Machtkämpfe zwischen seinen Söhnen um die Nachfolge aus, weswegen er abdankte und ins Kloster ging. Sein ältester Sohn riss die Macht an sich, doch nach weiteren Brudermorden sicherte sich Yi Pangwŏn 1400 als König T'aejong (reg. 1400–1418) den Thron. Er zentralisierte die militärische Kontrolle, schuf eine brauchbare Regierungsstruktur und stabilisierte die Finanzen. Im Jahr 1400 wurden alle privaten Armeen aufgelöst, und privater Waffenbesitz wurde verboten. Es gab zwar militärische Staatsprüfungen, aber die militärische Führung und der Kriegsminister waren Zivilisten. Militärs waren von den Entscheidungen und Führungsaufgaben ausgeschlossen.

Die Macht des Buddhismus wurde unter T'aejongs Herrschaft weiter beschnitten. 1406 begrenzte er die Zahl der Klöster und Tempel auf 242, alle anderen wurden aufgelöst und ihr Land verstaatlicht.

König Sejong

König Sejong (reg. 1418–1450) war einer der bedeutendsten Herrscher in der koreanischen Geschichte. Er ließ 1443 *han'gŭl*, die koreanische Schrift oder »Schrift des Han-Volkes«, entwickeln, ein leicht zu erlernendes Alphabet aus 28 Buchstaben, das es ermöglichte, die koreanische Sprache zu schreiben. Die Alphabetschrift nahm wahrscheinlich Anleihen vom mongolischen Phags-pa. 1446 wurde das Han'gŭl Nationalalphabet und fortan auch als *hunmin chŏng'ŭm* bezeichnet, »das Volk die richtige Aussprache lehren«.

Zuvor wurden in Korea allein die chinesischen Schriftzeichen verwendet, und Texte wurden fast ausschließlich in chinesischer Sprache verfasst. Der erste Text, der 1447 in der koreanischen Alphabetschrift Han'gŭl gedruckt wurde, war ein Langgedicht, in dem die Errungenschaften der Dynastiegründer gepriesen wurden. Auch nach der offiziellen Propagierung des Han'gŭl-Alphabets verweigerten sich die meisten Gelehrten dieser Neuerung zur Niederschrift des Koreanischen. Für den amtlichen Gebrauch wurde Han'gŭl erst 1894 eingeführt. In der Belletristik und bei den Frauen setzte sich die neue Schrift aber sehr schnell durch.

König Sejong richtete 1420 eine königlich-konfuzianische Akademie ein, die »Halle zur Versammlung der Ehrenwerten« (*chiphyŏnjŏn*), und förderte verschiedene Publikationen. Er ist als technisch interessierter und begabter Monarch bekannt, der zum Beispiel astronomische Uhren erfand und bauen ließ, die landwirtschaftlichen Erträge durch die Propagierung einer besseren Düngung steigerte sowie Bewässerungsanlagen bauen und ein System zur Klassifizierung und Registrierung von Land einführen ließ. Darüber hinaus verbreitete er Münz- und Papiergeld, konnte sich damit aber nicht durchsetzen. König Sejong war auch auf musikalischem Gebiet aktiv. Was den Buddhismus anbetraf, folgte er dem Beispiel seines Vorgängers und reduzierte 1424 die Zahl der Klöster und Tempel auf 36. Er siedelte Bauern aus dem Süden im Norden bis zum Amnok/Yalu an, der nun der Grenzfluss zum Ming-Reich war, und errichtete sechs Grenzbefestigungen.

König Sejo und seine Nachfolger

Der Tod Sejongs leitete eine Periode der Schwäche des Königshauses ein. König Munjong starb nach nur zweijähriger Regierungszeit 1452, und sein Sohn Danjong war noch ein Kind, als er daraufhin König wurde. Er stand unter der Dominanz des zwölfköpfigen Staatsrates (*ŭijŏng-bu*), der von drei Ministern (*samgong*) geführt wurde. Die Minister berichteten nicht mehr dem König, sondern dem Staatsrat. Prinz Suyang, der Onkel Danjongs und jüngere Sohn Sejongs, ging gegen diese Entmachtung des Königs gewaltsam vor.

Er brachte einige Mitglieder des Staatsrates sowie einen jüngeren Bruder um, der seine Pläne abgelehnt hatte, und machte sich selbst zum Vorsitzenden des Staatsrates. 1455 zwang er schließlich seinen Neffen zum Rücktritt und bestieg selbst den Thron. Unter dem Namen Sejo (reg. 1455–1468) beschnitt er die Macht des Staatsrates und führte selbst die Regierungsgeschäfte. Unterstützt wurde er dabei von insgesamt 119 Verdienstvollen Untertanen, die er im Laufe seiner Regierung auszeichnete und mit Land, Sklaven sowie Privilegien versorgte. Die »Halle der Ehrenwerten« schaffte er dagegen ab, da ihn die vielen Vorhaltungen der Gelehrten ärgerten.

König Sejo reformierte die Beamtenauswahl und die Armeeverwaltung. Ein Streitpunkt dabei war die Versorgung der Beamten und ihrer Familien. 1466 hob er die Erblichkeit der Einkünfte aus bestimmten Beamtenländereien auf und begrenzte die Zuweisung von Land auf die Dienstjahre des Beamten. Gegen diese Regelungen erhob sich Widerstand, und das Tauziehen um Beamtenland dauerte lange an. Erst 1556 wurden alle erblichen Einkünfte aus Beamtenländereien abgeschafft und durch ein pekuniäres Besoldungssystem ersetzt. König Sejo führte das kulturpolitische Programm Sejongs fort. Er gab wissenschaftliche Werke zur Geographie in Auftrag, ließ die Zusammenstellung des Gesetzeskodex beginnen und richtete ein eigenes Hofamt zur Publikation buddhistischer Schriften ein.

Die koreanische Geschichtsschreibung geriet beim Streit um die Behandlung des blutigen Staatsstreichs, der zur Thronbesteigung König Sejos führte, zwischen die politischen Lager der Beamten. Die *sallimp'a* (die »Gelehrten aus den Bergen und Wäldern«), die Leistungselite, opponierten gegen die Verdienstvollen Untertanen, den Meriten-Adel. Kim Chongjik (1431–1492), ein strenger Neokonfuzianer, war ein *sallim* und gehörte zu den Kritikern des Staatsstreichs von Sejo. Der junge König Sŏngjong (reg. 1469–1494, ein Enkel Sejos), dessen Lehrer Kim Chongjik war, teilte die rigorosen moralischen Ansichten der *sallimp'a* und berief die *sallim* in hohe Ämter, wodurch eine neokonfuzianische Restauration eingeleitet wurde. Doch der nachfolgende regierende Herrscher Yŏnsan'gun (reg. 1494–1506), der wegen seiner Unfähigkeit auf Betreiben seiner Beamten abgesetzt wurde und deswegen auch nur den Titel eines Prinzen (*gun*) zugestanden bekam, ließ Kritiker des Staatsstreiches hinrichten und weitere Gelehrte vom Hof verbannen.

Yŏnsan'gun war berüchtigt für seine Ausschweifungen, Grausamkeit und Liebe zum Prunk. Zuerst paktierte er mit dem Meriten-Adel. Als er jedoch gegen Ende seiner Regierungszeit erfuhr, dass seine Mutter 1482 gezwungen worden war, sich zu vergiften, begann er 1504 eine Säuberungswelle unter den Beamten und Gelehrten des Meriten-Adels. In deren Verlauf wurden auch buddhistische Tempel zerstört. Unter den nachfolgenden Königen Chungjong und Myŏngjong gab es 1519 und 1545 ebenfalls Gelehrtenverfolgungen, welche die tiefen Gräben zwischen den Königen und der gesellschaftlichen Elite zeigten. Insgesamt betrachtet gewann die neokonfuzianische *sallimp'a* jedoch wieder an Einfluss.

Entstehung der Parteiungen

Der Neokonfuzianismus wurde im 15. und 16. Jahrhundert sowohl als scharfe Waffe zur Beseitigung von Konkurrenten wie auch als Mittel zur Stärkung selbstherrlicher Könige benutzt. Der machtpolitische Streit wurde daher als akademische Kontroverse unterschiedlicher Gruppierungen ausgetragen.[260] Aus ihnen entstanden im Jahr 1575 Parteiungen, die nach der Lage der Residenzen ihrer Meinungsführer in Seoul Westparteiung, eigentlich »West-Personen« (*sŏin*), und Ostparteiung (also »Ost-Personen«, *tongin*) genannt wurden. Jede Gruppe berief sich jeweils auf divergierende Auslegungen der neokonfuzianischen Lehre. Da die Loyalität zu den Vorfahren gemäß der konfuzianischen Ideologie nicht hinterfragbar war, gehörten die Nachkommen von Beamten schon bei ihrer Geburt einer bestimmten Parteiung an. Die Ostparteiung spaltete sich im Jahr 1592 nochmals in eine Nordparteiung (»Nord-Personen«, *pugin*) und eine Südparteiung (»Süd-Personen«, *namin*), die jeweils noch weitere Untergruppen bildeten. Diese Parteiungen blieben bis zum Jahr 1864 bestehen, wobei die Westparteiung ab 1623 meist dominierte.

König Sŏnjo und der Imjin-Krieg

Bis zur Zeit König Sŏnjos, der von 1567 bis 1608 regierte, hatte Chosŏn viel von seiner Vitalität verloren. Die zweihundertjährige Friedenszeit hatte dazu geführt, dass Grenzsicherung und Verteidigung vernachlässigt wurden. In den neunziger Jahren des 16. Jahrhunderts erlebte Korea eine Krisenzeit, als der japanische Militärführer und Regent Toyotomi Hideyoshi (1536–1598) versuchte, Korea zu erobern. Seine Ambitionen gingen allerdings über Korea hinaus. Er wollte China einnehmen und Japan in Ostasien an dessen Stelle setzen. Niemand in Korea und erst recht nicht in China konnte derartige Vorstellungen ernst nehmen, doch Korea selbst war davon durchaus bedroht. Nach langen, von Missverständnissen geprägten Verhandlungen begann am 23. Mai 1592 mit der Landung eines Vorkommandos von 52 000 Mann der 158 000 Mann starken japanischen Invasionsarmee in Pusan der sogenannte Imjin-Krieg (1592–1598, kor. *Imjin waeran*; jap. *Bunroku keichō no eki*, Kriege der Zeit der Regierungsdevisen Bunroku und Keichō).[261] Es fanden zwei große Feldzüge statt. Toyotomi Hideyoshi, der die Feldzüge von der Burg Nagoya (heute Karatsu in der Präfektur Saga) aus leitete, war zuversichtlich, dass er Korea leicht erobern könnte.

Zur Zeit der ersten Invasion war der koreanische Hof in mehrere politische Lager gespalten. König Sŏnjo (reg. 1567–1608) war ängstlich und inkompetent. Anstatt zum Widerstand gegen die Japaner aufzurufen und sich dem Feind entgegenzustellen, erwog er, ins chinesische Liaodong zu fliehen. Schließlich bat er jedoch die Ming-Dynastie, deren Vasall seine Dynastie war, um Schutz. Den chinesischen Truppen, insgesamt 167 000 Soldaten, gelang es, Pjöngjang im Februar 1593 von den Japanern zurückzuerobern. Zusätzlich unterstützte der Ming-Hof die koreanischen Verteidiger mit mehreren Millionen *liang* Silber, und die koreanische Bevölkerung wurde für den Widerstand mobilisiert. Doch die nur schlecht ausgerüsteten koreanischen Soldaten waren kein schwieriger Gegner für die schon mit Musketen bewaffneten japanischen Krieger.

Unter der Führung des Admirals Yi Sunsin (1545–1598) konnten allerdings einige wichtige Schlachten gewonnen werden. Seine wenigen feuerfest gepanzerten Kriegsschiffe, die »Schildkrötenschiffe« (*kŏbuksŏn*), die den japanischen Kriegsschiffen technisch weit überlegen waren, halfen, den Seeweg nach Korea zu kontrollieren und damit den Nachschub für die japanischen Truppen abzuschneiden. Angeblich soll der Admiral 375 japanische Schiffe versenkt oder gekapert haben.

Nach der verlorenen Schlacht bei Haengju zogen sich die japanischen Truppen zunächst zurück und nahmen Verhandlungen auf. Die Japaner forderten eine Teilung Koreas zu ihren Gunsten, die Ming-Unterhändler verlangten dagegen, dass sich Hideyoshi dem chinesischen Tributsystem unterzuordnen habe. Die Verhandlungen scheiterten. Die zweite japanische Invasion war dadurch für Hideyoshi unvermeidlich geworden. Sie fand im Januar 1597 im Süden Koreas mit mehr als 140 000 Soldaten statt. Es gelang Admiral Yi Sunsin mit Hilfe von »Schildkrötenschiffen«, in der Schlacht von Noryang am 16. Dezember 1598 große Teile der japanischen Flotte zu zerstören. Er selbst kam dabei ums Leben. Auch dieses zweite japanische Invasionsheer, das schnell durch Krankheit und Kälte um ein Drittel reduziert war, konnte das Kriegsziel nicht erreichen. Hideyoshi war bereits am 18. September 1598 gestorben. Um günstige Abzugsbedingungen aushandeln zu können, wurde sein Tod zunächst geheim gehalten. Sein Nachfolger wurde ab 1603 Tokugawa Ieyasu. Erst 1606 nahmen Chosŏn und Japan wieder friedliche Beziehungen zueinander auf. Der Frieden hielt danach fast 300 Jahre.

Die Folgen des Imjin-Krieges

Die Folgen des Krieges waren für Chosŏn verheerend. Die japanischen Plünderungen und Brandschatzungen, die erlittenen Verluste an Soldaten, aber auch die Zerstörung der Melderegister und Archive lähmten den Staatsapparat auf Jahrzehnte. Schätzungen gehen von bis zu zwei Millionen Toten oder nach Japan verschleppten Koreanern aus. Die Zahlen hätten etwa 20 Prozent der Bevölkerung entsprochen. Andere Berichte nennen etwa 126 000 getötete Koreaner, deren Ohren und Nasen zum Begräbnis nach Kyōto gebracht wurden, sowie sechzig- bis siebzigtausend Verschleppte. Unter ihnen waren vor allem einfache Leute und Handwerker, aber auch einige Gelehrte, die wichtige Aufzeichnungen über die damalige Situation in Japan hinterlassen haben; zu ihnen gehörte der Philosoph Kang Hang (1567–1618), der den Neokonfuzianismus nach Japan brachte. Auch Kunstschätze und chinesische Bücher wurden als Beute nach Japan transportiert.

Die nach Japan verschleppten Koreaner verbreiteten dort neue Ackerbautechniken und Nutzpflanzen (Kürbis, Tabak und Paprika) und Handwerkstechniken in der Keramik. Diejenigen von ihnen, die nach einigen Jahren nach Korea zurückkehren konnten, waren wegen ihrer in Japan erlernten militärischen Kenntnisse gefragt. Einige Koreaner wurden von ihren japanischen Herren an Händler weiterverkauft, die sie nach Indien oder sogar bis nach Italien mitnahmen.

Nach dem Imjin-Krieg schrieb der koreanische Höchste Staatsrat und Oberkommandierende (*che'ch'alsa*) Yu Sŏngnyong (1542–1607) einen Bericht über die Ereignisse, den er *Chingbirok* (Buch der Selbstvorwürfe und der Wachsamkeit) nannte, nach einem Zitat aus dem chinesischen Klassiker *Shijing* (Klassiker der Oden). Er versuchte, moralische Lehren aus dem Krieg zu ziehen, um ähnliche Krisen in der Zukunft zu vermeiden und die Welt durch die Vermehrung von Wissen und durch soziale Reformen zu verbessern.

Gegenüber den Mandschuren verhielt sich Chosŏn zunächst sehr vorsichtig. König Injo (reg. 1623–1649), der 1623 durch einen Staatsstreich auf den Thron gelangte, suchte die Annäherung an die Ming-Dynastie für den Kampf gegen die Mandschuren, scheiterte jedoch und musste 1637 den Mandschuren seine Tributgefolgschaft erklären.

3. Japan: Die Muromachi-Zeit (1336–1573), die Momoyama-Zeit (1573–1598) und die Einigung Japans

Die politische Führung

Anders als China und Korea wurde Japan nicht von einer konfuzianischen Beamtenschaft verwaltet, die nach entsprechenden Prüfungen im Auftrag des Herrschers in der Zentralverwaltung wie in den Provinzen für bestimmte Amtszeiten Dienst tat. Die Aufspaltung in eine Reihe kleiner Fürstentümer und damit der Aufstieg von unabhängigen Territorialfürsten (*daimyō*), die über sie herrschten, waren im System des Staatsaufbaus angelegt. Obwohl in Japan der Tennō-Hof und das Shōgunat getrennt existierten, wurde Japan weder vom Tennō noch vom Shōgun, sondern von Militärgouverneuren im tagtäglichen Geschäft regiert. Der Tennō war auf rituelle Funktionen beschränkt und vom Shōgun vollkommen abhängig, weil er keine nennenswerten eigenen Einkünfte hatte. Go-Nara Tennō (reg. 1527–1557) musste seine Thronbesteigung zehn Jahre lang, bis 1536, aufschieben, da der Shōgun sich weigerte, die Kosten zu übernehmen. Er soll sogar eigene Kalligraphien verkauft haben, um etwas Geld in die Schatulle zu bekommen. Bei seinem Großvater Go-Tsuchimikado Tennō (reg. 1465–1500) fehlten sogar die Mittel für die Beisetzung, so dass der Leichnam mehrere Wochen lang gelagert werden musste.

Die tatsächliche Macht lag zu Beginn der Muromachi-Zeit beim Shōgun aus dem Haus Ashikaga, der das Land durch die Einsetzung von Militärgouverneuren (*shugo*) regierte. Zwei Drittel der insgesamt 21 Militärgouverneure gehörten zur Familie Ashikaga, die übrigen waren für weit von der Hauptstadt entfernte Regionen zuständig und hatten dort ihre Hausmacht. Sie unterstützten den Shōgun und erhielten dafür im Gegenzug zu Hause freie Hand.

Die Shōgune waren selbst ebenfalls Militärgouverneure über zwei Provinzen, was ihnen einen Teil ihrer Einkünfte verschaffte. Darüber hinaus generierten sie Einkommen aus der Vergabe von Handelslizenzen, forderten Abgaben von den Tempeln und Klöstern sowie von der Bevölkerung und erhoben Handelszölle. Die Militärgouverneure erfüllten neben ihren militärischen Funktionen die Aufgaben von hohen Beamten, und sie waren wichtige Vasallen des Shōguns. Mit ihm waren sie durch verwandtschaftliche Beziehungen eng verbunden. Sie besaßen allerdings nicht selbst das Land, über das sie herrschten. Zudem unterstanden ihnen nicht alle Familien aus dem Kriegerstand oder gar alle Waffenträger in ihrem Herrschaftsgebiet. Bewaffnete lokale Magnaten (*kokujin*) schlossen sich vielmehr immer häufiger zusammen und erkannten den Militärgouverneur nicht mehr an. Das machte die Militärgouverneure verwundbar und brachte sie in der Regel dazu, den Shōgun zu unterstützen.

Der stellvertretende Shōgun (*kanrei*) war der wichtigste Amtsträger in diesem System. Er stammte normalerweise aus einer der drei Familien Shiba, Hatakeyama oder Hosokawa. Sie waren enge Verwandte des Shōguns und Militärgouverneure über die reichsten Provinzen des Landes. Wenn diese Gruppe der mächtigsten drei Militärgouverneure, von denen einer zusätzlich das Amt des stellvertretenden Shōguns innehatte, geschlossen hinter dem Shōgun stand, war seine Stellung unangreifbar. Wenn sich diese drei Familien allerdings zerstritten, rissen sie das gesamte Land in ihren Streit mit hinein.

Die Struktur der grundsätzlich auf Lebenszeit eingesetzten Militärgouverneure förderte die Verselbständigung einzelner Regionen. Da die Militärgouverneure darüber hinaus meist in Kyōto residierten und die tatsächliche Machtausübung in der Provinz anderen überließen, wurde in der Muromachi-Zeit die Frage nie gelöst, wie die Provinzen und die Zentrale fest zusammengehalten werden könnten.

Die Periode des Südlichen und Nördlichen Hofes (1336–1392)

Nach dem Ende des Kamakura-Shōgunats im Jahr 1333 versuchte Go-Daigo Tennō (reg. 1318–1338) 1334 in der sogenannten Kemmu-Restauration die kaiserliche Autorität in Kyōto wiederherzustellen, doch seine Feldherren Ashikaga Takauji (1305–1358) und

Nitta Yoshisada (1301–1338) kämpften bereits um die Vorherrschaft in der Kantō-Region. Takauji ging aus der Auseinandersetzung als Sieger hervor. Go-Daigo Tennō, der von Yoshisada unterstützt wurde, musste nach Yoshino in die Berge südlich von Kyōto fliehen. 1336 inthronisierte Takauji Kōmyō Tennō (reg. 1336–1348), einen Cousin von Go-Daigo Tennō, als Gegenkaiser und schlug sein Hauptquartier im Stadtteil Muromachi von Kyōto auf, also nahe beim Sitz des Tennō, den er so kontrollieren wollte. Wegen der Lage des Hauptquartiers wird die Zeit des Ashikaga-Shōgunats auch Muromachi-Zeit genannt. 1338 ließ sich Ashikaga Takauji zum Shōgun ernennen. Er selbst regierte bis 1358, das Shōgunat blieb bis 1573 in den Händen seiner Familie.

Zwischen 1336 und 1392 gab es also zwei Tennōs, von denen jeder aus einer kaiserlichen Familienlinie stammte und für sich beanspruchte, der legitime Herrscher zu sein. Bis 1392 bestanden daher auch zwei Höfe: der nördliche von Kōmyō Tennō in Kyōto und der südliche des Go-Daigo Tennō und seiner Söhne in Yoshino. Deswegen heißt die Zeit auch die Periode des Südlichen und Nördlichen Hofes (*Nambokuchō*), nach dem Vorbild der chinesischen Nördlichen und Südlichen Dynastien. Die Frage, wer der rechtmäßige Tennō war, wurde schließlich von Ashikaga Yoshimitsu (reg. 1368–1395), einem Enkel Takaujis, durch das Versprechen gelöst, die Herrschaft zwischen den konkurrierenden Höfen alternieren zu lassen. Dieses Versprechen brach er jedoch bald zugunsten des Nördlichen Hofes. Yoshimitsu, der sich aus dem öffentlichen Leben bereits zurückgezogen hatte, und nicht der Tennō nahm 1402 den Titel »König von Japan« vom Ming-Kaiser an. Er erhielt damit wie ein Vasall des Ming-Reiches die Erlaubnis, den Kalender und die Regierungsdevisen der Ming zu benutzen.

Die Aufspaltung und der daraus resultierende Bürgerkrieg machten den Nachbarn Japans im 14. Jahrhundert das Leben schwer: Anfragen der Yi-Dynastie aus Chosŏn, die vom Ashikaga-Shōgunat ein Einschreiten gegen die Piratenplage verlangten, wurden mit Verweis auf den für Kyūshū, den Hauptstützpunkt der Piraten, zuständigen Südlichen Hof abgewiesen. Ein ähnliches Anliegen an den »König von Japan« aus dem Jahr 1369, das die Ming-Dynastie um die Forderung ergänzt hatte, sich dem Tributhandelssystem der Ming anzuschließen und sie, die Ming, als Oberherren anzuerkennen, wurde von einem Prinzen des Südlichen Hofes abgelehnt, der offenbar selbst in Piratenaktivitäten verstrickt war.

*Der Ōnin-Krieg (1467–1477) und die Zeit der Kämpfenden Reiche (*Sengoku-jidai*, 1467–1568)*

Die Ashikaga-Shōgune wurden im frühen 15. Jahrhundert immer abhängiger von mächtigen Fürsten. Insbesondere die Familien Hosokawa, Hatakeyama und Yamana, aus denen die Stellvertreter des Shōguns stammten, waren zu großem Einfluss gelangt. Ein Streit im Haus Hatakeyama in den 1450er Jahren um die Nachfolge im Amt des einflussreichen Militärgouverneurs (*shugo*) wurde politisch und militärisch zwischen den Anhängern der Lager eines Neffen und eines Sohnes des amtierenden Militärgouverneurs ausgetragen, der sich damals die Rechte eines Territorialfürsten (*daimyō*) aneignete. Der Shōgun und sein Stellvertreter konnten den Streit nicht schlichten, sondern wechselten selbst mehrmals die Seiten.

In den 1460er Jahren gab es einen ähnlich gelagerten Streit um die Nachfolge des Shōguns Ashikaga Yoshimasa (reg. 1449–1474). In diesem Fall kämpften Anhänger seines jüngeren Bruders, der zunächst zum Nachfolger bestimmt worden war, gegen Yoshimasa, der seinen 1465 geborenen Sohn Yoshihisa einsetzen wollte. Dieser Konflikt, der die wichtigsten Familien, die durch Heiraten eng miteinander verflochten waren, gegeneinander aufbrachte, führte 1467 zum Ausbruch des Ōnin-Kriegs, genannt nach der Zeit der Regierungsdevise Ōnin (1467–1469), der bis 1477 andauerte. Kyōto und sein Umland wurden in diesem Krieg verwüstet. Paläste und Wohnhäuser, aber auch Tempel wurden ein Raub der Flammen; Geiseln und Gefangene wurden hingemetzelt. Am Ende des Krieges erbte der neue Shōgun Yoshihisa (reg. 1474–1489) eine völlig zerstörte Stadt. Eine Verwaltung existierte nicht mehr, und die Militärgouverneure waren von ihren Anhängern abhängig, die Belohnungen für die Unterstützung im Krieg forderten. Yoshihisa kam 1489 bei dem Versuch ums Leben, einen seiner abtrünnigen Vasallen wieder unter seinen Einfluss zu bringen. Obwohl das Shōgunat nominell weiterbestand, war die Autorität der Ashikaga-Shōgune nach dem Ōnin-Krieg stark geschwächt.

Der Kampf der Familien der Militärgouverneure, die um Titel und die Kontrolle der Landbesitzungen in der Provinz stritten, verlief nicht besser. Die Vasallen und Anhänger der verschiedenen Lager wechselten häufig die Seiten und fochten Duelle gegeneinander aus, wenn sie ihre Ehre verletzt sahen. So stärkte der Ōnin-Krieg die Autonomiebestrebungen der Militärgouverneure und der Territorialfürsten. Sie erließen nun eigene Gesetze für ihre Territorien und regelten Wirtschaft und Rechtswesen selbständig, gründeten Burgen und Märkte, förderten den Bergbau und kontrollierten den Handel. Allerdings zog kein Friede im Land ein. Die Landesherren führten über viele Jahrzehnte gegeneinander Vernichtungskriege, weshalb diese Epoche, die etwa 100 Jahre, von 1467 bis 1568, dauerte, die »Zeit der Kämpfenden Reiche« (*Sengoku-jidai*) genannt wird.

Lokale Bündnisse und Aufstände (*ikki*)

Der Niedergang der Autorität der territorialen Herren ließ lokale Bündnisse entstehen, in denen sich lokale Magnaten (*kokujin*) gegen ihre aristokratischen, militärischen oder religiösen Herren zusammenschlossen.[262] 1487 gab es in Yamashiro den ersten provinzweiten Zusammenschluss dieser Art. Die kriegerischen Bündnisse organisierten den Widerstand in den Dörfern, plünderten, brandschatzten und töteten. Immer wieder fanden sich in und um Kyōto Gruppierungen zusammen, welche die Streichung von Schulden bei den Geldverleihern forderten. Geldverleiher waren unverzichtbar für die Aristokraten, Krieger, Städter und Bauern sowie bald auch für die Shōgune. Sie machten oft Karriere als Verwalter shōgunaler Schatzkammern, oder sie wurden Steuereintreiber, wofür sie zehn Prozent der Einnahmen erhielten. Auf lange Sicht profitierten von diesem Arrangement allerdings die Geldverleiher, nicht die Shōgune.

Erst 1536 schloss sich die Bevölkerung Kyōtos unter Leitung der Geldverleiher gegen die Bündnisse zusammen. Zuvor hatte sich die Bevölkerung bereits in Nachbarschaften organisiert, welche die Aufgaben von Polizei, Miliz und Feuerwehr übernahmen. Die Nachbarschaften befestigten die nach den Kriegen noch verbliebenen Teile der Stadt und warben Söldner an, wenn der Shōgun die Stadt nicht verteidigen konnte. Die Geldverleiher finanzierten viele dieser Aufgaben. Sie engagierten sich darüber hinaus beim Bau von befestigten Tempeln der Lotos-Sekte, die das religiöse Leben der einfachen Bevölkerung bestimmte.

In vielen Städten übernahm das Lotos-Bündnis (*hokke ikki*) die Verwaltung. Zehntausende Anhänger der Lotos-Sekte schlossen sich diesem Bündnis an, das bald nicht nur die Städte durch ihre Milizen verteidigte, sondern auch militärische Befehlshaber angriff und gegen andere buddhistische Schulen vorging. Mönche des Enryaku-ji, von dem die Geldverleiher in der Vergangenheit abhängig gewesen waren, organisierten 1536 den Widerstand gegen das Lotos-Bündnis zunächst in Ōmi, dann auch in Kyōto und in anderen Städten. Die Mitglieder des Bündnisses und alle, die als Anhänger der Lotos-Sekte galten, wurden umgebracht, Kyōto und andere Städte verwüstet.[263]

Die Einigung Japans durch die drei Kriegsherren bis 1600

Das Machtvakuum an der Spitze ließ nicht nur Bündnisse verschiedenster Art in der Bevölkerung entstehen, sondern führte auch dazu, dass im ganzen Land Kriegsherren aufstiegen. Zu ihnen gehörte die Klasse der Krieger, die *daimyō* (Großer Name) genannt wurde. Im Gegensatz zu den Militärgouverneuren waren sie vom Shōgunat nicht abhängig. Im 16. Jahrhundert bestand die Klasse der Daimyō nicht mehr nur aus Landbesitzern wie im 11. Jahrhundert oder aus vom Shōgun abhängigen Angehörigen des Schwertadels wie in der Kamakura-Zeit, sondern die ihr zugehörigen Kriegsherren hatten sich dank ihrer militärischen Kraft zu weitgehend unabhängigen Territorialfürsten entwickelt. Viele von ihnen waren gleichzeitig auch Militärgouverneure. Sie eroberten Land, das schlecht verteidigt war, oder es fiel ihnen durch Heirat zu. Mit dem Land übernahmen sie auch die Bevölkerung, die dort lebte, die Bauern und Dorfvorsteher ebenso wie die Samurai, die ihnen durch Eid verbunden waren. Die erfolgreicheren Daimyō waren bestrebt, ihr Territorium gut zu verwalten. Sie förderten die Bewässerung der Felder, erstellten Steuerregister, schlichteten Streit und pflegten den Handel. Pflichtbewusstsein, Gehorsam und Loyalität wurden belohnt. Aus der Gruppe der Daimyō heraus wurde Japan am Ende des 16. Jahrhunderts schließlich wieder vereinigt. Drei von ihnen, Oda Nobunaga, Toyotomi Hideyoshi und Tokugawa Ieyasu, die nicht zu den großen Daimyō-Familien der Zeit gehörten, eroberten nach und nach alle anderen Fürstentümer.[264] Doch erst nach der Schlacht von Sekigahara 1600 gewann Tokugawa Ieyasu endgültig die Kontrolle über das Reich.

Oda Nobunaga

Den drei mächtigen Kriegsherren der Momoyama-Zeit war die Bedeutung von Herrschaftsideologie durchaus bewusst. Bereits Oda Nobunaga (1534–1582), der erste der drei Kriegsherren, erklärte, dass er im Interesse des Reichs (*tenka*) und nicht im eigenen Interesse handele. Als Beweis seiner Ernsthaftigkeit ordnete er an, aus der Verwaltung seiner Domäne eine öffentliche Verwaltung (*kōgi*) zu machen. Nobunaga zog im Jahr 1568 mit einer vergleichsweise kleinen, aber sehr gut organisierten Bande von Samurai, die er auf sich eingeschworen hatte, nach Kyōto, um Ashikaga Yoshiaki als Shōgun einzusetzen. Als Yoshiaki aber allzu selbstbewusst wurde, vertrieb ihn Oda Nobunaga aus Kyōto und beendete damit 1573 das Ashikaga-Shōgunat.

Für die führenden Schichten in Japan vielleicht noch gefährlicher als das Lotos-Bündnis der 1530er Jahre war eine buddhistische Verbindung, die sich auf der Grundlage der Shin-shū-Schule des Wahren Reinen Landes gebildet hatte, das »Eines-Geistes-Bündnis« (*ikkō ikki*). Es lehnte jede weltliche Obrigkeit ab, organisierte den lokalen bäuerlichen Widerstand und verweigerte Steuerzahlungen. Gemäß seiner Deutung des Buddhismus des Reines Landes waren alle Menschen vor dem Gesetz Buddhas gleich. 1563 benötigte Tokugawa Ieyasu, ein Gefolgsmann Oda Nobunagas von niedrigster Abkunft, sechs Monate, um einen Großangriff dieser religiösen Privatarmeen niederzuschlagen. Daraufhin bauten sie ihr Hauptquartier im Tempel Ishiyama Hongan-ji bei Ōsaka zu einer Festung aus.

Nobunaga ging gegen die mächtigen buddhistischen Tempel vor. Seit Nobunaga sich zu Beginn seiner Karriere Land angeeignet hatte, das dem Tempel Enryaku-ji gehört hatte, zählte dieser zu seinen schärfsten Gegnern. 1571 brannte er den Tempel, dessen Mönche seit Jahrhunderten notorisch aufsässig waren, mit seinen 3000 Gebäuden auf dem Berg Hiei bei Kyōto nieder und massakrierte die Mönche. Andere Tempel und Klöster wurden unter Drohungen oder mit Gewalt teilweise enteignet und gezwungen, die Zahl der Mönche zu reduzieren. In Nobunagas Feldzügen gegen das »Eines-Geistes-Bündnis« zwischen 1570 und 1577 wurden Zehntausende seiner Anhänger umgebracht. Schließlich gelang es 1580, den Ishiyama Hongan-ji einzunehmen und zu zerstören. Davon sollten sich die buddhistischen Institutionen nicht mehr erholen.

Auch Nobunagas Verhältnis zum Kaiserhaus war nicht frei von Spannungen. Zwar unterstützte er das Kaiserhaus finanziell sowie mit Land, das er von seinen militärischen Gegnern erobert hatte, und nahm in den 1570er Jahren höfische Titel an, die ihm der Tennō verlieh. Diese Verwicklung in die Hofpolitik scheint ihm aber zu eng geworden zu sein, so dass er die Titel bald wieder aufgab. Sein Versuch, Ōgimachi Tennō (reg. 1557–1586) zur Abdankung zu zwingen und dessen ältesten Sohn, Prinz Sanehito, den Nobunaga adoptiert hatte, zu installieren, scheiterte. Nobunaga brauchte ebenso wie seine Nachfolger die Legitimation durch den Tennō, musste sich aber gleichzeitig durch Demonstrationen seiner militärischen Macht etwa durch Paraden und durch Bauprojekte wie die Errichtung seiner Festung, der Azuchi-Burg in der Nähe von Kyōto, gegen den Tennō behaupten. Sein Herrschaftsanspruch ging weit über Japan und auch Korea hinaus, was sich aus manchen Äußerungen gegenüber dem portugiesischen Jesuiten Luís Fróis (1532–1597) schließen lässt.[265]

Auf dem Gebiet der Wirtschaft erleichterte Oda Nobunaga den Handel. Er schwächte die Gilden, stärkte die Kaufleute und hob die Zollschranken innerhalb seines Territoriums auf. Er setzte die Tauschraten zwischen den verschiedenen im Umlauf befindlichen Münzen fest, kümmerte sich um die Steuerregister sowie die Kataster und ließ erstmals seit 958 wieder Münzen gießen. Nachdem einer seiner Generäle, Akechi Mitsuhide, der die wachsende Macht Oda Nobunagas fürchtete, am 21. Juni 1582 ein Attentat auf ihn verübt hatte, floh er in aussichtsloser Lage in die hinteren Räume des bereits brennenden Tempels Honnō-ji, tötete seinen ältesten Sohn, Oda Nobutaka, und beging danach rituellen Selbstmord durch Seppuku.[266] Der Attentäter wurde 13 Tage später von Nobunagas Nachfolger Toyotomi Hideyoshi getötet.

Toyotomi Hideyoshi und Tokugawa Ieyasu

Toyotomi Hideyoshi (1536–1598), der erst 1562 den Namen Hideyoshi angenommen und dem Nobunaga wegen seines hässlichen Äußeren den Spitznamen »Affe« (*saru*) gegeben hatte, war sich der historischen Leistung seines Vorgängers Nobunaga durchaus bewusst und setzte dessen Eroberungs- und territoriales Einigungswerk fort, bis 1590 ganz Japan unterworfen war. Hideyoshi förderte den Kult um Nobunaga und sorgte dafür, dass er vom Tennō den Status einer Gottheit verliehen bekam. Außerdem ließ er den kaiserlichen Palast in Kyōto wiederherrichten.

Hideyoshi, der keinerlei genealogischen Familienhintergrund hatte, benötigte für seine weitere Karriere einen offiziellen und höfischen Status. Darum ließ er sich von Konoe Sakihisa (1536–1612), der aus einer alten Hofadelsfamilie stammte, adoptieren und wurde damit in die Familie Fujiwara aufgenommen. Im Gegenzug adoptierte Hideyoshi eine Tochter Sakihisas, Konoe Sakiko, in die Familie Toyotomi. Sakiko wurde dann auf Drängen Hideyoshis mit dem Go-Yōzei Tennō (reg. 1586–1611) verheiratet. Wie schon zuvor Oda Nobunaga adoptierte Hideyoshi einen kaiserlichen Prinzen, den jüngeren Bruder Go-Yōzeis namens Kosamaru, bekannt unter dem Namen Hachijōnomiya Toshihito. 1585 ließ sich Hideyoshi zum

Kaiserlichen Regenten (*kampaku*) ernennen. Zeitgleich mit der Bestellung seines Neffen, des zu diesem Zeitpunkt als Erben vorgesehenen Toyotomi Hidetsugu (1568–1595), zum Kampaku wurde er 1591 zum Regenten im Ruhestand (*taikō*) ernannt. Sein engster Gefolgsmann Tokugawa Ieyasu, der später sein Nachfolger werden sollte, wurde mit den acht Kantō-Provinzen belohnt.

Obwohl Hideyoshi über enorme Finanzquellen verfügte, ließ er die Daimyō, die sich ihm unterworfen hatten, für Bauprojekte wie seine Burg in Ōsaka und seine Palastburg Jurakudai in Kyōto bezahlen. Auch wurden sie aufgefordert, die Bewohner ihrer Domänen nach ihrem jeweiligen Stand (Samurai, Bauer, Städter) zu erfassen. Die Daimyō mussten zudem bei Bedarf Truppen stellen. Um seine Herrschaft ideologisch zu festigen, erklärte er seine direkte Abkunft von der Sonnengöttin, die in den Körper seiner Mutter eingezogen sei. Dies wurde in einem Nō-Theaterstück den Aristokraten, Daimyō und ausländischen Besuchern bekanntgegeben. Nach Hideyoshis Tod wurde er auf Bitten seiner Familie 1599 von Go-Yōzei Tennō in den Status einer Gottheit erhoben und als Toyokuni Daimyōjin (Strahlendste Gottheit des reichen Landes) verehrt.

Hideyoshi setzte sich ebenso wie sein Vorgänger für die Stabilität des Landes ein. Er ließ eine landesweite Erfassung des bebaubaren Landes vornehmen, sorgte für die Zerstörung nicht mehr benötigter Burgen und Befestigungen und versuchte, eine strenge Trennung zwischen Samurai und der einfachen Bevölkerung durchzusetzen. Ab 1588 durften nur noch Samurai zwei Schwerter tragen. Es war ihnen verboten, den Dienst zu quittieren, um beispielsweise Händler oder Bauern zu werden. Bauern wiederum durften ihre Felder nicht verlassen, um sich in der Stadt anzusiedeln. Diese Vorgaben wurden nicht überall gleichermaßen umgesetzt, blieben aber bis 1871 in Kraft.[267]

Bis zum 16. Jahrhundert hatte Japan in der Regel am Ende der Transferkette in Ostasien gestanden: Innovationen aller Art (Schrift, Philosophie, Religionen, Technik u. a.) hatten Japan über Korea aus China erreicht. Militärisch war Japan durch seine Insellage im Vorteil, was nun zum Tragen kam, da es über westliche

Waffen verfügte, insbesondere Musketen. Sie waren von portugiesischen Händlern 1543 nach Tanegashima, einer Insel südlich von Kyūshū, gebracht worden. Die Schusswaffen wurden in Japan nachgebaut, und um 1556 soll es dort bereits 300 000 Musketen gegeben haben. Diese Waffen waren ein wesentlicher Grund für die großen Anfangserfolge, welche die japanischen Truppen gegen die koreanischen und chinesischen Militärverbände erringen konnten.

Hideyoshi hatte 1592 wie oben beschrieben den Imjin-Krieg begonnen, um Korea und später auch China zu erobern. Auch wenn Japan den Imjin-Krieg nicht gewinnen konnte, hatte es sich als starke Regionalmacht gezeigt, mit der China und Korea rechnen mussten. In Ostasien war eine neue internationale Ordnung entstanden. Der Krieg hatte die drei Regionen Ostasiens sowie das Tributsystem, welches die diplomatischen Beziehungen regelte, in neuer Weise miteinander in Kontakt gebracht. Korea brauchte den Handel mit Japan, doch eine diplomatische Gleichrangigkeit von Korea und Japan war für das Shōgunat ebenso ausgeschlossen wie eine Unterordnung unter die Ming-Dynastie. So kamen direkte Handelsbeziehungen zwischen dem Shōgunat und der Ming-Dynastie nicht zustande. Japan verweigerte sich damit dem chinesischen Tributsystem, stieg aber trotzdem zu einer internationalen Macht auf, die sich ihr eigenes Tributsystem mit Korea, Ryūkyū, den Holländern und den Ainu aufbaute, das zwar klein, aber unabhängig von China war.[268] Deutlich wurde diese Bestrebung auch durch die Invasion des unabhängigen Ryūkyū im Jahr 1609, die als außenpolitischer Erfolg Japans gedeutet werden kann. Ebenso zulässig ist aber auch die Einschätzung, dass sich insgesamt betrachtet das chinesische System noch einmal durchgesetzt hatte, denn wer die chinesische Tributregelung nicht akzeptierte, blieb in Ostasien außerhalb der diplomatischen Ordnung.

Nach dem Tod Hideyoshis am 18. September 1598 konnte Tokugawa Ieyasu (1542–1616) nicht sofort seine Nachfolge antreten, da Hideyoshi einen Rat aus fünf Personen eingesetzt hatte, der für seinen noch kindlichen, 1592 geborenen Sohn Hideyori regieren sollte. Erst durch den Sieg in der Schlacht von Sekigahara im Oktober 1600 gelang es Tokugawa Ieyasu die Machtverhältnisse in Japan endgültig zu klären, das Shōgunat 1603 zu übernehmen und den Bürgerkrieg zu beenden. Er baute Edo zu seiner Residenzstadt aus. Der Verlierer der Schlacht von Sekigahara, Toyotomi Hideyori, zog sich in die Burg von Ōsaka zurück, die im Winter 1614 von Tokugawa Hidetada (reg. 1605–1622), dem dritten Sohn und Nachfolger Ieyasus, belagert und im Juni 1615 eingenommen wurde. Hideyori und seine Mutter begingen Selbstmord. Sein siebenjähriger Sohn wurde gefangen genommen und in Kyōto hingerichtet. Damit war die männliche Linie von Toyotomi Hideyoshi ausgelöscht.

B Gesellschaft und Wirtschaft: Gemeinsamkeiten und Besonderheiten

1. Gesellschaft

Es gab in Ostasien kaum soziale Mobilität, der Status eines Individuums war in der Regel erblich. Während das Militärische in der Ming- und vor allem in der koreanischen Chosŏn-Zeit verpönt war, bestimmte in Japan der Kriegerstand der Samurai mit seinem Ehrenkodex das gesellschaftliche Leben. In Japan konnten buddhistische Mönche trotz großer Rückschläge im 16. Jahrhundert weiterhin Einfluss ausüben, nicht zuletzt weil sie über Kenntnisse der chinesischen Sprache verfügten und damit als Diplomaten oder als Kulturvermittler wirken konnten. Der Neokonfuzianismus wurde in Japan von Zen-Mönchen bekannt gemacht. In China und Korea dagegen büßten die buddhistischen Mönche ihre vormals hohe Stellung wegen des wachsenden konfuzianischen Einflusses ein.

China

Die Generäle, die in China in den 1350er und 1360er Jahren den späteren Hongwu-Kaiser unterstützt hatten, erhielten erbliche Adelsränge und dienten am Hof. Die Bevölkerung wurde in Volk (*min*) und Militärfamilien (*jun*) eingeteilt, hinzu kamen Gruppen von Spezialisten wie Handwerker (*jiang*) und Ärzte (*yi*) sowie Angehörige des buddhistischen und daoistischen Klerus. Je nach ihrem Status leistete die Bevölkerung Steuerabgaben, Arbeitsdienste oder Militärdienst. Verurteilte Kriminelle und landlose Bauern wurden in den Norden geschickt, um die Regionen, die durch die Kämpfe am Ende der Yuan-Zeit entvölkert waren, wieder zu besiedeln. Militärkolonien sollten dort für Schutz vor den Mongolen sorgen und die Versorgung der Truppen sicherstellen.

Hongwu bemühte sich, mongolische Sitten und Gebräuche abzuschaffen und durch eine han-chinesische, konfuzianische Ordnung zu ersetzen. Die Heiratsgesetze wurden beispielsweise geändert und die Leviratsehe verboten. Auch wurde chinesische Kleidung vorgeschrieben. 1391 wurde die Reihenfolge der Ranginsignien (*puzi*) festgelegt, die auf den langen Jacken der zivilen und militärischen Beamten getragen wurden.[269] Vorschriften von 1458 und 1518 belegen, dass ebenso andere, frei erdachte Ranginsignien verwendet und auch Drachenroben (siehe Abb. 20, S. 520) getragen wurden. Ranginsignien waren bis zum Ende des Kaiserreiches unverzichtbar.

Vielleicht am wichtigsten für die kulturelle Neuausrichtung des Staates war die Gründung von Schulen. In einem Edikt von 1369 wurde konstatiert, dass während der Mongolenzeit die Ausbildung in den Schulen sehr gelitten habe. Die Lehren der Herrscher des Altertums (*xianwang*) über Kleidung und rechtes Verhalten seien mit den Vorstellungen der »Barbaren« vermischt worden, so dass die Unterschiede zwischen Hoch und Niedrig durcheinandergeraten seien. Männer würden nur noch Waffen, aber keine Opferzeremonien mehr kennen. Daher sei es nötig, im ganzen Land Schulen einzurichten, in denen konfuzianische Gelehrte die Schüler (die in erster Linie aus Beamtenhaushalten stammten, doch es konnten auch andere begabte Kinder darunter sein) in der Lehre der Weisen (*shengdao*) unterrichteten. So könnten die Lehren der Herrscher des Altertums wieder aufgerichtet und verschmutzende Bräuche beseitigt werden.[270]

Hongwus *Yuzhi zizhi tongxun* (Umfassende kaiserliche Anweisung zur Leitung des Landes), das 1375 fertiggestellt wurde, beschreibt in 14 Abschnitten, wie sich die einzelnen Gruppen in der Gesellschaft verhalten sollten. Die Beamten hatten ihre Daseinsberechtigung als Helfer des Herrschers: Sie waren seine Werkzeuge, um das Volk gut regieren zu können. Dafür wurden sie über Steuern und Abgaben, die der Herrscher ihnen zuteilte, vom Volk gern ernährt. Eine Funktion als Kritiker oder Lehrer des Herrschers hatten sie nicht. Gelehrte waren nach Ansicht Kaiser Hongwus für den Staat meistens unbrauchbar, weil sie keine praktischen Kenntnisse hätten und in ihrer Gelehrsamkeit nur Verwirrung stiften würden. Die Ursachen für gesellschaftliche Missstände wie pietätloses Verhalten, Schamlosigkeit und Gewalttätigkeit wurden in fehlendem Verständnis für Etikette (*li*) gesehen. Moralisches Fehlverhalten hatte demnach soziale Ursachen, weshalb die Notwendigkeit der Erziehung des Volkes erneut betont wurde.

Nach Ansicht Hongwus brachte ein höherer sozialer Status nicht von selbst ein moralisch besseres Verhalten hervor. Hongwu blieb immer misstrauisch gegenüber den Gelehrten und optimistisch, was die moralische Qualität der einfachen Bevölkerung anging. Ungebildete Eltern mit reinem Herzen würden ihre Kinder auch ohne Lehrer zu perfekter Tugend (*ren*) erziehen. Gefährlich für die gesellschaftliche Ordnung seien dagegen vor allem falsche Lehren. Deshalb müssten alle scheitern, die beispielsweise die Lehre vom Maitreya-Buddha verkündeten, während die Ming-Dynastie bestehen bleibe, weil der Kaiser als Auserwählter (*zhenren*) ein Instrument des Himmels (*shenqi*) für die Schaffung der Einheit des Reiches sei. Soziale Unordnung entstehe aus Unwissenheit, moralischem Versagen, Glaube an falsche Lehren und schlechtem Einfluss von außen. Daher liege die Lösung der Probleme in der Unterweisung, der Selbstdisziplin und der moralischen Überzeugung, aber auch in Strafen und in Maßnahmen zur kollektiven Sicherheit.

Staatliche Prüfungen

Die staatlichen Prüfungen zur Rekrutierung von Beamten, die in der Yuan-Zeit kaum eine Rolle gespielt hatten, wurden in der Ming-Zeit der wichtigste Weg in ein Amt. Die Vorbereitung auf die Prüfungen führte dazu, dass die Prüfungskandidaten im ganzen Reich dieselben Texte, nämlich vor allem die Vier Bücher sowie die Klassiker, lernten. Zu den Prüfungsinhalten gehörten auch Aufsätze zu tagespolitischen Fragen und das Abfassen offizieller Dokumente. Die schriftlichen Abhandlungen mussten gemäß dem Modell des sogenannten »Achtfüßigen Aufsatzes« verfasst werden. Die Komposition von Gedichten war in den Prüfungen der Ming-Zeit nicht mehr vorgesehen.

Prüfungen fanden auf drei Ebenen statt. Erfolgreiche Kandidaten auf der Ebene der Kreise erhielten den Titel *shengyuan* (Regierungsstudent), auf der Ebene der Provinzen den Titel *juren* (ausgewählter Mann) und auf der höchsten Ebene, bei der Prüfung in der Hauptstadt, den Titel *jinshi* (vorgeschlagener Gelehrter). Die Anzahl der erfolgreichen Jinshi war deutlich niedriger als in der Südlichen Song-Zeit. Während der Ming-Dynastie wurden pro Jahr durchschnittlich nur 89 Jinshi-Titel verliehen. Nachdem im Jahr 1397 bei der Palastprüfung nur Männer aus dem Süden bestanden hatten, ließ Kaiser Hongwu zwei der Prüfer hinrichten und testete alle Kandidaten noch einmal. Nun bestanden nur Männer aus dem Norden. Daraufhin wurden regionale Quoten eingeführt, die man in der Song-Zeit noch abgelehnt hatte. Sie garantierten den Kandidaten aus dem Norden ab 1427 gut ein Drittel der Titel. Während der Juren- und der Jinshi-Titel auf Lebenszeit verliehen wurde, mussten Träger des Titels Shengyuan ihren Status regelmäßig in Prüfungen bestätigen.

Korea

In der Chosŏn-Zeit etablierte sich in Korea eine neue gesellschaftliche Ordnung. An die Stelle der landbesitzenden Aristokratie und der einflussreichen buddhistischen Klöster der Koryŏ-Zeit traten als neue politische und gesellschaftliche Elite die *yangban*, die Zivil- und Militärbeamten. Anders als die Zivil- und Militärbeamten der früheren Koryŏ-Dynastie, die auch schon mit dem Terminus *yangban* bezeichnet worden waren, waren die Yangban der Chosŏn-Zeit professionelle Beamte nach konfuzianischem Muster. Der Beamtenstatus konnte nicht mehr vererbt werden, sondern war ausschließlich an den individuellen Erfolg in den staatlichen Prüfungen gebunden.

Ein staatliches Schul- und Hochschulsystem zur Vorbereitung auf die Prüfungen wurde eingerichtet. Auch wenn die Prüfungen anders als in China theoretisch allen (außer den Sklaven) offenstanden, konnten sich doch tatsächlich nur die Yangban die aufwendige und kostspielige Vorbereitung leisten. Sie waren von Dienstverpflichtungen und Kriegsdienst befreit, heirateten vorzugsweise untereinander und bildeten so schnell eine geschlossene soziale Gruppe, allerdings mit deutlichen Abstufungen innerhalb der Gruppe vor allem in Bezug auf die Abstammung und den Beamtenrang. Ab dem 17. Jahrhundert wurden aus den Yangban geadelte Grundbesitzer, die auf ihren Landgütern lebten. Die Hof- und Regierungsämter wurden oft nur noch nominell ausgeübt.

Der Yangban-Elite Koreas gelang es ebenso wie der Beamtenschicht in China, ihren steuerfreien Grundbesitz auszudehnen. Diese Regelung verringerte die Steuereinnahmen des Staates, der deshalb die Abgaben der Bauern erhöhte. Daher wurden die meisten Bauern im Laufe der Zeit zu Pächtern. Trotzdem mussten sie in Korea zusätzlich zu den Pachtzahlungen auch Grund- und Tributsteuern entrichten und überdies Wehrdienst sowie Arbeitsdienste leisten. Auch durften sie ihr Land nicht verlassen. Sie waren amtlich registriert und erhielten unter König Sejo (reg. 1455–1468) persönliche Ausweispapiere, womit dieser der um sich greifenden Landflucht Einhalt gebieten wollte. In Anlehnung an das chinesische Bürgschaftssystem sollten sich auch in Korea jeweils fünf Haushalte gegenseitig helfen und kontrollieren.

Zu den gesellschaftlichen Gruppen, die in China und Japan kaum eine Rolle spielten, aber in Korea bedeutsam waren, gehörten die Sklaven, »das verachtete Volk« (*ch'ŏnmin*). Sklaven konnten Privat- oder Staatssklaven sein. Ihr Status war erblich, und ein Aufstieg in eine höhere Gesellschaftsschicht war kaum möglich. Sie machten im 16. Jahrhundert schätzungsweise 20 bis 30 Prozent der Bevölkerung aus. In der Mitte des 17. Jahrhunderts mag der Prozentsatz immer noch etwa halb so hoch gewesen sein und die Gruppe der Sklaven etwa 200 000 Personen umfasst haben.

Staatliche Prüfungen

Im Prüfungssystem Koreas gab es viele Gemeinsamkeiten mit dem chinesischen Vorbild, aber auch einige Eigenheiten. Turnusmäßig fanden die Prüfungen ebenfalls alle drei Jahre statt. Auf dem niedrigsten Niveau gab es zwei Prüfungen im Abstand von etwa einem halben Jahr. Die ersten Prüfungen wurden in den Provinzen abgehalten, die Wiederholungsprüfungen am Ritenministerium in der Hauptstadt. Jeweils 100 Kandidaten mit Schwerpunkt Klassiker erwarben den Titel *saengwŏn* (chin. *shengyuan*) und 100 mit Schwerpunkt Literatur und Dichtkunst den Titel *chinsa* (chin. *jinshi*). Der »Achtfüßige Aufsatz« spielte in Korea im Gegensatz zu China keine große Rolle. Nach weiterer Ausbildung an staatlichen Hochschulen konnten *saengwŏn* und *chinsa* zwei weitere Prüfungen ablegen. Die Abschlussprüfung umfasste eine Reihe von Bereichen, wie das Abfassen von diplomatischen Schriftstücken, Aufsätze zu politischen Fragen und die Komposition von Gedichten. Die jeweils 33 Kandidaten, welche die Prüfungen bestanden, gelangten zur Palastprüfung. Sie entschied über die Reihenfolge der Prüflinge. Der Prüfungsbeste erhielt den 6. Beamtenrang, die beiden nächsten den 7. Rang, die folgenden sieben Rang 8 und die übrigen 23 Rang 9. Ähnlich war das Verfahren bei den militärischen Prüfungen.

Lokale Selbstorganisation in China und Japan

Die lokale Ming-zeitliche Gesellschaft organisierte sich nicht nur als Selbstverwaltungssystem (*lijia*) innerhalb der Gemeinden und Zehntschaften, sondern baute freiwillige Vereinigungen auf, zu denen Angehörige der lokalen Elite ebenso wie die einfache Bevölkerung gehörten. Derartige Vereinigungen entstanden zur Unterstützung von Tempeln und zur Organisation von Tempelfesten. Familienverbände schlossen sich zusammen, um zum Beispiel Schulen für ihre Angehörigen einzurichten oder gemeinsam ihre Ahnen zu verehren. Händler aus einer Region bauten Netzwerke auf, um sich gegenseitig unterstützen zu können. Einige der neuen Vereinigungen ähnelten den von Zhu Xi vorgeschlagenen Gemeindeverträgen, in denen sich die Untertanen verpflichten sollten, gegenseitig ihre Fehler zu korrigieren, einander zu unterstützen und diejenigen auszuschließen, welche sich den Regeln widersetzten. Da die Unterschiede zwischen Arm und Reich groß waren, sah es die lokale Elite zunehmend als ihre Aufgabe an, den Zusammenhalt der Menschen in ihrem Umfeld durch Gemeindeverträge zu stärken, Wohlfahrtsorganisationen zu finanzieren oder auf andere Art die Infrastruktur zu verbessern. Die fehlende Präsenz des Staates auf dem Land erlaubte die Selbstorganisation der Bevölkerung, welche aufgrund des hohen Ethos, das insbesondere die Gebildeten hatten, erstaunlich gut funktionierte.

Auch in Japan organisierte sich die Bevölkerung der Dörfer und Städte oft selbst und erreichte eine weitgehende Autonomie gegenüber den vormaligen Grundherren. Rechte an Land konnten nun übertragen und gehandelt werden. Sie waren nicht mehr an Amt und Status gebunden, wie das in der Kamakura-Zeit der Fall gewesen war. Die Führung lag bei den örtlichen Eliten, die oftmals zugleich im Kriegsdienst der Landesherren standen. In einigen Regionen nahmen diese Dorfgemeinschaften die Form von um einen Schrein organisierten Gemeinden an.

Die Landwirtschaft wurde von selbständig wirtschaftenden Bauern und auch von einem Heer von Pächtern betrieben. Der erste Eindruck eines vergleichsweise selbstbestimmten Lebens der einfachen Landbevölkerung ist aber unvollständig. Ernteausfälle hatten Hungersnöte zur Folge, welche viele in eine Leibeigenschaft zwangen, die sich nicht sehr von Sklaverei unterschied und über Generationen bestehen blieb. Die Bewohner ganzer Dörfer suchten in den Bergen Zuflucht vor Steuereintreibern oder versteckten sich vor der Einberufung zu Arbeitsdiensten. Zeitweilige Zuflucht konnten Menschen auf Märkten und in anderen neu entstehenden Zentren finden, ebenso an Tempeleingängen oder auf Friedhöfen. Wer die Gewänder der Leprakranken anzog, konnte sich ebenfalls vor den Verpflichtungen der Gesellschaft retten; er hatte dann allerdings auch keinen Anteil mehr am gesellschaftlichen Leben. Leprakranke wurden ähnlich wie in Europa aus der Gemeinschaft ausgestoßen und fristeten ihr Leben mit den unreinen Tätigkeiten als Gerber, Schlachter und Totengräber.[271]

2. Die Situation der Frauen

China

Die Lage der Frauen in Ostasien erfuhr vom 14. bis 17. Jahrhundert große Veränderungen. Der Hongwu-Kaiser förderte ein orthodoxes konfuzianisches Geschlechterverhältnis. Die Frauen waren zu Gehorsam gegenüber dem Vater, dem Ehemann und schließlich dem ältesten Sohn verpflichtet. Sexuelle Reinheit und Keuschheit wurde zur höchsten Tugend der Frauen erhoben, und es gab Belohnungen für die Familien, in denen sich Frauen nach dem Tod ihres Mannes umbrachten oder über lange Zeit als »keusche Witwen« lebten. In einigen Fällen führten die Selbstmorde von Verlobten nach dem Tod des versprochenen Partners zu öffentlicher Belobigung der Hinterbliebenen. Viele der für Frauen nachteiligen Vorschriften der Yuan-Zeit blieben in Kraft. Ihre Mitgift gehörte nun dem Ehemann, und das gesamte Vermögen des Paares fiel nach dem Tod des Mannes an dessen Familie. Wollte eine Witwe es selbst für ihre Kinder oder für einen Adoptivsohn verwalten, den sie ausgesucht hatte, durfte sie nicht wieder heiraten. Auch das Erscheinen von Frauen in der Öffentlichkeit wurde reglementiert.

Während Familienvorschriften die offiziellen Geschlechterrollen festlegten, war in Dramen, Romanen und Erzählungen der Zeit die Liebe das wichtigste Thema. Prominente Gelehrte lebten offen ihre Affären mit hochkultivierten Kurtisanen. Eine von ihnen war Liu Shi, die in der Übergangszeit von der Ming- zur Qing-Dynastie lebte. Sie wurde 1632 im Alter von 14 Jahren von einem Minister aus einem Bordell gekauft und von ihm im Lesen und Schreiben sowie in Dichtkunst, Malerei und Kalligraphie ausgebildet. Wegen Anfeindungen in seinem Haushalt verkaufte er sie wieder, und sie wurde eine der teuersten Kurtisanen der Region Songjiang. Schließlich heiratete sie der berühmte Gelehrte, Dichter und Beamte Qian Qianyi, obwohl er schon eine Hauptfrau hatte. Als die Ming-Dynastie stürzte, drängte ihn Liu Shi, als loyaler Beamter Selbstmord zu begehen, doch er entschied sich, den Mandschuren zu dienen. Als Qian 1664 starb, erhängte sich Liu Shi und wurde von Qians Sohn gemeinsam mit Qian als dessen zweite Frau begraben – gemäß der Bedeutung, die sie für Qian gehabt hatte. Liu Shi, die eine talentierte Dichterin und Malerin war, wurde für ihre Charakterstärke und vor allem ihre Loyalität gegenüber der Ming-Dynastie gerühmt.

Die romantische Liebe war schon zuvor ein Ideal in den Ehen der Beamten-Gelehrten gewesen. Huang E wurde 1498, gut hundert Jahre vor Liu Shi, in eine Beamtenfamilie geboren und erhielt zusammen mit ihren Brüdern eine klassische Ausbildung. Sie heiratete 1519 den zehn Jahre älteren Yang Shen (1488–1559), den Prüfungsbesten des Jahres 1511, und begleitete ihren Mann auf einer zehnmonatigen Dienstreise zu den Flussgeistern des Yangzi und zu den Gräbern der Vorfahren des Prinzen von Shu, des neuen Jiajing-Kaisers, in Sichuan. Aus dieser glücklichen Zeit des Paares ist eine Reihe von erotischen Liebesgedichten Huang Es erhalten. Kurze Zeit später begleitete Huang E ihren Mann in die lebenslange Verbannung nach Yunnan, doch nach dem Tod ihres Schwiegervaters zog sie nach Xindu bei Chengdu, um die Leitung der Familie zu übernehmen. Ihr in der Verbannung lebender Mann wurde von ihr finanziell unterstützt, aber nur selten und für kurze Zeit konnte sich das Paar in den folgenden Jahrzehnten treffen. Mittels ihres Briefwechsels hielten sie jedoch über lange Zeit ihre enge Beziehung aufrecht, die von Einsamkeit und Sehnsucht geprägt war.[272] Die Ehe wurde so langsam zu einer Partnerschaft zweier Gleichgesinnter, aber diese Art von Ehe entsprach damit kaum mehr den Vorstellungen Hongwus aus der Anfangszeit der Dynastie.

Korea und Japan

In der Chosŏn-Zeit folgte man der sehr strengen neokonfuzianischen Auslegung zur Stellung der Frau in der Gesellschaft, die 1470 im *Kyŏngguk taejŏn* (Kodex zur Verwaltung des Landes) festgeschrieben wurde. Bereits seit 1402 durften Frauen nicht mehr, wie es in der Koryŏ-Zeit noch üblich war, zu Pferde reiten. Sie mussten, wenn sie mit Erlaubnis ihres Ehemanns oder des Haushaltsvorstands tagsüber aus dem Haus gingen, einen Schleier tragen. Die strikte Ordnung nach Geschlechtern spiegelte sich auch in der Architektur der Häuser der Oberschicht wider, wo Frauen nun separat von den Männern des Haushalts in den inneren Räumen (*anbang*) lebten.

Die Hochzeitszeremonie enthielt nun viele chinesische Elemente, so den Abschluss eines Ehevertrags, und die jung vermählte Ehefrau lebte wie in China im Haus ihrer Schwiegereltern.[273] Im Gegensatz zu China jedoch, wo Witwen bei einer Wiederverheiratung »nur« ihr Vermögen verloren, das heißt ihre Mitgift sowie das Vermögen des verstorbenen Ehemannes, durften sie in Korea auf keinen Fall wieder heiraten. Falls es doch geschah, wurden die Söhne aus der zweiten Ehe diskriminiert. Sie waren ebenso wie Söhne von Konkubinen von der Teilnahme an den Beamtenprüfungen ausgeschlossen.

In Japan verloren die Frauen insbesondere der Oberschicht im Laufe des 13. und 14. Jahrhunderts einige ihrer Rechte.[274] Ehen zwischen Samurai-Familien waren meistens Ergebnis ihrer Heiratspolitik und wurden aus politischen Gründen geschlossen. Es war verboten, über Standes- und Provinzgrenzen hinweg zu heiraten. So wurde Prinzessin Asahi no Kata (1543–1590), die Halbschwester Hideyoshis, von ihrem Mann geschieden, um 1586 Tokugawa Ieyasu zu heiraten. Frauen wurden bei der Verteilung des Erbes übergangen, und ihre Mitgift bestand nicht länger aus Landbesitz. Sie lebten in der Regel in der Familie ihres Ehemannes und gehörten zu seinem Besitz. Auf der anderen Seite wurden Heiraten, welche die Allianz wichtiger Familien sichern sollten, nun öffentlich gefeiert, womit die Position der Ehefrau stabiler wurde, weshalb Scheidungen nicht mehr so einfach möglich waren wie zuvor. Die Hauptfrau verwaltete die Familie und galt auch als Mutter der Kinder von Nebenfrauen ihres Mannes. In einer Zeit ständiger Kriegszüge übernahmen Frauen zudem Funktionen am Hof, vor allem im Sekretariat und in der Verwaltung.

Für die Frauen der niedrigeren sozialen Schichten war die Veränderung ihrer Situation nicht so deutlich zu spüren, denn durch die höheren landwirtschaftlichen Erträge und neue Verdienstchancen im Handel verbesserte sich ihre wirtschaftliche Lage. Frauen waren ebenso wie Männer im Kleinhandel aktiv, handelten mit Land und verwalteten in der Regel ihren eigenen Besitz auch dann weiter, wenn sie in das Haus der Familie des Mannes einzogen.

3. Wirtschaft und Steuern

China

Die Landwirtschaft bildete auch in der Ming-Zeit das wirtschaftliche Rückgrat Chinas. In Ostasien und besonders in China profitierte sie von den verbesserten Anbau- und Bewässerungsmethoden und von den ab der Mitte des 16. Jahrhunderts eingeführten neuen Nutzpflanzen aus Amerika. Tabak, Mais, Erdnüsse, Tomaten, Paprika, Kartoffeln und Süßkartoffeln wuchsen zum Teil auch im Bergland und auf sandigem Boden, auf Land also, das vorher nur schwer bebaut werden konnte. In Chinas Südwesten wurden zudem landwirtschaftliche Flächen gewonnen, indem han-chinesische Siedler die dort heimischen ethnischen Minderheiten in die Berge zurückdrängten und in den fruchtbaren Tälern Ackerbau betrieben. Die Region des unteren Yangzi, die Gegend um Nanjing, Suzhou und Hangzhou, wurde die bei weitem reichste Region Chinas. Suzhou erbrachte zeitweilig etwa ein Zehntel aller Steuerzahlungen Chinas. Hier nahmen der Reisanbau, die Seidenraupenzucht und der Anbau von Baumwolle zu, und die Bauern spezialisierten sich zunehmend auf schnell zu verkaufende Erzeugnisse wie Obst, Gemüse, Zuckerrohr, Tee und Tabak.

In ganz Ostasien waren Kaufleute wie Handwerker in Gilden und Zünften organisiert. Entgegen allen ideologischen Vorbehalten gelangten Kaufleute zu Reichtum und Ansehen. Sie bestimmten in vielen Ming-zeitlichen Städten die urbane Kultur. Mit dem Aufblühen des interregionalen und dann auch des internationalen Handels stieg ihr Ansehen weiter, doch von der Teilnahme an den Beamtenprüfungen blieben sie ausgeschlossen.

In der zweiten Hälfte des 16. Jahrhunderts wurde Silber das Hauptzahlungsmittel in China. Die Umstellung auf eine auf Silber basierende Bargeldwirtschaft brachte den Bauern Nachteile, den Kaufleuten und Geldhändlern aber Vorteile: Die chinesische Volkswirtschaft entwickelte sich so rasant, dass sie das damals weltweit höchste Niveau erreichte; ihre Produkte waren besser und preiswerter als im Rest der Welt.[275] Gegen Ende der Ming-Zeit dürfte China der wohlhabendste Staat der Erde gewesen sein. In den letzten Jahren der Regierungszeit des Wanli-Kaisers (der bis 1620 herrschte) löste die enorme Silberzufuhr nach China eine Inflation und Handelsspekulationen aus, die das frühe Bankwesen, das sich dort entwickelt hatte, überforderten. Da zudem die Steuereintreibung korrupt war und in der Hand von Eunuchen lag, kam zu den Unruhen an den nordostchinesischen Grenzen eine Wirtschaftskrise hinzu.

Steuer- und Finanzpolitik

Der Gründungskaiser der Ming-Dynastie setzte wie beschrieben auf Sparsamkeit und Einfachheit. Die Finanzbehörde führte ein Register für alle Steuereingänge und Ausgaben. Die Grundsteuer wurde auf drei Prozent des Ertrags festgeschrieben und war von der Bevölkerung in Naturalien abzuliefern. In der Theorie wurde die Steuer zweimal jährlich erhoben, im zweiten Monat zahlbar in Reis und im achten Monat in Weizen. In Regionen, in denen auf einem Feld zwei Ernten im Jahr eingebracht werden konnten, sollten auch die entsprechenden Steuern zweimal gezahlt werden. In der Praxis aber war die Ablieferung der Steuern recht kompliziert, denn beide Steuern wurden zusammen für den gesamten Bezirk veranlagt und auf die einzelnen Orte aufgeteilt. Ferner mussten sie mit unterschiedlichen Fristen an verschiedene Stellen geliefert werden.

Zu Beginn der Dynastie hielten sich Einnahmen und Ausgaben die Waage, und das Finanzministerium konnte sich auf seine Aufgabe als Buchhalter beschränken. Da die regionalen Steuerquoten auf einer Stele im Hof des Ministeriums im Jahr 1385 festgeschrieben worden waren, blieben kaum andere Aufgaben für das Finanzministerium übrig. Nach 50 Friedensjahren gab es in den Speichern

Überschüsse an Getreide. Doch der Yongle-Kaiser, der seit 1403 herrschte, kam mit diesen Einnahmen nicht mehr aus. Seine Kriege, die Seeexpeditionen Zheng Hes, die Publikationsprojekte und die Verlegung der Hauptstadt nach Peking verlangten eine Reform des Systems, die vor allem in der Erhebung zusätzlicher Steuern bestand.

Zu den Grundsteuern kam die Verpflichtung zu Arbeitsdiensten hinzu, die von der Bevölkerung in Übereinstimmung mit den aktuellen Eintragungen zu den Haushalten in den alle zehn Jahre erstellten Gelben Registern zu leisten waren. Grundsteuer und Dienstverpflichtungen sowie alle Arten von zusätzlichen Abgaben sollten in einer großen Steuerreform in den 1540er Jahren durch eine einmal pro Jahr zu leistende Zahlung in Silber abgelöst werden. Diese sogenannte »Methode des einmaligen Peitschenschlags« (*yitiao bianfa*), die unter dem Wanli-Kaiser zwischen 1570 und 1580 systematisiert wurde, war aber für die Bevölkerung, insbesondere die Bauern, oft eine noch größere Belastung. Das Silber für die Steuerzahlung war bald knapp und musste lokal zu sehr unterschiedlichen Wechselkursen mit Bronzemünzen und Naturalien teuer eingekauft werden. In der Zeit des Wanli-Kaisers beliefen sich die jährlichen Steuereinnahmen auf allen Ebenen auf schätzungsweise 1,6 Millionen Tonnen Getreide und ungefähr 14 Millionen *liang* Silber. Das war ein hohes Steueraufkommen, das dennoch nicht ausreichte, um die in vieler Hinsicht verschwenderischen Ausgaben zu finanzieren.

Japan

Mit der Einfuhr von chinesischem Münzgeld wurde im Laufe der Ashikaga-Zeit in Japan die Tauschwirtschaft langsam in eine Geldwirtschaft überführt.[276] Die Abgaben der Bauern waren zwar weiterhin in Naturalien zu leisten, zur Abwicklung anderer Geschäfte wurde jedoch Bargeld verwendet. Handelszentren entstanden überall, wo viele Menschen zusammenkamen: an Brücken, Furten, Häfen oder an den Eingängen von Tempeln und Schreinen. Männer und Frauen aus den Dörfern verkauften dort vor allem Gemüse, aber auch aus der Verarbeitung von landwirtschaftlichen Produkten gewonnene Waren wie Tofu. Da für die Märkte die üblichen Bestimmungen, die jeden an seinen Heimatort banden und für Reisen Pässe verlangten, nicht galten, konnten an diesen neu entstehenden Stätten sowohl Waren als auch Informationen ungehindert ausgetauscht werden. Gegen eine Gebühr erhielten Händler und Handwerker, welche in Gilden (*za*) organisiert waren, von einem Patron, etwa einem hohen Aristokraten, von einem einflussreichen Tempel oder dem Shōgun ein Monopol auf den Handel mit oder die Herstellung von bestimmten Waren sowie die Erlaubnis zum Reisen.

Toyotomi Hideyoshi begann 1582 damit, das Land vermessen und die Landbesitzer in Katastern erfassen zu lassen, um danach den Steuerertrag jedes Dorfes neu festzulegen. Als Maßeinheit diente *koku* (etwa 180 Liter) für Reis. Samurai erhielten von ihren Herren gemäß ihrem Rang Land als Lehen. Das besonders ertragreiche Land ging als Lehen bevorzugt an die treuen Gefolgsleute Hideyoshis.

Korea

Im Gegensatz zu China war der Handel in Korea unterentwickelt. In der Hauptstadt betrieben einige wenige monopolisierte Händler ihre Geschäfte, auf dem Land gab es lediglich umherziehende Krämer. Es wurden Markttage abgehalten, doch es gab so gut wie keine Handelsstädte oder dauerhaft eingerichtete Läden.

Die Besteuerung der Landwirtschaft bildete auch in Korea die Haupteinnahmequelle des Staates, wobei die selbständig wirtschaftenden Bauern den größten Teil der Steuerlast trugen. Um die Pächter vor einer Verschuldung bei den Grundbesitzern zu schützen, wurde zu Beginn der Chosŏn-Zeit eine neue Einteilung des Landes nach Fruchtbarkeit und klimatischen Bedingungen vorgenommen. Allerdings wurde der Landbesitz zum Vorteil der Grundbesitzer nicht ordnungsgemäß registriert. Obwohl die Steuer auf Land anfangs zehn Prozent der Getreideernte betrug, mussten die Bauern durch zusätzliche Verpflichtungen bedingt oft bis zu 50 Prozent ihrer Ernte abliefern, wodurch sich viele verschuldeten und zu Sklaven der großen Grundbesitzer wurden. König Sejong reduzierte 1444 den Steuersatz auf fünf Prozent, führte aber das Tributsteuergesetz ein. Es beinhaltete lokale Tribute, meist spezielle landwirtschaftliche Erzeugnisse, Handwerksprodukte oder Textilien, die zusätzlich zur Steuer zu entrichten waren. Sie gingen an die Zentral- oder Lokalregierungen und die örtlichen Militäreinheiten. Diese Abgaben in Form von Textilien, Pelzen, Meeresprodukten, Holz, Früchten, Mineralien und Papier waren oft eine noch größere Belastung für die Bauern als die Landsteuer. Besonders schwierig wurde es, wenn die in den Quoten festgeschriebenen Produkte von der örtlichen Bevölkerung gar nicht mehr hergestellt wurden. Dann mussten sie anderswo durch korrupte Mittelsmänner illegal und teuer erworben werden. Arbeitsdienstpflichten und Militärdienst konnten durch Abgabe größerer Mengen an Textilien abgelöst werden, was zum Niedergang der Armee beitrug.

4. Internationaler Handel

China

Die internationalen Handelsbeziehungen der Ming-Dynastie mit ihren Nachbarn waren von dogmatischen politischen Überlegungen bestimmt. Der Gründungskaiser der Ming-Zeit hatte in seinen *Huang Ming zuxun* (Unterweisungen für die kaiserliche Familie) festgelegt, dass Korea, weil dort zwischen 1373 und 1395 insgesamt vier Könige getötet worden seien, derzeit für barbarisch gehalten werden müsse. Unter dem Stichwort »Japan« findet sich der Kommentar, dass die Japaner zwar Tribute schicken würden, aber betrügerisch seien und sich mit Hu Weiyong (jenem Kanzler, der 1380 einen Anschlag auf den Kaiser geplant hatte) zusammengetan und einen Umsturz geplant hätten. Daher seien die Beziehungen abgebrochen worden.[277] Diese negativen Einschätzungen ließen direkte offizielle Handelsbeziehungen zwischen der Ming-Dynastie und dem Shōgunat zwar nicht zustande kommen, doch inoffiziell entwickelte sich ein florierender Austausch zwischen den drei Regionen Ostasiens.

Der Handel sollte der Diplomatie untergeordnet sein und war daher nur in Zusammenhang mit Tributgesandtschaften erlaubt. Gesandte aus Japan durften in diesem System nur über Ningbo einreisen, Gesandte aus den Philippinen nur über Fuzhou, die aus Indonesien nur über Guangzhou. Auch die Größe und Häufigkeit der Gesandtschaften war reglementiert. Aus Japan sollte beispielsweise nur einmal in zehn Jahren eine Gesandtschaft kommen, die nicht mehr als zwei Schiffe mit 300 Mann umfassen durfte. Alle diese Regelungen konnten jedoch im 16. Jahrhundert das Entstehen eines internationalen Überseehandels in Ostasien nicht verhindern, von dem japanische, portugiesische, spanische, niederländische und chinesische Händler und Abenteurer profitierten. Der private chinesische Seehandel wurde 1567 wieder zugelassen. Wo legaler Handel nicht möglich war, füllte der Schmuggel die Lücke. Die Piraterie blühte ebenfalls, denn Handelsschiffe wie Küstenregionen waren lohnende Ziele. Anstatt die Piraterie zu bekämpfen, versuchte China, Piraten durch die Umsiedlung der Bevölkerung ins Landesinnere auszuhungern; diese Politik scheiterte jedoch. Die Lage besserte sich erst, als der Handel gegen Ende des 16. Jahrhunderts erleichtert wurde.

Bis zur Mitte des 16. Jahrhunderts, als die Umstellung auf Besteuerung in Silber in China griff, wurden aus China Kupfermünzen und Seide nach Japan exportiert. Bereits seit Anfang des 16. Jahrhunderts versuchten die Europäer ein Handelsnetz nach ihren eigenen Vorstellungen in Ostasien zu errichten. Der internationale Handel wuchs schnell, als die Welt chinesische Seide, Porzellan und Tee als Konsumgüter entdeckte. Spanische Händler kauften in Manila von chinesischen Händlern gegen Silber Seide und Porzellan. Schon in der Ming-Zeit gab es mehr als 10 000 Arbeiter in der kaiserlichen Porzellanmanufaktur Jingdezhen, wo vor allem blauweißes Porzellan produziert wurde. Auch in den nächsten Jahrhunderten stammte der größte Teil des chinesischen Exportporzellans aus Jingdezhen. Das Silber, das dafür nach China floss, kam zunächst aus Japan, das damals bereits ein Drittel des Weltmarkts bediente.

Japan

Seit 1465 wurde der japanische Überseehandel über zwei Militärgouverneure abgewickelt. Der Shōgun war mit zehn Prozent an den Einnahmen aus diesem privaten Warenhandel beteiligt. Chinesische Waren kamen über das Handelsnetz von Ryūkyū (Okinawa), wie schon 1372, als die mehr als 60 Inseln in die drei Territorien Zhongshan, Shannan und Shanbei aufgeteilt waren.[278] Unter Shō Hashi (reg. 1422–1439) hatten sie sich 1429 zu einem Königreich zusammengeschlossen und zu China Tributbeziehungen aufgenommen. Ryūkyū wurde eine wichtige Drehscheibe des ost- und südostasiatischen Handels. Die Handelsrouten verliefen vom Haupthafen Naha aus nach Fuzhou und Guangzhou in China, nach Pusan in Korea, nach Kagoshima und Hakata auf der japanischen Insel Kyūshū, nach Sakai auf Honshū, nach Luzon auf den Philippinen, nach Vietnam und nach Indonesien.

Als in Japan die Silbergewinnung in der Mitte des 16. Jahrhunderts dank neuer koreanischer und europäischer Gewinnungsmethoden anstieg, bewirkte dies einen Preisverfall des Silbers in Japan, während in China wegen der Steuerreform die Nachfrage stieg. Das bedeutet, dass der Export von Silber nach China am Ende des 16. Jahrhunderts (22,5 Tonnen jährlich) ein gutes Geschäft war, das vor allem den portugiesischen Händlern hohen Profit brachte.[279]

Bereits Hideyoshi erkannte den Nutzen des Überseehandels, und sein Nachfolger Ieyasu baute ihn seit 1604 durch die Vergabe von Lizenzen mit dem roten Staatssiegel (*goshuin*) noch aus. Bis 1635 erhielten die Eigner von wahrscheinlich 366 Schiffen, deren Zielhäfen zumeist in Südostasien lagen, derartige Lizenzen: 117 gingen an japanische Kaufleute, 37 an Daimyō, zehn an Samurai, 43 an in Japan ansässige Chinesen und 38 an Europäer. Wichtigste Exportgüter waren Silber und Kupfer, importiert wurden Rohseide (60 Prozent), Seidenstoffe (21,5 Prozent), Baumwolle, Zucker und Arzneimittel.[280]

Korea

Die Beziehungen Koreas zur Ming-Dynastie waren eng. Jährlich wurden vier Gesandtschaften geschickt, um Glückwünsche anlässlich des Neujahrsfestes, der Geburtstage von Kaiser und Kronprinz und zur Wintersonnenwende zu überbringen. Zwischen 1404 und etwa 1550 kamen über 60 Gesandtschaften des »japanischen Königs« an den koreanischen Hof, darunter auch eine Reihe von Delegationen aus Tsushima, die ohne Wissen der Ashikaga-Shōgune reisten. Im Gegenzug gab es ab 1428 nur drei Delegationen aus Korea nach Kyōto.

Korea beteiligte sich am pazifischen Handel und unterhielt bis Mitte des 15. Jahrhunderts Beziehungen zu Ryūkyū und einen bedeutenden Handel mit Japan. Durch Verhandlungen mit dem Ashikaga-Shōgunat und mit japanischen Beamten in Ryūkyū wurde erreicht, dass alle Piraten, die sich ergaben, Hofämter und Gelegenheit zu friedlichen, lukrativen Handelskontakten erhielten. Im Verweigerungsfall wurde militärisch gegen sie vorgegangen.

Von 1426 an standen nur noch drei koreanische Häfen japanischen Schiffen offen, doch gab es Lebensmittellieferungen für das Fürstentum Tsushima, damit die Bevölkerung nicht durch Hunger zur Piraterie getrieben würde. 1443 wurde ein Handelsvertrag mit dem Fürstenhaus Sō von Tsushima geschlossen, wodurch die Anzahl der Schiffe von Tsushima nach Korea auf 50 pro Jahr begrenzt wurde. Gehandelt wurden vor allem Ginseng, Baumwolle und buddhistische Ritualgegenstände gegen Erze, Schwerter und südostasiatische Gewürze, insbesondere Pfeffer.

Die Europäer in Ostasien

Die Europäer, die im 16. Jahrhundert nach Südostasien kamen, profitierten von den bestehenden Handels- und Schmugglernetzen. 1510 besetzten die Portugiesen Goa und dann Malakka. Nach China kamen die ersten Portugiesen 1514, in Japan wurde 1543 ein chinesisches Schiff mit portugiesischen Händlern an der Küste der Insel Tanegashima in Kyūshū angetrieben, nach Taiwan gelangten Portugiesen 1544. 1557 durfte Portugal einen Handelsstützpunkt in

Macao errichten, das bis 1999 portugiesisch blieb.[281] Die Portugiesen exportierten chinesische Seide nach Japan und importierten von dort Silber. 1619 errichteten Portugiesen erstmals eine Festung und eine Handelsstation an der Südostküste Taiwans. Bis zur Mitte des 17. Jahrhunderts war Portugal der bedeutendste europäische Handelspartner Chinas.

Spanier besetzten 1571 Manila und bauten es zur Drehscheibe im pazifischen Handel aus. Seitdem nahm der Anteil des Silbers aus Bergwerken in Peru und Mexiko zu, das nun über Manila den Weltmarkt erreichte. Der mexikanische Silberpeso wurde die Standardwährung im pazifischen Raum.

Seit 1579 gelangten chinesische Waren in das spanische Handelsnetz, das Ostasien mit Manila und den spanischen Kolonien in Amerika, insbesondere Mexiko und Peru, verband. Konkurrenz erwuchs den Portugiesen und Spaniern mit der 1602 gegründeten Niederländischen Ostindien-Kompanie (V. O. C., Vereenigde Oostindische Compagnie). Sie nahm 1609 den Handel mit Japan auf. Dessen politische Bedeutung war erheblich größer als die wirtschaftliche: Bis 1616 kamen jährlich gerade einmal fünf niederländische Schiffe, danach bis 1690 zwei Schiffe und bis zum Ende der Edo-Zeit schließlich nur ein einziges Schiff nach Japan. 1619 richtete die Niederländische Ostindien-Kompanie Batavia auf Java als Stützpunkt ein. Allein von Batavia aus wurden bis zum Ende des 17. Jahrhunderts über zwölf Millionen chinesische Porzellanstücke verschifft. Über drei Millionen davon kamen auf den europäischen Markt. 1624 gründete die V. O. C. das Fort Zeelandia in Südwest-Taiwan. Britische Händler traten 1613 in den Handel mit Japan ein. Mit dem Eindringen der Holländer und Engländer in die Handelsimperien der Spanier und Portugiesen verringerte sich der Silberzufluss nach China.

Doch es kamen nicht nur europäische Ausländer nach China und Japan. Auswanderung war zu Beginn der Ming-Dynastie zwar verboten, doch das Verbot wurde im Lauf der Zeit immer öfter ignoriert. Ab dem 16. Jahrhundert emigrierten chinesische Händler zunehmend nach Südostasien. Chinesen bildeten in Südostasien bald große und reiche Minderheiten. Gleichzeitig entstanden auch viele japanische Gemeinden außerhalb Japans, die »Japan-Städte«, beispielsweise in Vietnam oder Manila auf den Philippinen. Um 1628 kommandierte der japanische Abenteurer Yamada Nagamasa (1578–1630) eine Armee von 800 Japanern am Hof des Königs von Siam.

C Kultur und Religion: Gemeinsamkeiten und Besonderheiten

1. Neokonfuzianismus und Geistesleben

Der Neokonfuzianismus dominierte das Geistesleben der Yuan- und Ming-Zeit in China wie der Yi-Dynastie in Korea. Er wurde auch in Japan rezipiert, kam allerdings erst in der Tokugawa-Zeit (1603–1868) wirklich zum Tragen. Zhu Xis (1130–1200) Interpretation der konfuzianischen Klassiker wurde verbindlich und Inhalt der Staatsprüfungen für Beamte in China wie in Korea. Damit hielt auch ein ethischer Rigorismus ins gesellschaftliche Leben Einzug.

Die Lehre Zhu Xis war trotz oder vielleicht wegen ihrer unangreifbaren Position im Ausbildungs- und Prüfungswesen nicht allen Denkern genug. Das Auswendiglernen der Klassiker und der Kommentare Zhu Xis und die Reproduktion des Gelernten in Form des formal streng reglementierten »Achtfüßigen Aufsatzes« (*baguwen*) konnten kreative Geister kaum locken. Hinzu kamen die Unsicherheiten einer Beamtenkarriere. Denn nur wenige bestanden die Prüfungen und gelangten in den Staatsdienst, und diese wenigen fanden sich in der Ming-Zeit oft in politisch ausweglosen Situationen wieder. Sie wurden vom Herrscher nicht beachtet, und ihre Throneingaben blieben ohne Antwort, sie hatten kaum Handlungs- und Entscheidungsspielraum, oder sie wurden gar vom Herrscher oder der Eunuchenfraktion des Verrats oder der Intrige verdächtigt und verfolgt. Der ideale, gute Beamte war der, welcher einen irrenden Herrscher kritisierte und auf den rechten – konfuzianischen – Weg zurückbrachte. Aber dieser gute Beamte lief in der Ming-Zeit – wie in kaum einer anderen – Gefahr, öffentlich verprügelt oder gar hingerichtet zu werden. Diese wachsenden Widersprüche im Leben der Gelehrten führten bei manchen dazu, dass sie eine Beamtenkarriere mieden und stattdessen Schulen und Akademien gründeten und in der lokalen Gesellschaft Führungsaufgaben übernahmen. Andere wurden durch die Zustände dazu angeregt, die gesamte konfuzianische Tradition zu überdenken.

Philosophie

Wang Yangming (1472–1529) war der mit Abstand einflussreichste neokonfuzianische Denker der Ming-Zeit. Er begründete in Auseinandersetzung mit Zhu Xi eine neue Schule. Schon von klein auf hatte er als hochbegabtes Wunderkind gegolten und wollte ein konfuzianischer Weiser werden. Die Prüfungen bestand er allerdings nicht ganz so gut wie sein Vater. In seinem Exil in der Provinz Guizhou in Südchina, wohin er 1506 verbannt worden war, weil er den Kaiser dafür kritisiert hatte, dass er einen korrupten Eunuchen schützte, erlebte er eine Art plötzlicher Erleuchtung, aus der er eine Denkweise entwickelte, die buddhistische wie konfuzianisch-idealistische Züge trägt: Jeder Mensch sei von Natur aus gut, wie Menzius lehre, und alle trügen die Buddha-Natur in sich, wie es im Chan-Buddhismus heiße. Um die moralische Wahrheit zu finden, müsse man tief in sein eigenes Herz hineinblicken. Die Anhänger Zhu Xis machten nach Ansicht Wang Yangmings den Konfuzianismus zu einer abstrakten Philosophie. Für Wang Yangming dagegen waren Wissen und Handeln eins: »Wissen ist der Beginn des Handelns, und Handeln ist die Vollendung des Wissens.«[282] Diese Lehre Wangs hatte unabsehbare Implikationen: Wenn jeder den Samen des Guten in sich trägt, kann jeder das Gute kultivieren, auch ohne ein großer Gelehrter zu sein – das relativiert die Bedeutung der Klassiker wie auch der Gelehrsamkeit und macht beide letztlich überflüssig. Wang Yangmings Philosophie war wie für seine Zeit gemacht: Mehr und mehr Menschen lernten lesen und schreiben, und durch Reichtum konnte man nun ebenso Ansehen erwerben wie durch Erfolg in den Prüfungen und in einer Beamtenkarriere.

Einige der Anhänger Wangs, so auch Li Zhi (1527–1602), glaubten, auch Frauen könnten von sich aus das moralisch Gute erkennen und nach ihrer Erkenntnis handeln. Das war allerdings ein Angriff auf die konfuzianische Gesellschaftsordnung, in welcher der Mann in der Hierarchie über der Frau steht. Li Zhi war einer der großen Freidenker Chinas und akzeptierte keine vorgegebenen Standards und Schulmeinungen, sondern verließ sich vor allem auf seinen eigenen Verstand. In Übereinstimmung mit den Riten handelte man nach Ansicht Li Zhis dann, wenn man das tat, was das Herz wünschte, was die eigenen Fähigkeiten erlaubten und was die Umstände zuließen. Li Zhi rasierte sich wie ein buddhistischer Mönch den Kopf, wohl um seine Abwendung von den Zwängen der Gesellschaft zu demonstrieren. Entgegen der herrschenden Ansicht der Historiker seit der Han-Zeit schätzte er den Ersten Kaiser von China, den Reichseiniger von Qin, als »größten Kaiser aller Zeiten« ein. Feng Dao (882–954), den die Neokonfuzianer der Song-Zeit dafür verurteilt hatten, dass er gleich in vier der Fünf Dynastien im 10. Jahrhundert als hoher Beamter gewirkt hatte, bekam bei Li Zhi ebenfalls eine gute Beurteilung. Er kam zu dem Schluss, dass es ebenso schädlich sei zu meinen, man habe immer recht, wie zu meinen, man habe nie recht. Li Zhi wurde schließlich wegen seiner Schriften inhaftiert und beging 1602 im Alter von 75 Jahren Selbstmord.[283]

Einige andere Schüler Wang Yangmings, wie beispielsweise Wang Gen (1483–1541), verkündeten einfachen Leuten dessen Lehre und weigerten sich, die Seidengewänder und Kappen der Beamten-Gelehrten zu tragen – womit sie eklatant gegen die gesellschaftliche Ordnung verstießen.

In Korea machten zu Beginn des Chosŏn-Reiches Chŏng Tojŏn (gest. 1398) und vor allem Kwŏn Kŭn (1352–1409) die Lehren Zhou Dunyis (1017–1073) und Zhu Xis bekannt. Kwŏn Kŭn stellte anhand des *Taiji tu* (Diagramm vom Äußersten) von Zhou Dunyi das »Prinzip« (*i*; chin. *li*) als Grundlage von Kosmologie, Psychologie und Exegese vor.[284] Im 16. Jahrhundert fanden Diskussionen in Form von Briefwechseln zwischen den Schulen von Yi Hwang

(T'oegye, 1501–1570) und Ki Taesŭng (Kobong, 1527–1572) einerseits und Yi I (Yulgok, 1536–1584) sowie Sŏng Hon (Ugye, 1536–1598) andererseits statt. Sie kreisten um die »vier Anfänge« und die »sieben Gefühle« und versuchten zu klären, welche Rolle das Prinzip *li* bei der Entstehung der Gefühle spielt, die sich ja durchaus zum Schlechten entwickeln können.[285] Die Yŏngnam-Schule von Yi Hwang vertrat die Ansicht, dass das »Prinzip« *li* (kor. *i*), das Prinzip des Universums, Vorrang habe, während die pragmatischere Kiho-Schule von Yi I vom Primat des *qi* (kor. *ki*), dem Wirken der Kraft, ausging. Die Schule Yi Hwangs kam zu der Lösung, den Einfluss des *qi* bei der Entstehung der Gefühle zu betonen. Die Schule Yi Is verfocht dagegen die Geschlossenheit der Lehre und wollte keine Trennung zwischen *li* und *qi* akzeptieren.

Yu Sŏngnyong (1542–1607), der als idealer Intellektueller und Beamter der Chosŏn-Zeit das *Chingbirok* (Buch der Selbstvorwürfe und der Wachsamkeit) verfasste, war ein herausragender Schüler Yi Hwangs. Er versuchte, die beiden Welten von *li* und *qi* miteinander zu versöhnen. Er galt als Vorreiter der *sirhak*-Gelehrten des praktischen Lernens aus dem 17. und 18. Jahrhundert, deren Bestreben es war, die reale Welt durch die Vermehrung von Wissen und durch soziale Reformen zu verbessern. In diesem intellektuellen Rahmen, der in der Song-zeitlichen Philosophie verankert war, konnten die Überlegungen Wang Yangmings kaum Anhänger gewinnen.

Akademien

Akademien (chin. *shuyuan*; kor. *sŏwŏn*) entstanden in China wie in Korea zum Teil in Konkurrenz zum staatlichen Schulwesen, zum Teil aber auch mit öffentlicher Unterstützung. Hier konnten neokonfuzianische Philosophie und Gelehrsamkeit ohne Rücksicht auf die Notwendigkeiten der Prüfungsvorbereitung gepflegt werden. Akademien waren auch, anders als Schulen, nicht verpflichtet, Konfuziustempel zu unterhalten, sondern konnten Schreine für Gelehrte ihrer Wahl bauen. Akademien hatten meist nicht nur große Bibliotheken, sondern viele publizierten auch Bücher, wohl ohne staatliche Zensur. Die Auswahl und Aufnahme von Schülern wie auch der Lehrinhalt und die Lehrmethoden variierten stark. Es ist in der Forschung umstritten, ob Akademien Schüler aus einfachen Schichten aufnahmen oder nicht – ob sie also Aufstiegschancen eröffneten oder die bestehende soziale Hierarchie stärkten, indem sie lediglich Bildungsprivilegien für Männer aus Beamtenfamilien gewährten.

In China sind Akademien seit der Tang-Zeit (618–907) bekannt. Sie erlebten eine erste Blüte im Neokonfuzianismus der Song-Zeit. Zhu Xi (1130–1200) ließ die Akademie Bailudong (Grotte des Weißen Hirsches) in Jiangxi wiederherstellen und lehrte auch an ihr. Sie war später dem Andenken der »Sechs Edlen«, den Vermittlern des Wahren Weges, gewidmet: Zhou Dunyi, Shao Yong, Zhang Zai, Cheng Hao, Cheng Yi und Zhu Xi. Weitere Akademien folgten an verschiedenen Orten.

In der Ming-Zeit wurden einige der alten Akademien, die durch die Kämpfe der unsicheren Zeiten stark gelitten hatten, wiederaufgebaut. Es dauerte aber eine Weile, bis sie ihren Platz im Bildungssystem fanden. Aus einer dieser streng moralischen, auf hohe Gelehrsamkeit ausgerichteten Akademien, der Donglin-Akademie, die 1604 gegründet wurde, kamen die schärfsten Kritiker der politischen Situation, die – wie beschrieben – am Ende der Ming-Zeit versuchten, den Eunuchen Wei Zhongxian zu bekämpfen und seinen Einfluss zu beseitigen.[286]

Die erste private Akademie Koreas wurde 1542 gegründet und strebte von Beginn an nach geistiger wie wirtschaftlicher Autonomie. Schon ein Jahr später erhielt Yi Hwang für seine Akademie die königliche Anerkennung und eine großzügige Ausstattung. Am Ende des 16. Jahrhunderts gab es bereits etwa 80 Akademien. Ihre Blütezeit erreichten sie im 17. und 18. Jahrhundert. Mit dem Aufschwung der Akademien verloren die staatlichen Schulen an Bedeutung und Prestige.

Akademien eröffneten neue Lebensmodelle, indem sie als Alternative zum Beamtendasein ein Leben als Gelehrter ermöglichten.

In ihnen entwickelten sich auch unterschiedliche Strömungen innerhalb des Neokonfuzianismus. Konfuzianische Gelehrsamkeit und konfuzianischer Lebenswandel in der täglichen Beachtung der Riten und Zeremonien wurden ein Wert an sich, nicht Mittel zum Zweck, wie es in den Debatten der Zeit den Teilnehmern an den Prüfungen unterstellt wurde. Der berühmteste Gelehrte der Zeit war sicherlich Yi Hwang, der Gründer der Yŏngnam-Schule. Bald entstand auch eine rivalisierende Schule, die Kiho-Schule Yi Is. Anhänger der Yŏngnam-Schule suchten ein ruhiges Gelehrtenleben, in dem sie die orthodoxe Lehre Zhu Xis bewahren konnten, während Anhänger der Kiho-Schule die Beteiligung an Regierung, Verwaltung und Politik befürworteten und auch in der Philosophie dem Experimentieren, wenn auch in engeren Bahnen als in China, Raum gaben. Am Ende des 16. Jahrhunderts waren die Akademien auch in Korea eine politische Kraft geworden, deren Mitglieder sich nicht nur an der rechten Auslegung der Klassiker sondern auch an gesellschaftlichen Debatten beteiligten.

In Gelehrsamkeit und Wissenschaft bestanden enge Verbindungen zwischen Korea und China. Die Geschichtsschreibung in Korea folgte chinesischen Vorbildern, wie sie schon seit Jahrhunderten bekannt waren.[287] So erschien 1451 das Werk *Koryŏsa* (Geschichte von Koryŏ) in der Form der chinesischen offiziellen Geschichtsschreibung. Dieses Werk war mindestens der fünfte Versuch seit 1395, eine Geschichte der Koryŏ-Zeit zu verfassen, die allen interessierten Kräften genügte. Es wurden darin kaiserliche Titel verwendet, allerdings nicht in der Absicht, die Ming-Dynastie zu verärgern, sondern um die koreanische Eigenständigkeit zu betonen und nicht zuletzt den Dynastiewechsel zur Yi-Dynastie des Chosŏn-Reiches zu legitimieren. Das *Koryŏsa chŏryo* (Chronologischer Abriss der Geschichte von Koryŏ) wurde 1453 gedruckt. Es ist kürzer als das *Koryŏsa*, enthält aber Material, das dort nicht aufgenommen ist, weil es sich auf eine der verworfenen Entwürfe für die Annalen stützt. 1485 wurde schließlich das *Tongguk t'onggam* (Durchgehender Spiegel des Östlichen Königreiches) nach dem Modell von Sima Guangs (1019–1086) *Zizhi tongjian*

(Durchgehender Spiegel zur Hilfe in Regierungsgeschäften) abgeschlossen. Die wesentlichen chinesischen historiographischen Gattungen waren damit in Korea rezipiert und für die Darstellung der eigenen Geschichte genutzt worden. Der aktivste Literat der frühen Chosŏn-Zeit, der von einem dezidiert neokonfuzianischen Standpunkt aus schrieb, war Sŏ Kŏjŏng (1420–1488). Er war an einer Version der *Koryŏsa* beteiligt, leitete die Arbeit am *Tongguk t'onggam*, wirkte an der Gesamtdarstellung der Geographie des Landes mit und gab das *Tongmun-sŏn* (Auswahl östlicher Literatur) heraus, eine Sammlung von Lyrik und Prosa, die von Koreanern in chinesischer Sprache verfasst worden war. Er schrieb auch selbst kurze Geschichten und Essays.

2. Praktische Auslegung des Neokonfuzianismus

Der Neokonfuzianismus wurde in Ostasien keineswegs nur als philosophische Schule verstanden, die sich um die Interpretation von Texten kümmerte, sondern er war vor allem ein System der Orthopraxie. Schüler sollten das den Riten konforme Verhalten lernen, denn man war davon überzeugt, dass das rechte Tun auch zum rechten Denken führen werde. Die *Jiali* (Familienriten) des Zhu Xi (1130–1200) blieben daher eines der meistgelesenen Werke in China, Korea und dann auch Japan.[288] Die Verbindung von Denken und Tun galt aber nicht nur für den Einzelnen, sondern auch für das Gemeinwesen.

China

Die Einheit von Wissen und Handeln, die Wang Yangming verkündete und als militärischer Stratege und Kämpfer auch lebte, ist in den »praktischen Wissenschaften« (*shixue*) zu erkennen, die in der Ming- und Qing-Zeit immer wichtiger wurden. Handbücher zur Landwirtschaft, Abhandlungen zu technischen Fragen, zu physikalischen Phänomenen, zur Botanik, Pharmazie und Medizin und weiteren Themen wurden legitime Beschäftigungsfelder für Gelehrte. Li Shizhen (1518–1593), Sohn eines Arztes und ein mehrmals in den Provinzprüfungen gescheiterter Gelehrter, nahm wie sein Vater den Beruf des Arztes auf. Er stand im Dienst des Prinzen von Chu und war schließlich im Amt für Medizin in der Hauptstadt Peking tätig. Er trug über mehrere Jahrzehnte das pharmazeutische Wissen Chinas in der Sammlung *Bencao gangmu* (Klassifizierte Materia Medica) zusammen. In 52 Kapiteln finden sich fast 2000 Einträge zu pflanzlichen, tierischen und mineralischen Substanzen einschließlich einer Reihe von Illustrationen, Rezepten und Verordnungen, einer ausführlichen Bibliographie und zahlloser Kommentare. Das Werk wurde seit dem 17. Jahrhundert immer wieder nachgedruckt, in ergänzter und vor allem auch in gekürzter Fassung, damit es als Handbuch für praktizierende Ärzte dienen konnte.

Das medizinische Wissen der Ming-Zeit ist auch in einer Reihe von Fallsammlungen von Ärzten erhalten, beispielsweise in denen Wan Quans (1500–1585?), eines Spezialisten für Kinderheilkunde und die Behandlung von Pocken.[289] Eine Reihe von Handbüchern, geschrieben in der Tradition der Song- und Yuan-Zeit, widmet sich der Landwirtschaft. Dazu gehört insbesondere das *Nongzheng quanshu* (Vollständige Abhandlung zur landwirtschaftlichen Verwaltung) von Xu Guangqi (1562–1633), einem hohen Beamten, der von Matteo Ricci zum Christentum bekehrt worden war. Song Yingxing (1587–1666), der seinen Lebensunterhalt als Lehrer in der Provinz verdiente, schrieb mehrere philosophische, naturwissenschaftliche und auch politische Werke. Seine bekannteste Abhandlung ist das *Tiangong kaiwu* (Erschließung der himmlischen Schätze) von 1637. Es beschäftigt sich mit technologischen Fragen aller Art, beispielsweise mit Problemen der Landwirtschaft, der Textilherstellung, des Bergbaus und verschiedener Handwerke, ist aber im Kern ein philosophisches Werk, das wohl eher der Verbreitung von Yingxings Weltsicht als der Vermittlung von technischem Wissen dienen sollte.[290]

Christliche Missionare wie Matteo Ricci (1552–1610, ab 1602 in

Peking) und Johann Adam Schall von Bell (1591–1666, seit 1622 in Peking) aus Köln machten europäische Wissenschaften und Techniken in China bekannt. Dies gilt insbesondere im Bereich der Mathematik, der Astronomie und des Kalenderwesens, aber auch in der Kartographie und für die Herstellung von Geschützen, Uhren, optischen Instrumenten und Musikinstrumenten. So übersetzte Ricci beispielsweise zusammen mit Xu Guangqi die ersten sechs Bücher der »Elemente der Geometrie« von Euklid ins Chinesische. Auch verschiedene Mnemotechniken des Abendlands machte Ricci in China bekannt.[291] Damit erhielten die »praktischen Wissenschaften« im 17. Jahrhundert noch einmal einen starken Impuls.

Korea

Zu den Funktionen eines konfuzianischen Monarchen in China und Korea gehörte es, die Verbindung zwischen Mensch und Kosmos, Natur, Geistern der Ahnen und göttlichen Wesen durch Opfer und Zeremonien herzustellen. In der Chŏson-Zeit waren die buddhistischen Mönche und die Schamanen von diesen Opfern ausgeschlossen. Konfuzianisch erzogene »Laien« standen nun den Opfern der Dynastie vor. Sie übernahmen auch bei Opfern und Riten, im Ahnenkult und bei Begräbnissen in der Familie tragende Rollen. Die korrekte Ausführung von Riten wurde schließlich zum unabdingbaren kulturellen Kapital der Elitefamilien in Korea. Jede Yangban-Familie wurde gesetzlich verpflichtet, eine Ahnenhalle zu bauen, in der die Ahnentafeln aufbewahrt und Ahnenopfer dargebracht wurden. Die Bedeutung und der Vorrang des Konfuzianismus wurden so mit jedem rituellen Vollzug unterstrichen. Am Ende des 16. Jahrhunderts war auch die Landbevölkerung in Korea durch Landschulen und Konfuziustempel mit konfuzianischem Gedankengut vertraut. Die Auslegung des Neokonfuzianismus war teilweise noch strenger als in China. Die dreijährige Trauerfrist beim Tod der Eltern dauerte beispielsweise tatsächlich drei Jahre und nicht in der Regel 27 Monate wie in China.

Korea war seit der Mitte des 15. Jahrhunderts eine Gesellschaft mit zwei Schriftkulturen. Unter König Sejong wurde – wie bereits beschrieben – 1443 die koreanische alphabetische Schrift Han'gŭl eingeführt. Explizites Ziel der neuen Schrift war es, den wenig gebildeten Schichten eine Möglichkeit zu geben, ihre Gedanken schriftlich festzuhalten:

»Die Laute unserer Sprache unterscheiden sich von denen des Chinesischen und können nur schlecht durch chinesische Zeichen wiedergegeben werden. Viele der Ungebildeten waren daher, selbst wenn sie ihre Gedanken/Gefühle aufschreiben wollten, unfähig zu kommunizieren. Ich habe dies mit Mitgefühl bedacht und daher 28 Buchstaben neu entwickelt. Ich wünsche nur, dass das Volk sie leicht lernen möge und sie im täglichen Leben bequem nutze.«[292]

Die Vorstellung, dass alle lesen und schreiben können sollten, war revolutionär. Bis dahin war in Ostasien und darüber hinaus der Schrifterwerb, einschließlich der der Silbenschriften Japans, ein Privileg und eine Quelle der Macht der Elite. In Korea wurde nun das Alphabet nicht nur von den unteren Schichten und von Frauen benutzt, sondern auch von den Angehörigen des Königshauses. Die neue Schrift »[kann] von einem begabten Mann an einem Vormittag gelernt werden, auch wenn ein langsamerer womöglich zehn Tage dafür braucht«.[293] Die Regierung wie auch andere Institutionen ließen Texte übersetzen und drucken, von Handbüchern zur Landwirtschaft bis zu religiösen Texten und moralischen Traktaten zur Verbreitung der neokonfuzianischen Ethik. Prosaliteratur in koreanischer Sprache entstand und verbreitete sich. Spätestens in der zweiten Hälfte des 16. Jahrhunderts wurde die neue Schrift im ganzen Land im Alltag benutzt.

3. Literatur

In China wie in Korea und mit etwas Verzögerung in Japan blühten der Buchdruck und das Verlagswesen. Verlegt wurden Reise- und Städteführer, Bücher zur Vorbereitung auf die Prüfungen, religiöse und moralische Traktate für Männer und Frauen, Almanache, Geschichten in chinesischer Umgangssprache, Han'gŭl oder Japanisch, populäre Lieder, Gedichte und Dramentexte für die Lektüre wie zur Aufführung. Vier Romane oder lange Erzählungen wurden im 16. Jahrhundert in China publiziert. Der Roman *Sanguozhi yanyi* (Roman der Drei Reiche) wird traditionell Luo Guanzhong zugeschrieben, einer historisch kaum fassbaren Person. Der Roman behandelt die Zeit der Drei Reiche nach dem Ende der Han-Dynastie und stellt insbesondere die Tugenden der Freundschaft, Brüderlichkeit und Loyalität heraus. Der Roman *Shuihu zhuan* (Die Räuber vom Liangshan-Moor) ist eine Erzählung über ehrenhafte Räuber, die während der Song-Zeit im Stil Robin Hoods in Shandong lebten. Der Anführer der Räuber, Song Jiang, war wohl eine historische Person des frühen 12. Jahrhunderts. Der Roman beschreibt, wie er sich mit seinen Räubern schließlich der Song-Dynastie unterstellt und erfolgreich, aber mit für ihn tödlichem Ausgang gegen die Liao kämpft. Als Autor wird meist Shi Naian genannt, über den allerdings, ähnlich wie über Luo Guanzhong, kaum verlässliche Informationen vorliegen.

Der Roman *Xiyouji* (Die Reise in den Westen) kann dagegen klar einem Autor zugeordnet werden. Dieser Abenteuer- und Schelmenroman wurde von Wu Cheng'en (ca. 1500–1582) verfasst und hat die Reise des Mönchs Xuanzang (602–664) nach Indien zum Thema. Von dort will er buddhistische Schriften holen. Er wird auf dieser Reise vom Affen Sun Wukong begleitet, der über magische Kräfte verfügt und immer zu Schabernack aufgelegt ist. Mit von der Partie ist außerdem Zhu Bajie, der ursprünglich ein Admiral war, aber zur Strafe für Trunkenheit und Beleidigung der Mondgöttin in eine Gestalt verwandelt wurde, die halb Schwein, halb Mensch ist und aus dem daoistischen Götterhimmel auf die Erde verbannt wurde. Auch ein Mönch und ein Drachenpferd begleiten Xuanzang auf der Reise. *Jinpingmei* (Pflaumenzweige in der Goldenen Vase) schließlich ist eine soziale Satire und erotische Erzählung von einem reichen, hedonistischen städtischen Kaufmann namens Ximen Qing, seiner Frau und seinen fünf Konkubinen, die zur Zeit des Kaisers Huizong im frühen 12. Jahrhundert leben. Beschrieben werden der Aufstieg des Protagonisten, seine erfolgreichen Versuche, alle materiellen, sexuellen und politischen Ambitionen zu verwirklichen, und in der zweiten Hälfte der ebenso schnelle Abstieg und die Tragödien, die aus seinen Aktionen erwachsen. Auch hier ist der Autor nicht bekannt. Der Roman erschien vermutlich 1617 erstmals im Druck. Die Gattung des Romans wurde damit durch eine Reihe von Meisterwerken ins Leben gerufen. Neu in der Ming-Zeit ist Literatur, die von und für Frauen geschrieben wurde, oft gefördert von Männern, die ihre Werke verlegten.

In Korea verhalf das Han'gŭl-Alphabet dem Kurzgedicht (*shijo*), das in der Regel aus 45 Silben bestand, und dem Langgedicht (*kasa*) zum Durchbruch. Da das Kurzgedicht nicht vom Reim, sondern vom sprachlichen Rhythmus und von Alliterationen lebte, eignete es sich besonders gut zum Singen. Als herausragender Dichter der koreanischen Sprache und Schrift ist Chŏng Ch'ŏl (1536–1593) zu nennen. Auf dem Gebiet der Literatur blieb in Japan die Gattung der Miszellen beliebt, als deren sehr frühes und bedeutendes Beispiel die Betrachtungen aus der Stille (*Tsurezuregusa*) von Yoshida Kenkō (1283–1350) gelten. Auch chinesische Literatur erfreute sich großer Beliebtheit. Kettengedichte (*renga*) wurden in Gesellschaft angefertigt. Für das einfache Volk waren preiswerte Ausgaben von Heldengeschichten, Geistergeschichten, didaktischen Erzählungen sowie Märchen und Fabeln erhältlich, Letztere oft auch mit buddhistischem Inhalt.

4. Kunst

Der gesellschaftliche Status eines Angehörigen der Oberschicht in Ostasien zeigte sich nicht zuletzt in seiner Kunstsammlung. Connaisseure und Sammler waren in allen Bereichen der Kunst tätig. Sie sammelten Malerei, Kalligraphie, Bronzen, Steine, Keramik, Jade- und Lackarbeiten, alte Bücher und kostbare neue Editionen. Gärten mit Teichen, Felsen, Bambusgrotten, Pavillons, Brücken und verschlungenen Pfaden, von denen einige noch in Suzhou erhalten sind, simulierten auf kleinem Raum die Schönheit und Größe von Bergen und Wäldern. In diesen manchmal öffentlich zugänglichen Gärten fanden Lesungen von Gedichten statt, Kalligraphie-Wettbewerbe, Theateraufführungen und philosophische Diskussionen. Es entbrannte ein Wettbewerb darum, welcher Connaisseur die kultivierteste Gesellschaft und den bedeutendsten Freundeskreis zusammenbringen konnte.

China

Die Malerei lässt sich in der Ming-Zeit, wie auch schon in den vorangegangenen Dynastien, in professionelle Malerei und Gelehrtenmalerei unterteilen. Besonders berühmt waren die Literatenmaler aus der Region des unteren Yangzi um Suzhou. Sie waren Amateure, die weit reisten, um sich die Landschaften früherer Meister aus der Song- und Yuan-Zeit, die nun meist in privaten Händen waren, anzusehen. Die professionellen Maler waren entweder als Hofmaler und in Akademien oder als Handwerker für die Ausschmückung von Privathäusern, Tempeln oder Gräbern tätig, während die Gelehrtenmaler in der Regel Landschaften sowie Vogel- und Blumenbilder malten. Sie hatten keine formale Ausbildung in Malerei genossen und arbeiteten unabhängig. Die Hof- oder Akademiemaler wurden vor allem mit der Anfertigung von Porträts der Kaiser, ihrer Frauen und Konkubinen, hoher Beamter und anderer historischer Persönlichkeiten beauftragt. Hofmaler hielten auch wichtige Ereignisse wie Geburtstagsempfänge, Besuche ausländischer Delegationen, Jagden und Reisen fest. Akademiemaler fertigten außerdem Landschafts-, Blumen- und Vogelbilder an. Bian Wenjin, der für sein Bild »Drei Freunde und hundert Vögel« von 1413 berühmt ist, gehört zu den Akademiemalern in der Nachfolge der Song-Tradition. Dai Jin (1388–1462), der die Tradition von Ma Yuan aus der Song-Zeit wiederbelebte, wurde zum Begründer der Zhe-Schule in der Region Hangzhou erklärt. Er galt als der beste Maler seiner Zeit, der alle Sujets gleichermaßen genial gestalten konnte.

Abb. 15: »Berge in Wolken« von Chen Shun, Tusche und Farben auf Papier, 1535, Ming-Dynastie, Höhe 30,5 cm. Freer Gallery of Art, Washington, D.C.

Der Aufstieg der Maler der Wu-Schule, die ihr Zentrum in Suzhou hatte, beendete die Popularität der professionellen Akademiemaler. Diese Gelehrten behaupteten, nur zum Zeitvertreib zu malen. Shen Zhou (1427–1509) wurde bekannt für die Kombination von Maltechnik, Kalligraphie und Dichtkunst sowie für die Farbigkeit einer Reihe seiner Bilder. Wen Zhengming (1470–1559) setzte Shen Zhous Tradition fort. Experimenteller und »impressionistischer« ging Chen Shun (1483–1544), ein Schüler Wen Zhengmings, seine Themen an, beispielsweise bei »Berge in Wolken«. Xu Wei (1521–1593) verfolgte diese Linie Chen Shuns weiter. Er malte vor allem Bambusbilder sowie andere Pflanzen und Früchte. Nach der Inhaftierung seines Förderers brachen bei ihm massive psychische Störungen wieder auf, in deren Verlauf er seine zweite Frau umbrachte. Freunden gelang es, ihn vor der Hinrichtung zu bewahren. Zur Wu-Schule gehört auch der professionelle Maler Qiu Ying (ca. 1510–1552), der für seine Palastbilder ebenso wie für Darstellungen des Idylls der Gelehrten bekannt wurde.

Dong Qichang (1555–1636) war nicht nur ein berühmter Maler monochromer Landschaften, sondern auch ein bedeutender Kunsttheoretiker. Er unterteilte die Malerei seiner Zeit in eine Nördliche und eine Südliche Schule. Unter der Südlichen Schule verstand er die Literatenmalerei, zu der er sich selbst zählte und die er für die künstlerisch wertvollere Tradition hielt. Als Nördliche Schule bezeichnete er die professionellen Akademiemaler, die für ihn keine wahren Künstler waren. Diese wertende Einteilung bestimmte bis ins frühe 20. Jahrhundert die kunsthistorische Diskussion und auch die künstlerische Produktion in China.

Korea

In Korea stand nach der politischen und kulturellen Erneuerung gemäß neokonfuzianischen Prinzipien nicht mehr die buddhistische Kunst im Vordergrund. Es wurden fast nur noch kleinere Objekte für die private Frömmigkeit geschaffen. Einige buddhistische Maler wie der Mönch Yi Sumun gingen Anfang des 15. Jahrhunderts nach Japan und pflegten dort die Tuschmalerei weiter. Die Anfänge der Teezeremonie in Japan mögen sogar auf koreanische Mönche zurückgehen, die in der frühen Chosŏn-Zeit ihr Land verließen. Die Lage für die buddhistische Kunst in Korea besserte sich zeitweilig, so als die Königinwitwe Munjŏng (gest. 1568), die Mitte des 16. Jahrhunderts die wahre Macht am Hof innehatte, mehrere hundert Gemälde (jeweils Farbe und Gold oder nur Gold auf Seide) buddhistischer Triaden in Auftrag gab.

Mit der neuen Yangban-Elite kam eine weltliche, gelehrte Kunst auf, die den Anschluss an die chinesische Kunst der Nördlichen Song wie an die der zeitgenössischen Ming-Dynastie suchte. Für die Riten in den Ahnentempeln, die alle Familien der Oberschicht verrichten mussten, wurden nun Porträts der Ahnen benötigt, die in großen Formaten gemalt wurden. In der Landschaftsmalerei, die im Stil der Meister der Nördlichen Song, insbesondere Guo Xi, in Korea im 16. Jahrhundert Fuß fasste, wurden zunächst noch chinesische Landschaften wie die »Acht Ansichten der Flüsse Xiao und Xiang« in Hunan gemalt. Man eignete sich die chinesische Vergangenheit an und verklärte sie in fast romantischen Szenen. Wenig später wurden dann auch Serien von Bildern koreanischer Landschaften gemalt.

Mit der Etablierung des Prüfungssystems und des Beamtenstaates kam ein schon vorher bekannter Typus der Malerei zu neuer

Beliebtheit, nämlich die Darstellung von Literatentreffen. Diese Bilder, meist in Form einer Hängerolle, wurden zur Erinnerung an Treffen von Prüfungsjahrgängen oder auch von Beamten einer Behörde gemalt. Sie bestanden in der Regel aus dem Titel, der den Anlass des Treffens erläutert, der Darstellung der Zusammenkunft in einem Gebäude oder in einer Landschaft und der Teilnehmerliste. Dieser Bildtypus konnte mit den Landschaftsbildern verschmelzen – die Literaten waren dann nur noch kleine Figuren in einer Landschaft, die fast die gesamte Fläche einnahm, und anstatt der Titel und Teilnehmerliste beschrieb eine längere Bildaufschrift das Treffen.

Am Hof wurde ein Amt für Malerei eingerichtet. Könige und Prinzen betätigten sich als Mäzene, und einige Mitglieder der königlichen Familie waren selbst begnadete Maler. Yi Am (1507–1566), ein Ururenkel von König Sejong, ist bekannt für seine Darstellungen von Hunden und Falken, beliebte Themen der Palastkultur. Prinz Anp'yŏng (1418–1453), der dritte Sohn König Sejongs, war ein bedeutender Dichter, Kalligraph, Maler und Musiker. Er besaß eine hervorragende Sammlung von Gemälden insbesondere der Song-Zeit, an denen der berühmteste Hofmaler des 15. Jahrhunderts, An Kyŏn (aktiv ca. 1440–1470), seine Technik schulte. An Kyŏns prägender Einfluss auf die koreanische Landschaftsmalerei blieb bis weit ins 16. Jahrhundert hinein bestehen. Er ließ erst nach, als in Korea verstärkt die chinesische Literatenmalerei der »Südschule« (nach Dong Qichang) rezipiert wurde.[294]

In der Töpferei ging Korea andere Wege als China, welches das in der Yuan-Zeit entwickelte Blau-Weiß-Porzellan in der Ming-Zeit zur Vollendung brachte. In der Chosŏn-Zeit bevorzugten der Hof und die Literaten schlichte, weiße Ware, Porzellan, das der konfuzianischen Ästhetik entgegenkam. Daneben wurde *punch'ŏng*-Ware berühmt, eine bei hohen Temperaturen gebrannte Irdenware mit grauen Scherben. Die Gefäße wurden mit weißem Schlick überzogen und kraftvoll bemalt oder mit Modeln gestempelt, bevor eine transparente, leicht grünliche Glasur aufgetragen wurde. Waren dieser koreanischen Lokaltradition erfreuten sich auch in Japan großer Beliebtheit. Als Hideyoshi zahlreiche koreanische Töpfer nach Japan verschleppen ließ, verursachte er um 1600 einen Bruch in der koreanischen Töpferkunst.

Für die konfuzianischen Riten, einschließlich des Ahnenkultes in den Familien der Oberschicht, wurden neue keramische Gefäße gefertigt, die Metallgefäßen nachempfunden waren. Für Art und Anzahl von Grabkeramik wurden Vorgaben erlassen. Auch blauweißes Porzellan nach chinesischem Vorbild wurde in Korea hergestellt, allerdings mit einigen Besonderheiten wie einem sehr scharf abgesetzten Rand bei Tellern. Ab den 1460er Jahren wurden offizielle Hofwerkstätten betrieben, die für den Bedarf des Palastes und des Staates produzierten. Vorher war die benötigte Keramik im ganzen Land als Steuerleistung eingetrieben worden.

Japan

In Japan waren es vor allem Zen-Mönche, welche die monochrome Malerei weiterentwickelten. Der für die Geschichte der Malerei wohl bedeutendste war Sesshū Tōyō (1420–1506). Er bereiste China von 1467 bis 1469, orientierte sich aber eher an den alten chinesischen Meistern als an seinen Zeitgenossen. Seine Malerei unterscheidet sich durch sein Abstraktionsvermögen deutlich von der chinesischen Malerei der Zeit. Er schuf einen eigenen nationalen (japanischen) Stil in der monochromen Tuschmalerei. Sesson Shūkei (ca. 1504–nach 1589) trat sein künstlerisches Erbe an.

Vom Kaiserhaus und auch von den Shōgunen sowie den großen Tempeln wurden professionelle Maler angestellt, welche die Innenausstattung der Paläste und Burgen anfertigten und vor allem Schiebetüren und große Stellschirme bemalten. Es gab eine Reihe von berühmten Ateliers. Wenn es gelang, Maler aus diesen Ateliers oder »Schulen« für eine Auftragsarbeit zu gewinnen, strahlte deren Prestige auch auf den Auftraggeber aus. Die wichtigste Malschule dieser Art war die Kanō-Schule. Begründet wurde sie von Kanō Masanobu (1434–1530) und gefestigt von seinem Sohn Kanō Motonobu (1476–1559), der das Amt für Malerei der Ashikaga-Shōgune leitete. Er verband in seiner Kunst die Akademie-Malerei der Nörd-

Abb. 16: »Landschaft« von Sesshū Tōyō, Tusche auf Papier, 1481. 148,6 x 32,7 cm. Das Bild nimmt nur ein Drittel der Hängerolle ein. Tōkyō Nationalmuseum.

lichen Song-Zeit mit der Malerei im japanischen Stil (*yamato-e*). Sie bestand bis ins 19. Jahrhundert. Motonobus Enkel Kanō Eitoku (1543–1590) wurde von Oda Nobunaga mit der Innendekoration des Schlosses in Azuchi am Biwa-See beauftragt. Sein Adoptivsohn Kanō Sanraku (1559–1635) war ein bedeutender Vertreter des Kyōto-Zweigs der Kanō-Schule in der Tokugawa-Zeit, während Kanō Tan'yū (1602–1674), der auch als Maler im Kaiserlichen Palast in Kyōto wirkte, mit den Shōgunen nach Edo zog und dort einige Residenzen ausschmückte.

Auch außerhalb der großen Malschulen gab es Künstler, die zu Ruhm und Ehren kamen. Für die Momoyama-Zeit ist hier vor al-

Abb. 17: Stellschirm »Kiefernwald« von Hasegawa Tōhaku, Tusche auf Papier, um 1590. 156,8 x 356 cm, rechter Stellschirm. Tōkyō Nationalmuseum.

lem Hasegawa Tōhaku (1539–1610) zu nennen, dessen erstaunlich unkonventionell anmutende Tuschbilder den Song-Stil weiterentwickelten, wie es in seinem berühmten Stellschirm »Kiefernwald« zu sehen ist. Daneben fertigte er Schiebetüren für Tempel an, auf die im Stil der Zeit viel Gold und Farbe verwendet wurden.

Das ästhetische Prinzip, nach dem in Japan in allen Kunstformen der Ashikaga-Zeit gestrebt wurde, war *yūgen*, das Ferne, Mysteriöse und Tiefe. Der Terminus stammte aus dem Nō-Theater, der wichtigsten Dramengattung in der Epoche, dessen bedeutendster Dichter Zeami (1363–1443/1445) war. Jede Geste, jeder getanzte Schritt, jedes gesungene Wort hinter der Gesichtsmaske musste erhaben sein, damit die bedeutungsvollen Momente entstehen konnten, in denen allein die Kunst des Schauspielers den Zuschauern eine Ahnung des Nicht-Darstellbaren vermittelte. Die Präsenz hinter der Form wurde und wird bis heute auch in der monochromen Tuschmalerei, dem Ikebana (Arrangement von Blumen), der Anlage von Steingärten und in der Teezeremonie gesucht. Zen-buddhistische Vorstellungen waren in all diesen Kunstformen zu spüren, und Zen-Priester gehörten zu den wichtigsten Künstlern der Zeit.

Die Teezeremonie entwickelte sich zu einer streng reglementierten Kunstform, in der das Ideal der »eleganten Einfachheit« (*wabi*

Abb. 18: Kinkaku-ji, der »Goldene Pavillon-Tempel«, erbaut 1397 nordwestlich von Kyōto, wurde nach einem Brand 1950 im Jahr 1955 wieder aufgebaut.

und *sabi*) gepflegt wurde. Scheinbar einfache Gefäße, die oft wie zufällig verformt waren oder »Fehler« in der Glasur aufwiesen, wurden nun für die Teezeremonie in einer bescheidenen Hütte verwendet.

Von Ashikaga Yoshimitsu wurde im Jahr 1398 der Goldene Pavillon Kinkaku-ji in Kyōto gebaut. Der Shōgun Ashikaga Yoshimasa war ein Förderer des Nō-Theaters und Sammler chinesischer Keramik. Er ließ 1482 in der Nähe in Higashiyama den etwas bescheideneren und ästhetisch verfeinerten Silbernen Pavillon Ginkaku-ji errichten. In der Momoyama-Epoche am Ende des 16. Jahrhunderts änderte sich der Geschmack deutlich. Es wurden große Burgen und

Abb. 19: Die Burg Himeji, gegründet 1346, erweitert von Toyotomi Hideyoshi 1580, Erweiterung durch das fünfstöckige Hauptgebäude zwischen 1601 und 1609. Präfektur Hyōgo.

Paläste gebaut, die sehr reich ausgestattet wurden, wie zum Beispiel die Burg Himeji. Farbenprächtige Wandschirme, deren Grund vergoldet war, Lackgefäße mit Goldstaub oder gar ein goldenes Teezimmer wie im Schloss Toyotomi Hideyoshis brachen mit der Zen-Ästhetik der Ashikaga-Zeit.

Die großflächige *nanban*-Malerei hielt um 1590 Einzug. Nanban bedeutet wörtlich »die Fremden aus dem Süden«, eine Bezeichnung, die hauptsächlich für Portugiesen und Spanier verwendet wurde. Die heute noch erhaltenen fast 70 Stellschirme zeigen die Ankunft portugiesischer Kaufleute und Missionare in Japan, westliche Motive wie Weltkarten und europäische Städte, europäische Herrscher, westliche Genreszenen und auch lokale japanische Bräuche.

5. Musik

China

Die verstärkte Urbanisierung führte in der Ming-Zeit zu einem größeren Austausch zwischen den lokalen ländlichen Musikstilen und der Unterhaltungskultur in den regionalen Zentren. So konnten sich insbesondere seit der Mitte des 16. Jahrhunderts regionale Theater- und Opernformen entwickeln. Am bedeutsamsten war das Kunqu, die Oper der Region Jiangnan, am Unterlauf des Yangzi.

Eine der wichtigsten Pflichten einer neuen Dynastie war die komplette Reform der Riten und der Musik am Hof. Insbesondere der Hongwu-Kaiser kümmerte sich persönlich um die Erneuerung der Musik, diskutierte Fragen der Stimmung der Instrumente, beaufsichtigte die verschiedenen für die Musik zuständigen Ämter und Behörden. Zudem verfasste er selbst neue Texte für die Staatsopfer und ließ dazu neue Melodien komponieren.[295] Es sollten möglichst keine Anklänge mehr an »fremde« Einflüsse, weder an die mongolische noch an die Musik der Tang-Zeit oder der Nördlichen Song und der Jin, zu hören sein. Dieses führte zu einer Reduktion der verfügbaren Modi und erschwerte auch die Akzeptanz der europäischen Musik, die Matteo Ricci und andere Missionare nach China brachten.

Die Bildungselite pflegte weiterhin das Spiel der *qin* (siebensaitige Zither). Zhu Quan (1378–1448), der 16. Sohn des Gründungskaisers der Dynastie, publizierte 1425 das *Shenqi mipu* (Phantastische und geheime Notationen), eine Sammlung von 62 Stücken und die erste nachweisbare Publikation von *qin*-Musik in Tabulatur-Notation.

Die Frage der korrekten Stimmung von Instrumenten und dabei vor allem die Festlegung des korrekten Grundtons, der nach Überzeugung chinesischer Philosophen im Kosmos gegeben ist, beschäftigte die Gelehrten seit dem Altertum. Nur bei korrekter Abnahme des Grundtons, also bei korrekter Stimmung, konnte die Ritualmusik am Hof in Übereinstimmung mit dem Kosmos sein, was wiederum bedeutet, dass sie nur unter dieser Bedingung ihre Aufgabe erfüllen konnte. Eine falsche Stimmung brachte dagegen die kosmische Ordnung durcheinander und musste über kurz oder lang zum Sturz der Dynastie führen. Damit war die Ordnung der Musik eine für alle Dynastien eminent wichtige Aufgabe. In diesem Zusammenhang steht eine Entdeckung des Musikers und Mathematikers Zhu Zaiyu (1536–ca.1610), eines Nachkommen des vierten Ming-Kaisers in der sechsten Generation. 1584 veröffentlichte er sein für die musikalische Theorie in China bahnbrechendes Werk *Lüxue xinshuo* (Eine neue Abhandlung über das Studium der Grundtonhöhen). In dieser Abhandlung legte er seine Theorie der gleichtemperierten Stimmung dar, also die Teilung einer Oktave in zwölf Halbtöne so zu bemessen, dass sie alle durch dasselbe Verhältnis von Schwingungen geteilt werden. Die Intervalle sollten nur so weit von der reinen Stimmung abweichen, dass der Klang vom Gehör noch als richtig empfunden wird. Er kam zu dem Ergebnis, dass die Intervalle durch mathematische Berechnung (12. Wurzel aus 2) festgelegt werden können, so wie dieses der Mathematiker Simon Stevin dann zwischen 1585 und 1608 auch in Europa berechnete.[296] Zhu Zaiyus theoretische Lösung des Problems wurde im kaiserlichen China allerdings nie in die Praxis umgesetzt.

Korea und Japan

Auch für die koreanischen Herrscher spielte die Musik eine zentrale Rolle, und obwohl durch diplomatische Gesandtschaften Musikinstrumente als Tributgeschenke nach Korea gelangten, versuchte man dort, eigene musikalische Traditionen zu pflegen. Man übernahm nicht die Ritualmusik der Ming-Dynastie, sondern beabsichtigte, die musiktheoretischen Überlegungen der Song-Zeit umzusetzen.

Während der Tang- und Song-Dynastie wurden aus China so viele Instrumente und Musikstücke importiert, dass am koreanischen Hof zwei Musikabteilungen bestanden, eine für koreanische und eine für chinesische Musik. Mit der Mongolenzeit allerdings endete der Import chinesischer Musik fast ganz, und das chinesische Repertoire in Korea schrumpfte. Die Musik des 15. Jahrhunderts in Korea wurde in die koreanische Musik (im Dreier-Rhythmus) und die aus China importierte Musik (im Zweier- oder Vierer-Rhythmus) eingeteilt. Die Abhandlung *Akhak kwebŏm* (Standards der Musikwissenschaft) von 1493, die König Sŏngjong in Auftrag gab und die noch erhalten ist, erfasste das Repertoire des 15. Jahrhunderts zur Förderung der nationalen koreanischen Traditionen, zur neokonfuzianischen »Reinigung« der chinesischen Ritualmusik und zur Stärkung der schamanischen Traditionen.[297] Darin wurden die Instrumente in drei Kategorien eingeteilt, in koreanische, chinesische und konfuzianische. Chinesische Instrumente waren dabei diejenigen, die während der Tang- und Song-Zeit importiert worden waren, und konfuzianische die, welche als Geschenk von Kaiser Huizong der Nördlichen Song 1116 nach Korea gelangt waren. Sie wurden bei konfuzianischen Ritualen gespielt.[298] Huizong hatte mit dem Geschenk die Unterstützung Koreas gegen die Jurchen gewinnen wollen, was allerdings fehlschlug.[299]

Die Arbeit an der Reform der Ritualmusik begann schon 1409 unter König T'aejong. Umfassendere Reformen wurden allerdings unter König Sejong (reg. 1418–1450) vorgenommen, der die alte Hofmusik auf der Grundlage alter Quellen und Song-zeitlicher Gelehrsamkeit wiederherstellen wollte. Das Ideal war schließlich im chinesischen Altertum zu finden, niemals in der Gegenwart. Damit war es durchaus möglich, in Korea die »korrektere« Ritualmusik zu rekonstruieren, auch wenn die Aufführung problematisch sein konnte.

König Sejong schuf ein neues Notationssystem, mittels dessen in einer Partitur die Tonhöhen mehrerer Instrumente und der Singstimme dargestellt und der Rhythmus exakt notiert werden konnten. Dieses System wurde von König Sejo (reg. 1455–1468) verfeinert und blieb bis etwa 1600 in Gebrauch. König Sejong stellte auch vier Tanzsuiten zusammen, die bei feierlichen Banketten zu Ehren der Ahnen der Dynastie aufgeführt wurden. Im Jahr 1430 erklärte König Sejong, dass es nicht passend sei, den Geistern der Ahnen Musik darzubringen, die sie zu Lebzeiten nicht gehört hatten. Diesen Gedanken griff König Sejo einige Jahrzehnte später auf. Er adaptierte die beiden ersten Tanzsuiten Sejongs für den Gebrauch im Ahnenkult, weil er annahm, dass den Ahnen die Suiten aus bekannten Liedern besser gefallen würden als die konfuzianischen Hymnen. Allerdings wurden die Stücke gekürzt und die Texte verändert.

In Japan wurde die alte musikalische Kultur mit Trommeln und Flöten, wie sie schon seit dem 13. Jahrhundert bestanden hatte, bis ins 16. Jahrhundert fortgesetzt. Im 16. Jahrhundert und danach entwickelten sich verschiedene musikalische Schulen, die vor allem die Solo- und Orchesteraufführungen auf der 13-saitigen *koto* in der Form der langen Zither bereicherten. Belebt wurde der Fundus an Musikinstrumenten auch durch die *shakuhachi* (Bambusflöte) und die aus China importierte dreisaitige *shamisen* (Laute), deren Resonanzkörper mit Katzen- beziehungsweise Hundehaut bezogen war und deren Saiten aus Seide mit einem großen Plektrum gezupft wurden. Die Instrumente waren für Theateraufführungen unentbehrlich.

Der europäische Einfluss

Die Musik war auch ein wichtiges Mittel der europäischen Missionierung. Der Jesuit Francisco de Xavier (1506–1552), im deutschsprachigen Raum bekannt als Franz Xaver, traf als erster christlicher Missionar am 15. August 1549 im Hafen von Kagoshima auf der Insel Kyūshū in Japan ein. Im Jahr 1551 schenkte er dem Fürsten von Yamaguchi ein europäisches Musikinstrument, wahrscheinlich ein Manichord oder Clavichord.[300] Es war die Zeit, als über den Hafen Nagasaki auf Kyūshū der Handel mit Europa begann und auch kulturelle Kontakte zu den Europäern entstanden.

50 Jahre später führte Matteo Ricci (1552–1610) europäische Musikinstrumente und Musik nach China ein, so brachte er ein Clavichord von Nanjing an den Hof des Wanli-Kaisers in Peking. Er wollte dort eine dauerhafte Niederlassung einrichten und nach Möglichkeit sogar den Kaiser zum Christentum bekehren. In Peking, wo er und seine Begleiter schließlich am 24. Januar 1601 anka-

men, weigerte sich Wanli, sie zu empfangen, da er schon seit Jahren keine Audienzen mehr abhielt. Ricci bekam zwar keine offizielle Erlaubnis zur Niederlassung in Peking, doch wurde seine Jesuitenmission geduldet. Diese erhielt vom Hof Zuschüsse zum Unterhalt in Form von Gold und regelmäßigen Zuweisungen von Reis, Fleisch, Salz, Wein, Gemüse und Brennholz. Ricci und Diego Pantoia gelang es, Kontakt zu einigen Personen in der Verbotenen Stadt aufzunehmen. Da Tasteninstrumente in Ostasien unbekannt waren, konnten die Missionare sicher sein, dass die Neugierde groß sein würde und sie deshalb aufgefordert würden, das Instrument zu spielen und zu unterrichten. Eine Gruppe von Hofmusikern erhielt Unterricht auf dem Manichord. Auf Bitten seiner Schüler schrieb Ricci acht Lieder zu den Melodien, welche die Hofmusiker mit ihm übten. Diese boten die Gelegenheit, die Anliegen der Missionare voranzutreiben, indem ethische Maximen und Tugenden verkündet wurden.[301] Allerdings waren die Auffassungen von Musik von gegenseitigen Missverständnissen gekennzeichnet. Ricci war entsetzt über das vollständige Fehlen von Harmonie in der chinesischen Musik und über die monotonen rhythmischen Schläge, ausgeführt ohne jede Kenntnis von Variation oder Harmonik.[302] Das Manichord aber, das er dem Hof 1601 geschenkt hatte, ermöglichte auch späteren Missionaren die Kontaktaufnahme. Einige Jahrzehnte nach Riccis Tod 1610 wurde das Manichord im Palast in einer Kiste gefunden. Mit der nötigen Reparatur des Instruments wurde der Kölner Jesuit und Hofastronom Adam Schall von Bell beauftragt, der dann 1640 sogar eine Klavierschule veröffentlichte.[303]

6. Religion

Neben der buddhistischen Lehre spielten auch synkretistische Vorstellungen eine bedeutende Rolle. Die christliche Mission stieß in Japan und China bei der gebildeten Elite auf vergleichsweise großes Interesse. Die Zahl der Konvertiten blieb aber insgesamt betrachtet gering. In Korea setzte die christliche Mission erst später ein. Die Geschichte der christlichen Mission in Ostasien wird im Kapitel VI im Zusammenhang dargestellt.

China und Korea

Die Religionsgemeinschaften hatten in China und Korea in der Ming- bzw. der frühen Chosŏn-Zeit einen vergleichsweise schweren Stand. Obwohl der erste Kaiser der Ming-Dynastie eine Zeitlang als buddhistischer Mönch gelebt hatte und persönlich am Daoismus interessiert war und obwohl er als Anführer der Sekte der Roten Turbane und in Zusammenarbeit mit der Bewegung des Weißen Lotos und manichäischen Gruppen die Dynastie gegründet hatte, ließ er die religiösen Bewegungen verbieten oder versuchte, sie zumindest zu kontrollieren. Die Anzahl und die Größe der buddhistischen und daoistischen Tempel wurden reduziert. Die buddhistischen Mönche der verschiedenen Schulrichtungen wurden verwaltungsmäßig den Kategorien Meditation (*chan*), Schriftstudium (*jiang*) und Lehre (*jiao*) bzw. Yoga (*yujia*) zugeordnet und sollten in jeweils gesonderten Klöstern leben sowie Gewänder in unterschiedlichen Farben tragen. Nur die Mönche der Kategorie Lehre durften die Klöster verlassen, weil sie für die Durchführung der Beerdigungsriten in der Bevölkerung zuständig waren. Staatliche Behörden regelten die Ordination der Mönche und entschieden mit über den Prüfungsstoff für angehende Mönche. Der Hongwu-Kaiser griff sogar in den Inhalt der Religion ein.

Ähnlich war die Politik gegenüber dem Daoismus. Hongwu erkannte zwar das Oberhaupt der Daoisten als religiöse Autorität an, änderte dessen Titel aber von Himmelsmeister (*tianshi*) zu Großer Perfekter (*da zhenren*). Das Recht, für den Himmel zu sprechen, kam allein ihm als Kaiser zu. Mitglieder des buddhistischen und daoistischen Klerus durften nicht mehr an staatlichen konfuzianischen Zeremonien teilnehmen, weder in der Hauptstadt noch in den Provinzen. In der Praxis führte diese Religionspolitik, die sich über die Regierungszeit Hongwus langsam entwickelt hatte, zu einem Rückzug der Religionen in die lokale Gesellschaft auf dem Land.

Auch in Korea wurde der Buddhismus am Ende des 14. Jahrhunderts aus dem öffentlichen Leben verdrängt. Chŏng Tojŏn (gest. 1398), ein früher Berater Yi Sŏnggyes und »Architekt« der Yi-Dynastie, hatte die Religionen zunächst noch auf philosophischer Ebene attackiert. In seinem langen Aufsatz »Simgiri p'yŏn« (Geist, materielle Kraft und Prinzip) warf er dem Buddhismus wie dem Daoismus die Missachtung von moralischen Pflichten und der Schönheit von Riten und Musik vor. Nur der Konfuzianismus verstehe es, Geist (*xin*, das heißt den Buddhismus) und Materie (*qi*, das heißt den Daoismus) zu umfassen und zu verwirklichen.[304] Nach Gründung der Yi-Dynastie wurden wirtschaftliche und institutionelle Sanktionen gegen die buddhistische Religion verhängt, nicht zuletzt weil man ihr eine Mitschuld an der Zerstörung der gesellschaftlichen Ordnung und der menschlichen Beziehungen in der Spätphase der Koryŏ-Dynastie gab. Die mächtigen Klöster und Tempel standen für das alte System und galten als Gefahr für den neuen Staat, der auf dem Neokonfuzianismus als Grundlage aufbaute.

Schon im Gründungsedikt der Chosŏn-Dynastie, das König T'aejo 1392 erließ, wird die Bedeutung der königlichen konfuzianischen Akademie betont. Konfuzianische Riten wie die Bekappungszeremonie anlässlich der Volljährigkeit von jungen Männern oder der Ahnenkult werden als zentral für die neue Dynastie propagiert.[305] Durch Ermahnungen versuchten der Generalinspektor, welcher zusammen mit dem Generalzensor für die Einhaltung moralischer und administrativer Standards zuständig war, König T'aejo zu einem guten konfuzianischen Herrscher zu machen. Er sollte weise Gesetze erlassen, ein unbestechliches System von Belohnungen und Strafen einführen, auf Ratschläge hören, sparsam sein und unqualifizierte buddhistische Mönche wie Unkraut beseitigen.[306]

In der Folge waren es vor allem die Studenten der königlichen konfuzianischen Akademie, die sich in Attacken auf den Buddhismus gegenseitig überboten. Sie forderten die Laisierung der Mönche, das Einschmelzen aller buddhistischen Statuen zu Münzen und die Umwandlung von Tempeln und Klöstern in staatliche Lagerhäuser, Poststationen und Schulen. Buddhistische Rituale wurden im Staatskult durch konfuzianische Riten ersetzt und bald auch in der Bevölkerung bei Heiraten und Begräbnissen eingeschränkt. Zu Beginn des 16. Jahrhunderts waren Tempel nur noch in abgelegenen Bergen erlaubt, und der Klerus durfte die Hauptstadt nicht einmal mehr betreten. Der Buddhismus als Religion wurde jedoch nicht verboten, private Frömmigkeit blieb erlaubt. Ähnlich wie der Buddhismus wurden Daoismus und Schamanismus behandelt, auch sie verschwanden mit der Gründung der Yi-Dynastie des Chosŏn-Reiches zugunsten des Konfuzianismus langsam aus dem öffentlichen Leben.

Japan

In Japan bewahrten die alten Tempel und Klöster aus der Heian-Zeit und die in der Kamakura-Zeit entstandenen Schulen und Sekten auch in der Ashikaga-Zeit ihre einflussreiche Stellung. Die Tempel kontrollierten die städtische Wirtschaft und unterhielten eine eigene Polizei. Das traditionelle Weltbild der Japaner war von einer buddhistischen Kosmologie geprägt, wobei die Welt aus zwei Festlandregionen bestand, nämlich Indien und China einerseits und den japanischen Inseln andererseits, die zusammen die »drei Länder«, die damalige Welt, bildeten.

Die Ashikaga-Shōgune förderten die neue Schulrichtung der Rinzai-Schule des Zen-Buddhismus, um sich nicht von den dominanten buddhistischen Institutionen majorisieren lassen zu müssen. Um sie zu fördern, wurden überall im Land »Tempel für den Frieden des Landes« (*ankoku-ji*) gegründet, in denen für die Seele des Kaisers Go-Daigo (reg. 1318–1338) gebetet werden sollte, die aber natürlich vor allem das Prestige der Ashikaga erhöhten. Die Rinzai-Klöster wurden in ein hierarchisches System eingefügt, an dessen Spitze die Fünf Berge standen, das waren je fünf Tempel in Kyōto und in Kamakura, wobei die Tempel Kyōtos über denen in Kamakura rangierten. Neben dem Rangsystem der Tempel wurde auch für die Priester ein Rangsystem eingeführt. Der höchste Priester, welcher über die Besetzung aller anderen Stellen befand, residierte im Shōkoku-ji, direkt neben dem Palast der Shōgune. Die Shōgune setzten in dieses Amt gern Männer aus aristokratischen Familien ein, die nicht unbedingt ein Interesse an der Verwaltung der Tempel oder einer religiösen Lebensführung hatten. Der oberste Rinzai-Priester war für das Shōgunat aber unverzichtbar, weil für dieses Amt gebildete Männer ausgewählt wurden, welche die chinesische Sprache sehr gut beherrschten. Sie fertigten alle Dokumente für den Außenhandel und im Bereich der Außenpolitik aus. Die Rinzai-Schule entfernte sich im Lauf der Zeit von der Lehre des Zen-Buddhismus und wurde zunehmend synkretistisch.

Synkretismus

In China deuteten die chan-buddhistischen Anklänge bei Wang Yangming ebenfalls auf die Absicht hin, verschiedene Lehren zu verbinden. Der Synkretismus war nicht unumstritten, auch gelang es ihm nicht, die älteren Traditionen durch eine neue Weltanschauung zu ersetzen. Es wurde ernsthaft versucht, Konfuzianismus, Buddhismus und Daoismus (in Japan Shintoismus) zusammenzubringen, entweder weil man meinte, dass sie sich gegenseitig sinnvoll ergänzten, oder weil man meinte, dass sie im Grunde gleich seien. Ein Aufsatz des Hongwu-Kaisers mit dem Titel *Sanjiao lun* (Abhandlung über die drei Lehren) hob hervor, dass neben dem Konfuzianismus auch der Buddhismus und die Lehre von den Unsterblichen (d. i. der der Bevölkerung leichter zugängliche Teil des Daoismus) für die Stabilität eines Staatswesens wichtig seien und der Menschheit nützen würden. Die Wege seien letztlich in Wirklichkeit nur ein Weg, und alle Weisen seien eigentlich nur hinsichtlich der persönlichen Praxis oder der Teilnahme am öffentlichen Leben voneinander verschieden. Alle drei Lehren seien unverzichtbar.[307]

Dieses »Toleranzedikt« von Hongwu griff ältere Vorstellungen auf, die beispielsweise schon in der Tang-Zeit die drei Lehren mit den Beinen eines Dreifußes verglichen hatten, welche alle gleich nötig seien, damit das Gefäß stehen kann. Dieses Bild wurde von

Tao Zongyi im *Chuogeng lu* (Gespräche während der Rast beim Pflügen) formuliert, das 1366 publiziert wurde. Außerdem gab es viele Beispiele, die beweisen sollten, dass einzelne Personen, besonders einige Kaiser der Tang- oder Song-Zeit, alle drei Lehren in ihrem eigenen Leben beachteten. Eine tatsächliche Verschmelzung der drei Lehren wurde von Wang Yangming angestrebt, der Buddhismus und Daoismus unter dem Dach des Neokonfuzianismus vereinigen wollte. Im späten 16. Jahrhundert schrieb Li Zhi (1572–1602) einen Aufsatz mit dem programmatischen Titel »Sanjiao gui Ru shuo« (Die Drei Lehren treffen sich in Konfuzius). Lin Zhaoen (1517–1598) schließlich betrachtete die drei Lehren als lediglich drei verschiedene Methoden im Streben nach demselben Ziel, nämlich der moralischen Erziehung. Je nach den Umständen werde die passende gewählt, aber im Grunde seien sie austauschbar. So weit gingen die Zeitgenossen normalerweise nicht, aber Versuche, die drei Lehren zu vereinen, hatten Konjunktur. Der Synkretismus stieß bei Zeitgenossen auch auf heftige Kritik, aber während es auf intellektueller Ebene kaum möglich ist, die drei Lehren zusammenzubringen, war das in der Alltagspraxis kein großes Problem.

Ab der Mitte der Ming-Dynastie wurde es üblich, Buddha, Laozi und Konfuzius am selben Ort zu verehren. Der Obrigkeit allerdings war an Abgrenzung gelegen. Sie konnte aber oft nur erreichen, dass die Statuen dieser drei Personen in verschiedenen Hallen desselben Tempels aufgestellt wurden. Im 16. Jahrhundert fanden sich derartige Hallen der Drei Lehren (*sanjiaotang*) überall in China.

Die Position des Tennō und seine Legitimation über den Bezug zum Shintoismus diskutierte Kitabatake Chikafusa (1293–1354) im *Jinnō shōtō-ki* (Aufzeichnungen der direkten Abstammung der göttlichen Herrscher) von etwa 1339. Yoshida Kanetomo (1435–1511) entwickelte als Gegenbewegung zum starken Zen-Buddhismus und zu Versuchen, Buddhismus und Shintoismus in einer Lehre zusammenzubringen, shintoistische Rituale, die sich über ganz Japan verbreiteten. Einige davon waren allen zugänglich, andere den Initiierten vorbehalten. Yoshida betonte die zentrale Stellung des Tennō und bestand darauf, dass die Gottheiten als Gottheiten verehrt werden sollten, nicht als Bodhisattvas. Seine Schule, die als Yoshida Shintō bekannt ist, bewahrte den Shintoismus davor, ganz im Buddhismus aufzugehen.

VI Die letzte Blütezeit: Ostasien vor der Moderne 1600 bis 1800

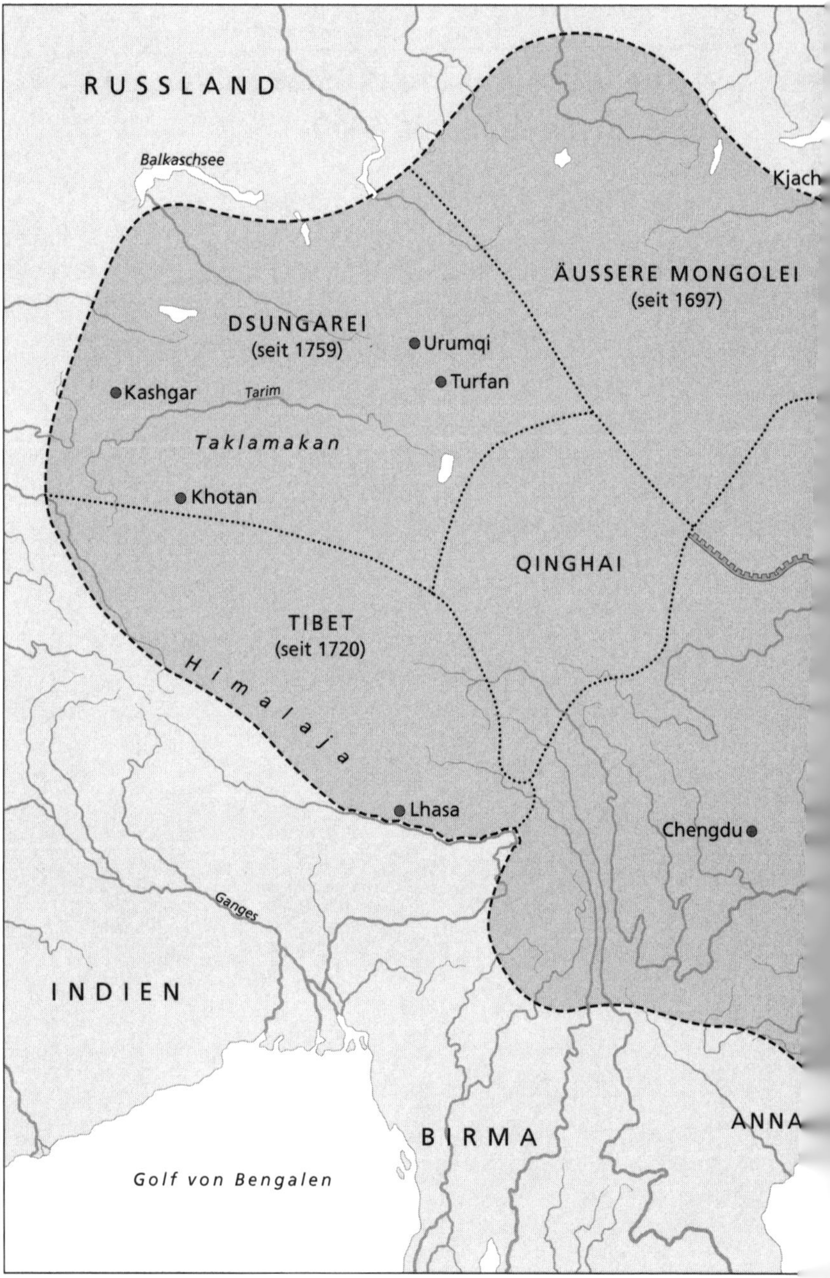

Karte 15: Ostasien zur Zeit der Qing-Dynastie um 1800

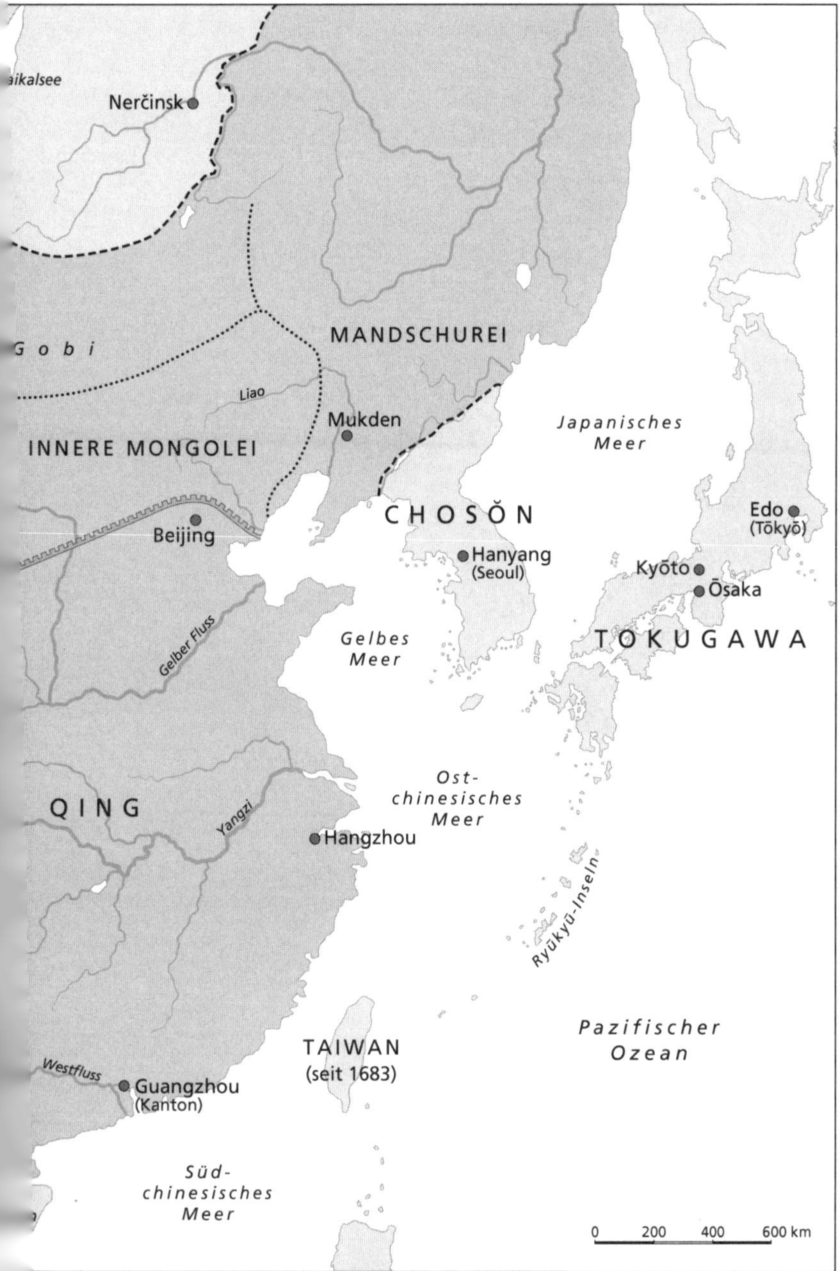
aikalsee
Nerčinsk
Gobi
MANDSCHUREI
Liao
Mukden
INNERE MONGOLEI
Japanisches Meer
CHOSŎN
Beijing
Hanyang (Seoul)
Edo (Tōkyō)
Kyōto
Ōsaka
Gelber Fluss
Gelbes Meer
TOKUGAWA
Ost-chinesisches Meer
QING
Yangzi
Hangzhou
Ryūkyū-Inseln
Pazifischer Ozean
TAIWAN (seit 1683)
Westfluss
Guangzhou (Kanton)
Süd-chinesisches Meer
0 200 400 600 km

A Politische Entwicklungen

In China wurde 1644 die han-chinesische Ming-Dynastie durch die mandschurische Qing-Dynastie abgelöst, die nach dem mongolischen Imperium des 13. Jahrhunderts das größte Kaiserreich vor dem 19. Jahrhundert darstellte. Zum ersten Mal waren Tibet seit 1720, Ostturkestan (heutiges Xinjiang) seit 1759, die Äußere Mongolei (heutige Mongolei) seit 1697 und die Mandschurei bis zur Pazifikküste mit dem chinesischen Kernland dauerhaft vereinigt. Den Grenzen und in einigen Regionen auch den Gebietsansprüchen der Volksrepublik China liegt die territoriale Ausdehnung Chinas in der Qianlong-Zeit (1735–1796) zugrunde.

Nach einer Phase der territorialen Konsolidierung und der auch gewaltsamen Durchsetzung eigener politischer und kultureller Vorstellungen entwickelte die Qing-Dynastie die überlieferten chinesischen Vorgaben eines konfuzianischen Beamtenstaates weiter. Im 18. Jahrhundert war China die produktivste und reichste Volkswirtschaft der Welt. Die vier Qing-Kaiser, die unter den Regierungsdevisen Shunzhi, Kangxi, Yongzheng und Qianlong von 1644 bis 1796 ein multiethnisches Reich regierten, in dem Mandschuren, Chinesen, Mongolen, Uighuren, Tibeter und viele kleinere Völker lebten, sahen sich als weise und vorbildhafte chinesische Kaiser. Obgleich in der Geschichtsschreibung die These von der Schwäche der Monarchie im China des 18. Jahrhunderts weiter verbreitet sein dürfte als andere Auffassungen, genossen die drei Kaiser Kangxi, Yongzheng und Qianlong doch weit über Ostasien hinaus den Ruf exemplarischer, »aufgeklärter« Herrscher, deren Regierung weit entfernt war von orientalischer Despotie oder Willkürherrschaft.

In Japan konnten die 15 Shōgune aus dem Hause Tokugawa zwischen 1603 und 1868 den durch Tokugawa Ieyasu (reg. 1603–1605) geschaffenen Territorialstand bewahren. Die Trennung zwischen den mächtigen Shōgunen in Edo (heute Tōkyō), welche die Regierungsgeschäfte und die zentrale Verwaltung führten, und dem vom Shōgunat wirtschaftlich abhängigen Hof des Tennō in Kyōto, der nur rituelle Funktionen hatte, blieb bestehen. Dennoch war das Shōgunat für seine Legitimation auf das Kaiserhaus angewiesen, wobei es dem Tokugawa-Shōgunat gelang, seine Kontrolle über die Daimyō und Samurai zu erhöhen. In Korea überstand die Chosŏn-Dynastie die Invasionen der Japaner und der Mandschuren. Grundlegende institutionelle Veränderungen oder einen Wechsel der Herrschaftseliten gab es in der Regierungszeit der neun Herrscher zwischen 1598 und 1800 zwar nicht, doch benötigte das Land nach den Imjin-Kriegen (1592–1598) einige Jahrzehnte, um wieder an die Prosperität des späten 16. Jahrhunderts anknüpfen zu können.

Im 18. Jahrhundert erlebten sowohl China als auch Korea und Japan durch vergleichsweise lange Regierungszeiten ihrer Herrscher beziehungsweise Shōgune eine bis dato nicht gekannte wirtschaftliche und kulturelle Blütezeit. Um 1800 dürfte Ostasien die Weltregion mit der größten gesellschaftlichen Stabilität und wirtschaftlichen Kraft gewesen sein, und die Menschen in China, Korea und Japan verfügten über einen deutlich höheren Lebensstandard als ihre Zeitgenossen in Europa. Abgesehen von den diplomatischen Gesandtschaften aus Korea an den Hof in Peking bestanden wenige offizielle Kontakte der drei Höfe zueinander. Auch der Außenhandel war streng reguliert und überwacht.

1. China: Die mandschurische Qing-Dynastie von 1644 bis 1800

Die Herrschaft der Mandschuren, die China 1644 erobert hatten und bis zum Jahr 1911 regierten, kann in die 20 Jahre der Späteren

Jin-Dynastie (1616–1636) und die nachfolgende Qing-Dynastie (1636–1912) eingeteilt werden. Die Mandschuren leiteten ihre Herkunft vom Volk der Jurchen ab, die zwischen 1127 und 1234 als Jin-Dynastie (1115–1234) über Nordchina geherrscht hatten. Offiziell wurde die Bezeichnung Mandschu erst im Jahr 1635 angenommen.[308] Anders als die nomadischen Mongolen waren die Mandschuren Hirten, Fischer, Jäger und Ackerbauern. Einige der Stämme lebten lange Zeit in losen Stammesföderationen in der Sungari-Region, also in der heutigen chinesischen Provinz Jilin und im Changbaishan-Gebirge an der Grenze zu Korea; andere siedelten auf der Halbinsel Liaodong unter der han-chinesischen Bevölkerung.

Die Beziehungen zwischen den mongolischen Nomaden und den Mandschuren waren aufgrund einer intensiven Heiratspolitik sehr eng. Nurhaci (1559–1626), der Stammeshäuptling des Aisin-Gioro-Clans der Jianzhou-Jurchen, und seine Söhne waren mit mongolischen oder mandschurischen Frauen verheiratet. Seit 1580 machte sie der Handel auf offiziellen Märkten entlang der chinesischen Grenze mit Pferden, Perlen, Pelzen, Edelmetallen, Honig und Ginseng, die sie gegen Tee, Baumwolle, Seide, Reis, Salz und Werkzeuge tauschten, wohlhabend. Daneben blühte der Schmuggel.

Für die Mandschuren war das Verhältnis zur Ming-Dynastie bis 1609, als der letzte Tribut an den Ming-Hof gesandt wurde, äußerst vorteilhaft. Auch deswegen unterstützten mandschurische Truppen die Ming-Dynastie im Imjin-Krieg (1592–1598) gegen die Invasionstruppen von Toyotomi Hideyoshi in Korea. Die Kontakte zu Korea und der Ming-Dynastie, die reguläre diplomatische Missionen einschlossen, wurden mit Hilfe von Dolmetschern abgewickelt, in der Regel Chinesen aus Liaodong. Der Schriftwechsel fand aber lange Zeit auf Mongolisch statt. 1599 erteilte Nurhaci den Auftrag, auf der Basis des Mongolischen eine eigene Schrift für das tungusische Mandschurisch zu entwickeln. Von den Mongolen übernahmen die Mandschuren auch den Lamaismus als Religion, gleichzeitig blieb der Schamanismus in der Gesellschaft einflussreich. Der Lamaismus sollte im 18. Jahrhundert durch eine geschickte Religionspolitik der Qing-Herrscher zum gemeinsamen religiösen Nenner für Mandschuren, Mongolen und Tibeter im Vielvölkerstaat der Qing-Dynastie werden.

Der Große Khan Nurhaci

Nachdem es Nurhaci gelungen war, verschiedene Stämme der Mandschuren zu einen, rief er am 17. Februar 1616 die Dynastie der Späteren Jin aus, wodurch er zu erkennen gab, dass er die vormalige Jin-Dynastie (1115–1234) der Jurchen fortsetzen wollte. Nurhaci erhielt den Titel Großer Khan und regierte unter der Devise Tianming (Mandat des Himmels). Im selben Jahr eröffnete er den Krieg gegen die Ming-Dynastie. Im Mai 1621 besetzte er chinesisches Territorium in Liaodong, einschließlich der Städte Shenyang und Liaoyang, und baute eine staatliche Bürokratie auf, deren Amtssprache Mandschurisch war. Die mandschurische Armee war in acht Bannern (*baqi*) organisiert, die sich durch exzellente Reiter und Bogenschützen auszeichneten. Auch die Zivilbevölkerung, alle Familien und Sklaven der Soldaten, gehörten zu Bannern.

Nurhaci, der über den Tributverkehr mit chinesischem Brauchtum und der chinesischen Kleiderordnung bestens vertraut war, ließ 1623 eine Weberei einrichten, die Drachenroben (*longpao*) webte, das bekannteste einzelne Kleidungsstück des kaiserlichen China. Allerdings war der Zuschnitt der Drachenrobe nicht mehr so verschwenderisch weit wie in der Ming-Zeit. Eine Verminderung der stofflichen Fülle führte dazu, dass das Gewand nun ganz unchinesisch eng am Körper anlag. Schlitze, wie sie dann auch bei den Banner-Kleidern (*qipao*) mit Stehkragen verwendet wurden, sollten der Bewegungsfreiheit dienen. Der Kangxi-Kaiser bestimmte 1683 die Farben der Roben, und der Qianlong-Kaiser erließ 1766 das *Huangchao liqi tushi* (Bebilderte Muster ritueller Paraphernalia des kaiserlichen Hofes), die große verbindliche Kleiderordnung der Qing-Dynastie von 1759.[309]

In den Jahren 1622 und 1625 gab es in Liaodong Aufstände von Chinesen gegen die Herrschaft der Mandschuren. Sie hinterließen bei Nurhaci tiefes Misstrauen gegenüber den Han-Chinesen. Er versuchte daher, eine strikte Trennung zwischen den Ethnien durchzusetzen. Als er 1626 starb, folgte ihm sein Sohn Abahai als Großer Khan. Er ist auch unter seinem chinesischen Namen Hong Taiji bekannt. Im Mai 1636 benannte Abahai seine Spätere Jin-Dynastie in Qing-Dynastie (»klar«, »rein«) um. Diese Namensgebung hatte mit der Lehre der Fünf Elemente zu tun, wonach Feuer, das Element der Ming-Dynastie, den Sieg über Metall, das im Namen Jin enthalten ist, davonträgt. Doch das Qing-Element Wasser löscht das Ming-Element Feuer aus.[310]

Das Zentrum der mandschurischen Qing-Dynastie lag in Mukden, dem heutigen Shenyang. Sie führte ein Prüfungssystem und eine Verwaltung nach dem Vorbild der Ming-Dynastie ein. Viele Überläufer der Ming-Dynastie halfen beim Aufbau des neuen Reiches. 1637 wurden zusätzlich zu den mandschurischen und schon länger existierenden mongolischen Bannern zwei chinesische Banner eingerichtet, um die Überläufer und die chinesische Bevölkerung im Staatsgebiet zu registrieren und zu organisieren. 1644 gab es schließlich insgesamt 24 Banner, acht mandschurische, acht chinesische und acht mongolische.

Nach dem plötzlichen Tod Abahais am 21. September 1643 wurde Dorgon (1612–1650), ein Halbbruder Abahais, Regent. Er setzte den fünfjährigen Fulin, den neunten Sohn Abahais, als Kaiser ein. Fulin (reg. 1643–1661) regierte unter der Devise Shunzhi, wenige Monate noch in Mukden, dann seit Mitte 1644 in Peking.

Die Eroberung Chinas

Der letzte Ming-Kaiser hatte sich am 24. April 1644 hinter dem Kaiserpalast in Peking erhängt; einen Tag später marschierte der Rebell Li Zicheng mit seinen Truppen in Peking ein. In dieser schwierigen Situation lud Wu Sangui (1602–1678), der an der Großen Mauer nördlich von Peking stationierte General der Ming-Dynastie, die Mandschuren ein, mit ihm zusammen Peking zurückzuerobern. Die Mandschuren ließen sich nicht lange bitten und eroberten Peking von Li Zicheng zurück. Fulin und sein Regent Dorgon zogen in die Verbotene Stadt ein – und blieben. Peking wurde in eine Mandschurenstadt im Norden und eine Chinesenstadt im Süden aufgeteilt, was bedeutete, dass sich alle Chinesen im Süden der Stadt ansiedeln mussten. Die ethnische Vermischung mit der Mehrheitsbevölkerung sollte vermieden werden. Das galt auch in allen anderen Städten. Auch Mischehen wurden verboten. Junge Mandschuren wurden regelmäßig dazu aufgefordert, die mandschurische Sprache und mandschurische Werte wie das Bogenschießen zu Pferde zu üben.

Die mandschurischen Kaiser waren stolz auf ihre ethnische Identität; gleichzeitig aber waren sie selbstbewusste und meist vorbildliche konfuzianische Herrscher Chinas und bedeutende Förderer der chinesischen Kultur, Literatur und Kunst. Die zivilen Institutionen und Ämter wie auch das Personal der Ming-Dynastie wurden weitgehend beibehalten. Der Kölner Jesuit Adam Schall von Bell (1592–1666) übernahm unter Dorgon die Leitung des Amts für Astronomie, in dem er seit der späten Ming-Zeit tätig gewesen war, und erstellte den Kalender der neuen Dynastie. Beamtenprüfungen wurden schon unter dem Shunzhi-Kaiser durchgeführt. Die Beamtenlaufbahn stand zwar auch Han-Chinesen offen, die wichtigsten Posten beim Militär und in der Provinzverwaltung konnten jedoch nur von Mandschuren eingenommen werden. Viele Posten wurden deshalb sowohl mit einem Mandschuren als auch einem Chinesen besetzt.

In der Vorstellung der chinesischen Oberschicht waren rebellierende Bauern gefährlicher als ethnisch mandschurische Herrscher in Peking. Die Qing-Dynastie war geordnet und stark, und sie versprach eine stabile Zukunft. Die Mandschuren sagten der Bevölkerung, die sich kampflos ergab, ein Leben in Frieden zu. Wer allerdings Widerstand leistete, wurde ohne Zögern getötet.

Eine Forderung der Mandschuren machte den Chinesen allerdings zu schaffen: Sie mussten die mandschurische Haartracht übernehmen und damit ihre Anerkennung der mandschurischen Herrschaft auch äußerlich bekunden. Das bedeutete unter anderem, den Vorderkopf zu rasieren und die Haare am Hinterkopf in Form eines Zopfes zu tragen. Die Bestimmung galt ab 1645 für

Soldaten in den Truppen der Qing, wurde aber bald auf alle chinesischen Männer ausgedehnt. Die chinesischen Männer waren stolz auf ihr langes Haar, das sie bis dahin, zu einem hohen Knoten aufgesteckt, unter einer Kappe getragen hatten. Loyalisten der Ming weigerten sich, den Zopf zu flechten. Die Städte, in denen es Männer ohne Zopf gab, wurden zur Strafe ohne Gnade geplündert. Ihre Zivilbevölkerung wurde umgebracht, wie beispielsweise in Jiading, Changshu und Jiangyin im Gebiet des unteren Yangzi. Rasur und Zopf wurden somit zur ständigen Erinnerung an die Unterwerfung. Den chinesischen Frauen untersagten die Mandschuren zwar zunächst das Binden der Füße, doch das jahrhundertealte Schönheitsideal zierlicher Füße, das auch zum Wertmaßstab weiblicher Sittlichkeit geworden war, ließ sich nicht per Dekret ändern. Bei den Chinesinnen blieb die Sitte somit bis in die Zeit der Republik China im 20. Jahrhundert erhalten.

Widerstand gegen die Mandschuren

Trotz der guten Organisation dauerte es eine Generation, bis sich die Mandschuren in China sicher etabliert hatten und der Widerstand ausgelöscht war. Loyale Beamte der Ming-Dynastie versuchten – wie schon in der Song-Zeit –, die Fremdherrschaft wenigstens in Südchina durch Fortsetzung der Ming-Dynastie aufzuhalten. Mit diesem Ziel vor Augen setzten sie einen Prinzen der Ming als neuen Kaiser in der Hauptstadt Nanjing auf den Thron der Südlichen Ming (1644–1662). Nachdem das Regime des Rebellen Li Zicheng 1645 ausgelöscht war, befassten sich die Mandschuren mit der Südlichen Ming-Dynastie. Viele Generäle der Südlichen Ming liefen zu den Mandschuren über und wurden mit ihren Soldaten in die Qing-Truppen übernommen.

Einzig der Ming-General Shi Kefa stationierte seine Truppen in Yangzhou in der Nähe von Nanjing und weigerte sich, die Stadt zu übergeben. Die Schlacht um die Stadt dauerte sieben Tage, und nach ihrer Eroberung durch die Mandschuren am 13. Mai 1645 wurde an ihr ein Exempel statuiert. General Shi wurde getötet. Zehn Tage lang plünderten und vergewaltigten die Qing-Soldaten und ermordeten Zehntausende, vielleicht Hunderttausende Menschen. Viele Familien zogen den gemeinsamen Selbstmord einem Leben unter mandschurischer Herrschaft vor. Der Hof der Südlichen Ming war danach mehrere Jahre auf der Flucht durch Südchina. Der letzte Nachfahre des Kaiserhauses floh nach Burma. 1661 schließlich zog Wu Sangui mit Truppen der Qing nach Burma und forderte die Herausgabe des Kaisers der Südlichen Ming mitsamt seinem Hofstaat. Der Kaiser wurde dann auf chinesischem Territorium erdrosselt.

In Taiwan konnte sich der Widerstand gegen die Mandschuren einige Jahre länger halten. Zheng Chenggong, der eine japanische Mutter hatte und 1624 in Hirado bei Nagasaki geboren war, stammte aus einer Händler- oder Piratenfamilie. Er scharte in Taiwan die Ming-Loyalisten um sich. Von einem Ming-Prinzen hatte Zheng den Namen Zhu, den Familiennamen des Kaiserhauses, verliehen bekommen, weshalb er Guoxingye (der Mann mit dem Namen des Reiches) genannt wurde; in westlichen Berichten wurde daraus Koxinga. Zheng Chenggong setzte 1661, nach dem Ende der Südlichen Ming, mit 25 000 Anhängern nach Taiwan über und belagerte dort die holländische Festung Zeelandia von Mai 1661 bis Februar 1662, bis die Holländer kapitulierten und Taiwan in Richtung Batavia verließen. Obwohl er schon 1662 starb, ging er als Held in die Geschichte ein, sowohl wegen seines Widerstands gegen die Qing als auch, weil er Taiwan unter chinesische Kontrolle gebracht hatte.

Danach begann von den Provinzen Fujian und Guangdong aus die Besiedlung Taiwans, dessen Bevölkerung aus Ureinwohnern der polynesischen Völkerwanderung bestand. Die Gegenreaktion der Qing-Regierung erfolgte prompt: Sie verfügte die Umsiedlung der Bevölkerung der Küstenprovinzen ins Landesinnere und verbot den Seehandel. 1683 wurde Taiwan Teil der Provinz Fujian, und 1684 befahl die Qing-Dynastie den bis dahin vom Festland nach Taiwan übergesiedelten Hunderttausenden von Chinesen die Rückkehr in ihre Heimatorte. Obwohl die Übersiedlung nach Taiwan verboten war, stieg die Zahl der Chinesen dort weiter an. 1721 kam es in Taiwan zu einem Versuch, die Ming-Dynastie wiederaufzurichten, der jedoch von Truppen der Qing niedergeschlagen wurde. Taiwan blieb aber während der gesamten Qing-Zeit – auch wegen der Aufstände der Ureinwohner – eine unruhige Region, was für den Hof in Peking allerdings nicht allzu bedrohlich war.

Widerstand gegen die Mandschuren gab es nicht nur militärisch, sondern auch in geschriebener Form. In der frühen Qing-Zeit erregte das Publikationsprojekt *Mingshi jilüe* (Abriss der Geschichte der Ming-Zeit) von Zhuang Tinglong (gest. um 1660) Aufsehen. Die Darstellung verwendete die Regierungsdevisen der Südlichen Ming, die persönlichen (tabuisierten) Namen der Qing-Herrscher und nannte die Qing-Dynastie »Spätere Jin«, war also in seiner ganzen Tendenz ablehnend gegenüber den Mandschuren. Alle Personen, die irgendetwas mit dieser Publikation zu tun hatten, vom Verfasser über den Buchdrucker bis zu den Lesern, wurden hart bestraft; etwa 70 Personen wurden hingerichtet. Das Grab Zhuang Tinglongs wurde geöffnet und sein Leichnam ebenso wie der seines Vaters, der im Gefängnis in Peking gestorben war, verbrannt.[311]

Politische Führung

Die mandschurischen Herrscher hatten sich schon vor der Eroberung Chinas dazu entschlossen, nach chinesischem Muster zu regieren. Das Idealbild für den Staat und seine Institutionen fanden sie im Klassiker *Zhouli* (Riten der Zhou). Besser umsetzbar waren allerdings die historischen Modelle des Beamtenstaats der Song- und der autokratisch organisierten Ming-Dynastie, die dann als direkte Vorbilder dienten. Allerdings mussten dabei die Privilegien der ethnischen Mandschuren gewahrt werden. Deswegen wurden viele wichtige Ämter, insbesondere im Militär und in der Provinzverwaltung, doppelt besetzt, und zwar mit je einem Mandschuren und einem Han-Chinesen.

Das Qing-Reich, welches ein erheblich größeres Territorium als das Ming-Reich umfasste, bestand aus 18 Provinzen. Jede von ihnen unterstand einem Provinzgouverneur. Für jeweils zwei Provinzen wurde ein Generalgouverneur (*zongdu*) ernannt, der grundsätzlich Mandschure sein sollte. Die Verwaltung der Provinzen bestand aus der zivilen Verwaltung einschließlich Steuerwesen, der militärischen Verwaltung und der Überwachung der Bevölkerung. 1637 wurde zusätzlich der Hof für Koloniale Angelegenheiten (*lifanyuan*) eingerichtet, der für die Beziehungen zu den Mongolen, Tibetern und einer Reihe von Völkern in Zentralasien zuständig war. Unter Yongzheng wurde 1729 der Staatsrat (*junjichu*) als höchstes politisches Entscheidungsgremium eingerichtet, der in militärischen und politischen Krisen schnell und vertraulich handeln konnte. Durch geheime Throneingaben kommunizierten die mandschurischen Beamten direkt mit dem Kaiser. Dieses Herrschaftssystem verlangte den Kaisern großen persönlichen Einsatz ab. In der ersten Hälfte der Qing-Dynastie waren sie dieser Aufgabe durchaus gewachsen und erfüllten sie vorbildlich.

Kaiserliche Beamte verwalteten Provinzen und Bezirke. In der Hierarchie nach unten erstreckte sich ihre Amtsgewalt bis auf die Ebene des Amtssitzes (*yamen*) in den 1282 Kreisen des Reiches. Der höchste Beamte eines Kreises war der Kreisrat (*zhixian*). Er war für eine Zeit von drei bis fünf Jahren an einem Ort für die Verwaltung einschließlich der Rechtsprechung verantwortlich, wie sie den Vorgaben der Regierung für alle Kreise im Reich und einer streng normierten Exekutive entsprachen. Vertrautheit mit den lokalen Gegebenheiten war für die beamtete Exekutive nicht vorgesehen. Im Vergleich zu den Kreisräten und den wenigen Beamten ihres Stabes war die Lage der niedrigen Bediensteten am Amtssitz, welche die lokalen Verhältnisse bestens kannten und auch den lokalen Dialekt sprachen, eine vollkommen andere. Die Kreisräte waren auf diese Bediensteten, die Sekretäre, Büroangestellten, Amtsdiener, Wächter und Wärter, Polizisten, Büttel und Boten angewiesen. Sie waren für die Beamten »Krallen und Zähne«, das heißt, sie fungierten als »Kettenhunde« und Handlanger. Die Anzahl der Bediensteten war für jedes Kreisamt mit 80 Beschäftigten festgeschrieben, doch meistens wurde sie erheblich überschritten. Die Kreisverwaltungen waren personell aber keineswegs überbesetzt, denn rein rechnerisch war 1794 jede Kreisverwaltung für beinahe 250 000 Menschen zuständig. Während die Beamten bei der

Bevölkerung in hohem Ansehen standen, waren die anderen Bediensteten höchst unbeliebt, weil sie sich durch Bestechungsgelder zu bereichern pflegten.

Unterhalb der Kreisverwaltung gab es die Lokalverwaltung auf dem Land. Sie war wie früher nach Gemeinden und Zehntschaften (*lijia*) organisiert, die sich weitgehend selbst kontrollierten. Ab 1741 beschränkte sich das *lijia*-System auf die Einziehung der Steuern, während die Führung der Einwohner- und Steuerregister sowie die Ausbildung der Milizen dem Bürgschaftssystem (*baojia*) übertragen wurden. In der konfuzianischen Theorie wirkte die Regierung durch das gute Vorbild des Herrschers und durch Ermahnungen und moralische Erziehung, in der Praxis durch einen funktionierenden Verwaltungsapparat.

Der Kangxi-Kaiser

Nachdem der Shunzhi-Kaiser im Jahr 1661 überraschend an den Pocken gestorben war, bestieg sein dritter Sohn Xuanye (1654–1722), der die Pocken bereits überstanden hatte, am 17. Februar 1661 den Thron. Er wurde als Shengzu kanonisiert und regierte unter der Devise Kangxi ab dem 18. Februar 1662. Er war einer der bedeutendsten Kaiser der chinesischen Geschichte. Im Jahr 1669, als er 15 Jahre alt war, ließ er den Regenten Oboi inhaftieren (der noch im selben Jahr verstarb) und regierte von da an selbst als ein gewissenhafter Herrscher. Er konnte Chinesisch sprechen, lesen und schreiben und bemühte sich um ein gutes und offenes Verhältnis zu seinen Beamten, denn schließlich wollte er auch sie von der Rechtmäßigkeit des Himmlischen Mandats für die Mandschuren überzeugen. Nicht nur für die Arbeit am *Ming shi* (Offizielle Geschichte der Ming-Dynastie) gewann er fähige chinesische Beamten-Gelehrte, sondern auch für die Kompilationen des *Quan Tang shi* (Komplette Sammlung der Gedichte der Tang-Zeit) mit fast 49 000 Gedichten und des *Kangxi zidian* – in diesem »Wörterbuch der Schriftzeichen aus der Regierungsdevise Kangxi« wurden mehr als 47 000 Schriftzeichen aufgeführt.

Kangxi achtete selbst die Ming-Loyalisten, die unter der Qing-

Abb. 20: Porträt des Kangxi-Kaisers im Zeremonialgewand, Tusche und Farben auf Seide, 18. Jahrhundert, 295 x 158 cm. Anonym. Palastmuseum Peking.

Dynastie keine Beamten werden wollten, solange sie nicht gewaltsam Widerstand leisteten. Das Prüfungssystem wurde für Kandidaten aus dem Süden geöffnet, obwohl diese den heftigsten Widerstand gegen die Mandschuren geleistet hatten. Zudem unternahm der Kaiser sechs Südreisen in die Regionen, in denen der Widerstand am größten gewesen war. Um den langwierigen Dienstweg zu umgehen, initiierte er ein System von geheimen Throneingaben, über das ausgewählte mandschurische Beamte ihre Berichte mit besonderen Eilboten direkt an ihn schicken konnten. Die Antworten wurden über dasselbe System erteilt. Dieses System wurde von seinen Nachfolgern ausgeweitet.

Der Kangxi-Kaiser verfasste 1670 nach dem Vorbild des ersten

Kaisers der Ming das *Shengyu guangxun* (Das Heilige Edikt) zur moralischen Erziehung der Bevölkerung. Es besteht aus 16 Artikeln, die unter anderem die Beachtung der konfuzianischen Vorschriften für friedliche zwischenmenschliche Beziehungen in Familien und lokalen Gemeinschaften, Sicherstellung von Nahrung und Kleidung durch die Landwirtschaft, das Bemühen um Sparsamkeit und Bildung, die Zahlung der Steuern und den Kampf gegen die Kriminalität durch gegenseitige Beaufsichtigung im Bürgschaftssystem (*baojia*) verlangten. Das Edikt wurde regelmäßig im ganzen Land verlesen. Es belegt Kangxis Überzeugung, dass die Bevölkerung durch Erziehung und gutes Vorbild regiert werden sollte und nicht mit Härte.

Der junge Kaiser war interessiert an den westlichen Wissenschaften, welche die Jesuiten im 16. Jahrhundert in China bekanntgemacht hatten. An seinem Hof waren sie vor allem zuständig für Astronomie, Kalenderwesen, Mathematik, Geographie und Militärtechnologie, hier insbesondere das Gießen von Kanonen. Andere arbeiteten als Maler oder Musiker. Zum Dank dafür, dass er von französischen Jesuiten mit Chinin von der Malaria geheilt worden war, erhielten diese ein Grundstück in der Nähe der Verbotenen Stadt und durften dort im Jahr 1703 eine Kathedrale bauen, die Beitang.

Innenpolitisch hatte die Sicherung der Dynastie und des Territoriums Vorrang. 1673 erhoben sich drei Generäle, unter ihnen Wu Sangui, Shang Kexi und Geng Jingzhong, die für Verdienste bei der Einrichtung der Qing mit Territorien und mandschurischen Prinzessinnen belohnt worden waren und ihre Lehen nun als Erbbesitz ihrer Familien weiterführen wollten. Das stand im Widerspruch zu den Interessen der Dynastie. Als sie ihre Gebiete in Südchina für unabhängig erklärten, kam es zum Feldzug gegen sie. Der Aufstand der drei Generäle, die den Widerstand angeführt hatten, konnte erst 1681 endgültig niedergeschlagen werden. Nach dieser Erfahrung fanden diejenigen Berater des Kaisers, die im Fall von Widerstand für ein hartes Durchgreifen plädiert hatten, wieder mehr Gehör.

Gleichzeitig gab es ein großes militärisches Problem in Xinjiang. Galdan (reg. 1671–1697), der Khan der Dsungaren, hatte 1679 die Oasen Hami und Turfan, wenig später auch Kashgar erobert und kontrollierte so die Handelsrouten durch Zentralasien. Von ihm besiegte Stämme flohen in die Region Gansu und gefährdeten dadurch die innere Sicherheit Chinas. Aus der Sicht Kangxis musste verhindert werden, dass sich Dsungaren und Russen, die Nachbarn Chinas im Norden, verbündeten. Um dieser Gefahr zu begegnen, wurde 1689 der Vertrag von Nerčinsk mit Russland geschlossen, in den Vertragssprachen Russisch, Mandschurisch, Chinesisch sowie Latein und mit Hilfe der Dolmetscherdienste jesuitischer Missionare. Es war der erste Vertrag zwischen einer europäischen Großmacht und China. Die Grenze wurde entlang der Flüsse Argun und Amur festgelegt und der Handel reguliert. Nach Abschluss des Vertrags von Nerčinsk begann Kangxi eine Offensive gegen Galdan, die zu Galdans Ende führte.[312] Während die Mongolen wie früher mit Pfeil und Bogen kämpften, waren die mandschurischen Truppen mit Kanonen und Musketen ausgerüstet. Bis 1697 waren auch die Mongolen in der Äußeren Mongolei besiegt. Es dauerte aber doch noch einige Jahre, bis die Mongolen die Oberhoheit der Mandschuren akzeptierten. Als 1717 die Dsungaren Lhasa besetzten, bot sich für Kangxi ein Grund, im Jahr 1720 mit zwei mandschurischen Armeen in Tibet einzumarschieren und einen neuen Dalai Lama einzusetzen. In Tibet wurde in der Folge eine ständige Garnison von Bannerleuten eingerichtet, wodurch Tibet fest unter der Kontrolle der Qing gehalten werden konnte.

Der Yongzheng-Kaiser

Kaiser Shizong, der vierte Sohn Kangxis, mit persönlichem Namen Yinzhen (1678–1735), bestieg am 27. Dezember 1722 den Thron und regierte ab dem 5. Februar 1723 unter der Devise Yongzheng. Er war ebenso mächtig und arbeitsam wie sein Vater, gleichzeitig aber reserviert und misstrauisch. Er ergänzte *Das Heilige Edikt* seines Vaters durch eine Reihe von eigenen Erlassen, mit denen die Beamten und die Bevölkerung zum Gehorsam aufgerufen wurden.

Hauptanliegen Kaiser Shizongs waren die Konsolidierung der Staatsfinanzen, die Straffung der Regierung und Verwaltung und eine effiziente Kontrolle der landwirtschaftlichen Produktion und Lagerhaltung. 1729 verkleinerte er die Zentralregierung und richtete den Staatsrat (*junjichu*) ein, der aus Großsekretären in beratender Funktion bestand. Die Beamten, welche wegen der unzureichenden Besoldung in den letzten Jahren der Regierung seines Vaters für Korruption anfällig geworden waren, versorgte Yongzheng mit Gehaltszulagen, die er Zulagen zum »Nähren der Integrität« (*yanglian*) nannte. Verbunden mit einer strengen Kontrolle über seine Beamten konnte er so die Korruption weitgehend beseitigen. Um die Steuerhinterziehungen durch Reiche und Privilegierte zu unterbinden, führte er eine Steuerreform durch. Die Reform war im Norden recht erfolgreich, stieß aber in der Yangzi-Region auf heftigen Widerstand. Trotzdem konnte er seinem Nachfolger ein wohlbestelltes Haus hinterlassen.

Yongzheng versuchte, zusätzlich zur politischen auch eine religiöse Führungsrolle zu übernehmen. Er ließ den Yonghe-Palast, in dem er vor seiner Inthronisierung gelebt hatte, zu einem Lama-Tempel umbauen, auch wenn er persönlich mehr dem Chan-(Meditations-)Buddhismus zuneigte. Er beschäftigte sich auch mit dem Daoismus. Die offiziellen Dokumente sprechen von einem friedlichen Tod in seiner Residenz, dem Yuanmingyuan (Garten der vollkommenen Helligkeit). Yongzhengs Beziehungen zu den Jesuiten waren angespannt, weil sich einige von ihnen gegen seine Thronbesteigung ausgesprochen hatten. Er duldete sie weiterhin, sofern sie Ämter in Peking hatten, ließ aber die Missionare aus den Provinzen ausweisen.

Zu seinen außenpolitischen Leistungen gehört der 1727 geschlossene Vertrag von Kjachta, der den Vertrag von Nerčinsk zwischen Russland und China auf einen zeitgemäßen Stand brachte. Offene Grenzfragen wurden geklärt und der Handel in begrenztem Rahmen zugelassen. Alle drei Jahre durfte nun eine Handelskarawane von Russland nach Peking reisen, und es durfte eine russisch-orthodoxe Kirche in Peking errichtet werden. Auch in die-

Abb. 21: Doppelbildnis des Qianlong-Kaisers im Habitus eines chinesischen Gelehrten, Tusche und Farben auf Papier, um 1750. Hängerolle 76,5 x 147,2 cm. Anonym. Palastmuseum Peking.

sem Fall war der Friede mit Russland ein Schritt, um sich beim Krieg gegen Stämme im Westen Chinas nach außen abzusichern. Doch so erfolgreich Yongzheng innenpolitisch war, er hatte militärisch keine glückliche Hand. Seine Generäle kämpften gegen die Khošud (1724–1734), die Dsungaren (1731–1732) und im Süden gegen die Minderheit der Miao (1728–1731). Die Probleme mit diesen Stämmen blieben seinem Nachfolger erhalten.

Der Qianlong-Kaiser

Kaiser Gaozong, persönlicher Name Hongli (1711–1799), bestieg am 18. Oktober 1735 den Thron und regierte unter der Devise Qianlong. Erst nach sechzigjähriger Herrschaft dankte er am 9. Februar 1796 ab. Darin wie in vielem anderem eiferte er seinem Großvater Kangxi nach. Neben Mandschurisch und Chinesisch sprach er Mongolisch, Uighurisch, Tibetisch und Tangutisch. Auch er unternahm insgesamt sechs ausgedehnte Südreisen in das Jiangnan-Gebiet, einerseits um das Land und seine Beamten zu inspizieren, andererseits aber auch, um seine Mutter zu unterhalten, die an den Reisen teilnahm. Qianlong gab auf den Reisen das Zehnfache dessen aus, was Kangxi gebraucht hatte. Als Zeichen seiner konfuzianischen Pietät schenkte er seiner Mutter zu ihrem 60. Geburtstag den Sommerpalast Yiheyuan im Nordwesten Pekings, und für sich selbst ließ er den Yuanmingyuan von italienischen Jesuiten zu einem Landschaftsgarten ausbauen sowie zusätzlich prächtige Steingebäude mit Wasserspielen im europäischen Stil des Barock errichten. In diesem Palast, in dem er einen guten Teil des Jahres wohnte, brachte Qianlong einen großen Teil seiner Kunstsammlung unter. Der Yuanmingyuan wurde im Oktober 1860 von britischen und französischen Truppen geplündert und niedergebrannt.

Die Regierungszeit von Qianlong lässt sich in drei Abschnitte einteilen: Von 1735 bis 1749 führten Zhang Tingyu (1672–1755) und E-er-tai (1680–1745) die Regierungsgeschäfte, die Zeit von 1750 bis 1780 wurde von Fuheng (gest. 1770) und Yu Minzhong (1714–1780) geprägt, die Zeit von 1780 bis zum Tod Qianlongs von dem korrupten Heshen (1750–1799). Dank der guten Haushaltsführung seines Vorgängers Yongzheng wies die Staatskasse während der gesamten Regierungszeit Qianlongs trotz der vielen Feldzüge einen Überschuss auf, der wegen zunehmender Selbstbereicherung durch Personen seines Umfeldes am Ende seiner Herrschaft allerdings zur Neige ging.

Es war in der Zeit von Fuheng und Yu Minzhong, dass der multiethnische Staat der Qing-Dynastie seine größte Ausdehnung erreichte.

Um die mongolische Gefahr zu bannen, führte Qianlong von 1755 bis 1757 große Offensiven gegen die Dsungaren durch, deren wenige Überlebende danach Ölöten genannt wurden. In den Jahren 1758 und 1759 schloss sich ein Feldzug gegen Muslime in Ostturkestan an, das 1884 zur chinesischen Provinz Xinjiang, den »Neuen Territorien«, wurde. Gegenüber der meist muslimischen Bevölkerung waren die neuen Herrscher tolerant. Sie brauchten keinen Zopf zu tragen, und ihre Führer wurden durch Titel an die Qing-Dynastie gebunden. Große Feldzüge folgten danach in Sichuan

(Jinchuan, 1747–1749 und 1771–1776), gegen die Muslime in Gansu (1781–1784) und gegen Aufständische in Taiwan (1787–1788). Im Süden wurden Burma (1766–1770) und Annam (Vietnam, 1788–1789) militärisch gefügig gemacht. Die Qing-Dynastie erkannte das Herrscherhaus Nguyen in Annam an, das die Herrscherfamilie Lê ins Exil in die chinesische Provinz Guangxi vertrieben hatte. Qianlong intensivierte das chinesische Engagement in Tibet, indem er von 1790 bis 1792 die Tibeter gegen Gurkha-Truppen aus Nepal unterstützte. Die Gurkhas verpflichteten sich zu alle fünf Jahre fälligen Tributzahlungen, was sie bis 1908 einhielten.

Wie sein Vater und sein Großvater war Qianlong ein ausgesprochen fleißiger Herrscher. Vom Sonnenaufgang bis zum frühen Nachmittag widmete er sich seinen Staatsgeschäften, und erst danach pflegte er sich mit Malerei, Kalligraphie und Literatur zu befassen. Angeblich hat er über 42 000 Gedichte geschrieben, die er auf Hunderten von Hänge- und Querrollen in seiner Palastsammlung festhielt. Er war auch für Kunsthandwerk aller Art zu begeistern, für Porzellan, Lack, Cloisonné, Jadeschnitzerei und noch vieles andere. 1771 rief er das Projekt *Siku quanshu* (Vollständige Werke der Vier Speicher) ins Leben, das alle bekannten Texte Chinas sammeln, bewerten und in einem Sammelwerk, das faktisch eine eigenständige Bibliothek ist, neu publizieren sollte. Wegen des Umfangs wurde das Sammelwerk in der Qing-Zeit nicht gedruckt, sondern es wurden lediglich vier Abschriften angefertigt. Das Projekt, mit dem Hunderte von Gelehrten über viele Jahre beschäftigt waren, diente sowohl der Mehrung seines Ansehens bei den Gelehrten als auch der Zensur und Überwachung. Tausende militärstrategische, den Mandschuren und früheren Fremddynastien feindliche Werke sowie pornographische und »häretische« Schriften wurden aussortiert und vernichtet. Wer noch Kopien dieser verfemten Texte besaß und sie nicht zur Vernichtung abgab, riskierte die Todesstrafe. Qianlong reagierte sehr empfindlich auf Äußerungen und Aktionen, welche die ethnische Identität der Mandschuren betrafen oder auf Verschwörungen gegen seine Herrschaft hindeuteten.

Die letzten 20 Jahre der Herrschaft Qianlongs sind von einem Verlust an Urteilskraft gekennzeichnet. Er begünstigte seinen mandschurischen Leibwächter Heshen, der in höchste Positionen aufstieg. Um nicht länger zu regieren als sein Großvater Kangxi, überließ Qianlong im Frühjahr 1796 den Thron seinem fünften Sohn Yongyan (1760–1820), der von 1796 bis 1820 unter der Devise Jiaqing regierte. Qianlong blieb aber im Hintergrund die dominierende Figur am Hof. Am Ende des 18. Jahrhunderts mehrten sich die Anzeichen für den Niedergang der Dynastie. Die staatlichen Institutionen und die Staatseinnahmen hielten mit dem Bevölkerungswachstum nicht Schritt, und unter dem Banner des Weißen Lotos flammten in fünf Provinzen Zentral- und Südwestchinas über zehn Jahre lang immer wieder Aufstände auf, die erst 1804 niedergeschlagen werden konnten. Als Qianlong am 7. Februar 1799 im Alter von 89 Jahren starb, stellten sich die Beamten gegen seinen Günstling Heshen, der sich an der Bekämpfung der Weißen Lotos-Sekte maßlos bereichert hatte. Jiaqing ließ Heshen verhaften, wegen Korruption anklagen und zwang ihn schließlich zwei Wochen nach dem Tod Qianlongs zum Selbstmord. Das beschlagnahmte Vermögen Heshens soll die Hälfte der Staatseinnahmen der letzten 20 Jahre betragen haben.

Qianlong beschrieb in seiner Abdankungsproklamation vom 9. Februar 1796 seine Regierungserfolge: »Wir haben [...] das ganze Reich befriedet, verantwortungsbewusst regiert und sind Tag für Tag fleißig gewesen. Wir haben uns auf den Schutz des Himmels gestützt und auf das Beispiel unserer kaiserlichen Vorfahren. Das Universum erfreut sich des Friedens, das Volk genießt sein Glück und den Überfluss. Der kaiserliche Name ist überall bekannt, nah und fern bilden wir eine Familie [...]. Verdienstvolle Errungenschaften überstiegen alle Erwartungen, unsere Gnade und Gunst erstreckt sich in die entferntesten Gegenden des Reiches. Dreimal haben wir allen Provinzen die Getreideabgaben erlassen, viermal haben wir sie von der Landsteuer befreit [...]. Die Gelehrten sind wohlhabend geworden, die Beamten wurden aufrichtig, und das Volk hatte seinen Anteil an diesem großen Zeitalter des Friedens.«

Das 18. Jahrhundert war wohl, wie der Historiker Kenneth Pomeranz meint, das »Zeitalter des Wohlstands« in China, weil der Lebensstandard im Qing-Reich höher gewesen ist als in Westeuropa.[313] Doch mit dem Tod Qianlongs 1799 war die große Zeit der Qing-Dynastie vorüber.

2. Korea: Das Chosŏn-Reich der Yi-Dynastie von 1598 bis 1800

Nur langsam konnte Korea nach dem Imjin-Krieg (1592–1598) seine staatlichen Strukturen wiederaufbauen. Die Königsfamilie Yi blieb an der Macht, die früheren Eliten behielten ihre Stellung, und die verschiedenen Fraktionen und Parteiungen bestanden fort. 1606 nahmen Chosŏn und Japan friedliche Beziehungen auf, die fast 300 Jahre dauern sollten. Ab 1609 wurde wieder ein eingeschränkter Handel zwischen Tongnae bei Pusan und der Insel Tsushima zugelassen. Wie zuvor lief er über die Familie Sō, die Tsushima dominierte. Von dort aus gelangten die Waren nach Japan.

Prinz Kwanghae

So wie Prinz Yŏnsan-gun (reg. 1492–1506) musste auch Prinz Kwanghae-gun (reg. 1608–1623), der 1608 den Thron von Chosŏn bestieg, vorzeitig abdanken. Daher die Bezeichnung *gun* (Prinz) in ihrem Titel. Kwanghae-gun war ein fähiger Herrscher, dessen Regierungszeit allerdings vom Streit verschiedener verfeindeter Parteiungen (*tangjaeng*) innerhalb der Beamtenschaft gekennzeichnet war. Seine Berater gehörten der Nordparteiung (*pugin*) an. Sie schätzten die Macht der Mandschuren unter Nurhaci richtig ein und plädierten für eine Realpolitik, was hier bedeutete, Streit zu vermeiden und die Kontaktaufnahme mit ihnen zu verzögern. Als Korea 1618 von der Ming-Dynastie um Waffenhilfe gegen Nurhaci gebeten wurde, schickte Korea 10 000 Mann, denn schließlich hatten Ming-Truppen im Imjin-Krieg gegen die Japaner das Chosŏn-

Reich gerettet. Doch die koreanischen Truppen ergaben sich schnell der mandschurischen Übermacht. Im Gegenzug wurden sie dafür aus deren Kriegsgefangenschaft entlassen, und Korea wurde von Nurhaci geschont.

Innenpolitisch war Kwanghae-gun weniger umsichtig. Er ließ seinen Halbbruder, der von einer Königin geboren worden war und nicht, wie er, von einer Konkubine König Sŏnjos, als seinen schärfsten Konkurrenten um den Thron beseitigen. Dies gab der Westparteiung (*sŏin*), die sich schon länger an der einseitigen Bevorzugung der Nordparteiung und der zögerlichen Unterstützung für die Ming-Dynastie störte, einen Vorwand zum Staatsstreich. Kwanghae-gun wurde 1623 gewaltsam abgesetzt und erhielt deshalb auch nie einen königlichen kanonischen Namen. Seine Unterstützer wurden in der Folge hingerichtet oder verbannt, und für die nächsten beiden Jahrhunderte blieb die Nordparteiung von den höchsten Ämtern ausgeschlossen.

König Injo

Nach dem Staatsstreich bestieg 1623 König Injo den Thron. Er war ein Enkel König Sŏnjos. Die Westparteiung setzte sich mit ihrer Pro-Ming-Politik außenpolitisch durch. 1624 rebellierte der koreanische Feldherr Yi Kwal (1587–1624), der sich von König Injo nicht ausreichend belohnt sah, mit Unterstützung von Japanern, die nach dem Krieg im Land geblieben waren, gegen König Injo. Dies führte zur kurzzeitigen Besetzung von Hanyang (heute Seoul). Der Aufstand konnte zwar schnell niedergeschlagen werden, doch König Injo stationierte nun zur eigenen Sicherheit einen großen Teil seiner Truppen um Seoul anstatt an der gefährdeten Nordgrenze. Der mandschurische Herrscher Nurhaci, der den Koreanern gewogen war, starb 1626. Sein Nachfolger Abahai (reg. 1627–1644) bevorzugte eine militärische Lösung. Angeblich um Yi Kwal zu rächen, marschierten 30 000 mandschurische Soldaten 1627 in Korea ein und besetzten Pjöngjang. Sie stießen dabei auf wenig Widerstand. König Injo floh auf die Insel Kanghwa, und Chosŏn musste in einem Abkommen die Vorrangstellung der Späteren Jin anerkennen. Die mandschurischen Truppen zogen sich danach aus Korea zurück.

Als die Spätere Jin-Dynastie erstarkte und zur Eroberung Chinas ansetzte, musste sie sich den Rücken freihalten. Aus diesem Grund und auch, weil König Injo sich hartnäckig weigerte, mandschu-feindliche Beamte auszuliefern sowie Geiseln aus dem Königshaus zu stellen, drangen 1637 mandschurische Truppen mit 120 000 Mann erneut in Korea ein. Sie wurden von Abahai persönlich angeführt. Die Truppen stießen bis Seoul vor und umzingelten den König in der Bergfestung auf dem Pukhansan, wenige Kilometer nördlich der Hauptstadt. Auch die Insel Kanghwa wurde erobert, auf die sich der Kronprinz geflüchtet hatte. In einer für Korea schmachvollen Zeremonie am Südufer des Han-Flusses musste König Injo die Oberhoheit der Qing anerkennen. Die Yi-Dynastie willigte ein, den Mandschuren feindlich gesinnte Beamte vom koreanischen Königshof zu entfernen und Tributabgaben zu leisten. Korea blieb von da an für mehr als 250 Jahre in der ungeliebten Tributgefolgschaft der Qing-Dynastie. Außenpolitisch gab es kaum noch Spielraum, innenpolitisch hatte die neue Lage allerdings keine Auswirkungen. Auf offensichtliche Zeichen der Niederlage wurde verzichtet: Koreanern wurden weder mandschurische Kleidung noch mandschurische Frisuren abverlangt.

Nach der Niederlage ließ König Injo seinen Ärger an denen aus, die zuvor für das Arrangement mit den Mandschuren plädiert hatten. Er verdächtigte zudem seinen Sohn, Kronprinz Sohyŏn (1612–1645), der als Geisel in Shenyang und Peking gewesen war, mit dem mandschurischen Regenten Prinz Dorgon zusammenzuarbeiten. Injos zweiter Sohn, der ebenfalls als Geisel bei den Mandschuren gelebt hatte, wurde Kronprinz und regierte als König Hyojong von 1649 bis 1659. In seiner Regierungszeit erstarkte die Westparteiung (*sŏin*). Er träumte von einem militärischen Schlag gegen die Qing-Dynastie, wozu es aber nicht kam.

Korea sah sich nach der Etablierung der Qing-Dynastie 1644 in China als So Chunghwa (Klein-China).[314] Dieses Selbstbild gab es schon seit der Koryŏ-Zeit, aber nun, nach dem Untergang der

Ming-Dynastie, fühlten sich viele Yangban-Angehörige des Chosŏn-Reiches nicht nur als Ming-Loyalisten, sondern auch als einzige verbliebene Erben der chinesischen Kultur und des Konfuzianismus. Die Ming-Dynastie erschien in strahlendem Licht, die Mandschuren dagegen betrachtete man als Barbaren. Politisch reagierte Korea mit einer inneren Abschottung von der Qing-Dynastie bei formal engen diplomatischen Beziehungen. Gesandtschaften nach Peking mussten regelmäßig, zwei- bis dreimal pro Jahr, entsandt werden. Obwohl man meinte, von der Qing-Dynastie nichts lernen zu können, gab es über die Gesandtschaften einen begrenzten kulturellen und wirtschaftlichen Austausch. Korea gab den Widerstand gegen die Qing-Dynastie schließlich am Ende des 17. Jahrhunderts auf; im Gegenzug wurde eine Minderung des Tributs gewährt.

Die Selbstisolierung Koreas betraf auch Japan. Im 17. Jahrhundert gab es nach Wiederaufnahme der diplomatischen Beziehungen 1606 insgesamt nur sieben Gesandtschaften, im 18. Jahrhundert noch vier und danach nur noch eine einzige 1811.

Die Zeit der Parteiungen

Die oben erwähnte Ausbildung von Parteiungen (*tangjaeng*), die 1575 begann, war eine Besonderheit, durch die sich das politische Leben Koreas im 17. und 18. Jahrhundert von dem Chinas und Japans unterschied. Die Kämpfe zwischen den Parteiungen drehten sich vordergründig um rituelle Fragen des Neokonfuzianismus und wurden mit den Waffen der Klassikergelehrsamkeit geführt.[315] Hinter ihnen standen aber immer handfeste politische Interessen, die das Selbstverständnis von Königshaus und Yangban betrafen. Da die Zugehörigkeit zu einer Parteiung erblich war und Eheschließungen über Parteiungsgrenzen hinweg vermieden wurden, verblieben so bestimmte Familien über Generationen in ihren Machtpositionen, während andere von der Besetzung hoher Beamtenstellungen ausgeschlossen waren. Jeder Machtwechsel forderte einige Tote bei der gerade in Ungnade gefallenen Parteiung. Durch diese Parteiungen erhielten Beamte so viel Macht, dass sie sogar einen Herrscher zur Abdankung zwingen konnten, wie es im Fall der Prinzen Yŏnsan-gun (reg. 1492–1506) und Kwanghae-gun (reg. 1608–1623) geschehen ist. Sowohl in China als auch in Japan war es dagegen undenkbar, dass Beamte einen Monarchen stürzen könnten.

In der Zeit von König Hyojong war Song Siyŏl (1607–1689) der führende Gelehrte der Westparteiung (*sŏin*). Er war verantwortlich dafür, dass der Parteienstreit zwischen den neokonfuzianischen Schulen am Königshof 1659 erneut ausbrach, da er darauf bestand, dass die Trauer der Angehörigen des Königshauses um König Hyojong um einen Grad reduziert werden müsse, weil der König nur ein zweiter Sohn gewesen sei. Die Südparteiung (*namin*), angeführt von Yun Hyu, wehrte diesen Angriff ab. Sie ließ keine Zweifel an der Legitimität Hyojongs zu.

Während der Regierungszeit König Sukchongs 1674 bis 1720 erreichten die Kämpfe der Parteiungen einen Höhepunkt. Die Westparteiung setzte sich langfristig durch und sorgte dafür, dass die Anhänger der Südparteiung bis ins späte 18. Jahrhundert hinein keine hohen Ämter mehr bekamen. 1683 spaltete sich die Westparteiung in zwei Gruppen, nämlich die *Noron* (Alte Lehre), deren Kopf Song Siyŏl war, und die *Soron* (Junge Lehre) unter Führung von Yun Chŭng (1629–1711).

Bis aufs Blut bekämpften sich die zwei Untergruppen der Westparteiung im Streit um die Wahl des Nachfolgers von König Sukchong 1720. Zunächst siegten die Anhänger der *Soron* (Junge Lehre) und überredeten den neuen König Kyŏngjong, die vier führenden Anhänger der *Noron* (Alte Lehre) hinzurichten. Der König starb aber bereits 1724, und der zunächst unterlegene Kandidat, der von den *Noron* unterstützt worden war, wurde der neue König Yŏngjo, der von 1724 bis 1776 regierte. Nun nahmen die *Noron* Rache an den *Soron*. Seit dieser Zeit konkurrierten die »Vier Farben« oder »Vier Parteiungen« (*sasaektang*) um die Macht am Hof: die Südparteiung (*namin*), die kleine Nordparteiung (*pugin* bzw. *sobuk*), die Parteiung der Alten Lehre (*noron*) und die Parteiung der Jungen Lehre (*soron*).[316]

Die *Noron* wurden trotz einiger Rückschläge zur dominierenden

Parteiung. Sowohl König Yŏngjo als auch sein Nachfolger, König Chŏngjo (reg. 1776–1800), versuchten die blutigen Kämpfe zwischen den Parteiungen zu schlichten und Beamte eher nach Begabung als nach Abstammung zu berufen. In der Praxis gingen allerdings die Ämter nur noch an die Mitglieder der gemäßigten *Soron* und der gemäßigten *Noron*, was allerdings keine Ruhe in die Beamtenschaft brachte.

König Yŏngjo

Trotz der heftigen Machtkämpfe der Parteiungen erlebte Korea im 18. Jahrhundert dank fähiger Monarchen wie König Yŏngjo, der als beispielhafter konfuzianischer Herrscher gilt, eine Zeit weitgehender politischer Stabilität. Die Regierungszeit König Yŏngjos war mit mehr als 50 Jahren nicht nur die längste in der koreanischen Geschichte, sondern auch eine Zeit der wirtschaftlichen Blüte. Der direkte Kontakt zum Volk zeichnete diesen König aus. Er holte bei der Einführung des Gesetzes der »gleichmäßigen Dienstverpflichtungen« (*kyunyŏkpŏp*) 1750 am Palasttor die Meinung des Volkes ein, um den Widerstand einiger Minister zu brechen. Er verkündete eine Befriedung der Parteiungen, welche vorsah, die Ämter gleichmäßig an Beamte aus den verschiedenen Parteiungen zuzuweisen. Dazu führte er Prüfungen für über Sechzigjährige ein, förderte die Gelehrsamkeit und den Buchdruck. Die »empirischen Studien« (*sirhak*) gelangten unter seiner Herrschaft zur Entfaltung.

Schon 1749 ernannte König Yŏngjo seinen einzigen überlebenden Sohn Changhŏn (1735–1762, posthumer Name Sado) zum Prinzregenten. Er beteiligte ihn an Regierungsgeschäften. Doch Vater und Sohn blieben sich fremd, auch weil Hofzeremoniell und Stolz vertraulichen Gesprächen zwischen ihnen im Weg standen. Sado zerbrach an der Unzufriedenheit seines Vaters mit seinen Leistungen, deren Gründe er nie verstand. Er wurde paranoid und gewalttätig, vergewaltigte angeblich Palastdamen und ermordete Eunuchen. Da er als Kronprinz der Dynastie nicht mehr taugte, befahl ihm sein Vater, Gift zu trinken, aber Sado weigerte sich und wurde daraufhin in eine Reiskiste gesperrt, in der er verhungerte.

Wäre Sado rechtmäßig hingerichtet worden, hätte sein Sohn, der spätere König Chŏngjo, nicht den Thron besteigen können. Ausführliche Berichte über die Ereignisse dieser Jahre hat Sados Frau hinterlassen, Prinzessin Hyegyŏng (1735–1815). Ihre Memoiren erlauben tiefe Einblicke ins höfische Leben, und sie bieten eine psychologische Analyse des Verhältnisses des Königs zu seinem Sohn.[317]

Die Dynastie überstand auch diesen Streit um Kronprinz Sado, aber es zeigte sich erneut, wie vorsichtig ein Herrscher agieren musste und wie wenig Handlungsspielraum er hatte, wollte er die Anforderungen an die Monarchie erfüllen. Das Kräftegleichgewicht zwischen der in Parteiungen gespaltenen und damit geschwächten Beamtenschaft auf der einen und dem Hof auf der anderen Seite war zwar ein Garant für die Stabilität, behinderte aber auch die Beweglichkeit und Entscheidungskraft der Herrschaftselite. »Soziale und ökonomische Reformen [...] konnten so nicht entschlossen genug in Angriff genommen werden.«[318]

König Chŏngjo

König Chŏngjo (reg. 1776–1800) war von Anfang an darum bemüht, das Andenken seines Vaters, des Prinzen Sado, zu bewahren. Kurz nach seiner Thronbesteigung verlieh er ihm den Titel »Kronprinz Changhŏn«. 1795 führte er zusammen mit seiner Mutter, Prinzessin Hyegyŏng, eine Prozession von 6000 Personen nach Hwasŏng (das heutige Suwŏn), um dort seines Vaters zu gedenken. König Chŏngjo unternahm etwa 70 Reisen zu allen Mausoleen der Könige und Königinnen. Die Mausoleen der fünf Generationen vor ihm besuchte er sogar mehrmals. Die nachfolgenden Könige setzten die Tradition der Besuche an den Gräbern fort, die Reisen verloren aber ihre Funktion, Kontakt zur einfachen Bevölkerung herzustellen. Petitionen wurden bestenfalls noch von Yangban für die Rehabilitierung von Angehörigen entgegengenommen.[319]

Chŏngjo wollte Korea als aktiver Herrscher nach dem Vorbild der chinesischen Weisen des Altertums regieren. Er wies seine Beamten darauf hin, dass die alten Weisen keine Parteiungen zugelassen hätten und er besser als diese darüber befinden könne, wer gut und wer schlecht sei. So bezog er Stellung gegen den Erbadel, indem er die illegitimen Söhne von Yangban zu Prüfungen zuließ und ihnen mittlere Beamtenkarrieren gestattete. Den Staat nannte er *min'guk*, das moderne Wort für Republik. Er verstand darunter die enge Zusammengehörigkeit von *min*, dem Volk, und *guk*, dem Land. Beamte waren nur dann für den Staat brauchbar, wenn sie dieses Verhältnis anerkannten. Im Regierungsalltag zeigte sich, dass seine Regierungszeit wie auch die nachfolgenden Jahrzehnte von der Herrschaft durch die Clans der Königinnen bestimmt war, was sich nicht als nachteilig erwies.[320]

In einem Kommentar zum Text *Daxue* (Die Große Lehre) legte er seine politische Philosophie dar. Er vergleicht darin den Herrscher mit dem Mond, der sich in allen Wasserläufen spiegelt. Die strahlende Tugend (*mingde*) des Herrschers beeinflusst das Volk direkt und kann von jedem wahrgenommen werden. Beamte, erst recht, wenn sie in verschiedene Fraktionen aufgespalten sind, können die gute Herrschaft jedoch stören und die Reflexion verhindern, wenn sie die Bevölkerung (die Wasseroberfläche) in Unruhe bringen.

An seinen Untertanen war König Chŏngjo gelegen. Wenn er den Palast verließ, konnten sie ihn ansprechen. Ein restriktives Petitionssystem hatte zwar zuvor auch existiert, doch nun konnten alle an Rastplätzen der königlichen Prozessionen oder durch Schlagen eines Gongs während der Reise ihre Sorgen vorbringen. Der König ließ alle Anliegen in seinem Tagebuch festhalten, und von den über 3200 Fällen, die dort genannt sind, wurden fast 2700 in die Wahrhaften Aufzeichnungen (*Sillok*) seiner Regierungszeit aufgenommen.

König Chŏngjo hatte eine gute klassische Bildung, kannte die Texte aus der Song-Dynastie, war aber auch ein hervorragender Bogenschütze und in anderen Kampfkünsten bewandert. Er sorgte sich persönlich um die Reform der königlichen Garde und des Militärwesens. Er importierte in großem Stil chinesische Klassiker und richtete eine neue königliche Bibliothek ein, die Kyujanggak. Von ihm besonders geschätzte Beamte taten dort Dienst. Sie wurden bald zu einer Art privatem Kabinett oder »Think tank«. Gegenüber Büchern, die keine Klassiker waren, verhielt er sich sehr vorsichtig. Wang Yangmings Schriften beispielsweise galten als subversiv und durften nicht frei importiert werden, und er verbot auch die Einfuhr populärer Literatur, erotischer Romane, Lyrik und christlicher Theologie. Trotz seiner Vorbehalte blühten aber gerade in seiner Regierungszeit die populären Genres der koreanischen Kunst auf.

Wegen einer Reihe von Missernten in den 1790er Jahren erließ König Chŏngjo einen Aufruf an die Gelehrten, in dem er um Vorschläge für Reformen bat. Die Vertreter der Empirischen Studien (*sirhak*) wie Pak Chiwŏn (1737–1805) und Chŏng Yagyong (1762–1836, Beiname Tasan) empfahlen die Begrenzung des Landbesitzes. Der König war dagegen. Über die Abschaffung der staatlichen Sklaverei wurde lange nachgedacht, doch sie kam erst unter seinem Nachfolger 1801 zur Ausführung. Lediglich die Korruption wurde während seiner Regierungszeit eingeschränkt, unter seinen Nachfolgern wurde sie jedoch wieder endemisch.

Im Jahr 1800, als die Herrschaft König Chŏngjos zu Ende ging, war Korea in sich selbst gefangen. Die Gesellschaft war wie in China traditionalistisch und eher unempfänglich für Veränderungen. Wer den Ahnenkult aufgab, wurde mit dem Tod bestraft. Auch Wandel innerhalb der Tradition wurde als Gefahr für das System gesehen, worauf die Verantwortlichen mit aller Härte reagierten. Korea war auf eine direkte Begegnung mit der westlichen Welt im 19. Jahrhundert nicht vorbereitet.

3. Japan: Das Tokugawa-Shōgunat in Edo von 1603 bis 1800

Erst nachdem Tokugawa Ieyasu (reg. 1603–1605) in der Schlacht von Sekigahara im Oktober 1600 gegen Toyotomi Hideyori (1593–1615), den Sohn Hideyoshis, gewonnen hatte, konnte er 1603 als

Karte 16: Japan in der Tokugawa-Zeit, 1603–1868.

erster Shōgun des Tokugawa-Clans den Bürgerkrieg beenden. So wie Toyotomi Hideyoshi den Kult um seinen Vorgänger Oda Nobunaga gefördert hatte, so sorgte Tokugawa Ieyasu, der 1590 das vormalige Fischerdorf Edo (heute Tōkyō) zu seinem Hauptsitz gemacht hatte, für die Vergöttlichung Hideyoshis. Ieyasu selbst bekam den posthumen Titel *Tōshō daigongen* – Buddha wiedergeboren als Sonnengott des Ostens. Sein Schrein in Nikkō sollte das Shōgunat vor bösen Geistern beschützen und für das Wohl des Volkes sorgen.

Der gläubige Buddhist Tokugawa Ieyasu sah es als seine vornehmste Aufgabe an, soziale Ordnung, Stabilität und Frieden im Reich herzustellen. Sein großes Vorbild als Herrscherpersönlich-

Abb. 22: Porträt von Tokugawa Ieyasu, Gründer des Tokugawa-Shōgunats in Edo (heute Tōkyō) im Jahr 1603, von Kanō Tan'yū, Tusche und Farben auf Papier, 17. Jahrhundert. Hauptturm des Schlosses von Ōsaka.

keit, als Organisator und Verwalter eines Reiches war der chinesische Tang-Kaiser Taizong (reg. 629–649). Um seinem Shōgunat die nötige Sicherheit für die Zukunft zu geben, bestand er auf der Primogenitur innerhalb der herrschenden militärischen Klasse der Samurai. Bei einem Streit zwischen Geschwistern um Landgüter konnte der Shōgun diese konfiszieren.

Shōgun Tokugawa Iemitsu

Der dritte Tokugawa-Shōgun Iemitsu (reg. 1623–1651) stärkte die Macht des Shōgunats nochmals nachhaltig. Er betrachtete das Shōgunat als die gerechte gesellschaftliche Ordnung, die dem Weg des Himmels (*tendō*) entspricht: natürlich, unveränderlich, ewig und hierarchisch. Für ihn galt, dass der Herrscher die Güte des Buddha zeige, der Krieger für Frieden sorge und das Volk gehorsam sei. Um sein Machtmonopol gegen die innere Opposition zu schützen, die von einigen Daimyō-Haushalten ausging, und sein Reich gegen äußere Feinde wie Portugal und Spanien abzuschirmen, verfolgte er eine Politik der Landesabschließung (*sakoku*). Zwischen 1633 und 1639 erließ er insgesamt fünf »Befehle zur Landesabschließung«. So wurde die Reisefreiheit der Japaner aufgehoben. Er befürchtete von den christlichen Missionen, dass zum Christentum bekehrte Samurai versuchen würden, die Innenpolitik Japans zu beeinflussen. Deswegen mussten Überseereisen seit 1633 genehmigt werden. Um die Daimyō besser zu kontrollieren, führte er 1635 für sie die alternierende Residenzpflicht (*sankin-kōtai*) ein und beschränkte gleichzeitig für alle Untertanen das Reisen im Land. Ausländische Bücher waren ebenfalls verboten. Seit 1640 übernahm das Amt zur Kontrolle der Religionen die Aufgabe, alle Bewohner des Tokugawa-Territoriums in einem buddhistischen Tempel zu registrieren. Auf dem Tempelgelände befanden sich auch die Gräber der dort registrierten Bevölkerung.

1637 und 1638 schlug Iemitsu nach den grausamen Christenverfolgungen der 1620er und 1630er Jahre den Aufstand von Bauern und Samurai, unter denen auch Christen waren, auf der Halbinsel Shimabara in Kyūshū nieder. Etwa 37 000 Personen (darunter auch Frauen und Kinder), die sich ergeben hatten, wurden am 14. April 1638 hingerichtet. Seit 1639 durften keine portugiesischen Handelsschiffe mehr in Japan anlegen, und Außenkontakte beschränkten sich auf Chinesen und Holländer in Nagasaki. Diese rigorose Innenpolitik führte dazu, dass nach 1637/38 der innere Friede in Japan für mehr als 200 Jahre gesichert war.

Die Shōgune von 1651 bis 1712

Der vierte Tokugawa-Shōgun Ietsuna regierte hauptsächlich durch seine Berater. In seine Regierungszeit (1651–1680) fällt der Beginn der Dominanz konfuzianischer Lehren, die dann zur Ideologie des Shōgunats wurden. Hierzu passt, dass er 1663 die Selbsttötung aus Gründen der Kindespietät verbieten ließ. Auf Ietsuna folgte sein Bruder Tsunayoshi (reg. 1680–1709) als der fünfte Tokugawa-Shōgun. Er versuchte, die Krieger durch Trauervorschriften, Predigten über die konfuzianischen Klassiker und das Verbot des Tötens von Tieren, besonders von Hunden, die damals als bewegliche Ziele für Schießübungen verwendet wurden, zu domestizieren. Das brachte ihm den Beinamen »Hunde-Shōgun« (*inu kubō*) ein.[321]

In seine Regierungszeit fällt das Ereignis der 47 Rōnin von Akō, vorbildliches Beispiel der Treue von Samurai zu ihrem Herrn. Im April 1701 musste Asano Naganori (1665–1701), der Daimyō von Akō, Seppuku begehen, nachdem er von einem ranghohen Berater des Shōguns öffentlich beleidigt worden war und er ihn deshalb mit dem Schwert angegriffen hatte. Sein Besitz wurde vom Shōgun konfisziert, seine Vasallen wurden dadurch zu herrenlosen Samurai (*rōnin*), die unter der Führung von Ōishi Kuranosuke auf Rache sannen. 47 Rōnin des Daimyō von Akō erschlugen schließlich im Dezember 1702 den Feind ihres Herrn in seiner Residenz und brachten seinen Kopf ans Grab des Daimyō. Diese Tat wurde von den meisten Zeitgenossen mit Beifall bedacht, schließlich war ihr Herr ungerecht behandelt worden. Die Rōnin hatten durch den Mord die Ordnung und die Ehre ihres Herrn wiederhergestellt. Dennoch wurden die Männer dazu verurteilt, Seppuku zu begehen, weil sie gegen die Gesetze verstoßen und einen hohen Beamten des Shōguns ermordet hatten. Das Drama der 47 Samurai wurde bereits kurze Zeit später als Bühnenstück in Ōsaka und Kyōto aufgeführt, doch von den Behörden verboten.

Der Nachfolger von Tokugawa Tsunayoshi war dessen Neffe Tokugawa Ienobu (reg. 1709–1712), der 1709 den Konfuzianer Arai Hakuseki (1657–1725) in seine Dienste nahm. Er hob das Verbot des Tötens von Tieren wieder auf und ließ den Disziplinarkodex für Samurai überarbeiten.

Shōgun Tokugawa Yoshimune und seine Nachfolger

Auf die wenigen Jahre des Kind-Shōguns Ietsugu (reg. 1713–1716) folgte der achte Tokugawa-Shōgun Yoshimune, der seine fast dreißigjährige Herrschaft (bis 1745) mit starker Hand ausübte. Er stand seit 1721 unter dem Einfluss seines Beraters Ogyū Sorai (1666–1728), der für ihn das Werk *Seidan* (Über die Regierung) verfasste, in dem er unter anderem die Förderung begabter Männer ohne Rücksicht auf ihre Herkunft vorschlug. Sein höchstes Ziel war jedoch, eine der Zeit entsprechende »richtige« Sozialordnung zu errichten. Er betrachtete die Kommerzialisierung der Wirtschaft, insbesondere die Warenwirtschaft und den Konsum, als den Hauptgrund für die finanziellen Probleme des Landes auf allen Ebenen. Yoshimune folgte in seinen Edikten zur Sparsamkeit den Vorschlägen Ogyūs, was zu Konsumbeschränkungen führte. Der Shōgun interessierte sich für die Beschwerden und Vorschläge seiner Untertanen, er rief zur Wiederbelebung des militärischen Geistes auf, förderte Neulanderschließung, betrieb die Erweiterung der landwirtschaftlichen Anbauflächen und der Agrarerzeugnisse. Er ließ zudem Reis an die Ärmsten verteilen, weswegen er auch »Reis-Shōgun« (*kome-shōgun*) genannt wurde.

Die Ideen des praktischen Lernens wurden während seiner Herrschaft konkret umgesetzt. Nachdem er 1720 das Verbot der Einfuhr ausländischer Bücher, mit Ausnahme christlicher Schriften, aufgehoben hatte, konnte die »Hollandwissenschaft« (*rangaku*) an Boden gewinnen. Der Begriff selbst kam um 1774 auf. Er bezog sich auf westliches Wissen in den Bereichen Medizin – besonders Anatomie –, Naturwissenschaften, Technik, Astronomie, Geographie und Militärwesen und wurde anhand von aus dem Holländischen übersetzten Lehrbüchern studiert. Als Sugita Gempaku (1733–1817) entdeckte, dass diese Lehrwerke (wie die *Anatomischen Tabellen* von Johann Adam Kulmus aus dem Jahr 1731) Körperteile beschrieben, die in chinesischen medizinischen Texten nicht vorkamen, widmete er sich verstärkt der Anatomie. 1771 beobachtete er die Öffnung der Leiche einer Kriminellen und schuf daraufhin japanische Bezeichnungen für Organe und Körperteile, die in seinem Werk *Kaitai shinsho* (Neuer Traktat der Anatomie) von 1774 enthalten sind. Die Termini gelangten später nach China.

Die Nachfolger von Shōgun Yoshimune, insbesondere Tokugawa Ieshige (reg. 1745–1760) und Tokugawa Ieharu (reg. 1760–1786), hatten nicht mehr Yoshimunes politisches Format. In Ieharus Regierungszeit fällt die Konspiration des Konfuzianers Yamagata Daini (1725–1767), der sich für den bewaffneten Widerstand gegen das seiner Ansicht nach korrupte Shōgunat einsetzte und mit Freunden zusammen die Rückkehr zur Herrschaft des Tennō forderte. Er wurde verhaftet, zum Tode verurteilt und 1767 hingerichtet.

Der Nachfolger Tokugawa Ienari (reg. 1786–1837) erlangte Berühmtheit dafür, dass er 40 Konkubinen und 55 Kinder hatte und es durch eine extensive Heiratspolitik verstand, über seine Töchter viele Daimyō-Familien an sich zu binden. Eine Reihe von Reformen und widersprüchlichen wirtschaftlichen Maßnahmen, die zwischen 1767 und 1800 mit den Namen der Kanzler Tanuma Okitsugu (1719–1788) und Matsudaira Sadanobu (1758–1829) verbunden sind, sollten die schwierige wirtschaftliche und finanzielle Lage der Daimyō, Samurai und Bauern in Japan zwar verbessern, führten letztlich aber nicht zu der erhofften Stabilisierung der Verhältnisse.

Politische Führung

Die Regierungsgeschäfte leitete in der Edo-Zeit der Shōgun aus dem Haus der Tokugawa in Edo, wo die zentrale Verwaltung des Shōgunats ihren Sitz hatte. Dem Shōgun stand ein Ältestenrat (*rōjū*) aus vier bis fünf Vasallen (*fudai daimyō*) zur Seite, die sich monatlich im Dienst abwechselten. Der Rat der jungen Alten und eine Reihe von Kanzlern, Inspektoren und Kommissaren übernahmen die Verwaltungsaufgaben.

Die Herrschaft über das Land übten die Shōgune mit Hilfe der Daimyō aus. So behielten sie die Macht, und die Lehnsterritorien konnten sich nicht unabhängig machen. Diese Art der Kontrolle über die Lehnsgebiete, die Domänen (*han*) genannt wurden, wird als *baku-han*-System bezeichnet, ein »neofeudaler Zentralstaat«,[322] der bis 1868 bestand und charakteristisch für die Tokugawa-Epoche ist. Am Anfang des 17. Jahrhunderts existierten 185 Domänen (damals *ryōbun* genannt), im 18. Jahrhundert etwa 260. Doch je nach Zählung und Herrschaftsdauer einer einzelnen Domäne kann man auch auf viel höhere Zahlen kommen. Die Daimyō des Shōguns wurden entsprechend der Nähe zu ihm sowie nach ihrem Einkommen in Kategorien eingeteilt. Der Status eines Daimyō erforderte ein Einkommen von mindestens 10 000 *koku* Reis (ein *koku* entspricht 180 Litern) an voraussichtlichen Steuereinnahmen im Jahr. Am engsten mit dem Shōgun verbunden waren die eigenen Familienmitglieder sowie diejenigen der Matsudaira. Darüber hinaus standen ihm einige wenige Clans wie die in Mito, Owari, Kii, Echizen und Aizu nahe, die mit dem Oberbegriff *shimpan daimyō* bezeichnet wurden. Von ihnen gab es Ende des 18. Jahrhunderts gerade 23. Die 176 Daimyō, die bereits vor der Schlacht von Sekigahara 1600 im Dienst der Tokugawa gestanden hatten, die erblichen Vasallen-Daimyō (*fudai*) also, hatten ein Einkommen von mindestens 30 000 *koku*. Die Shimpan-Daimyō und vor allem die mächtigsten der Fudai-Daimyō waren verantwortlich für politische Entscheidungen, für die Personalpolitik und für die Aufsicht über die anderen Daimyō. Potentiell gefährlich waren die etwa 100 Tozama-Daimyō, die sich erst nach der Schlacht von Sekigahara den Tokugawa angeschlossen hatten. Sie wurden an der Peripherie belehnt und von den Shimpan-Daimyō und Fudai-Daimyō kontrolliert.

Als direkte Vasallen des Shōguns, die unmittelbaren Zugang zu ihm hatten und als die treuesten Stützen des Shōgunats galten, dienten die »Bannerleute« (*hatamoto*), die nur kleine Lehen besaßen und ein jährliches Einkommen zwischen 100 und 10 000 *koku* bezogen. In der mittleren Edo-Periode um 1722 gab es etwa 5200 dieser Bannerleute, die in drei Klassen eingeteilt waren. Nur 137 Samurai hatten ein Lehen, das mehr als 4000 *koku* erbrachte. Die Bannerleute bildeten den Kern der Armee der Shōgune, füllten die Verwaltungsstellen auf den unteren Ebenen, waren zuständig für Finanzen, Städte, Tempel, Schreine und für die Überwachung der Steuereinnahmen von den Dörfern. Obgleich die Mitarbeiterstäbe für Verwaltung, Wachpersonal und Dienerschaft sehr groß waren, gab es viele Hatamoto ohne Stellen und zusätzlich noch etwa 17 000 Untervasallen (*gokenin*) ohne Audienzrecht, die unter 100 *koku* erhielten.

Beförderungen waren in der ausgeklügelten Verwaltungsstruktur nur innerhalb des erblichen Ranges möglich. Abgesehen von dem Wissen, das sie mitbringen mussten, waren die Ältesten unter den Beratern des Shōguns in erster Linie dessen Vasallen. Sie mussten anwesend sein, wenn der Shōgun den Ahnenkult vollzog, die chinesischen Klassiker auslegte oder im Nō-Theater auftrat. Sie mussten auch mit ihm reisen, wenn er seine Burg verließ.[323]

1615 erließ Tokugawa Ieyasu die »Gesetze für den Kriegerstand«, die Anweisungen über Rechte und Pflichten enthielten, wie die Daimyō ihre Domänen (*han*) zu führen hatten. Alles war geregelt: von der Zahl der erlaubten Waffen pro Burg bis zur Bereitstellung von Geld und Arbeitern für Bauprojekte des Shōguns. Weder durften die Daimyō Kriminelle aufnehmen noch ohne Erlaubnis des Shōguns heiraten. Sie konnten auch versetzt werden.[324] Ähnliche Regeln wie für den Kriegerstand wurden auch für die übrige höfische Aristokratie und das Kaiserhaus sowie für den buddhistischen Klerus erlassen.

Zur Kontrolle der Daimyō wurde 1635 das System der alternierenden Residenzpflicht (*sankin-kōtai*) formalisiert, das bis 1862 in Kraft blieb. Danach musste jeder Daimyō die Hälfte seiner Zeit in seiner Domäne, die andere Hälfte in Edo verbringen. Jedes Jahr musste der Daimyō zwischen den Wohnsitzen wechseln, doch seine Frau und sein Erbe mussten als Geiseln in Edo leben. Zwar schwächte der Unterhalt zweier teurer Residenzen die Daimyō wirtschaftlich, doch brachte das System auch Handel, Poststationen und städtische Kultur ins Hinterland.

In den Domänen der Daimyō war die Verwaltung durch Berater- und Mitarbeiterstäbe ähnlich organisiert wie in Edo. Da in ihnen etwa 75 Prozent aller Steuern erhoben wurden, waren sie die wichtigste Organisationseinheit des Staates. Die Daimyō waren autonom, soweit es ihre eigenen Vasallen, die Samurai, die Gesetzgebung, das Steuerwesen, die Rechtsprechung und die Behandlung ihrer Untertanen betraf. Die Samurai, die am Fürstenhof der Domänen lebten, waren völlig von ihrem Herrn abhängig. Ihr Stand war seit dem 18. Jahrhundert meistens erblich und durch Einkommen und Status bestimmt. Sie waren keine eigenständigen Grundherren, sondern eher besoldete Beamte, leisteten Kriegs- und Verwaltungsdienste und erhielten dafür Einkünfte aus Ländereien oder Unterhalt. Die Einziehung der Steuern und die Rechtsprechung auf den Dörfern, die weitgehend autonom waren, oblagen der dörflichen Selbstverwaltung und der Lokalverwaltung des jeweiligen Daimyō.

B Gesellschaft und Wirtschaft: Gemeinsamkeiten und Besonderheiten

1. Gesellschaft und Besitzverhältnisse

China

Die Gesellschaft in der Qing-Zeit war streng gegliedert. An der Spitze stand die mandschurische Elite, und am unteren Ende befanden sich die Sklaven, meist chinesische oder koreanische Kriegsgefangene. Die Mandschuren führten bereits in vordynastischer Zeit das Bannersystem zur Organisation des Militärs ein. Es umfasste sowohl alle ethnischen Mandschuren als auch Angehörige anderer Ethnien. Die Banner waren in vier verschiedene Farben (gelb, weiß, blau und rot) eingeteilt, dazu konnte der Rand der Flagge entweder in derselben oder in einer anderen Farbe gehalten sein, weshalb es acht mandschurische Banner (*baqi*) gab. Das Bannersystem wurde danach erweitert, so dass es 1644 insgesamt 24 Banner umfasste, darunter acht chinesische und acht mongolische. Die militärische Führung, die Zugehörigkeit zum und der Status innerhalb des Banners waren erblich. Über die Banner wurde nicht nur die militärische Kontrolle über das Reich ausgeübt, sondern sie halfen auch, die Vorrangstellung der Mandschuren zu sichern.

Bannerleute standen im Rang höher als die normale Bevölkerung, weshalb es ein Heiratsverbot zwischen Angehörigen der mandschurischen Banner und Chinesen gab. Außerhalb der Städte, besonders um Peking herum, wurde Land enteignet, um die Garnisonen versorgen zu können. Die Bannerleute, die in vordynastischer Zeit ihr Land noch selbst bearbeitet hatten, verpachteten dieses nun an chinesische Bauern und erhielten dafür Pachteinkünfte in Form von Silber und Naturalien. Zusätzlich unterstützte die Dynastie die Bannerfamilien durch besondere Zuwendungen bei Heiraten, Beerdigungen, durch Zuschüsse bei Reisekosten oder bei der Versorgung der Witwen. Bannerleute genossen zudem rechtliche Privilegien. Sie unterstanden nicht der chinesischen Gerichtsbarkeit, durften vor Gericht aufrecht stehen, während Chinesen knien mussten, und erhielten sehr viel geringere Strafen.

Bis zur Mitte des 18. Jahrhunderts führte das Bannersystem dazu, dass es mehr Bannerleute gab, als Soldaten in den Bannern gebraucht wurden. Doch da Bannerleute nur Soldat oder Beamter sein durften, lebten viele von ihnen im Haushalt und auf Kosten eines Verwandten. Deshalb entschied Qianlong, die meisten chinesischen Bannerleute wieder zu normalen Untertanen zu machen, die einen beliebigen Beruf ausüben konnten. Diese Entscheidung stärkte wiederum die Stellung der Mandschuren im Bannersystem.

Mandschurische Bannerleute hatten einen vergleichsweise leichten Zugang zum Staatsdienst, denn für sie war eine überproportionale Quote von fünf Prozent erfolgreicher Prüflinge bei den Jinshi-Prüfungen reserviert. Auch eine Beamtenkarriere war für sie leichter einzuschlagen, weil einige Ämter für Mandschuren reserviert waren und hohe Ämter in der Regel mit einem Chinesen und einem Mandschuren, also doppelt besetzt wurden. Allein in der Pekinger Bürokratie waren über 70 Prozent der Posten den Mandschuren vorbehalten,[325] und in den Provinz- und Lokalverwaltungen fanden sich Bannerleute nur auf den allerhöchsten Positionen.

Trotz Förderung und Privilegien verarmten viele mandschurische Bannerleute. Da halfen weder der Verkauf von Bannerland von Zeit zu Zeit noch die üblichen staatlichen Schuldenschnitte. Qianlong versuchte vergebens, die verarmten Mandschuren wieder in die Mandschurei, welche allein für Mandschuren reserviert war, umzusiedeln. Er bemühte sich, Sparsamkeit als mandschurische Tugend zu propagieren, und wollte die Bannerleute von der chinesischen Kultur fernhalten, damit sie ihre ethnische Identität bewahrten; schließlich wusste er aus der Geschichte der früheren Fremddynastien um die Gefahren einer Sinisierung. Doch die Mandschuren hatten sich an das chinesische Stadtleben gewöhnt und wollten nicht in den rauhen Nordosten zurück.

Im 18. Jahrhundert wurde auf höchster Regierungsebene zwar noch Mandschurisch gesprochen, doch die meisten Mandschuren sprachen außerdem bereits den Pekinger Dialekt. Mandschurisch sank auf den Stand einer Zweitsprache zurück, die man in der Schule lernte, doch im Alltag nicht gebrauchte, und durch das Stadtleben gingen auch die vormaligen militärischen Fähigkeiten verloren. Qianlong erreichte mit seinem Engagement allerdings, dass die Bannerleute gegenüber der Dynastie loyal blieben.

Für die han-chinesische Bevölkerung änderte sich durch die Machtübernahme der Qing wenig, wenn man einmal von der Haartracht der Männer und dem engeren mandschurischen Zuschnitt der Kleidung absieht. Die neuen Herrscher griffen nicht stärker in den Alltag der Bevölkerung ein, als dies frühere Dynastien getan hatten. Die gesellschaftlichen Eliten hatten nach wie vor die Chance auf eine Beamtenkarriere, konnten aber auch im Handel reich werden oder sich einfach auf ihre Landgüter zurückziehen.

Korea

Die Auswirkungen der Invasionen Hideyoshis im Imjin-Krieg (1592–1598) und der Mandschuren in den Jahren 1627 und 1637 waren verheerend. Der Krieg zerstörte nicht nur die ökonomischen Grundlagen des koreanischen Staates und dezimierte die Bevölkerung; es breiteten sich zudem Hungersnöte aus, und in den niedergebrannten Dörfern wüteten Epidemien. Auch die Aufzeichnungen des königlichen Sekretariats bis zur Zeit der japanischen Invasion waren den Kriegswirren zum Opfer gefallen. Vom historischen Gedächtnis des Landes in Form der vier Wahrhaften Aufzeichnungen (*Sillok*) der Könige der Dynastie blieb nur eine erhalten.

Zweifel an der Legitimation der Privilegien, die den Yangban zustanden, kamen auf, weil sie bei der Verteidigung des Landes kläglich versagt hatten – und das traf auch auf den Königshof zu, der in jeder Krise schnell aus der Hauptstadt geflohen war. So kam es dazu, dass die Untertanen die Archive anzündeten, um Landkataster, Steuer- und vor allem Sklavenregister zu zerstören. Ob durch den Verlust der Steuer- und Sklavenregister tatsächlich das soziale Gefüge ins Wanken geriet, lässt sich allerdings nicht eindeutig nachweisen.[326] Die Vernichtung der Bemessungsgrundlagen von Steuern und Abgaben wirkte sich in der ersten Hälfte des 17. Jahrhunderts jedenfalls nicht, wie das vielleicht zu erwarten gewesen wäre, auf die soziale Mobilität aus, auch führte der Verlust der alten Landkataster (bis 1637) weder zu einer grundlegenden Landreform noch zu einer Revision des Statussystems. Yu Hyŏngwŏn (1622–1673), ein Gelehrter der weitgehend entmachteten Nordparteiung, mahnte in seiner Schrift *Pan'gye surok* (Aufzeichnungen aus Panqi), gedruckt 1700, Boden- und Steuerreformen sowie eine Reform des Militärdienstes an. Er plädierte für die Abschaffung der erblichen Positionen der Yangban-Oberschicht wie auch der Sklaven, weil beides nicht den konfuzianischen Vorgaben entspreche. Doch er fand mit seinen Vorschlägen kein Gehör. Die Privilegien und das Prestige des Königshauses und der großen Yangban-Familien blieben bis ins späte 19. Jahrhundert hinein unantastbar.

Die Yangban-Aristokratie

Seit dem 16. Jahrhundert sind unter Yangban die Angehörigen des privilegierten Erbadels zu verstehen, die konfuzianischen Gelehrten und die Absolventen der Staatsprüfungen, die zivile und militärische Ämter einnehmen konnten. Doch im 18. Jahrhundert, als der Militärdienst auch den gewöhnlichen Untertanen offenstand, versuchten die Angehörigen der Yangban, den Militärdienst zu meiden, da er unter ihrer Würde lag. Auch den einfachen Leuten gelang es vermehrt, sich dem Militärdienst zu entziehen, indem sie die zuständigen Beamten bestachen und sich als Studenten registrieren ließen. Die Lücke wurde durch Sklaven geschlossen, denen man die Möglichkeit eröffnete, sich durch die Ableistung von Militärdienst aus der Versklavung freizukaufen. Auch deswegen sank die Zahl der Staatssklaven zwischen 1750 und 1790 beträchtlich. Das zuvor von Sklaven bearbeitete Land wurde an überschuldete Bauern verpachtet.

Da die Yangban in Parteiungen gespalten waren, versuchten die

Könige im 18. Jahrhundert, um sich gegenüber den verschiedenen Parteiungen zu behaupten, eine Politik der eigenen »Unparteilichkeit« durchzusetzen. In konfuzianischer Tradition betrachteten sie das Volk als die Grundlage des Staatswesens (*minbon*) und sprachen vom Staat (*min'guk*) als der Verbindung von Volk und Land. Beamte hatten in diesem Staat nur dann einen Platz, wenn sie sich mit einer dienenden Position zwischen dem Herrscher und seinem Volk anfreunden konnten. Nach der Vorstellung von König Chŏngjo (reg. 1776–1800) war das Volk die Inkarnation des Herrschers. Er versuchte, gesellschaftliche Missstände wie die Sklaverei zu beseitigen, ohne dabei den Neokonfuzianismus über Bord zu werfen.[327] Die Betonung der Würde des Volkes kam auch darin zum Ausdruck, dass der Yangban-Status nun für reiche Bauern, für Lokalbeamte (*hyangni*) und für Kaufleute erreichbar wurde.

Doch der Yangban-Status des 18. Jahrhunderts war nicht mehr derselbe wie im 16. Jahrhundert. Politischer Einfluss, Landbesitz und Ämter konzentrierten sich nun in Händen weniger mächtiger Yangban-Familien, was zur Folge hatte, dass andere Yangban-Familien verarmten und in den Bauernstand absanken. Für die Staatskasse war diese Entwicklung fatal, denn die großen Yangban-Landbesitzer konnten ihren Besitz verschleiern und sich dadurch der Besteuerung entziehen. Die ärmeren Yangban verloren aber auch deswegen ihren Einfluss, weil die Beamten am Hof viele verschiedene Steuern zu einer Abgabe (*togyŏl*) zusammenfassten. Diese mussten alle Haushalte einer Dorfgemeinschaft (*tonggye*) entrichten, also auch die Yangban-Haushalte, die zuvor von Steuern befreit waren, und die Kleinbauern, die dadurch gezwungen wurden, Land als Pächter zu bearbeiten.

Eine andere Klasse von erblichen Berufen, die in Abhängigkeit von Yangban-Familien lebten, bildeten Sekretäre, Rechtskundige, Buchhalter, Übersetzer, Geomanten und andere, die in der mittleren Chosŏn-Periode als »mittlere Leute« (*chungin*) bezeichnet wurden. Sie waren zwischen den Yangban und dem Volk (*sangmin*, den guten Leuten) angesiedelt, zu dem freie Bauern, Handwerker, Kaufleute und Soldaten gehörten.[328] Ganz unten in der Hierarchie stand das niedere Volk (*ch'ŏnmin*), zu dem die Sklaven zählten. 1801 wurde die staatliche Sklaverei abgeschafft.

Japan

Die japanische Gesellschaft verkörperte in der Edo-Zeit den rationalen Humanismus des Konfuzianismus mit seiner strengen Hierarchie bis ins 19. Jahrhundert. Im Gegensatz zu China mit seiner zivilen Bürokratie dominierte in Japan jedoch die militärische Klasse. Außerhalb der Ordnung der vier Stände in der Tokugawa-Zeit befanden sich die kaiserliche Familie mit dem Hofadel (*kuge*) und die Parias. An der Spitze im Standessystem standen die Krieger, die Samurai (*shi*), dann folgten Bauern (*nō*), Handwerker (*kō*) und Kaufleute (*shō*). In Japan wie in Korea passten Ärzte, Priester und Mönche nicht recht in das Ständesystem. Niemand durfte seinen Wohnort oder Status ändern. Die Zugehörigkeit zu einem Stand und Beruf war erblich. Innerhalb der Stände gab es noch zahlreiche Rangstufen, die aber nichts über den Reichtum einer Person aussagten. Heiraten über Standesgrenzen hinweg waren verboten. In der Realität gab es viele Ausnahmen. Ländliche Gemeinschaften bestanden offiziell nur aus Bauern. Für die Samurai galten Bauern als Menschen ohne Verstand oder Weitblick. Man hielt sie eher für Tiere als für Menschen. Von den Handwerkern waren nur jene geachtet, die von den Samurai für die Herstellung ihrer Waffen und Ausrüstungen und für den Hausbau benötigt wurden. Mit der Verbreitung des Bargeldes wuchs die Bedeutung der Kaufleute. Ihre großen Gewinne erzielten sie auf Kosten der Bauern und Handwerker. Reich geworden, verfügten sie über große Mengen an Gold und Silber. Sie versorgten die Samurai im 18. Jahrhundert mit Krediten in Bargeld, mit denen diese ihr aufwendiges Leben finanzierten.

Am unteren Ende der Hierarchie standen die Diskriminierten, die unter der Bezeichnung »viel Schmutz« (*eta*) registriert wurden. Sie übten lebenslang unwürdige Berufe aus wie den des Henkers, Schlächters, Abdeckers, Gerbers, Totengräbers und dergleichen. Eine andere Gruppierung waren die »Nicht-Menschen« (*hinin*), die als Bettler, Gaukler, Prostituierte oder Schauspieler ihren Lebensunterhalt verdienten.

Samurai

Der Kriegerstand der Samurai, die etwa fünf bis sechs Prozent der Bevölkerung ausmachten, formte das Bild der Zeit. Er lässt sich grob in zwei Gruppen einteilen: die Vasallen des Shōguns und die Vasallen der Daimyō. Die Loyalität der Samurai zu ihrem Daimyō und die Loyalität der Daimyō zum Shōgun galt jeweils nicht der Person, sondern der Position des Herrn. Samurai waren daran zu erkennen, dass sie zwei Schwerter trugen sowie je nach Rang besondere Frisuren und besondere Kleidung. Nur Samurai hatten Familiennamen, und allein Daimyō durften sich in Sänften tragen lassen, und Handwerker sowie Kaufleute mussten in der Öffentlichkeit den Samurai Respekt bezeugen. Die Samurai, welche ihre Ländereien nicht selbst bestellen durften, mussten in Burgstädte ziehen, wo sie von ihren Herren Unterhalt bezogen. Das war sehr kostspielig für die Shōgune beziehungsweise Daimyō: Mittlere und höhere Samurai erhielten zwischen 400 und 10 000 *koku* und ein einfacher Fußsoldat über 15 *koku* Getreide, in vielen Fällen auch weniger. Ein *koku* reichte aus, eine Person ein Jahr lang zu ernähren.

Die Kosten für die Aufrechterhaltung dieser Form der Herrschaft waren für das Militär wie für die Verwaltung enorm. Ab 1649 mussten auch kleinere Domänen (*han*) ein Mindestkontingent von Truppen unterhalten. Manche unterhielten mehr Soldaten als sie sich leisten konnten, was viele Daimyō in der zweiten Hälfte des 17. Jahrhunderts in die Verschuldung trieb. Die Samurai verarmten und verloren damit auch ihr Ansehen. Umgekehrt stiegen manche reiche Bauern in den Stand der Samurai auf. Auch das Vermögen der Tokugawa-Shōgune schwand durch aufwendige Hofhaltung zusehends, und ihr Stand steckte spätestens Mitte des 18. Jahrhunderts in einer ernsthaften finanziellen Dauerkrise.

Samurai hatten ein ausgeprägtes Standesbewusstsein, zu dem der ehrenvolle Tod in Form der rituellen Selbsttötung (*seppuku*) gehörte. Es gab genaue Vorschriften über den Ablauf eines Seppuku, über Kleidung, Ort und Sekundanten. Der Seppuku wurde schließlich verfeinert zum *ōgihara*, bei dem ein Fächer das Schwert andeutete. Der Tod erfolgte durch Enthauptung durch den Sekundanten. Die *Gesetze für den Kriegeradel* von 1615 wurden immer wieder erweitert. In ihnen war die Todesgefolgschaft verboten worden. Trotzdem folgten die Vasallen ihrem Herrn oft durch Seppuku in den Tod nach.

2. Die Situation der Frauen

China

Für die Frauen blieben die rigiden konfuzianischen Moralvorstellungen aus der Ming-Zeit bestehen. In der Zeit von Yongzheng war der Begriff »Reinheit« keineswegs auf sexuelle Nötigung und Vergewaltigung beschränkt: Bedrohungen ihrer Keuschheit sahen Frauen oft schon dann gegeben, wenn sie nicht in gebührend respektvoller Weise als Frauen behandelt wurden. Männer, die »schmutzige Worte« gegenüber oder über Frauen gebrauchten und sie damit veranlassten, Selbstmord zu begehen, erwartete die Todesstrafe.[329] Die Bedingungen für die Gewährung von auf der Straße nach Anordnung des Kaisers errichteten Ehrenbögen für besonders sittsames Verhalten von Frauen wurden zwar mehrmals verändert, doch nur in wenigen Fällen wurden Selbstmorde von Frauen, die ihrem Mann in den Tod folgten, durch eine solche Anerkennung ausgezeichnet. Eher war der Status der »keuschen Witwe« erstrebenswert, weil Witwen, die nicht wieder heirateten, das Recht hatten, über ihre Mitgift zu verfügen und das Vermögen ihres Mannes zu verwalten. Hatten sie keinen leiblichen Sohn, für den sie das Familienvermögen verwalteten, war es ihnen erlaubt, einen männlichen Verwandten aus der Linie ihres Mannes als Adoptivsohn auszuwählen.[330] Mandschurische Frauen wollten den Chinesinnen in der Tugendhaftigkeit nicht nachstehen, weshalb die

Wiederheirat von Witwen, deren Unterhalt durch eine Rente gesichert war, auch bei ihnen seltener wurde.[331] In der Mode imitierten sie durch in der Sohlenmitte erhöhte Schuhe den trippelnden Gang der Chinesinnen mit Lotosfüßen.

Korea

Mit der fortschreitenden Konfuzianisierung der Gesellschaft befassten sich die Yangban-Familien zunehmend mit ihren Genealogien, was im 17. Jahrhundert zu patrilinearen Genealogien führte, mittels deren Status und Karrieremöglichkeiten beziehungsweise die Ansprüche darauf bestimmt werden sollten. Auch Rituale und Traditionen wurden überdacht. Die Vorlagen nach chinesischem Vorbild aus der Song-Zeit lieferte Kim Changsaeng (1548–1631) in seinem *Karye chimnam* (Darlegung der Familienriten): Ehen sollten nur zwischen Partnern mit unterschiedlichen Familiennamen geschlossen werden, und um die Aufteilung des Familienvermögens zu verhindern sowie den Ahnenkult standesgemäß durchführen zu können, sollte nur der älteste Sohn Haupterbe und Stammhalter sein. Mit der wachsenden Bedeutung der ältesten Söhne sank die Bedeutung der Töchter ebenso wie die der Söhne von Nebenfrauen.[332] Das ergibt sich auch daraus, dass am Anfang der Chosŏn-Zeit Söhne und Töchter noch in der Reihenfolge ihrer Geburt in die Familiengenealogie eingetragen wurden, im 18. Jahrhundert dagegen die Töchter nach den Söhnen rangierten. Ihre Namen wurden zudem bei ihrer Heirat aus dem Register ihrer Stammfamilie gelöscht. Stattdessen wurden sie als Töchter ihrer Schwiegerväter in deren Genealogien eingetragen, allerdings ohne Nennung ihres Familiennamens. Noch im 17. Jahrhundert konnten Frauen Eigentum erben, doch seit dem Ende des 18. Jahrhunderts, als die matrilineare Verwandtschaft in den Genealogien keine Berücksichtigung mehr fand, veränderte sich auch der Status der Frauen in der koreanischen Gesellschaft endgültig zu ihrem Nachteil.

Im Alter von sieben Jahren wurden Kinder nach Geschlechtern getrennt. Mädchen lernten Bescheidenheit und Unterordnung sowie hauswirtschaftliche Fähigkeiten. Bei der Heirat, die zwischen zwei Yangban-Familien für ihre Kinder meist sehr früh beschlossen wurde, zog die Frau ins Haus ihres Mannes beziehungsweise ins Haus der Schwiegereltern und verlor gleichzeitig das Recht, aus dem Besitz ihrer Eltern ein Erbe zu erhalten. Verheiratete Frauen unterstanden wie bessere Mägde ihren Schwiegermüttern im Innern des Hauses: Sie durften nur sprechen, wenn sie angesprochen wurden, und wenn sie das Haus verließen, mussten sie Kopfbedeckungen tragen. Die eheliche Treue war für Frauen unabdingbar, während Männer sich mit Kurtisanen (*kisaeng*) umgeben und sie als Konkubinen ins Haus holen durften. Kurtisanen konnten sich ihren Ehemann selbst suchen und ihn auch wieder verlassen. Nach der Geburt eines Sohnes erfuhr die Frau einen Statusgewinn. Dagegen konnten Frauen verstoßen werden, wenn sie keinen Sohn bekamen oder sich respektlos gegenüber den Familienmitgliedern des Mannes verhielten. Eine Wiederheirat nach dem Tod des Mannes war nicht erlaubt, und die Witwe hatte ihrem Sohn zu gehorchen. Die Frau war für die Hauswirtschaft verantwortlich. Erst wenn eine Schwiegertochter ins Haus kam, verbesserte sich ihre Stellung im Haushalt.[333]

Abgesehen vom Ahnenkult, an dem sie teilnehmen durfte, wenn er ihren Schwiegereltern galt, aber nicht, wenn er für ihre leiblichen Eltern stattfand, waren Frauen für religiöse Riten zuständig, welche die Götter des Hauses, Berggötter oder heilige Bäume betrafen. Sie versorgten die Familienmitglieder mit Amuletten, riefen Schamanen herbei, wenn das angezeigt war, und praktizierten die buddhistischen Frömmigkeitsrituale.

Japan

Grundsätzlich war die rechtliche Situation für Frauen in der Tokugawa-Zeit verglichen mit früheren Zeiten nachteilig, dennoch war eine Ehefrau bessergestellt als die Konkubinen, welche wie Dienstpersonal behandelt wurden. Doch persönliche Freiheiten hatten auch die Ehefrauen nur wenige. »Je höher der Status eines Samurai, um so schlechter war im allgemeinen das Los seiner Frauen.«[334] Der elfte Shōgun Tokugawa Ienari (reg. 1786–1837) hatte gleich 40 hochrangige Konkubinen. In der Schrift *Onna daigaku* (Die Große Lehre für Frauen), publiziert 1716 und wahrscheinlich von seiner Frau Kaibara Tōken verfasst, propagierte der konfuzianische Philosoph Kaibara Ekiken für Frauen aus dem Stand der Samurai Verhaltensregeln. Er bezeichnete die chinesischen konfuzianischen Vorgaben als mild und verständig und erklärte, dass »für die Frau der Mann der Himmel ist«.

Eheschließungen wurden in den Haushaltsregistern verzeichnet. Heiraten von Handwerkern und Händlern mussten amtlicherseits erlaubt und durch Heiratsvermittlerinnen bestätigt werden. Es war verboten, über Standes- und Provinzgrenzen hinweg zu heiraten. Nur die Kinder, die aus registrierten Ehen von Ehepartnern gleichen Ranges stammten, konnten auch den Rang ihres Vaters erben. Auf dem Land scheinen jedoch die alten, freien Bräuche noch fortgeführt worden zu sein, so dass Ehefrauen selbst nach der öffentlichen Registrierung der Eheschließung nach wie vor oft im Haushalt ihrer Eltern wohnen blieben.

Die Wiederheirat von Witwen dagegen war anders als in China und Korea kein Problem. Frauen von niedriger Herkunft konnten durch Arbeit außerhalb der Familie zum Familieneinkommen beitragen. Gleichzeitig nahmen Kindstötungen und Abtreibungen im 18. Jahrhundert zu.

3. Stadtleben

Während die Qing-Dynastie Peking als Hauptstadt von der Ming-Dynastie übernahm, wurden in Korea und Japan neue Hauptstädte eingerichtet. In Peking wohnten die Mandschuren im Norden der Stadt, der vom Süden der Stadt, wo die Chinesen wohnten, durch eine Mauer abgetrennt war. In den ersten Jahrzehnten der Qing wurden umwallte Bannergarnisonen in 90 Städten im ganzen Land angesiedelt, wo ebenfalls eigene Stadtteile für die mandschurischen Bannerleute geschaffen wurden.

Neue Bedingungen gesellschaftlichen Lebens entstanden im 18. Jahrhundert in der koreanischen Hauptstadt Hanyang (heute Seoul). Während König Yŏngjo (reg. 1724–1776) sich zunächst nur alle paar Jahre einmal in die Stadt hatte tragen lassen, wurden seit der Mitte des 18. Jahrhunderts Besuche in Schreinen und anderen Palästen in Seoul zu einer seiner vornehmsten Pflichten. Ch'ae Chegong (1720–1799) machte eine Reihe von stadtplanerischen Vorschlägen, von denen König Yŏngjos Nachfolger König Chŏngjo einige umsetzte, wie den Bau von breiteren, gepflasterten Straßen und die Kennzeichnung von Geschäften mit Adressen oder Hausnummern. Ch'ae trat auch für die Einrichtung einer Müllabfuhr ein, die Asche und Fäkalien als Dünger einsammelte.[335]

In Japan wurde während der Tokugawa-Zeit die Stadt Edo, das heutige Tōkyō, als Sitz des Shōgunats neu angelegt. Die Burg des Shōguns stand erhöht und stark befestigt hinter mehrfachen Mauern und Gräben, und es gab keinen direkten, in einer geraden Linie angelegten Zugang zur Burg. Die Brücken über die Gräben wurden bewacht. Die Stadt war für den Gütertransport von Kanälen durchzogen. Wasserzugang war wichtig, weil sowohl Edo als auch Kyōto zwischen 1657 und 1682 mehrfach von Erdbeben und Feuersbrünsten heimgesucht wurden; 1657 zerstörte eine Feuersbrunst nicht weniger als 80 Prozent der Häuser von Edo. Die Stadt wurde danach spiralförmig um die Burg wieder aufgebaut. Die wichtigsten Vasallen des Shōguns lebten in Wohnvierteln um die Burg herum, doch keiner durfte Steinmauern und Gräben um seine Grundstücke anlegen. Des Weiteren gab es Stadtviertel für Tempel, Werkstätten, Geschäfte und Vergnügungen. Die einfache Bevölkerung lebte in tiefer gelegenem Gelände. Ähnliche Anlagen gab es in jeder Burgstadt (*jōkamachi*) der Daimyō.

Die Bevölkerung der japanischen Städte wuchs im 17. Jahrhundert stark an. Um 1700 lebten fast 15 Prozent der Bevölkerung in Städten. Das Shōgunat kontrollierte die drei Metropolen Kyōto (die Residenz des Tennō und das Produktionszentrum von Luxusgütern), das Handelszentrum Ōsaka und Edo (die faktische Hauptstadt und Stadt des Konsums) sowie die für den Außenhandel zuständige Hafenstadt Nagasaki. Edo wurde ausgebaut und wuchs schnell. Um 1750 soll die Stadt etwa eine Million Einwohner gehabt haben. Die Drei Metropolen (*gosanto*) und alle anderen Städte wurden von Bürgermeistern verwaltet und von Polizisten gesichert. In privaten Salons trafen sich Gelehrte, Künstler und Schriftsteller sowie ihre Patrone. In den Städten entwickelte sich eine Dienstleistungs- und Unterhaltungsindustrie. Der kommerzielle Buchdruck versorgte die Leser mit Büchern für jeden Bedarf. Die Stadtbevölkerung kaufte nun weiterverarbeitete Nahrungsmittel und fertige Stoffe. Der Konsum betraf alle Bereiche, von Grundnahrungsmitteln bis zu Luxusgütern wie Sake und Tabak.

In den Burgstädten entstanden private Akademien für Samurai und Kaufleute, in denen die Lese- und Schreibfähigkeit der Bevölkerung gefördert wurden. Um die Mitte des 19. Jahrhunderts konnten ungefähr 40 Prozent der Männer und etwa zehn bis 15 Prozent der Frauen lesen und schreiben. In den Dörfern eröffneten Priester, Dorfbeamte und Kaufleute Schulen, die Lesen und Rechnen vermittelten. Die Söhne der reicheren Schichten wurden in konfuzianischen Schulen oder in Tempelschulen erzogen, wo sie auch chinesische Schriftzeichen lernten und in den höheren Klassen die chinesischen Klassiker studierten.

Die Städte bestanden aus Stadtvierteln beziehungsweise Straßenzügen (*chō*) für die verschiedenen Stände. Als »Leute des Viertels« (*chōnin*) galten diejenigen, welche ein Grundstück in so einem Viertel besaßen und dafür Steuern zahlten.[336] Das Leben der »Leute des Viertels«, besonders das der Kaufleute und Handwerker, sowie die Zurschaustellung von Reichtum wurden durch Gesetze reglementiert. Es gab für sie Einschränkungen bei der Größe und Bauart der Häuser, der Feier von Hochzeiten, in der Unterhaltungskultur und immer wieder bei der Kleidung. Verstöße gegen die entsprechenden Gesetze konnten streng bestraft werden; allerdings deutet eine Vielzahl von Edikten darauf hin, dass die Bestimmungen nicht immer eingehalten wurden. Ein Gesetz aus dem Jahr 1686 bestimmte: »Stickerei ist verboten an der Bekleidung von Frauen; ihr Gebrauch ist allerdings üblich. In Zukunft dürfen daher bestickte Gewänder gekauft und verkauft werden, wenn sie nicht allzu aufwendig gearbeitet sind. Prächtige Stickereien sollen nicht angefertigt werden.«[337] Der Wohlstand einiger Kaufmannshaushalte lässt erahnen, dass der gesellschaftliche und womöglich auch politische Einfluss größer war, als er Angehörigen der niedrigsten Schicht im konfuzianischen und Edo-zeitlichen Ständesystem zukommen sollte.

Die Genroku-Ära (1688–1704) bildete den Höhepunkt der städtischen Kultur. In den Vergnügungsvierteln, an den Rändern der ehrenwerten Gesellschaft also, fanden sich Bordelle und Theater oft nahe beieinander. Die »fließende Welt« (*ukiyo*) der Schauspieler und Kurtisanen wurde in Holzschnitten gefeiert. Im frühen 17. Jahrhundert baten Unternehmer in den drei Metropolen den Shōgun, Bezirke für Bordelle auszuweisen, damit das Gewerbe unter Kontrolle gehalten werden könne. In Edo entstand so der von Gräben und Mauern umgebene Bezirk Yoshiwara, dessen Haupttor bewacht wurde. Die Kurtisanen waren nach Rängen eingeteilt. Zu den frühesten Kunden zählten Daimyō und Samurai, dann vor allem auch reiche Kaufleute. Damit begann die Kommerzialisierung des Standes der professionellen Unterhalterinnen, bekannt als Geishas.

4. Wirtschaft und Handel

China

Das starke Bevölkerungswachstum, durch das sich vom 16. Jahrhundert bis zur Regierungsdevise Qianlong die Anzahl der Menschen in China mehr als verdoppelt hatte, konnte bis zum Ende des 18. Jahrhunderts durch die Erschließung neuer landwirtschaftlicher Flächen aufgefangen werden. Insbesondere in Südchina wurden die ethnischen Minderheiten gewaltsam immer weiter in die Berge abgedrängt und das fruchtbare Land durch han-chinesische Siedler kultiviert. Die Techniken zum Anbau von Weizen, Gerste, Hirse und besonders Reis wurden verbessert sowie neue ertragreiche

Feldfrüchte wie Süßkartoffel, Erdnuss, Sorghum und Mais angebaut. Der Anbau von Tee, Baumwolle und Zuckerrohr erreichte bereits agrarindustrielle Dimensionen. Die Textil- und die Porzellanherstellung waren schon in der frühen Qing-Zeit fast auf industriellem Niveau. In vielen bäuerlichen Haushalten erwirtschafteten Frauen und Mädchen durch Heimarbeit im Textilbereich ein zusätzliches Einkommen.

1712 wurde die Steuerveranlagung, die sich nach der Zahl der erwachsenen Männer in der jeweiligen Region richtete, eingefroren. Die Staatseinnahmen an Grund- und Kopfsteuern beliefen sich 1766 auf fast 30 Millionen *liang*, was 73 Prozent der gesamten Staatseinnahmen ausmachte. Etwa zwölf Prozent der Einkünfte kamen aus der Salzsteuer. Die Steuern wurden in Silber entrichtet. Die Staatseinkünfte betrugen um 1750 zwischen vier und acht Prozent des Volkseinkommens. Für das frühneuzeitliche Europa liegen die Schätzungen auch bei fünf bis acht Prozent.[338] Obwohl die Bevölkerung zunahm, stiegen weder die Steuereinnahmen, noch wurde die Zahl der Beamten erhöht. Die Steuerpolitik des 18. Jahrhunderts spiegelt wider, dass die Reibungsfläche zwischen mandschurischer Herrschaft und chinesischen Untertanen minimiert wurde. Die öffentlichen Speicher waren im 18. Jahrhundert so gut gefüllt, dass viermal sogar auf die Einziehung der Steuern verzichtet werden konnte.

In der Mitte des 18. Jahrhunderts war der durchschnittliche Lebensstandard in China höher als in Europa; in der Jiangnan-Region lag er sogar höher als in den am weitesten entwickelten Regionen Englands oder der Niederlande.[339] Der Begriff Lebensstandard bezieht sich hier nicht nur auf das Nahrungsangebot und das Transportwesen, sondern besonders auch auf die hygienischen Zustände und den Zugang der Bevölkerung zu sauberem Wasser. Zwischen 1750 und 1800 belief sich der chinesische Anteil an der weltweiten Warenproduktion auf 33 Prozent. Er war damit höher als der von ganz Europa, einschließlich Russlands.[340] Somit war China um 1800, in seiner volkswirtschaftlichen Gesamtheit betrachtet, das reichste Land der Erde.[341]

Korea

Die Invasionen Hideyoshis und der Mandschuren (zwischen 1592 und 1637) ließen weite Landstriche Koreas verwüstet zurück. Die Bevölkerungszahl sank rapide. Gut beobachten lässt sich die Entwicklung an der Hauptstadt Seoul.[342] Nach dem Imjin-Krieg (1592–1598) hatte sich die Bevölkerung dort mehr als halbiert und umfasste nur noch knapp 40 000 Einwohner. Es dauerte bis 1669, dass sie auf 194 000 Personen anstieg. Diese enorme Steigerung in den späten fünfziger und sechziger Jahren des 17. Jahrhunderts war die Folge einer massiven Landflucht nach einer Reihe von Missernten, die zu Hungersnöten und Epidemien geführt hatten. Verschiedene Versuche wurden unternommen, der Not abzuhelfen. Bereits 1612 war das Amt für Katastrophenhilfe eingerichtet worden, das die Aufgabe hatte, kostenlos Getreide an Hungernde auszugeben und ein Programm aufzubauen, das die Arbeiter mit Lebensmitteln entlohnen sollte. So konnte die hungernde Bevölkerung ernährt werden. Damit das System funktionieren konnte, musste der Staat allerdings einen ausreichenden Vorrat an Getreide, meist Reis, bereithalten.

Nach einer Anlaufzeit von 100 Jahren wurden ab 1708 die Tributabgaben an lokalen Produkten sowie die Dienstverpflichtungen abgeschafft und durch die einheitliche Grundsteuer (*taedongpŏp*) in allen Provinzen ersetzt. Die Steuer war zunächst in Reis zu bezahlen, konnte aber auch in Textilien, Münzen, die seit 1654, also nach 100 Jahren, wieder als Zahlungsmittel für Steuern anerkannt wurden, oder in lokalen Produkten geleistet werden. Münzgeld wurde aus China importiert. Bei Steuereinnahmen wurden Naturalien dem Bargeld bis weit ins 18. Jahrhundert vorgezogen.

Die Steuerreform verbesserte die Lage der Bauern, förderte das Wachstum von kleinen Handwerksbetrieben, Heimarbeit und Handel, weil die Behörden nun die von ihnen benötigten Produkte wie beispielsweise Textilien, Papier, Tusche und Baumaterial auf dem Markt kauften. Sogenannte Tributleute (*kongin*), Kaufleute, waren für die Behörden als Einkäufer tätig.

Mit der Verbesserung der klimatischen und wirtschaftlichen Lage im späten 17. Jahrhundert entstanden entlang des Han-Flusses neue Siedlungen mit Zentren für den Holzhandel, das Steuergetreide, den Schiffsbau und die Fischerei. Die hauptstädtischen Monopolhändler erhielten durch private Händler und ihr Handelsnetz damit Konkurrenz. 1791 kam es schließlich zu einem Kompromiss zwischen den beiden Gruppen von Händlern. Da sich die der Regierung direkt unterstellten Betriebe in Seoul als nicht konkurrenzfähig erwiesen, behielt die Regierung nur noch eine Monopolstellung für sechs Geschäfte in Seoul bei, während der gesamte übrige Handel freigegeben wurde. Da es keine festen Läden gab und die Anzahl der Marktstädte im Vergleich zu Japan klein war, wurde an jedem fünften Tag durch die Abhaltung von Märkten der Aufschwung des privaten Handwerks in bestimmten Marktstädten befördert. Private Handwerker betätigten sich vor allem auf den Gebieten der Textil- und Metallherstellung sowie der Töpferei.

Zwar kam es nach 1637 zu einer Neuverteilung des Landbesitzes, doch die eigentlichen Probleme des Landbesitzes blieben bestehen, weil die Privilegien des Königshauses und der großen Yangban-Familien nicht angetastet wurden. Das 1750 als großer Wurf geplante Gesetz zu gleichmäßigen Dienstleistungen (*kyunyŏkpŏp*) blieb ebenfalls ohne den erhofften Erfolg, weil man die Yangban ausgeklammert hatte. Zwar wurden die Ersatzleistungen für den Militärdienst auf einen Ballen Baumwollstoff reduziert, doch gleichzeitig wurden die Erntesteuern angehoben und Abgaben auf Fischerei, Salzgewinnung und Schiffe verlangt. Die Überschuldung der Bauern verschlechterte ihre wirtschaftliche Lage, was aber erst im 19. Jahrhundert vermehrt zu Unruhen auf dem Land führen sollte.

Japan

Im Jahr 1600 lebten etwa 16 Millionen Menschen in Japan, 1721 schon etwa 31 Millionen. Der Grund für das Bevölkerungswachstum war neben der langen Friedenszeit die verbesserte landwirtschaftliche Produktivität. Sie wurde erreicht durch Neulanderschließungen, besseres Saatgut und an die lokalen Gegebenheiten angepasste Reiszüchtungen, außerdem durch neue Feldfrüchte wie

Mais und Süßkartoffeln sowie durch verbesserte Anbaumethoden, die Verwendung von Dünger, den Fruchtwechsel und Infrastrukturmaßnahmen wie Flussregulierungen und den Bau von Bewässerungskanälen. Auch der Tabakanbau trug zum Wohlstand der Bauernhaushalte bei. Die Rodung der Wälder führte schon am Ende des 17. Jahrhunderts dazu, dass Felder an den Berghängen bei heftigem Regen abrutschten und Schlammlawinen die Anbauflächen in den Tälern zerstörten. Das Shōgunat versuchte daher, die Waldnutzung einzuschränken. Die Shōgune waren mit einem Anteil von 25 Prozent an der Reisanbaufläche ehedem die reichsten Grundbesitzer. Ihnen gehörten unter anderem die Kantō-Ebene mit zahlreichen Gold- und Silberminen und die landwirtschaftlich besonders ertragreichen Ländereien im Südwesten.

Seit dem 16. Jahrhundert wurde in West-Japan Baumwolle angebaut. Im 17. Jahrhundert war Japan noch auf Importe von Seide und Zucker aus China angewiesen, aber bereits um 1730 konnte es eine ausreichende Menge Seide produzieren. Die Daimyō und ihre Domänen wetteiferten miteinander in der Herstellung von Handelsprodukten. Dazu ließen sie ihren Untertanen beibringen, wie Lack, Papier, Farbstoffe und vieles mehr hergestellt wird oder wie man Seidenraupen züchtet. Über die Handelseinnahmen finanzierten die Daimyō ihre obligatorischen Reisen nach Edo und ihre Haushalte. Für einen reibungslos funktionierenden Handel ließ das Shōgunat Münzen, Maße und Gewichte vereinheitlichen. Das erste »Papiergeld« Japans kam bereits 1661 als *hansatsu* (Schein des Fürstentums) auf den Markt, andere Banknoten folgten. Es wurde auch üblich, dass Händler in Ōsaka Reis verkauften und dafür einen Wechsel erhielten, der in Edo eingelöst werden konnte. Einige ländliche Unternehmer profitierten ebenfalls von dieser Neuerung im Zahlungsverkehr. In der Regel stellten die Kaufleute das Kapital, die Bauern die Arbeitskraft. Der landesweite gewinnbringende Textilhandel führte dazu, dass Mitsui Takatoshi 1683 vom Shōgunat die Erlaubnis erhielt, ein Geldtauschgeschäft in Edo und kurz danach auch in Kyōto und Ōsaka zu betreiben.

Die Genroku-Ära (1688–1704) war nicht nur eine Zeit der kulturellen Blüte, des exzessiven Luxus und Konsums, sondern seit den 1690er Jahren auch eine Zeit der schleichenden Inflation. Der Wert der Steuereinnahmen sank ebenso wie der des Unterhalts der Samurai. Die Kassen sowohl des Shōguns als auch der Daimyō waren zumeist leer. Um seinen Finanzhaushalt auszugleichen, wusste sich der Shōgun Tsunayoshi 1695 nicht anders zu helfen, als minderwertige Münzen in Umlauf zu bringen. Im ersten Jahrzehnt des 18. Jahrhunderts wurde die Finanzkrise überall sichtbar. Shōgun Yoshimune musste in den 1720er Jahren den Reispreis stützen, was den Samurai, nicht aber den städtischen Verbrauchern zugutekam. Außerdem verkürzte er gegen eine zusätzliche Abgabe die Aufenthaltszeiten der Daimyō in Edo. Er legte auch die Steuerquote in Naturalien mit einem Fixwert fest, der den festen Anteil von der Ernte ablöste. Die dem Fixwert zugrundeliegende jährliche Ernteschätzung wurde durch einen Mittelwert, der über mehrere Jahre errechnet wurde, ersetzt. Auch die Neulanderschließung wurde wieder forciert. Doch eine Hungersnot nach einer Heuschreckenplage beendete 1732 die Reformbemühungen.

Die Städter, insbesondere die Bewohner von Edo, profitierten in der Regel von der Konsumrevolution. Die Kehrseite der Prosperität waren die wachsenden Ungerechtigkeiten auf dem Land. In den Dörfern leitete ein Dorfvorsteher die Geschäfte, tonangebend waren jedoch die Landbesitzer. In stärker am Markt orientierten Dörfern etablierte sich eine bäuerliche Oberschicht (*gōnō*). Zu ihr gehörten die Großgrundbesitzer sowie die Hersteller von Sake, die Betreiber von Pfandleihen und die überregionalen Händler von Baumwolle oder Seide. Mit dem Anstieg der Zahl der Pachtbauern (*kosakunin*) nahmen die sozialen Spannungen in den Dörfern zu und führten zu Tausenden von kleineren und größeren Protesten auf dem Land. In der Regel konnten sie durch Steuernachlässe oder Preissenkungen für Lebensmittel beigelegt werden, was sich jedoch im 19. Jahrhundert ändern sollte.

In der Domäne jedes einzelnen Daimyō geschah Entsprechendes in kleinerem Stil. Es ging bei den Protesten fast immer um die Lösung von akuten Notlagen, nicht um Revolution. Jeder Daimyō musste versuchen, die Bevölkerung seiner Domäne ruhig zu halten, weil der Shōgun ihm ansonsten das Land entziehen konnte. Daher führten große Protestaktionen oft zum Erfolg. Die Proteste wurden in der Regel vom Dorfkollektiv organisiert. Bei Ernteausfällen oder bei Beschwerden über ungerechte Beamte gingen Petitionen des Dorfvorstehers an den Grundherrn, die aber den Adressaten über den Dienstweg oft nicht erreichten. Im 18. Jahrhundert zogen im Protest nicht mehr einzelne Dorfvorsteher los – die damit ihr eigenes und das Leben ihrer Familie in Gefahr brachten –, sondern ganze Dörfer. Sie hießen, wie in der Ashikaga-Periode, »lokale Bündnisse« (*ikki*). 1764 sollen etwa 200 000 Bauern nach Edo gezogen sein, um dort gegen neue Forderungen nach Zwangsverpflichtungen für den Transport von Beamten und Waren auf den Landstraßen zu protestieren.

Um die Staatsfinanzen zu verbessern und gleichzeitig die Verarmung der Bevölkerung zu verhindern, führte das Shōgunat unter Tokugawa Ieharu (reg. 1760–1786), genauer gesagt zur Zeit der Kanzlerschaft von Tanuma Okitsugu zwischen 1767 und 1786, Monopole auf Eisen, Kupfer, Ginseng, Rohseide, Tee und Tabak ein. Die Daimyō übernahmen kurze Zeit später die merkantilistische Politik und richteten ebenfalls Monopole für die lokalen Produkte ihrer Domänen ein. Zugleich sanierten sie ihre Finanzen durch Handel mit Papier, Kerzenwachs, Baumwolle, Rapsöl, Salz, Zucker und anderen Produkten wie Strohmatten, Körbe und Bambusschirme.[343] Der Ausbau von Monokulturen wie zum Beispiel für die Seidenproduktion führte dazu, dass in vielen Regionen Reis eingeführt werden musste.

Am Ende des 18. Jahrhunderts begann eine wirtschaftlich schwierige Zeit. Asche aus dem Vulkan Asama verdunkelte 1783 den ganzen Sommer über den Himmel; dasselbe geschah erneut 1787. Ernteausfälle und eine Hungersnot waren die Folge. Das Shōgunat konnte wegen der unzureichenden Steuereinnahmen keine Abhilfe schaffen, und da die Kaufleute das Getreide in Speichern horteten, kam es zu Plünderungen von Läden in Edo.

Die Reformen von Matsudaira Sadanobu (1758–1829) in der

Kansei-Ära (1789–1800) waren Reaktionen auf die als verfehlt betrachtete Politik seines Vorgängers Tanuma Okitsugu. Matsudaira Sadanobu, ein hartgesottener Konfuzianer, setzte alles daran, die Finanzen, die Landwirtschaft und die Versorgung der Einwohner von Edo mit Lebensmitteln zu verbessern. Die »fließende Bevölkerung« aus Tagelöhnern – Männer ohne Landbesitz und ohne Familie – ließ er aus Edo vertreiben und auf eine Insel in der Bucht vor Edo verbannen. Später wurden sie in eine Goldmine auf Sado im Japanischen Meer gebracht. Die meisten von ihnen starben dort innerhalb weniger Jahre. Solche Maßnahmen waren umstritten und wurden später nicht wiederholt. Die Regierung appellierte stattdessen an die Städte und Dörfer, die polizeilichen Aufgaben selbst gewissenhaft wahrzunehmen.[344]

5. Internationaler Handel und regionale Netzwerke in Ostasien

In der chinesischen wie auch koreanischen Weltsicht und gemäß der Ordnung, wie sie von konfuzianischen Beamten als naturgegeben angesehen wurde, gestand man Kaufleuten nur ein niederes Ansehen zu, weswegen sich die chinesischen Konfuzianer und die koreanischen Angehörigen der Yangban von Handelsaktivitäten fernhielten. Trotz dieser ideologischen Vorgaben und obwohl Korea wie auch Japan an keinem wichtigen internationalen Handelsweg lagen, gab es in Ostasien dennoch einen florierenden internationalen Handel. Im Fall Chinas war das Volumen des internationalen Handels verglichen mit dem Inlandshandel allerdings kaum erwähnenswert.

China

Mit Englands Sieg über die spanische Armada 1588 hatte der Niedergang Spaniens als Seemacht eingesetzt. Die Gründungen der East India Company in England 1600 und der holländischen Vereenigde Oost-Indische Compagnie 1602 verschafften den Händlern aus diesen Ländern erheblich bessere Handelsbedingungen als ihren spanischen und portugiesischen Kollegen. Die Vereenigde Oost-Indische Compagnie verdrängte bald nach 1600 die Spanier und Portugiesen aus dem Handel zwischen China, Japan und Ostindien und sollte bis 1760 die größte Handelsgesellschaft der Welt bleiben. Britische Händler konkurrierten mit den Niederländern um den Gewürzhandel. Nachdem die schwierigen Verhältnisse auf Taiwan und in Fujian geregelt waren, erlaubte Kangxi 1684 den südostchinesischen Küstenstädten wieder den Überseehandel. China importierte Reis aus Siam (Thailand) und von den Philippinen und exportierte im Gegenzug Fertigprodukte dorthin.

Europäer, mit Ausnahme der Portugiesen in Macao, mussten ihren gesamten Handel über ihre Niederlassungen in Guangzhou mit privilegierten chinesischen Handelsgesellschaften, den sogenannten Co-hongs (*gonghang*), abwickeln. Der Handel mit Seide und Porzellan im 17. Jahrhundert, wozu im 18. Jahrhundert noch der Tee kam, war für China ausgesprochen lukrativ. Teeblätter, von denen man sich in Europa eine medizinische Wirkung versprach, kamen um 1610 nach Holland und 1657 zum ersten Mal nach England. Doch bis Anfang des 18. Jahrhunderts war Seide der wichtigste Handelsartikel. 1753 belief sich der Export von Rohseide nach England auf 70 Tonnen, zusätzlich zu 20 000 Stückwaren aus Seide. Von England aus wurde die Seide auch nach Frankreich und Holland verkauft.[345] Zwischen etwa 1760 und 1795 ging der Anteil der Seide am Handel der East India Company auf 15 Prozent zurück, während Tee 81 Prozent ihrer Exporte aus China nach Europa und 90 Prozent ihrer Gewinne ausmachte.[346] Bereits in den 1760er Jahren übertraf der Wert der britischen Importe an Tee und Porzellan aus China nach Europa den der Exporte von Wollstoffen und Metallen nach China um etwa 200 Prozent.[347] Ab etwa 1770 erfreuten sich chinesische Baumwollstoffe, Nankeens genannt, auf dem europäischen Markt großer Nachfrage.

Obwohl das Volumen des Handels mit chinesischen Waren beträchtlich war (so wurden bis 1789 allein an Porzellan 42 Millionen

Stücke hauptsächlich über das niederländische Batavia nach Europa exportiert), beliefen sich die jährlichen staatlichen Einnahmen der Qing-Dynastie aus dem Seehandel nur auf 650 000 *liang*, während die Einnahmen aus dem Binnenhandel vier Millionen *liang* erbrachten. Diese machten wiederum gerade einmal um die zehn Prozent der Einnahmen aus der jährlichen Kopfsteuer aus. Die britische Handelsgesellschaft erzielte zwar große Gewinne im Chinahandel, doch England wies seitdem eine chronisch negative Handelsbilanz mit China aus, denn der Tee wurde in Ermangelung einer anderen in China absetzbaren Ware mit Silber bezahlt. Der Silberabfluss nach China war evident. Die positive Außenhandelsbilanz Chinas zwischen 1500 und 1800 zeigt sich auch daran, dass abgesehen vom Silber aus Japan drei Viertel des Silbers aus der Neuen Welt in China landeten.

Um diese für Großbritannien nachteilige Situation im Außenhandel zu beenden, aber auch um die East India Company besser unter Kontrolle zu bringen, entschloss sich die britische Regierung, diplomatische Beziehungen zu China aufzunehmen. König Georg III. entsandte Lord George Macartney (1737–1806) nach China, wo er einen britischen Stützpunkt nahe der Teeanbaugebiete am Yangzi und einen Handelsvertrag zugunsten britischer Waren aushandeln sowie die Einrichtung einer diplomatischen Vertretung in Peking vereinbaren sollte. Seine Delegation umfasste 84 Mann und 600 Kisten mit Waren, die den chinesischen Hof beeindrucken sollten, wie Uhren, Teleskope, Messer, Globen, Wedgwood-Porzellan, Landschaftsgemälde, Wollstoffe und Teppiche. Die Delegation kam 1793 in Kanton an, doch sie wurde in Peking zu keiner Audienz zugelassen, weil sie sich weigerte, die geforderten Verbeugungen vor dem Kaiser zu vollziehen. Macartney durfte aber im September 1793 den Qianlong-Kaiser zweimal informell im Sommerpalast Bishu shanzhuang (der Bergresidenz, um der Sommerhitze zu entgehen) in Jehol (heute Rehe) treffen. Kangxi hatte die Sommerresidenz, in der unter anderen Bauwerken eine Nachbildung des Potala-Palastes von Lhasa errichtet worden war, seit 1703 bauen lassen.

Da der Qing-Herrscher keinen Bedarf an europäischen Waren

hatte und auch in einem Abkommen mit den Briten keine Vorteile erkennen konnte, trat die Gesandtschaft unverrichteter Dinge die Rückreise an. Doch hatten die Briten zuvor bereits einen Ausweg aus der Krise des Handelsdefizits mit China angebahnt, der nun intensiv genutzt wurde. Schon 1729 hatten sie Opium nach China gebracht, und aus demselben Jahr stammt auch das erste vom Yongzheng-Kaiser erlassene Verbot des Rauchens von Opium. Als die East India Company 1773 durch das Parlament das Monopol für den Anbau und Verkauf von Opium in Indien erhielt, waren dem Opiumhandel mit China, der allein über Guangzhou (Kanton) abgewickelt wurde, Tor und Tür geöffnet; daran konnte auch ein neuerliches kaiserliches Verbot von 1799 nichts mehr ändern. Chinesischer Tee wurde fortan nicht mehr gegen Silber gehandelt, sondern gegen Opium und Baumwolle aus Indien.[348] Die hohen Verdienstspannen im Opiumhandel sorgten dafür, dass sowohl die westlichen als auch die chinesischen Opiumhändler alle Skrupel über Bord warfen. Um 1800 soll es in China bereits etwa zwei Millionen Opiumsüchtige gegeben haben.

Korea

In Korea unterlag der Grenzhandel, der im Rahmen der Gesandtschaften nach China abgewickelt wurde, formal strengen Auflagen, doch der Handel am Grenzfluss Yalu blühte trotz Kontrollen. Die Grenzstadt Ŭiju wurde ebenso zu einem Handelszentrum wie die Städte an der Reiseroute, insbesondere Pjöngjang und Kaesŏng. Pjöngjang galt als wichtiger Umschlagsort für textile Stoffe, Kaesŏng vor allem für den Handel mit Ginseng. Der koreanische Japan-Handel fand über Pusan statt, wobei auf koreanischer Seite auch der Zwischenhandel mit chinesischer Seide für Japan eine Rolle spielte.

Japan

Ryūkyū war bereits 1609 von Satsuma (auf Kyūshū) erobert und damit von Japan abhängig geworden. Dennoch blieben die Tributbeziehungen Ryūkyūs zur Ming- und dann zur Qing-Dynastie bestehen. Der königliche Regent Haneji Chōshū (1617–1675) setzte durch, dass Ryūkyū sich der Qing-Dynastie anschloss. Ferner modernisierte er den Staatsapparat, schuf einen neuen Beamtenadel, stabilisierte die königliche Herrschaft, erschloss neue Anbauflächen und exportierte die neuen Produkte Süßkartoffeln und Zuckerrohr nach Satsuma. Sai On (1682–1761), einer der drei königlichen Minister, setzte seine Reformen fort.

Die Kontrolle des Außenhandels wurde in Japan weitgehend in der Weise delegiert, dass Satsuma (auf Kyūshū) für den Handel mit Ryūkyū und Matsumae (auf Hokkaido) für die Ainu und den Norden zuständig wurden. Der Fürst von Tsushima sandte mehrmals jährlich Handelsschiffe mit Tributgaben für den koreanischen König nach Pusan; der Fürst von Tsushima war damit gleichzeitig Vasall des Königs von Korea und der Tokugawa. Die Tokugawa-Shōgune selbst schickten keine Gesandtschaften nach Korea, aber seit Tokugawa Hidetada kamen bei einem Wechsel im Shōgunat regelmäßig koreanische Delegationen nach Edo. Die Beziehungen zwischen Japan und Korea waren nahezu gleichberechtigt. Zwischen dem Shōgunat und China gab es keine offiziellen Beziehungen, aber chinesische Händler durften mit ihren Schiffen Nagasaki anlaufen. Der Handel mit westlichen Kaufleuten begann mit den Portugiesen, war aber seit 1639 auf die Holländer beschränkt.

Die Holländer, die sich ab 1609 in Hirado hatten niederlassen dürfen, zogen 1639 nach Nagasaki um, mussten sich 1641 dann aber auf der künstlichen Insel Dejima im Hafen von Nagasaki niederlassen. Britische Händler sahen im Japanhandel nur sehr geringe Gewinnmargen und zogen sich 1623 daraus wieder zurück.

China hatte einen unersättlichen Bedarf an Silber. In den 80 Jahren von 1560 bis 1640 wurden allein aus Japan durch die vom Shōgunat dazu berechtigten japanischen und ausländischen Händler zwischen ca. 7350 und 9450 Tonnen Silber nach China ausgeführt, was für die Jahre 1600 bis 1640 einem rechnerischen Durchschnitt von beinahe 90 Tonnen jährlich entsprach. Die Portugiesen hatten 1637 wohl einen Anteil am lukrativen Silberhandel von 37 Prozent.[349] Im Gegenzug importierte Japan vor allem Rohseide, Seidenstoffe, Porzellan, Medizin, Bücher und andere Luxusgüter. Da die japanischen Silberminen durch effiziente Gewinnungsmethoden bald erschöpft waren, wurde nach anderen lukrativen Handelsgütern Ausschau gehalten. Seide bot sich in dieser Hinsicht an. Allein zwischen 1635 und 1637 stieg der Seidenimport durch die Holländer, der vor allem von Tonking (Hanoi) seinen Ausgang nach Japan nahm, um 300 Prozent.[350] Seit 1639 verdrängten die Holländer die Portugiesen aus dem Japanhandel. Um 1640 erreichte der gewinnträchtige Handel der Niederländer mit Japan ein Volumen von ungefähr vier Millionen Gulden. Die Blütezeit des holländischen Handels mit Japan wurde um 1660 erreicht, als zehn bis zwölf Schiffe jährlich in Dejima anlegten. Nachdem aber ab 1668 Silber und Gold nur noch in Münzform aus Japan ausgeführt werden durften, verlor der Japanhandel für die Holländer zunehmend an Attraktivität.

Auch wenn es zu Einschränkungen im Überseehandel kam und in Japan der Bau hochseetüchtiger Schiffe verboten wurde, kann in Anbetracht der vielfältigen internationalen Handelsbeziehungen vor dem 19. Jahrhundert von einer Selbstisolation Japans nicht die Rede sein.[351] Im Vergleich zu den Jahren zwischen 1604 und 1635, als noch 366 Schiffseigner mit Japan Handel betrieben, schrumpfte ihre Anzahl danach allerdings schnell. Um das Jahr 1700 legten nur noch acht chinesische und noch weniger holländische Schiffe in Nagasaki an, und nach 1715 wurde der Außenhandel noch weiter eingeschränkt.

C Kultur und Religion: Gemeinsamkeiten und Besonderheiten

1. Geistesleben: Philosophie und Praktisches Lernen

China

Die Geistesgeschichte der Qing-Zeit ist von einer großen Verlagerung des Schwerpunktes von der Philosophie zur Philologie geprägt. Dabei spielten anfangs praktische und politische Fragen eine Rolle. Die einflussreichsten Denker der frühen Qing-Zeit waren loyale Beamte der Ming, welche sich der Qing-Dynastie verweigerten. Zu ihnen gehörte Huang Zongxi (1610–1695), der zunächst am Hof der Südlichen Ming in Nanjing tätig gewesen war und sich danach in seine Heimat Zhejiang zurückgezogen hatte. In seinem Hauptwerk, dem *Mingyi daifanglu* (Ein Plan für den Prinzen) aus dem Jahr 1663, beschäftigte er sich intensiv und überaus kritisch mit dem politischen System Chinas.[352] Den Grund für das Scheitern der Ming sah er nicht nur in einem Versagen der Kontrolle über die Eunuchen, sondern vor allem in strukturellen Problemen der staatlichen Ordnung. Von der Politik wandte er sich dann der Philosophie zu und schrieb unter anderem eine Geschichte des Konfuzianismus in der Ming-Zeit, das *Ming ru xue'an* (Fallstudien über konfuzianische Denker der Ming).

Huangs Zeitgenosse Gu Yanwu (1613–1682) nahm an der Verteidigung seiner Heimatstadt gegen die mandschurischen Truppen teil und wurde Zeuge, wie seine Mutter lieber verhungerte, als unter den Qing zu leben. Um die Schwäche der Ming besser zu verstehen, reiste er viel und studierte vor allem wirtschaftliche Fragen wie das Bankwesen, den Bergbau und die Landwirtschaft. Er verfasste mehrere Lokalmonographien. Eine davon, in der besonders die Bedeutung der Landschaft für das Militär, die Steuererhebung und die Land- wie auch Wasserverkehrswege erklärt wird, ist das *Tianxia junguo libing shu* (Vorteile und Nachteile jeder Provinz im Reich unter dem Himmel) mit einem Vorwort von 1662. Er verachtete die Gelehrten, die sich mit Philosophie und Stilfragen beschäftigten, wo es doch viele praktische Probleme zu lösen gab. Ähnlich wie Huang Zongxi sah Gu Yanwu den Hauptfehler der Ming in der Überzentralisierung, weshalb er für eine größere lokale Autonomie plädierte.

Der Philosoph und Ming-Loyalist Wang Fuzhi (1619–1692) hatte das Provinzexamen bestanden, schloss sich 1644 dem Widerstand gegen die Mandschuren an und stellte in Hunan eine Truppe auf. Im Jahr 1650 zog er sich aus der Tagespolitik zurück. Er forderte den Schutz Chinas vor den Barbaren und die Rückkehr zu den Wurzeln des Konfuzianismus. Seine oft kämpferischen und fremdenfeindlichen Texte fielen in seiner Zeit unter die Zensur. Er schrieb beispielsweise: »Sogar die Ameisen haben Herrscher, die über ihre Nester wachen, und wenn rote Ameisen oder fliegende weiße Ameisen zu nahe kommen, organisieren die Herrscher ihre Ameisen zu Truppen, welche die Eindringlinge beißen und töten oder weit vom Ameisenhaufen vertreiben.«[353]

Im 18. Jahrhundert setzte sich unter den Beamten-Gelehrten eine konservative neokonfuzianische Strömung durch, deren Vertreter Wang Yangming für den Niedergang der Ming verantwortlich machten. Als Heilmittel wurde die Song-zeitliche Ordnung Zhu Xis mit dem Ideal der Pflichterfüllung propagiert. Gesetze forderten eine strenge Moral ein, etwa in Fragen der Sexualmoral und der Kindespietät. Theater waren umstritten, Romane wurden als Gefahr für die konfuzianische Orthodoxie geächtet oder verboten. Die philologische Gelehrsamkeit dagegen erlebte eine Blütezeit. Grundlegend dafür war, dass die Gelehrten vermehrt auf die Kommentare der Han-Zeit zurückgriffen, die noch nicht – wie die Denkrichtungen der Song-Zeit – vom Buddhismus beeinflusst waren, oder sie untersuchten allein den Text der Klassiker und verwarfen alle Kommentare. Die Grenzen zwischen Philologie und Geschichtswissenschaft waren dabei fließend. Man konzentrierte sich auf verifizierbare Fakten in den klassischen Texten. Zu den bedeutendsten Vertretern der Schule der Han-Wissenschaft (*hanxue*), welche auf die Schule der Han-Zeit zurückgriff, gehörte Hui Dong (1697–1758).

Die beiden aus Jiading stammenden Historiker Qian Daxin (1728–1804) und Wang Mingsheng (1722–1798) vertraten in den 1780er und 1790er Jahren in der textkritischen Bewegung der »beweisführenden Forschung« (*kaozheng*) die Han-Gelehrsamkeit. In dieser kritischen Forschung stand die Frage der Echtheit eines Textes im Vordergrund. Für eine Aussage sollte man einen Beleg anführen können, nicht nur die Autorität eines Verfassers. So wurde vom Speziellen auf das Allgemeine geschlossen. Zur selben Zeit lebte der Philosoph und Historiker Dai Zhen (1724–1777), der spätere Mitkompilator des *Siku quanshu* (Vollständige Werke der Vier Speicher), in Yangzhou und bildete dort Wang Niansun (1744–1832) in antiker Phonetik und Etymologie aus. Der Beamten-Gelehrte Zhuang Cunyu (1719–1788), ein Vertreter der Changzhou-Schule, vertrat eine holistische Sicht der Klassiker und gilt als ein Vertreter der Neutext-Schule der historischen Kritik, die bis ins 20. Jahrhundert fortgesetzt wurde.

Einer der intellektuell für die chinesische Historiographie herausragenden, aber auch einer der widersprüchlichsten Gelehrten seiner Zeit war der Privatgelehrte Zhang Xuecheng (1738–1801).[354] Er erwarb sich große Verdienste im Bereich der Lokalmonographien, wandte sich gegen zu viel neokonfuzianische Philosophie, war aber auch gegen zu viel Philologie, wie sie die Schule der Han-Wissenschaft betrieb. Geschichte betrachtete er nicht als eine Angelegenheit der Vergangenheit, sondern als etwas, was an der Gegenwart mitwirkte und sogar einen Blick in die Zukunft eröffnete. Die Geschichtsschreibung in annalistischer Form lehnte er ab, denn für ihn ging es in der Geschichtswissenschaft darum, das himmlische Dao, das Wirken des »Weltgeistes«, auf der Erde wiederherzustellen.

Naturwissenschaftliche Forschungen, insbesondere auf den Gebieten der Mathematik und Astronomie, aber auch der Medizin, profitierten von den europäischen Wissenschaften, die durch die

Jesuiten in China vermittelt worden waren. Eine Reihe von chinesischen Gelehrten wie Bi Gongchen (gest. 1644) arbeitete mit den Jesuiten zusammen, beispielsweise mit Adam Schall von Bell (1592–1666) und Nicolo Longobardi (1565–1655). He Guozong (gest. 1766) war einer der Herausgeber eines großen Kompendiums zum Kalenderwesen, zur Mathematik und zur Musik – drei Wissenschaftsbereiche, die in Ostasien eng miteinander verknüpft waren. Chen Menglei (1651–nach 1723) begann im frühen 18. Jahrhundert die Arbeit an einer Enzyklopädie, die von Kangxi den Namen *Gujin tushu jicheng* (Synthese von Texten und Abbildungen aus alter und neuer Zeit) erhielt, als kaiserliches Projekt fortgeführt und wohl 1722 abgeschlossen wurde. Chen Shiguan (1680–1758) publizierte um dieselbe Zeit eine Enzyklopädie zur Kunst und den Wissenschaften in 100 Kapiteln, das *Gezhi jingyuan* (Vollständiger Spiegel der Durchdringung der Welt).

Korea

Berichte von Europäern hatten Korea schon seit dem frühen 16. Jahrhundert erreicht, und es bestand auch ein Interesse an den »westlichen Lehren«. Der Kronprinz Sohyŏn brachte 1644 aus seiner Geiselhaft in Peking »westliche Lehren« in Form religiöser und wissenschaftlicher Abhandlungen nach Korea mit, dazu Instrumente wie einen Globus, wahrscheinlich Geschenke von Adam Schall von Bell. Es dauerte noch bis 1720, dass koreanische Gesandtschaften ein größeres Maß an Bewegungsfreiheit in Peking erhielten.

In der zweiten Hälfte der Yi-Dynastie ging die Beschäftigung der Yangban mit dem Neokonfuzianismus merklich zurück, was jedoch die Konfuzianisierung der übrigen Gesellschaft nicht aufhielt. Der Beamte Kim Changsaeng (1548–1631) ging als der Vater der »Ritenschule« des koreanischen Neokonfuzianismus, insbesondere des Ahnenkults, in die Geschichte ein. Sein Sohn Kim Chip (1574–1656) setzte diese Studien fort. Doch gleichzeitig wurde der Neokonfuzianismus im 17. Jahrhundert durch Vorläufer der »Empirischen Studien« (*sirhak*) in Frage gestellt. Yu Hyŏngwŏn (1622–

1673), der seine Vorbilder und Modelle im chinesischen Altertum fand, wollte die perfekte Ordnung mit koreanischen Besonderheiten neu schaffen.[355] Die Empirischen Studien forderten die praktische Anwendbarkeit des Wissens und das Ende der politischen Flügelkämpfe. Ihren Vertretern war bewusst, dass der traditionelle politische Maßnahmenkatalog nicht mehr genügte. Daher suchten sie in der geschichtlichen Erfahrung nach Handlungsanweisungen. Sie konzentrierten sich nicht mehr allein auf Moralphilosophie, sondern versuchten, das konkrete Wissen in lebensweltlichen Bereichen wie Landwirtschaft, Technik und Geographie zu vermehren. Sie förderten den Gebrauch der koreanischen Alphabetschrift Han'gŭl und kritisierten den Müßiggang der Yangban. Sie orientierten sich philosophisch am Christentum, das vor allem die städtischen Schichten faszinierte, oder an der Lehre des Wang Yangming. Drei Strömungen sind innerhalb der empirischen Studie zu unterscheiden:

Der Namin-Privatgelehrte Yi Ik (1681–1763) und sein Umfeld aus ländlichen Yangban erkannten die schwierige Lage der Bauernhaushalte, propagierten gerechtere Steuern, eine Reform des Prüfungssystems und schlugen Begrenzungen des Landbesitzes vor. Aus Studiengruppen seines Kreises gingen in den 1770er Jahren die ersten koreanischen Katholiken hervor.

Eine zweite Strömung umfasste städtische Yangban ohne Beamtenposten. Sie erfuhren durch ihre Lebensumstände am eigenen Leib den Widerspruch zwischen der Yangban-Ideologie und der Wirklichkeit des gesellschaftlichen Systems in der Praxis. Ihre Kritik an den Verhältnissen ging über die von Yi Ik hinaus. Sie wollten, wie die Koreanistin Marion Eggert schreibt, »die undogmatische Anpassung der sozialen Institutionen an die gesellschaftliche Wirklichkeit erreichen«.[356] Innerhalb dieser zweiten Strömung wollte die Nördliche Schule des Lernens (*pukhakp'a*) von der mandschurischen Qing-Dynastie lernen und sich wieder mehr an China orientieren. »Nördlich« bezog sich dabei auf Peking. Wichtige Repräsentanten waren der Noron Hong Taeyong (1731–1783) und Pak Chiwŏn (1737–1805) sowie Pak Chega (1750–1805). Hong Taeyong reiste zusammen mit einem Onkel 1766 nach Peking, bewunderte dort den chinesischen Wohlstand und beklagte die rückständige Wirtschaft und die Armut in Korea. Er fand aber auch Gefallen an westlicher Astronomie und Mathematik. Sein Studium der westlichen Wissenschaften führte in intellektuellen Kreisen dazu, dass man von dem auf China zentrierten Weltbild abrückte.[357] Pak Chiwŏn reiste im Sommer 1780 anlässlich des siebzigsten Geburtstags von Qianlong mit einer Tributgesandtschaft nach Peking und Jehol (heute Rehe). Auch er sah China, vor allem auch die weniger ausgeprägten Klassenunterschiede, als Modell für Korea an. In seinen Schriften kritisierte er die Privilegien der Yangban und forderte das Ende der Diskriminierung von illegitimen Söhnen – er war selbst illegitimer Sohn einer Nebenfrau –, die Freilassung aller Staatssklaven und die Einführung von Maßnahmen zur Begrenzung des Landbesitzes. Zudem ermunterte er Handel und Industrie und empfahl Verbesserungen im Transportwesen. Pak Chega schrieb nach seiner Chinareise 1778 einen Bericht *Pukhak ŭi* (Abhandlung zum Nördlichen Lernen) für den König. Er schilderte darin die Überlegenheit Chinas in Bezug auf soziale Institutionen und besonders in den technischen Bereichen der Transportmittel, des Straßenbaus und der Baumaterialien sowie im Bereich der landwirtschaftlichen und handwerklichen Techniken. 1786 schlug er vor, christliche Missionare nach Korea einzuladen, um von ihnen westliche Astronomie und Mathematik lernen zu können. Der Handel mit China sollte ausgebaut werden. Die Schule des Nördlichen Lernens hatte am Hof aber nur wenig Einfluss, weil die Vorurteile gegen die »barbarischen« Mandschuren noch sehr ausgeprägt waren.

Die dritte Strömung richtete sich am Vorbild und der philologischen Textkritik der Gelehrten der Qing-Zeit aus. Der wichtigste Vertreter dieser Strömung war Kim Chŏnghŭi (Literatenname Ch'usa, 1786–1856), übrigens einer der besten koreanischen Kalligraphen.

Der originellste koreanische Denker neben Yi Hwang (1501–1570), dem Zhu Xi Koreas, war wohl Chŏng Yagyong (1762–1836, Beiname Tasan), ein Namin und Bewunderer von Yi Ik und Pak Chiwŏn. Er hinterließ ein wissenschaftliches Werk, das sowohl praktische Handbücher als auch Beispiele der beweisführenden Forschung (*kaozheng*) beinhaltet. Zudem war er ein Vermittler japanischen Gedankenguts. Auch er verlangte die Neuverteilung von Land an die Bauern, die Reorganisation der Verwaltung auf zentraler und lokaler Ebene, die Abschaffung der Sklaverei und die Förderung der technischen Ausbildung.[358] Unzufrieden mit dem Neokonfuzianismus der Song-Zeit, meinte er, die Tugend sei nicht angeboren und die menschliche Natur daher auch nicht mit dem Prinzip (*li*) gleichzusetzen. Seiner Ansicht nach glaubten die Weisen des Altertums an einen persönlichen Gott, der nötig sei, damit die Menschen sich beobachtet fühlten und deshalb ihre guten Anlagen zur Wirkung brächten. Es gibt hier viele Anklänge an Matteo Riccis *Tianzhu shuyi* (Katechismus). Tasan wurde mit 23 Jahren Christ und deswegen 1801 für 18 Jahre verbannt.

Es herrschte in Korea im 17. und besonders im 18. Jahrhundert kein Mangel an intellektuellen Denkern, die als Vertreter der Empirischen Studien (*sirhak*) Wege der gesellschaftlichen Erneuerung suchten. Doch sie stießen schnell an ihre Grenzen, wenn sie mit ihren Vorstellungen die immer noch alles beherrschende neokonfuzianische Orthodoxie und damit die gesellschaftliche Ordnung in Frage stellten oder an der durch den Konservatismus geförderten Abschließung des Landes rüttelten. Dies galt besonders für die wenigen Anhänger der Empirischen Studien mit Interesse am Christentum, welche die Notwendigkeiten der Zeit erkannten.

Ähnlich wie in Japan kam es auch in Korea zur Besinnung auf die eigene Geschichte. Zu den konservativen Schülern, welche die Ideale des klassischen Altertums hochhielten, gehörte der Historiker An Chŏngbok (1712–1791). Er veröffentlichte 1778 das *Tongsa kangmok* (Grundzüge der Geschichte Koreas), für das Zhu Xis *Tongjian gangmu* (Grundzüge des umfassenden Spiegels) von 1172 das Modell war. In seiner quellenkritischen Untersuchung, die bis zum Ende der Koryŏ-Dynastie reicht, besteht die geschichtliche Wahrheit in der Aufzeigung der legitimen Herrschaftsfolge. Die Aufgabe des Historikers, so die These, bestehe im richtigen moralischen Urteil über Personen und Ereignisse.

Eine größere Offenheit, auch bezüglich der koreanischen Geschichte und des historischen Territoriums Koreas, tritt in den nachfolgenden Werken zutage. Sin Kyŏngjun (1712–1781) verfasste neben anderen Werken das *Kanggye ko* (Untersuchung der Grenzen), und Yi Chŏnghwi (18. Jahrhundert) das Werk *Tongsa* (Geschichte Koreas), in dem Parhae (Bohai) erstmals als koreanisches Königtum behandelt wurde. Auch Yu Tŭkkong (1748–1807) sah Parhae in *Parhae ko* (Untersuchung von Parhae) als ein koreanisches Königtum an. Eine Kulturgeographie mit dem Titel *T'aengniji* (Über die Wahl des Wohnorts) mit vielen lebensnahen Beobachtungen verfasste Yi Chunghwan 1690. Hong Ponghan (1713–1773) kompilierte 1770 ein Verwaltungs- und Regierungshandbuch mit dem Titel *Tongguk munhŏn pigo* (Koreanisches Referenzwerk), das auf dem *Wenxian tongkao* (Umfassende Untersuchung von Schriftzeugnissen) von 1317 von Ma Duanlin (1245–1322) basiert.

Japan

In Japan trat der Neokonfuzianismus in der Tokugawa-Zeit aus dem Schatten des Buddhismus heraus. Es waren allerdings Zen-Priester wie Fujiwara Seika (1561–1619), die ihn in Japan bekannt machten. Sein Schüler Hayashi Razan (1583–1657) formulierte mit staatlicher Förderung die Tokugawa-Vorstellungen in neokonfuzianischem Stil, in dem die gesellschaftliche Ordnung die kosmische, natürliche Ordnung spiegeln sollte. Obwohl er Zen-Mönch war, wurde er zu einem Gegner des Buddhismus und lehnte ebenso das Christentum und die Philosophie Wang Yangmings (jap. Ō Yōmei) ab. Unter seinen Schülern ragte Yamaga Sōkō (1622–1685) heraus, der den Shintoismus propagierte und die Ansicht vertrat, dass Samurai in Zeiten des Friedens konfuzianische Ideale zu befolgen hätten. Zu den frühen Vertretern der Schule von Wang Yangming, welche die intuitive Erkenntnis und die Einheit von Denken und Handeln in den Mittelpunkt der Überlegungen stellte, zählte Nakae Tōju (1608–1648). Kaibara Ekiken (1630–1714) trug dazu bei, den Neokonfuzianismus in der Bevölkerung bekannt zu machen, indem er seine Ideen in einfacher japanischer Sprache verbreitete.

Das neokonfuzianische Denken half der Militärregierung dabei, eine nach Ständen organisierte Gesellschaft zu formen. Trotzdem wurden japanische soziale Vorgaben nicht einfach durch chinesische ersetzt. Die Samurai behielten ihr hohes Ansehen, anders als der Soldatenstand in China oder auch Korea. Die Schrift *Shidō* (Der Weg des Samurai) von Yamaga Sōkō rechtfertigte die Existenz der Samurai. Sie galten als Garanten der Ordnung und Erzieher der Gesellschaft. In dem Werk heißt es:

»Die Aufgabe des Samurai ist es, über seinen eigenen Platz im Leben nachzudenken, wenn er einen Herrn hat, diesem loyal zu dienen, seine Treue zu seinen Freunden zu vertiefen und unter Bedachtnahme auf seine Stellung sich vor allem seinen Pflichten zu widmen [...] Der Samurai überlässt die Geschäfte den Bauern, Handwerkern und Kaufleuten und beschränkt sich darauf, den Weg vorzugeben. Wenn jemand aus den drei Ständen des Volkes gegen die Moral verstößt, dann bestraft ihn der Samurai und hält so die moralischen Grundsätze des Landes aufrecht.«[359]

Yamamoto Tsunetomo (1659–1719) betonte die martialischen Aspekte des Samurailebens. Er selbst war Samurai, wurde aber nach dem Tod seines Herrn im Alter von 42 Jahren Zen-Priester, da bereits 1661 die Selbsttötung (*seppuku*), um dem Herrn in den Tod zu folgen, verboten worden war. In seinem *Hagakure* (Versteckt hinter Blättern),[360] das 1716 erschien, predigt er vor allem die Todesbereitschaft: »Bushidō, der Weg des Kriegers, liegt im Sterben.«[361] Das *Hagakure* plädiert aber auch für konfuzianische Tugenden, gute Umgangsformen und ein gutes äußeres Erscheinungsbild. Moralische Überzeugungen, Charakter und Schönheit gehörten zusammen. Doch diese Ideale der Samurai waren schon im 18. Jahrhundert nicht mehr zeitgemäß.

Auch in Japan entwickelte sich eine konfuzianische Gelehrsamkeit. Itō Jinsai (1627–1705) war zunächst Neokonfuzianer, bevor er sich auf das *Lunyu* (Gespräche) von Konfuzius sowie die Werte von Güte und Liebe konzentrierte, die von einfachen Leuten wie von Samurai in die Praxis umgesetzt werden können. Seine utilitaristischen Gedanken beeinflussten auch Ogyū Sorai (1666–1728), der

1721 Berater des Shōguns Tokugawa Yoshimune wurde. Im Gegensatz zu Hayashi Razan und Itō Jinsai meinte er, dass nur vor-konfuzianische Texte wert seien, studiert zu werden, denn nur in ihnen seien die Lehren der weisen Könige zu finden. Da die soziale Ordnung lediglich ein historisch bedingtes Konstrukt und kein Spiegel der natürlichen Ordnung sei, bräuchten Menschen Regeln für ihr Zusammenleben, und deswegen benötige das Reich wieder einen weisen König. Auf Japan übertragen war das Tokugawa Ieyasu, der Begründer des Tokugawa-Shōgunats. Die Einschätzung, dass die gesellschaftliche Ordnung historisch bedingt war, erlaubte es Ogyū Sorai, die Gesellschaft ausgesprochen rational und bürokratisch zu betrachten. Auch die Samurai sollten sich lediglich öffentlichen Aufgaben widmen. Solange die Menschen sich an die Gesetze hielten, sollte sich die Regierung aus privaten Angelegenheiten heraushalten. Die Lehre des *Bushidō* (Weg des Kriegers) war für ihn lediglich ein unzeitgemäßes Überbleibsel der Kamakura-Zeit.

Rational untersucht wurde nicht nur die Philosophie der gesellschaftlichen Ordnung, sondern auch das Wirtschaftsleben. So drängte beispielsweise Dazai Shundai (1680–1747) die Daimyō wegen ihrer Überschuldung zu kommerziellen Unternehmungen wie dem Export von Produkten ihrer Region. Ogyū Sorai und Dazai Shundai bestanden dabei auf dem Vorrang der Naturalwirtschaft und der »tugendhaften« politischen Lenkung der Wirtschaft. Tugendhaft hieß hier, dass das Gewinnstreben nicht im Vordergrund stehen sollte. Das Gegenlager sammelte sich in Kyōto in der privaten Akademie von Ishida Baigan (1685–1744), der praktische Berufserfahrung als Kaufmann gesammelt hatte. Er lehrte, dass ehrliche Gewinne der Kaufleute für die Gesellschaft nützlich seien und es deshalb keinen Widerspruch zwischen Rechtschaffenheit (*gi*) und Profitstreben (*ri*) gebe.

Einige Jahrzehnte später forderte der Mathematiker Honda Toshiaki (1744–1821), der europäische Gedanken zur Wirtschaft und Wissenschaft rezipiert hatte, dass Japan reich werden und seine sozialen Probleme durch Handel lösen solle. Kaiho Seiryō (1755–1817) ging sogar so weit zu sagen, dass alle sozialen Beziehungen auf dem Austausch von Waren und Dienstleistungen beruhten. Er räumte allerdings ein, dass die Samurai das nicht verstehen würden.[362]

Die Eigenständigkeit japanischen Denkens

In der Tokugawa-Zeit fanden Gelehrte und Politiker aus verschiedenen Richtungen zu einer neuen Betonung der Eigenständigkeit Japans. Die Auseinandersetzung mit den chinesischen Klassikern führte zu »japanischen« Lösungen wie der Identifikation des Tokugawa-Shōguns mit einem weisen König der Klassiker. In der Geschichtswissenschaft wurden Werke wie das *Dai Nihon shi* (Geschichte des Großen Japan) unter der Leitung von Tokugawa Mitsukuni (1628–1700) begonnen, das 1715 mit einem Vorwort von Tokugawa Tsunaeda versehen wurde. Das Werk preist die Geschichte des japanischen Kaiserhauses und legt methodisch Wert auf historische Genauigkeit, streng nach dem selektiven Vorbild chinesischer Geschichtswerke. In diese Zeit der Selbstvergewisserung Japans passten die Wiederbelebung und die Suche nach einem »unverfälschten« Shintoismus, der nicht von chinesischem Gedankengut beeinflusst war. Die Schule des nationalen Lernens (*kokugaku*) lehnte die konfuzianische Ethik ab und besann sich stattdessen auf die japanische kanonische Literatur. Der Gelehrte, Arzt und Historiker Motoori Norinaga (1730–1801) erforschte auf der Suche nach der kulturhistorischen Identität Japans das *Kojiki* (Aufzeichnungen alter Begebenheiten) von 712. Er wie auch sein Schüler Hirata Atsutane (1776–1843) gelangten zu dem Schluss, dass Japan gegenüber anderen Ländern herausgehoben sei, weil es von Nachkommen der Sonnengöttin regiert werde. Japanische Werte seien besser als die anderer Völker, weil sie auf der Spontaneität der menschlichen Gefühle, also auf der Innerlichkeit, beruhten.[363] Diese Bewegung kann als Gegenreaktion auf den Rationalismus angesehen werden, weil sie die emotionale Seite der menschlichen Natur betont.

2. Literatur

Die Qing-Dynastie ist auf dem Feld der Literatur vor allem für zwei Romane aus dem 18. Jahrhundert berühmt. Das *Rulin waishi* (Inoffizielle Geschichte der Literaten) von Wu Jingzi (1701–1754) beschreibt in Form einer Satire die Mühsal der Prüfungskandidaten sowie die Intrigen und Ränkespiele der Beamtenschaft und zeigt, dass Reichtum und Status zum moralischen und intellektuellen Verfall führen. Das *Hongloumeng* (Traum der Roten Kammer) ist im Milieu der reichen Kaufleute angesiedelt. Der gewöhnlich als Autor genannte Cao Xueqin (1715–1764) verfasste vermutlich die ersten 80 Kapitel. Das Werk wurde danach anonym um weitere 40 Kapitel ergänzt und erschien erstmals im Jahr 1791 im Druck. Der Roman schildert den allmählichen Niedergang der Familie Jia. Im Zentrum steht die Liebesaffäre des verweichlichten Jia Baoyu, des jüngsten Sprosses seiner Familie, mit seiner Cousine Lin Daiyu. Die Anwesenheit einer weiteren Cousine namens Xue Baochai macht die Angelegenheit allerdings kompliziert. In den letzten Kapiteln beginnt Jia Baoyu eine Karriere als Beamter, bevor er buddhistischer Mönch wird und im weiteren Verlauf des Romans nicht mehr auftaucht. Die Gattung Roman ist eine wichtige Quelle für die materielle Kultur und die Gesellschaftsgeschichte des 18. Jahrhunderts; die Kleidung der Protagonisten und das Anwesen samt Garten werden ebenso genau beschrieben wie die Familienpolitik und die Kontakte zu Prostituierten, Händlern und Mönchen.

Auf der Bühne wurde um die Mitte des 17. Jahrhunderts die südchinesische Kunqu-Oper von der Peking-Oper abgelöst, die literarische Stoffe des Theaters der Yuan- und Ming-Zeit wie auch der regionalen Opern verwendet.

Korea

In der zweiten Hälfte der Chosŏn-Dynastie wurde die koreanische Schrift Han'gŭl für das kulturelle Leben wichtiger als zuvor. Sie hatte im Imjin-Krieg (1592–1598) an Ansehen gewonnen, nachdem sie in offiziellen Mitteilungen an die Bevölkerung verwendet worden war. Für die japanischen Eindringlinge war sie, anders als chinesische Zeichen, nicht lesbar. Die eigene Schrift und Sprache wurden als nationaler Besitz und Identifikationsstifter erkannt und geschätzt. So schrieben jetzt auch hochgebildete Frauen aus dem Königshaus ebenso wie Yangban in Han'gŭl. Tagebücher, Memoiren und Erzählungen entstanden in großer Zahl.

Etwa um 1640 soll Hŏ Kyun (1569–1618) seine Erzählung *Hong Kiltong chŏn* (Die Lebensgeschichte von Hong Kiltong) nach dem Vorbild des chinesischen Romans *Shuihu zhuan* (Die Räuber vom Liangshan-Moor) aus der Ming-Dynastie geschrieben haben. Die heute erhaltene Fassung stammt vermutlich aus dem 19. Jahrhundert und handelt von Hong Kiltong, dem zweiten, von einer Konkubine geborenen Sohn eines Ministers, der wegen seiner Herkunft aus der Gesellschaft ausgestoßen ist. Daher widmet er sich der Kampfkunst und wird Anführer einer Räuberbande. Er überfällt reiche Klöster und Landbesitzer und verteilt die Beute unter den Armen, ähnlich wie Robin Hood, und schließlich gründet er ein neues Königreich außerhalb von Korea, in dem die Ausgestoßenen der Gesellschaft ihren Platz finden. Dort darf er auch endlich die Ahnenopfer für seine Eltern vollziehen.[364]

Um 1687 schrieb Kim Manjung (1637–1692) den Roman *Kuun mong* (Traum der Neun Wolken), eine Auseinandersetzung mit philosophischen Fragen des Buddhismus. Er kommt darin zum Ergebnis, dass ein luxuriöses Leben mit vielen Frauen im Vergleich zu einem bescheidenen Leben als frommer Buddhist nicht mehr bedeutet als ein Traum. Ein weiteres Meisterwerk von seiner Hand ist die politische Allegorie *Sa-ssi namjŏng ki* (Frau Sas Reise in den Süden), von der auch chinesische Versionen überliefert sind.

Literatur von Frauen stammt zumeist aus dem Bereich des Königshauses. So verteidigt das anonym in der koreanischen Schrift Han'gŭl niedergeschriebene Werk *Inhyŏn wanghujŏn* (Die Geschichte der Königin Inhyŏn) die Königin, welche von König Sukchong im Jahr 1689 zugunsten der Palastdame Chang verstoßen worden war, später aber wieder als Königin eingesetzt wurde. Das ebenfalls in Han'gŭl geschriebene *Hanjungnok* (In der Stille verfasste Aufzeichnungen) der Prinzessin Hyegyŏng (1735–1815) enthält faktenreiche Erinnerungen.[365] Die im frühen 18. Jahrhundert anonym von Frauen aus den Yangban-Familien in koreanischer Sprache und Schrift verfassten und in die Tausende gehenden *kyubang kasa* (Langgedichte aus dem Innenraum) werden erst seit der zweiten Hälfte des 20. Jahrhunderts publiziert.[366]

In der schriftchinesischen Literatur (*hanmun*) suchten sich koreanische Gelehrte, insbesondere der Empirischen Studien, von den chinesischen Vorgaben zu emanzipieren. Literaten wie Pak Chiwŏn (1737–1805) und Chŏng Yagyong (1762–1836) wollten »als Menschen von Chosŏn im Stil von Chosŏn« schreiben. Für die authentische Darstellung der eigenen Lebenserfahrung sollten alle Stilmittel, auch die Reime nach der sino-koreanischen Aussprache, erlaubt sein. Pak Chiwŏn übertrug das Prinzip der Authentizität auf seine Prosaliteratur, darunter sein Meisterwerk *Yŏrha ilgi* (Tagebuch einer Reise nach Jehol). Es ist in literarischem Chinesisch verfasst, benützt aber an manchen Stellen die chinesische Umgangssprache.

Unter den hochgebildeten Yangban war die Dichtung in koreanischer Sprache noch selten. Koreanisch wurde zunächst in der Form des zumeist gesungenen Kurzgedichts (*sijo*) verwendet, aber erst als die koreanischsprachige Dichtung im 18. Jahrhundert vermehrt anthologisiert wurde, erfuhr sie eine Aufwertung. Das Langgedicht (*kasa*) entwickelte sich im Laufe der Zeit zu einer epischen Form.

Umherziehende Schauspieler und Puppenspieler verbreiteten die Inhalte populärer Romane, die in karnevalesker Manier durchaus Kritik an den Privilegien und der Unfähigkeit der Yangban enthielten. Insbesondere im *p'ansori*-Bänkelgesang wurde im 17. und 18. Jahrhundert Gesellschaftskritik geübt. Es handelte sich dabei um ein Ein-Mann-Theater mit den Elementen Rezitation, Gesang, Mimik und Trommelbegleitung. Der Ursprung des P'ansori soll in den rituellen Gesängen der Schamanen liegen. Seit dem 18. Jahrhundert war diese Kunstform weit verbreitet und wurde öffentlich auf Marktplätzen bei Tänzen oder zur Begleitung der Aufführungen des Maskentheaters sowie in den Häusern der Reichen aufgeführt.

Der bekannteste P'ansori-Stoff ist die Geschichte von Ch'unhyang (*Ch'unhyang chŏn*). Bei Ch'unhyang handelt es sich um die fünfzehnjährige Tochter einer Kurtisane, welche heimlich den gleichaltrigen Sohn eines Gouverneurs heiratet, was zu verschiedenen Komplikationen führt. Die Geschichte wird mit Witzen, Wortspielen und erotischen Details spannend erzählt und zudem in komischer Weise aus der Sicht eines Angehörigen der Unterschicht kommentiert. Der Stoff enthält deutliche Kritik an der starren gesellschaftlichen Ordnung, sein Hauptziel ist aber die Unterhaltung des Publikums.[367]

Japan

Die Kultur der Tokugawa-Zeit war fast ausschließlich städtisch geprägt und erreichte ihren Höhepunkt in der Genroku-Ära (1688–1704). Die reichen Kaufleute und Handwerker besuchten ebenso wie die nun in den Städten wohnenden Samurai die Theater, lasen Bücher und tranken Tee.

Drei Namen prägten die Edo-zeitliche Literatur des 17. Jahrhunderts: der realistische Schriftsteller Ihara Saikaku (1642–1693), der mystische Dichter Matsuo Bashō (1644–1694) und der romantische Dramatiker Chikamatsu Monzaemon (1653–1724). Ihara Saikakus Prosawerk *Kōshoku ichidai otoko* (Ein Mann, der die Liebe liebte) von 1682 begründete die Gattung der »Hefte über die fließende Welt« (*ukiyo-zōshi*).[368] Der Protagonist suchte und fand alle Arten der Liebe in den Freudenvierteln im ganzen Land. Andere Prosatexte handelten vom Leben von Kurtisanen und vom Alltagsleben der Stadtbevölkerung, aber auch von Themen der Hauswirtschaft.

Die Lyrik der Edo-Zeit wurde maßgeblich von Bashō, dem Meister der Haiku-Dichtung, beeinflusst. Er stammte aus einer ehemaligen Samurai-Familie aus Ueno, einem Bezirk von Edo, wo die Familie zu seiner Zeit selbst ihre kleinen Felder bestellte. Der »Geist des *haikai*«, wie ihn Bashō nannte, meinte das Zusammenspiel unterschiedlicher Sprach- und Gesellschaftsebenen, insbesondere die der neuen populären Kultur und der poetischen Tradition. Haikai-Anhänger erfreuten sich an der Re-Kontextualisierung bestimmter Worte und Bilder. Zur Haikai-Kunst gehörten vor allem siebzehnsilbige Kurzgedichte (*hokka*), die später Haiku genannt wurden, in der Form von drei Zeilen mit fünf, sieben und wieder fünf Silben. Immer neue Formen wurden in spielerischer Weise gemeinsam entwickelt, beispielsweise die der Kettendichtung oder das Zusammenspiel von Maler und Dichter. Als Bashō 1672 nach Edo zog, verdiente er sich seinen Lebensunterhalt als Haikai-Meister, der auf Bestellung Gedichte verfasste. Das wohl bekannteste Haiku Bashōs stammt aus dem Jahr 1686:

> Ein alter Tümpel –
> Ein Frosch springt mitten hinein,
> Geräusch von Wasser.[369]

In Kyōto, wo Bashō für längere Zeit lebte, wurde 1691 sein wohl bedeutendstes Werk veröffentlicht, die Sammlung *Sarumino* (Der Strohmantel des Affen). Bashōs Haiku prägten die gesamte Edo-Zeit, auch wenn andere Formen wie *waka* (Gedichte mit 31 Silben auf fünf Zeilen verteilt) und chinesische Dichtung (*kanshi*) weiterhin gepflegt wurden.

Der dritte Großmeister war Chikamatsu Monzaemon. Er schrieb überwiegend Libretti für das Puppentheater (*jōruri*), in dem der Puppenspieler, der Rezitator und Sänger sowie der Spieler der Shamisen (dreisaitige Laute) eng zusammenwirkten. Die Stücke behandelten wie beim Kabuki-Theater entweder historische Stoffe oder Konflikte in der städtischen Gesellschaft. Meist ging es um den Widerstreit von gesellschaftlichen Verpflichtungen (*giri*) und menschlichen Gefühlen (*ninjō*), um den Konflikt zwischen Liebe und Pflicht. Chikamatsus erstes Kabuki-Drama, das im Milieu der Kaufleute spielt, stammt von 1703 und trägt den Titel *Sonezaki shinjū* (Selbstmord aus Liebe am Sonezaki). Es handelt von der tragischen Beziehung zwischen einem Kaufmann und einer Prostituierten, die mit dem Selbstmord beider Personen endet.

Das Puppentheater und das Kabuki-Theater beeinflussten sich gegenseitig hinsichtlich Themen und Spielweisen. Die Geschichte des Kabuki soll um 1603 am Kamogawa-Fluss in Kyōto begonnen haben, als die Tänzerin Ōkuni dort eine Bühne errichtete, auf der sie »ungewöhnlich« (*kabuki*) sang und tanzte. Sie erregte damit großes Aufsehen und zog so viel Publikum an, dass sich diese Form der Bühnendarbietung besonders bei Kaufleuten – die als Personen, die mit Geld zu tun hatten, ehedem als unmoralisch galten – schnell verbreitete. Da viele Prostituierte als Tänzerinnen auftraten, verbot das Shōgunat 1629 Frauen den Auftritt auf Bühnen. Ab 1652 wurden männliche Jugendliche durch Schauspieler in Frauenrollen ersetzt, die in Gesang (*ka*), Tanz (*bu*) und Vorstellungskunst (*ki*) ausgebildet waren. Zeitgenössische politische Themen waren im Kabuki-Theater tabu.

Während vor der Edo-Zeit literarische Texte meist von Aristokraten und Beamten »zum Vergnügen« geschrieben wurden, also neben dem eigentlichen Beruf, brachte die städtische Kultur der Edo-Zeit professionelle Autoren auf allen Gebieten der Literatur hervor. Die Literatur wurde nun zu einer Ware. Das Lesepublikum wuchs ebenso stetig wie die Anzahl der Verlage und Buchtitel und die Höhe der Auflagen. Der seit etwa 1770 gebräuchliche Terminus *gesaku*, der die schriftstellerische Tätigkeit von »Dilettanten« meinte, wurde bald als »spaßig Geschriebenes« verstanden, das zunehmend von Berufsschriftstellern verfasst wurde. Mit der wörtlichen Rede gelangten vom späten 18. Jahrhundert an Volkssprache, Dialekte und individuelle sprachliche Eigenheiten der Charaktere in die Literatur. Themen der populären phantastischen oder abenteuerlichen Romane waren zunächst Geister- und Gespenstergeschichten. Hinzu kamen Berichte von Feldzügen und Rachegeschichten sowie Adaptionen älterer japanischer und chinesischer Stoffe.

3. Kunst

China

Im Bereich der Malerei hatte die auf Dong Qichang (1555–1636) zurückgehende Einteilung in die akademische und professionelle Nördliche Schule und die Südliche Schule der Literatenmalerei weiterhin Bestand. Kangxi und Qianlong förderten und überwachten beide Schulen. Aus der Begegnung mit westlicher Malerei kam die Anregung, Zentralperspektive und Ölmalerei in die Hofmalerei zu integrieren.

Zu Beginn der Qing-Zeit waren es vor allem Loyalisten der Ming, die das künstlerische Leben bestimmten. In ihren Landschaftsbildern dokumentieren düstere Farben, nach unten wachsende Kiefern und überhängende Felsformationen die Unzufriedenheit der Loyalisten mit der neuen Ordnung, die sie für widernatürlich hielten, oder sie schufen Traumlandschaften, die auf die Malerei der vorangehenden Dynastien verwiesen. Die vier Mönche Hongren (1610–1664), Kuncan (1612–1673), Bada Shanren (Zhu Da, 1626–1705), übersetzt »der Mann aus den acht großen Bergen«, und Shitao (1642–1718) stehen am Anfang der Malereigeschichte der Qing-Zeit. Sie waren, mit Ausnahme wahrscheinlich von Hongren, Mönche geworden, um der Zusammenarbeit mit der neuen Dynastie zu entgehen. Nach dem Sturz der Ming-Dynastie stellte Bada Shanren, ein Angehöriger des Kaiserhauses der Ming, für über zehn Jahre das Sprechen ein, bis er sich in ein Kloster zurückzog. Seine innovative Malerei kam mit wenigen Pinselstrichen aus und schuf expressive, emotional anrührende und oft auch witzige Bilder von Landschaften, Tieren und Pflanzen.

Die orthodoxe Südliche Schule der Literatenmalerei wurde von den Sechs Meistern der frühen Qing fortgeführt. Am bekanntesten wurde Wang Hui (1632–1717), der von Kangxi den Auftrag erhielt, die Südreise des Kaisers auf Bildrollen zu dokumentieren.

Im 18. Jahrhundert gab es in Yangzhou (in der Provinz Jiangsu) eine große Kunstszene, die über 100 bekannte Maler umfasste. Bis heute berühmt sind die Acht Exzentriker von Yangzhou, die vor allem Blumen und Vögel, Bambus und Felsen malten und deren Werke bei den Kaufleuten in Anhui sehr gefragt waren. Jeder der acht entwickelte dabei seinen eigenen Stil und suchte seine Persönlichkeit in den Bildern zu verwirklichen. Sie verweigerten sich einer Zuordnung zu einer Schule oder einer Maltradition. Der bekannteste der acht Maler ist Zheng Xie (1693–1766). Er war einige Jahre lang als Beamter tätig, bis er aus dem Dienst entlassen wurde, weil er seine Vorgesetzten beleidigt hatte. Er zog sich dann nach Yangzhou zurück und lebte vom Verkauf seiner Bilder und Kalligraphien.

Shen Quan (1682–1765), ein professioneller Maler aus Zhejiang, schuf farbige Bilder im Stil von Lü Ji aus der Ming-Zeit, meistens mit einer glückverheißenden Thematik. Er reiste 1731 nach Japan und beeinflusste durch seinen zweijährigen Aufenthalt in Nagasaki die Entwicklung der japanischen Malerei.

Am Kaiserhof erlangte der italienische Jesuit Giuseppe Castiglione (chin. Name Lang Shining, 1688–1768) als Maler einige Berühmtheit. Er und seine Nachfolger entwickelten zusammen mit den chinesischen Hofmalern einen neuen Stil, der westliche und chinesische Elemente vereinigte. Die Beeinflussung war dabei durchaus gegenseitig. So verzichteten die westlichen Maler bei Porträts der Kaiser oder hoher Beamter auf den in Europa üblichen Lichteinfall von der Seite, der durch die Schattenbildung ein dreidimensionales Gesicht erzeugt. Der Qianlong-Kaiser fand, dass der Schatten wie Schmutz aussehe, weshalb nach chinesischer Tradition das Licht von vorne auf die Gesichter der Porträtierten fällt, selbst wenn in Öl gemalt wurde. Westliche Techniken einschließlich der in China neuen Kupferstichtechnik wurden vor allem dazu verwendet, zeitgenössische Ereignisse wie Kriegszüge und Inspektionsreisen im Bild zu dokumentieren.

Im 17. Jahrhundert erschienen die ersten Handbücher zur Malerei, die sich an Amateure wandten, welche die Techniken erlernen wollten. Das früheste Handbuch war das *Shizhuzhai shuhua pu* (Handbuch zur Kalligraphie und Malerei des Zehn-Bambus-Studios) von 1633, auf welches das bis in die Gegenwart geschätzte *Jiezi-*

yuan huajuan (Handbuch der Malerei aus dem Senfkorngarten) von 1679 folgte.

Die Kaiser der Qing-Zeit förderten auch die Architektur, die Porzellanherstellung sowie die Lack- und Cloisonné-Kunst. Die Porzellanmanufakturen von Jingdezhen in der Provinz Jiangxi wurden 1674 mit kaiserlicher Hilfe wieder aufgebaut, und der Kaiserhof stellte exquisite Stücke aus der eigenen Sammlung zur Verfügung, damit in Jingdezhen die alten Techniken wieder gelernt werden konnten. Auch bei den monochromen Glasuren kam es zu neuen Entwicklungen. Für den Export nach Europa wurden die Produkte in Jingdezhen oder in Kanton nach westlichen Vorlagen zum Beispiel mit Wappen bemalt.

Korea

Spätestens in der ersten Hälfte des 17. Jahrhunderts hielt die chinesische Südschule der Malerei in Korea Einzug, als Bilder sowie Lehr- und Handbücher aus China dorthin gelangten. Allerdings wurden sie erst von 1700 an in Korea in großem Umfang rezipiert und vom Publikum geschätzt. Die chinesische Südschule diente als Grundlage für die Entwicklung der »wahren Landschaftsmalerei«, die bestrebt war, tatsächliche Berglandschaften anstelle von Phantasielandschaften abzubilden. Diese neue Richtung wurde von Chŏng Sŏn (1676–1759) eingeleitet. Ein besonders beliebtes Sujet wurde das Kŭmgangsan (Diamantgebirge) an der Ostküste Koreas (siehe Abb. 23).

Mit dieser Orientierung an wirklich vorhandenen Landschaften ging auch die verstärkte Hinwendung zu koreanischen Motiven einher. Es waren also nicht länger ausschließlich chinesische Landschaften wie die Flüsse Xiao und Xiang, die gemalt wurden. Ein bedeutender Schüler Chŏng Sŏns war Shim Sajŏng (1707–1769). Er malte neben Landschaften auch Blumen und Vögel sowie Menschen. In seiner Malerei integrierte er Techniken der Nordschule wie die »Axthieb-Striche« und schuf so eine Synthese der beiden Malschulen. Kang Sehwang (1713–1791) studierte die Malerei der Südschule, aber darüber hinaus auch die westlichen Maltechniken,

Abb. 23: »Diamantgebirge« von Chŏng Sŏn, Tusche und Farben auf Papier, 1734. 130,7 x 94,1 cm. Ho-Am Art Museum, Südkorea.

die über die chinesische Hofmalerei nach Korea gelangt waren. So nahm er Licht- und Schatteneffekte in seine Malerei auf. Yi Insang (1710–1760) rezipierte vor allem die Malerei Bada Shanrens und studierte die Malereihandbücher. Gegen Ende des 18. Jahrhunderts entwickelten Chŏng Suyŏng (1743–1831) und Yun Chehong (1764–nach 1840) eine neue Richtung der Südschule, die deutlich individuelle Züge trägt und besonders elegant und leicht wirkt. Im 18. Jahrhundert kam zur Landschaftsmalerei und zu den Porträts die Genremalerei hinzu, welche Szenen aus dem Alltag der Bevölkerung auf dem Land und in der Stadt darstellte.

Japan

Die Kanō-Schule der Malerei blieb auch in der frühen Edo-Zeit bei Innenausstattungen der Residenzen der Shōgune und Daimyō bestimmend. Ihrer Malerei im repräsentativen chinesischen Stil (*kanga*) stand der japanische Stil (*yamato-e*) gegenüber, der vom Kaiserhof bevorzugt wurde. Ihn pflegte vor allem die Tosa-Schule, die nach einer kurzen Unterbrechung ab dem frühen 17. Jahrhundert wieder in Kyōto tätig wurde. Der Hof, die Aristokratie und die großen Tempel förderten dagegen die eher verfeinerte Kunst.

Der vielfach begabte Künstler Honami Kōetsu (1558–1637) kalligraphierte gern auf bereits mit Gold und Silber bemaltem Grund. In der Tradition von Tawaraya Sōtatsu (gest. ca. 1643), der durch Heirat mit Hon'ami Kōetsu verwandt war, stand Ogata Kōrin (1658–1716), der gleichermaßen Bilder im Stil der Zen-Malerei wie prunkvolle Wanddekorationen und minutiöse Studien anfertigte. Die Genremalerei, welche Menschen aus allen Schichten und Ständen und auch Europäer bei ihren alltäglichen Beschäftigungen zeigt, findet sich vor allem auf Stellschirmen.

Die chinesische Landschaftsmalerei im südlichen Stil wurde durch die Äbte der Ōbaku-Schule, durch gedruckte Bücher aus China und auch über diplomatische Missionen aus Korea im 18. Jahrhundert in Japan bekannt gemacht. Sie wurde unter dem Sammelbegriff Nanga (Südliche Malerei) oder auch Bunjinga (Literatenmalerei) geführt. Es ist dabei umstritten, wie »chinesisch« beziehungsweise »koreanisch« die Bilder waren, welche die Japaner zu sehen bekamen; zudem ist es schwierig nachzuweisen, ob die koreanische Rezeption der Südschule japanische Maler wie Ike no

Abb. 24: (Linker) Stellschirm mit Weißem Prunus von Ogata Kōrin, Farben auf mit Blattgold beschichtetem Papier, 156 x 172,2 cm. MOA Museum, Atami, Japan.

Taiga (1723–1776) oder Yosa Buson (1716–1784) beeinflusste.[370] Die impressionistisch wirkende japanische Landschaftsmalerei trägt jedenfalls eindeutig spezifisch japanische Züge. Die akademische Maltradition Chinas und die von den jesuitischen Malern in Peking vermittelten Maltechniken westlichen Ursprungs wurden in Kyōto von Maruyama Ōkyo (1733–1795) rezipiert, an den Nagasawa Rosetsu (1755–1799) anknüpfte.

Viel weiter verbreitet als Nanga waren die Bilder von der »Fließenden Welt« (*ukiyo-e*). Der ursprünglich buddhistische Begriff

Ukiyo, der auf die unbeständige und jammervolle Welt verwies, wurde nun zu einem positiven Terminus, bei dem »fließend« die Veränderungen der Mode und wechselnde Liebhabereien meinte. Die Bilder von der »Fließenden Welt« zeigen vor allem Szenen aus den städtischen Vergnügungsvierteln der Theater und Bordelle, aber auch Landschaften. Für die Holzschnitte mussten Zeichner, Holzschneider und Drucker eng zusammenarbeiten. Finanziert wurden die Drucke durch Verleger. Ukiyo-e waren insbesondere in der Genroku-Periode gefragt, als die städtische Kultur und das Theater eine Blüte erlebten. Durch die Verwendung des Mehrfarbendrucks seit 1765 bekam die Darstellung von Gewändern und deren Mustern große Bedeutung. Der erste Vertreter dieser neuen Kunstform war Hishikawa Moronobu (ca. 1618–1694). Mitglieder der Familie Torii, wie Torii Kiyonobu (1664–1729), dominierten die folgenden Jahrzehnte bis in die 1780er Jahre. Kitagawa Utamaro (1754–1806) zeichnete in den 1790er Jahren sehr differenzierte Porträts bei äußerster Sparsamkeit der Mittel. Berühmt wurden die fast grotesken Schauspielerporträts von Tōshūsai Sharaku (gestorben um 1801). Landschaften wurden etwa von dem Jahr 1820 an im Mehrfarbendruck dargestellt.

4. Christliche Mission und Religionen

China

Die christliche Religion gelangte auf verschiedenen Wegen und zu unterschiedlichen Zeiten nach Ostasien. Aus der frühen Geschichte des Christentums in China sind nur vergleichsweise wenige Zeugnisse erhalten. Zu ihnen gehört die sogenannte »Nestorianerstele«, die auf 781 datiert ist und 1623 in der Nähe von Xi'an entdeckt wurde. Sie beschreibt die Gründung und das Wachstum der nestorianischen Kirche in China ab 635. Die frühe Gemeinde bestand vor allem aus syrischen Christen, die aber aufgrund eines auf der Stele zitierten Ediktes von 638 ihren Glauben in ganz China verbreiten durften. Als der Franziskanermönch Wilhelm von Rubruck 1253 in die Mongolei reiste, wurde ihm berichtet, dass es in 15 Städten Cathais Nestorianer gebe. Zwar wurde 1308 das erste Erzbistum in Khanbalik und um 1340 ein zweiter Bischofssitz an der Ostküste in Quanzhou (Provinz Fujian) eingerichtet, doch bis zum Ende der Mongolenzeit waren die christlichen Gemeinden fast vollständig wieder verschwunden. Die Reisen europäischer Kirchenmänner zum mongolischen Khan waren wegen der ausführlichen Berichte über Land und Leute für Europa bedeutender als für Ostasien.

In der portugiesischen Niederlassung Macao gab es eine Reihe von jesuitischen Missionaren, die dort Chinesisch lernten, und 1583 erhielten sowohl Michele Ruggieri als auch Matteo Ricci die Erlaubnis, von Macao aus ins Inland zu reisen. Sie eigneten sich im Voraus eine umfassende konfuzianische Bildung an und erlernten die chinesische Sprache und Schrift. 1601 setzten sie ihre Reise von Nanjing nach Peking fort. Chinesische Gelehrte lernten von ihnen vor allem westliche Geographie, Astronomie und euklidische Geometrie. Neben den Übersetzungen naturwissenschaftlicher Werke schrieb Ricci einen Katechismus (*Tianzhu shiyi*) und ein Büchlein Über die Freundschaft (*De amicitia*), in dem er christliche Wertvorstellungen in konfuzianischer Terminologie erläuterte und seinen chinesischen Gelehrtenkollegen den hohen Stand der christlichen Moral vor Augen führte. Er stellte fest, dass die Chinesen weder ihre Ahnen als Gottheiten verehrten noch an ein Wiedersehen nach einer Art Auferstehung glaubten. Der Ahnenkult diene daher der Zufriedenstellung und Beschwichtigung der Toten, nicht aber deren Deifizierung. Deswegen, so meinte Ricci, sei diese Sitte »vollständig frei von irgendeiner Form von Götzendienst«. Diese Interpretation des Konfuzianismus und seiner Praktiken führte zum Ritenstreit innerhalb der katholischen Kirche.[371]

Seit der späten Ming-Zeit waren europäische Jesuiten als Direktoren des Kaiserlichen Astronomischen Amtes in Peking tätig. Jesuiten waren auch als Maler und Baumeister gefragt – die barocken Gebäude des alten Sommerpalastes Yuanmingyuan in Peking wurden von italienischen Jesuiten gebaut. Die Strategie der Jesuiten, bei der gebildeten Elite und am Kaiserhof anzusetzen, um von dort aus China zu missionieren, schien zunächst aufzugehen. Als aber der Streit um die Vormacht zwischen Portugal und Spanien mit kräftiger Hilfe der Kirche und der verschiedenen Orden ausgetragen wurde, gerieten die Jesuiten in China in die Kritik. Ihnen wurde von den Bettelorden vorgeworfen, durch ihre Akkommodationsmethode Verrat am Christentum zu begehen. Der Ritenstreit, der vor allem die theologische Bewertung der chinesischen Ahnenverehrung zum Inhalt hatte, begann bereits in den 1630er Jahren und zog sich bis ins späte 18. Jahrhundert hin. Für die Jesuiten war der Konfuzianismus mit einer monotheistischen Religion kompatibel, Christentum und Konfuzianismus hatten ähnliche moralische Vorstellungen. Für sie war der Ahnenkult keine religiöse Verehrung, sondern lediglich eine Respektbezeugung, und so sahen sie auch hier kein Konfliktpotential. Die Vertreter der Bettelorden allerdings beurteilten den Ahnenkult anders, nämlich als Idolatrie, und konnten sich beim Papst schließlich durchsetzen. Das Toleranzedikt Kangxis von 1692 und seine Klarstellung von 1700 zur säkularen Natur der chinesischen Riten fanden in Rom kein Gehör. Als 1705 schließlich der päpstliche Gesandte Charles M. de Tournon am Qing-Hof erklärte, der Ahnenkult sei unvereinbar mit dem Christentum, schränkte Kangxi die Aktivitäten der Missionare nach und nach ein, und eine Reihe von päpstlichen Dekreten verbot die Tätigkeit der Jesuiten in China. Yongzheng reagierte schärfer als sein Vater und sprach 1724 ein Verbot des Christentums aus. Bis auf die am Hof tätigen Jesuiten wurden alle Missionare ausgewiesen, und unter Qianlong wurden illegal arbeitende Missionare wie auch einheimische Christen verfolgt. Der Ritenstreit gipfelte 1773 in der vorübergehenden Auflösung des Jesuitenordens durch den Papst. Die chinesischen Verbote der christlichen Mission wurden erst im 19. Jahrhundert auf Druck der westlichen Staaten aufgehoben.

Wie schon in der Mongolenzeit hatte die christliche Mission in China für Europa eine große geistesgeschichtliche Bedeutung: Durch die Berichte der Missionare erhielt Europa im 17. und

18. Jahrhundert Kenntnis von einem säkularen Staatswesen, das durch »aufgeklärte«, weise Herrscher regiert wurde.

Japan

Eine nachhaltige Mission der Jesuiten gab es in Japan erst seit der Mitte des 16. Jahrhunderts. Auch der erste Ostasienmissionar, der Spanier Francisco de Jassu y Javier, bekannt als Francisco de Xavier (1506–1552), arbeitete zunächst in Indien, von wo er nach Ostasien reiste und 1549 auf Satsuma (in Kyūshū) ankam. Mit seiner Mission läutete er in Japan ein »christliches Jahrhundert« (1549–1650) ein. Er reiste bis zur Hauptstadt Kyōto und missionierte, wo es ihm erlaubt wurde. Es heißt, dass er immer wieder gefragt wurde, warum denn die Chinesen nichts vom Christentum wüssten und warum es in den konfuzianischen Texten nicht vorkomme, wenn es doch eine so alte und wahre Lehre sei. Francisco de Xavier erkannte, dass ein Erfolg der Mission in Japan – auch wegen der kulturellen Vorbildfunktion Chinas – nur nach einer vorherigen Christianisierung Chinas möglich sei. Er verließ deshalb Japan, um nach China zu gehen, wo er 1552 auf einer Insel vor der chinesischen Küste starb.

Im Jahr 1563 trat in Kyūshū ein Daimyō zum Christentum über, um sich, wie zuvor schon der Fürst von Satsuma, eine bessere Ausgangslage für Geschäfte mit portugiesischen und spanischen Händlern zu verschaffen. Andere Daimyō und Samurai folgten seinem Beispiel – und verfügten dann auch schnell über die ersten Musketen in Japan. Als sich einige unterlegene christliche Samurai nach der Schlacht von Sekigahara im Jahre 1600 weigerten, gemäß den Forderungen des Ehrenkodex der Samurai Seppuku zu begehen, weil Selbstmord für Christen verboten war, wurde dies als Gefährdung der gesellschaftlichen Ordnung angesehen. Die Samurai wurden von ihren Gegnern erschlagen.

Nach Francisco de Xavier kamen weitere Jesuiten und außerdem Dominikanermönche nach Japan. 1565 traf der portugiesische Jesuit Luís Fróis (1532–1597) Oda Nobunaga, der sich mit den Christen anfreundete, vielleicht vor allem weil er den Buddhisten nicht wohlgesinnt war. 1580 ließen sich Jesuiten in Nagasaki nieder, da dort ein Interesse am Handel mit den Portugiesen bestand. 1582 reisten schließlich vier junge Samurai aus Kyūshū von Nagasaki aus nach Lissabon und Rom und sorgten in Rom mit dafür, dass Japan allein den Jesuiten als Missionsgebiet zugewiesen wurde. Diese Entscheidung wurde aber nicht umgesetzt. Bald entwickelte sich ein heftiger Streit zwischen den verschiedenen Orden über Methoden und Inhalte der Mission, was zu einem Verlust an Glaubwürdigkeit der Missionare führte. Die Kriegsherren fragten sich, wie es bei den Christen um das Verhältnis zwischen Herr und Vasall stand, wie es bei einem absoluten Gott, der alle Loyalität forderte, zu einem solchen Streit unter seinen Missionaren kommen konnte.

1587 begann die Unterdrückung der Christen. Als 1596 das spanische Schiff *San Felipe* in Japan strandete, war Hideyoshi davon überzeugt, dass es nur die Vorhut von Unruhestiftern aus dem Westen sei, deren auf den Philippinen stationierte Truppen den Missionaren bald nach Japan folgen würden. Obwohl die Anhänger der christlichen Religion schon in schwerer Bedrängnis waren, ließ der Verbündete von Tokugawa Ieyasu, Date Masamune (1567–1635), christliche Missionare noch 1611 eine Kirche bauen und entsandte im Jahr 1613 aus Gründen des Handels eine Gesandtschaft unter Führung von Hasekura Tsunenaga (1571–1622) nach Mexiko, Madrid und Rom. Dieser erhielt 1615 von Papst Paul V. die Genehmigung zum Bau einer Kathedrale. Als er 1620 nach Japan zurückkam, war die Christenverfolgung allerdings schon in vollem Gang.

Der zweite Tokugawa-Shōgun Hidetada hatte 1612 das Missionsverbot erneuert. Seine Vasallen mussten dem Christentum abschwören, und die Missionare wurden grausam verfolgt. 1614 stellte Tokugawa Ieyasu fest, dass Missionare die soziale Ordnung unterminierten und für den Handel nicht nötig seien. Sie wurden bei Androhung der Todesstrafe ausgewiesen, und japanische Christen, die sich von ihrem Glauben nicht lossagten, wurden gefoltert und umgebracht. Das Shōgunat brach 1624 die Beziehungen zu allen katholischen Staaten ab. Die im Land verbliebenen Christen praktizierten ihre Religion allerdings heimlich weiter; beispielsweise wurden Madonnenstatuen sehr ähnlich wie Statuen des Bodhisattva Guanyin (jap. Kannon) gestaltet und waren so nicht gleich als christliche Devotionalien erkennbar. 1629 wurde das »Bildertreten« (*fumi-e*) eingeführt: Um öffentlich zu demonstrieren, dass sie keine Christen waren, mussten Verdächtige auf Bilder Christi oder Marias treten. Darüber hinaus mussten sich alle Japaner bei einem buddhistischen Tempel in ihrer Nachbarschaft registrieren lassen. Nach den Aufständen christlicher Bauern 1637 und 1638 in Shimabara auf Kyūshū überlebte das Christentum in Japan nur noch im Untergrund. Ein letzter Putschversuch unzufriedener Samurai scheiterte 1651.

Die Politik der Landesabschließung (*sakoku*) sollte für die Zukunft derartigen zersetzenden Einflüssen aus dem Ausland vorbeugen. Kontakte zum Ausland wurden streng kontrolliert, Reisen im Inland reglementiert. Nur Pilgerfahrten, Verwandtenbesuche und Besuche an heißen Quellen waren erlaubt. Am Heimatort wurden dafür Reisedokumente ausgestellt, in denen Name, Beschreibung und Reiseziel festgehalten wurden. Die meisten wanderten zu Fuß in Gruppen. Bruderschaften sammelten Geld, damit jährlich einige von ihnen eine Pilgerfahrt unternehmen konnten. Wichtigstes Ziel einer Pilgerfahrt war Ise. Der äußere Schrein des dortigen Heiligtums ist dem Gott der Landwirtschaft geweiht, der innere Schrein der Sonnengöttin. Etwa alle 60 Jahre gab es Massenwallfahrten nach Ise. Männer reisten im besten Alter, Frauen vor ihrer Heirat oder wenn sie eine Schwiegertochter hatten, die sich um den Haushalt kümmerte. Die meisten Pilger brachten Souvenirs zur Erinnerung mit nach Hause.

Korea

Korea kam erst einige Jahrzehnte später als Japan und China in Kontakt mit Europäern. 1628 strandeten drei holländische Schiffbrüchige auf der Insel Cheju. Ein Vierteljahrhundert später, 1653, erlitt das Schiff *De Sperwer* der Niederländischen Ostindien-Kompanie ebenfalls Schiffbruch vor der Insel Cheju. Einer der Schiffbrüchigen, der Buchhalter Hendrik Hamel (1630–1692), konnte nach 15 Jahren in Korea mit acht Überlebenden nach Nagasaki entkommen. Er schrieb ein Buch über seine Erlebnisse, das 1668 veröffentlicht wurde und so im Westen die ersten Informationen über Korea vermittelte.

Über China gelangten etwa seit 1630 europäische Bücher über Mathematik, Astronomie, Kalenderwesen, Geographie und auch christliche Theologie sowie einige westliche wissenschaftliche Geräte und Waffen nach Korea. Koreanische Gesandte trafen in Peking europäische Missionare und besuchten die katholische Kathedrale. Sie waren beeindruckt von der westlichen Wissenschaft und Kunst. Die von europäischen Gelehrten vom Jahr 1644 an in Peking verwendeten Kalkulationsmethoden für den Kalender wurden 1653 auch in Korea übernommen. Christliche Theologie und westliche Wissenschaften wurden beide als »westliche Lehren« (*sŏhak*) bezeichnet.

Zu den koreanischen Gelehrten, die in den 1720er Jahren neugierig auf das Christentum wurden, gehörte Yi Ik. Er schrieb einen Kommentar zu Matteo Riccis Katechismus, in dem er die wissenschaftlichen Leistungen und den Lebenswandel der Missionare lobte, die christliche Theologie aber als Unsinn verwarf. Sein Schüler Sin Hudam (1702–1761) ging in seiner Kritik an der christlichen Religion noch weiter und verwarf alles, was nicht ins neokonfuzianische Gedankengebäude passte. An Chŏngbok (1712–1791), ein anderer Schüler Yi Iks und Tutor König Chŏngjos, setzte sich ebenfalls mit dem Christentum auseinander. Sein Schwiegersohn Kwŏn Ilsin (1736–1791) war als einer der ersten Koreaner zum Katholizismus konvertiert. Ihn interessierte die Wahrheit der Lehre allerdings weniger als praktische Fragen wie die, ob das Christentum gut oder schlecht für das Land und die öffentliche, konfuzianische Moral war.

Nachdem 1715 der Papst den Ahnenkult als Idolatrie verurteilt und 1724 Yongzheng das Christentum verboten hatte, gab es für die meisten koreanischen Gelehrten keine Zweifel mehr: Der Ahnenkult war unverzichtbar. In Korea begann praktisch gleich nach den ersten Konversionen die gewaltsame Unterdrückung des Christentums.

Auch wenn das Christentum unterdrückt wurde, so begannen doch andere Schüler Yi Iks in den 1770er Jahren, christliche Ideen zu übernehmen. 1784 kam Yi Sŭnghun (1756–1801) mit christlichen Texten und Kultgegenständen aus Peking nach Korea zurück. Er berichtete, er habe dort katholische Priester getroffen, und begann im Bekanntenkreis für das Christentum zu werben. Obwohl das Christentum 1785 verboten wurde, fand es unter den weniger privilegierten, aber gebildeten Bevölkerungsgruppen sowie in der städtischen Mittelschicht und unter den Frauen der Yangban seine Anhänger. Einige Dutzend Männer, vor allem aus der Südparteiung, hielten in Seoul im Frühjahr 1785 erstmals einen christlichen Gottesdienst ab. Das Treffen wurde entdeckt und der Hausherr Kim Pŏm'u daraufhin so schwer verprügelt, dass er 1786 an seinen Wunden starb. Er wurde zum ersten christlichen Märtyrer Koreas.[372] 1788 baten zwei hohe Beamte den König, europäische Bücher zu verbieten, worauf alle christlichen Bücher verboten und zerstört wurden, die Anhänger des Christentums aber verschont blieben.

Als 1790 der Bischof von Yanjing (Peking) die koreanischen Katholiken über den päpstlichen Bann des Ahnenkults als Götzendienst informierte und von den Katholiken die Einstellung dieser neokonfuzianischen Praxis forderte, vollzog König Chŏngjo (reg. 1776–1800) den Bruch. Er hoffte allerdings, dass die Katholiken ihre Fehler selbst einsehen und zur guten konfuzianischen Lehre zurückkehren würden. Doch es wurden auch Exempel statuiert. So wurde Yun Chich'ung 1791 im Alter von 32 Jahren hingerichtet, weil er seine Mutter nicht den neokonfuzianischen Riten entsprechend begraben hatte. 1794 wurde der chinesische Priester (James) Zhou Wenmo nach Korea eingeschmuggelt, und die Gemeinde wuchs innerhalb weniger Jahre auf vielleicht 10 000 Personen an. Als 1800 der Brief des koreanischen Christen (Alexius) Hwang Sayŏng an den katholischen Bischof von Peking Alexandre de Gouvea abgefangen wurde, in dem um westliche Militärhilfe zur Erzwingung der Religionsfreiheit in Korea gebeten wurde, nahm die Verfolgung der Katholiken zu. Der neue König Sunjo (reg. 1800–1834) ließ Katholiken verhaften und alle unter ihnen hinrichten, die ihrem Glauben nicht abschwören wollten. Zu ihnen gehörten 1801 Zhou Wenmo, Hwang Sayŏng wie auch 300 Konvertiten.[373] Beamte, die sich für die Christen eingesetzt hatten, wurden degradiert oder ins Exil geschickt. Weitere Hinrichtungen von Christen erfolgten 1839, 1846 und 1866.

VII Chinas Beitrag zum Aufstieg der westlichen Welt

Seit dem Ende des 18. Jahrhunderts verbreiteten sich Theorien zur Überlegenheit des dynamischen und fortschrittlichen Westens (Europa) gegenüber dem stagnierenden und unveränderlichen Osten (China) unter westlichen Intellektuellen und Politikern. In Europa wurde angenommen, dass sich der westliche Einfallsreichtum aus den besseren Bedingungen in einer als »rational«, »tolerant«, »demokratisch« und »zivilisiert« beschriebenen Gesellschaft generiere. Doch Jahrhunderte bevor solche Überlegungen Raum griffen, gab es eine Zeit, in der weder technische Neuerungen und Veränderungen noch neue Ideen wie selbstverständlich an den im Westen propagierten individuellen Einfallsreichtum gekoppelt wurden. Wie John M. Hobson in *The Eastern Origins of Western Civilisation* gezeigt hat,[374] profitierte Europa in großem Umfang von Erfindungen, die in China entwickelt und zwischen 500 und 1800 durch Händler, Reisende und Missionare von Ostasien über den Nahen Osten auch nach Europa vermittelt und dort übernommen und angepasst wurden. Chinesische Ideen inspirierten besonders vom Ende des 17. Jahrhunderts bis etwa 1780 die europäische Aufklärung bezüglich der Vorstellungen von Herrschaft, Machtausübung, Moralphilosophie, Architektur, Alltagsgegenständen und vielem mehr.

Zwar fand Handel über den Landweg, die sogenannte Seidenstraße, von China über Zentralasien in den Nahen Osten schon mindestens seit dem 3. Jahrhundert v. Chr. statt, doch besondere Bedeutung für ihn kommt der Zeit der *Pax mongolica* im 13. Jahrhundert zu, als das mongolische Reich von Korea bis ins europäische Russland reichte. Man wusste damals in Europa durch die Mönche Giovanni da Pian del Carpine (1182?–1252), Wilhelm von Rubruck (1215/1220–1270) und Odorico de Pordenone (1286–1331) sowie durch Marco Polo (1254–1324) und andere italienische Kaufleute, die in China gewesen waren, einiges über Ostasien. Marco Polo rühmte auch Cipangu (Japan) als ein Reich, wo es Gold in Hülle und Fülle gebe. Indische und arabische Kaufleute handelten nicht nur mit chinesischen Waren, sondern vermittelten auch Kenntnisse über China in den Westen. Von Peking aus reiste um 1275 der Nestorianermönch Rabban Bar Sauma nach Bordeaux und Paris und besuchte auch Papst Nikolaus IV. in Rom. Der persische Arzt und Historiker Rashīd al-Dīn Tabīb (1247–1318) wird als der bedeutendste Vermittler von östlichen Ideen in den Westen angesehen. Er verbreitete in seinem um 1313 veröffentlichten Werk *Schatz des Il-Khan über die Wissenschaften Kathays* Kenntnisse zur chinesischen Medizin und veröffentlichte anatomische Abbildungen nach dem *Cunzhen huanzhong tu* (Abbildungen der inneren Organe und Gefäße) von 1113, kompiliert von Yang Jie. Das geschah 300 Jahre vor dem Erscheinen anatomischer Abbildungen in Europa. Die Abbildungen des *Cunzhen huanzhong tu* waren auch in Korea und Japan bekannt.

Ein weiterer berühmter Reisender war der islamische Rechtsgelehrte Ibn Battuta (1307–1377) aus Tanger, der über Zentralasien, Nordindien und Südchina bis nach Peking gelangte und erst 1349 in seine Heimatstadt Tanger zurückkehrte. Er war ein vorzüglicher Beobachter, der in seinem Reisebericht (*Rihla*) über hydraulische Maschinen, Seide und Porzellan, die Vorteile des Papiergeldes, den Schiffsbau in Guangzhou, die öffentliche Ordnung von Peking und über vieles andere schreibt. Die Banknoten der Mongolen von 1260 erreichten Persien im Jahr 1294, also lange bevor Papiergeld in Europa in Umlauf kam. Das Porträt eines mongolischen Bogenschützen von Antonio Pisano (ca. 1395–ca.1455) belegt, dass auch später noch Besucher in den Westen kamen, so auch vier junge christliche Samurai, die 1582 von Nagasaki nach Lissabon und Rom reisten und dort vom Papst empfangen wurden. 1586 schifften sie sich in Lissabon wieder nach Japan ein. Im Jahr 1615 empfing Papst Paul V.

in Rom den zuvor in Madrid christlich getauften Hasekura Tsunenaga (1571–1622), einen Vasallen von Date Masamune, dem mächtigen Daimyō von Sendai.

Viele der technischen Erfindungen und Entwicklungen, die in Europa maßgeblich zum Entstehen eines neuen Welt- und Menschenbildes in und nach der Renaissance beigetragen haben und Jahrhunderte später die technische Grundlage für die industrielle Revolution bildeten, waren chinesischen Ursprungs.[375] Weder Jean François Fernel (1497–1558) oder Geronimo Cardano (1501–1576) noch Francis Bacon (1561–1626) brachten Schießpulver, Buchdruck und magnetischen Kompass, die in Europa ein neues Zeitalter einläuteten, mit China in Verbindung. Auch im Werk *Nova Reperta* (Neue Entdeckungen), das um 1585 von Jan van der Straat in Amsterdam veröffentlicht wurde, wird China nicht erwähnt. Zu den dort beschriebenen neuen Entdeckungen beziehungsweise Erfindungen gehörten der amerikanische Kontinent, der magnetische Kompass, Schießpulverwaffen, die Druckerpresse, die mechanische Uhr, Guaiacum officinale (für die Behandlung von Syphilis), die Destille, Seidenraupen, der Maulbeerbaum und der Steigbügel. Erst im 17. Jahrhundert konnten Jesuiten-Missionare die Europäer davon überzeugen, dass einige dieser neuen »Entdeckungen« aus China stammten.

Von der »Feuerarznei« zur Rakete

Die »Feuerarznei« (*huoyao*), wie Schießpulver auf Chinesisch heißt, bestand aus Salpeter, Schwefel und Holzkohle. Die Bezeichnung Arznei rührt daher, dass man Salpeter und Schwefel in der Han-Zeit als Heilmittel benutzte. Im 9. Jahrhundert, als man in China intensiv nach der Droge der Unsterblichkeit suchte, stießen Alchimisten auf die bei Hitzeeinwirkung explosiven Eigenschaften der Mischung. Das Experiment mit Schießpulver, bei dem ein Haus abbrannte, ist im *Zhenyuan miaodao yaolue* (Wesentliches über das geheime Dao vom wahren Ursprung der Dinge) von etwa 850 beschrieben. Von da an wurde die Mischung für Feuerwerkskörper bei religiösen und anderen Festen genutzt, und ab dem 10. Jahrhundert setzte man sie auch militärisch ein. Informationen zum Schießpulver enthielt Zeng Gongliangs *Wujing zongyao* (Sammlung der wichtigsten Militärtechniken) von 1044. Bei der Belagerung von Kaifeng 1126 kamen »donnernde Explosivladungen« (*pilipao*) und Splitterbomben – als »der den Himmel erschütternde Donner« (*zhentianlei*) bezeichnet –, zum Einsatz. Eine Rohrfeuerwaffe (*huoqiang*), die auf das Ende eines Speeres montiert war und eine lange anhaltende Flamme ausstieß, wurde zum ersten Mal um 1130 erwähnt. Seit 1161 verwandte man Schießpulver für Raketen, wörtlich Feuerpfeile (*huojian*), und für Feuerbälle (*huoqiu*), einfache Bomben, die von Katapulten über Stadtmauern geschleudert wurden. 1259 verschoss ein aus Bronze gegossener Eruptor (*tuhuoqiang*), wie Joseph Needham die Waffe nannte, Bleikugeln mit Hilfe des feuersprühenden Rohres. Von 1288 stammt die erste echte bronzene Handfeuerwaffe, 30 Zentimeter lang mit geradliniger Bohrung, kleinem Zündloch und Zündkammer. Die frühen Schießpulverwaffen in Europa weisen Ähnlichkeiten mit den frühen chinesischen Feuerwaffen auf.

Spätestens seit der mongolischen Oberherrschaft in Korea war Schießpulver auch dort bekannt. 1376 wurde Schießpulver nach der chinesischen Rezeptur hergestellt und 1377 eine Manufaktur für Bomben und Raketen eingerichtet. 1380 wurden Kanonen gegen japanische Piraten in der Mündung des Kŭm-Flusses eingesetzt. In Japan verbreitete sich die Schießpulvertechnik seit der Mitte des 16. Jahrhunderts.

Mit der mongolischen Invasion in Zentralasien und Transoxanien in der ersten Hälfte des 13. Jahrhunderts wanderte das Wissen über das Schießpulver nach Westen. 1241 setzten die Mongolen Schießpulverwaffen in der Schlacht von Muhi am westlichen Ufer des Flusses Sajó in Ungarn ein und vernichteten das Heer des ungarischen Königs. Schießpulver, insbesondere die Bedeutung von Salpeter, dem »Schnee aus China« (arab. *thalj al-Sin*), war zu der Zeit in Indien wie auch den islamischen Regionen bekannt. Die Muslime benutzten Feuerwaffen 1249 erfolgreich gegen die Ritter des sechsten Kreuzzugs (1248–1254) in der Schlacht von al-Mansura in Ägypten. Der Syrer Hassan al-Rammah listet in seinem Buch über berittenen Kampf und Kriegsmaschinen (*Kitab al-furusiyya wa'l-manasib al-harbiyya*) von etwa 1280 über 100 Mischungen für Schießpulver auf. Eine raketenartig funktionierende Waffe nannte er »chinesischer Pfeil«.

In Europa enthalten Abschriften des *Liber Ignium* (Buch des Feuers) aus dem späten 13. Jahrhundert Rezepturen für salpeterhaltige Mischungen. Roger Bacon, der mit dem erst 1256/1257 aus China zurückgekehrten Mönch Wilhelm von Rubruck befreundet war, gibt in seinen Schriften ebenfalls Mischungsverhältnisse für Schießpulver an, die er von Wilhelm von Rubruck erfahren haben könnte. Vom 14. Jahrhundert an verbreiteten sich Feuerwaffen und Kanonen schnell in ganz Europa. Die neuen Waffen trugen neben wirtschaftlichen und militärischen Faktoren zum Niedergang der schwer gerüsteten Panzerreiter bei. Die erste bildliche Darstellung einer Feuerwaffe chinesischen Typs mit einem Pfeil als Geschoss ist in einem Traktat des Walter de Milimete von 1327 enthalten, und die erste Schlacht, bei der die Engländer Kanonen einsetzten, fand am 16. August 1346 in Crécy in Nordfrankreich statt. Im weiteren Verlauf der Entwicklung übertrafen die in Europa hergestellten Feuerwaffen bald die chinesischen.

Raketen und Raketenwerfer, wie sie bereits seit dem 12. Jahrhundert in China als mehrstufige »Feuerdrachen« bekannt waren, kamen wohl bereits 1380 im Krieg zwischen Venedig und Genua zum Einsatz,[376] auch die in der Völkerschlacht bei Leipzig am 18. Oktober 1813 von der Royal Artillery Rocket Brigade erfolgreich eingesetzten Raketen gehen auf die chinesischen Vorläufer zurück. Die englischen Raketen wurden wie die chinesischen so flach abgefeuert, dass sie nahezu parallel zum Erdboden auf den Feind zuflogen. Die Engländer selbst hatten diesen Typ von vergleichsweise großen Raketen von den einheimischen indischen Truppen erbeutet, die gegen die East India Company gekämpft hatten.[377] Die Raketentechnik fand danach in Europa allerdings erst wieder im 20. Jahrhundert angemessene Beachtung.

Buchdruck

Voraussetzung für den Buchdruck war die Produktion von Papier, das in China in großen Mengen seit der Han-Dynastie, in Korea mindestens seit dem 5. Jahrhundert und in Japan seit 610, wenn nicht bereits früher hergestellt wurde. 751 verloren die Chinesen die Schlacht von Talas (in Kirgisistan) gegen die Araber, und viele chinesische Handwerker, welche die Papierherstellung beherrschten, gerieten in arabische Gefangenschaft. So verbreitete sich die Papierherstellung von Samarkand nach Baghdad (794), Damaskus, Kairo (900), Fez (1100) und schließlich um 1151 nach Spanien. Die ersten Papiermühlen in Italien wurden 1276 in Fabriano und 1293 in Bologna gegründet, in Frankreich in Troyes 1348, in Nürnberg 1390, in Krakau 1491 und in Hertford in England 1494.

Die Geschichte des Siegel- und Textildrucks reicht in China bis ins 1. Jahrtausend v. Chr. zurück. Druck auf Papier von Holzplatten war in China schon in der Sui-Zeit (581–618) bekannt, doch die ältesten erhaltenen textlichen Druckerzeugnisse stammen aus Korea (ca. 705 n. Chr.) und Japan (770). Der älteste datierte chinesische Druck geht auf das Jahr 868 zurück. Von 950 an wurde eine wahre Flut an Büchern auf der Basis des Holztafeldrucks hergestellt. Es ist sehr wahrscheinlich, dass sich der Holztafeldruck während der Zeit der *Pax mongolica* nach Europa verbreitet hatte, doch es war der persische Arzt Rashīd al-Dīn Tabīb, der die Erfindung des chinesischen Druckes als Erster außerhalb Chinas erwähnte. Schon 1546 brachte der italienische Historiker Paolo Giovio den Holztafeldruck mit China in Verbindung.[378] In der Song-Dynastie benutzte Bi Sheng zwischen 1041 und 1048 zum ersten Mal bewegliche Lettern aus Keramik. Der Beamte Wang Zhen, Autor des *Nongshu* (Buch der Landwirtschaft) von 1313, beschrieb die neue Drucktechnik ausführlich und ließ 1298 eine Lokalmonographie mit dieser Technik herstellen. Eine Druckerpresse wurde in China nicht gebraucht, weil das chinesische Papier qualitativ besser und dünner war als das europäische und deswegen der »Abdruck« der Holztafel auf den Papierbogen mit einer Bürste per Hand erfolgte. Obwohl in China der Druck mit beweglichen Lettern bekannt war, wurde für hohe Auflagen aus Kostengründen der Holztafeldruck bevorzugt.

Das älteste mit beweglichen Lettern aus Metall gedruckte Werk war das nicht mehr erhaltene koreanische *Sangjŏng kogŭm yemun* (Rituelle Texte der Vergangenheit und Gegenwart) von 1234.[379] Das älteste noch erhaltene Werk unter den mit beweglichen Lettern gedruckten Texten ist das buddhistische *Chikchi shimgyŏng* (Im Mittelpunkt des Denkens) von 1377 aus Korea.[380] Bereits einige Jahrzehnte vor Johannes Gutenberg (1400–1468) wurde in Italien, Haarlem und Avignon mit beweglichen Lettern aus Holz und Metall experimentiert, doch die viel zu großen Lettern und ihre unzureichende Qualität führten zu keinem befriedigenden Ergebnis. Erst Johannes Gutenberg gelang es, ab 1458 qualitativ hochwertiges Papier mit Hilfe von beweglichen Metalllettern und einer Druckerpresse zu bedrucken. Allerdings wurde auch bei ihm schon früh angenommen, dass seine Erfindung vom chinesischen Buchdruck beeinflusst war. Die neue Drucktechnik verbreitete sich innerhalb eines Jahrzehnts von Mainz aus nach Rom, Basel und Wien, danach in den 1470er Jahren nach Paris, Valencia, Brügge, London, Delft und Moskau.

Kompass

Zu den »Erfindungen«, die für die Seefahrer wie Christoph Kolumbus (1451–1506), Vasco da Gama (1469–1524) und Fernão de Magalhães (Ferdinand Magellan, 1480–1521) unentbehrlich waren, gehörte der magnetische Kompass. Er erlaubte es, jederzeit die Himmelsrichtung zu bestimmen. Der Prototyp eines Kompasses besteht aus einer magnetisierten Eisennadel mit einer Scheibe, auf der die Himmelsrichtungen angegeben sind. In China gehörte der Kompass schon lange vor der Song-Zeit zum Handwerkszeug der Geomanten, deren Aufgabe darin bestand, im Einklang mit den Strömen in der Natur geeignete Plätze zum Bauen von Häusern und zur Anlage von Gräbern zu finden. Eine Form des Kompasses mit einem nach Süden zeigenden Fisch als Kompassnadel wurde in der chinesischen Seefahrt bereits seit 850 eingesetzt. Verbreitet war der Kompass seit etwa 1090.[381] Durch Vermittlung der Araber gelangte er im 12. Jahrhundert nach Europa. Erste Erwähnungen einer Metallnadel als Kompass finden sich in Europa bei dem Benediktiner Hugues de Bercy, besser bekannt als Guiot des Provins, in *La Bible* von 1181 oder 1187 und bei Alexander Neckam in *De naturis rerum* (Über die Beschaffenheit der Dinge) von etwa 1190. Der Kompass half nicht nur bei der Navigation und trug zum Entstehen einer Kartographie bei, sondern führte, wie William Gilbert in *De Magnete* von 1600 darlegt, zu vielen weiteren wichtigen physikalischen Erkenntnissen.[382]

Schiffbau

Bereits im 1. Jahrhundert n. Chr. gab es in China Schiffe mit Axialruder oder Heckruder. Der japanische Mönch Ennin erwähnt den Gebrauch von Heckruder und Seitenruder bei seiner Überfahrt nach China 838 und bei seiner Rückreise nach Japan 839. Die großen Lastkähne und Passagierboote auf der Querrolle *Qingming shanghe tu* (Am Frühlingsfest den Fluss hinauffahren) aus dem 11. Jahrhundert belegen den Gebrauch des Heckruders. Koreanische Schiffe verfügten im frühen 12. Jahrhundert über ein Heckruder, und arabische Seefahrer haben den chinesischen Typ spätestens im 13. Jahrhundert übernommen. Obwohl die Ägypter und Römer bereits mit Rudern zentral achtern am Heck steuerten, sind die ältesten mittel- und nordeuropäischen vom Achtersteven aus drehbaren Heckruder auf einem Taufstein von etwa 1185 in der Kathedrale von Winchester und seit 1242 auf Koggesiegeln abgebildet. Ohne Heckruder hätten Christoph Kolumbus und andere ihre Entdeckungsreisen nur sehr schwer durchführen können.

Chinesische Frachtschiffe der Song-Zeit waren, wie aus archäologischen Funden bekannt, mit Schotten gebaut. Der Rumpf eines mittelgroßen Frachtschiffes hatte 15 Schotten und 37 Spanten. Für die Effizienz des Transports auf Binnengewässern sorgten Kammerschleusen mit zwei Toren, deren Bau bereits für 984 dokumentiert ist. 1444 berichtet der Venezianer Niccolò de Conti: »Sie [die Chinesen] bauen Schiffe, die größer sind als unsere, 2000 Tonnen mit fünf Segeln und ebenso vielen Masten. Sie haben drei Decks [...]. Die Schiffe sind [durch] Schotten eingeteilt, die so beschaffen sind, dass, falls eine in einem Sturm bricht, die anderen dennoch halten [und die Reise mit relativer Stabilität des Schiffes und nur partiell beschädigter Ladung beendet werden kann].« Hunderte Jahre vergingen zwischen dem Bekanntwerden der Neuerung und der Umsetzung im europäischen Schiffbau. Sir Samuel Bentham brachte nach seiner Chinareise 1782 diese chinesische Schiffbautechnik nach Europa. 1795 wurden sechs Segelschiffe im Auftrag der Admiralität mit Schotten gebaut.

Vorgeschichte der industriellen Revolution

Die Geschichte der industriellen Revolution, die in der zweiten Hälfte des 18. Jahrhunderts in England begann, ist eng mit der Erfindung der Spinnbank, dem mechanischen Webstuhl, der Nutzung von Wasserkraft und der Dampfmaschine verbunden. Ein Grundelement der Dampfmaschine, das Kolbenkraftprinzip, beschrieb Wang Zhen bereits in seinem *Nongshu* (Buch der Landwirtschaft) von 1313, und eine ganze Reihe von späteren westlichen Maschinenbaukonstruktionen geht ebenfalls auf chinesische Vorbilder zurück. »[Doch] anders als bei der Dampfmaschine wurden hier nicht Räder über einen Kolben, sondern es wurde ein Kolben, [der sich vor und zurückbewegt], über Wasserräder angetrieben.«[383] Eine Kurbelwelle wurde bei den chinesischen Konstruktionen nicht verwendet.

Textiltechnik

Seidenfäden wurden schon im chinesischen Neolithikum von den Kokons des Seidenspinners *Bombyx mori* L. *sericaria* mit Hilfe einer Handhaspel gewonnen. Weitere Bearbeitungsschritte des Seidenstrangs wie das Vordrehen (Filieren) und das Zwirnen (Moulinieren) erfolgten seit der Mitte des 1. Jahrtausends v. Chr. auf dem stationären Spindelrad (*fangche*) oder Spulrad, einem Vorläufer des europäischen Spinnrads.

Spätestens im 6. Jahrhundert erreichte die Seidentechnik das

Byzantinische Reich. Die arabischen umayyadischen und abbasidischen Kalifate (749–1258) übernahmen sie, und ihre syrischen Handwerker brachten sie in die Täler Südspaniens. Von Byzanz aus verbreitete sich die Seidentechnologie im 9. und 10. Jahrhundert in Italien. Hugo Falcandus erwähnt 1189, dass in den Seidenwerkstätten von Palermo Seidenfäden in verschiedenen Farben gezwirnt wurden. Jean de Garlande (1190–1252) nahm in seinem lateinischen Wörterbuch einen Eintrag zum Spindelrad (*troclea*) auf, und die Statuten der Textilgilde von Speyer aus dem Jahr 1280 erwähnen es ebenfalls für das Spinnen von Schussfäden. Die frühesten bildlichen Darstellungen von Spindelrädern in Europa finden sich auf Glasfenstern in der Kathedrale von Chartres, die aus der Zeit zwischen 1240 und 1245 stammen. Die früheste arabische Referenz zur Seidenfadenverarbeitung stammt aus dem frühen 11. Jahrhundert, die arabische Darstellung eines »chinesischen« Spindelrads findet sich in einem illustrierten Manuskript von 1237.

Seidenhaspelstühle wurden in China schon um 1090 ausführlich beschrieben. Sie lassen sich unschwer als die Vorläufer der italienischen Haspelstühle erkennen, wie sie beispielsweise Campagnola um 1510 in Italien gezeichnet hat. In China baute man schon in der Song-Zeit mit Wasserkraft betriebene Seidenzwirnbänke, deren Konstruktionsprinzip auch für das Zwirnen von Bastfasern Verwendung fand.[384] Diese Technik wurde nach Persien und in den Nahen Osten gebracht. Im Jahr 1030 beschrieb der persische Beamte Ibn Miskawayh eine Spinnbank für das Spulen von Seidenfäden. Wirtschaftliche Gründe führten in Italien zu erheblichen Verbesserungen: Aus Seidenzwirnbänken wurden Zwirnmühlen, die man im 13. Jahrhundert bereits in Lucca und Bologna, in Paris und Köln betrieb. Ein florentinisches Manuskript von 1487 enthält die Abbildung einer Seidenzwirnmühle mit Beschreibung, und 1607 wurde Vittorio Zoncas (1568–1602) Werk *Nuovo teatro di machine et edificii*, in dem eine wasserbetriebene Seidenzwirnmühle abgebildet und beschrieben ist, posthum veröffentlicht. 1719 errichteten John und Thomas Lombe in Derby die Lombe'schen Seidenzwirnmühlen mit 26 000 Spindeln. Sie übertrafen nicht nur in der Größenordnung alles, was man bis dahin auf diesem Gebiet in Europa gesehen hatte, sondern sie waren als ingenieurtechnische Meisterleistung auch das Ergebnis eines internationalen Wettbewerbs auf dem Seidenmarkt.

Der mittelalterliche europäische Trittwebstuhl besitzt alle technischen Kennzeichen des horizontalen Trittwebstuhls mit hölzernem Rahmen, der wohl bereits seit Mitte des 1. Jahrtausends v. Chr. in China verwendet wurde. Die früheste Beschreibung des Trittwebstuhls in Europa findet sich im Kommentar zum *Babylonischen Talmud* des Rashi von Troyes (Rabbi Salomon Ben Isaac, ca. 1040–1105). Rashi bemerkte nicht nur den technischen Unterschied zwischen den neuen und alten Webstühlen, sondern stellte auch fest, dass am alten (und langsam zu bedienenden) vertikalen Webstuhl noch Frauen arbeiteten, während am neuen (und schnell zu bedienenden) horizontalen Trittwebstuhl Männer saßen. Weberei wurde so zu einem Handwerk der Männer. In Mainz gab es bereits im Jahr 1099 städtische Weber, die wohl an Trittwebstühlen arbeiteten. In Fez in Marokko waren um 1200 mehr als 3000 Trittwebstühle in Betrieb. Bis zum 14. Jahrhundert stieg die Anzahl der in Flandern betriebenen Webstühle, viele davon Breitwebstühle, die von zwei Webern gleichzeitig bedient wurden, in die Tausende. Der horizontale Trittwebstuhl löste in Europa nicht nur die erste Revolution in der Textilproduktion aus, sondern trug auch dazu bei, ein neues Zeitalter des Handels einzuläuten.

Auch der Zugwebstuhl mit Musterturm ist in China seit der Han-Zeit belegt.[385] Dieser Typ von Webstuhl kam wahrscheinlich auf demselben Weg von China nach Europa wie das Spindelrad, der Seidenhaspelstuhl und der horizontale Trittwebstuhl. Vom Jahr 762 ist bekannt, dass die Abbasiden chinesische Damastweber aus der nordchinesischen Provinz Shanxi in ihrer Hauptstadt Kufa beschäftigten. Der Grabstein von Ibrahim-dem-Brokatweber von 1072 belegt, dass sich arabische Weber in Sizilien niederließen, als die Insel noch fatimidische Provinz war. Im 11. Jahrhundert begannen jüdische Weber aus Süditalien mit der gemusterten Seidenweberei in Lucca, 1147 wurden Weber aus Athen in Palermo angesiedelt, 1187 gab es eine organisierte Seidenweberei in Florenz, 1265 folgte Venedig.

Wie verschiedene Textilfunde in China belegen, wurde der Zugwebstuhl schon früher eingesetzt, als es das *Ziren yizhi* (Traditionen der Schreiner) von 1264 annehmen lässt.[386] Dieses Werk enthält die weltweit früheste ausführliche Konstruktionsbeschreibung eines Zugwebstuhls mit Harnischturm zum Ziehen der Muster. Das früheste arabische schriftliche Zeugnis der Verwendung eines Zugwebstuhls stammt von al-Nuwairi und steht in Verbindung mit dem Besuch von Sultan al-Ashraf Sha'ban in den Textilwerkstätten von Alexandria im Jahr 1376. In den siebziger Jahren des 15. Jahrhunderts wurde ein Zugwebstuhl von Italien nach Frankreich gebracht, dessen Mechanik Claude Dangon 1606 zum Zampelwebstuhl (*métier à la tire*) umgestaltete, der zu einem Aufschwung der Seidenindustrie in Lyon führte. Basile Bouchon installierte 1725 am Webstuhl Lochstreifen, sein Assistent Jean-Baptiste Falcon 1728 dann Lochkarten. Es folgten weitere Entwicklungen, bevor Joseph-Marie Jacquard im Jahr 1805 durch die mechanische Lösung des Musterziehens mit Lochkarten aus Pappschablonen, die Jacquardeinrichtung, den Webstuhl optimierte. Lochkarten waren die französische Alternative zum manuellen Ordnungssystem mit Zugfäden am Zugwebstuhl in China. Jacquardeinrichtungen an Webstühlen werden bis heute verwendet. Die 1884 erfundene Hollerith-Lochkarte als mechanisches Speichermedium für die Datenverarbeitung war eine Weiterentwicklung der Lochkarten in der Weberei.

Chinesische Beiträge zur »Aufklärung«

Es waren nicht nur technische Innovationen und Erfindungen, die im Westen durch chinesische Vorgaben über Jahrhunderte angestoßen wurden. Mit den wachsenden Kenntnissen über China, die sich in einer Flut von Publikationen zwischen dem 16. und 18. Jahrhundert manifestieren, griffen auch andere Sichtweisen von Politik, vom säkularen Modell des chinesischen Staates, von konfuzianischer Ethik und Wirtschaft in Europa Raum. Auch über Japan wurde seit der Zeit des Jesuiten Francisco de Xavier, der 1549 nach Japan gekommen war, einiges im Westen bekannt. 1577 berichtete ein Missionar, dass die Japaner, ein Volk mit vielen Talenten und natürlichen Begabungen, dem Westen in allen Dingen überlegen seien außer auf dem Gebiet der Religion. Diese und andere Berichte riefen ein starkes Interesse in Europa hervor. Der kompetenteste europäische Chronist Japans war der portugiesische Missionar Luís Fróis (1532–1597), der unter anderem auch Oda Nobunagas Festung Azuchi, seinen Herrschaftsanspruch, der weit über Japan hinausging, und seinen gewaltsamen Tod 1582 beschrieben hat.[387]

Bereits 1586 veröffentlichte der spanische Augustiner Juan González de Mendoza, der drei Jahre in China gelebt hatte, in Rom die erste westliche Geschichte Chinas unter dem Titel *Historia de las cosas más notables titos y costumbres del gran reyno de la China* (Geschichte der höchst bemerkenswerten Dinge und Sitten im Königreich von China), eine Art von Landesgeschichte, in der chinesische Schriftzeichen verwendet wurden. 1588 erschienen eine italienische, englische und französische Übersetzung, 1589 eine Teilübersetzung in Frankfurt am Main. Einen bedeutsamen Schub an Informationen über China, die in ihrer Wirkung unvergleichlich stärker waren als alles, was bis dahin in Europa über China bekannt geworden war, erhielt das intellektuelle Europa durch den Jesuiten Matteo Ricci, der sich 1578 im Auftrag des Papstes Gregor XIII. nach Ostasien aufgemacht hatte. Ricci erlernte sowohl die chinesische Sprache als auch die chinesische Schrift und war der erste Europäer, der einige der konfuzianischen Klassiker in das Lateinische übersetzte. Bereits 1615 veröffentlichte der flämische Jesuit Nicolas Trigault, der auch eine Umschrift für Chinesisch entworfen hatte, die Briefe und Nachrichten Riccis aus China unter dem Titel *Litterae Societatis Iesu e regno Sinarum* in Augsburg. Hinzu kamen im selben Jahr die Schriften, die man nach Riccis Tod in seinem Büro in Peking gefunden hatte, unter dem Titel *De Christiana expeditione apud Sinas.*

Die große Nachfrage nach diesem Lesestoff, in dem Konfuzius bereits als Gründer einer rationalen Ethik beschrieben wird, lässt sich daran erkennen, dass französische Übersetzungen 1616 in Lyon, 1617 in Lille und 1618 in Paris erschienen waren, eine englische Teilübersetzung 1625 in London. Zum ersten Mal erhielt die europäische Öffentlichkeit Informationen zum Geistesleben in China. Das chinesische Staatswesen, so dachten viele, konnte sogar als ein Modell für Europa dienen. Ricci setzte damit auch den Maßstab für die Berichterstattung der Jesuitenmission in China. Der italienische Jesuit Martino Martini (1614–1661), der ebenfalls in China lebte und dort verstarb, veröffentlichte 1658 in München sein Werk *Sinicae historiae decas prima: res a gentis origine ad Christum natum in extrema Asia*. In diesem Werk zur chinesischen Geschichte »vom Anfang bis zu Christi Geburt« tauchen Fragen nach der zeitlichen Einordnung der Sintflut auf. Es wurde auch gefragt, welcher Sohn oder Enkel Noahs den Weg nach China genommen habe. Das Problem hatte deshalb Aufmerksamkeit gefunden, weil das Alte Testament nur schwer mit der chinesischen Chronologie der Herrscher, deren Beginn Martini mit dem Jahr 2952 v. Chr. angab, in Einklang zu bringen war. Weitere Werke über China und Konfuzius folgten bald: 1667 erschien *China illustrata* von Martinis Lehrer in Rom, dem Jesuiten Athanasius Kircher. Mit der Veröffentlichung von *Confucius Sinarum Philosophus* unter der Leitung des Jesuiten Philippe Couplet im Jahr 1687, das 1688 ins Französische und 1691 ins Englische übersetzt wurde, wurde Konfuzius zum Schutzpatron der Aufklärung. Von da an waren die Neugier und der Wissensdurst bezüglich Chinas nicht mehr zu stillen.

Buchsammlungen mit chinesischen Büchern wurden aufgebaut, etwa die des Großen Kurfürsten Friedrich Wilhelm von Brandenburg (reg. 1640–1688). Der erste gedruckte Katalog der »sinesischen« Bücher von 1683 stammt von Andreas Müller. 1696 veröffentlichte Louis Le Comte in Paris *Nouveaux mémoires sur l'état présent de la Chine*, in dem China insgesamt als höchst zivilisiertes Reich und eine politisch dominante Macht dargestellt wird, die einen Vergleich mit europäischen Ländern nicht zu scheuen braucht. Ludwig XIV., der 1685 französische Jesuiten nach China entsandt hatte, bezeichnete den Kaiser von China als tolerant und erleuchtet.

Die Missionare sollten über die Herstellung von Metallen, Tee, Papier, Seide, Porzellan und verschiedene militärische sowie landwirtschaftliche Techniken berichten.

Wie schon im Fall Chinas formten vor allem die Schriften der Jesuiten und andere Reiseberichte auch das Japanbild Europas im 17. Jahrhundert. Allein 70 Berichte erschienen in deutscher Übersetzung. Darunter war das Werk *Rechte Beschryvinge [...] van Iappan* von François Caron (ca. 1600–1673), der 22 Jahre in Japan verbracht hatte, besonders einflussreich. Während seines zehnjährigen Aufenthalts in Asien führte Engelbert Kaempfers (1651–1716) Weg auch nach Japan, wo er 1690 auf Dejima als Arzt in Diensten der Niederländer stand. 1693 kehrte er nach Europa zurück. Kaempfer prägte durch seine Kenntnisse sowie seine immensen Sammlungen und Schriften, besonders auch durch die bereits 1727 auf Englisch erschienene, dann 1777/1779 auf Deutsch publizierte *Geschichte und Beschreibung von Japan* das westliche Japanbild im 18. Jahrhundert.[388] Dieses Bild von Japan fand auch seinen Weg in die zwischen 1747 und 1766 entstandene *Encyclopédie* von Denis Diderot.[389] Kaempfer empfahl den europäischen Staatsmännern auch die japanische Politik des inneren Friedens als ideale Politik.

Als sich Gottfried Wilhelm Leibniz (1646–1716) mit China zu befassen begann, beschäftigte er sich zunächst mit der chinesischen Sprache und Schrift. Leibniz unterhielt mit den Jesuiten, den damals kompetentesten Kennern Chinas, eine umfängliche Korrespondenz, in der er immer wieder auf Fragen zu chinesischer Religion und Wissenschaft, zum Bergbau und zur Porzellanherstellung, zum Alter Chinas, zu dort lebenden Juden und vieles andere zu sprechen kam. 1689 entschloss er sich, für mehrere Monate in Rom an der Bibliothek des Jesuitenkollegs zu studieren, denn das war damals der Ort, an dem alle aktuellen Informationen über China zusammenflossen und die versiertesten Kenner Chinas zu finden waren. Was die Jesuiten in China vollbrachten, formulierte Leibniz als *propagatio fidei per scientias*, die Verkündung des Glaubens durch die Wissenschaften.

Wie die meisten Intellektuellen des Jahrhunderts war auch Leibniz überzeugt, in China »eine andere Welt« zu finden, die den Geist Europas zu ergänzen vermochte. In diesem Zusammenhang wurde der Konfuzianismus als Kennzeichen der chinesischen Kultur schlechthin betrachtet. Zu diesem Zeitpunkt hatten die Intellektuellen Europas bereits von der generalistischen Ausbildung der Beamtenkandidaten erfahren. Sie wussten um das gestufte Prüfungssystem und die Stellung sowie Funktion der Beamten-Gelehrten am Hof ebenso wie um die Wechselbeziehung zwischen dem Kaiser und seinen Beamten. Leibniz, der den französischen Absolutismus kritisierte, war von diesem System begeistert, da es den Beamten-Gelehrten eine eigene Identität zu geben vermochte, anders als im zeitgenössischen absolutistischen Europa mit seinem aristokratischen Machtgefüge.

1697 veröffentlichte Leibniz *Novissima Sinica* (Neuestes aus China), worin er auch seine Vorstellungen von kulturellem Austausch darlegte. Dazu gehörten Vorschläge zur Übernahme von nützlichen Einrichtungen aus China, die auf einem in der damaligen Zeit unübertroffenen Verständnis von zivilem Leben basierten. Leibniz begeisterte sich an der Idee der in China bereits seit Jahrhunderten bestehenden Akademie der Beamten-Gelehrten, der Hanlinyuan. Er hielt sie für wert, dass man sie in abgewandelter Form auch in Europa einführte. In Zusammenhang mit seinen Überlegungen hinsichtlich einer weltweiten Kooperation von Wissenschaftlern dachte er auch an einen Gelehrtenaustausch mit China. Dazu kam es zwar nicht, doch die Gründung der Akademie in Berlin 1700 geht auf Leibniz zurück, der bereits die Royal Society (gegründet 1660) kannte. Er war es auch, der Zar Peter den Großen zur Gründung der Akademie für Wissenschaft und Künste in St. Petersburg inspirierte.

In Frankreich setzten die Jesuiten ihre Publikationstätigkeit über China im 18. Jahrhundert fort. Jean-Baptiste du Halde veröffentlichte seit 1711 nicht nur die *Lettres édifiantes et curieuses*, sondern publizierte 1735 in Paris auch sein vierbändiges Werk *Description [...] de la Chine et de la Tartarie chinoise*, die bis dahin beste Beschreibung des chinesischen Kaiserreiches. Übersetzungen erschienen 1736 auf Englisch und von 1747 bis 1749 auf Deutsch. Der französische Philosoph Voltaire (1694–1778) schrieb in den *Lettres philosophiques* mit Begeisterung von China als dem zivilisiertesten Reich des Universums. Nicht ohne Abscheu stellte er fest, dass die Potentaten Europas und die Kaufleute sich im Osten nur bereichert hätten. In seinem *Essai sur les mœurs et l'esprit des nations* von 1756 trat er für ein neues moralisches und physisches Universum ein, das sich auch auf seiner Ansicht nach rationalen chinesischen Prinzipien gründen sollte. Konfuzius war für ihn der größte aller Weisen, und 1764 beharrte er darauf, dass das chinesische Kaiserreich das beste sei, das die Welt jemals gesehen habe.

Eine bedeutende Rolle spielten in Frankreich im 18. Jahrhundert die Physiokraten, die Anhänger der Lehre von der Herrschaft der Natur. Der französische Marschall und Festungsbaumeister Sébastien Le Prestre de Vauban (1633–1707), der sich auch mit der Verbesserung der Lebensbedingungen der ärmeren Schichten befasste, orientierte sich in seinen Theorien von 1707 am chinesischen Steuersystem. Seine erste moderne Volkszählung in Frankreich war ebenfalls von chinesischen Vorgaben inspiriert. Auch die Physiokraten um François Quesnay (1694–1774), den Arzt Ludwigs des XV. und der Marquise de Pompadour, bezogen vom konfuzianischen Wertesystem Impulse für die Betonung der Landwirtschaft. Sie galt ihnen als Fundament des Wohlstands im Rahmen der Volkswirtschaft, und sie entwickelten daraus eine politische Wirtschaftslehre, die Handwerkern und Kaufleuten nur nachrangige Positionen einräumte. Die Betonung der Landwirtschaft korrespondierte auch gut mit entsprechenden chinesischen Werken über das Agrarwesen, die im 18. Jahrhundert in China veröffentlicht wurden, wie zum Beispiel dem *Gengzhi tu* (Abbildungen zum Pflügen und Weben). 1767 veröffentlichte Quesnay *Le Despotisme de la Chine*, in dem er die politischen und wirtschaftlichen Verhältnisse in China in leuchtenden Farben beschrieb. Despotismus war für ihn keine Willkürherrschaft, sondern eine konstitutionelle Herrschaft, eingebunden in eine wirtschaftliche und soziale Ordnung. Er war wie Leibniz begeistert vom chinesischen Prüfungssystem, das Beamten-

Gelehrten politische Macht verlieh, was ganz im Gegensatz zum französischen Erbadel stand. Er sprach sich für die Übernahme chinesischer Institutionen aus, für ein standardisiertes Steuersystem und eine umfassende Erziehung des Volkes. Auf der Höhe seines Einflusses erreichte er sogar, dass König Ludwig XV. 1756 die chinesische Zeremonie des Pflügens im Frühjahr (mit einem verkleinerten Pflug) ausführte.[390] In China diente die Zeremonie von alters her dazu, den Schutzgott des Ackerbaus (Shennong) zu ehren, und auch König Ludwig XV. wusste wohl um den Brauch. Der römisch-deutsche Kaiser Joseph II. pflügte am 19. August 1769 ebenfalls ein paar Furchen. Nicht ohne Grund also wurde Quesnay von seinen Anhängern auch als »Confucius von Europa« verehrt.

Der Arzt Nicolas-Gabriel Clerc forderte in seinem Werk *Yu le Grand et Confucius* von 1765 die Europäer dazu auf, China nachzuahmen. Wie Quesnay war er überzeugt, dass wirtschaftlicher Fortschritt am besten zu erreichen sei, wenn man der natürlichen Ordnung folge und alle Handelsbarrieren beseitige. Auch wenn die Physiokraten bei der praktischen Umsetzung ihrer Theorien in Frankreich scheiterten, so beeinflussten sie doch Adam Smith und sein Werk *The Wealth of Nations* von 1776, in dem er sich gegen den damals vorherrschenden Merkantilismus aussprach und für den Wirtschaftsliberalismus, die Einbettung des wirtschaftlichen Eigennutzes in die gesellschaftliche, sittliche und staatliche Ordnung, eintrat.

Als das hohe Ansehen Chinas in den 1780er Jahren zu schwinden begann, publizierte Pierre Claude Le Jeune in Paris und Amsterdam sowie zwei Jahre später 1782 in Breslau *Kritische und philosophische Bemerkungen über Japan und die Japaner.* Der Autor empfahl Japan anstelle von China als Vorbild.

Die europäische Begeisterung für die Chinamode

Bereits 1518, noch bevor sich die Portugiesen 1557 in Macao einrichten durften, wurden jeweils 2,5 Tonnen chinesische Seide und chinesische Seidenstoffe auf dem Seeweg von Südindien nach Portugal transportiert. Das Inventar der Garderobe des portugiesischen Königs Manuel I. von 1522 enthält ein liturgisches Gewand aus chinesischer Seide. Gemusterte chinesische Seidenstoffe waren in der zweiten Hälfte des 16. Jahrhunderts in Portugal bereits groß in Mode. Sie wurden in China nach portugiesischen Vorgaben gewebt und bestickt. Unter den Sklaven in Portugal waren auch chinesische und japanische Textilhandwerker.[391] Seide und Seidentextilien aus China waren nicht nur in Portugal und Europa, sondern auch in Mittel- und Südamerika nachgefragt.

In die Zeit des ausgehenden 17. Jahrhunderts fällt der Beginn des kulturhistorischen und wirtschaftlichen Interesses der Europäer an chinesischem Porzellan, das in England schlicht »China« genannt wurde, und an japanischen Lackarbeiten, die in Europa für Möbel so begehrt waren, dass der Name »Japan« generell ostasiatischen Lack bezeichnete. Erst im 18. Jahrhundert wurde japanischer Lack durch den billigeren chinesischen vom Markt verdrängt. Während Lacke besonders vom späten 16. Jahrhundert bis 1690 von Japan nach Europa verschifft wurden, lag die große Zeit des ostasiatischen Porzellanhandels mit Europa zwischen etwa 1660 und 1740. Begünstigt wurde der Handel mit blau-weißen Porzellanen dadurch, dass die Farbstellung Blau-Weiß in Europa auf eine weitverbreitete Metaphorik traf, die aus antiken und christlichen Traditionen stammte und positiv belegt war. Neben Blau-Weiß gab es in Japan auch die mit Emailfarben bemalte Imari-Ware. Die japanischen Porzellane faszinierten die Europäer wegen ihres asymmetrischen Designs und der im Vergleich zu chinesischen Porzellanen großen Farbigkeit. Die zeitweilige Vormachtstellung der japanischen Porzellanexporte – während der Jahrzehnte des Wechsels von der Ming- zur Qing-Dynastie – dauerte nur bis 1683, als die chinesischen Brennöfen von Jingdezhen wieder ihre Produktion aufnahmen.

Schon um 1470 gab es in Venedig Versuche, Porzellan nachzuahmen. Der früheste Nachweis chinesischen Porzellans in Europa findet sich im Inventar der Witwe eines französischen Adeligen aus dem Jahr 1532. Auch die Habsburger Erzherzogin Margarethe (1480–1530), Statthalterin der Niederlande, besaß chinesische Porzellane, ebenso Albrecht Dürer (1471–1528). Das Nachlassinventar der Kunstkammer von Erzherzog Ferdinand II. (1529–1595) von Österreich von 1596 aus dem Schloss Ambras bei Innsbruck listet 233 chinesische Porzellanstücke auf, dazu ein Lackkabinett aus Japan und andere Gegenstände. Am Anfang des 17. Jahrhunderts enthielt die Sammlung Kaiser Rudolfs II. (1552–1612) 119 chinesische Porzellangefäße, und in der Kunstkammer von König Philipp II. (1527–1598) befanden sich 1815 chinesische Porzellanstücke, die 1606 allerdings versteigert wurden. 1663 richtete sich Luise Henriette von Nassau-Oranien im Schloss Oranienburg ein Porzellankabinett ein; 1671 kaufte König Ludwig XIV. von Frankreich, der letztlich auch den Genuss von Tee, Kaffee und Schokolade an den europäischen Höfen als Heilmittel kanonisierte, chinesisches Porzellan für 9000 *livres*. Um 1680 gab es Läden in Paris, die auf chinesisches Porzellan spezialisiert waren. Um 1700 besaß die französische Krone mehr als 900 Teller, Tassen und Vasen aus chinesischem Porzellan.

Auf Anordnung Ludwigs XIV. wurde im Park von Versailles 1670 und 1671 ein blau-weißes Porzellanschloss gebaut. Auch in Sachsen gab es eine große Begeisterung für chinesische und japanische Porzellane, doch die um 1735 entstandenen Pläne für ein Porzellanschloss wurden nicht realisiert. Von den vielen fürstlichen Porzellansammlungen, die in Europa zusammengetragen wurden, ist das Lustschloss Favorite bei Rastatt »das einzig erhaltene Porzellanschloss, in dem die Sammlungen [darunter 368 blau-weiße Porzellane] an ihrem ursprünglichen Ort erhalten sind«.[392] Das Schloss wurde 1710 erbaut und gehörte der Markgräfin Sibylla Augusta von Baden-Baden. Die Sammlung des Arztes Sir Hans Sloane (1660–1753), die auch chinesische Objekte und vor allem den Nachlass des Japanforschers Engelbert Kaempfer enthielt, bildete den Grundstock des Britischen Museums, das 1759 in London eröffnet wurde.

Die Porzellane mit ihren dekorativen Motiven kamen auch deshalb in Mode, weil die Europäer zunehmend den Genuss von Tee schätzten. Die Nachfrage führte zur Gründung zahlreicher Fayence-Manufakturen, die auch Geschirr mit chinesischen Motiven herstellten, und 1708 wurde schließlich das Meißener Porzellan erfunden. Ebenso folgten in Schlössern die chinesischen Kabinette mit ihren Vorhängen, Tagesdecken, Tapeten und Tapisserien mit chinesischen Motiven der chinesischen Mode.[393] Sie waren oftmals Auftragsarbeiten, die in China für den europäischen Markt hergestellt wurden. Die chinesische Mode beeinflusste auch das europäische Theater. Selbst »chinesische Feste« mit chinesisch verkleideten Musikkapellen wurden an den Höfen gefeiert. Der chinesische Stil in der Architektur, bei Möbeln und im Gartenbau wurde von dem einflussreichen Architekten William Chambers (1726–1796) propagiert und 1763 in Kew Gardens bei London realisiert.

Die Abkehr vom konfuzianischen Ideal

Es waren viele Gründe, die dazu führten, dass die europäischen Intellektuellen und Politiker China nach 1780 in einem ganz anderen Licht sahen als in den hundert Jahren davor. Eine Ernüchterung griff Raum. Jürgen Osterhammel spricht in seinem Werk *Die Entzauberung Asiens* davon, dass Asien Europa so lange vergleichbar war, wie sich Europa noch nicht für unvergleichlich hielt.[394] Den Perspektivenwechsel und die Betonung anderer Realitäten, die um 1780 begannen und um 1800 in den Aufstieg des ungezügelten Eurozentrismus mündeten, beschrieb John M. Hobson als »den schizophrenen Aspekt der Aufklärung, der mit der veränderten europäischen Wahrnehmung Chinas offensichtlich wurde«.[395] Denn im Rahmen der europäischen Aufklärung gab es nicht nur jene Denker, die China einen Vorbildcharakter für Europa einräumten, sondern auch kritische Stimmen, die das chinesische Modell skeptisch bewerteten und ablehnten. Zu ihnen gehörte Montesquieu, der 1748 *L'esprit des lois* veröffentlichte. Er war ein strikter Vertreter der Gewaltenteilung im Staat, und diese gab es in China nicht. Für ihn verwischte die öffentliche Ruhe, die durch die Herrschaft der (konfuzianischen) Sitten hervorgerufen wird, die Grenze zwischen Monarchie und Despotismus. Nicht Tugendhaftigkeit, sondern die Tyrannei der Sitten, so folgerte er, bestimmte die chinesische Gesellschaft. Allein schon deswegen konnte China für ihn nicht als Modell für Europa dienen.

Doch Skepsis gegenüber China herrschte auch in anderen Kreisen, wie das Beispiel des Philosophen Christian Wolff zeigt. Er war ein Befürworter des chinesischen Modells und hielt 1721 an der Universität Halle einen Vortrag mit dem Titel *Oratio Sinarum philosophia practica*, in dem er die chinesische Moral und politische Philosophie nachdrücklich empfahl. Daraufhin wurde er allerdings von pietistischer Seite heftig angegriffen und des Atheismus bezichtigt, worauf er seinen Lehrstuhl verlor. Auch die Stellung der Jesuiten, die durch ihre Publikationen zum positiven Chinabild beigetragen hatten, wurde seit Beginn des 18. Jahrhunderts durch den Ritenstreit – dessen Auslöser die jesuitische Duldung der konfuzianischen Riten und des Ahnenkults der Chinesen gewesen war – in Rom zunehmend geschwächt. Sie versuchten weiterhin, ihre Mission von oben intellektuell zu rechtfertigen, und wirkten in ihren Veröffentlichungen als Fürsprecher Chinas. Doch ihre Gegner innerhalb der katholischen Kirche konnten sich durchsetzen, was schließlich 1773 zur Auflösung der Gesellschaft Jesu führte und ihre Chinamission beendete.

Zwischen 1777 und 1783 erschien dennoch posthum das dreizehnbändige Werk *Histoire générale de la Chine* des in Peking fast 40 Jahre vorher verstorbenen Jesuiten Joseph-Anne-Marie de Moyriac de Mailla. Bis zum 20. Jahrhundert war es die einzige Gesamtdarstellung der chinesischen Geschichte von Kaiser Fuxi (3. Jahrtausend v. Chr.) bis 1367, die auf mandschurischen Übersetzungen chinesischer Texte aus der Song- und Ming-Zeit beruhte. Das Werk diente Hegel und Ranke als Quelle für ihre Beurteilung der Geschichte Chinas. Doch zu dem Zeitpunkt, als diese von der konfuzianischen Doktrin geprägte Geschichte Chinas veröffentlicht wurde, hatte die intellektuelle Entwicklung in Europa China bereits ins Abseits gestellt. Die Veränderung in der Einschätzung Chinas vollzog sich in dem Augenblick, als in Europa eine Idee des Fortschritts (*progrès*) – im Gegensatz zur Stagnation – als das entscheidende Kriterium der Menschheitsgeschichte favorisiert wurde – eine Idee, die mit einem Fortschrittsoptimismus einhergeht. Ein solcher Fortschritt, also eine Entwicklung von niederen zu höheren Zuständen als geradliniger, nicht umkehrbarer Prozess, konnte in China und seiner Geschichte nicht ausgemacht werden. Zwar wurde eingeräumt, dass China schon früh eine hohe Entwicklungsstufe erreicht habe, doch stagniere diese Entwicklung seit längerer Zeit, so dass China mittlerweile hoffnungslos hinter die dynamischen Nationen des Westens zurückgefallen sei.[396] Dafür wurde auch das Fehlen geistiger Freiheit und Individualität verantwortlich gemacht.

Der pietistisch geprägte Johann Gottfried Herder stellte in seinen *Ideen zur Philosophie der Geschichte der Menschheit*, veröffentlicht von 1784 bis 1791, in Übereinstimmung mit den meisten Zeitgenossen fest: »Das Reich [China] ist eine balsamierte Mumie, mit Hieroglyphen bemalt und mit Seide umwunden, ihr innerer Kreislauf ist wie das Leben der schlafenden Murmeltiere.«[397] Georg Wilhelm Friedrich Hegel urteilte in seinen *Vorlesungen über die Philosophie der Geschichte* in den 1820er Jahren: »Früh schon sehen wir China zu dem Zustande heranwachsen, in welchem es sich heute befindet, denn da der Gegensatz von objektivem Sein und subjektiver Daranbewegung noch fehlt, so ist jede Veränderlichkeit ausgeschlossen, und das Statuarische, das ewig wieder erscheint, ersetzt das, was wir das Geschichtliche nennen würden. China und Indien liegen gleichsam noch außer der Weltgeschichte.«[398] Und die *Histoire générale de la Chine* wie auch andere jesuitische Werke belegten die chinesische Rückwärtsbezogenheit, wodurch China auch intellektuell von der mit Beginn des 19. Jahrhunderts nun europäisch beherrschten Bühne des historischen Welttheaters katapultiert wurde.

Trotz aller westlichen Kritik an China und des Vorwurfs seiner Rückständigkeit als zivilisierte Nation hat das »vormoderne« China dem Westen ein prägendes Vermächtnis hinterlassen. An Europas Universitäten waren bis zum 17. Jahrhundert nur mündliche Prüfungen üblich, doch hatten sich diese durch Korruption und Privilegien weit von ihrer eigentlichen Aufgabe entfernt. Nachdem die europäischen Gelehrten von dem seit Jahrhunderten in China praktizierten schriftlichen Prüfungssystem auf der Grundlage eines festgesetzten Prüfungskanons erfahren hatten, hielten schriftliche Prüfungen allmählich auch in Europa Einzug. Die erste schriftliche akademische Prüfung fand wohl 1702 in Mathematik am Trinity College, Cambridge, statt. Auch die späteren Staatsexamen und ähnliche Prüfungen gehen auf den chinesischen Einfluss zurück.

Die ersten schriftlichen Beamtenprüfungen in Europa wurden, angeregt durch das chinesische Vorbild, 1693 am Hof des Kurfürsten Friedrich III. von Brandenburg (reg. 1688–1713) in Berlin abgehalten.[399] Ein Beamtensystem wurde in Frankreich 1791 eingerichtet. In England wurde 1806 ein College für den Verwaltungsdienst der East India Company gegründet, was schließlich 1855 trotz heftigen Widerstands zum Aufbau des staatlichen Verwaltungsdienstes führte. Thomas Taylor Meadows, der 1841 sein Studium der chinesischen Sprache an der Universität München aufnahm und seit 1843 fünf lang Jahre in britischen Diensten in China gelebt hat, war ein leidenschaftlicher Befürworter von Prüfungen für den britischen Verwaltungsdienst. Er beschrieb das chinesische System in *Desultory Notes on the Government and People of China* von 1847 mit folgenden Worten: »Die lange Dauer des chinesischen Reiches ist einzig und allein der guten Regierung geschuldet, die in der Förderung begabter und verdienstvoller Männer besteht.« Diese Männer waren seit der Han-Dynastie aus den chinesischen zivilen Beamtenprüfungen hervorgegangen. In den Vereinigten Staaten von Amerika empfahl Thomas A. Jenckes dem Kongress 1868, ein staatliches Verwaltungssystem nach dem Vorbild Chinas einzuführen. Der Vorschlag passierte den Kongress allerdings erst 1883. Das System der schriftlichen Prüfungen der Kandidaten für die Beamtenlaufbahn und die zivile Verwaltung auf Beamtenbasis sind sicherlich das bedeutendste gesellschaftliche und verwaltungstechnische Vermächtnis des vormodernen China an den Westen.

Anhang

Dank

Die Geschichte Ostasiens bildete spätestens seit 1969 ein Thema meines wissenschaftlichen Interesses, das durch das Studium an den Universitäten Köln und Bonn sowie in Taiwan und in Japan noch besonders gefördert wurde. Damals wie auch heute betrachte ich es als einen großen Glücksfall, dass ich von Anfang an das Privileg hatte, das Studium ostasiatischer Sprachen, insbesondere Chinesisch, Japanisch und Mandschurisch, mit dem der Ostasiatischen Kunstgeschichte zu verbinden. Auch meine Jahre an der East Asian History of Science Library, dem heutigen Needham Research Institute in Cambridge, und meine Mitarbeit in Joseph Needhams Publikationsprojekt *Science and Civilisation in China* sowie in der Ostasiatischen Kunstgeschichte an der Universität Heidelberg förderten mein Verständnis für historische Zusammenhänge in Ostasien. Zuletzt half auch eine Gastprofessur in East Asian Studies und am Department of History der Princeton University, nochmals den Blick auf bestimmte Themenbereiche der Geschichte Ostasiens im Vergleich zu fokussieren.

Vor mehreren Jahren gab mir Wolfgang Schwentker den Anstoß, den ersten Band über Ostasien für die Neue Fischer Weltgeschichte als Geschichte einer Weltregion (in Epochen und Sachgebiete gegliedert) zu schreiben. Da die Forschungs- und Lehrkompetenz eines jeden Ostasienwissenschaftlers begrenzt ist, kann dieser Band nur als Versuch angesehen werden, diesem gigantischen Thema gerecht zu werden. Ohne die vielen wissenschaftlichen Publikationen zu Themenkreisen und Einzelthemen, die im Laufe der vergangenen Jahrzehnte weltweit erschienen sind, wäre es nicht möglich gewesen, dieses Buch zu verfassen. Überdeutlich zeigte sich hier, wo die Grenzen des Internets mit allen seinen hilfreichen Möglichkeiten der Informationsbeschaffung liegen.

Ich danke Herrn Schwentker für die Durchsicht aller drei Entwürfe des Manuskripts und seine Vorschläge sowie Frau Tanja Hommen vom S. Fischer Verlag für das sorgfältige Lektorat. Besonderer Dank gebührt Frau Evelyn Schulz (Japanologie, München) und Herrn Sepp Linhart (Japanologie, Wien), die den Text durch überaus nützliche Hinweise und Korrekturen verbessert haben. Die intensive Lesearbeit und die vielen Vorschläge und Verbesserungen von Herrn Dieter Eikemeier (Koreanistik, Tübingen), Herrn Gert Naundorf (Sinologie, Würzburg) und besonders Frau Ina Asim (Geschichte Ostasiens, University of Oregon) haben sowohl dazu beigetragen, den Inhalt des Buches zu verdichten, als auch dazu, die Lesbarkeit der manchmal komplizierten Sachverhalte zu fördern. Wegen der Flut des historischen Materials, die es unter Zeitdruck zu bewältigen galt, habe ich Frau Helga Stahl noch zu der Zeit, als ich aktiv in Würzburg war, gebeten, die Kapitel V und VI mit mir gemeinsam zu konzipieren und zu schreiben. Für alle verbliebenen Fehler und Ungenauigkeiten bin selbstverständlich ich verantwortlich.

Dieter Kuhn, im April 2014

Transkriptionen, Konventionen und Aussprache

Für die Transkription des Chinesischen wird die offizielle Pinyin-Umschrift der VR China verwendet, für das Japanische die modifizierte Hepburn-Umschrift, für das Koreanische die McCune-Reischauer-Umschrift. Auf die Angabe der Töne im Chinesischen wurde verzichtet.

In Ostasien steht bei Personennamen zuerst der Familienname, danach der Vorname. Ortsnamen wie Tokio oder Kioto werden mit Tōkyō und Kyōto, Beijing als Peking, P'yŏngyang als Pjöngjang wiedergegeben.

Für alle drei Sprachen gilt, dass die Vokale etwa wie im Deutschen ausgesprochen werden, Konsonanten etwa wie im Englischen (mit einigen Ausnahmen). Im Chinesischen werden die Konsonanten c wie z in Zunge, h wie ch in Buch, q wie ch in Chili, r wie das englische r, y wie in Jahr, z wie im englischen *zero* und zh wie im englischen *job* ausgesprochen. Im Koreanischen sind ch', k', p', t' die aspirierten Formen von ch, k, p und t.

Im Koreanischen zeigen diakritische Zeichen über den Vokalen ŏ und ŭ eine kürzere Aussprache des Vokals an. Die Diphtonge werden ausgesprochen wie folgt: ae wie deutsch ä, oe wie deutsch ö. Im Japanischen bedeuten Längenstriche über den Buchstaben ō und ū, dass die Vokale doppelt so lang ausgesprochen werden.

Anmerkungen

Einleitung

1 Zu einer vergleichbaren Einteilung kamen auch Patricia Buckley Ebrey und ihre Mitautoren sowie Frederick Mote. Siehe Patricia Buckley Ebrey, Anne Walthall, James B. Palais, *Pre-Modern East Asia: To 1800. A Cultural, Social, and Political History*, Boston 2006; Frederick W. Mote, *Imperial China. 900–1800*, Cambridge, Mass. 1999.

2 F. E. A. Krause, *Geschichte Ostasiens*, Göttingen 1925, S. 6; Dieter Kuhn, *Status und Ritus. Das China der Aristokraten von den Anfängen bis zum 10. Jahrhundert n. Chr.*, Heidelberg 1991, S. 41, 47, 54.

3 Siehe auch Conrad Schirokauer, *A Brief History of Chinese and Japanese Civilizations*, 2. Aufl., Fort Worth, Philadelphia 1989, S. vi.

4 Kuhn, *Status und Ritus*, S. 57.

5 Friedrich Hirth, *The Ancient History of China, To the End of the Chou Dynasty*, New York 1911, S. vii.

6 Charles Holcombe, *The Genesis of East Asia, 221 B. C. – A. D. 907*, Honolulu 2005, S. 5.

7 John K. Fairbank, Edwin O. Reischauer, Albert M. Craig, *East Asia. Tradition & Transformation*, Boston 1989, S. 1.

8 Reinhard Zöllner, *Einführung in die Geschichte Ostasiens*, 3. Aufl., München 2009, S. 10.

9 Jürgen Osterhammel, »Vielfalt und Einheit im neuzeitlichen Asien«, in: Jürgen Osterhammel (Hg.), *Asien in der Neuzeit*, Frankfurt am Main 1994, S. 9.

10 Danken möchte ich meinem Kollegen Prof. Dr. Gernot Wilhelm für seine Erläuterungen (4. Februar 2013), in denen er auch auf eine Unsicherheit in der Ableitung hinweist.

11 Übersetzung in Ryusaku Tsunoda, Wm. Theodore de Bary, Donald Keene (Komp.), *Sources of Japanese Tradition*, New York 1960, S. 713–716.

12 Dieter Kuhn, *Die Republik China von 1912 bis 1937*, 2. Aufl., Heidelberg 2004, Bd. 1, S. 321.

13 Siehe Karl-August Wittfogel, Fêng Chia-shêng, *History of Chinese Society: Liao (907–1125)*, Philadelphia 1949, S. 2; Paul Pelliot, *Notes on Marco Polo*, Paris 1959–1963, Vol. 1, S. 216–229.

14 Bar Hebraeus, *The Chronography of Gregory Abu'l Faraj, the Son of Aaron, the Hebrew Physician commonly Known as Bar Hebraeus*, translated from the Syriac by Ernest A. Wales, London 1932, Bd. 1, S. 352.

15 Das chinesische Schriftzeichen *guo*, das sowohl in der koreanischen und japanischen Geschichte in Anlehnung an das chinesische Vorbild verwendet wurde, hat eine Reihe von Bedeutungen, die mit Reich, Königreich, Königtum, Staat, Nation, ein Land oder eine Dynastie übersetzt werden können. Die Verwendung des Terminus Königtum für die koreanischen Herrschaftsgebilde kann nur als eine hilfsweise Annäherung an die Herrschaft eines Häuptlings einer Stammesföderation oder eines Herrschers verstanden werden.

16 *Marco Polo. Die Wunder der Welt. [Il Milione]. Die Reise nach China und an den Hof des Kublai Khan*, übers. von Elise Guignard, Frankfurt am Main 2003, S. 247–249.

17 Folker E. Reichert, »Zipangu – Japans Entdeckung im Mittelalter«, in: Doris Croissant, Lothar Ledderose (Hg.), *Japan und Europa 1543–1929*, Berlin 1993, S. 24–36.

18 Erling von Mende, *China und die Staaten auf der koreanischen Halbinsel bis zum 12. Jahrhundert. Eine Untersuchung zur Entwicklung der Formen zwischenstaatlicher Beziehungen in Ostasien*, Wiesbaden 1982, S. 254–255.

19 Es wird heute ausgeschlossen, dass ebendiese Pest ein Vorläufer des Schwarzen Todes in Europa um die Mitte des 14. Jahrhunderts gewesen ist. Siehe Paul D. Buell, »Qubilai and the Rats«, *Sudhoffs Archiv* 96:2 (2012), S. 127–144.

20 Dieter Kuhn, *The Age of Confucian Rule. The Song Transformation of China*, Cambridge, Mass. 2009, S. 74–75.

21 Timothy Brook, *The Troubled Empire. China in the Yuan and Ming Dynasties*, Cambridge, Mass. 2010, S. 45.

22 Ebrey, Walthall, Palais, *East Asia*, S. 121, 127.

23 William Wayne Farris, *Japan's Medieval Population. Famine, Fertility, and Warfare in a Transformative Age*, Honolulu 2006, S. 4, Table I:1.

24 Farris, *Japan's Medieval Population*, S. 262, Table E.1.

25 Susanne Formanek, »Historischer Abriss: Die Entwicklung der japanischen Schrift aus der chinesischen«, in: Sepp Linhart, Susanne Weigelin-Schwiedrzik (Hg.), *Ostasien 1600–1900*, Wien 2004, S. 71–79.

26 Siehe Robert von Friedeburg, *Europa in der frühen Neuzeit*, Frankfurt am Main 2012, S. 104–160.

27 Keith Nathanial Knapp, *Selfless Offspring. Filial Children and Social Order in Medieval China*, Honolulu 2005.
28 James A. Benn, *Burning for the Buddha. Self-Immolation in Chinese Buddhism*, Honolulu 2007.
29 Text übersetzt nach Patricia Buckley Ebrey, *Chinese Civilization and Society. A Source Book*, New York 1981, S. 36.
30 Siehe die Zusammenstellung in Louis Frédéric, übers. von Käthe Roth, *Japan Encyclopedia*, Cambridge, Mass. 2002, S. 187–191.
31 Ich danke Prof. Dr. Gert Naundorf für seine terminologisch weiterführenden Erklärungen des Adelssystems im Heiligen Römischen Reich Deutscher Nation, in England und Ostasien.
32 Leicht geändert zitiert nach Alfred Forke, *Geschichte der mittelalterlichen chinesischen Philosophie*, Hamburg 1934, S. 61.
33 Ebrey, Walthall, Palais, *East Asia*, S. 144.
34 *Han shu*, Peking 1962, juan 24A:1117–1118.
35 Michael J. Seth, *A Concise History of Korea*, Lanham, Maryland 2006, S. 92.
36 Wallace Johnson, *The T'ang Code: General Principles*, Princeton 1979; Niida Noboru, *Tō Sō hōritsu monjo no kenkyū*, Tōkyō 1933, 1964, 1983.
37 Zu den Textquellen aus dem Grab eines Qin-Beamten names Xi (262–217 v. Chr.) siehe Endymion Wilkinson, *Chinese History. A Manual*, Cambridge, Mass. 2000, S. 539–543.
38 Einen guten Einblick in die Rechtspraxis gibt Charles Benn, *China's Golden Age. Everyday Life in the Tang Dynasty*, Oxford 2002, S. 195–213.
39 *Jiu Tang shu*, Peking 1975, juan 9:221.
40 Frank Münzel, *Strafrecht im alten China nach den Strafrechtskapiteln in den Ming-Annalen*, Wiesbaden 1968.
41 *Liao shi*, Peking 1974, juan 61:936.
42 Herbert Franke, »The Legal System of the Jin Dynasty«, in: *Ryû Shiken hakushi shōju kinen Sōshi kenkyū ronshū* (Collected Essays on Song History in Honor of Dr. James T. C. Liu on His Seventieth Birthday), Kyōto 1989, S. 387–409.
43 *Yuan shi*, Peking 1976, juan 102:2605.
44 Seth, *A Concise History of Korea*, S. 165–167.
45 Siehe die Überlegungen zum Begriff Ereignisgeschichte in Dieter Kuhn, *Die Republik China von 1912 bis 1937. Entwurf für eine politische Ereignisgeschichte*, Heidelberg 2007, S. 2–3.

I Ostasien im Neolithikum

46 K. C. Chang, *The Archaeology of Ancient China*, New Haven, Conn. 1977, S. 80.
47 Gina Barnes, *China, Korea, and Japan: The Rise of Civilization in East Asia*, London 1993, S. 50.
48 Ebd., S. 60.
49 Kenneth Henshall, *A History of Japan. From Stone Age to Superpower*, Houndsmill, Basingstoke 2004, S. 8.
50 Siehe Sagawa Masatoshi, »Die erste Keramik«, in: Alfried Wieczorek, Werner Steinhaus, Sahara Makoto (Hg.), *Zeit der Morgenröte. Japans Archäologie und Geschichte bis zu den ersten Kaisern, Handbuch*, Mannheim 2004, S. 127–133.
51 Barnes, *China, Korea, and Japan*, S. 71, 64–65.
52 William Meacham, »Origins and Development of the Yueh Coastal Neolithic: A Microcosm of Culture Change on the Mainland of East Asia«, in: David Keightley (Hg.), *The Origins of Chinese Civilization*, Berkeley 1983, S. 157.
53 K. C. Chang, *The Archaeology of Ancient China*, 4. Aufl., New Haven, Conn. 1986, S. 100–103.
54 Burglind Jungmann, »Kunst und Kultur Koreas: Eine Einführung«, in: Jeong-hee Lee-Kalisch (Hg.), *Korea. Die alten Königreiche*, Kulturstiftung Ruhr Essen 1999, S. 13.
55 Chang, *The Archaeology of Ancient China* (1986), S. 102.
56 Barnes, *China, Korea, and Japan*, S. 91.
57 Henshall, *A History of Japan*, S. 12.
58 Dieter Kuhn, *Status und Ritus. Das China der Aristokraten von den Anfängen bis zum 10. Jahrhundert n. Chr.*, Heidelberg 1991, S. 102.
59 Ping-ti Ho, *The Cradle of the East. An Inquiry into the Indigenous Origins of Techniques and Ideas of Neolithic and Early History China, 5000–1000 B. C.*, Hongkong 1975.
60 Peng Hao, »Sericulture and Silk Weaving from Antiquity to the Zhou Dynasty«, in: Dieter Kuhn (Hg.), *Chinese Silks*, New Haven, Conn. 2012, S. 72–73.
61 Barnes, *China, Korea, and Japan*, S. 160.
62 Sahara Makoto, »Thema: Reisanbau – Eisen – Bronze – Das Auftreten neuer Techniken. 2.1 Der Ursprung der Reispflanze«, in: Wieczorek, Steinhaus, Sahara (Hg.), *Zeit der Morgenröte, Handbuch*, S. 185–188.
63 Komoto Masayuki, »2.2 Die Verbreitung des Reisanbaus, Schweine,

Reisfelder, die dörfliche Gemeinschaft«, in: Wieczorek, Steinhaus, Sahara (Hg.), *Zeit der Morgenröte, Handbuch*, S. 188–191.

64 Joseph R. Levenson, *China: An Interpretative History. From the Beginnings to the Fall of Han*, Berkeley 1969, S. 5–7.

65 Lee-Kalisch (Hg.), *Korea*, S. 103, 126; Frits Vos, »Die koreanische Mythologie«, in: Lee-Kalisch (Hg.), *Korea*, S. 21.

II Die chinesischen Grundlagen der ostasiatischen Zivilisationen von 1600 v. Chr. bis 316 n. Chr.

66 K. C. Chang, »Sandai Archaeology«, in: David Keightley (Hg.), *The Origins of Chinese Civilization*, Berkeley 1983, S. 496.

67 Roger Goepper (Hg.), *Das alte China. Menschen und Götter im Reich der Mitte, 5000 v. Chr. – 220 n. Chr.*, München 1996, S. 248–252.

68 Michael Nylan, *The Five »Confucian« Classics*, New Haven, Conn. 2001, S. 270, 287.

69 Dieter Kuhn, *Status und Ritus. Das China der Aristokraten von den Anfängen bis zum 10. Jahrhundert n. Chr.*, Heidelberg 1991, S. 260.

70 Alfred Forke, *Geschichte der alten chinesischen Philosophie*, Hamburg 1927, S. 461.

71 Mark E. Byington, »Sanguozhi – The Account of the Han,« in: Mark E. Byington (Hg.), *Early Korea: The Samhan Period in Korean History*, Cambridge, Mass. 2009, Bd. 2, S. 132–152.

72 Hyung Il Pai, *Constructing Korean Origins. A Critical Review of Archaeology, Historiography, and Racial Myth in Korean State-Formation Theories*, Cambridge, Mass. 2000, S. 114.

73 Zu den verschiedenen Theorien über Samhan siehe Ju Bo Don, »Problems Concerning the Basic Historical Documents Related to the Samhan«, in: Mark E. Byington (Hg.), *Early Korea*, S. 95–122.

74 *Hou Han shu*, Peking, juan 85:2818–2820; *Sanguo zhi*, Peking, 1973, juan 30:849–853.

75 *Hou Han shu*, juan 85:2820–2821.

76 *Sanguo zhi*, juan 30:857.

77 *Sanguo zhi*, juan 30:856.

78 *Sanguo zhi*, juan 30:858.

79 *Sanguo zhi*, juan 30:854–856.

80 David W. Pankenier, *Early Chinese Astronomy and Cosmology: The »Mandate of Heaven« as Epiphany*, Stanford 1983 (Ph. D. Dissertation), S. 20.

81 *Guoyu*, Zhongguo fengjian shehui-Ausgabe 1938, S. 232–234.
82 Cho-yun Hsü, *Ancient China in Transition: An Analysis of Social Mobility, 722–222 B. C.*, Stanford 1965, S. 12.
83 Hsü, *Ancient China in Transition*, S. 12.
84 Hsü, *Ancient China in Transition*, S. 109.
85 Dieter Kuhn (Hg.), *Chinese Silks*, New Haven, Conn. 2012.
86 *Hou Han shu*, juan 49:1633.
87 *Hou Han shu*, juan 49:1648–1649.
88 Herbert Franke, Rolf Trauzettel, *Das chinesische Kaiserreich*, Frankfurt am Main 1968, S. 120.
89 Dieter Kuhn, »Zwischen dem Sarg in der Erdgrube und dem Kammergrab aus Ziegelstein«, in: Dieter Kuhn, Silvia Freiin Ebner von Eschenbach (Hg.), *Arbeitsmaterialien aus chinesischen Ausgrabungsberichten (1988–1991) zu Gräbern aus der Han- bis Tang-Zeit*, Heidelberg 1992, S. 51–65, 73, Abb. 8. (Grab von Shao Tuo, beigesetzt 316 v. Chr.).
90 Siehe Patricia Ebrey, *Chinese Civilization. A Sourcebook*, New York 1993, S. 42–45.
91 Tsien Tsuen-hsuin, *Science and Civilisation in China*, Bd. 5. Teil I: *Paper and Printing*, Cambridge, Engl. 1985, S. 35–47.
92 Helwig Schmidt-Glintzer, *Geschichte der chinesischen Literatur*, München 1990, S. 59–60; Michael Loewe (Hg.), *Early Chinese Texts. A Bibliographical Guide*, Berkeley 1993, S. 216–228.
93 Nylan, *The Five »Confucian« Classics*, S. 133–135, 160.
94 Loewe (Hg.), *Early Chinese Texts*, S. 295, 28, 237, 293.
95 Dieter Kuhn, »Totenritual und Beerdigungen im chinesischen Altertum«, in: Goepper (Hg.), *Das alte China*, S. 45–67.
96 Charles Holcombe, »The Exemplar State: Ideology, Self-Cultivation, and Power in Fourth-Century China«, in: *Harvard Journal of Asiatic Studies* 49:1 (1989), S. 128–129.
97 Wolfgang Bauer, *China und die Hoffnung auf Glück. Paradiese, Utopien, Idealvorstellungen in der Geistesgeschichte Chinas*, 2. Aufl., München 1989, S. 115–118.
98 Alfred Forke, *Lun-heng. Part I. Philosophical Essays of Wang Ch'ung.* Teil II: *Miscellaneous Essays of Wang Ch'ung*, Shanghai, Leipzig 1907, 1911 (Nachdruck, New York 1962).
99 Alfred Forke, *Geschichte der mittelalterlichen chinesischen Philosophie*, Hamburg 1934, S. 117.
100 Rainer Holzer, *Das Ch'ien-fu lun des Wang Fu. Aufsätze und Betrachtungen eines Weltflüchtigen*, Heidelberg 1992.
101 Étienne Balázs, »Nihilistic Revolt or Mystical Escapism«, in: Étienne Balázs, *Chinese Civilization and Bureaucracy*, übersetzt von H. N.

Wright, New Haven, Conn. 1964, S. 234–235. Siehe auch Reinhard Emmerich, »Östliche Han bis Tang«, in: Reinhard Emmerich (Hg.), *Chinesische Literaturgeschichte*, Stuttgart 2004, S. 106. S. 88–186.

102 Siehe auch Emmerich, »Östliche Han bis Tang«, in: Emmerich (Hg.), *Chinesische Literaturgeschichte*, S. 106.

103 Kuhn, *Status und Ritus*, S. 447–453.

104 Donald Holzman, *La vie et pensée de Hi Kang (223–262)*, Leiden 1957; Robert G. Henricks, *Hsi K'ang. Philosophy and Argumentation in Third-Century China: The Essays of Hsi K'ang*, Princeton 1983.

105 Manfred Dahmer, *Die große Solosuite Guanglingsan. Das berühmteste Werk der frühest vertonten chinesischen Instrumentalmusik*, Frankfurt am Main 1988.

106 Donald Holzman, *Poetry and Politics. The Life and Works of Juan Chi A. D. 210–263*, Cambridge, Engl. 1976.

107 Richard B. Mather, *Shih-shuo hsin-yü. A New Account of Tales of the World by Liu I-ch'ing with Commentary by Liu Chün*, Minneapolis 1976.

108 *Liji zhushu*, Wenyuange siku quanshu-Ausgabe, Taiwan, Bd. 115, juan 9:197 unten, 198 oben.

109 *Liji zhushu*, juan 8:167 unten.

110 Kuhn, *Status und Ritus*, S. 378–380.

111 Nathan Sivin, »Cosmos and Computation in Early Chinese Mathematical Astronomy«, in: *T'oung Pao* 55 (1969), S. 3–4, 65; John B. Henderson, *The Development and Decline of Chinese Cosmology*, New York 1984, S. 18–19.

112 Michael Nylan, Nathan Sivin, »The First Neo-Confucianism: An Introduction to Yang Hsiung's ›Canon of Supreme Mystery‹ (T'ai hsuan ching, c. 4 B. C.)«, in: Charles Le Blanc, Susan Blader (Hg.), *Chinese Ideas about Nature and Society*, Hong Kong 1987, S. 41–99.

113 Joseph Needham, *Science and Civilisation in China, Bd. 3*, Cambridge, Engl. 1959, S. 219–220; Michel Teboul, *Les premières théories planétaires chinoises*, Paris 1983.

114 André Wegener Sleeswyk, Nathan Sivin, »Dragons and Toads. The Chinese Seismoscope of A. D. 132«, in: *Chinese Science* 6 (1982), S. 1–19.

115 Paul U. Unschuld, *Nan-jing. The Classic of Difficult Issues*, translated and annotated by Paul U. Unschuld, Berkeley 1986; Liu Yanchi, *The Essential Book of Traditional Chinese Medicine*, translated by Fang Tingyu und Chen Laidi, New York 1988.

116 *Hou Han shu*, juan 82xia:2736–2740.

III Regionale Eigenständigkeit und chinesischer Kulturtransfer von 317 bis 960

117 Witold Rodzinski, *A History of China*, Oxford 1979, Bd. 1, S. 116.
118 Lü Simian, *Sui Tang Wudai shi*, Shanghai 1959, 1984, Bd. 1, S. 74.
119 Franke, Trauzettel, *Das chinesische Kaiserreich*, S. 118.
120 *Sui shu*, Peking 1973, juan 36:1108.
121 Eine ausführliche Darstellung findet sich in Erling von Mende, *China und die Staaten auf der koreanischen Halbinsel bis zum 12. Jahrhundert. Eine Untersuchung zur Entwicklung der Formen zwischenstaatlicher Beziehungen in Ostasien*, Wiesbaden 1982, S. 62–101.
122 *Zhenguan zhengyao* (Wesentliches aus der Zeit der Regierungsdevise Zhenguan) von Wu Jing (670–749), Shanghai 1978, S. 1; Übersetzung nach Dieter Kuhn (Hg.), *Chinas Goldenes Zeitalter: Die Tang Dynastie und das kulturelle Erbe der Seidenstraße*, Heidelberg 1993, S. 26.
123 Zu den Zehn Reichen gehören: Qi (901–924), Früheres Shu (903–925) / Späteres Shu (934–965), Wu (902–937) / Südliche Tang (937–975), Wu-Yue (907–978), Yan (911–913), Chu (907–951) / Hunan (956–963), Südliche Han (907–971), Min (909–945), Jingnan (907–924) / Südliches Ping (924–963), Nördliches Han (951–979).
124 Denis Twitchett, Klaus-Peter Tietze, »The Liao«, in: Herbert Franke, Denis Twitchett (Hg.), *The Cambridge History of China*, Bd. 6, *Alien Regimes and Border States, 907–1368*, Cambridge, Engl. 1994, S. 62–63.
125 Marion Eggert, Jörg Plassen, *Kleine Geschichte Koreas*, München 2005, S. 33–36.
126 Von Mende, *China und die Staaten auf der koreanischen Halbinsel*, S. 58.
127 Von Mende, *China und die Staaten auf der koreanischen Halbinsel*, S. 133–149.
128 Andrew C. Nahm, *Introduction to Korean History and Culture*, Elizabeth, N. J. 1993, S. 38–39.
129 Jeon Sang-woon, *A History of Korean Science and Technology*, Singapur 2011, S. 10, 64–78.
130 Nahm, *Introduction to Korean History and Culture*, S. 41.
131 Twitchett, Tietze, »The Liao«, S. 100–104.
132 Michael J. Seth, *A Concise History of Korea. From the Neolithic Period through the Nineteenth Century*, Lanham, Maryland 2006, S. 76.
133 Walter Edwards, »Event and Process in the Founding of Japan: The

Horserider Theory in Archaeological Perspective«, in: Journal of Japanese Studies 9.2 (1983), S. 265–295.

134 Edwin Reischauer, John K. Fairbank, *East Asia. The Great Tradition*, Boston 1958, S. 471.

135 Siehe Michael Como, *Weaving and Binding. Immigrant Gods and Female Immortals in Ancient Japan*, Honolulu 2009.

136 Como, *Weaving and Binding*, S. 86–93.

137 Da die Heian-Zeit am Ende des 8. Jahrhunderts begann, muss sie aus chronologischen Gründen in diesem Kapitel erwähnt werden. Die außerordentlichen kulturellen Leistungen werden jedoch aus Gründen der inhaltlichen Geschlossenheit im Kapitel IV behandelt.

138 Detlev Taranczewski, »Der frühe Feudalismus«, in: Josef Kreiner (Hg.), *Geschichte Japans*, Stuttgart 2010, S. 108.

139 Carter J. Eckert, Ki-baik Lee, Young Ick Lew, Michael Robinson, Edward W. Wagner, *Korea Old and New, A History*, Seoul 1990, S. 42.

140 *Wei shu*, Peking 1974, juan 110:2853–2855.

141 Franke, Trauzettel, *Das chinesische Kaiserreich*, S. 130.

142 Kuhn, *Status und Ritus*, S. 538–539.

143 Zu einem Vergleich zwischen der Residenz des An Lushan um das Jahr 750 und dem Haushalt des japanischen Kaisers Shōmu in Nara siehe Sybille Girmond, »Die Entfaltung der Pracht im Alltag«, in: Kuhn (Hg.), *Chinas Goldenes Zeitalter*, S. 114–115.

144 *Tu Fu's Gedichte*, übersetzt von Erwin von Zach, Cambridge, Mass. 1952, S. 252.

145 John Kieschnick, *The Impact of Buddhism on Chinese Material Culture*, Princeton 2003, S. 240–249.

146 Dieter Kuhn, »Reading the Magnificence of Ancient and Medieval Chinese Silks«, in: Dieter Kuhn (Hg.), *Chinese Silks*, New Haven, Conn. 2012, S. 27.

147 Martin Kramer, »Aristokratisches Leben in der Hauptstadt«, in: Kuhn (Hg.), *Chinas goldenes Zeitalter*, S. 99–104.

148 *Sanguo zhi*, Peking 1973, juan 30:854–856.

149 Die tatsächlichen Farben der Kleidung sind schwer festzulegen. Ein Versuch findet sich in Alfried Wieczorek, Werner Steinhaus u. a. (Hg.), *Zeit der Morgenröte. Japans Archäologie und Geschichte bis zu den ersten Kaisern, Katalogband*, Mannheim 2004, S. 340, Abb. 247: Rangstufensystem anhand von Farben.

150 Helen Benton Minnich, *Japanese Costume and the Makers of Its Elegant Tradition*, Tōkyō 1963, S. 72.

151 Charles Benn, *China's Golden Age. Everyday Life in the Tang Dynasty*, Oxford 2002, S. 82.

152 William Wayne Farris, *Japan to 1600. A Social and Economic History*, Honolulu 2009, S. 48, 60–61.
153 Karl-Heinz Pohl (Hg.), *Tao Yuanming. Der Pfirsichblütenquell*, Köln 1985; Helwig Schmidt-Glintzer, *Geschichte der chinesischen Literatur*, München 1990, S. 187–192.
154 J. D. Frodsham, *The Murmuring Stream. The Life and Works of Chinese Nature Poet Hsieh Ling-yün (385–433), Duke of K'ang-lo*, Kuala Lumpur 1967.
155 Schmidt-Glintzer, *Geschichte der chinesischen Literatur*, S. 192–194.
156 Hui-lin Li, *Nan-fang ts'ao-mu chuang: A Fourth Century Flora of Southeast Asia*, Hongkong 1979; nach einer anderen Interpretation stammt das Werk aus der Song-Zeit, Ma Tai-loi, »The Authenticity of the Nan-fang ts'ao-mu chuang«, in: *T'oung Pao* 64 (1978), S. 218–252.
157 Bernhard Führer, *Chinas erste Poetik: Das Shipin (Kriterion Poietikon) des Zhong Hong (467?–518)*, Dortmund 1995.
158 Glen Dudbridge, *The Tale of Li Wa. Study and Critical Edition of a Chinese Story from the Ninth Century*, London 1983.
159 Wolfgang Bauer, Herbert Franke, *Die goldene Truhe. Chinesische Novellen aus zwei Jahrtausenden*, München 1959; Thomas Thilo (Übers.), *Der Fremde mit dem Lockenbart. Erzählungen aus dem China der Tang-Zeit*, Berlin 1989.
160 James Cahill, *Die chinesische Malerei*, Genf 1979, S. 26.
161 Dieter Kuhn, *Status und Ritus*, Heidelberg 1991, S. 562–565; E. G. Pulleyblank, »Chinese Historical Criticism: Liu Chih-chi and Ssu-ma Kuang«, in: W. G. Beasley, E. G. Pulleyblank (Hg.), *Historians of China and Japan*, London 1971, S. 135–166.
162 Dieter Kuhn, *The Age of Confucian Rule. The Song Transformation of China*, Cambridge, Mass. 2009, S. 100.
163 *Kojiki*, Translated with an Introduction and Notes by Donald L. Philippi. Tōkyō 1968. Siehe dazu jetzt: *Kojiki. Aufzeichnung alter Begebenheiten*, aus dem Altjapanischen und Chinesischen übersetzt und kommentiert von Klaus Antoni, Berlin 2012.
164 Sepp Linhart, »Japan«, in: Otto Ladstätter, Sepp Linhart, *China und Japan. Die Kulturen Ostasiens*, Wien 1983, S. 292.
165 Susanne Formanek, »Historischer Abriss: Die Entwicklung der japanischen Schrift aus der chinesischen«, in: Linhart, Weigelin-Schwiedrzik (Hg.), *Ostasien 1600–1900*, Wien 2004, S. 72–73.
166 Robert Borgen, *Sugawara no Michizane and the Early Heian Court*, Cambridge, Mass. 1985.
167 *Kokinshū: A Collection of Poems Ancient and Modern*, transl. by Laurel Rasplica Rodd, Mary Catherine Henkenius, Princeton 1984, S. 35.

168 Moon Myung-Dae, »Glaube und Kunst des Buddhismus im alten Korea«, in: Jeong-Hee Lee-Kalisch (Hg.), *Korea. Die alten Königreiche*, Essen, Villa Hügel 1999, S. 47.
169 Lee-Kalisch, *Korea*, S. 146–164.
170 Jeong-Hee Lee-Kalisch, »Chongmyo, der ›Königliche Ahnenschrein‹ der Chosŏn-Dynastie«, in: Lee-Kalisch (Hg.), *Korea*, S. 9.
171 Von Mende, *China und die Staaten auf der koreanischen Halbinsel*, S. 58.
172 Richard Bowring, *The Religious Traditions of Japan, 500–1600*, Cambridge, Engl. 2005, S. 19.

IV Ostasien im Umbruch von 960 bis 1368

173 *Song shi*, Peking 1977, juan 436:12 940.
174 William Theodore De Bary, *Waiting for the Dawn: A Plan for the Prince. Huang Tsung-hsi's Ming-i tai-fang lu*, New York 1993, S. 3.
175 James T. C. Liu, *China Turning Inward: Intellectual-Political Changes in the Early Twelfth Century*, Cambridge, Mass. 1988, S. 43.
176 *Song shi*, juan 3:51.
177 *Song shi*, juan 439:12 997.
178 Peter K. Bol, *»This Culture of Ours«: Intellectual Transitions in T'ang and Sung China*, Stanford 1992, S. 148.
179 Siehe Dieter Kuhn, *Die Song-Dynastie (960–1279): Eine neue Gesellschaft im Spiegel ihrer Kultur*, Weinheim 1987, S. 104–125.
180 Don Wyatt, *The Recluse of Loyang: Shao Yung and the Moral Evolution of Early Sung Thought*, Honolulu 1996, S. 175.
181 Denis Twitchett, Klaus-Peter Tietze, »The Liao«, in: Herbert Franke, Denis Twitchett (Hg.), *The Cambridge History of China*, Bd. 6, *Alien Regimes and Border States, 907–1368*, Cambridge, Engl. 1994, S. 99.
182 Lau Nap-yin, Huang K'uan-chung, »Founding and Consolidation of the Sung Dynasty«, in: Denis Twitchett, Paul Jakov Smith (Hg.), *The Cambridge History of China*, Bd. 5, Teil 1: *The Sung Dynasty and Its Precursors, 907–1279*, Cambridge, Engl. 2009, S. 271–272.
183 Xu Song (Komp.), *Song huiyao jigao*, Taibei 1976, juan 11 941:2339–2340.
184 Wm. Theodore de Bary (Hg.), *Sources of Chinese Tradition*, New York 1960, S. 490.
185 Wie Ari Daniel Levine feststellt, ist die textliche Quellenlage zur Regierungszeit von Zhao Ji im Vergleich zu seinen Vorgängern mangelhaft.

Die traditionelle Historiographie lässt ihn in keinem guten Licht erscheinen. Ari Daniel Levine, »The Reigns of Hui-tsung and Ch'in-Tsung«, in: Twitchett, Smith (Hg.), *The Cambridge History of China*, Bd. 5, S. 556–559. Patricia Buckley Ebrey, Maggie Bickford (Hg.), *Emperor Huizong and Late Northern Song China. The Politics of Culture and the Culture of Politics*, Cambridge, Mass. 2006.

186 Siehe Dieter Kuhn, *Emperor Huizong's (r. 1000–1126) Short-lived Earthly Paradise.*

187 Paul Ratchnevsky, *Genghis Khan. His Life and Legacy*, Oxford 1991, S. 151.

188 Jürgen Paul, *Zentralasien*, Frankfurt am Main 2012, S. 165–169, Karte 10, S. 214–215.

189 Paul, *Zentralasien*, S. 221–222.

190 *Marco Polo. Die Wunder der Welt. Il Milione.* Übersetzung aus altfranzösischen und lateinischen Quellen und Nachwort von Elise Guignard, Frankfurt am Main 2003, S. 110.

191 Morris Rossabi, »The Muslims in the Early Yüan Dynasty«, in: John D. Langlois, Jr. (Hg.), *China under Mongol Rule*, Princeton 1981, S. 257–295.

192 Timothy Brook, *The Troubled Empire. China in the Yuan and Ming Dynasties*, Cambridge, Mass. 2010, S. 27.

193 Nicola di Cosmo, »State Formation and Periodization in Inner Asian History«, *Journal of World History* 10.1 (1999), S. 34, S. 1–40.

194 Morris Rossabi, »The Reign of Khubilai Khan«, in: Franke, Twitchett (Hg.), *The Cambridge History of China*, Bd. 6, S. 481.

195 Hsiao Ch'i-ch'ing, »Mid-Yüan Politics«, in: Franke, Twitchett (Hg.), *The Cambridge History of China*, Bd. 6, S. 513–520.

196 Michael J. Seth, *A Concise History of Korea*, S. 78.

197 G. Cameron Hurst III, »Kugyō and Zuryō. Center and Periphery in the Era of Fujiawara no Michinaga,« in: Mikael Adolphson, Edward Kamens, Stacie Matsumoto (Hg.), *Heian Japan. Centers and Peripheries*, Honolulu 2007, S. 66–101.

198 D. Max Moerman, »The Archaeology of Anxiety. An Underground History of Heian Religion«, in: Adolphson, Kamens, Matsumoto (Hg.), *Heian Japan*, S. 245–271.

199 Zöllner, *Einführung in die Geschichte Ostasiens*, 3. Auflage, S. 108.

200 Zöllner, *Einführung in die Geschichte Ostasiens*, München 2009, S. 109; Detlev Taranczewski, »Der frühe Feudalismus«, in: Josef Kreiner (Hg.), *Geschichte Japans*, S. 135.

201 Siehe auch seine Beschreibung der Japan-Invasion in: *Marco Polo. Die Wunder der Welt*, S. 247–252.

202 H. W. Wang, »Institutional Borrowing: The Case of the Chinese Civil Service Examination in Early Koryŏ«, in: *Journal of Asian Studies* 34.1 (1974), S. 109–123.
203 John Duncan, *The Origins of the Chosŏn Dynasty*, Seattle 2000, S. 79.
204 Kuhn, *The Age of Confucian Rule*, S. 191–211.
205 Wu Zimu, *Mengliang lu* (Bericht über einen Traum bei einer Schale Hirsebrei) von 1334, juan 13:6a (Xuejin taoyuan-Edition).
206 Die Zitate von Marco Polo sind aus *Marco Polo. Die Wunder der Welt*, S. 123; siehe auch Morris Rossabi, »The Reign of Khubilai Khan«, in: Twitchett, Franke (Hg.), *The Cambridge History of China*, Bd. 6, S. 455–457.
207 Frederick W. Mote, *Imperial China, 900–1800*, Cambridge, Mass. 1999, S. 458.
208 Nancy S. Steinhardt, »The Plan of Khubilai Khan's Imperial City«, in: *Artibus Asiae* 44 (1983), S. 137–158.
209 John W. Dardess, »From Mongol Empire to Yuan Dynasty: Changing Forms of Imperial Rule in Mongolia and Central Asia«, in: *Monumenta Serica* 30 (1972–73), S. 117–165.
210 Dardess, ibid.
211 Herbert Franke, »The Chin«, in: Twitchett, Franke (Hg.), *The Cambridge History of China*, Bd. 6, S. 229.
212 Hugh R. Clark, »Overseas Trade and Social Change in Quanzhou Through the Song«, in: Angela Schottenhammer (Hg.), *The Emporium of the World. Maritime Quanzhou, 1000–1400*, Leiden 2001, S. 47–94; see also Lo Jungpang, *China as a Sea Power, 1127–1368*, herausgegeben und kommentiert von Bruce A. Elleman, Singapur 2012.
213 Siehe Kuhn, *Die Song-Dynastie*, S. 50–56.
214 Kuhn, *The Age of Confucian Rule*, S. 253.
215 Francois Louis, *Die Goldschmiede der Tang- und Song-Zeit*, Bern 1999, S. 183–185.
216 Bettine Birge, *Women, Property, and Confucian Reaction in Sung and Yüan China (960–1368)*, Cambridge, Engl. 2002.
217 Dorothy Ko, *Every Step a Lotus. Shoes for Bound Feet*, Berkeley 2001; Dorothy Ko, *Cinderella's Sisters. A Revisionist History of Footbinding*, Berkeley 2005.
218 Daniel Kane, *The Kitan Language and Script*, Leiden 2009, S. 5.
219 William H. McCullough, »Japanese Marriage Institutions in the Heian Period«, in: *Harvard Journal of Asiatic Studies* 27 (1967), S. 103–167.
220 Janet R. Goodwin, *Selling Songs and Smiles. The Sex Trade in Heian and Kamakura Japan*, Honolulu 2007, S. 8–9.

221 Farris, *Japan to 1600*, S. 160.
222 Seth, *A Concise History of Korea*, S. 92–93.
223 Kuhn, *The Age of Confucian Rule*, S. 211.
224 *Song shi*, juan 283:9565; Hans van Ess, *Von Ch'eng I zu Chu Hsi. Die Lehre vom Rechten Weg in der Überlieferung der Familie Hu*, Wiesbaden 2003, S. 8.
225 Ich danke Herrn Prof. Dr. Dieter Eikemeier für den Hinweis, dass *Sŏnggyun'gwan* bis heute der Name der konfuzianischen Universität in der Republik Korea ist.
226 Hans van Ess, »Die Literaturen der Song und Yuan«, in: Reinhard Emmerich (Hg.), *Chinesische Literaturgeschichte*, Stuttgart 2004, S. 188.
227 Van Ess, ibid.
228 Ronald C. Egan, *Word, Image, and Deed in the Life of Su Shi*, Cambridge, Mass. 1994.
229 Ich danke Herrn Prof. Dr. Sepp Linhart für diesen Hinweis.
230 Hiroshi Kitagawa, Bruce T. Tsuchida, mit einem Vorwort von Edward Seidensticker, *The Tale of the Heike. Heike monogatari*, Tōkyō 1977; Elizabeth Oyler, *Swords, Oaths, and Prophetic Visions. Authoring Warrior Rule in Medieval Japan*, Honolulu 2006.
231 Siehe Watanabe Minoru, Richard Bowring, »Style and Point of View in the Kagerō Nikki«, in: *Journal of Japanese Studies*, 10:2 (1984), S. 365–384.
232 Oskar Benl (Übers.), *Genji-monogatari. Die Geschichte vom Prinzen Genji. Altjapanischer Liebesroman aus dem 11. Jahrhundert, verfaßt von der Hofdame Murasaki*, Zürich 1966; Edward G. Seidensticker (übersetzt und mit einer Einführung von), *Murasaki Shikibu, The Tale of Genji*, Harmondsworth 1981.
233 Sei Shōnagon, *The Pillow Book*, übersetzt von Meredith McKinney, London 2006; Sei Shōnagon, *Das Kopfkissenbuch der Hofdame Sei Shōnagon*, hg. und aus dem Japanischen übers. von Mamoru Watanabe, Zürich 1997.
234 Robert Bowring, (Übers. und Hg.), *Murasaki Shikibu: Her Diary and Poetic Memoirs*, Princeton 1982, S. 131.
235 *The Ōkagami. A Japanese Historical Tale*, übersetzt von Joseph K. Yamagiwa, Tokyo 1977.
236 Peter H. Lee (Hg.), *A History of Korean Literature*, Cambridge, Engl. 2003; Lichung Kim, *An Introduction to Classical Korean Literature: From Hyangga to P'ansori*, Armong, N. Y. 1996, S. 11–27.
237 Carter J. Eckert, Ki-baek Lee, Young Ick Lew u. a., *Korea Old and New. A History*, Cambridge, Mass. 1990, S. 103; Seth, *A Concise History of Korea*, S. 114–115.

238 Wen C. Fong, »The Scholar-Official as Artist«, in: Wen C. Fong, James C. Y. Watt u. a., *Possessing the Past. Treasures from the National Palace Museum, Taipei*, New York 1996, S. 147–157.
239 *Schätze der Himmelssöhne. Die Kaiserliche Sammlung aus dem Nationalen Palastmuseum, Taipeh*, Bonn 2003, S. 433. Zur Frage der Authentizität in der chinesischen Malerei siehe Judith G. Smith, Wen C. Fong, *Issues of Authenticity in Chinese Painting*, New York 1999.
240 Die Hängerolle wurde 1974 in einem Grab in Yemaotai in der Provinz Liaoning gefunden; Lothar Ledderose (Hg.), *Im Schatten hoher Bäume. Malerei der Ming- und Qing-Dynastien (1368–1911) aus der Volksrepublik China*, Baden-Baden 1985, S. 11, Abb. 1.
241 James Cahill, *Hills Beyond a River. Chinese Painting of the Yüan Dynasty, 1279–1368*, New York 1976, S. 4.
242 Chu-tsing Li, *The Autumn Colors on the Ch'iao and Hua Mountains: A Landscape by Chao Meng-fu*, Ascona 1965.
243 Cahill, *Hills Beyond a River*, S. 113.
244 Cahill, *Hills Beyond a River*, S. 119; Cahill, *Die chinesische Malerei*, S. 113.
245 Alexander Soper, »The Rise of Yamato-e«, in: *The Art Bulletin* 24:4 (December 1942), S. 351–379; Bettina Klein, »Der Rote Faden des Yamato-e in tausend Jahren japanischer Malereigeschichte«, in: Stephan Graf von der Schulenburg (Hg.), *Mönche, Monster, schöne Damen. Japanische Malerei, Buch- und Holzschnittkunst des 16. bis 18. Jahrhunderts*, Berlin 2000, S. 31–44.
246 Hideo Okudaira, *Narrative Picture Scrolls*, New York 1973.
247 Akihisa Hasé (Hg.), mit einer Einführung von Dietrich Seckel, *Emaki. Die Kunst der klassischen japanischen Bilderrollen*, München 1959.
248 Needham, *Science and Civilisation in China*, Bd. 1, S. 134.
249 David W. Pankenier, Zhentao Xu, Yaotiao Jiang, *Archaeoastronomy in East Asia. Historical Observational Records of Comets and Meteor Showers from China, Japan, and Korea*, Amherst, N. Y. 2008, S. 111–176.
250 Shen Kuo, *Pinsel-Unterhaltungen am Traumbach. Das gesamte Wissen des alten China*, übersetzt und hg. von Konrad Herrmann, Düsseldorf 1997.
251 Joseph Needham, Ling Wang, Derek Price, *Heavenly Clockwork*, 2. Aufl., Cambridge, Engl. 1986; ein Nachbau der astronomischen Uhr in Originalgröße steht im Suwako City Science Museum in der Präfektur Nagano, Japan.
252 Andrew Edmund Goble, *Confluences of Medicine in Medieval Japan. Buddhist Healing, Chinese Knowledge, Islamic Formulas, and Wounds of War*, Honolulu 2011.

253 Edward L. Davis, *Society and the Supernatural in Song China*, Honolulu 2001, S. 69–74.
254 Richard Bowring, *The Religious Traditions of Japan, 500–1600*, Cambridge, Engl. 2005, S. 218.
255 Jeon Sang-woon, *A History of Korean Science and Technology*, Singapur 2011, S. 256–262.

V Ostasien auf dem Weg zu einer politischen Neuordnung von 1350 bis 1644

256 Basiert auf Teng Ssu-yü, »Chu Yüan-chang«, in: L. Carrington Goodrich, Chao-ying Fang (Hg.), *Dictionary of Ming Biography, 1368–1644*, New York 1976, S. 381–392; Edward L. Farmer, *Zhu Yuanzhang and Early Ming Legislation: The Reordering of Chinese Society Following the Era of Mongol Rule*, Leiden 1995; zu Ming Taizu siehe den Sammelband Sarah Schneewind (Hg.), *Long Live the Emperor! Uses of the Ming Founder across Six Centuries of East Asian History*, Minneapolis 2008.
257 *Ming shi*, Peking 1974, juan 1:1.
258 Übersetzung nach »Dismissal of Excessive Local Staff Because of Their Crimes«, übers. von Lily Hwa, in: Patricia Ebrey (Hg.), *Chinese Civilization: A Sourcebook*, New York 1993, S. 20.
259 Marion Eggert, Jörg Plassen, *Kleine Geschichte Koreas*, München 2005, S. 67.
260 Rainer Dormels, »Korea«, in: Linhart, Weigelin-Schwiedrzik (Hg.), *Ostasien 1600–1900*, S. 28–36.
261 Quelle zum Imjin-Krieg v. a. Introduction aus Yu Sŏngnyong, Choi Byonghyon (Übers.), *The Book of Corrections. Reflections on the National Crisis during the Japanese Invasion of Korea, 1592–1598*, Berkeley 2002; Kenneth M. Swope, *A Dragon's Head and a Serpent's Tail. Ming China and the First Great East Asian War, 1592–1598*, Norman, Oklahoma 2009.
262 Ebrey, Walthall, Palais, *Pre-Modern East Asia*, S. 261–264.
263 Ibid., S. 264.
264 Josef Kreiner, »Japan und die ostasiatische Staatenwelt an der Wende vom Mittelalter zur Frühen Neuzeit«, in: Josef Kreiner (Hg.), *Geschichte Japans*, Stuttgart 2012, S. 174–185.
265 Ibid., S. 177.
266 Seppuku bezeichnet die rituelle Selbsttötung der japanischen Krieger, auch bekannt als *hara-kiri* (wörtlich »den Magen aufschneiden«). Die

Tötung des Selbstmörders erfolgte durch Enthauptung mit einem Schwertstreich durch den Adjutanten.

267 Siehe Ebrey, Walthall, Palais, *Pre-Modern East Asia*, S. 266–267.

268 Sepp Linhart, »Japan im 17. Jahrhundert: Abschließung als erster Schritt zur Errichtung eines japanischen Imperiums?«, in: Bernd Hausberger (Hg.), *Die Welt im 17. Jahrhundert*, Wien 2008, S. 311–341.

269 Chen Juanjuan, Huang Nengfu, »Silk Fabrics of the Ming Dynasty«, in: Dieter Kuhn (Hg.), *Chinese Silks*, New Haven 2012, S. 418–422.

270 Farmer, *Zhu Yuanzhang and Early Ming Legislation*, S. 35.

271 Siehe Ebrey, Walthall, Palais, *Pre-Modern East Asia*, S. 257–258.

272 Christine Sophia Geßler, *Tränenperlen im Tuschekasten. Zum Leben und Werk der Dichterin Huang E (1498–1569)*, M. A. Hausarbeit, Universität Würzburg 1994 (unveröffentlicht); William H. Nienhauser (Hg.), *The Indiana Companion to Traditional Chinese Literature*, 2. Aufl., Bloomington 1986, S. 914.

273 Martina Deuchler, *The Confucian Transformation of Korea: A Study of Society and Ideology*, Cambridge, Mass. 1992; Laurel Kendall, *Getting Married in Korea: Of Gender, Morality and Modernity*, Berkeley 1996.

274 Siehe Ebrey, Walthall, Palais, *Pre-Modern East Asia*, S. 254.

275 Robert B. Marks, *The Origins of the Modern World: A Global and Ecological Narrative from the Fifteenth to the Twenty-first Century*, 2. Aufl., Lanham, Md. 2007, S. 80; Dennis O. Flynn and Arturo Giráldez, »Spanish Profitability in the Pacific: The Philippines in the Sixteenth and Seventeenth Centuries«, in: Dennis O. Flynn, Lionel Frost, A. J. H. Latham (Hg.), *Pacific Centuries: Pacific and Pacific Rim History since the Sixteenth Century*, London 1999, S. 23.

276 Siehe Suzanne Gay, *The Moneylenders of Late Medieval Kyōto*, Honolulu 2001; *Kodansha Encyclopedia of Japan*, Tōkyō 1983, Bd. 3, S. 175–176; Ebrey, Walthall, Palais, *Pre-Modern East Asia*, S. 256–257.

277 *Huang Ming zuxun* 1.4, übersetzt in Farmer, *Zhu Yuangzhang and Early Ming Legislation*. S. 120.

278 Gerhard Mueller, *Wohlwollen und Vertrauen. Die Investiturgesandtschaft von Chen Kan im Jahr 1534 vor dem Hintergrund der politischen und wirtschaftlichen Beziehungen des Ming-Reiches zu den Ryūkyū-Inseln zwischen 1372 und 1535*, Heidelberg 1991.

279 Kreiner, »Japan und die ostasiatische Staatenwelt an der Wende vom Mittelalter zur Frühen Neuzeit«, in: Kreiner (Hg.), *Geschichte Japans*, S. 190–192.

280 Ibid., S. 195; siehe auch Joyce Denney, »Japan and the Textile Trade in Context«, in: Amelia Peck (Hg.), *Interwoven Globe: The Worldwide Textile Trade, 1500–1800*, New York 2013, S. 56–65.

281 Zu Macao und dem ost- und südostasiatischen Seehandelsraum siehe die Veröffentlichungen von Roderich Ptak, wie zum Beispiel *China's Seaborne Trade with South and Southeast Asia (1200–1750)*, Aldershot 1999; *China and the Asian Seas. Trade, Travel and Visions of the Other (1400–1750)*, Aldershot 1998; siehe auch Luis Filipe Barreto (Hg.), *Macau during the Ming Dynasty*, Lissabon 2009; John E. Wills, Jr., »Relations with Maritime Europeans, 1514–1662«, in: Denis Twitchett, Frederick W. Mote (Hg.), *The Cambridge History of China*, Bd. 8: *The Ming Dynasty 1368–1644*, Teil 2, Cambridge, Engl. 1998, S. 333–375.
282 Wang Yangming, »A Record for Practice« (*Chuanxilu*), übersetzt in Philip J. Ivanhoe, *Readings from the Lu-Wang School of Neo-Confucianism*, Indianapolis 2009, S. 142.
283 K. C. Hsiao, »Li Chih«, in: Goodrich, Chao (Hg)., *Dictionary of Ming Biography*, S. 807–818.
284 Eggert, Plassen, *Kleine Geschichte Koreas*, S. 73.
285 Ibid., S. 73.
286 John Meskill, *Academies in Ming China. A Historical Essay*, Tucson 1982.
287 Michael J. Seth, *A Concise History of Korea*, Lanham Maryland 2006, S. 128–129.
288 Patricia Buckley Ebrey, *Confucianism and Family Rituals in Imperial China. A Social History of Writing about Rites*, Princeton 1991.
289 Barbara Volkmar, *Die Fallgeschichten des Arztes Wan Quan. Medizinisches Denken und Handeln in der Ming-Zeit*, München 2007.
290 Übersetzung ins Deutsche von Konrad Herrmann, *Song Yingxing (1587–1666). Erschließung der himmlischen Schätze*, Bremerhaven 2004; siehe auch Dagmar Schäfer, *The Crafting of the 10,000 Things. Knowledge and Technology in Seventeenth-Century China*, Chicago 2011.
291 Siehe den Katalog zur Ausstellung im Museum für Ostasiatische Kunst in Berlin im Jahre 2005, Filippo Mignini (Hg.), *Matteo Ricci. Europa am Hofe der Ming*, Mailand 2005.
292 Übersetzung nach »King Sejong: Preface to *Correct Sounds to Instruct the People*« (*Hunmin chŏng'ŭm* 1a), in: *Sources of Korean Tradition*, New York 1997, Bd. 1, S. 295, nach der Übersetzung ins Englische von Yongho Ch'oe.
293 Chŏng Inji, »Postscript to *Correct Sounds to Instruct the People*« (*Hunmin chŏng'ŭm haerye* 26b-29b), in: *Sources of Korean Tradition*, New York 1997, Bd. 1, S. 295.
294 Siehe auch Ahn Hwi-Joon, »Die Landschaftsmalerei der Südschule in Korea«, in Jeong-hee Lee-Kalisch (Hg.), *Korea. Die alten Königreiche*, Essen 1999, S. 69–80; Burglind Jungmann, *Die koreanische Landschafts-*

malerei und die chinesische Che-Schule, vom späten 15. Jahrhundert bis zum frühen 17. Jahrhundert, München 1992.

295 Joseph S. C. Lam, »Imperial Agency in Ming Music Culture«, in: David M. Robinson (Hg.), *Culture, Courtiers, and Competition. The Ming Court (1368–1644)*, Cambridge, Mass. 2008, S. 269–320.

296 Kenneth Robinson, *A Critical Study of Chu Tsai-yü's Contribution to the Theory of Equal Temperament in Chinese Music.* With Additional Notes by Erich F. W. Altwein and a Preface by Joseph Needham, Wiesbaden 1980, S. 123.

297 Jonathan Condit, *Music of the Korean Renaissance. Songs and Dances of the Fifteenth Century*, Cambridge, Engl. 1984, S. 23.

298 Ausführungen basieren auf Condit, *Music of the Korean Renaissance*, S. 13–44.

299 Robert C. Provine, »State Sacrificial Music and Korean Identity«, in: Bell Young, Evelyn S. Rawski, Rubie S. Watson (Hg.), *Harmony and Counterpoint. Ritual Music in Chinese Context*, Stanford 1996, S. 54–75.

300 Sheila Melvin, Jindong Cai, *Rhapsody in Red. How Western Classical Music Became Chinese*, New York 2004, S. 46.

301 Matthieu Ricci, Nicolas Trigault, *Histoire de l'expédition chrétienne au royaume de la Chine, 1582–1610*, Montréal 1978, S. 463.

302 Ricci, Trigault, *Histoire*, S. 419–420.

303 Luciana Galliano, »Matteo Ricci und die Musik«, in: Filippo Mignini (Hg.), *Matteo Ricci*, S. 69–83.

304 Auszug aus dem Text in Lee, de Bary, *Sources of Korean Tradition*, Bd. 1, S. 254–256.

305 Lee, de Bary, *Sources*, Bd. 1, S. 272–274.

306 Lee, de Bary, *Sources*, Bd. 1, S. 274–276.

307 De Bary, Bloom, *Sources of Chinese Tradition*, 2. Aufl., New York 1999, Band 1, S. 791–793. Siehe Timothy Brook, »Rethinking Syncretism: The Unity of the Three Teachings and Their Joint Worship in Late-Imperial China«, *Journal of Chinese Religions* 21 (1993), S. 13–44.

VI Die letzte Blütezeit: Ostasien vor der Moderne 1600 bis 1800

308 Frederick F. Wakeman, Jr., *The Great Enterprise: The Manchu Reconstruction of Imperial Order in Seventeenth-century China*, Berkeley 1985, Bd. 1, S. 42.

309 Dieter Kuhn, »Kleidung zur Zeit der Qing-Dynastie«, in: Karin von Welck (Hg.), *Die verbotene Stadt: Aus dem Leben der letzten Kaiser von China*, Mainz 1997, S. 116–125.

310 William T. Rowe, *China's Last Empire: The Great Qing*, Cambridge, Mass. 2009, S. 18.
311 Arthur W. Hummel (Hg.), *Eminent Chinese of the Ch'ing Period (1644–1912)*, Washington D. C. 1943, S. 205–206.
312 Zur Geschichte Zentralasiens in der Qing-Zeit siehe Jürgen Paul, *Zentralasien*, Frankfurt am Main 2012.
313 Kenneth Pomeranz, *The Great Divergence: China, Europe, and the Making of the Modern World Economy*, Princeton 2000.
314 Eggert, Plassen, *Kleine Geschichte Koreas*, S. 85–86.
315 Ibid., S. 91.
316 Ebrey, Walthall, Palais, *East Asia*, S. 353, fig. 18.1.
317 *The Memoirs of Lady Hyegyŏng. The Autobiographical Writings of a Crown Princess of Eighteenth-Century Korea.* Übersetzt, eingeleitet und annotiert von JaHyun Kim Haboush, Berkeley 1996. JaHyun Kim Haboush, *The Confucian Kingship in Korea. Yŏngjo and the Politics of Sagacity*, New York 1988.
318 Eggert, Plassen, *Kleine Geschichte Koreas*, S. 93.
319 Yi Tae-jin, »Seoul's Modern Urban Development«, in: Yi Tae-jin, *The Dynamics of Confucianism and Modernization in Korean History*, Ithaca, N. Y. 2007, S. 243–245.
320 Yi Tae-jin, »King Chŏngjo: Confucianism, Enlightenment, and Absolute Rule«, in: Yi Tae-jin, *The Dynamics of Confucianism and Modernization in Korean History*, Ithaca, N. Y. 2007, S. 207–234.
321 Beatrice M. Bodart-Bailey, *The Dog Shōgun. The Personality and Policies of Tokugawa Tsunayoshi*, Honolulu 2006, S. 150–154.
322 Wolfgang Schwentker, *Die Samurai*, 3. Aufl., München 2008, S. 84.
323 Ebrey, Walthall, Palais, *East Asia*, S. 333.
324 Übersetzung in Ryusaku Tsunoda, Wm. Theodore de Bary, Donald Keene (Komp.), *Sources of Japanese Tradition*, New York 1960, S. 335–338.
325 Ebrey, Walthall, Palais, *East Asia*, S. 323.
326 Eggert, Plassen, *Kleine Geschichte Koreas*, S. 87.
327 Yi Tae-jin, »Why has Yangban Culture Been Denounced?«, in: Yi Taejin, *The Dynamics of Confucianism and Modernization in Korean History*, Ithaca, N.Y. 2007, S. 295–323.
328 Michael J. Seth, *A Concise History of Korea*, Lanham, Md. 2006, S. 163–164.
329 Geoffrey MacCormack, »Liability for Suicide in Qing Law on Account of Filthy Words«, *Nan Nü* 12 (2010), S. 103–141.
330 Mark Elvin, »Female Virtue and the State in China«, in: *Past and Present* 104 (Aug. 1984), S. 111–152; Janet M. Theiss, *Disgraceful*

Matters: The Politics of Chastity in Eighteenth-Century China, Berkeley 2004.
331 Marc C. Elliott, »Manchu Widows and Ethnicity in Qing China«, in: *Comparative Studies in Society and History* 41:1 (Jan. 1999), S. 33–71.
332 Mark A. Peterson, *Korean Adoption and Inheritance: Case Studies in the Creation of a Classic Confucian Society*, Ithaca, N. Y. 1996.
333 Seth, *A Concise History of Korea*, S. 155–158; Ebrey, Walthall, Palais, *East Asia*, S. 359–360.
334 Sepp Linhart, »Japan«, in: Otto Ladstädter, Sepp Linhart, *China und Japan. Die Kulturen Ostasiens*, Wien 1983, S. 353.
335 Yi Tae-jin, »Seoul's Modern Urban Development During the Eighteenth and Nineteenth Centuries«, in: Yi Tae-jin, *The Dynamics of Confucianism and Modernization in Korean History*, S. 235–269, hier S. 242–243.
336 Zöllner, *Einführung in die Geschichte Ostasiens*, München 2009, S. 161.
337 Alan Kennedy, *Japanese Costume. History and Tradition*, London 1994, S. 18, nach Donald Shively, »Sumptuary Regulations and Status in Early Tokugawa Japan«, in: *Harvard Journal of Asiatic Studies* 25 (1964–65), S. 127.
338 Jürgen Osterhammel, *China und die Weltgesellschaft*, München 1989, S. 77.
339 Ebrey, Walthall, Palais, *East Asia*, S. 319.
340 R. B. Marks, *The Origins of the Modern World: A Global and Ecological Narrative from the Fifteenth to the Twenty-first Century*, Lanham, Md. 2007, S. 106; John M. Hobson, *The Eastern Origins of Western Civilisation*, Cambridge, Engl. 2004, S. 76.
341 Charles Holcombe, *A History of East Asia. From the Origins of Civilization to the Twenty-First Century*, Cambridge, Engl. 2011, S. 194.
342 Yi Tae-jin, »Seoul's Modern Urban Development«, S. 237–241 [Zahlen im Text widersprechen Zahlen in der Tabelle im Anhang].
343 Zöllner, *Einführung in die Geschichte Ostasiens*, S. 164.
344 Ebrey, Walthall, Palais, *East Asia*, S. 346.
345 Shelagh Vainker, *Chinese Silk: A Cultural History*, London 2004, S. 192.
346 Osterhammel, *China und die Weltgesellschaft*, S. 118.
347 P. J. Marshall, »Britain and China in the Late Eighteenth Century«, in: Robert A. Bickers (Hg.), *Ritual and Diplomacy. The Macartney Mission to China 1792–1794*, London 1993, S. 11–29, hier S. 17.
348 Osterhammel, *China und die Weltgesellschaft*, S. 120.
349 Josef Kreiner, »Japan und die ostasiatische Staatenwelt an der Wende vom Mittelalter zur Frühen Neuzeit«, in: Josef Kreiner (Hg.), *Geschichte Japans*, Stuttgart 2012, S. 192–193.

350 Ibid., S. 193.
351 Zöllner, *Einführung in die Geschichte Ostasiens*, S. 156.
352 Übersetzt und kommentiert von Wm. Theodore de Bary, *Waiting for the Dawn. A Plan for the Prince. Huang Tsung-hsi's* Ming-i tai-fang-lu, New York 1993.
353 Nach William Theodore de Bary, Richard Lafrano, *Sources of Chinese Tradition: From 1600 Through the Twentieth Century*, New York 2000, S. 35.
354 David S. Nivison, *The Life and Thought of Zhang Xuecheng*, Stanford 1966.
355 James B. Palais, *Confucian Statecraft and Korean Institution: Yu Hyŏng-wŏn and the Late Chosŏn Dynasty*, Seattle 1996.
356 Eggert, Plassen, *Kleine Geschichte Koreas*, S. 98.
357 Jeon Sang-woon [Chon, Sang-un], *A History of Korean Science and Technology*, Singapur 2011, S. 149–156.
358 Mark Setton, *Chŏng Yagyong: Korea's Challenge to Orthodox Neo-Confucianism*, Albany, N.Y. 1997.
359 Siehe Tsunoda, de Bary, Keene (Komp.), *Sources of Japanese Tradition*, S. 398–400, Übersetzung in Ladstädter, Linhart, *China und Japan*, S. 351.
360 Tsunetomo Yamamoto, *Hagakure II. Der Weg des Samurai*, München 2001.
361 Nach Schwentker, *Die Samurai*, S. 94.
362 Siehe Tsunoda, de Bary, Keene (Komp.), *Sources of Japanese Tradition*, S. 499–502.
363 Siehe Tsunoda, de Bary, Keene (Komp.), *Sources of Japanese Tradition*, S. 520–523, 542–544.
364 Peter H. Lee (Hg.), *Anthology of Korean Literature. From Early Times to the Nineteenth Century*, Honolulu 1981, S. 119–147.
365 *The Memoirs of Lady Hyegyŏng*; JaHyun Kim Haboush, *The Confucian Kingship in Korea.*
366 Kichung Kim, *An Introduction to Classical Korean Literature. From* Hyangga *to* P'ansori, Armonk, N. Y. 1996, S. 122–136.
367 Siehe Lee (Hg.), *Anthology of Korean Literature*, S. 257–284.
368 Siehe Shuichi Kato, *Geschichte der japanischen Literatur*, Bern 1990; Haruo Shirane (Hg.), *Early Modern Japanese Literature. An Anthology, 1600–1900*, New York 2002.
369 Haruo Shirane (Hg.), *Early Modern Japanese Literature*, S. 183–184.
370 Burglind Jungmann, *Korean Inspiration in Eighteenth-Century Japanese Nanga*, Princeton 2004.
371 Jonathan Spence, *The Memory Palace of Matteo Ricci*, Penguin 1984.

372 Ebrey, Walthall, Palais, *East Asia*, S. 359.
373 Zur Unterdrückung des Katholizismus zwischen 1785 und 1801 siehe Franklin David Rausch, *The Ambiguity of Violence: Ideology, State, and Religion in the Late Choson Dynasty* (Ph. D. Dissertation, University of British Columbia), Vancouver 2011, S. 56–65.

VII Chinas Beitrag zum Aufstieg der westlichen Welt

374 John M. Hobson, *The Eastern Origins of Western Civilisation*, Cambridge, Engl. 2004.
375 Pan Jixing, *Zhongguo gudai sida faming* (*The Four Great Inventions of Ancient China. Their Origin, Development, Spread and Influence in the World*), Hefei (Anhui) 2002.
376 Robert K. G. Temple, *Das Land der fliegenden Drachen*, Bergisch Gladbach 1990, S. 238–241.
377 Andreas Platthaus, *1813. Die Völkerschlacht von Leipzig und das Ende der Alten Welt*, Berlin 2013, S. 284–310.
378 Tsien Tsuen-hsuin, *Science and Civilisation in China*, Bd. 5, Teil I: *Paper and Printing*, Cambridge, Engl. 1985, S. 314–315.
379 Tsien, *Science and Civilisation in China*, S. 325.
380 Jeon Sang-woon, *A History of Korean Science and Technology*, Singapur 2011, S. 267–273.
381 Joseph Needham, Wang Ling, Lu Gwei-djen, *Science and Civilisation in China*, Bd. 4, Teil 3, Cambridge, Engl. 1971, S. 554–584.
382 Siehe William Gilbert, *De Magnete*, übersetzt von P. Fleury Mottelay, New York 1958.
383 Temple, *Land der fliegenden Drachen*, S. 64–66; siehe auch Kenneth Pomeranz, *The Great Divergence*, Princeton 2000, S. 61–62.
384 Dieter Kuhn, *Science and Civilisation in China*, Bd. 5, Teil 9: *Textile Technology: Spinning and Reeling*, Cambridge, Engl. 1988, S. 345–433, 225–236.
385 Dieter Kuhn, »Reading the Magnificence of Ancient and Medieval Chinese Silks«, in: Dieter Kuhn (Hg.), *Chinese Silks*, New Haven, Connecticut, 2012, S. 55–61.
386 Dieter Kuhn, *Die Webstühle des Tzu-jen i-chih aus der Yüan-Zeit*, Wiesbaden 1977, S. 10–80.
387 Michael Cooper, »Frühe europäische Berichte aus Japan«, in: Doris Croissant, Lothar Ledderose (Hg.), *Japan und Europa 1543–1929*, Berlin 1993, S. 46–55.

388 Siehe *Kaempfer's Japan. Tokugawa Culture Observed*, hg. und übersetzt von Beatrice M. Bodart-Bailey, Honolulu 1999.
389 Detlef Haberland, »Zwischen Wunderkammer und Forschungsbericht – Engelbert Kaempfers Beitrag zum europäischen Japanbild«, in: Croissant, Ledderose (Hg.), *Japan und Europa*, S. 83–93.
390 Susan Richter, »Der Monarch am Pflug – Von der Erweiterung des Herrschaftsverständnisses als erster Diener zum ersten Landwirt des Staates«, in: *Das Achtzehnte Jahrhundert* 24:1 (2010), S. 40–63.
391 Maria Joao Pacheco Ferreira, »Chinese Textiles for Portuguese Tastes«, in: Amelia Peck (Hg.), *Interwoven Globe: The Worldwide Textile Trade, 1500–1800*, New York 2013, S. 46–55.
392 *Porzellane. Die blau-weißen Porzellane im Schloß Favorite bei Rastatt*, bearbeitet von Fritz W. Grosse, Schwetzingen 1998, S. 9.
393 Siehe Melinda Watt, »›Whims and Fancies‹. Europeans Respond to Textiles from the East«, in: Peck (Hg.), *Interwoven Globe*, S. 82–103.
394 Jürgen Osterhammel, *Die Entzauberung Asiens. Europa und die asiatischen Reiche im 18. Jahrhundert*, München 1998.
395 Hobson, *The Eastern Origins of Western Civilisation*, S. 197.
396 Osterhammel, *China und die Weltgesellschaft*, S. 28.
397 Johann Gottfried Herder, *Ideen zur Philosophie der Geschichte der Menschheit*, Leipzig 1828, Bd. 2, S. 11.
398 Georg Wilhelm Friedrich Hegel, *Vorlesungen über die Philosophie der Geschichte*, Stuttgart 1949, Bd. 11, S. 163.
399 Claudia von Collani, *Von Jesuiten, Kaisern und Kanonen. Europa und China – eine wechselvolle Geschichte*, Darmstadt 2012.

Ausgewählte Literatur

Gesamtdarstellungen Ostasiens

1925 erschien in Göttingen F. E. A. Krauses bis heute lesenswerte *Geschichte Ostasiens*. Knapp 50 Jahre später, 1974, gab in Braunschweig Arnold Toynbee *Der Ferne Osten. Geschichte und Kultur Chinas und Japans* heraus. Von den auf Deutsch und Englisch publizierten Werken sind besonders die nachstehenden erwähnenswert, weil in ihnen unterschiedliche Ansätze zur Darstellung des Themas gewählt wurden.

Ebrey, Patricia Buckley / Walthall, Anne / Palais, James B., *Pre-Modern East Asia: To 1800. A Cultural, Social, and Political History*, Boston 2006. Die bislang umfassendste allgemeine Darstellung der Geschichte Ostasiens bis 1800 wurde von drei Autoren verfasst. Mehr als die Hälfte des Textes behandelt China. Das Buch ist in vier Teile mit insgesamt 16 Kapiteln gegliedert. Teil 1 handelt von den Grundlagen der Zivilisation Ostasiens in China bis 960. Teil 2 ist dem Entstehen der ostasiatischen Zivilisation gewidmet, wobei Kap. 6 und 9 Korea von der Bronzezeit bis 1259, Kap. 7, 10 und 11 Japan vom Anfang bis 1333, und Kap. 8 China von 907 bis 1279 behandeln. Teil 3, der von den neuen Herausforderungen von 1200 bis 1600 handelt, beginnt in Kap. 12 mit China und Korea unter mongolischer Herrschaft, geht danach auf Japans Mittelalter (1330–1600) ein, und in Kap. 14 folgen das Ming-Reich und in Kap. 15 die Zentralisierung im Frühen Chosŏn-Reich (1351–1598). Teil 4 ist mit Wachstum und Stabilität (1600–1800) überschrieben und enthält je ein Kapitel zu China, Japan und Korea.

Fairbank, John K./Reischauer, Edwin O./Craig, Albert M., *East Asia. Tradition & Transformation*, überarbeitete Auflage, Boston 1989. Das Werk, das als der »Klassiker« der Darstellung Ostasiens gilt, basiert auf Fairbanks und Reischauers grundlegendem Werk *East Asia. The Great Tradition*, Boston 1958. Von den insgesamt 28 Kapiteln behandeln 15 Kapitel die Zeit vor 1800. Davon sind acht Kapitel (Kap. 2–9) der Geschichte Chinas gewidmet, zwei Kapitel Korea (Kap. 11 und 12) und drei Kapitel Japan (Kap. 13–15).

Holcombe, Charles, *A History of East Asia. From the Origins of Civilization to the Twenty-First Century*, Cambridge, Engl. 2011. Die Kapitel bis zum Ende der Tang-Zeit in Ostasien (907) basieren auf seinem Buch *The Gen-*

esis of East Asia, 221 B. C.–A. D. 907, Honolulu 2001. Von den insgesamt 12 Kapiteln behandeln sechs Kapitel die Zeit von den Anfängen der Zivilisation in Ostasien bis Mitte des 19. Jahrhunderts, wobei über die Hälfte des Textes China und nur etwa 20 Prozent Korea und Japan behandeln. Das Werk ist in die formative Ära in China bis 280, das »Zeitalter des Kosmopolitanismus« von 304 bis ins 7. Jahrhundert, »Die Zeit der Schaffung von Gemeinschaft« in China, Korea und Japan vom 7. bis 10. Jahrhundert, »Reife unabhängige Entwicklungen« vom 10. bis 16. Jahrhundert und das »Frühe moderne Ostasien« vom 16. bis zum 18. Jahrhundert gegliedert. Es unterscheidet sich erheblich von dem Werk von Ebrey, Walthall und Palais.

Ladstätter, Otto/Linhart, Sepp, *China und Japan. Die Kulturen Ostasiens*, Wien 1983. Der chinesische Teil umfasst die Zeit von der Vorgeschichte bis 1949 (S. 11–215). Linhart war für den japanischen Teil (S. 245–411) zuständig. Während der chinesische Teil mit den Namen der Dynastien als Überschriften chronologisch aufgebaut ist, gibt der japanische Teil noch Untertitel zu den Perioden-Bezeichnungen.

Linhart, Sepp/Weigelin-Schwiedrzik, Susanne (Hg.), *Ostasien 1600–1900. Geschichte und Gesellschaft*, Wien 2004. Sammlung von Aufsätzen zu China, Japan und Korea mit dem thematischen Schwerpunkt des Übergangs in die Moderne.

Murphey, Rhoads, *East Asia. A New History*, 2. Aufl., New York 2001. Das Werk enthält in insgesamt 22 Kapiteln die Geschichte Chinas, Japans, Koreas und Vietnams von der Vorgeschichte bis in die jüngste Vergangenheit. Im Kap. 1 werden Gemeinsamkeiten und regionale Unterschiede in Ostasien erklärt. Die nachfolgenden Kapitel 2 bis 13 behandeln die Geschichte Ostasiens bis etwa 1800. Die meisten Kapitel handeln von China. In Kap. 9 folgt die Behandlung des vormodernen Vietnam und Korea auf 20 Seiten (zehn Prozent des Textes), danach in Kap. 10 und 11 Japan vor der Tokugawa-Zeit auf etwa 40 Seiten (etwa 20 Prozent des Textes). Kap. 12 befasst sich mit der Ankunft der Europäer in Ostasien.

Schirokauer, Conrad, *A Brief History of Chinese and Japanese Civilizations*, 2. Aufl., Fort Worth, Philadelphia 1989. Das Werk ist in sechs Teile mit insgesamt 25 Kapiteln gegliedert. Strikte chronologische Gliederung. Die Zeit vor 1800 wird in 15 Kapiteln behandelt. Zehn Kapitel sind China gewidmet, fünf Kapitel Japan, Kapitel 13 behandelt die Europäer in Ostasien.

Von Mende, Erling, *China und die Staaten auf der koreanischen Halbinsel bis zum 12. Jahrhundert. Eine Untersuchung zur Entwicklung der Formen zwischenstaatlicher Beziehungen in Ostasien*, Wiesbaden 1982, Zeichenindex. Nach wie vor das umfassendste und beste Werk zu den zwischenstaat-

lichen Beziehungen der chinesischen zu den koreanischen Dynastien bis zum 12. Jahrhundert.
Zöllner, Reinhard, *Einführung in die Geschichte Ostasiens*, München 2002, 3. Aufl. 2009. Diese Publikation bietet eine knappe Einführung in die Geschichte Ostasiens, die hier China, Japan, Korea und Vietnam umfasst, von den steinzeitlichen Lokalkulturen bis etwa zum Ende des Kalten Krieges. Der Zeitraum bis ca. 1840 wird auf etwa 130 Seiten behandelt, von denen fast die Hälfte der chinesischen Geschichte gewidmet sind.

Nachschlagewerke

Berndt, Jürgen u. a., *Ostasiatische Literaturen*, Leipzig 1985.
Debon, Günther (Hg.), *Ostasiatische Literaturen*, Wiesbaden 1984.
Dillon, Michael (Hg.), *China. A Cultural and Historical Dictionary*, Richmond, Surrey 1998. Übersichtliches Nachschlagewerk mit Literaturangaben und Schriftzeichen.
Franke, Wolfgang/Staiger, Brunhild (Hg.), *China-Handbuch*, Düsseldorf 1974.
Goepper, Roger, *Kunst und Kunsthandwerk Ostasiens*, München 1968.
Hammitzsch, Horst (Hg.), *Japan-Handbuch*, Wiesbaden 1981.
Hook, Brian (Hg.), *The Cambridge Encyclopedia of China*, Cambridge, Engl. 1982.
Kodansha Encyclopedia of Japan, Tōkyō 1983, 8 Bde. plus Indexband mit Kanji. Unentbehrliches großes Nachschlagewerk.
Loewe, Michael (Hg.), *Early Chinese Texts. A Bibliographical Guide*, Berkeley 1993.
Louis, Frédéric, übers. von Käthe Roth, *Japan Encyclopedia*, Cambridge, Mass. 2002. Umfangreiches und informatives Nachschlagewerk zu Personen und Begriffen.
Nienhauser, William H. (Hg.), *The Indiana Companion to Traditional Chinese Literature*, 2. Aufl., Bloomington 1986.
Palludan, Ann, *Chronicle of the Chinese Emperors. The Reign-by-reign Record of the Rulers of Imperial China*, London 1998.
Papinot, E., *Historical and Geographical Dictionary of Japan*, 3. Aufl., Tōkyō 1974.
Pratt, Keith/Rutt, Richard, mit zusätzlichem Material von James Hoare, *Korea. A Historical and Cultural Dictionary*, Richmond, Surrey 1999. Hilfreiches Werk mit Schriftzeichen.
Selin, Helaine (Hg.), *Encyclopedia of the History of Science, Technology, and Medicine in Non-Western Cultures*, Dordrecht 1997.

Staiger, Brunhild/Friedrich, Stefan/Schütte, Hans-Wilm (Hg.), *Das große China-Lexikon*, Darmstadt 2003, 2008.

Su, Cheong Soo (Hg.), *New Millennium Dictionary of Korean Language and Culture*, Seoul 2003. Umfassendes Nachschlagewerk mit koreanischen Erklärungen und ausführlichen englischen Essays zu 36 Themenbereichen.

Wieczorek, Alfried/Steinhaus, Werner/Sahara, Makoto (Hg.), *Zeit der Morgenröte. Japans Archäologie und Geschichte bis zu den ersten Kaisern. Handbuch*, Reiss-Engelhorn-Museum, Mannheim 2004.

Wilkinson, Endymion, *Chinese History. A Manual*, rev. & erw. Aufl., Cambridge, Mass. 2000.

Quellensammlungen in Übersetzungen

Bary, William Theodore de, *Waiting for the Dawn: A Plan for the Prince; Huang Tsung-hsi's Ming-i tai-fang lu*, New York 1993.

Bary, William Theodore de/Lafrano, Richard, *Sources of Chinese Tradition: From 1600 Through the Twentieth Century*, New York 2000.

Bary, William Theodore de/Keene, Donald/Tanabe, George/Varley, Paul (Hg.), *Sources of Japanese Tradition*. Bd. I: *From Earliest Times to 1600*, New York 2001.

Bary, William Theodore de/Gluck, Carol/Tiedemann, Arthur E. (Hg.), *Sources of Japanese Tradition. 1600 to 2000*, Teil 1: *1600 to 1868*, New York 2006.

Ebrey, Patricia Buckley (Hg.), *Chinese Civilization. A Sourcebook*, New York 1981, 1993.

Couvreur, F. S., *Li-Ki ou Mémoires sur les Bienséances et le Cérémonies*, 4 Bde., 1913, Neuaufl., Paris 1951.

Genji-monogatari. Die Geschichte vom Prinzen Genji. Altjapanischer Liebesroman aus dem 11. Jahrhundert, verfasst von der Hofdame Murasaki, übersetzt von Oskar Benl, Zürich 1966.

Karlgren, Bernhard, *The Book of Odes*, Stockholm 1974.

Kitagawa, Hiroshi/Tsuchida, Bruce T., mit einem Vorwort von Edward Seidensticker, *The Tale of the Heike. Heike monogatari*, Tōkyō 1977.

Kojiki, übersetzt, eingeleitet und kommentiert von Donald L. Philippi, Tōkyō 1968. Siehe dazu auch: *Kojiki. Aufzeichnung alter Begebenheiten*, aus dem Altjapanischen und Chinesischen übersetzt und kommentiert von Klaus Antoni, Berlin 2012.

Kokinshū: A Collection of Poems Ancient and Modern, übersetzt von Laurel Rasplica Rodd, Mary Catherine Henkenius, Princeton 1984.

Legge, James, *The Chinese Classics*, 5 Bde., Hong Kong 1861–1872, Nachdruck, Taipei 1985.

Lee, Peter H. (Hg.), *Anthology of Korean Literature. From Early Times to the Nineteenth Century*, Honolulu 1981.

Lee, Peter H. (Hg.), *Sourcebook of Korean Civilization.* Bd. 1: *From Early Times to the Sixteenth Century*, New York 1993.

Lee, Peter H./De Bary, Wm. Theodore (Hg.), *Sources of Korean Tradition*, New York 1997.

Mather, Richard B., *Shih-shuo hsin-yü. A New Account of Tales of the World by Liu I-ch'ing with Commentary by Liu Chün*, Minneapolis 1976.

The Memoirs of Lady Hyegyŏng. The Autobiographical Writings of a Crown Princess of Eighteenth-Century Korea, übersetzt, eingeleitet und annotiert von JaHyun Kim Haboush, Berkeley 1996.

Murasaki Shikibu, The Tale of Genji, übersetzt mit einer Einführung von Edward G. Seidensticker, Harmondsworth (Penguin) 1981.

Nihon shoki (Chronik von Japan), siehe *Nihongi.*

Nihongi. Chronicles of Japan from the Earliest Times to A. D. 697, übersetzt von W. G. Aston, London 1972.

The Ōkagami. A Japanese Historical Tale, übersetzt von Joseph K. Yamagiwa, Tōkyō 1977.

Pankenier, David W./Xu, Zhentao/Jiang, Yaotiao, *Archaeoastronomy in East Asia. Historical Observational Records of Comets and Meteor Showers from China, Japan, and Korea*, Amherst, N. Y. 2008.

Sei Shōnagon, *Das Kopfkissenbuch der Hofdame Sei Shōnagon*, hg. und aus dem Japanischen übers. von Mamoru Watanabe, Zürich 1997.

Shen Kuo, *Pinsel-Unterhaltungen am Traumbach. Das gesamte Wissen des alten China*, übersetzt und hg. von Konrad Herrmann, Düsseldorf 1997.

Herrmann, Konrad (Übers.), *Song Yingxing (1587–1666). Erschließung der himmlischen Schätze*, Bremerhaven 2004.

Tsunoda, Ryusaku/De Bary, Wm. Theodore/Keene, Donald (Komp.), *Sources of Japanese Tradition*, New York 1960.

Ausstellungskataloge

Brinker, Helmut/Goepper, Roger, *Kunstschätze aus China. 5000 v. Chr. bis 900 n. Chr. Neuere archäologische Funde aus der Volksrepublik China*, Kunsthaus Zürich, Zürich 1980.

Croissant, Doris/Ledderose, Lothar u. a. (Hg.), *Japan und Europa 1543–1929*, Martin-Gropius-Bau Berlin, Berlin 1993.

Europa und die Kaiser von China, Berliner Festspiele, Martin-Gropius-Bau Berlin, Frankfurt am Main 1985.

Goepper, Roger (Hg.), *Das alte China. Menschen und Götter im Reich der Mitte, 5000 v. Chr. – 220 n. Chr.*, Villa Hügel Essen, München 1996.

Goepper, Roger/Whitfield, Roderick (Hg.), *Treasures from Korea*, British Museum, London 1984.
Kuhn, Dieter (Hg.), *Chinas Goldenes Zeitalter: Die Tang-Dynastie (618–907) und das kulturelle Erbe der Seidenstraße*, Museum für Kunst und Kulturgeschichte der Stadt Dortmund, Heidelberg 1993.
Lee-Kalisch, Jeong-hee (Hg.), *Korea. Die alten Königreiche*, Kulturstiftung Ruhr Essen, Düsseldorf 1999.
Little, Stephen/Eichman, Shawn, *Taoism and the Arts of China*, The Art Institute of Chicago, Chicago 2000.
Watson, William (Hg.), *The Great Japan Exhibition. Art of the Edo Period 1600–1868*, Royal Academy of Arts London, London 1981.
Schätze der Himmelssöhne. Die kaiserliche Sammlung aus dem Nationalen Palastmuseum, Taipeh, Kunst- und Ausstellungshalle der Bundesrepublik Deutschland, Bonn 2003.
Schmidt, Ulrich (Hg.), *Porzellan aus China und Japan. Die Porzellangalerie der Landgrafen von Hessen-Kassel*, Staatliche Kunstsammlungen Kassel, Berlin 1990.
Shen, Hsueh-man (Hg.), *Schätze der Liao. Chinas vergessene Nomadendynastie (907–1125)*, Zürich 2007.
The Smile of Buddha. 1600 Years of Buddhist Art in Korea, Palais des Beaux-Arts Bruxelles, Brüssel 2008.
Von der Schulenburg, Stephan Graf (Hg.), *Mönche, Monster, schöne Damen. Japanische Malerei, Buch- und Holzschnittkunst des 16. bis 18. Jahrhunderts*, Museum für Angewandte Kunst, Frankfurt am Main, Berlin 2000.
Von Welck, Karin/Wieczorek, Alfried (Hg.), *Die Verbotene Stadt. Aus dem Leben der letzten Kaiser von China*, Reiss-Museum Mannheim, Mainz 1997.
Wieczorek, Alfried/Steinhaus, Werner/Sahara, Makoto (Hg.), *Zeit der Morgenröte. Japans Archäologie und Geschichte bis zu den ersten Kaisern*, Katalog, Reiss-Engelhorn-Museum, Mannheim 2004.

Veröffentlichungen zu China, Japan und Korea

China

Beasley, W. G./Pulleyblank, E. G. (Hg.), *Historians of China and Japan*, London 1971.
Bauer, Wolfgang, *China und die Hoffnung auf Glück. Paradiese, Utopien, Idealvorstellungen in der Geistesgeschichte Chinas*, 2. Aufl., München 1989.

Chang, Kwang-chih (Hg.), *Food in Chinese Culture: Anthropological and Historical Perspectives*, New Haven, Conn. 1977.
Dabringhaus, Sabine, *Geschichte Chinas* 1279–1949, München 2009.
Dettmar, Hans A., *Grundzüge der Geschichte Japans*, 4. Aufl., Darmstadt 1985.
Ebrey, Patricia Buckley, *China. Cambridge Illustrated History*, Cambridge, Engl. 1999.
Elvin, Mark, *The Retreat of the Elephants: An Environmental History of China*, New Haven, Conn. 2004.
Emmerich, Reinhard (Hg.), *Chinesische Literaturgeschichte*, Stuttgart 2004.
Forke, Alfred, *Geschichte der chinesischen Philosophie*, 3 Bde., Hamburg 1927, 1934, 1938.
Franke, Herbert/Trauzettel, Rolf, *Das chinesische Kaiserreich*, Frankfurt am Main 1968.
Gardner, Charles S., *Chinese Traditional Historiography*, 3. Aufl., Cambridge, Mass. 1970.
Gernet, Jacques, *Die chinesische Welt. Die Geschichte Chinas von den Anfängen bis zur Jetztzeit*, 3. Aufl., Frankfurt am Main 1983.
Goepper, Roger (Hg.), *Das alte China. Geschichte und Kultur des Reiches der Mitte*, München 1988.
Hansen, Valerie, *The Open Empire: A History of China to 1600*, New York 2000.
Kubin, Wolfgang (Hg.), *Geschichte der chinesischen Literatur*, 10 Bde., München 2002–2012.
Kuhn, Dieter, *Status und Ritus. Das China der Aristokraten von den Anfängen bis zum 10. Jahrhundert n. Chr.*, Heidelberg 1991.
Kuhn, Dieter (Hg.), *Chinese Silks*, New Haven, Conn. 2012.
Leslie, Donald D./Mackerras, Colin/Wang, Gungwu (Hg.), *Essays on the Sources for Chinese History*, Columbia, South Carolina 1973.
Mote, Frederick W., *Imperial China. 900–1800*, Cambridge, Mass. 1999.
Needham, Joseph, *Science and Civilisation in China*, Bd. 1, Cambridge, Engl. 1954.
Schmidt-Glintzer, Helwig, *Geschichte der chinesischen Literatur*, München 1990.
Schmidt-Glintzer, Helwig, *Geschichte Chinas bis zur mongolischen Eroberung, 250 v. Chr.–1279 n. Chr.*, München 1999.
Schmidt-Glintzer, Helwig, *Kleine Geschichte Chinas*, München 2008.
Temple, Robert K. G., *Das Land der fliegenden Drachen*, Bergisch Gladbach 1990.
Twitchett, Denis/Fairbank, John K. u. a. (Hg.), *The Cambridge History of China*, Cambridge, Engl. 1978.
Vogelsang, Kai, *Geschichte Chinas*, Stuttgart 2012.

Weiers, Michael, *Geschichte Chinas. Grundzüge einer politischen Landesgeschichte*, Stuttgart 2009.
Wu, Hung, *The Art of the Yellow Springs. Understanding Chinese Tombs*, Honolulu 2010.

Japan

Batten, Bruce L., *Gateway to Japan. Hakata in War and Peace, 500–1300*, Honolulu 2006.
Bowring, Richard, *The Religious Traditions of Japan, 500–1600*, Cambridge, Engl. 2005.
Farris, William Wayne, *Japan's Medieval Population. Famine, Fertility, and Warfare in a Transformative Age*, Honolulu 2006.
Farris, William Wayne, *Japan to 1600. A Social and Economic History*, Honolulu 2009.
Hall, John W. u. a. (Hg.), *The Cambridge History of Japan*, 6 Bde., Cambridge, Engl. 1988–1999.
Hall, John W., *Das japanische Kaiserreich*, Frankfurt am Main 1968.
Henshall, Kenneth, *A History of Japan. From Stone Age to Superpower*, 2. Aufl., Basingstoke, Hampshire 2004.
Kato, Shuichi, *Geschichte der japanischen Literatur*, Bern 1990.
Kennedy, Alan, *Japanese Costume. History and Tradition*, London 1994.
Kreiner, Josef (Hg.), *Geschichte Japans*, Stuttgart 2010.
Minnich, Helen Benton, *Japanese Costume and the Makers of Its Elegant Tradition*, Tōkyō 1963.
Morton, W. Scott, *Japan. Its History and Culture*, 2. Aufl., New York 1994.
Sansom, George B., *A History of Japan*, 3 Bde., Tōkyō 1974.
Sansom, George B., *Japan. A Short Cultural History*, 3. Aufl., Tōkyō 1975.
Haruo Shirane (Hg.), *Early Modern Japanese Literature. An Anthology, 1600–1900*, New York 2002.

Korea

Eckert, Carter J./Lee, Ki-baik/Lew, Young Ick/Robinson, Michael/Wagner, Edward W., *Korea Old and New. A History*, Seoul 1990.
Eggert, Marion/Plassen, Jörg, *Kleine Geschichte Koreas*, München 2005.
Ha, Woo-keun, *The History of Korea*, übers. von Lee Kyung-shik, Seoul 1970.
Lee, Ki-baik, *A New History of Korea*, übers. von Edward Wagner mit Edward J. Shultz, Seoul 1984.
Lee, Peter H. (Hg.), *A History of Korean Literature*, Cambridge, Engl. 2003.

Nahm, Andrew C., *Introduction to Korean History and Culture*, Elizabeth, N. J. 1993.
Seth, Michael J., *A Concise History of Korea. From the Neolithic Period through the Nineteenth Century*, Lanham, Maryland 2006.
Tennant, Roger, *History of Korea*, London 1996.

Kapitel 1 und 2

Allan Sarah (Hg.), *The Formation of Chinese Civilization: An Archaeological Perspective*, New Haven, Conn. 2005.
Étienne Balázs, *Chinese Civilization and Bureaucracy*, übers. von H. N. Wright, New Haven, Conn. 1964.
Barnes, Gina L., *China, Korea, and Japan: The Rise of Civilization in East Asia*, London 1993.
Barnes, Gina L., *State Formation in Japan: Emergence of a 4th-century Ruling Elite*, London 2007.
Mark E. Byington (Hg.), *Early Korea: The Samhan Period in Korean History*, Cambridge, Mass. 2009.
Chang, K. C., *Shang Civilization*, New Haven, Conn. 1980.
Chang, K. C., *The Archaeology of Ancient China*, 4. Aufl., New Haven, Conn. 1986.
Loewe, Michael/Shaughnessy, Edward L. (Hg.), *The Cambridge History of Ancient China. From the Origins of Civilization to 221 B. C.*, Cambridge, Engl. 1999.
Pai, Hyung Il, *Constructing Korean Origins. A Critical Review of Archaeology, Historiography, and Racial Myth in Korean State-Formation Theories*, Cambridge, Mass. 2000.
Keightley, David (Hg.), *The Origins of Chinese Civilization*, Berkeley 1983.
Nylan, Michael, *The Five »Confucian« Classics*, New Haven, Conn. 2001.

Kapitel 3

Abraham, Marc S., *Ethnic Identity in Tang China*, Philadelphia 2008.
Adshead, Samuel Adrian M., *T'ang China: The Rise of the East in World History*, New York 2004.
Benn, Charles, *China's Golden Age. Everyday Life in the Tang Dynasty*, Oxford 2002.
Gernet, Jacques, *Buddhism in Chinese Society. An Economic History from the Fifth to the Tenth Century*, New York 1995.
Kieschnick, John, *The Impact of Buddhism on Chinese Material Culture*, Princeton 2003.

Lewis, Mark Edward, *China Between Empires. The Northern and Southern Dynasties*, Cambridge, Mass. 2009.
Como, Michael, *Weaving and Binding. Immigrant Gods and Female Immortals in Ancient Japan*, Honolulu 2009.
Piggott, Joan R. (Hg.), *Capital and Countryside in Japan, 300–1180. Japanese Historians Interpreted in English*, Ithaca, N.Y. 2006.

Kapitel 4

Adolphson, Mikael/Kamens, Edward/Matsumoto, Stacie (Hg.), *Heian Japan. Centers and Peripheries*, Honolulu 2007.
Birge, Bettine, *Women, Property, and Confucian Reaction in Sung and Yüan China (960–1368)*, Cambridge, Engl., 2002.
Bol, Peter K., *»This Culture of Ours«: Intellectual Transitions in T'ang and Sung China*, Stanford 1992.
Dardess, John W., *Conquerors and Confucians: Aspects of Political Change in Late Yüan China*, New York 1973.
Davis, Edward L., *Society and the Supernatural in Song China*, Honolulu 2001.
Ebrey, Patricia B., *Confucianism and Family Rituals in Imperial China: A Social History of Writing about Rites*, Princeton 1991.
Ebrey, Patricia Buckley/Bickford, Maggie (Hg.), *Emperor Huizong and Late Northern Song China: The Politics of Culture and the Culture of Politics*, Cambridge, Mass. 2006.
Farris, William Wayne, *Heavenly Warriors: The Evolution of Japan's Military, 500–1300*, Cambridge, Mass. 1992.
Franke, Herbert/Twitchett, Denis (Hg.), *The Cambridge History of China* Bd. 6: *Alien Regimes and Border States, 907–1368*, Cambridge, Engl. 1994.
Goble, Andrew Edmund, *Confluences of Medicine in Medieval Japan. Buddhist Healing, Chinese Knowledge, Islamic Formulas, and Wounds of War*, Honolulu 2011.
Goodwin, Janet R., *Selling Songs and Smiles. The Sex Trade in Heian and Kamakura Japan*, Honolulu 2007.
Hall, John W./Mass, Jeffrey P. (Hg.), *Medieval Japan: Essays in Institutional History*, New Haven, Conn. 1974.
Hurst III, G. Cameron, *Insei: Abdicated Sovereigns in the Politics of Late Heian Japan, 1086–1185*, New York 1976.
Kuhn, Dieter, *Die Song-Dynastie (960–1279): Eine neue Gesellschaft im Spiegel ihrer Kultur*, Weinheim 1987.
Kuhn, Dieter, *The Age of Confucian Rule. The Song Transformation of China*, Cambridge, Mass. 2009.
Langlois, Jr., John D. (Hg.), *China under Mongol Rule*, Princeton 1981.

Mass, Jeffrey P., *Yoritomo and the Founding of the Bakufu: The Origins of Dual Government in Japan*, Stanford 1999.
Needham, Joseph/Wang, Ling/Price, Derek, *Heavenly Clockwork*, 2. Aufl., Cambridge, Engl. 1986.
Oyler, Elizabeth, *Swords, Oaths, and Prophetic Visions. Authoring Warrior Rule in Medieval Japan*, Honolulu 2006.
Ratchnevsky, Paul, *Genghis Khan. His Life and Legacy*, Oxford 1991.
Rossabi, Morris (Hg.), *China among Equals: The Middle Kingdom and Its Neighbors, 10th–14th Centuries*, Berkeley 1983.
Shively, Donald H./McCullough, William H. (Hg.), *Cambridge History of Japan*, Bd. 2: *Heian Japan*, Cambridge, Engl. 1999.
Tillman, Hoyt Cleveland/West, Stephen H. (Hg.), *China under Jurchen Rule*, Albany 1995.
Twitchett, Denis/Smith, Paul Jakov (Hg.), *The Cambridge History of China*, Bd. 5, Teil 1: *The Sung Dynasty and Its Precursors, 907–1279*, Cambridge, Engl. 2009.
Wittfogel, Karl-August/Fêng, Chia-shêng, *History of Chinese Society: Liao (907–1125)*, Philadelphia 1949.
Wyatt, Don J. (Hg.), *Battlefronts Real and Imagined. War, Border, and Identity in the Chinese Middle Period*, New York 2008.

Kapitel 5

Brook, Timothy, *The Troubled Empire. China in the Yuan and Ming Dynasties*, Cambridge, Mass. 2010.
Brook, Timothy, *The Confusions of Pleasure. Commerce and Culture in Ming China*, Berkeley 1998.
Choi, Byonghyon (Übers.), *The Book of Corrections. Reflections on the National Crisis during the Japanese Invasion of Korea, 1592–1598*, Berkeley 2002.
Clunas, Craig, *Superfluous Things: Material Culture and Social Status in Early Modern China*, Honolulu 2004.
Deuchler, Martina, *The Confucian Transformation of Korea: A Study of Society and Ideology*, Cambridge, Mass. 1992.
Duncan, John B., *The Origins of the Chosŏn Dynasty*, Seattle 2000.
Farmer, Edward L., *Zhu Yuanzhang and Early Ming Legislation. The Reordering of Chinese Society following the Era of Mongol Rule*, Leiden 1995.
Huang, Ray, *1587. A Year of No Significance. The Ming Dynasty in Decline*, New Haven, Conn. 1981.
Kendall, Laurel, *Getting Married in Korea: Of Gender, Morality and Modernity*, Berkeley 1996.
Mueller, Gerhard, *Wohlwollen und Vertrauen. Die Investiturgesandtschaft*

von Chen Kan im Jahr 1534 vor dem Hintergrund der politischen und wirtschaftlichen Beziehungen des Ming-Reiches zu den Ryūkyū-Inseln zwischen 1372 und 1535, Heidelberg 1991.
Peterson, Mark A., *Korean Adoption and Inheritance: Case Studies in the Creation of a Classic Confucian Society*, Ithaca, N. Y. 1996.
Robinson, David M. (Hg.), *Culture, Courtiers, and Competition. The Ming Court (1368–1644)*, Cambridge, Mass. 2008.
Schneewind, Sarah (Hg.), *Long Live the Emperor! Uses of the Ming Founder across Six Centuries of East Asian History*, Minneapolis 2008.
Swope, Kenneth M., *A Dragon's Head and a Serpent's Tail. Ming China and the First Great East Asian War, 1592–1598*, Norman, Oklahoma 2009.
Tsai, Shih-shan Henry, *Perpetual Happiness. The Ming Emperor Yongle*, Seattle 2001.
Yu, Sŏngnyong/Choi, Byonghyon (Übers.), *The Book of Corrections. Reflections on the National Crisis during the Japanese Invasion of Korea, 1592–1598*, Berkeley 2002.

Kapitel 6

Bickers, Robert A. (Hg.), *Ritual and Diplomacy. The Macartney Mission to China 1792–1794*, London 1993.
Bodart-Bailey, Beatrice M., *The Dog Shōgun. The Personality and Policies of Tokugawa Tsunayoshi*, Honolulu 2006.
Elman, Benjamin, *From Philosophy to Philology: Social and Intellectual Aspects of Change in Late Imperial China*, Cambridge, Mass. 1984.
Goodrich, L. C., *The Literary Inquisition of Ch'ien-lung*, Baltimore 1935.
Haboush, JaHyun Kim, *The Confucian Kingship in Korea. Yŏngjo and the Politics of Sagacity*, New York 1988.
Haboush, JaHyun Kim/Deuchler, Martina (Hg.), *Culture and the State in Late Chosŏn Korea*, Cambridge, Mass. 1999.
Kessler, Lawrence, *K'ang-hsi and the Consolidation of Ch'ing Rule, 1661–1684*, Chicago 1976.
Kim, Lichung, *An Introduction to Classical Korean Literature: From Hyang-ga to P'ansori*, Armong, N. Y. 1996.
Naquin, Susan/Rawsky, Evelyn S., *Chinese Society in the Eighteenth Century*, New Haven, Conn. 1987.
Nishiyama, Matsunosuke, *Edo Culture: Daily Life and Diversion in Urban Japan, 1600–1868*, Honolulu 1997.
Palais, James B., *Confucian Statecraft and Korean Institution: Yu Hyŏngwŏn and the Late Chosŏn Dynasty*, Seattle 1996.
Ravina, Mark, *Land and Lordship in Early Modern Japan*, Stanford 1999.

Rowe, William T., *China's Last Empire: The Great Qing*, Cambridge, Mass. 2009.

Toby, R. P., *State and Diplomacy in Early Modern Japan: Asia in the Development of the Tokugawa Bakufu*, Princeton 1984.

Totman, Conrad, *Early Modern Japan*, Berkeley 1995.

Wakeman, Jr., Frederick F., *The Great Enterprise: The Manchu Reconstruction of Imperial Order in Seventeenth-century China*, Berkeley 1985.

White, James W., *Ikki: Social Conflict and Political Protest in Early Modern Japan*, Ithaca, N.Y. 1995.

Yi, Tae-jin, *The Dynamics of Confucianism and Modernization in Korean History*, Ithaca, N. Y. 2007.

Kapitel 7

Brockey, Liam Matthew, *Journey to the East. The Jesuit Mission to China, 1579–1724*, Cambridge, Mass. 2007

Hobson, John M., *The Eastern Origins of Western Civilisation*, Cambridge, Engl. 2004.

Jeon, Sang-woon [Chon, Sang-un], *A History of Korean Science and Technology*, Singapur 2011.

Lach, Donald, *Asia in the Making of Europe*, 3 Bde., Chicago 1965, 1970, 1993.

Lee, Thomas H. C. (Hg.), *China and Europe. Images and Influences in Sixteenth to Eighteenth Centuries*, Hongkong 1991.

Marco Polo. Die Wunder der Welt. [Il Milione]. Die Reise nach China und den Hof des Kublai Khan, Übersetzung aus altfranzösischen und lateinischen Quellen und Nachwort von Elise Guignard, Frankfurt am Main 2003.

Needham, Joseph, *Science and Civilisation in China: The Gunpowder Epic*, Cambridge, Engl. 1974.

Osterhammel, Jürgen, *China und die Weltgesellschaft. Vom 18. Jahrhundert bis ins unsere Zeit*, München 1989.

Osterhammel, Jürgen, *Die Entzauberung Asiens. Europa und die asiatischen Reiche im 18. Jahrhundert*, München 1998.

Pan Jixing, *Zhongguo gudai sida faming* (*The Four Great Inventions of Ancient China. Their Origin, Development, Spread and Influence in the World*), Hefei, Anhui, 2002.

Pomeranz, Kenneth, *The Great Divergence: China, Europe, and the Making of the Modern World Economy*, Princeton 2000.

Tsien, Tsuen-hsuin, *Science and Civilisation in China*, Bd. 5, Teil I: *Paper and Printing*, Cambridge, Engl. 1985.

Collani, Claudia von, *Von Jesuiten, Kaisern und Kanonen. Europa und China – eine wechselvolle Geschichte*, Darmstadt 2012.

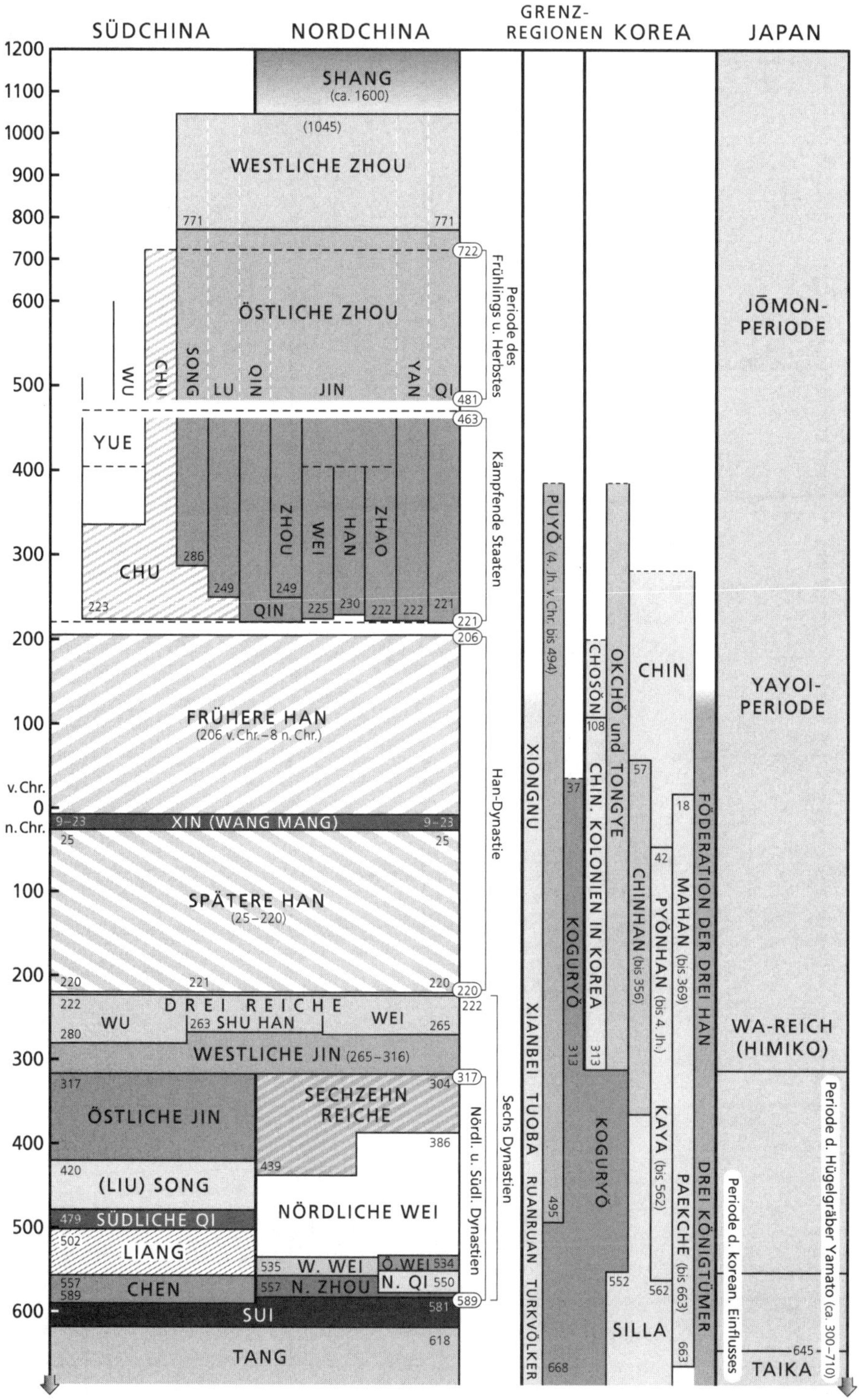

SÜDCHINA
NORDCHINA
GRENZ-REGIONEN
KOREA
JAPAN
1200
1100
1000
900
800
700
600
500
400
300
200
100
v. Chr.
0
n. Chr.
100
200
300
400
500
600
SHANG (ca. 1600)
(1045)
WESTLICHE ZHOU
771
771
722
ÖSTLICHE ZHOU
Periode des Frühlings u. Herbstes
WU
CHU
SONG
LU
QIN
JIN
YAN
QI
481
463
YUE
Kämpfende Staaten
ZHOU
WEI
HAN
ZHAO
CHU
286
249
249
223
QIN
225
230
222
222
221
221
206
FRÜHERE HAN (206 v. Chr. – 8 n. Chr.)
Han-Dynastie
9–23
XIN (WANG MANG)
9–23
25
25
SPÄTERE HAN (25–220)
220
221
220
220
222
DREI REICHE
222
WU
263 SHU HAN
WEI
280
265
WESTLICHE JIN (265–316)
317
317
ÖSTLICHE JIN
SECHZEHN REICHE
304
386
Sechs Dynastien
Nördl. u. Südl. Dynastien
420
(LIU) SONG
439
NÖRDLICHE WEI
479 SÜDLICHE QI
502
LIANG
535 W. WEI
Ö. WEI 534
557
589
CHEN
557 N. ZHOU
N. QI 550
589
SUI
581
TANG
618
XIONGNU
XIANBEI TUOBA RUANRUAN TURKVÖLKER
PUYŎ (4. Jh. v. Chr. bis 494)
495
37
KOGURYŎ
313
KOGURYŎ
668
CHOSŎN
108
CHIN. KOLONIEN IN KOREA
313
OKCHŎ und TONGYE
CHIN
57
CHINHAN (bis 356)
552
SILLA
42
PYŎNHAN (bis 4. Jh.)
KAYA (bis 562)
562
18
MAHAN (bis 369)
PAEKCHE (bis 663)
663
FÖDERATION DER DREI HAN
DREI KÖNIGTÜMER
JŌMON-PERIODE
YAYOI-PERIODE
WA-REICH (HIMIKO)
Periode d. Hügelgräber Yamato (ca. 300–710)
Periode d. korean. Einflusses
645
TAIKA

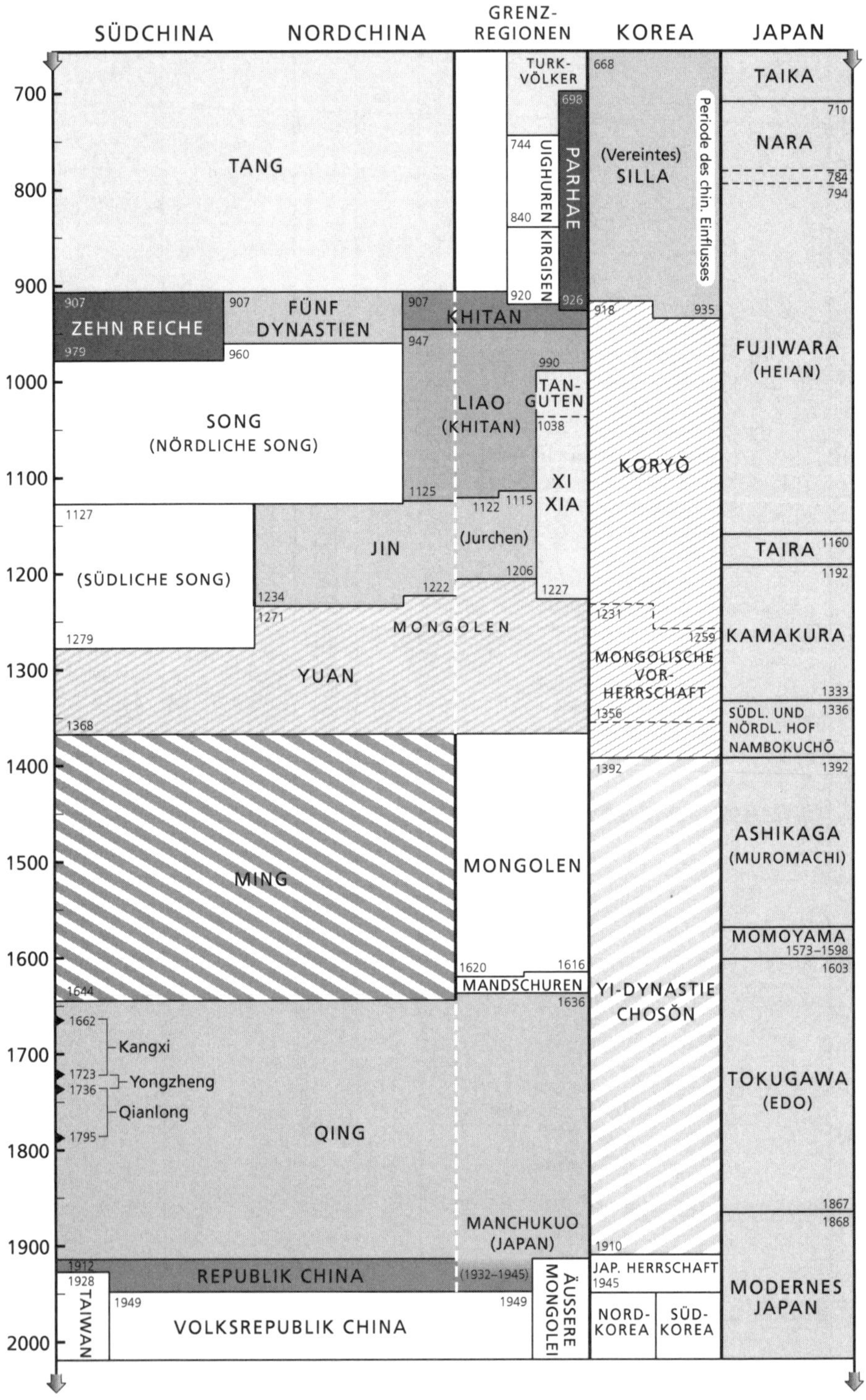

SÜDCHINA
NORDCHINA
GRENZ-REGIONEN
KOREA
JAPAN
700
800
900
1000
1100
1200
1300
1400
1500
1600
1700
1800
1900
2000
TANG
TURK-VÖLKER
744
UIGHUREN
840
KIRGISEN
920
698
PARHAE
926
668
(Vereintes) SILLA
Periode des chin. Einflusses
918
935
TAIKA
710
NARA
784
794
907
ZEHN REICHE
979
907
FÜNF DYNASTIEN
960
907
KHITAN
947
LIAO (KHITAN)
990
TAN-GUTEN
1038
XI XIA
1125
1122
1115
(Jurchen)
1206
1227
FUJIWARA (HEIAN)
KORYŎ
SONG (NÖRDLICHE SONG)
1127
(SÜDLICHE SONG)
1279
JIN
1234
1222
1271
MONGOLEN
YUAN
1368
TAIRA
1160
1192
KAMAKURA
1333
1231
1259
MONGOLISCHE VOR-HERRSCHAFT
1356
SÜDL. UND NÖRDL. HOF NAMBOKUCHŌ
1336
1392
1392
MING
1644
MONGOLEN
1620
1616
MANDSCHUREN
1636
ASHIKAGA (MUROMACHI)
MOMOYAMA
1573–1598
1603
YI-DYNASTIE CHOSŎN
1662
Kangxi
1723
Yongzheng
1736
Qianlong
1795
QING
TOKUGAWA (EDO)
1867
1868
MANCHUKUO (JAPAN)
(1932–1945)
1910
1912
REPUBLIK CHINA
1928
TAIWAN
1949
VOLKSREPUBLIK CHINA
1949
ÄUSSERE MONGOLEI
JAP. HERRSCHAFT
1945
NORD-KOREA
SÜD-KOREA
MODERNES JAPAN

Abbildungsnachweis

akg-images: De Agostini Picture Lib. / W. Buss: 4, De Agostini Picture Lib. / G. Dagli Orti: 11, Nimatallah: 5, 18, Album / Oronoz: 10, Rainer Hackenberg: 19, IAM / akg-images: 20
Freer Gallery of Art, Smithsonian Institution, USA / Bridgeman: 15
Museum für Ostasiatische Kunst, Köln, C 73,2. Foto: Rheinisches Bildarchiv Köln, rba_c010 566: 1
The Nelson-Atkins Museum of Art, Kansas City, Missouri. William Rockhill Nelson Trust, 47–71. Foto: John Lamberton: 7
Wikimedia Commons:
Wikimedia, K. Korlević: 2
http://commons.wikimedia.org/wiki/File:Alongtheriver_QingMing.jpg: 6
http://commons.wikimedia.org/wiki/File:2a_Zhao_Mengfu_Autumn_Colors_on_the_Qiao_and_Hua_Mountains_%28central_part%29Handscroll,_ink_and_colors_on_paper,_28.4_x_93.2_cm_National_Palace_Museum,_Taipei.jpg: 8
http://en.wikipedia.org/wiki/File:Ni_Zan_Six_Gentlemen.jpg: 9
http://en.wikipedia.org/wiki/File:Sigisanengi_tobikura.jpg: 12
http://commons.wikimedia.org/wiki/File:Clock_Tower_from_Su_Song%27s_Book.JPG: 13
http://commons.wikimedia.org/wiki/File:Sesshu_-_Haboku-Sansui.jpg: 16
http://commons.wikimedia.org/wiki/File:Hasegawa_Tohaku,_Pine_Trees.jpg: 17
http://commons.wikimedia.org/wiki/File:Qianlong-Kunstsammlung1.jpg: 21
http://commons.wikimedia.org/wiki/File:Tokugawa_Ieyasu2.JPG: 22
http://en.wikipedia.org/wiki/File:Kumgangsan_by_cheongseon.jpg: 23
http://commons.wikimedia.org/wiki/File:White_Prunus_Korin.jpg: 24

Trotz sorgfältiger Recherche konnten möglicherweise nicht alle Rechteinhaber ermittelt werden. Berechtigte Ansprüche können beim Verlag angemeldet werden und werden im üblichen Rahmen vergütet.

Der Chronologische Überblick basiert auf den in Ostasien bekannten vergleichenden chronologischen Tafeln, etwa in John K. Fairbanks u. a., *East Asia. Tradition & Transformation* von 1989 und Patricia Buckley Ebreys u. a., *Pre-Modern East Asia: To 1800* von 2006 und anderen Werken wie z. B. Ausstellungskatalogen. Sie wurden für diesen Band erweitert und überarbeitet.

Personen- und Ortsregister

Neue Fischer Weltgeschichte

bereits erschienen

Band 3
Die Mittelmeerwelt und Europa in Spätantike und Frühmittelalter
Reinhold Kaiser, 2014, ISBN 978-3-10-010823-4

Band 5
Europa in der frühen Neuzeit
Robert von Friedeburg, 2012, ISBN 978-3-10-010623-0

Band 10
Zentralasien
Jürgen Paul, 2012, ISBN 978-3-10-010840-1

Band 11
Südasien
David Arnold, 2012, ISBN 978-3-10-010841-8

Band 13
Ostasien bis 1800
Dieter Kuhn, 2014, ISBN 978-3-10-010843-2

in Planung

Band 1
Vorderasien und Ägypten im Altertum

Band 2
Die Mittelmeerwelt in der Antike

Band 4
Europa in Hoch- und Spätmittelalter

fi 666 082 / 1 / a

in Planung

Band 6
Europa im 19. Jahrhundert

Band 7
Europa im 20. Jahrhundert

Band 8
Vorderasien und Nordafrika vom 7. bis zum 15. Jahrhundert

Band 9
Vorderasien und Nordafrika seit dem 16. Jahrhundert

Band 12
Südostasien

Band 14
Ostasien ab ca. 1800

Band 15
Australien, Neuseeland, Ozeanien

Band 16
Amerika vor der europäischen Eroberung

Band 17
Süd- und Mittelamerika ab ca. 1500

Band 18
Nordamerika ab ca. 1500

Band 19
Afrika bis ca. 1850

Band 20
Afrika ab ca. 1850

Band 21
Die großen Themen der Weltgeschichte

fi 666 082 / 1 / b